Édition : Sophie Garcin
Correction : Catherine Garnier
Maquette : Annie Aslanian

44, quai Henri IV - 75004 Paris
ISBN : 9782-3-6942-699-8
Dépôt légal : juin 2018

CAULAINCOURT

Olivier Varlan

CAULAINCOURT
Diplomate de Napoléon

nouveau monde éditions

C'est un mythe, tout aussi remarquable,
dans son genre, que le mythe de Napoléon
– lui non plus n'a jamais existé –,
mais beaucoup moins beau.

Mikhaïl Boulgakov, *La Garde blanche*

TABLE DES ABRÉVIATIONS

AN	Archives nationales, centre de Pierrefitte
AP	Archives privées des Archives nationales
AMAE	Archives du ministère des Affaires étrangères, centre de La Courneuve
AMAE-Nantes	Archives des postes diplomatiques, Nantes
Corr. pol.	Correspondance politique
AVPRI	Archives des Affaires étrangères, Moscou
RGADA	Archives des actes anciens, Moscou

PRÉFACE

Il est étonnant qu'il ait fallu attendre le début du XXIe siècle pour que les historiens s'intéressent à la biographie de Caulaincourt, alors même que ses archives privées attendaient les chercheurs aux Archives nationales. La faute en revient sans doute à Jean Hanoteau qui avait publié ses Mémoires dans les années 1930, les faisant précéder d'une substantielle notice biographique qui dissuada ensuite les historiens de s'emparer du sujet, en croisant les sources privées laissées par Caulaincourt avec d'autres fonds à la disposition des chercheurs. Olivier Varlan n'a pas craint de se lancer dans l'aventure. Fort de sa qualité d'élève de l'École des chartes, il a d'abord entrepris une enquête sur l'ambassadeur à la cour de Saint-Pétersbourg. Puis, muni de l'agrégation d'histoire, il s'est engagé dans la rédaction d'une thèse de doctorat d'histoire, finalement soutenue en 2013 et dont le présent livre est issu. Olivier Varlan est naturellement parti du très riche fonds des archives privées de la famille Caulaincourt, dont le dépouillement a été systématique, mais il a aussi eu recours à de très nombreux autres fonds, aux Archives nationales, aux Archives du ministère des Affaires étrangères à La Courneuve, et à Nantes, au Service historique de la Défense. Il a pu aussi sonder les archives russes : Archives des actes anciens (RGADA) et Archives des Affaires étrangères à Moscou. C'est un Caulaincourt nouveau qui apparaît, sa biographie permettant de repenser la diplomatie napoléonienne, mais aussi le fonctionnement de l'État à travers le rôle qu'il joue au sein de la maison de l'Empereur.

Si l'on est peu renseigné sur sa première formation, voire ses débuts dans la carrière militaire, on mesure l'importance de ses premières missions diplomatiques, à commencer par celle qu'il accomplit en Turquie avec Aubert-Dubayet, ou en Russie en 1801-1802. L'enracinement familial est aussi décisif ; les relations avec Talleyrand s'avèrent essentielles pour comprendre son ascension. Mais c'est surtout comme aide de camp, et bientôt comme confident de Napoléon, que Caulaincourt sort du lot, se trouvant embarqué dans l'affaire du duc d'Enghien qui pèsera longtemps sur lui, tant en Russie qu'à l'époque de la Restauration. Mais elle n'entrave pas sa carrière, au contraire, puisqu'il se trouve propulsé en 1804, au moment de la formation de l'Empire, au poste de grand écuyer. Olivier Varlan propose un passage sur ce service, qui est une contribution au renouveau des études sur les institutions monarchiques et la mise en scène du pouvoir impérial. Mais l'un des apports majeurs du livre est l'étude du Caulaincourt russe. Elle s'ouvre sur l'ambassade de Saint-Pétersbourg, analyse extrêmement neuve sur le fonctionnement d'une ambassade et le rôle de représentation du diplomate dans l'Europe napoléonienne. On soulignera l'intérêt de l'examen du personnel qui accompagne Caulaincourt, ou des relations avec les autres postes dans l'Europe de l'Est : Berlin, Stockholm, Vienne ou Varsovie, d'où il ressort que l'ambassadeur en Russie tient la première place ; ce qui est également confirmé par la sujétion des ambassades des monarchies vassales, comme celle de Cassel. Il y a là une belle étude de l'ambassade de France comme lieu de représentation, qui doit imposer même en Russie, à travers fêtes et manifestations, la grandeur du pays, même si Caulaincourt se heurte à des résistances de la part des Russes. Ce livre nous vaut aussi d'intéressantes pages sur les liens avec la société de Saint-Pétersbourg.

Quant à la question de l'amitié supposée entre Napoléon et Alexandre Ier, Olivier Varlan montre qu'elle relève en fait d'une relation inscrite dans le cadre de négociations diplomatiques. C'est dans l'action diplomatique que Caulaincourt donne toute sa mesure. Avec Roumansiev, il discute des projets de partage de l'empire ottoman. Avec Alexandre, il prépare la rencontre d'Erfurt, avant d'être écarté des discussions entre le tsar et l'empereur, ce qui contribue à l'évolution de ses vues quant à l'avenir de l'Europe. Il s'attache dès lors à la défense de l'alliance franco-russe, ce qui le conduit à adopter une attitude très hostile à l'Autriche en 1809. Mais il ne peut que prendre acte de la fragilisation de l'alliance russe au moment du traité de Schönbrunn et se morfondre de l'échec de la négociation du mariage avec la sœur du tsar. Les étapes de la rupture de l'alliance franco-russe sont ensuite éclairées avec précision, ainsi que les raisons du départ de Caulaincourt de Russie. Il prend finalement acte du désaveu dont il est l'objet dans sa recherche de la paix. Il a échoué aussi à renforcer l'alliance franco-russe. L'évolution de la campagne de Russie donne raison à Caulaincourt qui avait déconseillé à Napoléon de s'y engager. Il n'a dès lors qu'un rôle effacé, celui de grand écuyer, même s'il vit durement les événements, notamment la mort de son frère. Il refuse toute mission diplomatique auprès du tsar. En revanche, à l'heure du retour vers la France, il se trouve dans une situation exceptionnelle, qui suscite encore aujourd'hui l'étonnement. Le retour en traîneau et les confessions faites à Caulaincourt restent une des scènes les plus singulières de l'épopée napoléonienne. Olivier Varlan reprend à son compte l'expression de « premier Mémorial » qui est juste. Il est peu probable que Napoléon ait ignoré que ses propos pouvaient être transcrits. Le fait que Caulaincourt ait manifesté une certaine indépendance d'esprit à l'égard de Napoléon peut expliquer que l'empereur se livre. En 1812, alors qu'il ne peut savoir comment son histoire se poursuivra, Napoléon ne cherche pas un flagorneur pour rapporter ses propos et déjà il songe à la postérité.

En 1813, Caulaincourt est au sommet de sa carrière. Les négociations diplomatiques qu'il engage lors de la campagne de Saxe, notamment avec Metternich, lesquelles conduisent à l'armistice de Pleiwitz, puis au congrès de Prague, débouchent sur sa nomination comme ministre des Relations extérieures. Olivier Varlan donne une analyse convaincante et définitive de l'action diplomatique de Caulaincourt au cours de l'année 1813, marquée à ses débuts par le repli sur son activité de grand écuyer, puis par la mort de Duroc qui le voit assumer l'intérim de la charge de grand maréchal du palais. Le diplomate doit négocier sans véritable marge de manœuvre, Napoléon s'avérant finalement peu prompt à céder une fraction de son empire et changeant volontiers d'avis, ce qui ne facilite pas l'avancée des négociations. L'étude de l'action de Caulaincourt ministre, notamment à Châtillon, est un morceau de bravoure du livre tant le récit des pourparlers est croisé avec finesse à l'analyse des enjeux diplomatiques en cause. Si encore une fois la stratégie de Napoléon paraît manquer de constance, il faut se garder de relire l'histoire de ces négociations à l'aune de leur échec. Elles ne peuvent être comprises qu'au regard des événements militaires qui se déroulent au même moment, les choix de Napoléon, ou ses silences, ayant une influence directe sur l'action de Caulaincourt. Sa fidélité à l'empereur lui fait enfin jouer un rôle décisif au moment des négociations qui suivent la chute de Napoléon. Ses liens anciens avec Talleyrand d'une part, le tsar Alexandre d'autre part, lui assurent une position centrale. D'une certaine manière, face à un Napoléon affaibli, il dispose enfin d'une relative autonomie qui lui permet d'obtenir pour l'empereur et sa famille des conditions d'exil relativement favorables. À l'heure des Cent-Jours, l'action de Caulaincourt redevenu ministre est évidemment freinée par le contexte politique, mais il manifeste tout au long de cette période une grande fidélité à Napoléon, preuve que l'on peut être fidèle sans être toujours d'accord.

L'épilogue sur Caulaincourt après 1815 permet de saisir son évolution à l'époque de la Restauration, période d'un long « exil intérieur », temps aussi de la réflexion et de l'écriture des Mémoires, dont la postérité est finalement analysée jusqu'à la Seconde Guerre mondiale. On l'aura compris, Olivier Varlan nous offre un grand livre qui fera date dans l'historiographie de la période napoléonienne.

Jacques-Olivier Boudon,
professeur à Sorbonne Université,
président de l'Institut Napoléon

Sacre de l'empereur Napoléon Ier et couronnement de l'impératrice Joséphine dans la cathédrale Notre-Dame de Paris, le 2 décembre 1804, Jacques-Louis David (1748-1825).

INTRODUCTION

Une figure d'Empire difficile à saisir

Parmi la foule des princes d'Empire et des dignitaires qui se pressent au sacre de Napoléon dans le tableau ci-contre de Jacques-Louis David, on distingue, sur la droite, un homme revêtu d'un costume d'apparat et coiffé d'un chapeau dont le plumeau lui retombe sur le visage. Comme ses voisins – Jean-Baptiste Bernadotte, Eugène de Beauharnais et Charles-Maurice de Talleyrand –, Armand de Caulaincourt porte son regard sur l'Empereur, sur le point de couronner Joséphine de Beauharnais. Son visage, encadré de favoris, semble inexpressif, figé par la concentration, l'émotion, d'aucuns diraient le scepticisme. Il émane de sa personne une profonde dignité, une gravité mêlée de raideur, qui tranche avec la fierté juvénile d'Eugène de Beauharnais ou l'ironie à peine dissimulée de Talleyrand. Quoique toute en retenue, la prestance de Caulaincourt est frappante : c'est celle de l'aristocrate picard, rompu au cérémonial et à la vie curiale, celle de l'officier de cavalerie, formé au métier des armes depuis son plus jeune âge, celle enfin du grand écuyer de l'Empire, fonction à laquelle il a été nommé par Napoléon six mois avant le sacre.

En tant que grand officier de la cour impériale, Caulaincourt a joué un rôle important dans la journée du 2 décembre 1804. Il a organisé le cortège du sacre, avant d'entrer dans la nef de la cathédrale Notre-Dame à la suite de Napoléon. En compagnie de Talleyrand, grand chambellan de la cour, il a porté le manteau de l'Empereur, avant de se placer derrière l'autel pour assister au couronnement. Sur le tableau de David, le prestige de sa position est rehaussé par la proximité de certaines des plus grandes figures de l'Empire : le maréchal Bernadotte, lié par alliance à Joseph Bonaparte, Eugène de Beauharnais, fils adoptif de Napoléon, ou encore le maréchal Berthier, ministre de la Guerre et grand veneur de la cour. Le plus révélateur est sûrement sa proximité avec le ministre des Relations extérieures, son ami Talleyrand, qui l'a introduit quelques années auparavant dans l'entourage du Premier consul et l'a ouvert au monde de la diplomatie. Placé au milieu d'une si brillante assemblée, Caulaincourt apparaît comme une des figures les plus en vue du nouveau régime.

Bien que ce fût certainement pour attirer l'attention des observateurs sur le couple impérial, on peut observer que le peintre fait figurer Caulaincourt dans la pénombre. De même, alors que certains de ses voisins comme Talleyrand et Berthier sont représentés en pied, seul son buste est visible, en grande partie caché par celui du prince Eugène. Ce décalage entre la place accordée au grand écuyer lors du sacre et la façon dont il est représenté est symptomatique du personnage. Malgré l'ampleur de sa carrière – aide de camp du Premier consul, général de division, grand écuyer, ambassadeur, ministre des Affaires étrangères de 1813 à 1815 –, celui qui devient en 1808 duc de Vicence reste une figure d'Empire méconnue et surtout difficile à classer.

Tableaux et gravures le figurent parfois – comme ici – dans son costume de grand écuyer de la cour impériale, insistant sur cette fonction qui a particulièrement marqué ses contemporains. Mais la plupart des représentations de Caulaincourt le montrent dans son costume habituel, celui de général de division. La plus célèbre de ces œuvres est le portrait en buste peint par François Gérard[1]. Le duc de Vicence, la cape sur l'épaule, jette un regard sévère et décidé, celui d'un officier sûr de lui et de ses capacités. Il porte sur sa poitrine la plaque de grand-croix de la Légion d'honneur, ainsi que la croix de l'ordre russe de Sainte-Anne dont il a été fait membre par le tsar. Un choix qui est, par ailleurs, révélateur de la place particulière que jouent la Russie et l'empereur Alexandre Ier dans la carrière du duc de Vicence : il est particulièrement éclairant de voir que son portrait le plus fameux l'associe à la fois à la France et à la Russie. Le tableau de Gérard et les différentes gravures qui en ont été tirées tendraient à démontrer que Caulaincourt a été perçu, et s'est perçu lui-même avant tout, comme un militaire.

Une œuvre célèbre semble le confirmer. Le duc de Vicence est représenté en effet sur la table dite « d'Austerlitz » commandée en 1806

1. En couverture de cet ouvrage.

par Napoléon pour commémorer la bataille[1]. Prenant place à côté du grand maréchal du palais, Duroc, et de onze maréchaux qui entourent un médaillon central où figure l'Empereur, il se voit associé aux heures les plus glorieuses du régime, en une sorte de panthéon militaire. La présence de Caulaincourt dans cette œuvre n'est pourtant pas sans ambiguïtés. Il n'a en effet joué aucun rôle déterminant durant la bataille d'Austerlitz ni durant la campagne de 1805. Plus généralement, il n'a exercé aucun commandement militaire durant le Premier Empire, sa mission auprès de Napoléon se cantonnant au cadre restreint de l'état-major impérial. À travers cette table d'Austerlitz, dite aussi « table des Maréchaux », il est mis sur un pied d'égalité avec les plus grandes figures de l'armée française, de façon en partie illégitime. Pour ajouter à la confusion, le duc de Vicence est peint par Eugène Isabey dans son costume bleu ciel de grand écuyer : dans son cas, carrière militaire et fonctions curiales sont indissociablement liées, la proximité avec Napoléon palliant en quelque sorte l'absence de véritables faits d'armes.

La table d'Austerlitz montre à quel point les contemporains de Caulaincourt ont eu du mal à situer son action. Une situation rendue encore plus compliquée par la troisième dimension de sa carrière : la diplomatie. Alors que c'est probablement dans ce domaine qu'il a eu le plus d'influence sur les événements de son époque, les représentations du duc de Vicence font la part maigre à ses activités de diplomate. Les scènes de bataille ont toujours eu plus de succès que les épisodes de congrès... Caulaincourt est toutefois présent sur le tableau ci-après que Nicolas Gosse a consacré à l'entrevue d'Erfurt (1808)[2].

1. Sur cet objet voir, sur le site de la Fondation Napoléon, la présentation de Karine Huguenaud, « Table d'Austerlitz ou des Maréchaux » : www.napoleon.org/fr/collectionneurs/objet/files/table_marechaux.asp

2. Caulaincourt est visible au centre de la toile, derrière Talleyrand.

Napoléon reçoit à Erfurt l'ambassadeur d'Autriche (octobre 1808),
Nicolas Gosse (1787-1878).

Cette toile montre Napoléon recevant l'envoyé de l'empire d'Autriche. À ses côtés, l'empereur de Russie, venu en Allemagne en compagnie du duc de Vicence, alors ambassadeur de France à Saint-Pétersbourg. Intermédiaire privilégié entre les deux empereurs alliés depuis Tilsit (1807), Caulaincourt a été placé au centre exact de la toile. Mais encore une fois, il se voit relégué à l'arrière-plan, à moitié caché par son ami Talleyrand dont il ne semble être qu'une simple excroissance. Si le lien entre les deux hommes est souligné, c'est indéniablement au profit du mentor.

L'observation de ces quelques œuvres est révélatrice de l'importance de Caulaincourt dans l'histoire du Consulat et de l'Empire, mais aussi de sa position relativement effacée. Dans une époque riche en personnalités, il semble faire figure – assez injustement – de second rôle. Une situation qui s'explique en partie par une carrière au croisement de trois sphères : militaire, curiale et diplomatique. Chacune a occupé une importance comparable dans sa vie, importance qui a toutefois évolué selon les époques et les préoccupations du moment. Selon les volontés aussi de ceux qui ont influencé sa vie : Napoléon, Talleyrand, ou encore le tsar Alexandre. Car il apparaît en effet que Caulaincourt n'a jamais été totalement maître des orientations de sa carrière : s'il a recherché certains honneurs et certaines fonctions, il a rechigné devant d'autres, notamment politiques. Il s'est d'abord perçu comme militaire, suivant en cela une longue tradition familiale. Par bien des aspects, le premier duc de Vicence est le pur produit de sa lignée : même ses excursions dans les domaines de la vie de cour et de la diplomatie trouvent leur écho dans le passé de sa famille.

Les Caulaincourt : « race purement picarde », « race purement militaire »[1]

> Les Picards passent depuis longtemps pour être vifs et irascibles, mais ils ont de la loyauté, de la franchise et de l'honnêteté. À la guerre, ils se font remarquer par leur valeur et leur impétuosité [...]. Quoiqu'on leur ait fait la réputation d'être paresseux par tempérament, et laborieux par nécessité, ils montrent, dans toutes les branches d'industrie et de commerce, beaucoup d'activité et d'intelligence [...] On trouve en eux d'excellentes qualités, une hospitalité prévenante, de la générosité envers les malheureux, un jugement sain, un esprit droit, une âme délicate et douée d'une vive sensibilité ; ils savent s'exprimer avec clarté et convenance[2].

Ce jugement, tiré de la *France pittoresque* d'Abel Hugo, pourrait s'appliquer à Armand de Caulaincourt comme à l'ensemble de sa famille. Les Caulaincourt sont en effet enracinés depuis leur origine dans la terre de Picardie, et notamment dans les environs de la commune qui leur a donné leur nom, au cœur du Vermandois[3]. Leur lignée est indissociable de la région, comme le souligne l'éditeur des *Mémoires de Caulaincourt*, l'historien Jean Hanoteau : « Race purement picarde, sans mélange jusqu'au milieu du XVIIe siècle, depuis aussi loin que l'histoire puisse remonter. Finesse mâtinée d'un soupçon d'ironie, souplesse de l'esprit qui n'exclut pas la fermeté du caractère [...], amour de la vie sans exubérance, fierté froide et distante, profond amour-propre, peut-être même orgueil s'extériorisant par l'impassibilité et l'entêtement[4]. »

1. C'est Jean Hanoteau qui insiste sur ces deux aspects dans son excellente préface aux *Mémoires de Caulaincourt* (Jean Hanoteau, *Mémoires du général de Caulaincourt, duc de Vicence, grand écuyer de l'Empereur*, Paris, Plon, 1933, t. I, p. 15-16). Dans la suite des notes de notre ouvrage, les mentions « Jean Hanoteau, *op. cit.* » feront référence à cette préface. Les mentions *Mémoires de Caulaincourt* feront référence au texte même des Mémoires.

2. Abel Hugo, *France pittoresque ou description pittoresque, topographique et statistique des départements et colonies de la France*, Paris, Delloye, 1835, vol. 3, p. 178 (département de la Somme).

3. La commune de Caulaincourt est située aujourd'hui à l'ouest du département de l'Aisne.

4. Jean Hanoteau, *op. cit.*, t. I, p. 16.

Si le mythe familial – appuyé par quelques faux opportuns – fait remonter la lignée au Moyen Âge central et envoie les premiers Caulaincourt en croisade, l'histoire préfère partir de Jean (dit Gauvain) de Caulaincourt, né dans la seconde moitié du XIVe siècle. De même que ses descendants directs, ce Gauvain, sire de Caulaincourt et de Warsy, se présente comme un petit seigneur au rayon d'action et aux ambitions limités. Les premiers ancêtres avérés du duc de Vicence sont avant tout, comme le précise Jean Hanoteau, des « fils de féodaux » et des « bretteurs »[1], soucieux d'agrandir leur domaine et d'asseoir leur influence dans ses environs immédiats. Des hommes brutaux, prompts à la violence, conformes par bien des aspects au jugement d'Abel Hugo dans sa *France pittoresque*. Les exemples sont nombreux de leurs différends avec les seigneurs voisins mais aussi de leurs faits d'armes au service du roi, à partir du début du XVIe siècle. Jean III de Caulaincourt se serait ainsi illustré lors du siège de Saint-Quentin par les Espagnols, en 1557, s'acquérant la considération d'Henri II et de Catherine de Médicis. Même si la légende familiale a probablement embelli l'épisode, il apparaît néanmoins que c'est à cette époque que la renommée des Caulaincourt dépasse le cadre local. Les hommes d'armes du Moyen Âge commencent leur transition vers la modernité, sans que leur héritage disparaisse totalement. Le duc de Vicence sera encore largement marqué par l'impulsivité de ses ancêtres :

> Race purement militaire qui a suivi l'évolution de la noblesse d'épée : à la rudesse des temps héroïques où le combat individuel, surexcitant le courage personnel, entretenait l'ardeur belliqueuse que ces soldats ne savaient pas toujours refréner, même dans le courant de leur vie privée, a succédé, étape par étape, l'élégance chevaleresque du militaire de plus en plus affiné qui, sans rien perdre de son allant, ne dédaigne plus les cultures de l'esprit, sait embellir sa vie des charmes de l'art et n'est insensible ni aux splendeurs du décor, ni à la grâce de l'étiquette de cour. Mais il reste à ce militaire, de ses ancêtres lointains, une volonté de fer, une certaine dureté pour lui-même et pour les autres, une bravoure qui n'a pas besoin d'être exaltée. C'est entre deux actions d'éclat qu'il sait être un homme de bonne société[2].

1. *Ibid.*, p. 5.
2. *Ibid.*, p. 15-16.

Le XVIIe siècle marque le passage définitif des Caulaincourt au service de la monarchie, après une éclipse due à la conversion temporaire de la famille au protestantisme. Louis de Caulaincourt (1625-1669) obtient ainsi le commandement d'une compagnie de chevau-légers appartenant au duc d'Orléans. En servant dans la cavalerie, il inaugure une véritable tradition familiale qui ne se démentira jamais : il n'est que de voir la carrière militaire du duc de Vicence et de son frère, cavaliers émérites. Le fils aîné de Louis de Caulaincourt poursuit dans la voie initiée par son père et devient page de Louis XIV. Il meurt toutefois au siège de Maastricht (1673), durant la guerre de Hollande (1672-1678). C'est son frère, François-Armand (1666-1731), qui lui succède finalement à la tête de la famille. Le nouveau seigneur de Caulaincourt va donner à son nom un lustre nouveau : en 1689, il épouse la petite-fille de Sully, de la maison de Béthune, une des plus grandes familles de France. Surtout, en 1714, il obtient l'érection de ses terres – Caulaincourt, Vechy, Beauvois, Bihécourt, Trescon, Tertry et Tombes – en marquisat[1]. Cette décision royale fonde la noblesse de la famille jusqu'à la fin du XVIIIe siècle. Précisons au passage que ce François-Armand de Caulaincourt, personnage central dans l'histoire de la famille, préfigure certaines des activités futures du duc de Vicence : il fait en effet office dans sa jeunesse de page de la Grande Écurie royale, attachant déjà à cette institution le nom des Caulaincourt[2].

François-Armand décède en 1731 ; son fils, Louis-Armand, le suit dans la tombe dès 1734, laissant la place à celui qui va assurer la renommée de la famille, Marc-Louis de Caulaincourt. Il convient de s'arrêter un peu plus sur ce personnage, dont la carrière annonce à bien des égards celle de son petit-fils, le duc de Vicence. Après une éducation « particulièrement soignée[3] », il fait ses premières armes en 1733 au régiment Royal-Cavalerie. En 1738, il accède au grade de capitaine avant de servir, durant les années suivantes, au sein des gardes du corps du roi. C'est à

1. Voir aux Archives nationales (AN), 95 AP 30, la succession de François-Armand de Caulaincourt.

2. Joseph-Hubert Willems et Jean-Yves Conan, *Liste alphabétique des pages de la Grande Écurie du Roi*, Suresnes, J.-Y. Conan, 1962, p. 83.

3. Hanoteau précise que Marc-Louis de Caulaincourt bénéficie de l'éducation octroyée par un des meilleurs précepteurs de l'époque, Martin Camus (Jean Hanoteau, *op. cit.*, t. I, p. 8).

ce titre qu'il participe, en 1745, à la bataille de Fontenoy. Le sommet de sa carrière militaire est atteint lors de la guerre de Sept Ans. En 1757, Marc-Louis est maréchal général des logis de la cavalerie dans l'armée commandée par Charles de Rohan, prince de Soubise. Ses fonctions lui donnent un rôle central dans l'état-major : à l'instar du major général pour l'infanterie, il est chargé des détails du service et de la discipline dans la cavalerie, ainsi que des questions d'approvisionnement et de campement. Comme plus tard le duc de Vicence, Marc-Louis de Caulaincourt se voit donc confier des tâches essentiellement logistiques, preuve probablement de ses qualités d'organisateur et d'intendant. C'est à ce poste de maréchal général des logis de la cavalerie qu'il participe à la bataille de Rossbach, le 5 novembre 1757, qui se conclut par un désastre face aux troupes de Frédéric II de Prusse.

En 1759, la carrière de Marc-Louis prend un tournant assez inattendu lorsque le roi Louis XV lui confie une mission auprès de la cour de Suède, alors alliée de la France. La mission de Caulaincourt est celle d'un expert militaire : elle consiste à maintenir le lien entre les armées suédoise et française et à assurer leur coordination. Elle se double toutefois d'objectifs diplomatiques : durant son voyage, Marc-Louis doit ainsi faire une étape à Copenhague pour rappeler au roi du Danemark, resté neutre, l'amitié du roi de France. Une fois parvenu auprès des troupes suédoises, il lui faut surtout veiller à sauvegarder la fragile entente nouée avec l'allié russe dans la lutte commune contre la Prusse. Le caractère diplomatique de la mission de Marc-Louis est souligné par ses liens constants avec l'ambassadeur de France à Stockholm et avec le secrétaire d'État aux Affaires étrangères, le duc de Choiseul.

Durant la deuxième partie de l'année 1759 et le début de l'année 1760, le marquis de Caulaincourt suit l'offensive suédoise contre la Prusse en Poméranie. Ses conseils avisés ne suffisent toutefois pas à empêcher l'échec des alliés de la France. Il est lui-même fait prisonnier par les Prussiens et reste en détention à Stettin pendant presque une année avant d'obtenir sa libération. L'expérience n'est pourtant pas totalement négative : pour prix de son dévouement, Louis XV le nomme en février 1761 au grade de maréchal de camp qu'il ambitionnait. Il apparaît surtout que ses voyages dans le nord de l'Europe lui ont permis de tisser de nombreux liens avec l'aristocratie européenne, notamment suédoise et russe. Avec Marc-Louis, les Caulaincourt s'ouvrent à l'Europe et au cosmopolitisme.

Après la fin de sa captivité, il se rend ainsi à Varsovie où il est reçu par le comte Piotr Roumiantsev, maréchal de Catherine II de Russie[1]. Ce comte Roumiantsev n'est autre que le père de Nicolas Roumiantsev qui, en tant que ministre des Affaires étrangères du tsar Alexandre, sera le principal interlocuteur du duc de Vicence durant son ambassade à Saint-Pétersbourg (1807-1811). Le petit-fils profitera incontestablement en cette circonstance des jalons posés par son grand-père.

La mission de Marc-Louis de Caulaincourt a aussi pour conséquence d'avoir ouvert à la famille la voie de la diplomatie. Échaudé par les tergiversations du secrétariat d'État à la Guerre qui tarde à répondre à ses demandes d'avancement, Marc-Louis envisage un temps de se mettre au service du duc de Choiseul et de faire carrière comme diplomate[2]. S'il abandonne finalement cette idée une fois ses revendications satisfaites, il n'en a pas moins créé un précédent qui influencera peut-être le duc de Vicence lorsqu'il sera placé dans une situation comparable au début de sa carrière.

Après la guerre de Sept Ans, Marc-Louis de Caulaincourt poursuit sa carrière dans l'administration militaire et travaille notamment à la reconstitution de la cavalerie française, durement éprouvée par le conflit. À sa mort, en 1774, il peut estimer avoir grandement contribué au prestige de sa lignée. Les Caulaincourt sont désormais admis à la cour du roi et mis au même plan que les grandes familles du royaume ; Marc-Louis est ainsi fait commandeur de l'ordre militaire de Saint-Louis. Le pouvoir territorial de la famille s'est étendu : le marquis a fait construire un nouveau château dans les années 1760[3] et obtenu pour ses terres le droit de haute et basse justice[4]. Consolidé à l'échelle locale, l'influence de la famille dépasse désormais les frontières de la France, à travers les liens tissés avec l'aristocratie européenne. Marc-Louis de Caulaincourt a aussi

1. AN, 95 AP 31, Marc-Louis de Caulaincourt au duc de Choiseul, Colberg, 12 janvier 1762.

2. AN, 95 AP 1, D'Havrincourt à Caulaincourt, Stralsund, 23 octobre 1759.

3. Ce château remplaça celui construit au lendemain du siège de Saint-Quentin (1557), qui avait vu l'incendie de l'ancien édifice féodal. Le château du XVIIIe siècle fut détruit par les Allemands en 1914 et remplacé par une nouvelle demeure dans les années 1930.

4. Marc-Louis a obtenu ce droit en 1761. AN, 95 AP 30, « Notice sur messire Marc-Louis de Caulaincourt », 7 décembre 1858.

la satisfaction de savoir sa descendance assurée : il peut s'enorgueillir des états de service de son fils, Gabriel-Louis, qui se distingue, comme ses aïeuls, dans la cavalerie du roi. Un an avant sa mort, en 1773, il a surtout la joie d'être le parrain de son petit-fils, Armand-Louis de Caulaincourt.

Ce dernier semble destiné comme son père, son grand-père, et tous ses ancêtres depuis le XVIIe siècle, à une carrière d'officier de cavalerie, occupé de son régiment et de ses terres. Une carrière au service du roi, seul horizon de la faveur, jusqu'à obtenir, peut-être, un commandement général. Ce *cursus honorum* tout tracé qui attend le jeune Armand-Louis va toutefois être brutalement remis en question par les bouleversements révolutionnaires et la fin de l'ordre ancien. La période qui s'ouvre va offrir à la famille de Caulaincourt des opportunités jusque-là inconcevables, mais dresser aussi devant elle des obstacles difficilement surmontables. Soumise aux aléas politiques, la carrière militaire du jeune Armand va s'en trouver parfois accélérée, souvent ralentie, jusqu'à l'amener à se tourner vers d'autres voies, notamment la diplomatie. Cette direction ne va pas se prendre, cependant, sans d'innombrables réticences de la part du principal intéressé. Issu d'une lignée de soldats, le duc de Vicence, en se consacrant à la politique, répugne à remettre en question une longue tradition familiale. C'est en quelque sorte malgré lui qu'il va devenir un des diplomates les plus importants du Premier Empire.

PREMIÈRE PARTIE

LE « FAVORI » DE NAPOLÉON (1773-1807)

CHAPITRE 1

UN APPRENTISSAGE MILITAIRE MOUVEMENTÉ (1773-1796)

La jeunesse de Caulaincourt est sans aucun doute la période la moins connue de sa vie. Les sources, quasi inexistantes pour ses premières années, se révèlent par la suite en grande partie lacunaires, voire divergentes. Il en est de même de la période révolutionnaire, dont les répercussions sur sa vie sont souvent difficiles à saisir. Jusqu'à son départ pour Constantinople en 1796 – dans le cadre de l'ambassade du général Aubert-Dubayet – rien n'est sûr, tout est prétexte à interprétations. Il est pourtant certain que l'apprentissage militaire mouvementé du futur duc de Vicence est pour lui une période décisive, celle où se forment certains grands traits de son caractère, certaines de ses conceptions politiques les plus durables. C'est dans les épreuves que le jeune officier de cavalerie va développer une capacité d'adaptation – et de remise en question – qui lui sera utile jusqu'à la fin de sa carrière.

Une jeunesse d'Ancien Régime (1773-1789)

Armand-Augustin-Louis naît au château de Caulaincourt, le 9 décembre 1773. Son père, Gabriel-Louis de Caulaincourt, est à cette époque colonel au régiment provincial de Péronne, créé deux ans auparavant. Il a fait ses débuts à l'armée en 1757, avant de participer aux campagnes d'Allemagne de 1759 à 1762, servant notamment comme aide de camp du maréchal de Broglie. Après la guerre, il est fait capitaine ; en 1770, il devient colonel : des états de service qui, s'ils s'apparentent à ceux de son père, Marc-Louis de Caulaincourt, n'ont peut-être pas le même relief. La faute probablement à un contexte plus pacifique dans les années qui suivent la guerre de Sept Ans. En 1788, Gabriel-Louis atteint tout de même le grade de maréchal de camp, sommet de sa carrière sous l'Ancien Régime.

Le temps libre que lui laisse l'armée, le marquis de Caulaincourt le consacre à fréquenter les salons de la bonne société parisienne. Il y acquiert rapidement une excellente réputation, qui ne sera pas étrangère aux succès futurs de son fils. Dans ses Mémoires, la duchesse d'Abrantès a longuement évoqué le personnage, en des termes le plus souvent élogieux : « Pour ceux qui ont connu cet excellent homme, dire son nom, c'est rappeler tout ce qui est bon, honorable et honoré », écrit-elle[1]. « M. le marquis de Caulaincourt avait tout ce qui, à cet égard, peut satisfaire l'âme et l'esprit ; car il était comme une tradition vivante d'une époque que nos pères regardaient eux-mêmes comme d'un autre siècle[2]. »

Parmi les relations du marquis de Caulaincourt, il faut insister sur celles qu'il entretient avec le couple Beauharnais. Avant même les événements révolutionnaires, Alexandre et, surtout, sa femme Joséphine comptent en effet au nombre des intimes de la famille Caulaincourt[3]. Des relations qui iront en se resserrant : pendant la Terreur, Gabriel-Louis offrira sa protection à la jeune veuve jusqu'à envisager, diront certains, de divorcer pour pouvoir l'épouser. Quoi qu'il en soit de ces allégations sans réel fondement, Joséphine de Beauharnais se montrera toujours reconnaissante à l'égard du marquis de Caulaincourt, jusqu'à faciliter apparemment la carrière de ses fils : « L'ancienne amitié qui unissait l'Impératrice à M. de Caulaincourt ne contribua pas peu à assurer la fortune de ses fils, qui, d'ailleurs, s'en montrèrent dignes de toutes les manières », affirme dans ses Mémoires Mlle d'Avrillion[4]. Gabriel-Louis en recevra lui-même les dividendes : il sera fait sénateur en 1805, puis comte de l'Empire en 1808, quelques mois avant sa mort.

De son père, le futur duc de Vicence hérite donc de solides amitiés, qui s'avéreront extrêmement profitables. Il lui doit aussi probablement ses

1. *Mémoires complets et authentiques de Laure Junot, duchesse d'Abrantès*, Paris, J. de Bonnot, 1967, t. I, p. 378.

2. *Ibid.*, p. 379.

3. La mère de Caulaincourt aurait été une des premières à se lier d'amitié avec Joséphine de Beauharnais. *Mémoires de mademoiselle d'Avrillion, première femme de chambre de l'impératrice Joséphine*, Paris, Mercure de France, 1986, p. 20.

4. *Ibid.*, p. 246.

qualités d'homme du monde et ses talents de séducteur – ainsi que son caractère parfois ombrageux. La finesse de ses traits – qui contribueront à ses nombreux succès féminins –, il la tient en revanche de sa mère, Anne-Joséphine de Barandier de la Chaussée d'Eu (1751-1830). Issue d'une famille d'origine savoyarde, qui s'est installée en Picardie au début du XVIIIe siècle, Anne-Joséphine est la fille de Bruno de Barandier et de Marie-Anne-Augustine de la Vieuville. Elle épouse le marquis de Caulaincourt en 1770 et lui donne cinq enfants : deux fils, Armand-Louis et Auguste-Jean-Gabriel (né en 1777), et trois filles, Augustine-Louise (née en 1774), Augustine-Amicie (née en 1776), et Almerine-Charlotte-Gabrielle, qui mourra jeune. La mère du duc de Vicence apparaît comme une figure relativement effacée : avant la Révolution, on sait seulement qu'elle fait office de dame de compagnie de la comtesse d'Artois et qu'elle fréquente à ce titre la cour de Versailles[1]. Encore cet honneur le doit-elle probablement à celle qui s'impose comme la principale figure féminine de son entourage : sa demi-sœur, la comtesse d'Harville (1749-1836).

Cette dernière est née d'un premier mariage de Marie-Anne-Augustine de la Vieuville avec Ferdinand dal Pozzo, marquis de la Trousse. Après la mort de son père en 1750 et le remariage de sa mère l'année suivante, Marie-Henriette dal Pozzo est élevée dans la famille Barandier de la Chaussée d'Eu. En 1766, elle épouse un jeune officier des armées royales, de noble lignée, Louis-Auguste Jouvenel des Ursins, comte d'Harville (1749-1815) – celui-ci jouera, comme on le verra, un rôle essentiel dans la carrière du duc de Vicence. Forte de ce mariage, sa position à la cour s'affermit : en 1773, elle est nommée dame de compagnie de la jeune épouse du comte d'Artois, Marie-Thérèse de Savoie, et le restera jusqu'à la Révolution. C'est elle qui parvient à faire accorder le même honneur à sa discrète demi-sœur, Anne-Joséphine de Caulaincourt. Dans les années qui suivent, Mme d'Harville devient rapidement une figure importante de la vie mondaine parisienne : elle fréquente notamment la comtesse de Custine, femme du général, et Mme de Genlis, préceptrice de Louis-Philippe d'Orléans[2].

---

1. Bibliothèque municipale de Versailles, « Almanach de Versailles pour l'année 1783 », Versaillais A 23, p. 202 [en ligne].

2. *Mémoires inédits de madame la comtesse de Genlis*, Paris, Ladvocat, 1825, t. I, p. 291.

Proche du Palais-Royal, la comtesse d'Harville apparaît particulièrement réceptive aux idées nouvelles. Elle noue ainsi une solide amitié avec le futur conventionnel Gilbert Romme[1], qu'elle soutiendra durant toute sa brève carrière politique. En 1779, elle le convainc de devenir le précepteur du fils du comte Alexandre Stroganov (1733-1811), Paul[2]. Elle profite pour ce faire de ses liens avec plusieurs grands noms de l'aristocratie russe, au premier rang desquels le comte Alexandre Golovkine (1732-1781), petit-fils du chancelier de Pierre le Grand. Sans pouvoir s'étendre sur ces différentes relations, il faut insister sur leur rôle non négligeable dans la carrière du futur duc de Vicence. L'engagement de la comtesse d'Harville en faveur des idées révolutionnaires, dont témoigne son amitié avec Romme, influencera probablement la famille Caulaincourt et motivera ses choix après 1789. Quant au cosmopolitisme de la comtesse et aux liens tissés avec l'aristocratie russe, ils se révéleront particulièrement utiles au jeune Armand, dès son premier séjour à Saint-Pétersbourg en 1801.

Avant même d'envisager ces époques, on peut supposer la part prise par la comtesse d'Harville dans l'éducation de son neveu, les perspectives qu'elle lui ouvre, les lectures qu'elle lui suggère, les rencontres qu'elle lui fait faire. De cette éducation du jeune Caulaincourt, force nous est pourtant de constater que nous ne savons quasiment rien : il n'y a jamais fait allusion, ni dans ses Mémoires ni dans sa correspondance. On sait seulement que son frère Auguste est élevé à l'Institution de la jeune noblesse, une pension pour riches aristocrates située rue de Berri, à Paris[3]. Mais, comme le précise Jean Hanoteau, « rien ne permet d'affirmer qu'Armand de Caulaincourt ait suivi les mêmes cours[4] ». Dans la mesure où l'on ne trouve aucune trace de sa présence dans les collèges et les écoles militaires du royaume, il faut probablement en conclure que sa formation est confiée à des précepteurs, comme il était souvent d'usage dans l'aristocratie.

---

1. Cette amitié est évoquée dans Philippe Boutry, « Romme et la sociabilité politique révolutionnaire », *Annales historiques de la Révolution française*, n° 304, 1996, p. 269.

2. Grand-duc Nicolas Mikhailovitch, *Le Comte Paul Stroganov*, Paris, Imprimerie nationale, 1905, t. I, p. 25-27.

3. Hippolyte d'Espinchal, *Souvenirs militaires (1792-1814)*, Paris, Ollendorf, 1901, t. I, p. 391.

4. Jean Hanoteau, *op. cit.*, t. I, p. 17.

Affranchie des contraintes des institutions scolaires, la jeunesse d'Armand-Louis est vraisemblablement itinérante. Elle se partage entre le château de Caulaincourt, où le jeune seigneur fait l'apprentissage de ses futures responsabilités, l'appartement de sa famille à Paris[1], qui lui permet de s'ouvrir aux mondanités et aux habitudes de la bonne société, et Versailles, où sa mère et sa tante lui font découvrir la vie de cour. Quoique soignée, cette éducation n'en est pas moins écourtée : en 1788, Armand-Louis s'engage comme cadet-gentilhomme dans le régiment de cavalerie Royal-Étranger que commande alors Théodore de Lameth – le frère aîné des deux révolutionnaires, Alexandre et Charles de Lameth.

En 1776, le comte de Saint-Germain, ministre de la Guerre, a décidé en effet la création dans chaque régiment d'un poste de cadet-gentilhomme, afin de faciliter l'accès de l'armée à la noblesse et d'améliorer sa formation pratique. Ces cadets sont destinés « à remplir tous les emplois de sous-lieutenants, dans les régiments dans lesquels ils seront admis, toutefois après le remplacement des officiers attachés à sa suite[2] ». En attendant d'accéder effectivement à ce grade, ils doivent effectuer le « service de soldats, cavaliers, dragons ou chasseurs, devant seulement être exempts des corvées[3] ». Comme l'explique Jean Chagniot, historien de la guerre au XVIIIe siècle : « Chacune des mille compagnies d'infanterie et des deux cents compagnies des troupes montées doit accueillir un cadet ; on réserve les premières places aux pensionnaires des douze collèges militaires qui auront subi avec succès l'examen de sortie à Brienne ; les autres sont attribuées aux fils de familles plus aisées[4]. »

Caulaincourt appartient indiscutablement à cette deuxième catégorie et, pour servir comme cadet, il lui suffit de prouver sa noblesse. Un seul point pose toutefois problème : l'édit du 25 mars 1776 précise expressé-

1. La famille de Caulaincourt a un appartement rue des Vieilles-Tuileries, l'actuelle rue du Cherche-Midi (6e et 15e arrondissements). Elle déménagera par la suite rue Neuve-des-Mathurins, l'actuelle rue Pasquier (8e arrondissement).

2. *Recueil des édits, déclarations, ordonnances, arrêts et réglemens concernant l'école royale-militaire*, Paris, Imprimerie royale, 1782, t. I, p. 68. Ordonnance du 25 mars 1776, article 2.

3. *Ibid.*, article 3.

4. Lucien Bély (dir.), *Dictionnaire de l'Ancien Régime*, Paris, Presses universitaires de France, 1996, p. 192, article « cadets-gentilshommes » [Jean Chagniot].

ment que l'âge requis est de 15 ans[1]. Or, lorsqu'il s'engage, le 13 janvier 1788, le jeune Armand a tout juste 14 ans. Pour tromper l'administration, il envoie au ministère de la Guerre un extrait de baptême falsifié qui le vieillit d'un an[2]. Peut-être bénéficie-t-il de la complaisance de Théodore de Lameth, dont la famille, elle aussi picarde, est depuis longtemps alliée à celle de Caulaincourt. Dans son ouvrage sur la noblesse au XVIIIe siècle, Guy de Chaussinand-Nogaret a, d'une certaine façon, décrit le cas d'Armand de Caulaincourt : « D'autres [jeunes nobles] évitent l'académie et profitent de leurs relations pour entrer très jeunes au service. [...] Le régiment continue l'école : les jeunes gentilshommes font leur instruction sur le tas, montent la garde, font l'exercice, mais ont aussi leurs maîtres de langues, de mathématiques et de géographie[3]. »

Dès le mois de juillet 1789, alors qu'il n'a pas 16 ans, il obtient d'être nommé sous-lieutenant de remplacement surnuméraire dans son régiment[4]. Quelques mois plus tard, il est sous-lieutenant en pied. Cette impatience s'explique aussi probablement par la conscience que le jeune homme – ainsi que son entourage – a de ses capacités : dur à la peine, apte au commandement, doué pour l'équitation, Armand de Caulaincourt veut mettre le plus rapidement possible en pratique ses qualités. À l'apprentissage théorique, il préfère la formation sur le terrain, l'exercice, les chevauchées, les manœuvres : futur homme de cabinet, le duc de Vicence restera toujours au plus profond de lui un cavalier.

Continuités et ruptures révolutionnaires

Comme pour la période précédente, la rareté des sources rend particulièrement malaisée toute tentative pour déterminer la place exacte de l'année 1789 dans la formation du jeune Armand de Caulaincourt. Par bien des aspects, les premiers événements révolutionnaires n'apparaissent

1. *Recueil des édits, déclarations, ordonnances, arrêts et réglemens concernant l'école royale-militaire*, *op. cit.*, t. I, p. 70. Ordonnance du 25 mars 1776, article 7.

2. Parmi différents documents de ce fonds, voir notamment SHD, 7 Yd 407, 16e division militaire, département du Pas-de-Calais, Arras, 10 novembre 1791, « Mémoire en demande d'une place d'aide de camp ».

3. Guy de Chaussinand-Nogaret, *La Noblesse au XVIIIe siècle : de la féodalité aux Lumières*, Bruxelles, Complexe, 2000, p. 101.

4. SHD, 7 Yd 407, Régiment Royal-Étranger cavalerie, 7 juillet 1789.

pas comme une rupture brutale : c'est ce que tendrait d'ailleurs à prouver l'absence de commentaires postérieurs de la part du duc de Vicence – même si ce mutisme ne présume pas toutefois de l'influence profonde que ces événements ont pu avoir sur les conceptions politiques du jeune officier. Si 1789 n'est pas un traumatisme pour la famille Caulaincourt, c'est peut-être parce qu'elle y est en partie préparée et qu'elle a anticipé certains bouleversements. Depuis plusieurs années, elle subit en effet l'influence de la comtesse d'Harville et de ses amis – Romme, les Lameth, Mme de Genlis, etc. Sans être totalement acquis aux idées nouvelles, Gabriel-Louis de Caulaincourt fait figure de seigneur éclairé, soucieux des conditions de vie des paysans qui dépendent de son domaine picard. Au début de l'année 1789, alors que la rédaction des cahiers de doléances bat son plein, son intendant lui écrit ainsi pour le tranquilliser quant aux intentions des habitants des environs de Caulaincourt :

> Vos habitants avaient jeté les yeux sur vous et M. le curé pour députés et porter leur cahier, mais nous étant fait informer de l'incompatibilité qu'il pouvait y avoir ils furent obligés de changer de volonté ; alors ils m'ont député et le syndic, nous avons rédigé notre cahier de doléances avec plus de précision possible, quoique malgré nous, nous fûmes obligés de parler sur tout ce qui gêne l'agriculture, nous avons respecté vos droits de propriété, et les reconnaîtrons toujours[1].

Sans être hostile au changement, Gabriel-Louis n'en reste pas moins vigilant. Il maintient ses enfants loin de l'effervescence parisienne et prend toutes les dispositions nécessaires pour protéger son domaine des effets de la Grande Peur, particulièrement vifs en Picardie[2]. Son attitude modérée lui permet de surmonter sans grands heurts les événements de l'été 1789. Dans la lettre qu'il lui envoie à Paris, au début du mois d'août, son intendant se veut rassurant : « Tout est assez calme ici [à Caulaincourt] et je crois vos enfants en sûreté, ils ont pris la cocarde puisque vous l'avez ordonné. Ils étaient et sont fort tranquilles. La manière qu'ils se

1. AN, 95 AP 31, Grosnier (?) au marquis de Caulaincourt, Caulaincourt, 3 mars 1789. Cette lettre est envoyée à Paris, où réside alors le marquis de Caulaincourt.

2. Un des foyers de la Grande Peur est Estrées-Saint-Denis, dans l'Oise. Voir Georges Lefebvre, *La Grande Peur de 1789*, Paris, Armand Colin, 1970, p. 217-219.

conduisent les fait aimer[1]. » Armand de Caulaincourt, présent comme ses frères et sœurs en Picardie, participe notamment à l'organisation des tours de garde, destinés à prévenir violences et débordements. Est-ce à cette époque que le futur duc de Vicence conçoit cette aversion profonde pour le désordre révolutionnaire, dont il ne se départira jamais et qui motivera en grande partie son adhésion au régime impérial ? Ce n'est pas impossible, même si les années suivantes vont lui donner d'autres occasions – souvent plus légitimes – de développer ce sentiment.

Après les inquiétudes de l'été 1789, la carrière militaire du jeune Caulaincourt semble suivre son cours. Elle profite même dans les mois suivants des choix politiques de son père, maréchal de camp (général de brigade), employé à Arras. En 1791, alors que beaucoup d'officiers font défection, Gabriel-Louis, comme son beau-frère d'Harville, prête en effet serment au nouveau régime[2]. Quelques mois plus tard – pour prix de son ralliement ? –, il demande au ministre de la Guerre que son fils Armand serve à ses côtés comme aide de camp. Pour défendre sa candidature, il dresse le portrait d'un jeune officier intelligent, volontaire, « digne sous tous les rapports », qui a su mériter depuis son arrivée au régiment Royal-Étranger – devenu depuis le 7e régiment de cavalerie – « la confiance de ses chefs et leur approbation entière[3] ». Fin novembre 1791, la demande du marquis de Caulaincourt est acceptée : Armand se rend à Arras pour faire office d'aide de camp de son père.

Pour le futur duc de Vicence, cette nomination est d'importance. Elle donne en effet une tournure particulière à sa carrière et annonce certaines de ses attributions postérieures. Si sa tâche principale, en tant qu'aide de camp, est de relayer les ordres du maréchal de camp, il doit aussi assurer de nombreuses missions d'intendance : logement des officiers, gestion des approvisionnements, surveillance de l'ordonnance des camps, etc. Dès cette époque, Caulaincourt acquiert une grande expérience des questions logistiques : il développe déjà les qualités d'organisateur et de gestionnaire

1. AN, 95 AP 31, Grosnier (?) au marquis de Caulaincourt, Caulaincourt, 10 août 1789.

2. SHD, 3 Yd 1275, Gabriel-Louis de Caulaincourt. [Prestation de serment de] Caulaincourt, maréchal de camp, employé à Arras [16e division militaire], Arras, 24 juillet 1791.

3. SHD, 7 Yd 407, 16e division militaire, département du Pas-de-Calais, Arras, 10 novembre 1791.

qui seront celles de l'aide de camp du Premier consul et du grand écuyer de la cour impériale. Dans l'immédiat, sa place d'aide de camp apparaît comme un tremplin vers un poste de commandement : tout laisse à croire que les promotions vont rapidement se succéder et que le jeune Armand va poursuivre son avancement dans les armées révolutionnaires.

La rupture intervient finalement en 1792. Le 20 avril, la France déclare la guerre au « roi de Bohème et de Hongrie ». Le 22 mai, Gabriel-Louis de Caulaincourt démissionne de l'armée. Pourquoi cette décision, alors que, quelques mois auparavant, il vient d'être promu au grade de lieutenant général ? Le motif invoqué – et accepté comme tel par le ministère de la Guerre – est l'état de santé de l'officier : « Un rhumatisme vague [...], écrit un médecin de l'armée, lui occasionne les douleurs les plus vives, et des suffocations très dangereuses[1]. » Ces ennuis de santé sont-ils vraiment la seule raison de la démission de Gabriel de Caulaincourt ? On peut en douter quand on voit sa tentative, dès le 20 avril – le jour même de la déclaration de guerre à l'Autriche –, pour obtenir une permission de quinze jours afin « d'aller terminer des affaires indispensables dans ses possessions[2] ». Ces efforts répétés pour quitter l'armée semblent témoigner d'un refus de participer au conflit qui s'engage contre l'Autriche et, plus généralement, d'une certaine réprobation à l'égard du tournant pris par la France révolutionnaire. Comme d'autres officiers généraux favorables à une monarchie constitutionnelle, Gabriel de Caulaincourt craint peut-être que la guerre n'aboutisse au renversement de la monarchie et à la ruine du pays. Il préfère se tenir à distance des événements, se retirer en quelque sorte dans un exil intérieur, lui permettant de conserver une vigilante modération. S'il envisage un moment l'émigration, il ne reste rien de ces débats.

La démission de son père est, dans la carrière militaire du jeune Armand, le point de départ d'un véritable cataclysme : aide de camp d'un lieutenant général, officier de cavalerie, il va se retrouver contraint en effet de recommencer à zéro sa carrière militaire. La période qui s'ouvre à partir de mai 1792 est une des plus obscures de sa vie : les sources qui le

1. SHD, 3 Yd 1275, le chirurgien major du régiment suisse de Reinach au ministère de la Guerre, Arras, 13 mai 1792 (copie).

2. *Ibid.*, Gabriel de Caulaincourt au ministre de la Guerre [de Grave], Arras, 20 avril 1792.

concernent, toujours aussi rares, sont désormais très souvent contradictoires. Un flou qui a d'ailleurs parfois été entretenu par le duc de Vicence lui-même, afin de combler les vides dans ses états de service et d'obtenir une meilleure pension de retraite après la fin de sa carrière. Si l'on en croit une lettre du général Hoche, datée de 1794, Caulaincourt aurait échoué dans ses tentatives pour reprendre sa place de sous-lieutenant dans son ancien régiment – le 7e régiment de cavalerie, ex-Royal-Étranger – après la démission de son père. Ses demandes d'emploi auprès de l'administration seraient restées de même sans effet[1]. Ces démarches, tout à fait légitimes, semblent en partie contredites par un document du ministère de la Guerre, daté de mars 1795, qui affirme que « n'ayant pas donné de ses nouvelles depuis la démission de son père, [le sous-lieutenant Caulaincourt] a été rayé du contrôle des 136 aides de camp dont il faisait partie[2] ». S'agit-il d'une simple lacune administrative, ou Caulaincourt a-t-il réellement jugé inutile toute démarche visant à le réintégrer comme sous-lieutenant dans l'armée ? A-t-il estimé que la démission de son père l'avait discrédité auprès de l'administration et qu'il valait mieux se faire oublier quelque temps, considérant qui plus est les nombreux passe-droits dont il avait bénéficié depuis le début de sa carrière ?

Tout cela est bien difficile à trancher. Le seul élément certain est qu'il décide de s'inscrire comme volontaire dans une section de la garde nationale parisienne. Pense-t-il qu'il ne s'agit que d'une affectation temporaire avant de retrouver une place d'officier ? Quoi qu'il en soit, les événements vont décider pour lui : en 1793, il est destitué comme noble et perd le bénéfice de son grade de sous-lieutenant. Il n'a plus d'autre choix que de se lancer dans une seconde carrière militaire, de gravir à nouveau les échelons et, surtout, d'obtenir ses brevets de civisme et de républicanisme. Une notice biographique, éditée par Le Normant après la mort du duc de Vicence, revient, non sans une certaine emphase, sur l'importance de ce nouveau départ dans la construction du personnage :

1. Nous sommes forcés ici de suivre les analyses de Jean Hanoteau : la lettre à laquelle il se réfère semble en effet avoir disparu du Service historique de la Défense. Il s'agit de la lettre de Hoche au Comité de salut public, Locminé, 23 frimaire an III (13 décembre 1794). Cité par Jean Hanoteau, *op. cit.*, t. I, p. 21.

2. SHD, 7 Yd 407, Commission de l'organisation et du mouvement des armées de terre, Bureau des officiers généraux, Paris, 3 germinal an III/23 mars 1795, proposition d'emploi comme aide de camp du général Aubert-Dubayet.

> Peut-être il eût semblé dur à tout autre de reprendre, pour ainsi dire, à partir du premier degré, une échelle sur laquelle sa naissance l'avait tout d'un coup placé assez haut ; pour lui ce fut une occasion de signaler dès lors la force de son caractère et de montrer que des âmes de cette trempe n'ont pas besoin de la fortune. Il partit comme simple soldat d'infanterie ; plus tard il passa dans la cavalerie et y parcourut tous les grades inférieurs. Dans un autre temps et lorsqu'il se fut replacé par lui-même au rang le plus élevé de la société, il aimait à revenir sur ces rudes épreuves de sa jeunesse et à en raconter quelques circonstances[1].

Contrairement à ce que prétend cette notice, des premiers mois du futur duc de Vicence à la garde nationale, on ne sait pratiquement rien : si son objectif était de se faire oublier, il faut convenir qu'il y réussit fort bien. Un seul document, conservé au Service historique de la Défense, permet de savoir qu'il effectue son service à la section de la Croix-Rouge, qui devient celle du « Bonnet de la liberté », et ce « jusqu'à l'époque de la première réquisition dans laquelle il est parti en qualité de sergent-major »[2]. Les dangers qui menacent la République au printemps et à l'été 1793 imposent en effet l'utilisation des bataillons de la garde nationale pour faire face aux nécessités du conflit : en août 1793, Caulaincourt se rend à Cambrai où est cantonné le 17e bataillon de réquisition de Paris. Il y reste environ six mois et s'y distingue apparemment par son sérieux et sa bonne volonté, sans qu'on puisse toutefois signaler aucun événement qui sorte de l'ordinaire de la vie de caserne. Sûrement assez ingrats pour un jeune officier d'à peine 20 ans, ces longs mois de garnison ne sont pas totalement vains, puisqu'ils lui permettent d'obtenir, lui le ci-devant noble, ses galons de républicain. C'est ce que précise un certificat de civisme délivré par le 17e bataillon, au début de l'année 1794 : « Le citoyen Armand Augustin Caulaincourt, sergent-major de la sixième compagnie, a toujours montré le zèle et l'activité qui caractérisent un soldat républicain et il s'est toujours conduit comme un vrai patriote entièrement dévoué à la défense de la liberté et de l'égalité[3]. »

---

1. *Notice biographique sur le duc de Vicence*, p. 1.
2. SHD, 7 Yd 407, Ducros, capitaine de la 14e compagnie, Paris, 29 ventôse an III (19 mars 1795).
3. *Ibid.*, Conseil d'administration du 17e bataillon de Paris, Cambrai, 17 nivôse an II (6 janvier 1794).

En l'absence de sources plus précises, il est bien évidemment impossible de juger de la sincérité des sentiments républicains d'Armand de Caulaincourt à cette époque. Sa future brouille, pour raisons politiques, avec le général Aubert-Dubayet, défenseur opiniâtre de cette forme de régime, peut laisser penser cependant à un ralliement de circonstance : par la suite en effet, le duc de Vicence sera toujours partisan de régimes forts, si possible de nature monarchique. Durant les débuts de la Première République, il n'y a, de toute façon, que peu de place chez Caulaincourt pour l'idéalisme : il semble bien que son seul et unique objectif ait été de retrouver un rang d'officier dans l'armée active, quels que soient les moyens nécessaires, les efforts consentis et les compromis idéologiques. Ses efforts sont couronnés de succès lorsqu'il parvient, le 27 janvier 1794, à réintégrer les cadres de l'armée et à servir de nouveau dans son arme de prédilection, la cavalerie. Incorporé au 16e régiment de chasseurs à cheval, il part pour l'armée de l'Ouest, alors commandée par le général Kléber.

Pour valider définitivement son brevet de républicanisme, la Vendée est indéniablement un des meilleurs champs de bataille possible. Durant l'essentiel de l'année 1794, Caulaincourt participe aux différents engagements de son régiment contre les Chouans, à Fontenay-le-Peuple[1], à Vire, à Rennes, puis dans le Morbihan, sous le commandement du général Hoche, nommé à la tête de l'armée des côtes de Brest en août 1794. Il est probable que c'est à cette époque qu'a lieu le baptême du feu du jeune cavalier, tout juste âgé de 20 ans. Une expérience surmontée apparemment avec succès : dès le 11 avril, il est promu brigadier, puis, le 5 mai, maréchal des logis, avant d'être fait deux semaines plus tard maréchal des logis-chef. En décembre 1794, il est envoyé à Soissons « par ordre des représentants du Peuple, pour instruire les recrues faites par le régiment[2] ». Après plusieurs mois de combats, Caulaincourt semble bien intégré dans son régiment : il a pu approfondir son expérience de la guerre et prouver sa fiabilité, tant militaire que politique. Il a en quelque sorte effacé la tare originelle que représente aux yeux des

1. Nom révolutionnaire de Fontenay-le-Comte, en Vendée.

2. SHD, 7 Yd 407, Conseil d'administration du 16e régiment des chasseurs à cheval, 5e escadron, Armée des côtes de Brest et de Cherbourg, Rennes, 26 frimaire an III (16 décembre 1794).

républicains son passé de cadet-gentilhomme et d'aide de camp d'un marquis démissionnaire.

Sa carrière se dirige toutefois vers une impasse : trop expérimenté pour son grade de maréchal des logis, il est jugé plus utile dans des tâches d'instructeur qui ne lui ouvrent que peu de perspectives d'avenir. Son ambition probable consistant à forger son parcours par le mérite, en se coupant de ses origines aristocratiques, trouve ici ses limites : pour donner un second souffle à sa carrière, le jeune sous-officier comprend qu'il va avoir besoin des réseaux familiaux. La stabilisation qui suit Thermidor, la réintégration progressive des officiers nobles et le rôle politique de plus en plus important des généraux de l'armée républicaine vont permettre de faire jouer les relations de la famille Caulaincourt et d'obtenir enfin une place d'importance pour Armand. Le premier à tenter d'apporter son appui au jeune officier est le général Hoche. Il écrit une lettre au Comité de salut public pour défendre son cas et insister sur sa surqualification : « Sa tenue, sa conduite et ses talents militaires l'ont fait chérir et respecter de tout le régiment. J'ai cru, en vous l'indiquant, citoyens, comme pouvant être placé plus convenablement, faire un acte de justice et, pour les services que peut rendre à la République le citoyen Collencourt [*sic*], lui en rendre un moi-même[1]. »

Jean Hanoteau a montré que l'implication de Hoche s'explique probablement par ses liens étroits avec Joséphine de Beauharnais, elle-même intime, comme on l'a vu, de Gabriel de Caulaincourt. Cette démarche reste toutefois sans effet : il est possible que l'influence politique de Hoche n'ait pas été encore assez forte pour peser de tout son poids dans la balance. « Pour tirer Caulaincourt des rangs subalternes, il allait falloir l'intervention d'un ami de sa famille[2] », le général Aubert-Dubayet. Ce personnage ne va pas se contenter d'accorder un soutien ponctuel au jeune Caulaincourt : il va relancer totalement sa carrière et lui offrir de nouvelles perspectives d'avenir. Il va être, pour ainsi dire, le premier véritable « mentor » du futur duc de Vicence.

---

1. Hoche au Comité de salut public, Locminé, 23 frimaire an III (13 décembre 1794). Cité par Jean Hanoteau, *op. cit.*, t. I, p. 21.

2. *Ibid.*

Le premier mentor : Aubert-Dubayet

Jean-Baptiste Annibal Aubert du Bayet (1757-1797), devenu sous la Révolution Aubert-Dubayet, est depuis longtemps un ami de la famille : il connaît intimement le père de Caulaincourt, ainsi que son oncle, le comte d'Harville. C'est tout naturellement qu'il va jouer auprès du jeune Armand le rôle de protecteur. Cet Aubert-Dubayet a connu pourtant une trajectoire pour le moins chaotique. Né en Louisiane, il fait ses premières armes durant la guerre d'Indépendance américaine. En 1791, il se fait élire député à l'Assemblée législative, manifestant un intérêt précoce pour les questions politiques. La proclamation de la République, en septembre 1792, le conduit toutefois à reprendre du service dans l'armée : lors du siège de Mayence (avril-juillet 1793), il défend la ville contre les Prussiens avant de devoir capituler. À la suite de cette reddition, il est arrêté par la Convention mais parvient à se justifier et part servir en Vendée. Soupçonné de modérantisme du fait de ses origines nobles, il est finalement destitué par le Comité de salut public et incarcéré jusqu'à la chute de Robespierre. De retour en grâce après Thermidor, il réintègre l'armée et se voit chargé, au début de l'année 1795, de l'organisation d'une expédition aux Indes, dans le cadre de la lutte contre l'Angleterre.

C'est pour le seconder dans cette tâche qu'Aubert-Dubayet demande pour aide de camp Armand de Caulaincourt, ainsi que son frère Auguste – employé jusque-là dans le 8e régiment de cavalerie. La situation du premier pose apparemment problème à l'administration de la Guerre qui refuse en théorie de nommer des sous-officiers aux postes d'aide de camp. Aubert-Dubayet doit insister sur le républicanisme du jeune homme et surtout sur son expérience : « Connaissant le patriotisme et le mérite militaire d'Armand-Augustin Caulaincourt, maréchal des logis en chef au 16e régiment de chasseurs à cheval, je demande pour lui le brevet d'aide de camp, ce jeune homme l'avait déjà été de son père, le général Caulaincourt[1]. » Les arguments du général – ainsi peut-être que ses relations – finissent par l'emporter à la fin du mois de mars 1795. Armand-Louis est promu capitaine par la même occasion : il vient enfin de dépasser le grade qui était le sien lors de la démission de son père, trois ans auparavant. Sa désignation comme aide de camp d'Aubert-Dubayet ferme en quelque

1. SHD, 7 Yd 407, Aubert-Dubayet au citoyen Pille, commissaire à l'organisation et mouvements des armées de terre, Paris, 24 ventôse an III (14 mars 1795).

sorte une parenthèse et lui permet de renouer avec la première partie de sa carrière. Alors qu'il a passé plusieurs années à tenter de faire oublier ses premières fonctions d'aide de camp, ce sont finalement elles qui lui permettent de retrouver un poste d'importance, avec l'apport décisif de sa nouvelle virginité républicaine. Après sa nomination, il part rejoindre son général à Alençon : Aubert-Dubayet a en effet dû abandonner le projet d'expédition dans les Indes et a été nommé à la place à la tête de l'armée des côtes de Cherbourg, chargée notamment de la lutte contre la chouannerie et de la pacification de l'Ouest. Après l'expérience acquise au 16ᵉ régiment de chasseurs, Caulaincourt est ici en terrain connu. Il retrouve, probablement avec plaisir, les tâches dévolues aux aides de camp, auxquelles il initie son jeune frère Auguste[1].

Le général Aubert-Dubayet, en plus des missions habituelles, l'envoie par deux fois à Paris, pour réclamer hommes et chevaux au ministère. Ses voyages sont couronnés de succès et Caulaincourt s'attire les plus sincères félicitations de la part de son général : « Si jamais je gouverne une grande république, je n'aurai jamais d'autre ambassadeur que toi, mon cher Armand. Il est difficile de se tirer d'une manière plus distinguée que tu l'as fait de l'importante mission que je t'avais confiée[2]. » La formule employée par Aubert-Dubayet n'est pas totalement anodine : il est probable que le jeune aide de camp se distingue déjà par ses qualités de diplomate. Le succès de ses missions à Paris laisse supposer une aptitude certaine à la négociation : Caulaincourt sait mener une discussion, défendre ses intérêts et obtenir ce qu'il veut. Surtout, il présente bien et il est évident qu'Aubert-Dubayet est charmé par les manières de son aide de camp et par sa prestance.

Les projets de Dubayet expliquent peut-être les sentiments paternels qu'il témoigne à celui qu'il appelle « son bon enfant Armand[3] ». Dans ses lettres, il fait preuve à son égard d'une bienveillance et d'une sollicitude constantes ; il n'hésite pas non plus à lui rappeler les principes qui lui tiennent à cœur, espérant qu'ils deviendront ceux du jeune officier. « Humanité, justice, républicanisme, et honneur[4] », tels sont les quatre

1. AN, 95 AP 4, Aubert-Dubayet à Caulaincourt, Alençon, 10 messidor an III (28 juin 1795).

2. *Ibid.*, Aubert-Dubayet à Caulaincourt, Alençon, 28 prairial an III (16 juin 1795).

3. *Ibid.*

4. *Ibid.*, Aubert-Dubayet à Caulaincourt, Alençon, 10 messidor an III (28 juin 1795).

termes qui lui semblent les plus estimables : seul le troisième ne convaincra pas totalement le futur duc de Vicence. Après toutes les vicissitudes qu'il a connues, Armand-Louis est sûrement touché par les marques d'intérêt que lui porte le général en chef de l'armée des côtes de Cherbourg. Même après leur brouille, il parlera encore de son profond attachement pour Aubert-Dubayet, laissant entrevoir toute l'admiration qu'il avait pu lui témoigner aux premiers temps de leur relation. Il faudra plusieurs années, et un voyage à Constantinople, pour que les deux hommes découvrent derrière leurs affinités toute l'ampleur de leurs divergences, pour que le général Dubayet comprenne aussi à quel point « son ami Caulaincourt » était resté imperméable à certaines de ses idées.

Quoi qu'il en soit, en 1795, les relations entre le général et l'aide de camp sont au beau fixe. Lorsque Dubayet est nommé ministre de la Guerre, en novembre 1795, c'est tout naturellement que Caulaincourt l'accompagne à Paris[1]. Quel rôle l'aide de camp aurait-il été amené à jouer au sein du ministère si Carnot n'avait pas poussé le général Aubert-Dubayet à démissionner de son poste dès le mois de février 1796 ? Caulaincourt aurait-il accepté, à seulement 22 ans, d'abandonner l'armée pour chercher à gravir les échelons de l'administration de la guerre ? On peut en douter, tant son avancement semble être à cette époque son unique préoccupation. Le bref passage de son mentor à la tête du ministère est ainsi l'occasion de lui faire obtenir le grade de chef d'escadron – l'équivalent du grade de commandant[2]. En à peine plus de six mois à côtoyer Aubert-Dubayet, Caulaincourt est passé du statut de sous-officier à celui d'officier supérieur.

Difficile dès lors d'abandonner son mentor lorsque celui-ci doit quitter la France quelques semaines plus tard. En dédommagement de son départ du ministère, le général Aubert-Dubayet est nommé en effet à la tête de l'ambassade de France à Constantinople, que vient de refuser le général Pichegru. La décision prise par Caulaincourt de l'accompagner en tant qu'aide de camp s'explique de plusieurs façons. Après le précédent

---

1. William Aimable Émile Adrien Fleury, *Soldats ambassadeurs sous le Directoire an IV-an VIII. I, Les Généraux et la révolution. Traditions et diplomates du Directoire. Le général Pérignon et l'amiral Truguet à Madrid. Aubert-Dubayet à Constantinople*, Paris, Plon, 1906, p. 347.

2. SHD, 7 Yd 407, le 8e régiment de cavalerie au citoyen Caulaincourt, capitaine aide de camp du général Dubayet, 8 nivôse an IV (25 décembre 1795).

de 1792, le jeune officier craint probablement de se couper de la principale source de son avancement. En quittant ses fonctions d'aide de camp, il risque de connaître les mêmes difficultés à se réintégrer dans son régiment – le 8e régiment de cavalerie, avec lequel il n'a eu pour l'instant aucun lien. Rester auprès d'Aubert-Dubayet semble être le meilleur moyen d'éviter une nouvelle marginalisation. Il ne faudrait pas toutefois sous-estimer le désir d'aventure du jeune commandant : après huit ans dans l'armée, Armand de Caulaincourt n'a encore jamais quitté la France. Comment ne pas partager dans ces conditions les rêves orientaux de son général ?

Il serait prématuré en revanche de voir dans sa décision la preuve d'un intérêt marqué pour la diplomatie : il ne s'agit pour lui assurément que du prolongement de sa mission d'aide de camp. La rupture n'en est pas moins importante : pour la première fois, Caulaincourt délaisse les institutions militaires et s'ouvre à un nouveau domaine. En refusant d'accompagner Aubert-Dubayet, il aurait très probablement tracé son chemin dans la carrière des armes, obtenant promotions et commandements, sans jamais attirer l'attention du ministère des Relations extérieures. Son frère cadet, Auguste, représente en quelque sorte la voie qu'il aurait pu suivre. Lui aussi aide de camp du général Aubert-Dubayet, il reste en France en 1796, devient lieutenant au 1er régiment de carabiniers puis rapidement capitaine au 21e régiment de dragons. Loin de rencontrer les mêmes difficultés que son frère, il obtient dès 1801 le commandement du 19e régiment de dragons, après s'être notamment illustré à la bataille de Marengo[1]. Même si sa carrière subira l'influence de celle de son frère – sous l'Empire, il sera nommé grand écuyer du roi de Hollande puis ministre plénipotentiaire de Hollande à Naples –, elle restera fondamentalement militaire et dépassera largement dans ce domaine celle d'Armand.

Avec le départ de Caulaincourt pour l'empire ottoman se clôt une première période de sa vie, celle de la découverte du métier des armes, celle surtout de la transition entre Ancien Régime et Révolution. Après l'enthousiasme des débuts, Armand-Louis doit composer avec les évolutions rapides que connaît la France. Il croit pouvoir s'en tirer à bon compte, en se plaçant sous la protection de son père. Mais, lorsque cet appui se dérobe, pour des raisons probablement politiques, c'est tout l'édifice fragile de

1. Voir SHD, 7 Yd 501, Auguste Jean Gabriel de Caulaincourt (1777-1812), général de division.

l'Ancien Régime qui s'écroule : les grades du jeune officier pèsent de peu de poids face aux divers soupçons qui le touchent. Plutôt que d'émigrer, il choisit de repartir de zéro : un choix assurément pénible, qui lui permet toutefois de s'intégrer – tant bien que mal – dans la nouvelle société. Cette difficile transition ne se fait pas sans frustrations : il suffit à Caulaincourt d'observer le parcours de certains de ses contemporains pour constater les retards et les contretemps qu'a dû subir le sien. Ce probable sentiment d'échec est-il à l'origine de son rejet partiel de la période révolutionnaire ? Dans les années suivantes, le duc de Vicence manifestera toujours une forme de mépris pour les « débordements » révolutionnaires : s'il faut y voir un reflet de son éducation et de ses origines sociales, il n'est pas impossible que ses déceptions personnelles aient pu jouer un rôle dans la construction de ses préférences politiques. Le peu de sources disponibles ne permet pas malheureusement de donner toute la place qu'elle mériterait à la période révolutionnaire : elle reste comme une inconnue dans la formation du personnage, de ses idées et de ses principes.

CHAPITRE 2

L'ARMÉE OU LA DIPLOMATIE ? (1796-1802)

De son départ à la suite du général Aubert-Dubayet jusqu'à sa désignation comme aide de camp du Premier consul en 1802, la carrière de Caulaincourt oscille entre avancement militaire et expériences diplomatiques. Désireux de poursuivre – selon la tradition familiale – dans la voie des armes, le jeune officier doit toutefois, à cette époque, tempérer son ambition, surmonter ses désillusions et faire l'expérience de l'attente, avant de pouvoir enfin exercer un véritable commandement lors de la campagne de 1800. Les deux missions diplomatiques auxquelles il participe, celle de Constantinople en 1796-1797 et celle de Saint-Pétersbourg en 1801-1802, peuvent lui apparaître comme des détours ou des contretemps : elles portent pourtant en germe les développements ultérieurs de sa carrière diplomatique et, plus directement, contribuent à sa reconnaissance par les régimes politiques qui se succèdent. De ses 22 à ses 28 ans, ces hésitations dans la carrière de Caulaincourt constituent l'originalité même de sa formation.

Une première expérience diplomatique : Constantinople (1796-1797)

Nommé ambassadeur le 7 février 1796, Aubert-Dubayet ne quitte Paris que le 5 avril, précédé d'une journée par Caulaincourt qu'il a chargé de régler les détails du voyage. Après une longue étape à Grenoble – pour affaires de famille –, l'ambassadeur du Directoire et son escorte arrivent à Toulon le 5 mai. Ils doivent encore y attendre une compagnie d'artillerie destinée au Sultan, avant de pouvoir embarquer sur les frégates la *Diane* et l'*Alceste*, mises à leur disposition. Pendant près de deux mois, les retards continuent pourtant de s'accumuler, tandis qu'il apparaît progressivement que le blocus mis en place par la marine anglaise rend impossible toute sortie en mer[1]. Face à ces difficultés, un arrêté du Directoire du 27 juin 1796 prescrit finalement à l'ambassadeur de rallier Constantinople par voie terrestre. Aubert-Dubayet, laissant aux soins d'un capitaine de son escorte l'acheminement par mer du matériel militaire, doit se résoudre à contrecœur à un passage par l'Italie et les Balkans. Quittant Toulon le 12 juillet, il parvient à traverser sans grandes difficultés l'Italie du Nord, grâce aux victoires du général Bonaparte, qu'il insiste d'ailleurs pour rencontrer. Dans ses Mémoires, Caulaincourt a évoqué ce bref contact avec son futur maître : « Je n'ai fait que passer à l'armée d'Italie à l'époque de la bataille de ***[Castiglione], au déblocus de Mantoue[2], ayant été envoyé immédiatement après à Venise et de là Constantinople[3]. »

Peu après, Caulaincourt escorte Aubert-Dubayet lors de son entrée fastueuse dans la cité des Doges puis s'embarque avec lui pour une brève traversée de l'Adriatique, sur une frégate vénitienne. La délégation française voyage ensuite à travers la Bosnie et la Roumélie, l'ambassadeur français étant magnifiquement reçu par les pachas de ces deux provinces. Suivant en cela la mode naissante du tourisme, Caulaincourt tient un journal détaillé de son premier voyage à l'étranger, décrivant les contrées traversées, les villages et leur population, faisant même le croquis d'un monument antique[4]. Dans une lettre à sa tante, Mme d'Harville, il dresse un tableau dramatique de la situation des Balkans, tout en s'enorgueillissant de l'influence française dans l'empire ottoman : « La pauvreté du pays ne nous a pas empêchés d'être parfaitement accueillis partout. Le nom français suffit dans les provinces pour être bien vu des Turcs[5]. » Les sentiments de Caulaincourt, avant même son arrivée dans la capitale turque, apparaissent contrastés : à l'enthousiasme du voyage et de la découverte se mêle la désapprobation, voire le dégoût devant les réalités de la société ottomane.

1. Fleury, *op. cit.*, p. 383-385.
2. Siège de Mantoue par l'armée d'Italie, du 30 mai 1796 au 31 juillet 1797.
3. *Mémoires de Caulaincourt*, t. III, p. 424.
4. AN, 95 AP 4.
5. AN, 402 AP 61, Caulaincourt à Mme d'Harville, Constantinople, 18 vendémiaire an V (9 octobre 1796).

À Philippoupoli[1], en Roumélie, Aubert-Dubayet se voit adjoindre un *mihmandar*, ou maréchal des logis, chargé de faciliter son arrivée à Constantinople. Quelques jours plus tard, le 1er octobre 1796, après six mois de voyage, il s'installe enfin à l'ambassade de France, sur la colline de Péra, au nord de la Corne d'Or. La première description que Caulaincourt dresse de la capitale ottomane, dès le lendemain de son arrivée, est encore une fois plus que mitigée : le panorama et les « quelques belles mosquées » de Constantinople ne compensent que difficilement pour lui le constat d'une misère omniprésente[2]. Le jeune officier français semble de prime abord assez peu charmé par les beautés de l'Orient, ce d'autant qu'il en vient rapidement à s'interroger sur l'utilité même du voyage qu'il a entrepris.

À peine arrivé sur les rives du Bosphore, Caulaincourt est en effet confronté au désœuvrement. Il faut dire que ses services ne sont mis à contribution qu'en de très rares occasions : on peut ainsi signaler l'audience officielle donnée par le sultan Selim III, le 17 janvier 1797, lors de laquelle il accompagne Aubert-Dubayet en tant qu'aide de camp[3]. Caulaincourt avait espéré, semble-t-il, pouvoir servir de conseiller militaire auprès de l'armée ottomane, suivant en cela une tradition franco-turque bien établie. Mais il doit vite déchanter, comme il l'explique à son oncle, le général d'Harville : « Militairement, je crois bien difficile d'être employé utilement d'après les dispositions pacifiques de ce gouvernement et le peu de succès et d'occupation des officiers qui sont ici en plus grand nombre déjà qu'il en faut[4]. » Le jeune officier est conscient des différentes opportunités qui existent, mais il ne se sent pas capable de s'engager dans une carrière autre que celle des armes : « La politique offre une perspective plus étendue ; mais, outre que je ne la connais point, je n'ai rien fait encore dans ce genre et, d'inclination, vous savez que je tiens au militaire[5]. »

L'attente apparaît comme un des principaux aspects de la vie de Caulaincourt à cette époque : celle d'une activité quelconque, celle des lettres

1. L'actuel Plovdiv, en Bulgarie.

2. AN, 402 AP 61, Caulaincourt à Mme d'Harville, Constantinople, 18 vendémiaire, an V (9 octobre 1796).

3. AMAE, Corr. pol., Turquie, 194, « Rapport de l'audience donnée par le grand seigneur sultan Selim III au général Aubert-Dubayet ».

4. AN, 402 AP 61, Caulaincourt au général d'Harville, Constantinople, 30 vendémiaire an V (31 octobre 1796).

5. *Ibid.*

de sa famille qui ne lui parviennent pas – comme il s'en plaint à sa tante et à son oncle –, celle surtout de son retour en France. L'ennui, la solitude, la tristesse qu'il éprouve à l'idée de rester à l'écart du métier des armes alors que son pays est toujours en guerre, voire quelques difficultés financières : tout concourt à assombrir ses méditations. « Malgré tout ce que ce voyage m'a fait connaître d'intéressant, je suis presque aux regrets de l'avoir entrepris, écrit-il à son oncle ; je ne puis pas perdre mon temps ici à ne rien faire, sans emploi ni occupation, me mangeant puisque je n'ai pas de traitement[1]. »

Les regrets de Caulaincourt s'expliquent avant tout par un événement en germe depuis un certain temps : sa brouille avec le général Aubert-Dubayet. Dès les débuts du long voyage vers Constantinople, des différends semblent apparaître en effet entre les deux hommes. En avril 1796, le général écrit à sa femme pour se plaindre des sentiments politiques de son aide de camp : « Tu sauras [...] que j'ai de puissants motifs de mécontentement contre le citoyen Caulaincourt ; ses principes politiques ne sont point en harmonie avec les miens, et si enfin l'exagération est un défaut, du moins faut-il aimer la liberté avec vérité et chaleur[2]. » Après plusieurs mois de vie commune, il semble qu'Aubert-Dubayet ait fini par comprendre à quel point Caulaincourt est loin de partager son enthousiasme pour la République : sa déception est à la hauteur de ses illusions. À leur arrivée à Constantinople, la rupture entre les deux hommes est presque consommée. Le général qui, un an auparavant, ne jurait que par son aide de camp, le juge désormais « fat et présomptueux » et envisage de se séparer de lui « définitivement »[3].

Dans ses lettres à sa tante, Caulaincourt rend compte de cette brouille, affirmant, dès son arrivée, que son « retour est résolu » et qu'il « n'attend qu'une occasion maritime »[4]. On sent transparaître dans ses écrits toute

1. *Ibid.*, Caulaincourt à Mme d'Harville, Constantinople, 17 brumaire an V (7 novembre 1796).

2. Aubert du Bayet à sa femme, Constantinople, 7 floréal an IV (25 avril 1796). Cité par Fazi du Bayet, *Les Généraux Aubert du Bayet, Carra Saint-Cyr et Charpentier, correspondances et notices biographiques, 1757-1834*, Paris, Honoré Champion, 1902, p. 173.

3. Aubert-Dubayet à sa femme, 18 vendémiaire an V (9 octobre 1796). Cité par Fleury, *op. cit.*, p. 420.

4. AN, 402 AP 61, Caulaincourt à Mme d'Harville, Constantinople, 18 vendémiaire, an V (9 octobre 1796).

son amertume et surtout toute sa déception, qu'il tente tant bien que mal de masquer par des formules désabusées : « Quoiqu'un homme d'État n'ait point d'amis, je veux opposer de bons procédés à de mauvais », écrit-il ainsi. La réconciliation annoncée quelques semaines plus tard par Caulaincourt semble largement factice[1] ; Jean Hanoteau la juge d'ailleurs « plus sincère de sa part que de celle de l'ambassadeur[2] », toujours résolu à écarter son aide de camp à la première occasion.

Celle-ci se présente au début de l'année 1797, lorsque l'ambassadeur désigné par la Porte pour la représenter à Paris – et attendu depuis plusieurs mois par le Directoire –, Esseid Ali Effendi[3], se décide à quitter Constantinople. Aubert-Dubayet propose alors, à titre de réciprocité, d'envoyer avec lui Caulaincourt, en tant que *mihmandar*, afin qu'il se rende « autant qu'il le pourra, utile et agréable à cet ambassadeur pendant la traversée[4] ». Dans une lettre envoyée à son aide de camp, peu de temps avant son départ, le général explique cette nomination en mettant en avant les qualités de son protégé : « Si j'ai eu lieu d'apprécier vos qualités militaires, lorsque vous avez été mon aide de camp, je n'ai pas moins eu occasion de distinguer en vous cette urbanité de mœurs et d'esprit que donne l'éducation et que l'usage de la société perfectionne[5]. » Même si tout est fait pour présenter ce retour en France comme une promotion, la disgrâce est évidente, Dubayet déclarant à sa femme, quelques semaines plus tard, s'être vengé de Caulaincourt « en lui donnant une commission brillante[6] ». La mésentente, patente dès le mois d'avril 1796, aboutit à une rupture définitive entre le jeune officier et son mentor, qui conclut avec une rancune lucide : « Notre divorce n'en est pas moins fait pour la vie. »

---

1. *Ibid.*, Caulaincourt au général d'Harville, Constantinople, 30 vendémiaire an V (31 octobre 1796).
2. Jean Hanoteau, *op. cit.*, t. I, p. 27.
3. Sur ce personnage, voir Maurice Herbette, *Une ambassade turque sous le Directoire*, Paris, Perrin, 1902, p. 11-14.
4. AN, 95 AP 4, Aubert-Dubayet, nomination de Caulaincourt, Péra-lez-Constantinople, 28 ventôse an V (18 mars 1797).
5. *Ibid.*, Aubert-Dubayet à Caulaincourt, Constantinople, 1er germinal an V (21 mars 1797).
6. Aubert-Dubayet à sa femme, 8 fructidor an V (25 août 1797), cité par Fazi du Bayet, *op. cit.*, p. 173.

Malgré l'hypocrisie certaine de ses dernières lettres à Caulaincourt, Aubert-Dubayet insiste, avant leur séparation, sur ce qui est sûrement le principal acquis du séjour du jeune chef d'escadron en Turquie : le développement de ses capacités d'adaptation et, surtout, de ses qualités relationnelles, fondements du métier de diplomate. S'il semble évident que Caulaincourt n'a pas participé au travail proprement politique de l'ambassade, il a découvert certains aspects de la représentation diplomatique. Le général Dubayet juge même que cet apprentissage renforce les prédispositions du jeune officier, issues de son milieu et de son éducation. Il déclare ainsi à Caulaincourt : « La connaissance que vous avez acquise des mœurs turques, pendant votre séjour à Constantinople, et votre habitude naturelle de la société française vous donneront la facilité d'initier l'ambassadeur ottoman à nos usages, sans heurter les siens[1]. » Ces qualités relationnelles ont permis de plus le développement d'un embryon de réseau dans le milieu diplomatique français et européen qui sera loin d'être anodin par la suite. Caulaincourt côtoie ainsi l'orientaliste Pierre Ruffin, *drogman* (interprète) à l'ambassade de France, mais surtout son gendre, Jean-Baptiste Barthélémy de Lesseps, qui sera consul de France à Saint-Pétersbourg durant l'ambassade de 1807-1811. Il rencontre aussi l'ambassadeur de Russie à Constantinople, Kotchoubeï, qu'il retrouvera à Saint-Pétersbourg dès 1801. De même, on peut supposer que les liens tissés avec le personnel diplomatique ottoman auront leur utilité lors des négociations menées par Caulaincourt avec l'ambassadeur turc, à Dantzig, en mai 1807.

Cette initiation à la représentation diplomatique – et les mondanités qu'elle sous-tend – semble avoir particulièrement adouci les dernières semaines du séjour de Caulaincourt à Constantinople. Même si sa nomination comme *mihmandar* de l'ambassadeur ottoman est pour lui l'occasion de retrouver sa famille et la vie militaire, il ne peut s'empêcher de considérer son départ avec mélancolie. Dans un texte empreint de romantisme, qui tranche radicalement avec ses premières lettres, il évoque ainsi un amour anonyme qu'il laisse derrière lui :

1. AN, 95 AP 4, Aubert-Dubayet à Caulaincourt, Constantinople, 1er germinal an V (21 mars 1797).

> Il est inutile de rapporter que nos yeux furent longtemps tournés vers cette terre hospitalière où pendant six mois j'avais joui du calme de l'esprit, du repos du corps et de cette paix profonde que l'homme ne peut apprécier qu'après avoir été battu par la tempête, ma séparation d'avec mes compagnons d'arme fut bien pénible, une être bien sensible augmenta encore mes regrets, [...] quelques larmes coulèrent de mes yeux, ma bien-aimée en versa d'aussi douces pour mon cœur et le devoir rigoureux obtint encore une fois le sacrifice de ma félicité. Enfin je laissais mon cœur sensible pour prendre celui d'un soldat, et les ténèbres enveloppèrent de leur voile cette terre chérie que je quittais avec tant de regrets.[1]

Le voyage de Constantinople à Messine, du 24 mars au 28 avril 1797, s'avère très fastidieux, marqué simplement par une étape en Morée. Cinq jours après avoir quitté la Sicile, le 12 mai, le navire vénitien qui transporte Esseid Ali Effendi et sa suite, *La Fiore*, est accosté par des corsaires algériens, au large du cap Corse[2]. Si l'ambassadeur ottoman peut poursuivre son trajet sans encombre, les conséquences de cette rencontre se font sentir dès l'arrivée à Marseille, le 15 mai. En effet, la peste sévissant dans les États barbaresques, une quarantaine de trente-six jours est imposée aux voyageurs, qui doivent demeurer dans le lazaret du port de Marseille. Durant ce séjour forcé, Caulaincourt fait preuve d'une « admirable patience[3] » face à l'ambassadeur turc qui, malgré l'amitié qu'il témoigne à son *mihmandar*, se révèle extrêmement capricieux et s'efforce par tous les moyens de raccourcir sa peine. En attendant la fin de la quarantaine, Caulaincourt s'applique à renseigner au mieux le Directoire sur l'apparence, le caractère et les motivations d'Esseid Ali Effendi.

Il commence surtout à organiser le voyage jusqu'à Paris, s'occupant de cette tâche avec une grande minutie et une indéniable efficacité. Profitant d'un arrêté du Directoire facilitant sa collaboration avec les autorités locales, il planifie les différentes étapes du trajet, préparant même une excursion à Toulon, exigée par l'ambassadeur ottoman. Le manque de fonds vient toutefois compliquer le travail de Caulaincourt qui peine à

1. AN, 95 AP 4, « Voyage de Constantinople à Marseille avec Ali Effendi », s. d.
2. Voir le récit de cet épisode chez Jean Hanoteau, *op. cit.*, t. I., p. 29-30.
3. Maurice Herbette, *op. cit.*, p. 44.

trouver des moyens de transport dignes d'Esseid Ali Effendi et s'en plaint à son gouvernement. L'historien de l'ambassade turque, Maurice Herbette, n'en vante pas moins l'« esprit de sage économie[1] » du *mihmandar* qui gère avec efficacité les crédits qui lui sont octroyés. L'ambassadeur quitte finalement Marseille le 24 juin 1797 et arrive à Paris le 13 juillet, après avoir fait notamment étape à Lyon, Auxerre et Fontainebleau.

Lors de ce voyage, Caulaincourt fait preuve de qualités qui sont celles du futur grand écuyer de Napoléon. Ses talents de gestionnaire, d'organisateur, sont le reflet de son caractère méticuleux et consciencieux, de son souci du détail et de l'efficacité. Le travail effectué en tant que *mihmandar* en 1797 est ainsi à rapprocher de la fonction d'aide de camp qu'il a occupée auprès de son père et auprès d'Aubert-Dubayet, et qu'il occupera auprès de Bonaparte en 1802 : les capacités de Caulaincourt en ce qui concerne les questions d'intendance sont rapidement reconnues, voire recherchées. Son zèle et la réussite de la mission qui lui a été confiée auprès de l'ambassadeur ottoman le signalent d'ailleurs à l'attention du gouvernement.

Dès son arrivée à Marseille, le ministre de la Guerre, Claude-Louis Petiet, répondant à la recommandation et à la demande de promotion envoyée par le général Aubert-Dubayet, exprime le souhait de rencontrer Caulaincourt pour lui donner « le témoignage de l'intérêt [qu'il] mérite[2] ». Il signale aussi que le général d'Harville lui a « déjà fait part de ses vues d'avancement », preuve que les intérêts du jeune chef d'escadron n'ont pas cessé d'être défendus en son absence. En récompense de ses services, Esseid Ali Effendi demande parallèlement que son *mihmandar* obtienne le grade de chef de brigade – l'équivalent du grade de colonel. En effet, Yahya Bey, qui avait accompagné Aubert-Dubayet à Constantinople, avait reçu l'« éminente dignité » de *capidgy-pacha*, chambellan du sultan. Le soutien de Petiet à cette proposition laisse présager une issue favorable pour Caulaincourt, qui ne cache pas son ambition d'être promu. Pourtant, avant même l'arrivée de l'ambassadeur turc à Paris, des difficultés se présentent. Le ministre de la Guerre doit reconnaître « que les circonstances d'une prochaine réforme dans l'armée rendent difficile » cette promotion[3]. La question de l'avancement du chef d'escadron semble

1. *Ibid.*, p. 31.
2. AN, 95 AP 4, Petiet à Caulaincourt, Paris, 15 prairial an V (3 juin 1797).
3. *Ibid.*, Petiet à Caulaincourt, Paris, 10 messidor an V (28 juin 1797).

encore se compliquer avec la révocation de Petiet, le 14 juillet 1797 et son remplacement par Schérer, le 23 juillet, dans un contexte de crise du régime du Directoire.

Apparemment embarrassé par la requête de l'ambassadeur turc, le nouveau ministre de la Guerre – soutenu dans cette démarche par les directeurs – demande l'avis de Talleyrand, qui vient d'obtenir le ministère des Relations extérieures, à la suite – lui aussi – du remaniement de juillet. Il ressort des réponses de Talleyrand qu'il n'y a pas d'usage établi en la matière, mais que cette promotion apparaîtrait comme « un acte de politesse et d'obligeance » vis-à-vis de Constantinople et comme « une marque de satisfaction du gouvernement français » à l'égard de Caulaincourt « qui a toujours été parfaitement noté [et qui] paraît avoir mérité l'intérêt de l'ambassadeur ottoman par la manière satisfaisante dont il a rempli sa mission près de lui »[1]. Il faut souligner l'importance des marques d'intérêt que Talleyrand témoigne à Caulaincourt à cette période : « Mon prédécesseur [Delacroix] ne m'a pas laissé ignorer, citoyen, combien il a été satisfait de la correspondance active que vous avez entretenue avec lui [...]. Je me fais un plaisir de vous témoigner aussi ma satisfaction du zèle avec lequel vous l'avez remplie et de vous assurer que je serai toujours flatté de trouver des occasions de vous être de quelque utilité[2]. » Cette dernière phrase n'est pas anodine : elle annonce déjà le choix de Caulaincourt pour la mission en Russie de 1801. Il semble que Talleyrand, qui l'avait rencontré lors de la réception officielle d'Esseid Ali Effendi au Luxembourg puis au palais du ministère des Relations extérieures, le 28 juillet, ait décelé chez ce dernier certaines capacités, des talents potentiels de diplomate qu'il saura réutiliser[3]. Ce lien entre les deux hommes s'impose comme une des conséquences principales, quoique encore latente, du voyage de Caulaincourt à Constantinople.

En août 1797, ce soutien n'est toutefois pas suffisant. Malgré un nouvel avis favorable du ministre de la Guerre, qui propose de donner à Caulaincourt le grade de chef de brigade, en attendant de lui offrir un

1. SHD, 7 Yd 407, rapport du ministre de la Guerre au Directoire, Paris, 27 thermidor an V (14 août 1797).

2. AN, 95 AP 4, Talleyrand à Caulaincourt, Paris, 16 thermidor an V (3 août 1797).

3. Jean Hanoteau, *op. cit.*, t. I, p. 31-32.

commandement effectif[1], le Directoire tranche la question au détriment de Caulaincourt, comme le lui signifie Schérer le 25 août :

> Outre que le Directoire est maintenant dans la résolution de ne point accorder d'avancement pour ne pas augmenter le nombre déjà trop grand des officiers sans fonctions, il a observé que parvenu assez rapidement au grade de chef d'escadron, vous n'aviez encore pas néanmoins servi activement en cette qualité, et il a estimé juste de se borner à me prescrire de vous proposer, dès qu'il y aura lieu, à un emploi de chef d'escadron titulaire[2].

Caulaincourt doit finalement se contenter de son grade de chef d'escadron et, surtout, attendre que se libère un emploi effectif dans un régiment.

Schérer écrit aussi au général d'Harville, alors inspecteur de la cavalerie à l'armée de Sambre-et-Meuse, pour qu'il le tienne informé dès qu'une place de chef d'escadron sera disponible, une disposition qu'il juge « d'autant plus convenable, qu'employé près de vous et aux détails de votre inspection, [il] sera à portée de rejoindre sur-le-champ le poste alors indiqué[3] ». Caulaincourt n'a, en effet, pas attendu la décision définitive du Directoire : sur autorisation particulière du ministère de la Guerre, il a rejoint son oncle à l'inspection, le 16 août 1797. Frustré du commandement qu'il avait espéré, ruminant une déception à la hauteur de son ambition, il réintègre néanmoins la carrière militaire.

L'inspection de la cavalerie (1797-1799)

Malgré le soutien temporaire de l'ambassadeur turc et l'intérêt manifesté par différentes personnalités du gouvernement, Caulaincourt est confronté, au moment de son retour de Constantinople, à une situation délicate. Sa brouille avec le général Aubert-Dubayet lui a en effet fait perdre le soutien de son mentor, une rupture d'autant plus définitive que

---

1. SHD, 7 Yd 407, rapport du ministre de la Guerre au Directoire, Paris, 27 thermidor an V (14 août 1797).
2. *Ibid.*, Schérer à Caulaincourt, Paris, 8 fructidor an V (25 août 1797).
3. *Ibid.*, Schérer au général d'Harville, Paris, 8 fructidor an V (25 août 1797).

meurt à Constantinople, en décembre 1797, l'homme qui, comme il l'affirme alors, lui avait « servi presque de père[1] ». En attendant de retrouver un commandement et de pouvoir poursuivre sa carrière dans la cavalerie, il se place sous la protection de celui qu'il considère, lui aussi, comme « son bon père[2] », son oncle, le général d'Harville, auquel il a toujours témoigné les sentiments les plus affectueux. Ainsi, désireux de lui rapporter un cheval de Turquie, il estime que « c'est la chose à laquelle j'attachais le plus de prix et je ne serais point parti content sans lui porter la preuve que partout je me rappelle de ses bontés et des choses qui peuvent lui être agréables[3] ». D'Harville répond à cette affection et à ces attentions par une défense opiniâtre des intérêts de son neveu durant toute cette période. Il est nécessaire de souligner une nouvelle fois l'importance, dans les premières années de la carrière de Caulaincourt, de ses différents protecteurs : son père bien entendu, Aubert-Dubayet, d'Harville, puis, ultérieurement, Talleyrand et Bonaparte.

En août 1797, Caulaincourt rejoint donc son oncle à l'inspection de la cavalerie de l'armée de Sambre-et-Meuse, le suivant dans ses affectations successives, à l'armée d'Allemagne, le 29 septembre, puis à celle de Mayence, le 16 décembre. Le ministre de la Guerre, par différentes instructions, avait défini les objectifs de l'inspection de la cavalerie : il s'agissait d'examiner la bonne tenue des régiments, leur composition en hommes et en chevaux, leur état matériel – armes, habillement, comptabilité, logements, hôpitaux, écuries, etc. –, mais aussi l'instruction des soldats et des officiers, ou encore leur moralité et leur républicanisme. Les inspecteurs devaient procéder à des revues, suivies de manœuvres, sur le lieu de stationnement même du régiment, mais aussi examiner ses dépôts à l'arrière, afin d'avoir une vue globale de l'unité, notifiée dans un rapport remis au ministère de la Guerre[4].

---

1. AN, 402 AP 61, Caulaincourt à Mme d'Harville, Dillenbourg, 14 pluviôse an VI (2 février 1798).

2. *Ibid.*, Caulaincourt au général d'Harville, Constantinople, 30 vendémaire an V (31 octobre 1796).

3. *Ibid.*, Caulaincourt à Mme d'Harville, Constantinople, 6 germinal an V (26 mars 1797).

4. Ces différents rapports sont conservés au SHD, dans les fonds des différents régiments de cavalerie de la période révolutionnaire et impériale (Xc). Nous avons consulté ceux du 8e régiment de cavalerie et du 2e de carabiniers.

Caulaincourt, tout en conservant le titre de chef d'escadron en pied du 8e régiment, fait office, avec un de ses meilleurs amis, Antoine Durosnel, d'aide de camp de son oncle. L'accompagnant durant ses tournées en Allemagne, sa vie se passe essentiellement en déplacements, comme il l'explique à sa tante : « Soit goût ou raison, je suis toujours du parti des voyages[1]. » Il évoque dans ses lettres sa « vie errante[2] », entre Cologne, où il séjourne habituellement, Bruxelles, siège des dépôts de remonte de la cavalerie, et surtout les différentes localités où stationnent les régiments qui dépendent de la juridiction de l'inspection. Il s'agit pour le général d'Harville, suivant en cela les instructions du ministère, d'effectuer ses revues sans prévenir les différents régiments concernés, afin de les saisir sur le vif. Les déplacements des unités – notamment avant la signature de la paix avec l'Autriche, au mois d'octobre 1797, ainsi que dans les mois qui la suivent – rendent cette besogne difficile, les réussites inopinées alternant avec les échecs : « Nous avons tellement tardé à nous mettre en route, ma bonne mère, que les dragons nous auraient échappé sans les voir si nous ne les avions pas vus dans leur marche et attendus au passage, écrit Caulaincourt à sa tante. Le 4 [pluviôse] nous verrons le 4e régiment de cette arme et nous retournerons le même jour à Cologne. Les hussards et autres sont partis sans que nous puissions les voir[3]. »

Les nombreuses tournées de l'inspecteur et de sa suite apparaissent en définitive comme une tâche non seulement éprouvante, du fait de l'ampleur des distances à couvrir ou de la rigueur des conditions climatiques, mais aussi assez monotone et fastidieuse. Le moment le plus important de ces tournées est la revue du régiment, toujours empreinte d'un certain cérémonial. Le père de George Sand, Maurice Dupin – sur lequel nous reviendrons –, en évoque ainsi la solennité : « Le général, avec son grand uniforme couvert d'or, son écharpe de satin rouge à glands d'or, était monté sur une magnifique jument blanche. Les deux aides de camp le suivaient ; Durosnel avait son grand uniforme de chasseur, Caulain-

1. AN, 402 AP 61, Caulaincourt à Mme d'Harville, Cologne, 10 brumaire an VI (31 octobre 1797).

2. *Ibid.*, Caulaincourt à Mme d'Harville, Cologne, 17 vendémiaire an VI (18 octobre 1797).

3. *Ibid.*, Caulaincourt à Mme d'Harville, Neuwied, 2 pluviôse an VI (21 janvier 1798).

court était suivi d'un cuirassier[1]. » Si l'aide de camp du général d'Harville semble assez indulgent à l'égard des recrues des différentes unités inspectées, jugeant en une occasion que « les troupes sont superbes », il l'est beaucoup moins vis-à-vis des officiers et des services administratifs, considérés comme des « fripons » qui ne facilitent guère l'effort entrepris en vue de réformer la cavalerie[2].

Les revues ne constituent toutefois que l'aspect le plus visible de l'activité de Caulaincourt. Secondant son oncle dans ses tournées, il l'aide aussi à mettre en forme les résultats patiemment réunis auprès des régiments ou dans les dépôts. La gestion du bureau du général est pour lui une période d'approfondissement de sa formation en matière d'administration. Dans une lettre à sa tante, il reconnaît l'importance de ce travail : « Une jolie tournure peut servir ; mais pour être quelque chose il faut s'occuper un peu du bureau, car, après tout, c'est la clef de tout[3]. » L'implication de Caulaincourt auprès de son oncle n'est d'ailleurs pas totalement désintéressée ; son travail de gestionnaire lui permet en effet de se rendre régulièrement à Paris et de garder des liens avec le ministère de la Guerre, auquel il présente les conclusions de l'activité de l'inspection.

On peut s'interroger finalement sur la part prise par Caulaincourt dans le travail réalisé par le général d'Harville, considéré comme une réussite par l'historien de la cavalerie sous le Directoire, le capitaine Sautai[4]. Quel impact véritable sur ces résultats peut-on lui attribuer ? À l'inverse de ses fonctions de *mihmandar*, clairement circonscrites, sa place de collaborateur d'un inspecteur général apparaît particulièrement difficile à appréhender : son action, quelle que soit son ampleur, ne parvient pas encore à se distinguer de celle de son nouveau mentor.

Dans un tout autre registre, la présence de Caulaincourt à l'inspection, de 1797 à 1799, est aussi l'occasion pour lui de participer à la vie mondaine de la ville de Cologne, où demeure habituellement le général.

---

1. George Sand, *Histoire de ma vie*, Paris, Lévy, 1856, t. II, p. 88, Lettre XXVI, Dupin à sa mère, Cologne, le 7 pluviôse an VII (26 janvier 1799).

2. AN, 402 AP 61, Caulaincourt à Mme d'Harville, Cologne, 17 vendémiaire an VI (18 octobre 1797).

3. *Ibid.*, Caulaincourt à Mme d'Harville, Cologne, 10 brumaire an VI (31 octobre 1797).

4. Édouard Desbrière et Maurice Sautai, *La Cavalerie sous le Directoire*, Paris, Berger-Levrault, 1910, p. 130-131.

La correspondance de Maurice Dupin, reproduite par sa fille George Sand dans son autobiographie, *Histoire de ma vie*, rend compte des festivités de cette époque. Le jeune officier, alors ordonnance du général d'Harville, parle notamment, dans ses lettres à sa mère, des nombreux bals qui réunissent officiers français et société allemande[1]. Il évoque aussi les représentations théâtrales auxquelles assiste l'état-major et les « mascarades » qui sont organisées : lors de l'une d'elles, il se voit « habillé en femme », tandis que « Caulaincourt faisait le rôle [du] mari », pour le plus grand amusement de l'inspecteur général et de sa suite[2]. À côté des questions militaires et administratives se développe donc une vie quotidienne plus légère, mêlant distractions burlesques et mondanités. Conséquence des liens entretenus avec la société de Cologne, les allusions de Maurice Dupin à ses liaisons et aux intrigues qu'elles entraînent sont constantes. Sa rivalité avec Caulaincourt dans ce domaine nous renseigne sur la vie amoureuse de ce dernier. Dupin parle ainsi des « petites intrigues » que l'aide de camp du général cultive dans la ville et qu'il défend jalousement : « L'autre jour je m'étais avisé de dire que mademoiselle P. est fort jolie. Et voilà qu'à l'instant même je vois sur sa figure qu'il est inquiet, et le soir même je vis qu'il lui avait donné la consigne de ne pas danser avec moi[3]. »

Cette critique de la mesquinerie de Caulaincourt est représentative du portrait général que Maurice Dupin dresse de son supérieur à cette époque. Les relations apparemment tendues qu'entretiennent les deux hommes expliquent le caractère largement partial, voire franchement médisant du témoignage de Dupin[4]. Mais, si ses lettres doivent être considérées avec circonspection, elles n'en renseignent pas moins sur certains traits de caractère de Caulaincourt et, surtout, sur l'image qu'il renvoie de lui à cette époque. Ce qui frappe en premier le père de George Sand ce sont les manières aristocratiques du futur duc de Vicence et son influence supposée sur le général d'Harville, dont il accentuerait les sentiments réactionnaires et antirépublicains. Cette accusation est à mettre en parallèle avec celle d'Aubert-Dubayet, lors de sa brouille avec son aide de camp.

1. George Sand, *op. cit.*, t. II, p. 73-74, Dupin à sa mère, Cologne, 27 frimaire an VII (17 décembre 1798).

2. *Ibid.*, p. 97-98, Dupin à sa mère, Cologne, 17 pluviôse an VII (5 février 1799).

3. *Ibid.*, p. 80-81, Dupin à sa mère, Cologne, 18 nivôse an VII (7 janvier 1799).

4. George Sand s'excuse ainsi pour les propos tenus par son père dans sa correspondance. George Sand, *op. cit.*, t. II, p. 92-93.

Caulaincourt, malgré son rejet de l'ancienne monarchie, semble alors très critique vis-à-vis de ce qu'il considère comme certaines dérives de la démocratie, mettant en avant au contraire les valeurs d'ordre et d'autorité qui préfigurent son adhésion aux régimes du Consulat et de l'Empire. Même s'il ne fait pas profession d'une foi aveugle et idéaliste en la République, il ne peut toutefois être considéré comme un partisan du retour à l'ordre ancien et aux privilèges.

Finalement, la critique de ces prétendues idées réactionnaires est avant tout le reflet de l'aversion de Dupin pour le caractère jugé hautain et arrogant de l'aide de camp du général d'Harville. Le portrait physique de Caulaincourt, qu'il dresse à la demande de sa mère, est symptomatique de ce sentiment :

> Caulaincourt est un homme d'environ 25 ans. Il a un pouce de plus que moi. Il est assez bien sur ses jambes, quoiqu'il porte les genoux un peu en dedans. Il a le visage carré, le nez gros, les yeux petits. Son air serait noble s'il ne le rendait insolent. Soit qu'il marche ou qu'il danse, il tend le derrière et lève la tête avec affectation, ce qui lui donne un profil assez singulier. Il parle toujours haut et en relevant encore plus la tête[1].

Plus généralement, Dupin réprouve l'autoritarisme de Caulaincourt, notamment parce qu'il en est lui-même la victime. Alors que ces traits de caractère sont considérés par d'autres comme des qualités, il raille sa minutie, jugée obsessionnelle, ou encore son « amour du commandement[2] » qui va jusqu'à « singer les manières et l'autorité de Buonaparte, dont il parle sans cesse et dont il est fort loin assurément[3] » – une allusion par ailleurs intéressante concernant l'admiration précoce du chef d'escadron envers le héros de la campagne d'Italie. On retrouve dans la correspondance de Dupin un certain nombre de jugements que porteront ultérieurement les contemporains du duc de Vicence sur sa sévérité, sa sécheresse, son côté « cassant[4] ». Ces critiques sont toutefois nuancées par leur auteur lui-même qui reconnaît le « talent[5] » de Caulaincourt,

1. *Ibid.*, p. 93, Dupin à sa mère, Cologne, 16 pluviôse an VII (4 février 1799).
2. *Ibid.*, p. 73-74, Dupin à sa mère, Cologne, 27 frimaire an VII (17 décembre 1798).
3. *Ibid.*, p. 119, Dupin à sa mère, Cologne, 24 ventôse an VII (14 mars 1799).
4. *Ibid.*, p. 80-81, Dupin à sa mère, Cologne, 18 nivôse an VII (7 janvier 1799).
5. *Ibid.*, p. 119, Dupin à sa mère, Cologne, 24 ventôse an VII (14 mars 1799).

son « esprit » et ses « moyens »[1] : il semble d'ailleurs lui-même se rendre compte que cette profonde antipathie est due avant tout à une incompatibilité fondamentale de leurs caractères respectifs. Il estime en outre, *a posteriori*, que les « caprices[2] » et le comportement « fantasque[3] » de Caulaincourt, s'expliquent en partie par les circonstances du moment, notamment par la frustration engendrée par l'attente prolongée d'un commandement dans l'armée active.

La mort d'un des chefs d'escadron du 8e de cavalerie – auquel Caulaincourt était resté attaché malgré son affectation auprès de son oncle – lui offre enfin, en juin 1798, l'opportunité de retourner à son régiment[4]. Marqué par les désillusions depuis son retour de Turquie, il reste prudent face à cette nouvelle : « Cet événement doit me mettre en pied, si une fois je puis obtenir justice[5]. » Le général d'Harville, mettant à profit ses fonctions d'inspecteur, attire l'attention du ministre de la Guerre sur la vacance d'une place de chef d'escadron et rappelle la promesse faite à son neveu l'année précédente[6]. La demande effectuée par Caulaincourt est aussi soutenue par un grand nombre d'officiers qu'il a pu côtoyer durant son travail à l'inspection, notamment par le général en chef de l'armée de Mayence, Hatry[7]. Surtout, son retour est désiré par le chef de brigade du 8e régiment, le colonel Espagne[8]. Après plusieurs sollicitations et près de quatre mois d'atermoiements – apparemment dus aux pesanteurs de l'administration plus qu'à une mauvaise volonté du gouvernement –, le Directoire nomme Caulaincourt au poste vacant le 9 novembre 1798.

---

1. *Ibid.*, p. 105, Dupin à sa mère, Cologne, 20 pluviôse an VII (8 février 1799).
2. *Ibid.*, p. 74, Dupin à sa mère, Cologne, 27 frimaire an VII (17 décembre 1798).
3. *Ibid.*, p. 81, Dupin à sa mère, Cologne, 18 nivôse an VII (7 janvier 1799).
4. SHD, Xc 107, 7 messidor an VI (25 juin 1798), armée de Mayence, 8e régiment de cavalerie, « Contrôle nominatif et indicatif de la moralité et de l'instruction des officiers ».
5. AN, 402 AP 61, Caulaincourt à Mme d'Harville, Villers-au-Tertre, 10 messidor an VI (28 juin 1798).
6. SHD, 7 Yd 407, Harville au ministre de la Guerre, Compiègne, 8 thermidor an VI (26 juillet 1798).
7. *Ibid.*, Bureau des officiers des troupes à cheval, rapport présenté au ministre, 15 thermidor an VI (2 août 1798).
8. *Ibid.*, 8e régiment de cavalerie, « État des promotions et remplacements survenus audit régiment pendant le mois de prairial an VI ».

L'épreuve du feu hors de France (1799-1800)

La nouvelle affectation de Caulaincourt ne constitue pas une coupure franche avec ses activités précédentes : elle ouvre au contraire une période de transition qui ne se termine qu'avec son départ en campagne, le 1er mars 1799. Même s'il a reçu l'ordre de rejoindre son régiment à Sélestat, en Alsace, Caulaincourt ne semble pas y demeurer bien longtemps. Si l'on en croit la correspondance de Maurice Dupin, il est en effet présent à l'inspection de la cavalerie à la fin de l'année 1798 et au début de 1799. La deuxième coalition, qui s'organise contre la France à la suite de l'expédition d'Égypte, ne réunit alors que l'Angleterre, la Turquie et la Russie, l'Autriche demeurant encore dans l'expectative. L'armée de Mayence, à laquelle appartient le 8e de cavalerie, reste donc pour l'instant sur ses positions et Caulaincourt en profite pour poursuivre ses activités auprès de son oncle et la vie mondaine qui l'accompagne.

Il semble cependant assez dépité par le résultat de ses nombreuses demandes d'avancement, qui n'ont abouti finalement qu'à confirmer un grade qu'il a obtenu dès 1795 – celui de chef d'escadron. Au fil de ses inspections, le général d'Harville continue de proposer au ministre de la Guerre différentes places de chef de brigade pour son neveu. Ayant visité le 1er régiment de carabiniers, il met ainsi en avant la candidature de Caulaincourt au détriment de celle du chef d'escadron le plus ancien, pourtant promis à la succession de son chef de brigade mais qui, affirme-t-il, n'est pas en état d'assumer ce commandement[1]. Le ministère – qui n'est pas dupe – reste sourd à ces différentes tentatives, où la partialité participe de ce qui s'apparente à une forme de népotisme.

Caulaincourt quitte finalement l'inspection au début du mois de mars 1799, à la suite de l'entrée en guerre de l'Autriche, pour rejoindre son régiment au sein de la cavalerie de réserve de la nouvelle armée du Danube, dirigée par le général Jourdan. Ce dernier établit ses troupes face à l'armée de l'archiduc Charles, entre le lac de Constance et le Danube. La campagne, la première qui voit Caulaincourt combattre hors des frontières nationales, est très brève : après une première victoire à Pfullendorf, le 20 mars, Jourdan est défait par l'archiduc à Stockach, le 25. Lors de cette bataille, la cavalerie de réserve, commandée par le général

1. *Ibid.*, Bureau des officiers des troupes à cheval, 18 ventôse an VII (8 mars 1799), 1er régiment de carabiniers, armée de Mayence.

d'Hautpoul, échoue à inverser le sort des armes et doit couvrir la retraite des armées françaises. Le 8e régiment, passé à la division Xaintrailles, se porte finalement sur Bâle, afin de garder le Rhin. Revenu à Paris, Jourdan démissionne le 10 avril ; il est remplacé par le général Masséna, qui réunit armées d'Helvétie et du Danube, tandis que le 8e de cavalerie passe à la division Klein[1]. Malgré l'ampleur des revers, Caulaincourt fait l'éloge de l'armée française durant cette campagne, estimant que les Autrichiens ont seulement profité de l'avantage du nombre : « Si le commencement de cette campagne n'a pas été marquant par nos succès, il fera cependant époque pour le courage[2]. »

Fort désormais de son expérience du terrain et toujours soutenu dans ses démarches par son oncle, Caulaincourt cherche à nouveau à être promu chef de brigade, si possible au sein même de son régiment. Il écrit à sa tante, en juin 1799 : « Je ne sais pas si je serai plus heureux cette fois que les précédentes ; mais je ne crois pas encore au succès[3]. » Et, en effet, ses nouvelles tentatives sont longtemps sans résultat. Dépité par ses échecs personnels, considérant qu'il est « brouillé » avec le bonheur, Caulaincourt critique la société actuelle, où « les passions particulières » et l'« égoïsme » l'emportent sur le patriotisme et le sens du service[4]. Confiant dans l'issue finale du conflit, il demande cependant « qu'au lieu de ces généraux nuls par leurs moyens, on nous rende ceux qui ont organisé la victoire ». Il semble développer à cette époque un véritable esprit d'opposition au régime, nourri par sa frustration mais largement partagé par ses contemporains, comme l'explique Jean Hanoteau : « Ces violences de langage, sous la plume d'un homme aussi pondéré, rendent un son qui prélude aux roulements de tambour de Saint-Cloud. Bonaparte pouvait s'apprêter à quitter l'Égypte. Le sauveur était attendu[5]. » Pourtant, le 30 juillet 1799, le ressentiment de Caulaincourt perd en grande partie sa raison d'être. Le Directoire se décide en effet à le nommer chef de

---

1. Capitaine d'Amonville, *Le 8e cuirassiers, journal historique d'un régiment (1638-1892)*, Paris, Lahure, 1892, p. 122.

2. AN, 402 AP 61, Caulaincourt à Mme d'Harville, Strasbourg, 20 prairial an VII (8 juin 1799).

3. *Ibid.*

4. *Ibid.*, Caulaincourt à Mme d'Harville, Ipsheim, 2 thermidor an VII (20 juillet 1799).

5. Jean Hanoteau, *op. cit.*, t. I, p. 38.

brigade du 2e régiment de carabiniers et à lui offrir son premier véritable commandement.

Régiment d'élite, le 2e de carabiniers est pourtant, avant l'arrivée de son nouveau chef de brigade, dans une situation assez peu brillante, comme le prouve l'inspection effectuée par le général d'Harville en octobre 1798. Ce dernier critique l'insuffisance de l'instruction des officiers et des hommes de troupe, le peu de précision des manœuvres ou encore la faiblesse de la discipline, qui « a besoin d'être soutenue, avec plus d'activité et de fermeté[1] ». L'armement, les tenues des officiers, l'habillement, l'équipement des chevaux, tout est déficient, jusqu'à l'administration des finances, qui ne bénéficie d'aucune vision d'ensemble. L'inspecteur ne peut que concéder au régiment son « bon esprit » et sa bonne conduite en campagne ; il remarque surtout que ces difficultés sont communes à la plupart des unités de cavalerie de l'armée française. Il juge ainsi que l'équitation est « nulle, comme dans tous les régiments ». Une remise en ordre générale du régiment apparaît dès lors indispensable : Caulaincourt, du fait de son passage à l'inspection, participe de cette volonté de réforme. Avant même son entrée en fonction, il déclare à sa tante que, dans l'armée, « des régiments de 900 chevaux sont à 300 et même ceux de 500, à 150. Jugez d'après cela s'il ne faut pas hâter le remède, ou plutôt la restauration[2] ».

Cette « restauration » réalisée par Caulaincourt semble rapidement porter ses fruits. Lors de l'inspection de février 1800, le général d'Harville – certes favorable au nouveau commandant du régiment – note par exemple que l'instruction de l'unité « est susceptible de progrès rapides par l'activité et les soins journaliers du chef de brigade[3] ». Si l'état du matériel, qui dépend avant tout du ministère, laisse encore à désirer, la discipline est jugée désormais « très exacte et très bonne », tandis que les finances sont gérées « avec beaucoup d'intelligence et d'exactitude »[4]. Ce travail de remise en ordre est confirmé par l'inspection effectuée par

1. SHD, Xc 92, Inspection du 2e régiment de carabiniers, général Harville, 6 brumaire an VII (27 octobre 1798).

2. AN, 402 AP 61, Caulaincourt à Mme d'Harville, Ipsheim, 2 thermidor an VII (20 juillet 1799).

3. SHD, Xc 92, Inspection 2e régiment de carabiniers, général Harville, 30 pluviôse an VIII (19 février 1800).

4. *Ibid.*

le général d'Hautpoul, le 24 avril 1802[1]. Même le niveau d'équitation, longtemps faible, est désormais excellent. Le jeune chef de brigade – il n'a pas encore 30 ans – y gagne la reconnaissance de ses supérieurs : « La tenue et l'instruction du corps qu'il commande justifient la réputation distinguée dont il jouit[2]. »

La réputation de Caulaincourt se forge aussi durant les campagnes de la fin de l'année 1799 et de l'année 1800 qui voient ses plus grands faits d'armes et qui peuvent être considérées comme l'apogée de sa carrière militaire. Le 2e régiment de carabiniers entre en campagne, au mois d'octobre 1799, avec l'armée du Rhin du général Lecourbe. Le colonel Caulaincourt se distingue à plusieurs reprises durant les combats qui opposent Français et Autrichiens en Allemagne du Sud. Il s'illustre ainsi lors d'une mission de reconnaissance à laquelle il participe, quelques jours seulement après la traversée du Rhin. Les officiers de son régiment en font le récit, en 1803, afin de soutenir sa candidature pour la Légion d'honneur :

> Le 7 brumaire an VIII (29 octobre 1799) le chef de brigade Caulaincourt, allant à la découverte avec le général de division d'Hautpoul, à la tête de son régiment et de deux compagnies d'infanterie, rencontra l'ennemi à l'entrée des gorges de Venheim [Weinheim] : il n'en était plus séparé que par un torrent, et s'apercevant que l'infanterie à laquelle on avait ordonné le passage hésitait, il mit pied à terre, et malgré le feu de l'ennemi, le traversa le sabre à la main ayant de l'eau jusqu'au dessus de la ceinture : son exemple encouragea l'infanterie, le torrent fut passé et l'ennemi culbuté dans la gorge[3].

Trois jours plus tard, il reçoit sa première blessure, lors de l'attaque de sa division par le prince de Hohenlohe :

> Le 10 brumaire [1er novembre], commandant le même poste il résista avec son régiment et deux faibles compagnies d'infanterie, à l'attaque de plus de 2000 hommes, chargea à la tête de 40 carabiniers, sur

1. *Ibid.*, Inspection faite par le général de division d'Hautpoul, inspecteur général des troupes à cheval, à Lunéville, le 4 floréal an X (24 avril 1802).

2. *Ibid.*, 2e carabiniers, an XI, « État nominatif des officiers de ce corps ».

3. AN, LH/451/80, Caulaincourt. Le corps d'officiers du 2e régiment de carabiniers au ministre de la Guerre, Lunéville, 28 ventôse an XI (19 mars 1803).

> deux escadrons de hussards et deux compagnies d'infanterie, les mit en déroute et leur fit une quarantaine de prisonniers ; il fut blessé légèrement de deux coups de feu et perdit plusieurs carabiniers dans cette affaire[1].

Le 3 décembre, il tombe sous le feu ennemi et « le dévouement de ses hommes, seul, l'empêche d'être fait prisonnier[2] ». Il est, par la suite, soigné au château de Weinheim, avant de prendre ses quartiers d'hiver avec son régiment en Lorraine.

La campagne reprend au printemps de l'année 1800, sous la direction du général Moreau, commandant l'armée du Danube. Après avoir été cantonné dans les Vosges jusqu'au 24 avril, le 2e carabiniers, placé à l'avant-garde, traverse le Danube le 19 juin et repousse victorieusement les Autrichiens, « n'ayant que 400 hommes à opposer à 6 000 environ[3] ». La lettre de félicitations que le général Lecourbe, son supérieur, adresse à Caulaincourt est révélatrice du prestige que ce dernier a acquis l'année précédente : « Les carabiniers que vous commandez ont encore justifié [...] la haute réputation de bravoure dont ce corps jouit depuis si longtemps. Ils ont enfoncé, culbuté l'ennemi, animés par votre exemple[4]. »

Le 28 juin, après de rudes combats lors desquels Caulaincourt est à nouveau blessé et manque de peu d'être capturé par les Autrichiens, les Français prennent Munich ; le 15 juillet, la signature d'un armistice vient mettre fin à la première phase de cette campagne. Pendant plus de cinq mois, les deux armées adverses gardent leurs positions et se préparent à la reprise des hostilités, la victoire de Bonaparte à Marengo n'ayant pas suffi à décider de la paix. Cette dernière est désormais désirée par Caulaincourt qui écrit au mois d'août : « On commence à ne plus croire à la paix. Elle ferait cependant bien des heureux : je serais un des premiers[5]. » Si cette affirmation annonce ses futures positions pacifiques, elle est sur-

---

1. *Ibid.*
2. Jean Hanoteau, *op. cit.*, t. I, p. 39.
3. AN, LH/451/80, Caulaincourt. Le corps d'officiers du 2e régiment de carabiniers au ministre de la Guerre, Lunéville, 28 ventôse an XI (19 mars 1803).
4. Lecourbe à Caulaincourt, Hochstaedt, 2 messidor an VIII (21 juin 1800). Cité par Jean Hanoteau, *op. cit.*, t. I, p. 40.
5. *Ibid.*, Caulaincourt à Mme d'Harville, Dürekelspiel (?), 7 fructidor an VIII (24 août 1800).

tout le reflet de la vie que mène Caulaincourt à cette époque. Le chef de brigade, dont le régiment a ses quartiers à proximité de Munich, participe en effet aux « plaisirs » de la capitale bavaroise et entretient même une aventure galante ; des activités bien éloignées du métier des armes et propres à l'en détourner.

Comme pressenti par Caulaincourt, la reprise de la guerre est inévitable : les armées française et autrichienne entrent en mouvement à fin du mois de novembre. Poursuivant sa marche en avant vers Vienne, le général Moreau rencontre l'armée autrichienne de l'archiduc Jean-Baptiste dans la clairière d'Hohenlinden, à une trentaine de kilomètres de Munich. La bataille, décisive, s'engage le 3 décembre 1800. Repoussant les assauts ennemis et tenant sa position sans faillir, le colonel Caulaincourt se distingue tout particulièrement, au point que Moreau lui aurait offert le grade de général, refusé par l'intéressé pour, selon Hanoteau, « ne pas quitter, en pleine campagne, ses chers carabiniers[1] ». Cette bataille apparaît comme un des sommets de la carrière militaire du futur duc de Vicence. C'est en effet la seule grande bataille de la période où il exerce un commandement : lors des campagnes de la Grande Armée, il ne quittera jamais l'état-major impérial, à son plus grand regret.

La victoire du général Moreau à Hohenlinden est complète et les Autrichiens refluent vers Vienne en désordre. Caulaincourt rend compte dans les semaines suivantes de l'ampleur du succès remporté par les Français : « En trois jours, [...] nous avons pris deux arrière-gardes, quatre généraux, quatre colonels, et 2 000 chevaux ; hier, 14 pièces de canon, 3 000 prisonniers d'infanterie, avec une prodigieuse quantité d'équipages, et autant les trois jours précédents. Nous ne sommes qu'à 30 lieues de Vienne[2]. » Après un armistice signé le 25 décembre, le traité de Lunéville vient conclure, le 9 février 1801, le conflit franco-autrichien, ouvrant une période de paix continentale – mais aussi de prépondérance française – conforme aux espérances du jeune officier.

À la suite d'une marche rétrograde particulièrement éprouvante, le 2e de carabiniers prend ses cantonnements au nord de Munich et Caulaincourt se retrouve, comme il le dit lui-même, « seigneur-suzerain de

1. Jean Hanoteau, *op. cit.*, t. I, p. 41.

2. AN, 402 AP 61, Caulaincourt à Mme d'Harville, en avant de Sintz, 2 nivôse an IX (23 décembre 1800).

deux petites villes[1] ». Commence pour lui une nouvelle période d'attente qu'il consacre notamment à la réorganisation de son régiment, malgré des difficultés financières occasionnées par différents retards dans le paiement des soldes. L'inactivité le rend une nouvelle fois assez pessimiste quant à son avenir ; encore marqué par les désillusions il ne croit guère aux promesses qui lui ont été faites, comme peut-être celle d'être promu général : « L'homme modeste n'obtient rien dans ce siècle d'intrigues et le mieux c'est de vivre loin des grands et de ne leur rien devoir[2]. » Ces sentiments s'accompagnent, à l'égard du régime né du coup d'État de brumaire, d'une attitude critique qui s'est développée au moment du renvoi de l'armée de son oncle, le général d'Harville, durant l'été 1800. Cette mise à l'écart lui apparaît comme une décision inique, symptomatique de la mesquinerie de la vie politique et de l'opportunisme des gouvernants.

Au début de l'année 1801, Caulaincourt semble participer à sa façon – bien peu politique – du clivage, certes approximatif, qui existe entre une armée d'Italie ralliée à l'autorité du Premier consul et une armée d'Allemagne qui se targue de sentiments plus « républicains ». Au mois de mai, alors que les différentes unités qui ont combattu à Hohenlinden se préparent à quitter la Bavière et à prendre leurs quartiers en France, Caulaincourt évoque une « famille qui se sépare » ; Moreau est quant à lui considéré comme « un père que nous quittons »[3]. Cette allégeance est pourtant rapidement remise en question. Au mois d'octobre 1801, alors en garnison à Lunéville avec son régiment, Caulaincourt reçoit une dépêche du ministère de la Guerre lui transmettant les ordres du Premier consul. Celui-ci lui enjoint de « se rendre sur-le-champ à Paris pour prendre les ordres du ministre des Relations extérieures[4] ». Talleyrand apprend alors au colonel des armées de Moreau qu'il a été choisi par Bonaparte pour porter une lettre au tsar de Russie. Quatre ans après son voyage à Constantinople, Caulaincourt quitte une nouvelle fois le métier des armes pour la diplomatie.

1. *Ibid.*, Caulaincourt à Mme d'Harville, Berching, 1er pluviôse an IX (21 janvier 1801).

2. *Ibid.*

3. *Ibid.*, Caulaincourt à Mme d'Harville, Düblingen, près Stuttgart, 14 floréal an IX (4 mai 1801).

4. SHD, 7 Yd 407, 18 vendémiaire an X (18 octobre 1801), billet du ministère de la Guerre (copie).

Une première mission à Saint-Pétersbourg (1801-1802)

Plusieurs éléments, rappelés dans le détail par Jean Hanoteau, expliquent la nomination de Caulaincourt pour cette mission[1]. À ce sujet, l'intéressé déclare dans ses Mémoires : « J'ai su depuis que j'avais dû la mission de Russie au bien qu'avait dit de moi le général Moreau, en parlant des officiers de son armée, et à M. de Talleyrand, que j'avais eu occasion de voir quelquefois à mon retour de Constantinople[2]. » Au vu de l'inimitié existant alors entre le vainqueur de Hohenlinden et celui de Marengo, la première proposition peut sembler étonnante, à moins de supposer que Bonaparte a justement cherché, par cette désignation, à détacher de la clientèle de son rival un officier prometteur. L'influence de Talleyrand, logiquement le plus impliqué dans la préparation de cette mission diplomatique, apparaît quant à elle comme une conséquence des événements de l'été 1797 et de l'intérêt manifesté alors par le ministre des Relations extérieures à l'égard de Caulaincourt.

Même si *a posteriori* Caulaincourt fait peu de cas de ses relations personnelles avec le Premier consul à cette époque, estimant qu'il le « connaissai[t] à peine [...], pour l'avoir rencontré quelquefois chez Mme de Beauharnais[3] », Hanoteau insiste au contraire sur l'importance des « relations de famille » dans le choix effectué par Bonaparte[4]. Il apparaît certain en effet que les rapports entretenus de longue date par les familles de Caulaincourt et d'Harville avec les Beauharnais ont joué un rôle en 1801. Ainsi, au moment du départ de son neveu pour la Russie, Mme d'Harville, grande admiratrice du Premier consul, reçoit ce dernier dans son château de Lizy-sur-Ourcq : le parallèle n'est sûrement pas anodin[5]. Il faut aussi insister sur la nomination du général d'Harville comme sénateur, en mars 1801. Cet événement, qui semble réconcilier Caulaincourt avec le régime consulaire, est surtout l'occasion pour lui de dîner à la table de Bonaparte et, peut-être, d'être rappelé à son bon souvenir[6]. Sans être exclusives, toutes ces raisons expliquent au final la faveur

1. Jean Hanoteau, *op. cit.*, t. I, p. 44-45.
2. *Mémoires de Caulaincourt*, t. III, p. 424-425.
3. *Ibid.*, p. 424.
4. Jean Hanoteau, *op. cit.*, t. I, p. 44.
5. *Ibid.*, p. 45.
6. AN, 402 AP 61, Caulaincourt à Mme d'Harville, Paris, 15 ventôse an X (6 mars 1801).

qui touche Caulaincourt, promu émissaire du Premier consul auprès du jeune tsar Alexandre Ier.

Cette mission s'inscrit dans le contexte de la progressive et laborieuse normalisation des relations franco-russes entreprise à partir de l'avènement de Bonaparte. La Révolution entraîne en effet une rupture diplomatique profonde entre les deux États, concrétisée par l'entrée en guerre de la Russie aux côtés des membres de la deuxième coalition, en 1798. Les revers subis, ainsi que les dissensions nées entre les alliés, poussent toutefois le tsar Paul Ier à retirer ses troupes du conflit, dès la fin de l'année 1799, et à entamer des négociations avec le Premier consul, dont il est un admirateur. S'ouvre alors une période de rapprochement entre la France et la Russie qui envisagent une politique commune contre l'Angleterre et posent les bases d'une véritable alliance.

L'assassinat de Paul Ier, perpétré le 23 mars 1801 par un groupe d'aristocrates opposés à sa politique, vient tout remettre en question. Le jeune tsar Alexandre Ier, porté au pouvoir par une réaction francophobe, ne peut que se rapprocher du partenaire traditionnel de son empire, l'Angleterre[1]. Bonaparte, tout en reconnaissant qu'une alliance avec la Russie n'est plus d'actualité, entend cependant poursuivre le développement de relations diplomatiques stables entre les deux pays. Il envoie ainsi son aide de camp, Duroc, porter ses félicitations au jeune tsar à l'occasion de son couronnement. Cette mission permet surtout d'accélérer les négociations qui aboutissent à la signature, le 28 septembre/10 octobre 1801[2], d'un traité de paix qui, tout en s'inscrivant dans le processus de pacification du continent, offre de nouvelles opportunités diplomatiques au Premier consul, dans le cas notamment d'une reprise des hostilités avec l'Angleterre.

Dans cette droite ligne, l'objectif général donné à Caulaincourt est de favoriser « la bonne harmonie et les rapports d'amitié qui viennent d'être heureusement rétablis entre les deux États[3] ». Plus concrètement, il s'agit surtout pour le jeune officier de préparer l'arrivée d'un ambassadeur français, attendu à Saint-Pétersbourg après une décennie de vacance de cette fonction. L'envoi de Caulaincourt doit servir de transition, dans

1. Marie-Pierre Rey, *Alexandre Ier*, Paris, Flammarion, 2009, p. 179.

2. La première date est celle du calendrier russe, la seconde celle du calendrier occidental.

3. AN, 95 AP 4, Talleyrand à Caulaincourt, Paris, 14 octobre 1801.

un contexte encore difficile : sa mission, quoique secondaire, nécessite donc une certaine habileté. Faussement anodin, ce voyage apparaît finalement comme une mission de confiance, devant permettre au futur duc de Vicence de démontrer ses qualités diplomatiques.

Muni de ses passeports et accompagné par un officier de son régiment, Berckheim, Caulaincourt quitte Paris au milieu du mois d'octobre. Après un voyage particulièrement éprouvant et de pénibles formalités, il parvient à Saint-Pétersbourg le 17 novembre. Dès son arrivée, il tombe en admiration devant la capitale russe, comme il l'écrit à sa tante : « Tout inspire l'admiration, respire la grandeur, la magnificence de la Grande Catherine [...]. On croit être dans le temple des fées quand on compare cette superbe cité aux autres villes de l'Europe[1]. » Sa bonne impression est confirmée par l'audience que lui accordent l'empereur et les impératrices, le 19 novembre. Le chancelier Kotchoubeï, rencontré quatre ans plus tôt à Constantinople, l'introduit auprès d'Alexandre Ier : c'est la première rencontre entre les deux hommes, qui se côtoieront presque quotidiennement de 1807 à 1811. Caulaincourt remet au tsar la lettre rédigée par Bonaparte après la signature du traité de paix le mois précédent. Alexandre l'assure en retour de toute sa considération pour le Premier consul ; il accueille l'envoyé avec empressement, affirmant qu'il « verrait toujours avec un grand plaisir toutes les personnes que le Premier consul enverrait ici[2] ». Caulaincourt est particulièrement flatté de ces marques de considération : « Sa Majesté a eu la bonté d'ajouter des choses personnellement flatteuses pour moi, m'a engagé à rester longtemps ici », écrit-il à Talleyrand[3].

Avec cette audience, le rôle officiel de l'envoyé français est déjà achevé, Caulaincourt devant désormais porter au Premier consul une lettre du tsar. Talleyrand insiste toutefois pour que son envoyé reste en place jusqu'à l'arrivée du général Hédouville, choisi par Bonaparte pour le représenter sur les bords de la Néva[4]. Même s'il n'est pas habilité à négocier avec le tsar, le jeune colonel fait office de ministre de France en

1. AN, 402 AP 61, Caulaincourt à Mme d'Harville, Saint-Pétersbourg, 2 frimaire an X (23 novembre 1801).

2. AN, 95 AP 4, Caulaincourt à Talleyrand, Saint-Pétersbourg, s. d. [19 novembre 1801].

3. *Ibid.*

4. AMAE, Corr. pol., Russie, 141, Talleyrand à Hédouville, Paris, 28 frimaire an X (19 décembre 1801).

Russie, jusqu'à son remplacement au mois de mai 1802. Il rédige notamment un certain nombre de rapports, envoyés au ministre des Relations extérieures et destinés à rendre compte des projets et des réactions russes à l'égard de la France : son rôle est avant tout celui d'un informateur. Dans une dépêche à Talleyrand datée du 27 mars 1802, il attire ainsi l'attention sur les inquiétudes russes nées de la politique française d'expansion en Allemagne, en Suisse et en Italie[1]. Alexandre, qui entend se poser en arbitre du continent, souhaite en effet garantir l'intégrité de certains États, comme la terre natale de son ancien précepteur, le Suisse Laharpe, ou les principautés allemandes avec lesquelles il entretient des liens de famille. Il espère aussi préserver l'influence russe en Méditerranée – à Malte ou dans les îles Ioniennes par exemple –, une politique d'ailleurs héritée de son père, Paul Ier. Analysant assez finement la politique extérieure de la Russie, Caulaincourt se fait l'écho, auprès de son ministre, des ambitions du tsar, du désir, par exemple « qu'aurait S.M.I. que le Premier consul consentît à rendre la France et la Russie des médiateurs arbitres des indemnités de l'Allemagne[2] ». Sa position d'intermédiaire n'est donc pas inutile ; elle permet au contraire de clarifier les relations entre les deux pays, de définir des zones d'influence et de poser, quand c'est possible, les jalons de futures négociations.

Caulaincourt a un rôle similaire en ce qui concerne les rapports commerciaux franco-russes. L'envoyé français insiste en effet dans sa correspondance sur les ambitions économiques du tsar, auxquelles répond la volonté manifestée par Bonaparte et Talleyrand d'« étendre les relations commerciales entre les deux pays[3] ». Caulaincourt, effectuant en cela un véritable travail de prospection, envoie au ministère des Relations extérieures tout un ensemble de renseignements relatifs au potentiel économique de la Russie – notamment ce qui touche au commerce du bois. Il sert aussi d'intermédiaire dans les négociations qui aboutissent à la mise en place d'un consul russe à Marseille et d'un consul français en Crimée[4]. Même si ce travail a des résultats difficiles à appréhender du fait de la reprise de la guerre continentale dès 1804, il servira d'ébauche aux

1. AN, 95 AP 4, Caulaincourt à Talleyrand, Saint-Pétersbourg, 27 mars 1802.
2. *Ibid.*, Caulaincourt à Talleyrand, Saint-Pétersbourg, 18 mars 1802.
3. *Ibid.*, Talleyrand à Caulaincourt, Paris, 20 février 1802.
4. *Ibid.*, Caulaincourt à Talleyrand, Saint-Pétersbourg, 7 janvier 1802.

relations commerciales qui se développeront entre les deux empires au lendemain de l'alliance de Tilsit.

L'action de Caulaincourt a des conséquences plus concrètes en ce qui concerne la position des émigrés français en Russie. Depuis Brumaire, Bonaparte, dans une volonté de réconciliation nationale, se réserve en effet le droit d'amnistier les nobles qui en feraient la demande et de les rayer des listes d'émigration. L'envoyé français est sollicité par les Russes afin d'intercéder auprès du Premier consul en faveur de certains émigrés bénéficiant de la protection d'Alexandre Ier. Les négociations sont rapidement fructueuses : dès le mois de décembre 1801, Caulaincourt transmet les remerciements du vice-chancelier Alexandre Kourakine pour la réhabilitation d'émigrés comme le duc de Richelieu ou le comte de Langeron, qui préfèrent toutefois rester au service du tsar[1].

Sans être forcément aussi « terne » que le juge Jean Hanoteau[2], l'action politique de Caulaincourt, durant ces six mois en Russie, suit en définitive un cours relativement tranquille, tandis que se multiplient les marques d'estime à l'égard de la France. Comme le répètent Alexandre et son entourage, « la France doit beaucoup au Premier consul, mais l'Europe lui doit la paix[3] ». Cette apparente bonne volonté sert parfois de façade à la politique « vacillante » d'Alexandre et aux « écueils »[4] que connaissent les relations encore fragiles établies entre les deux puissances. L'affaire Morkov, à laquelle est confrontée Caulaincourt au début de l'année 1802, en est, malgré son obscurité, l'exemple le plus significatif.

À Paris, on découvre que l'ambassadeur russe, le comte Arkadi Morkov, serait impliqué dans la publication de pamphlets dirigés contre le Premier consul. La polémique née de cette révélation, ainsi que l'attitude ambiguë du tsar qui prend la défense de son représentant, semble sur le point de provoquer une véritable crise diplomatique. Afin de la désamorcer, Talleyrand rejette le blâme sur le seul Morkov, considérant qu'il a montré en cette occasion « peu de déférence pour le gouvernement qui l'emploie, [et] peu d'égards pour celui auprès duquel il est envoyé[5] ». Il charge surtout Caulaincourt d'étouffer l'affaire en agissant avec pondéra-

1. *Ibid.*, Caulaincourt à Talleyrand, Saint-Pétersbourg, 28 décembre 1801.
2. Jean Hanoteau, *op. cit.*, t. I, p. 46.
3. AN, 95 AP 4, Caulaincourt à Talleyrand, Saint-Pétersbourg, 18 décembre 1801.
4. Jean Hanoteau, *op. cit.*, t. I, p. 46.
5. AN, 95 AP 4, Talleyrand à Caulaincourt, Paris, 28 février 1802.

tion. L'envoyé français déclare ainsi à Kourakine qu'« une inconséquence ne pouvait se traiter comme une affaire d'État, que c'était de ces choses qui sont du ressort de l'opinion publique et non de celui du gouvernement, que le sien n'y ajoutait aucune importance parce qu'il connaissait les intentions réelles et franches[1] » d'Alexandre. L'affaire Morkov, dont il a contribué à atténuer les conséquences par son habileté, sert en quelque sorte à Caulaincourt d'initiation à la gestion des crises – un savoir-faire qui lui sera là encore particulièrement utile par la suite.

Cet apprentissage du métier de diplomate par le jeune officier passe aussi par sa participation à la vie mondaine de Saint-Pétersbourg. L'importance de la représentation est régulièrement soulignée par Talleyrand qui critique dans ses lettres le train de ce même Morkov et « la vie mesquine qu'il mène à Paris. Il est vrai de dire que depuis qu'il y réside, il n'a pas donné un dîner et qu'on sait à peine où il demeure[2] ». Si Caulaincourt, simple envoyé, n'a pas les moyens nécessaires à l'organisation de festivités, il est en revanche constamment invité par la Cour et la société de Saint-Pétersbourg, au point d'écrire au général Hédouville : « Je passe ma vie en fêtes[3]. »

Même s'il se considère parfois avec cynisme comme un simple « mannequin de représentation[4] », il est certain que ses origines et son éducation le rendent particulièrement agréable à une aristocratie pourtant largement francophobe. Son succès s'explique aussi par l'importance du réseau dont il peut tirer parti dans la capitale russe. Il évoque cet atout dans une lettre à Talleyrand :

> J'ai retrouvé ici dans les personnes en place beaucoup de celles qui ont habité longtemps en France et qui ont été particulièrement liées avec ma famille, entre autres le comte de Strogonoff [...], ami intime de l'empereur avec lequel j'ai été élevé pendant un an qu'il a logé chez moi, cela m'a donné le moyen de faire beaucoup de connaissances, c'est agréable et *cela pourrait être utile*[5].

1. AMAE, Corr. pol., Russie, 141, Caulaincourt à Talleyrand, Saint-Pétersbourg, 27 mars 1802.
2. AN, 95 AP 4, Talleyrand à Caulaincourt, Paris, 20 février 1802.
3. *Ibid.*, Caulaincourt à Hédouville, Saint-Pétersbourg, s. d.
4. *Ibid.*, Caulaincourt à Talleyrand, s. d.
5. *Ibid.* Souligné par Caulaincourt.

Ces amitiés russes, qui ont peut-être déjà eu une influence sur la nomination de Caulaincourt en 1801, vont surtout être un atout pour son ambassade de 1807. Son premier séjour en Russie apparaît comme un jalon essentiel dans la mise en place et le développement de son réseau, outil indispensable à tout diplomate.

En plus de ces aspects relationnels, parmi lesquels on peut aussi inclure les premiers contacts pris avec le personnel politique russe, la mission de 1801-1802 a, pour Caulaincourt, différentes conséquences à long terme. Elle est en effet l'occasion pour le jeune officier de développer un certain nombre de réflexions relatives à la situation internationale qui, une fois étoffées, deviendront le fondement de sa pensée géopolitique. Plusieurs notes de sa main permettent d'appréhender sa vision de l'équilibre européen, une idée qui lui apparaît essentielle dès cette époque. S'il considère comme fondamentale la prépondérance française sur le continent, il juge néanmoins nécessaire l'existence d'« un second pôle européen pour maintenir avec la France la tranquillité de l'Europe[1] ». Il ne peut s'agir selon lui que de l'empire russe, comme le prouve la géographie : « La nature semble avoir placé la France et la Russie aux deux pôles du monde[2]. » En conséquence, il engage la diplomatie française à « balancer les démarches, les insinuations, les instances de l'Angleterre et de l'Autriche[3] » auprès de l'empereur Alexandre et à rappeler à ce monarque ses véritables intérêts. Prenant en quelque sorte le contrepied du processus de pacification engagé par le Premier consul, il stigmatise dans ses notes la perfidie de l'Angleterre et le caractère « diabolique » de son influence en Russie. Son objectif, à terme, semble donc bien être la formation d'une alliance franco-russe tournée contre l'Angleterre, projet qui aboutira en 1807.

Un des postulats de base de cette pensée est la profonde sincérité du tsar à l'égard de la France de Bonaparte, ses sentiments étant, selon Caulaincourt, pervertis par les menées britanniques et les intrigues de l'aristocratie anglophile. Réfutant les critiques concernant la personnalité trouble et ambiguë d'Alexandre Ier, le futur duc de Vicence proclame au contraire son « caractère loyal et franc[4] ». Malgré la rareté des rapports

1. AN, 95 AP 4, note n° 179, s. d.
2. *Ibid.*, note manuscrite n° 178, s. d.
3. *Ibid.*, Caulaincourt à Talleyrand, s. d.
4. *Ibid.*, Caulaincourt à Talleyrand, Saint-Pétersbourg, 15 mars 1802.

directs entre les deux hommes à cette époque, Caulaincourt semble déjà fasciné par l'empereur de Russie. Cette admiration, prélude à l'amitié, parfois naïve, qu'il éprouvera pour Alexandre à partir de 1807, est peut-être le résultat le plus fondamental de la mission de 1801. La rencontre avec le tsar, la découverte de la Russie, l'apprentissage diplomatique, les fêtes mêmes ne peuvent cependant détourner Caulaincourt de son désir de retourner en France le plus rapidement possible. Pressé de retrouver son régiment, il se plaint en effet de son isolement – ses lettres mettent en moyenne deux semaines à atteindre Paris –, et surtout du retard pris par son remplaçant, le général Hédouville, qui ne quitte Paris qu'au mois de février 1802. Son impatience – qui le pousse parfois à critiquer son gouvernement – reste toutefois dominée par son sens du devoir et par la conscience de l'importance et du caractère formateur de sa mission.

Véritable soulagement, l'arrivée d'Hédouville à Saint-Pétersbourg, le 8 avril, est aussi l'occasion pour Caulaincourt de recevoir les marques de considération espérées. Talleyrand l'engage en effet, une fois ses affaires terminées, à revenir à Paris où l'attendent les « témoignages de la satisfaction du Premier consul sur [son] excellente conduite[1] ». Lors de l'audience de congé qui lui est accordée le 23 mai, Alexandre lui témoigne toute son estime et lui offre en présent une boîte avec son portrait enrichi de diamants[2]. Dans la lettre qu'il charge Caulaincourt de remettre à Bonaparte, le tsar écrit : « Le chef de brigade Caulaincourt ayant terminé l'objet de sa mission et devant se rendre auprès de vous, je me fais un plaisir de vous témoigner combien j'ai été satisfait de sa conduite et de la manière dont il s'est acquitté des commissions dont il a été chargé près de moi[3]. » Le jeune officier peut désormais se prévaloir de la recommandation d'un empereur.

Une fois achevé ses préparatifs, Caulaincourt se met en route le 27 juin 1802, non sans laisser échapper quelques regrets « en quittant cette terre hospitalière[4] ». Une mélancolie qui, comme lors de son départ de Constantinople, n'est sûrement pas sans lien avec ses conquêtes fémi-

1. AN, 95 AP 4, Talleyrand à Caulaincourt, Paris, 20 février 1802.

2. AMAE, Corr. pol., Russie, 144, Caulaincourt à Talleyrand, Saint-Pétersbourg, 9 prairial an X (20 mai 1802).

3. Serge Tatichtchev, *Alexandre Ier et Napoléon*, Paris, Perrin, 1891, Lettre IX, Alexandre à Bonaparte, Saint-Pétersbourg, 24 mai 1802.

4. *Ibid.*, Caulaincourt à Mme d'Harville, Saint-Pétersbourg, 23 floréal an X (13 mai 1802).

nines. Il est en effet probable que débute à cette époque la liaison de Caulaincourt avec la princesse Galitzine, née Chouvalov, qui le rejoindra à Paris dès la fin de l'année 1802[1]. Ses amours pétersbourgeoises ne sont pas toutefois un motif suffisant pour différer plus longtemps son retour en France, où l'attendent son régiment et, surtout, sa famille dont il n'a cessé de s'enquérir dans ses lettres.

Après une étape à Vienne, où il rencontre notamment l'ambassadeur de France, Champagny, futur ministre des Relations extérieures, Caulaincourt arrive à Paris au milieu du mois d'août. Il remet alors à Bonaparte la lettre du tsar, achevant ainsi sa mission diplomatique. Le Premier consul le traite « avec une bonté particulière », sans pouvoir en revanche lui consacrer beaucoup de temps[2] ; il ne semble pas non plus laisser deviner un quelconque projet concernant son avenir. Caulaincourt profite de son séjour dans la capitale pour régler un certain nombre d'affaires liées à la gestion de son régiment. Il rejoint ensuite celui-ci en Lorraine, avant de demander un congé pour aller aux eaux, à Wiesbaden. Les blessures reçues lors des campagnes des années 1799 et 1800, peut-être ravivées par les voyages et le climat russe, le font en effet souffrir : « Je peux à peine me servir de ma cuisse gauche et l'hiver me rendra peut-être entièrement perclus[3]. » C'est là qu'il reçoit, au début du mois de septembre 1802, la nouvelle de sa désignation comme aide de camp de Bonaparte.

Attaché désormais à la maison militaire du Premier consul, Caulaincourt voit s'achever une période de formation, où se sont mêlés apprentissage du commandement et initiation au métier de diplomate. L'hésitation de fait entre ces deux carrières, malgré la priorité donnée par l'intéressé à la première, est finalement tranchée par Bonaparte en faveur d'une troisième composante, le service curial, cadre de la carrière de Caulaincourt jusqu'en 1815.

---

1. Sur cette liaison et l'enfant illégitime qui, selon l'auteur de cette plaquette, en est la conséquence, voir Jean-Noël Mathieu, *L'Histoire de la femme sans nom, un épisode ignoré de la vie de Caulaincourt*, Paris, J.-N. Mathieu, 2003.

2. AN, 402 AP 61, Caulaincourt à Mme d'Harville, Paris, le 30 thermidor an X (18 août 1802).

3. *Ibid.*

CHAPITRE 3

UN AIDE DE CAMP DANS LA TOURMENTE (1802-1804)

Durant les deux années qu'il passe comme aide de camp du Premier consul, Caulaincourt fait un nouvel apprentissage, celui du service du maître de l'État, qu'il côtoie désormais presque quotidiennement. Malgré ses liens avec le personnel dirigeant, l'officier de cavalerie était resté jusqu'à cette époque en marge du pouvoir et de ses enjeux. À partir de 1802, il entre dans une nouvelle sphère dominée par l'autorité de plus en plus absolue de Bonaparte, source presque exclusive de la faveur. Sa carrière dépend désormais totalement de la volonté et des intérêts de celui qui succède à ses anciens mentors et qui en clôt définitivement la liste. Les années du Consulat constituent une étape essentielle dans la construction de la relation entre Caulaincourt et Napoléon. Elles portent en germe nombre de développements futurs, souvent bénéfiques, parfois ambigus, voire funestes, comme le prouve, peu avant la proclamation de l'Empire en 1804, l'affaire du duc d'Enghien, à laquelle le futur duc de Vicence se retrouve mêlé bien malgré lui.

Le huitième aide de camp de Bonaparte

Le nombre des aides de camp du chef de l'État avait été fixé à sept par un arrêté daté du 28 ventôse an X (19 mars 1802)[1]. La nomination de Caulaincourt en tant que huitième aide de camp, cinq mois après cette décision, apparaît donc, selon les termes de Jean Hanoteau, comme

1. Joseph Margerand, *Les Aides de camp de Bonaparte (1793-1804)*, Pierre Bossuet éditeur, Paris, 1931, p. 152.

une « marque d'exceptionnelle bienveillance[1] » et, surtout, comme la preuve de l'intérêt porté par le Premier consul à son représentant en Russie, un intérêt qui le pousse à modifier le cadre qu'il a lui-même établi. On peut une nouvelle fois se poser la question des raisons profondes de cette faveur, dont la réussite de la mission à Saint-Pétersbourg n'est que la cause directe, le déclencheur. Même si ce trait est encore peu accentué à l'époque, le « désir constant de Bonaparte d'attirer dans son sillage les fils de l'ancienne noblesse[2] » a pu jouer un rôle dans le cas d'Armand de Caulaincourt, fils et neveu de généraux. Alors que les aides de camp du Premier consul succèdent à ceux du général Bonaparte, il s'agit peut-être aussi, en désignant un officier de l'armée d'Allemagne, d'équilibrer la composition d'un ordre où dominent les anciens d'Italie et d'Égypte (Lemarois, Rapp, Savary, Caffarelli, Lacuée).

Thierry Lentz, dans sa biographie de Savary, explique que « le groupe des aides de camp constituait aussi un vivier où pou[v]aient être choisis les futurs responsables. Avec le temps, tout se passa comme si les aides de camp s'étaient trouvés en formation et en observation auprès du chef de l'État[3] ». Dans son étude consacrée aux aides de camp de Bonaparte, Joseph Margerand considère que Caulaincourt, mais aussi Duroc et Lavalette – auxquels ont déjà été confiées d'autres fonctions en 1802 –, sont des « esprits fins et observateurs » et qu'ils ont « toutes les qualités nécessaires pour négocier et le renseigner sur les questions extra-militaires, diplomatiques ou politiques »[4]. Le chef de l'État, en introduisant Caulaincourt au sein de cette pépinière de talents, a-t-il l'intention de développer son sens politique afin de l'utiliser plus tard comme négociateur ? Espère-t-il former dans son entourage un spécialiste des questions diplomatiques qui dépendrait entièrement de lui ? Même si l'idée est séduisante, rien ne permet véritablement de la corroborer. Du fait de leur proximité permanente avec Bonaparte, il est en effet difficile de cerner de façon précise l'activité des aides de camp, et *a fortiori* leur possible spécificité. La teneur des missions qui leur sont assignées nous échappe en grande partie, étant donné que la plupart des ordres et des comptes-rendus se font par oral.

1. Jean Hanoteau, *op. cit.*, t. I, p. 50.
2. *Ibid.*, p. 44.
3. Thierry Lentz, *Savary, le séide de Napoléon*, Paris, Fayard, 2001, p. 89.
4. Joseph Margerand, *op. cit.*, p. III.

La fonction principale des aides de camp est de rester en permanence à proximité du Premier consul et d'assurer sa protection. Ainsi, aux Tuileries, l'un d'entre eux dort chaque nuit dans le salon de service, la tête appuyée contre la porte de la chambre de Bonaparte[1]. Il s'agit aussi pour eux d'escorter le chef de l'État lors de ses sorties, « dans les grandes revues du décadi » par exemple[2], ainsi que dans tous ses déplacements. En mars 1803, Johann-Friedrich Reichardt évoque la visite des travaux du canal de l'Ourcq par Bonaparte, accompagné de quatre de ses aides de camp : Lauriston, Lacuée, Rapp et Caulaincourt[3].

Ce dernier fait aussi partie du voyage du Premier consul dans les départements belges, au milieu de l'année 1803. Parti de Saint-Cloud le 24 juin, accompagné par « un cortège imposant dans lequel il s'efforça de faire revivre tout le cérémonial de l'ancienne monarchie », Bonaparte visite Gand, Anvers, Bruxelles, Liège et Maastricht[4]. Évoquant cette tournée dans une lettre à Mme d'Harville, Caulaincourt laisse transparaître en cette occasion son admiration grandissante à l'égard de Bonaparte :

> Nous ne voyageons pas, ma bonne mère, nous courons, et ce n'est pas seulement d'un endroit à un autre ; c'est aussi d'une bonne action à une autre. [...] Ce soir nous allons à Bruxelles, où nous reprendrons haleine avant de voir les départements du Rhin. On ne peut se faire une idée de l'enthousiasme avec lequel il est accueilli, fêté, partout[5].

Sans être privilégiée, la relation entre Caulaincourt et le Premier consul semble comparable à celles qu'entretient ce dernier avec ses autres aides de camp. Le handicap représenté par sa nomination tardive est rapidement surmonté par Caulaincourt que l'on voit régulièrement à

1. Joseph Margerand, *op. cit.*, p. 158.
2. *Ibid.*
3. Johann-Friedrich Reichardt, *Un hiver à Paris sous le Consulat (1802-1803), avant-propos, introduction et notes de Thierry Lentz, avec la collaboration de Florence Pinon*, Tallandier, Bibliothèque napoléonienne, Paris, 2003, p. 421-422.
4. Eugène Cruyplants, *Histoire illustrée d'un corps belge au service de la république et de l'Empire, la 112e demi-brigade*, Bruxelles, Librairie militaire Spineux et Cie, 1902, p. XXII.
5. AN, 402 AP 61, Caulaincourt à Mme d'Harville, Anvers, 2 thermidor an XI (21 juillet 1803).

la Malmaison, dans les salons de Joséphine[1]. Joseph Margerand estime toutefois qu'à l'époque du Consulat, les rapports entre Bonaparte et ses aides de camp, quoique étroits, ne sont plus « les relations intimes et pleines d'abandon qui unissaient le général et ses aides de camp pendant la campagne d'Italie, [...] et même encore en Égypte. Les aides de camp sont déjà soumis aux règles de la nouvelle étiquette[2] » : ils « vivent encore près de [Bonaparte], mais non plus avec lui[3] ». Caulaincourt ne pourra jamais se prévaloir de cette intimité des débuts et, par conséquent, d'une véritable proximité avec Napoléon : une certaine solennité – héritage de ces années où commence à se figer la vie de cour – prédominera toujours entre les deux hommes.

La fréquentation permanente, ainsi que des parcours et des aspirations similaires, permet en revanche le développement parmi les aides de camp d'un authentique esprit de corps. Malgré les jalousies, les heurts et les tensions, la camaraderie née dans ces années résistera souvent au temps. On peut ainsi évoquer la profonde amitié existant entre Caulaincourt et Rapp. Dans une lettre de 1807, ce dernier écrit au grand écuyer : « tu t'es conduit envers moi dans tous les temps d'une manière trop loyale pour que je ne puisse pas t'être attaché[4] ». Caulaincourt lui répond en exprimant les mêmes sentiments et en se qualifiant de « vrai ami[5] ».

Dans les années 1802 et 1803, Caulaincourt s'intègre donc parfaitement au groupe des aides de camp et bénéficie des faveurs prodiguées par le Premier consul. La plus importante est sa promotion au grade de général de brigade, le 29 août 1803, en même temps que Lemarois, Rapp et Savary. Sur les huit aides de camp, six sont désormais généraux, un colonel et un chef d'escadron : « Ce changement dans les grades des aides de camp s'explique facilement. À partir de l'époque où Bonaparte est appelé au Consulat à vie [2 août 1802], la personnalité du chef d'État a absorbé celle du général et les aides de camp font partie dès lors de la cour consulaire qui est en train de s'établir[6]. »

1. *Mémoires de la reine Hortense*, édition présentée et annotée par Christophe Pincemaille, Mercure de France, 2006, p. 78.

2. Joseph Margerand, *op. cit.*, p. 158.

3. *Ibid.*, p. II.

4. AN, 95 AP 22, Rapp à Caulaincourt, Thorn, 4 mars 1807.

5. *Ibid.*, Caulaincourt à Rapp, Osterode, 5 mars 1807.

6. Joseph Margerand, *op. cit.*, p. 157-158.

Mais cette promotion signifie surtout pour Caulaincourt la perte de son régiment, qu'il avait continué de gérer depuis 1802. Les impératifs de ses nouvelles fonctions, ainsi que les brillantes perspectives qui s'ouvrent à lui rendent désormais cette séparation inévitable. Parmi ces impératifs, il faut compter les missions ponctuelles que le Premier consul confie à son aide de camp et qui l'éloignent de sa personne pour quelques jours ou quelques semaines. Ces missions peuvent être anodines : au mois de septembre 1803, Caulaincourt est ainsi chargé de partir pour Bruxelles et d'y superviser la formation d'une nouvelle demi-brigade d'infanterie, composée des « habitants des neuf départements de la ci-devant Belgique[1] ». Une tâche à la portée à la fois symbolique et pratique : il s'agit de raffermir dans ces nouveaux départements la fidélité à l'égard de la France mais surtout de mobiliser la population en vue de la reprise de la guerre européenne[2]. Une mission de l'aide de camp va pourtant se distinguer par ses répercussions inattendues : celle qui lie son nom à l'arrestation du duc d'Enghien.

La mission de Strasbourg-Offenburg : les faits avant l'affaire

L'affaire du duc d'Enghien a suscité une production historique particulièrement abondante. Aux justifications des principaux acteurs de l'événement se sont rapidement ajoutés les analyses et les nombreux commentaires des contemporains, avant que les historiens ne tentent à plusieurs reprises de faire le point sur l'arrestation et l'exécution du jeune prince. Les détails de l'affaire, ainsi que les responsabilités de chacun, ont donné lieu jusqu'à aujourd'hui à de multiples polémiques. Parmi celles-ci s'est longtemps posée la question de l'implication de Caulaincourt dans l'arrestation du duc. Dans son introduction aux Mémoires du duc de Vicence, Jean Hanoteau s'est efforcé de déterminer son rôle exact dans l'« affaire » et de le laver de tous les soupçons pesant sur lui. Même s'il ne

1. AN, 95 AP 4, Extrait des registres des délibérations du gouvernement de la République, Paris, 16 germinal an XI (6 avril 1803).

2. Sur cette mission, voir Olivier Varlan, « Armand-Louis de Caulaincourt, duc de Vicence (1773-1827). Étude d'une carrière diplomatique sous le Premier Empire, de la cour de Napoléon au ministère des Relations extérieures », thèse de doctorat soutenue à l'université Paris-Sorbonne, 2013, p. 101-108.

faut pas oublier les pressions subies de la part des descendants de Caulaincourt et les partis pris qui en découlent, le chapitre d'Hanoteau consacré à l'affaire du duc d'Enghien reste une étude qu'on peut considérer comme définitive. Au vu de la qualité de ce travail, et de l'ampleur de l'historiographie, il ne nous appartient pas de reprendre dans le détail le dossier de l'affaire et de ses suites. Nous nous contenterons de rappeler les faits, à savoir la mission de Caulaincourt à Strasbourg et en Bade, puis son retour à Paris. Dans un deuxième temps, nous verrons les conséquences directes de cette mission et ses répercussions à court et moyen terme pour celui qui, dès avril 1804, devient grand écuyer de l'Empire.

À partir de la rupture de la paix avec l'Angleterre, au milieu de l'année 1803, les complots visant à supprimer le Premier consul se multiplient. Comme les autres aides de camp, Caulaincourt est régulièrement mis au courant des menaces qui pèsent sur la vie de son maître par le conseiller d'État Réal, chargé de l'instruction des affaires touchant à la sécurité du Consul. Dans ses Mémoires, Ségur évoque ainsi une de ces alertes, qui suscite un véritable branle-bas de combat au palais des Tuileries :

> Février venait de commencer. Duroc, gouverneur du Palais, était absent ; Caulaincourt le remplaçait. J'étais de service, quand, vers une heure après minuit, plongé dans un sommeil profond sur mon lit de camp, je me sentis fortement secoué ; et, me redressant promptement, j'aperçus près de moi ce général : « Debout ! me dit-il ; il faut sur-le-champ changer les mots d'ordre, celui de ralliement, et monter le service comme en présence de l'ennemi ! Vous me comprenez ; il n'y a pas un instant à perdre[1] ! »

La découverte du complot de Cadoudal, en ce même mois de février, constitue le paroxysme de cette atmosphère de terreur et d'angoisse perpétuelles. L'arrestation d'un certain nombre d'agents ennemis permet d'apprendre que le général chouan George Cadoudal, soutenu par le général Pichegru, est au cœur d'une conspiration visant à enlever le Premier consul et à le remplacer par un prince de la maison de Bour-

1. Philippe-Paul de Ségur, *Histoire et mémoires*, Paris, Firmin-Didot, 1877, t. II, p. 243-244.

bon. Les soupçons de Bonaparte se portent rapidement sur le petit-fils du prince de Condé, le duc d'Enghien, qui réside alors à Ettenheim, non loin de la frontière alsacienne. Ce prince, présent en Bade pour des raisons personnelles, est en réalité complètement étranger à cette affaire, mais les apparences sont contre lui. Tout un ensemble de renseignements peu fiables, d'erreurs et de malentendus viennent ajouter à la méprise : un vieil émigré, le marquis de Thumery est même confondu, du fait d'une erreur de prononciation, avec le général Dumouriez ! L'essentiel est que Bonaparte et son entourage sont persuadés que le duc d'Enghien est l'âme de ce complot et que son arrestation, après celles de Pichegru et de Cadoudal, peut permettre de désamorcer enfin la conspiration et de garantir la tranquillité du pays. Le 10 mars, un conseil de guerre présidé par le Premier consul décide l'arrestation du duc.

Le soir même, Bonaparte dicte ses ordres à son secrétaire, Méneval. Le général Ordener, commandant des grenadiers à cheval de la garde consulaire, est chargé de l'arrestation : avec 300 hommes, il doit franchir le Rhin, se saisir du duc et de Dumouriez et les ramener à Strasbourg[1]. Caulaincourt se voit aussi confier une mission à Strasbourg et en Bade, un parallélisme à l'origine des rumeurs et des confusions dont il sera victime. Dans la même dépêche, Bonaparte indique en effet à Berthier :

> Vous donnerez ordre que le même jour et à la même heure, 200 hommes du 26e de dragons, sous les ordres du général Caulaincourt, [...] se rendent à Offenburg, pour y cerner la ville et arrêter la baronne de Reich, si elle n'a pas été prise à Strasbourg, et autres agents du gouvernement anglais. D'Offenburg, le général Caulaincourt dirigera des patrouilles sur Ettenheim, jusqu'à ce qu'il ait appris que le général Ordener a réussi. Ils se prêteront des secours mutuels[2].

Cette dernière phrase ne laisse planer aucun doute sur l'état des connaissances de l'aide de camp au moment de l'arrestation du duc. L'hy-

1. Thierry Lentz (dir.), *Napoléon Bonaparte, Correspondance générale*, t. IV (1803-1804), p. 633-634, lettre 8726 au général Berthier, ministre de la Guerre, major général des camps, Paris, 19 ventôse an XII (10 mars 1804).

2. *Ibid.*

pothèse selon laquelle il serait resté dans l'ignorance totale des événements qui se déroulaient à Ettenheim au moment de sa mission en Bade ne tient pas[1]. Dans ses Mémoires, Méneval affirme même que Caulaincourt était présent auprès de Bonaparte lors de cette « mémorable soirée » :

> Le Premier consul, le ministre de la Guerre Berthier, le général Caulaincourt et moi étions réunis dans une grande pièce du palais des Tuileries, qui avait servi de chambre à coucher au roi Louis XVI et qui reçut la même destination sous l'Empereur. [...] Le ministre et moi écrivions à la clarté de l'un des flambeaux, sur un coin d'une grande table d'acajou carrée. Le Premier consul, éclairé par l'autre flambeau, à demi couché sur la carte, faisait approcher le général Caulaincourt et, le compas à la main, lui traçait la route de Strasbourg à Rheinau[2], lui montrait l'emplacement du bac qui réunit les deux rives du Rhin, la situation du village d'Ettenheim et la route qui y conduit[3].

Sans forcément souscrire à l'affirmation de l'historien Henri Welschinger selon laquelle Caulaincourt aurait été le véritable chef de l'expédition, chapeautant le général Ordener[4], il semble bien que l'aide de camp ait été mis au courant par son maître des détails de l'expédition lors de la soirée du 10 mars et qu'il ait même participé à leur mise au point. Jean Hanoteau met ainsi en avant un des paragraphes de l'ordre dicté cette nuit-là par Bonaparte : il y est stipulé que le général Ordener, en passant par Lunéville, doit faire partir pour Strasbourg le capitaine Berckheim, membre du 2e régiment de carabiniers[5]. Cette recommandation porte la marque de Caulaincourt qui, seul dans l'entourage du Premier consul, pouvait connaître cet officier qui l'avait notamment accom-

1. Dans l'« Examen impartial des calomnies répandues sur M. de Caulaincourt, duc de Vicence, à l'occasion de la catastrophe de monseigneur le duc d'Enghien », p. 127-233 publié dans les *Mémoires historiques sur la catastrophe du duc d'Enghien*, Librairie Baudouin frères, Paris, 1824, 326 p., l'avocat Dupin affirme que Caulaincourt ne savait rien de l'arrestation.

2. Dans l'actuel Bade-Wurtemberg, non loin de la frontière française.

3. Claude-François de Méneval, *Mémoires pour servir à l'histoire de Napoléon Ier*, Paris, Dentu, 1894, t. I, p. 288-289.

4. Henri Welschinger, *Le Duc d'Enghien*, Paris, Plon, 1913, p. 111.

5. Jean Hanoteau, *op. cit.*, t. I, p. 65-66.

pagné lors de sa mission à Saint-Pétersbourg en 1801-1802 et auquel il portait un « intérêt particulier[1] ».

Même s'il paraît certain que Caulaincourt a eu une vision globale des événements, sa mission est cependant bien distincte de celle du général Ordener. Différentes quant à leur itinéraire, les deux missions le sont aussi de par leur nature même. Celle d'Ordener est uniquement policière : il s'agit d'arrêter un groupe de conspirateurs et, parmi eux, un prince de la famille de Bourbon. La mission de Caulaincourt a aussi un aspect policier : il doit arrêter en Bade un certain nombre d'agitateurs et, potentiellement, aider à l'arrestation du duc d'Enghien. Mais, à cet objectif, s'ajoutent des préoccupations militaires, l'aide de camp étant chargé par Berthier d'accélérer la construction de navires fluviaux destinés à l'expédition d'Angleterre, et surtout une dimension diplomatique prépondérante. Talleyrand confie en effet à l'aide de camp une lettre destinée au baron d'Edelsheim, ministre des Relations extérieures du duché de Bade. Il s'agit pour la diplomatie française de justifier auprès de la cour de Karlsruhe la violation de ses frontières par Ordener et Caulaincourt, chargés par le Premier consul de « saisir les instigateurs d'un crime qui, par sa nature, met hors du droit des gens tous ceux qui manifestement y ont pris part[2] ». Cette lettre, Caulaincourt ne doit la faire remettre qu'en cas d'intrusion effective dans le territoire badois – nouvelle preuve de sa connaissance des événements qui vont se dérouler à Ettenheim[3]. On lui confie donc une mission essentielle, celle de désamorcer en partie les inévitables protestations devant découler de la violation d'un territoire neutre, comme le souligne l'historien Henri Welschinger. L'historiographie a peu insisté sur le fait que la mission de Caulaincourt à Strasbourg et Offenbourg est avant tout une mission diplomatique.

L'importance de cette démarche auprès de la cour de Bade explique en partie le choix effectué par Bonaparte d'un de ses proches pour la remplir. Mais pourquoi avoir choisi Caulaincourt parmi l'ensemble des aides de camp ? On peut avancer une nouvelle fois l'influence de Talleyrand : selon Welschinger, c'est lui qui aurait suggéré à Bonaparte d'utiliser

1. *Ibid.*, p. 66.

2. Talleyrand au baron d'Edelsheim, Paris, 20 ventôse an XII (11 mars 1804), cité par Henri Welschinger, *op. cit.*, p. 112.

3. Lettre de Talleyrand à Caulaincourt, Paris, 12 mars 1804, reproduite dans l'« Examen impartial des calomnies répandues sur M. de Caulaincourt... », p. 168.

pour cette mission les talents avérés de Caulaincourt dans le domaine diplomatique[1]. Nous reviendrons plus loin sur les rumeurs de l'époque évoquant les intentions machiavéliques de Talleyrand et de Bonaparte qui auraient cherché à « compromettre » Caulaincourt[2]. Rappelons toutefois qu'il n'existe pas le moindre élément tendant à prouver ces assertions nées d'une réinterprétation des faits. L'issue dramatique de l'arrestation du duc a donné rétrospectivement une importance disproportionnée à la désignation de Caulaincourt pour la mission de Strasbourg, décision pourtant apparemment anodine.

Muni des ordres de Bonaparte, de Berthier et de Talleyrand, Caulaincourt quitte Paris le 12 mars et rejoint Strasbourg le 13. Il y retrouve Ordener qui l'a précédé d'une journée. Même si le duc de Vicence s'en est défendu dans sa justification parue sous la Restauration[3], il n'est pas impossible que les deux généraux se soient réunis en conseil afin d'assurer la coordination de leurs deux missions. La perte – ou plus vraisemblablement la destruction – des dépêches de Caulaincourt ne permet pas toutefois de prendre parti sur ce point[4]. L'absence de documents émanant de l'aide de camp laisse malheureusement un flou général sur son action. Ce qui est certain en revanche c'est que le 14 mars, l'arrestation du duc d'Enghien est décidée et que, dans la nuit du 14 au 15, Ordener quitte la capitale alsacienne pour Ettenheim. Caulaincourt, de son côté, traverse le Rhin, procède à Kehl à l'arrestation de plusieurs émigrés et se rend de là à Willstät[5]. Selon l'avocat Dupin – qui assure sa défense sous la Restauration –, il ne serait pas allé plus loin[6] et se serait contenté d'envoyer certains de ses hommes jusqu'à Offenburg. La plupart des historiens estiment au contraire que Caulaincourt s'est rendu personnellement jusqu'à cette ville et qu'il y a arrêté d'autres émigrés[7]. Il en aurait aussi profité pour mettre la main sur les papiers de la baronne de Reich, comme le lui avait demandé Talleyrand.

1. Henri Welschinger, *op. cit.*, p. 108.
2. *Ibid.*
3. « Examen impartial des calomnies répandues sur M. de Caulaincourt… », p. 141-142.
4. Jean Hanoteau explique que ces lettres ont dû être brûlées en 1814, peut-être par Talleyrand. Jean Hanoteau, *op. cit.*, t. I, p. 68.
5. « Examen impartial des calomnies répandues sur M. de Caulaincourt… », p. 208.
6. *Ibid.*, p. 146.
7. Notamment Henri Welschinger, *op. cit.*, p. 123.

Le 15 mars au matin, Caulaincourt est prévenu de la réussite de la mission d'Ordener. Comme prévu, il envoie le capitaine Berckheim porter la lettre de Talleyrand au baron d'Edelsheim, à Karlsruhe, puis décide de reprendre avec ses hommes le chemin de Strasbourg. En attendant la réponse de la cour de Bade, Caulaincourt s'occupe des détails de l'armement de la flottille que lui a confiée Berthier. Même s'il s'en est encore une fois défendu, il supervise aussi le transfert du duc d'Enghien de Strasbourg à Paris. Bonaparte demande en effet à Réal – chargé de l'instruction des affaires relatives à la sûreté de la République – d'écrire à Caulaincourt « que, si l'on capturait soit le duc d'Enghien, soit Dumouriez, il les expédie, dans deux voitures différentes, sous bonne et sûre garde, et les dirige sur Paris[1] ». Une fois reçu cette missive, Caulaincourt en fait part au commandant de gendarmerie Charlot :

> Conformément aux ordres du Premier consul, citoyen commandant, vous ferez partir ce soir à minuit, sous bonne et sûre escorte d'un officier ou sous-officier et un ou deux gendarmes, le duc d'Enghien, pour être transféré à Paris au ministère du Grand Juge. Il voyagera sous le nom de Plessis, ne devant être connu que de l'officier, du sous-officier et du Grand Juge ou du conseiller d'État Réal [...]. L'escorte devra être bien armée, l'officier répondant sur sa tête de la sûreté du prisonnier, pour lequel vous lui recommanderez d'avoir tous les égards dus au malheur et les attentions compatibles avec sa sûreté[2].

Même si elle ne peut être considérée comme une preuve positive du fait que Caulaincourt dirigeait l'ensemble de la mission visant à arrêter le duc d'Enghien, cette lettre montre l'importance de son implication et son rôle d'intermédiaire entre Bonaparte et les autorités locales alsaciennes.

Une fois connue la réponse de la cour de Bade à la lettre portée par Berckheim, Caulaincourt quitte Strasbourg, preuve que l'objectif principal de sa mission était avant tout diplomatique. Parti le 20 mars, il fait étape à Lunéville où il dîne avec les officiers du 2e régiment de cara-

1. Thierry Lentz (dir.), *Napoléon Bonaparte, Correspondance générale*, t. IV (1803-1804), p. 640-641, lettre 8736 à Réal, Malmaison, 24 ventôse an XII (15 mars 1804).

2. Caulaincourt à Charlot, chef d'escadron commandant la gendarmerie du 38e escadron, Strasbourg, 26 ventôse an XII (17 mars 1804), cité par Henri Welschinger, *op. cit.*, p. 135-136.

biniers ; il arrive finalement à la Malmaison le 21 mars dans la soirée[1]. C'est là qu'il apprend, de la bouche même de Joséphine de Beauharnais[2], que le duc d'Enghien a été exécuté dans les fossés du château de Vincennes, quelques heures auparavant. Cette exécution va immédiatement transformer une mission d'aide de camp relativement classique en une « affaire ».

L'affaire du duc d'Enghien : la rumeur et les pièges de la faveur

Le manque d'informations concernant l'arrestation, le nombre des acteurs impliqués et, surtout, les mécanismes propres à la propagation d'une rumeur vont contribuer à lier de façon indissoluble le nom de Caulaincourt à l'exécution du duc d'Enghien. Ce processus se met en marche dès l'annonce de l'arrestation d'Ettenheim. La notoriété de Caulaincourt et sa place au sein de la cour consulaire expliquent que ce soit son nom – et pas celui d'Ordener par exemple – qui ait été immédiatement attaché aux événements. Bien que jouant en cette circonstance en sa défaveur, ce fait est révélateur de son importance au sein de l'entourage du Premier consul. Dans leurs dépêches annonçant la nouvelle à leurs chancelleries, les diplomates étrangers présents à Paris estiment tous que c'est Caulaincourt qui a supervisé l'arrestation du duc. La lettre que l'ambassadeur de Russie, d'Oubril, envoie à son ministre le 24 mars 1804 fournit un bon exemple du flou dans lequel baignent encore les faits, plusieurs jours pourtant après le retour de l'aide de camp à Paris : « Arrivé à Strasbourg [Caulaincourt] rassemble deux détachements de troupes, leur fait passer le Rhin et se dirige sur Ettenheim et Offenbourg et enlève dans la nuit du 13 au 14 mars [celle du 14 au 15 en réalité] monseigneur le duc d'Enghien, qui depuis plusieurs années résidait dans le premier des deux endroits[3]. » Malgré ses inexactitudes, cette version pour le moins rac-

1. *Mémoires de Mme de Rémusat*, t. I, p. 327.

2. *Mémoires de la reine Hortense*, p. 119-120.

3. Alexandre Tratchevski, *Relations diplomatiques de la Russie avec la France à l'époque de Napoléon Ier*, t. 2 (1803-1804), Recueil de la société historique impériale russe, t. 77, Saint-Pétersbourg, imprimerie de M. Stassiolévitch, 1891, p. 516-521, d'Oubril à Czartoryski, Paris, 12/24 mars 1804.

courcie des événements est ainsi reprise à la cour de Saint-Pétersbourg et répandue dans toute l'Europe.

Le climat qui règne à Paris dans les jours qui suivent l'exécution du duc d'Enghien apparaît particulièrement trouble. À la réprobation des ambassadeurs étrangers s'ajoute la haine des royalistes qui se déchaînent « avec une extraordinaire violence contre le gentilhomme désigné à leurs coups par ces faux bruits[1] ». Ségur évoque dans ses Mémoires la position particulièrement délicate de Caulaincourt :

> D'un côté nous sûmes que Caulaincourt était en butte à l'animosité des royalistes. Étranger à l'arrestation, au jugement, à l'exécution, absent même de Paris alors, ils l'en accusaient, ils l'en rendaient responsable. Les dénégations des siens, son désespoir, son évanouissement chez le Premier consul à la nouvelle de ce meurtre, et la violente amertume de ses reproches, quand il revint à lui par les soins mêmes de Bonaparte, ne leur suffisaient pas. Ils exigeaient sa démission, ils la lui imposaient comme un désaveu de sa participation à cet acte sanguinaire[2].

La virulence des royalistes ne doit pas occulter le discrédit général de Caulaincourt auprès d'une opinion publique qui, comme l'estime Mme de Rémusat, tend à ménager « le maître pour écraser l'aide de camp[3] ».

Cible de ce blâme, Caulaincourt en est aussi partie prenante. Les larmes qu'il répand à la Malmaison, le 21 mars, sont la preuve de son ignorance concernant la mise à mort du duc et la manifestation de sa compassion pour ce dernier. Elles reflètent aussi son sentiment profond, celui d'avoir été mêlé à une affaire déshonorante, celui d'avoir été en quelque sorte trahi par Bonaparte. Pasquier écrit ainsi dans ses Mémoires que Caulaincourt « exprima son indignation avec une énergie telle que les assistants ne savaient quelle contenance tenir[4] ». Au vu de la violence de sa réaction, on peut légitimement se demander si Caulaincourt envisage alors de quitter le service du Premier consul. Même s'il est probable que

1. Jean Hanoteau, *op. cit.*, t. I, p. 55.
2. *Mémoires de Ségur*, t. II, p. 271.
3. *Mémoires de madame de Rémusat*, t. I, p. 327.
4. *Mémoires du chancelier Pasquier, publiés par M. le duc d'Audiffret-Pasquier*, Paris, Plon, 1893, t. I, p. 176.

cette pensée le traverse, l'aide de camp décide finalement de rester auprès de Bonaparte et de surmonter les conséquences de l'affaire. Dans ses Mémoires, Ségur a exprimé très justement les sentiments des nobles ralliés et le cheminement de leurs réflexions à cette époque : pour la plupart d'entre eux l'exécution du duc n'est pas le point de départ d'une nouvelle Terreur mais un simple accident de parcours. Plutôt que de quitter l'entourage de Bonaparte, il s'agit au contraire de préserver à ses côtés les valeurs d'ordre et de stabilité :

> S'il nous faisait défaut encore, nous verrions bien, et alors nous aviserions. Telle fut, pendant plusieurs jours d'anxiété, de douleur et d'accablement, la marche exacte de nos pensées. Ce parti pris, je pressai aussitôt mon père d'aller rendre aux Caulaincourt et à nos amis leur courage, sans doute ébranlé comme le nôtre. Le dimanche suivant, le 25 mars je crois, devait nous réunir aux Tuileries. Nous nous promîmes, sans dissimuler notre affliction réprobatrice, de régler, d'après la résolution convenue, nos paroles et nos attitudes. [...] Nous n'avions pu communiquer nos sentiments qu'à peu d'amis ; et pourtant l'accord, sans être concerté, fut unanime. Caulaincourt, le maintien ferme et décidé, les lèvres serrées, le teint jauni, les traits contractés, semblait vieilli de dix ans ; il était méconnaissable. Sa pâleur, quand je lui serrai la main, redoubla ; mais son attitude resta de marbre[1].

La retenue toute militaire de Caulaincourt, son respect de l'ordre donné et de la hiérarchie prennent donc rapidement le dessus sur ses émotions. A pu jouer aussi la crainte excusable de perdre une situation à peine établie, voire la volonté de ne pas donner raison par son départ à la rumeur naissante.

Cette rumeur persiste dans les premiers temps de l'Empire. Les contemporains de Caulaincourt critiquent notamment sa décision, en juillet 1804, d'accepter la fonction de grand écuyer de la cour impériale. Pasquier estime que « cette faiblesse lui fit un tort considérable, elle lui donna les apparences d'une complicité[2] ». Nous reviendrons sur les condi-

1. *Mémoires de Ségur*, t. II, p. 272-273.
2. *Mémoires de Pasquier*, t. I, p. 176.

tions de cette nomination, qui enlèvent un certain nombre d'arguments aux détracteurs de Caulaincourt. Il n'en reste pas moins que sa décision, dans la droite ligne de celle de demeurer à la cour, est peut-être une « faiblesse », en tout cas une forme de résignation face à la logique des événements et à l'engrenage de la faveur. La défense du duc de Vicence par l'avocat Dupin – sous la Restauration – restera d'ailleurs très floue sur cette question, prouvant qu'il n'y a pas d'explication simple à l'attitude de Caulaincourt :

> Mais pourquoi a-t-il accepté la charge de *grand écuyer ?* Pourquoi n'a-t-il pas repoussé toute distinction de la part d'un souverain qui avait fait arrêter et juger le duc d'Enghien ? Ces questions pourraient s'adresser à beaucoup de personnages, aujourd'hui pairs de France ou revêtus d'autres éminentes dignités. On pourrait demander pourquoi le grand écuyer aurait été plus difficile que le grand maréchal, le grand maître des cérémonies, le grand veneur, le grand chambellan, et tant d'autres qui n'avaient pas ses services[1] ?

À l'évidence, l'argument est faible. L'attitude de Caulaincourt après l'affaire du duc d'Enghien nous apparaît surtout conditionnée par son refus total des conséquences de l'événement et d'une quelconque culpabilité. Une attitude alimentée à la fois par son orgueil et par son mépris pour l'opinion publique.

Ce dédain de Caulaincourt à l'égard de la société parisienne ne contribue pas à faire cesser des rumeurs vraisemblablement entretenues par les ennemis du grand écuyer dans les salons du faubourg Saint-Germain. Hortense de Beauharnais, dans ses Mémoires, met en cause, quoique apparemment sans preuves, un autre acteur de l'affaire du duc d'Enghien, le prince de Talleyrand :

> Les salons de Paris retentirent de détails imaginaires sur [Savary] et sur Caulaincourt. Ce dernier, disait-on, avait amené le prince dans sa voiture et lui avait fait subir d'indignes traitements ; l'autre avait commandé qu'on le fusillât en lui faisant mettre une lanterne au cœur

1. « Examen impartial des calomnies répandues sur M. de Caulaincourt... », p. 149.

> et sans permettre qu'il communiquât ses dernières volontés. Tous ces récits étaient faux et venaient évidemment de M. de Talleyrand qui, pour détourner les soupçons, répandait des détails odieux et voulait faire oublier l'action par l'horreur même dont il l'environnait[1].

On peut douter de la véracité de cette accusation mais elle rend compte des excès de la rumeur et du lien qui demeure dans les esprits entre Caulaincourt et le duc d'Enghien. Ce lien s'impose notamment aux participants d'un bal où le grand écuyer se retrouve à danser avec la fille du général Charlot, homonyme du commandant ayant procédé à l'arrestation du duc d'Enghien. Tous s'arrêtent et regardent les danseurs eux-mêmes mortifiés par ce rappel d'événements au souvenir encore vivace[2].

Les anecdotes des mémorialistes ne doivent cependant pas faire croire à un rappel incessant des événements de mars 1804 au sein de la cour impériale et dans l'ensemble des salons parisiens. À part dans les bastions royalistes, l'affaire semble rapidement oubliée, au moment où se succèdent les festivités du passage à l'Empire, elles-mêmes rapidement suivies par les préparatifs militaires. Mis à part les commentaires étrangers – notamment anglais et russes –, l'« affaire » du duc d'Enghien est avant tout le fait de la Restauration : ses conséquences durant le Premier Empire ne sont pas à surestimer. Il semble dès lors nécessaire de tempérer Jean Hanoteau lorsqu'il estime que l'affaire conditionna « toute [la] carrière, toutes [les] pensées, tous [les] actes » de Caulaincourt[3], qu'elle lui inspira « une crainte extrême du retour des Bourbons », qu'elle le rendit « circonspect » et « l'amena à exagérer [son] désir de paix »[4]. Tournant sûrement essentiel dans sa construction psychologique, l'affaire n'influença cependant les pensées et l'action du duc de Vicence qu'à certains moments précis, presque tous circonscrits à l'extrême fin du Premier Empire et à la Restauration. Ses relations personnelles en furent peut-être marquées de façon plus profonde. On a déjà évoqué ses rapports tumultueux avec l'opinion publique et la société parisienne. Hanoteau met quant à lui en

1. *Mémoires de la reine Hortense*, p. 121.

2. *Mémoires de la comtesse de Boigne*, édition établie, commentée et annotée par Henri Rossi, Paris, Honoré Champion, 2007, p. 275-276.

3. Jean Hanoteau, *op. cit.*, t. I, p. 229.

4. *Ibid*, p. 229-230.

avant les conséquences de l'affaire sur les liens existant entre Napoléon et Caulaincourt :

> L'affaire du duc d'Enghien sème presque aussitôt entre eux un germe de méfiance. Par orgueil, par réaction contre les attaques dont il est l'objet, le général veut tenir tête à l'orage et il reste à sa place qui, à cet instant, est une place de combat. Il ne saurait toutefois ne pas en vouloir un peu, dans le fond de son cœur, au Premier consul de l'avoir embarqué dans cette galère[1].

En ce qui concerne l'évolution de sa carrière, l'influence de ces événements semble particulièrement floue. Napoléon a-t-il, même inconsciemment, cherché à dédommager le duc de Vicence ? Depuis Sainte-Hélène, il estimera que « le parti des Bourbons s'étant acharné à calomnier Caulaincourt pour la petite part qu'il avait eue dans cette affaire, cela a été à l'origine de sa faveur[2] ». L'affaire du duc d'Enghien a pu être un approfondissement, voire un tournant, dans une mécanique de la faveur déjà mise en branle depuis plusieurs années à cette époque. Elle est cependant inutile pour expliquer la nomination de Caulaincourt à la fonction qui le définira le mieux auprès de ses contemporains, celle de grand écuyer.

---

1. *Ibid.*, p. 232-233.

2. Fleury de Chaboulon, *Histoire des Cent-Jours avec les notes manuscrites de Napoléon Ier*, Paris, Bibliothèque des Introuvables, 2006, t. I, p. 311n [note de Napoléon].

CHAPITRE 4

GRAND ÉCUYER DE L'EMPIRE (1804-1815)

Le 10 juillet 1804, deux mois après la proclamation de l'Empire par sénatus-consulte, Caulaincourt est nommé grand écuyer de la cour impériale, devenant, comme Duroc (grand maréchal du palais), Fesch (grand aumônier), Ségur (grand maître des cérémonies), Berthier (grand veneur), et Talleyrand (grand chambellan), grand officier de la Couronne, une charge qui le place au sommet de la hiérarchie curiale[1]. Quelles que soient ses occupations ou ses attributions supplémentaires, Caulaincourt conserve cette fonction de grand écuyer de 1804 à 1815 : elle se confond avec sa carrière sous le Premier Empire. Les contemporains ne s'y sont pas trompés, qui tous ont mis en avant la figure du grand écuyer, véritable dédoublement de la personnalité du duc de Vicence. Le parallèle fait par certains entre le caractère de Caulaincourt et ses qualités de grand écuyer montre les prédispositions incontestables du personnage. La nomination de juillet 1804 n'est pas une lubie du nouvel empereur : elle trouve ses origines dans la tradition familiale des Caulaincourt, que l'on a déjà évoquée, dans la formation personnelle du jeune Armand – à l'inspection de la cavalerie par exemple –, mais surtout dans les missions confiées à l'aide de camp du Premier consul dès 1803.

Des écuries du Premier consul au sacre de l'Empereur

Dans son « Examen impartial des calomnies répandues sur M. de Caulaincourt » paru sous la Restauration, Dupin affirme qu'il est impos-

1. AN, AF IV 132, minute du décret impérial du 28 messidor an XII (17 juillet 1804) relatif à l'organisation et à l'administration du palais impérial.

sible de voir dans la nomination de son client au poste de grand écuyer en 1804 une récompense pour sa participation à l'arrestation du duc d'Enghien : « Ceux qui font à M. de Caulaincourt un sujet d'accusation de ce qu'il a été grand écuyer, ignorent que le général Duroc et lui avaient, sous le Consulat, rempli, pendant plusieurs années, en qualité d'aides de camp, les fonctions des places dont les titres leur furent donnés lorsqu'on passa du Consulat à l'Empire[1]. » La nomination de juillet 1804 apparaît donc dans la continuité du travail effectué par Caulaincourt en tant qu'aide de camp du Premier consul.

Au mois de juillet 1803, lors du voyage de Bonaparte en Belgique, celui qui est alors encore colonel du 2e régiment de carabiniers, est chargé de former l'escorte du chef de l'État et de régler les détails de son entrée à Bruxelles. Le succès de cette mission, mais surtout l'expérience importante acquise par Caulaincourt dans le domaine de la cavalerie motivent le choix du Premier consul qui nomme son aide de camp au poste d'inspecteur général des écuries, en septembre 1803[2]. Pendant plus de dix mois, ce dernier remplit une partie des attributions de sa future fonction de grand écuyer, le règlement de la maison consulaire le chargeant de « la surveillance sur le personnel et le matériel des différents équipages composant l'Écurie »[3]. Tandis que Duroc, gouverneur des Tuileries, s'occupe des questions de sécurité et de logement, Caulaincourt a la haute main sur les chevaux du Premier consul et de Joséphine. Dès cette époque, les carrières des deux hommes suivent des voies parallèles : tous les deux sont des nobles ralliés à Bonaparte – quoique Duroc depuis plus longtemps que Caulaincourt –, ils sont jeunes, ils présentent bien et surtout ils s'assurent peu à peu une mainmise complète sur les deux secteurs les plus importants de la maison du Consul. Son élévation à la fonction de grand écuyer de la cour impériale, au mois de juillet 1804, apparaît donc à Caulaincourt comme le prolongement direct de l'activité entreprise depuis plusieurs mois. Quoique logique, cette nomination suscite un mécontent, le général Lauriston, apparemment lui aussi chargé en cer-

---

1. « Examen impartial des calomnies répandues sur M. de Caulaincourt… », p. 156.

2. Pierre-François-Léonard Fontaine, *Journal (1799-1853)*, t. 1 (1799-1824), Paris, École nationale supérieure des Beaux-Arts, 1987, 662 p. An XII (1803), 1er vendémiaire (24 septembre), p. 65.

3. Cité dans Pierre-François-Léonard Fontaine, *Journal*, t. I, p. 65.

taines occasions des équipages consulaires, et surtout appartenant depuis plus longtemps à l'entourage de Bonaparte. Évoquant dans ses Mémoires les violents reproches que l'aide de camp déçu adresse alors à son maître, Méneval montre bien les jalousies que peut susciter l'ascension rapide de Caulaincourt[1].

Cette ascension court-circuite en effet les mécanismes plus traditionnels de la faveur, comme ceux liés à l'ancienneté, revendiqués notamment par Lauriston. Mais il ne faut pas oublier la part importante de subjectivité et la multiplicité des raisons qui participent à l'attribution de cette faveur. Pour donner sa préférence à Caulaincourt plutôt qu'à Lauriston, Napoléon a d'abord pris en compte l'expérience et les qualités personnelles de son inspecteur des écuries. Mais il a pu aussi – même de façon inconsciente – privilégier sa jeunesse, son apparence et ses manières, celles d'un noble picard qui a connu la cour de Louis XVI et dont l'ancêtre a été écuyer de Louis XIV. La continuité qu'incarne le nouveau grand écuyer n'est pas seulement le fait de son service aux écuries à la fin du Consulat : elle vient aussi de son lien symbolique avec l'Ancien Régime, un lien essentiel pour Napoléon dans sa recherche de références, dans sa volonté de créer une nouvelle cour et une nouvelle monarchie.

Les mois qui suivent sa nomination à la charge de grand écuyer voient Caulaincourt accompagner son maître à Boulogne, pour inspecter le camp militaire, et en Allemagne. Ses nouvelles fonctions le conduisent surtout à participer aux préparatifs du sacre, qui mobilisent la cour à partir de septembre 1804, sous la direction du grand maître des cérémonies, Louis-Philippe de Ségur. Le travail du grand écuyer consiste essentiellement à préparer les attelages nécessaires à l'escorte devant conduire Napoléon des Tuileries à Notre-Dame[2]. Sa mission la plus prestigieuse est de faire réaliser la voiture de l'Empereur. Sans nuire à la somptuosité du véhicule, il s'efforce de limiter au maximum les dépenses, faisant déjà preuve en cette occasion du souci d'économie qui le caractérisera toujours dans l'exercice de ses fonctions.

Une fois réglées ces questions matérielles, le grand écuyer est aux premières loges, lors de la cérémonie du sacre. Le matin du 2 décembre 1804,

1. *Mémoires de Méneval*, t. I, p. 360-361.

2. Frédéric Masson, *Le Sacre et le couronnement de Napoléon*, Paris, Société d'édition littéraire et artistique, 1908, p. 131.

Napoléon quitte les Tuileries pour rallier Notre-Dame. Tandis que son ami Durosnel, écuyer ordinaire de l'Empereur, se place à la portière droite de la voiture impériale[1], Caulaincourt partage un véhicule avec Talleyrand et Ségur. Au sein de la procession qui fait son entrée dans la cathédrale, s'avancent, précédés des insignes impériaux, Talleyrand puis Napoléon, ses frères et « M. le général Caulaincourt, grand écuyer, MM. les maréchaux Soult et Bessières, colonels généraux de la garde de service, et M. le général Duroc, grand maréchal du palais, tous les quatre de front[2] ». Les suivent les colonels généraux de la Garde, puis les autres maréchaux et les ministres. Arrivés au fond de la nef, Caulaincourt et Talleyrand détachent le manteau de l'Empereur, le placent sur leur corbeille et rejoignent leur place. Après les bénédictions du pape, ils suivent Napoléon jusqu'à l'autel, raccrochent son manteau et vont se placer là où on les retrouve sur le tableau du sacre peint par David. Ils assistent au couronnement de l'Empereur et de l'Impératrice puis refont le chemin en sens inverse jusqu'au portail de la cathédrale où l'Empereur doit prêter serment à la Constitution. Le grand écuyer, le grand chambellan, ainsi que le grand maître des cérémonies s'installent sur des coussins, à la première marche au bas de l'estrade du trône et y restent jusqu'à la fin de la cérémonie[3]. Ces questions de protocole ne sont pas totalement anodines : elles représentent au contraire la place de Caulaincourt au sein de la nouvelle cour impériale. Associé à l'apothéose de son maître, l'aide de camp encore méconnu devient véritablement à cet instant une figure publique, un personnage du régime.

Sa position est encore affermie par Napoléon qui décide de lui conférer le grade de général de division, le 1er février 1805. Cette promotion répond à la volonté de l'Empereur d'uniformiser les grades des militaires de son entourage et de les faire correspondre à leurs nouvelles dignités. Comme l'écrit Hanoteau, « [Caulaincourt] était l'un des grands dignitaires de la nouvelle cour et il convenait que son grade fût mis en rapport avec ses fonctions[4] ». Les adversaires du duc de Vicence verront encore une fois dans cet honneur une récompense pour l'arrestation du duc

1. *Procès-verbal de la cérémonie du sacre et du couronnement de Napoléon*, p. 15.
2. *Ibid*, p. 24.
3. *Ibid.*, p. 50.
4. Jean Hanoteau, *op. cit.*, t. I, p. 83.

d'Enghien et justifieront cette assertion en mettant en avant la faiblesse des états de service du nouveau général de division. Quoique l'expérience militaire de Caulaincourt semble de plus en plus lointaine à cette époque, il faut pourtant reconnaître que ses états de service sont assez comparables à ceux des nouveaux promus : son élévation au grade de général de division, certes justifiée par son service d'aide de camp et sa position dans la cour impériale, n'est pas imméritée. Ce nouveau grade restera par ailleurs le sommet de sa carrière militaire. Autre distinction qui confirme sa position au sein de la cour impériale, son accession, ce même 1er février 1805, à la dignité de grand officier de la Légion d'honneur. Ces honneurs, aussi brillants soient-ils, ne sont toutefois que la manifestation apparente d'une situation qui se forge et se consolide dans le quotidien de la cour. La nouvelle visibilité de Caulaincourt, prélude à son rôle politique, se développe par l'exercice même de sa charge de grand écuyer.

Le grand écuyer en représentation

Ses fonctions d'aide de camp du Premier consul avaient pu permettre à Caulaincourt de se familiariser avec la vie de cour – ou au moins de raviver les lointains souvenirs de Versailles. Mais, comme on l'a vu, il ne s'agissait encore que d'un embryon de cour ; Caulaincourt y était, qui plus est, noyé dans la masse de ses congénères. En devenant grand écuyer de l'Empire, il ne se contente plus de jouer un rôle secondaire : il devient un acteur central de la vie de cour, il entre véritablement en représentation. De 1804 à 1807, il lui faut faire – ou compléter – son apprentissage des impératifs de la vie curiale, du cérémonial, des festivités. Il lui faut apprendre à contrôler ses gestes, à soigner son apparence, à composer en toute circonstance avec le public. En revêtant ses habits de grand écuyer, Caulaincourt poursuit indirectement sa formation de diplomate : il délaisse toujours un peu plus la vie de caserne pour la « culture des apparences[1] ». La représentation du grand officier de l'Empire annonce celle de l'ambassadeur de France à Saint-Pétersbourg.

Si Caulaincourt attire les regards, c'est d'abord du fait de sa proximité avec l'Empereur, source de toute faveur. Sa visibilité, son prestige se

1. Nous reprenons le titre d'un ouvrage de Daniel Roche, *La Culture des apparences : une histoire du vêtement, XVIIe-XVIIIe siècles*, Paris, Seuil, 1990.

construisent dans ce voisinage constant. Dans son ouvrage sur la cour impériale, Charles-Otto Zieseniss le précise d'emblée : « De tous les grands officiers de la Couronne, le grand écuyer est le plus proche de la personne de l'Empereur[1]. » Cette proximité est, pour ainsi dire, consubstantielle à la fonction. L'*Étiquette du palais impérial* – un document que Mme de Staël considérera comme « le plus remarquable de la bassesse à laquelle on peut réduire l'espèce humaine[2] » – résume toutes les circonstances où le grand écuyer est amené à se trouver aux côtés de son maître et celles-ci sont nombreuses. Au sein de la cour d'abord, il « jouit des entrées et de toutes les prérogatives que donne la charge de grand officier[3] » et a, par conséquent, un accès permanent à la personne de l'Empereur. Ses fonctions lui assurent de même une place privilégiée lors des cérémonies, des réceptions et des grands repas : « Au grand couvert, précise l'*Étiquette du palais*, il donne le fauteuil à S. M. pour se mettre à table ; il le retire pour qu'elle se lève ; il se tient à sa gauche[4]. » Autant d'occasions de se montrer et de rappeler à tous, si besoin est, sa position privilégiée, le lien unique qui le rattache à la personne de Napoléon.

Cette proximité est d'autant plus visible lors des déplacements de l'Empereur. En toutes circonstances, le grand écuyer doit rester au plus près de son maître. C'est particulièrement le cas lors des campagnes militaires : « Le grand écuyer accompagne toujours S. M. à l'armée », précise l'*Étiquette du palais*, qui poursuit :

> VIII. Si le cheval de S. M. est tué, ou vient à tomber, c'est à lui à la relever et à lui offrir le sien.
> IX. Il fait, en toute occasion, le service d'honneur, quand il est près de S. M., de préférence aux écuyers qui seraient de service près d'elle.
> X. À l'armée, le grand écuyer loge aussi près que possible de S. M., afin de se trouver toujours près d'elle quand elle sort […].

1. Charles-Otto Zieseniss, *Napoléon et la cour impériale*, Paris, Tallandier, 1980, p. 162.
2. Cité par Philip Mansel, *La Cour sous la Révolution, l'exil et la Restauration*, Paris, Tallandier, 1989, p. 71.
3. *Étiquette du palais impérial*, 1805, article XIX.
4. *Ibid.*, article XXIII.

XI. Il partage, à cheval, la croupe de celui de S. M. avec le colonel général de service ; il est à gauche, afin de se trouver toujours au montoir[1].

Cette omniprésence du grand écuyer, loin d'être un simple point de règlement, a profondément marqué les contemporains. Dans ses Mémoires, le baron Fain range Caulaincourt au nombre des « intimes » de Napoléon[2]. Il le montre prenant en note les paroles de l'Empereur lors des déplacements de ce dernier ou s'assurant de sa sécurité personnelle. Cette proximité est tellement ancrée dans les imaginaires que beaucoup de mémorialistes voient le duc de Vicence aux côtés de Napoléon même quand il n'y était pas. Dans ses *Souvenirs*, le comte Anatole de Montesquiou évoque ainsi la mort de Lannes, touché par un boulet à la bataille d'Aspern-Essling, en 1809 : « Napoléon, Masséna, Berthier, Davout, Duroc et Caulaincourt entourèrent le mourant[3]. » Le grand écuyer, alors à Saint-Pétersbourg, aurait été bien en peine d'accompagner le maréchal dans ses derniers instants... L'erreur n'en est pas moins particulièrement significative : pour tous les témoins de cette période – militaires, hommes et femmes de cour, visiteurs étrangers, etc. – Caulaincourt gravite par définition autour de Napoléon.

L'influence du grand écuyer découle de son accès constant à la personne de l'Empereur. Ses contemporains ne s'y sont d'ailleurs pas trompés : pour beaucoup d'entre eux, il devient un intermédiaire commode dont les bonnes grâces peuvent permettre l'obtention d'une faveur. Même si toutes les requêtes n'ont pas été conservées, on imagine les solliciteurs nombreux. À la fin de l'année 1804, le général prussien von Knobelsdorff, de passage à Paris, écrit ainsi à Caulaincourt pour le remercier d'être intervenu en sa faveur afin de lui faire obtenir une audience à la cour[4].

1. *Ibid.*, articles VII à XI.

2. *Mémoires du baron Fain présentés par Christophe Bourachot*, Paris, Arléa, 2001, p. 151.

3. Comte Anatole de Montesquiou, *Souvenirs sur la Révolution, l'Empire, la Restauration et le règne de Louis-Philippe, présentés et annotés par Robert Burnand*, Paris, Plon, 1961, p. 168. Constant fait une erreur similaire. *Mémoires intimes de Napoléon Ier par Constant son valet de chambre, édition présentée et annotée par Maurice Dernelle*, Paris, Mercure de France, 2000, t. I, p. 223-224.

4. AN, 95 AP 22, le baron de Knobelsdorff à Caulaincourt, Paris, 6 et 30 décembre 1804.

Il ne s'agit ici que d'une affaire personnelle, de peu de portée ; mais parfois, les enjeux sont beaucoup plus importants, notamment lorsque les sollicitations sont de nature politique ou qu'elles obligent le grand écuyer à faire jouer toute son influence face à d'autres personnalités du régime. En juillet 1804, des officiers hanovriens lui demandent ainsi de faire son possible pour convaincre Napoléon d'alléger les conditions d'occupation de leur pays et de faire cesser les « mesures de violence » qu'aurait décidées le maréchal Bernadotte[1]. On peut remarquer au passage que ce rôle d'intermédiaire met régulièrement en contact Caulaincourt avec des personnalités étrangères et lui permet d'approfondir son réseau. Au cosmopolitisme hérité de sa famille s'ajoute progressivement l'envergure européenne de la fonction de grand écuyer de l'Empire.

Quoique déterminante, la proximité de Caulaincourt avec Napoléon ne fait pas tout : si le grand écuyer marque les esprits de ses contemporains, c'est aussi par ses qualités personnelles. Tous les témoins de cette époque – qu'ils aient été de ses amis ou de ses ennemis – ont reconnu à quel point la charge était faite pour lui. Au sein d'une cour encore inexpérimentée, Caulaincourt se distingue en effet par ses bonnes manières, son allure et sa prestance. La plupart des mémorialistes ont souligné sa noblesse : celle de ses origines, celle qu'il affiche dans son comportement, celle enfin que lui confèrent ses fonctions de grand officier de la cour impériale. La duchesse d'Abrantès qui, si on en croit son témoignage, l'a particulièrement bien connu, décrit sa « belle figure » et sa « noble tournure » : « Il était de bonne compagnie autant qu'homme de France ; il était noble *par lui-même*, il l'était encore par [...] Napoléon[2]. »

Pour beaucoup de témoins, le grand écuyer réalise la synthèse parfaite entre les traditions d'Ancien Régime et les pratiques de la nouvelle cour. Mlle d'Avrillion, première femme de chambre de l'impératrice Joséphine, affirme dans ses Mémoires que Caulaincourt joint « les formes de l'ancienne cour à la valeur plus réelle des hommes de la cour militaire de l'Empereur[3] ». Dans les portraits qu'elles dressent du personnage, les femmes sont souvent sensibles à ses bonnes manières et à son savoir-vivre – des qualités qui, en plus de sa « belle figure », expliquent ses nombreux

1. AN, 95 AP 4, le baron de Ramdohr à Caulaincourt, Paris, 15 juillet 1804.
2. *Mémoires de la duchesse d'Abrantès*, t. X, p. 37.
3. *Mémoires de mademoiselle d'Avrillion*, p. 246-247.

succès amoureux. Les hommes, quant à eux, insistent davantage sur son maintien et son allure martiale, comme le fait le maréchal de Castellane dans son *Journal* :

> Monsieur le duc de Vicence, homme de 5 pieds 8 pouces [plus de 1,80 m, soit une taille particulièrement élevée pour l'époque], a l'air sévère et noble, franc et loyal ; il est aimé et estimé de tous. L'Empereur en fait cas ; mais comme il lui dit toute vérité, Sa Majesté lui préfère le grand maréchal [Duroc], d'un caractère plus flexible. L'Empereur l'appelle toujours Caulaincourt. Il ne donne jamais aux gens le nom du titre qu'il leur a conféré, mais toujours le leur ; je l'ai remarqué. Le duc de Vicence est un excellent officier général, d'un caractère très militaire ; il a mis un ordre très remarquable dans les écuries de l'Empereur. Il serait à désirer de voir auprès de l'Empereur beaucoup de gens de cette trempe ; les caractères nobles, fermes et droits comme celui-là sont rares[1].

Le baron Méneval, secrétaire de l'Empereur, donne une image plus contrastée de Caulaincourt. Il évoque lui aussi son caractère militaire, mais c'est pour mieux mettre l'accent sur ce qu'il considère comme une certaine raideur et une certaine austérité du personnage : « Imbu des principes d'une éducation toute militaire, il était strict observateur de la discipline. [...] Vif et même un peu brusque, avec une physionomie habituellement calme et sérieuse, il avait des manières polies et souvent affectueuses. Ses sentiments étaient chevaleresques. Il justifiait le jugement que Napoléon avait porté sur lui, en disant qu'il était homme de cœur et de droiture[2]. »

Les jugements des contemporains oscillent souvent entre la reconnaissance de ses mérites et de sa valeur et une certaine prévention à son égard. Hors de son cercle d'amis – les aides de camp de Napoléon, Duroc, Berthier, Talleyrand, Daru, etc. – le grand écuyer ne fait pas l'unanimité. « À la cour, malgré l'urbanité de ses paroles et de son accueil, il semble avoir été peu aimé », écrit avec regret Jean Hanoteau[3]. L'historien se fonde sur le témoignage de la duchesse d'Abrantès qui, reconnaissant

1. *Journal du maréchal de Castellane*, Paris, Plon, 1895, t. I, p. 93.
2. *Mémoires de Méneval*, t. III, p. 545-546.
3. Jean Hanoteau, *op. cit.*, t. I, p. 85.

le côté « spirituel » du personnage, n'en ajoute pas moins : « Le portrait du duc de Vicence n'a pas été flatté par la prévention et l'envie. On ne l'aimait pas. Il était peut-être un peu trop convaincu de sa supériorité sur la plupart de tout ce qui formait le cercle militaire de l'Empereur, et cette conviction lui donnait un air réservé que les sots prenaient pour de la morgue[1]. » De crainte de reconnaître les côtés sombres de son héros ou la complexité de son caractère, Jean Hanoteau affirme dans son introduction aux Mémoires du duc de Vicence que cette réserve est la conséquence de l'affaire du duc d'Enghien :

> D'ailleurs, pour être aimé, il faut savoir aimer soi-même et ce grand seigneur courtois ne dissimulait pas assez un amer mépris des hommes. Ce sentiment ne semble pas avoir été dans sa nature même, qui était à fond de bonté, mais, là encore, le malheureux drame de Vincennes eut une influence profonde sur son esprit. Les violences et les insinuations calomnieuses dont il fut l'objet, les avatars dont il souffrit cruellement, le blessèrent à un tel point que son caractère en fut à jamais faussé[2].

Il est évident que les attaques de l'opinion publique ont eu des conséquences importantes sur l'évolution de la personnalité de Caulaincourt. Une rupture a eu lieu en 1804 dont il ne se remettra jamais véritablement : en 1809, il écrit encore à sa tante : « Croyez-en ceux qui gouvernent le monde, plutôt que les sots qui n'occupent que les salons de Paris[3]. » Il ne faudrait pas sous-estimer pour autant le tempérament naturel du grand écuyer : sa brouille avec Aubert-Dubayet, ses relations tumultueuses avec le père de George Sand – à l'époque de l'inspection de la cavalerie aux côtés du général d'Harville – sont autant d'exemples d'une fierté qui confine parfois à l'arrogance. Son acharnement, durant ses jeunes années, à gravir les échelons de l'armée montre qu'il n'a jamais cessé d'être conscient de sa valeur, tandis que les épreuves subies – notamment les frustrations de la période révolutionnaire – l'ont rendu

1. *Mémoires de la duchesse d'Abrantès*, t. I, p. 380.
2. Jean Hanoteau, *op. cit.*, t. I, p. 85.
3. AN, 402 AP 61, Caulaincourt à Mme d'Harville, Saint-Pétersbourg, 17 janvier 1809.

particulièrement sévère vis-à-vis de ses contemporains. L'affaire du duc d'Enghien n'a fait qu'accentuer ces traits de caractère : elle a donné à son arrogance juvénile – rappelons que Caulaincourt a à peine 30 ans au moment de sa nomination à la tête des écuries impériales – une nuance plus sombre, plus maussade, plus acerbe.

On peut se demander enfin quelle est la part de construction dans le personnage du grand écuyer de l'Empire. Après ses déboires avec l'opinion publique, Caulaincourt choisit-il de se réfugier derrière sa charge – sa dignité, son apparat, sa gravité ? Lui permet-elle de masquer ses sentiments ? Même si la rareté des documents personnels concernant cette époque ne permet pas de se prononcer de façon catégorique, il semble que l'élévation aux fonctions de grand écuyer s'accompagne pour le futur duc de Vicence du difficile apprentissage de l'art subtil de la dissimulation – un art dans lequel il n'excellera cependant jamais. À travers ses nouvelles fonctions, il apprend aussi à manier les hommes : parfois avec tact et diplomatie, parfois avec plus de dureté et d'intransigeance, comme avec le personnel de son administration.

Les écuries impériales : l'apprentissage de l'administration

La vie de cour et le cérémonial représentent l'aspect le plus visible de la charge de grand écuyer : il ne s'agit bien entendu que de sa surface. L'essentiel des tâches qui incombent à Caulaincourt ont trait à la gestion des écuries impériales et de leur personnel. Il ne nous appartient pas toutefois de revenir dans le détail sur le fonctionnement des écuries : cette question pourrait donner lieu à elle seule à une étude complète. Ajoutons qu'elle a été très largement traitée par Pierre Branda dans l'ouvrage qu'il a récemment consacré à la maison de l'Empereur[1]. Nous nous bornerons ici à définir l'empreinte laissée par Caulaincourt sur un service qui mobilise alors 600 personnes, soit plus du quart des effectifs de la maison de l'Empereur[2].

Du fait de son expérience des écuries du Premier consul, Caulaincourt sait, dès sa nomination, que la tâche qui l'attend est immense et qu'elle va

1. Pierre Branda, *Napoléon et ses hommes, la maison de l'Empereur (1804-1815)*, Paris, Fayard, 2011, chap. X, « Les écuries », p. 211-234 et chapitre XI, « Voyages, voyages », p. 235-255.

2. Pierre Branda, *op. cit.*, p. 493.

mobiliser toutes ses capacités. Dans son étude sur la maison de l'Empereur, Pierre Branda évoque l'ampleur du défi auquel le grand écuyer est confronté :

> Sa tâche administrative était au moins aussi lourde que celle du grand maréchal ou de l'intendant. De surcroît, les écuries étant la vitrine de la Maison, il devait veiller plus que tout autre à ce que chaque employé, chaque monture ou chaque voiture puisse représenter son monarque de la meilleure manière qui soit. Le cortège impérial devait susciter l'admiration et être à la hauteur de la réputation de l'empereur le plus puissant d'Europe[1].

Durant les premiers mois de sa prise de fonction, le futur duc de Vicence s'attache à prendre définitivement en main son administration – complétant un travail entamé dès la fin de l'année 1803. Il veut tout savoir des détails de son service : d'où proviennent les dépenses, même les plus minimes, comment sont logés les employés, comment ils sont habillés, quel est le matériel à disposition, comment sont nourris les chevaux, etc.[2].

Sévère avec lui-même, Caulaincourt estime que les hommes qui travaillent pour lui doivent avoir une conduite irréprochable, tant dans l'exercice de leurs fonctions que dans leur vie personnelle. Les archives de la maison de l'Empereur conservent ses rappels à l'ordre fréquents, pour ne pas dire intempestifs. Au mois d'août 1805, après avoir constaté divers manquements, il impose ainsi la lecture hebdomadaire du règlement des écuries : « Tous les dimanches de 10 à 11 heures, et que tous les employés et gens à gages du service sans exceptions y soient présents[3]. » Caulaincourt veut un personnel soigné, bien habillé, éduqué, ponctuel, respectueux des hiérarchies, et même vertueux. Il instaure notamment des visites médicales – tous les trois mois ainsi qu'au retour des déplacements en province et à l'étranger – pour traquer les maladies vénériennes et punir ceux qui en sont atteints[4].

1. *Ibid.*, p. 213.
2. Voir AN, O² 75, correspondance des écuries jusqu'en 1807.
3. AN, O² 76, ordre n°83, Pont de Brique, 20 thermidor an XIII/8 août 1805.
4. *Ibid.*, ordre n°153, Paris, 28 avril 1806.

Les recommandations et les critiques de Caulaincourt touchent tous les échelons de son personnel : premiers écuyers, commis aux écritures, vétérinaires, premiers piqueurs, piqueurs, équipage de selle et d'attelage, etc. Mais c'est peut-être avec les pages de l'Empereur qu'il se montre le plus tatillon. En août 1805, Napoléon décide en effet de recréer une maison des pages, composée de 36 jeunes hommes de bonne famille, âgés de 14 à 16 ans et destinés au service d'honneur[1]. Il nomme gouverneur des pages le général Claude Mathieu de Gardane – que Caulaincourt retrouvera lors de son ambassade en Russie –, mais place l'institution sous la surveillance de son grand écuyer, comptant sur sa sévérité et sa poigne[2]. Et à cet égard, il n'est pas déçu : Caulaincourt ne manque pas une occasion de préciser un point du règlement des pages, ou de rappeler ces derniers à l'ordre. En toutes choses, il prescrit la plus grande austérité, voulant faire des jeunes gens qui lui sont confiés de véritables militaires, et non de simples courtisans.

Dans ses Mémoires, Marco Saint-Hilaire, nommé page de l'Empereur en octobre 1807, donne une idée de l'autorité exercée par Caulaincourt et de la crainte qu'il inspire : « Il était une puissance au-dessus de nos deux états-majors ; puissance qui faisait trembler chacun de nous, puissance au-dessus même de celle de l'empereur à notre égard. Je veux parler de M. de Caulaincourt, le grand écuyer, qui avait la haute main sur notre établissement. Sévère, mais juste, d'un regard, d'un geste, il nous eût fait entrer dans un trou de souris. C'était à nos yeux un véritable *croquemitaine*[3]. » Cette image, qui s'applique ici à la maison des pages, peut facilement s'étendre à l'ensemble du personnel des écuries. Caulaincourt est respecté mais redouté, tant il peut se montrer ombrageux. Dans les ordres qu'il adresse à ses employés, les menaces de sanctions sont constantes. Les piqueurs semblent être les principales victimes de ses colères. En août 1805, il déclare être « depuis quelque temps fort mécontent d'eux, ils ne tiennent point leur rang envers leurs subordonnés, ne s'en font point respecter et il en résulte que le service de S. M. en souffre. Les piqueurs et sous-piqueurs qui ne répondront pas mieux à la confiance du grand écuyer seront mis à une classe inférieure ou réformés tout à

1. Sur les détails de cette institution, voir Pierre Branda, *op. cit.*, p. 230-234.
2. *Mémoires et révélations d'un page de la cour impériale*, t. I, p. 25.
3. *Ibid.*, t. I, p. 31.

fait...[1] ». En novembre de l'année suivante, il fait part de son exaspération devant leur négligence concernant les questions matérielles et n'hésite pas à parler désormais de renvoi[2].

Mais ce sont bien entendu les chevaux qui concentrent l'essentiel de son attention. Il s'agit pour lui d'une préoccupation constante qui le pousse à un suivi au cas par cas des montures de l'Empereur : « L'engorgement de jambes du Vizir[3] tenant à un mouvement d'humeur et peut-être à un moment de fatigue, il faut le bien purger, le rafraîchir et lui donner un exercice modéré », écrit-il à Jardin, commandant de l'équipage de selle[4]. Dès qu'il s'agit de chevaux, Caulaincourt ne ménage pas ses conseils ; il supervise ainsi l'envoi à Vassy, dans le Calvados, de sept étalons « destinés à servir à la monte des juments de choix de l'ancienne Normandie ». Chaque animal donne lieu à une description extrêmement précise de la part du grand écuyer : « Le *Omar*, cheval alezan brûlé rubicond arabe, du plus pur sang de la Haute-Égypte, d'une vitesse et d'une souplesse extraordinaire, [...] en lui donnant des juments bien choisies on aura les chevaux de selle les plus rares qui existent[5]. » Un tel amour des chevaux explique l'irritation de Caulaincourt à chaque fois qu'ils subissent de mauvais traitements : il n'y a pire faute pour lui que de causer le décès d'une monture. Les vétérinaires des écuries impériales font par conséquent l'objet régulier de ses reproches, ainsi ce Giraud « qui lui a laissé périr trois chevaux de selle en trois jours, c'est un peu violent, il s'en faut peu que je ne le renvoie[6] ».

L'intérêt du grand écuyer pour ses chevaux n'est pas la seule raison de ses colères. Il sait en effet que chaque décès est synonyme de dépenses supplémentaires. Or le souci d'économie domine toute son activité : s'il s'intéresse dans le détail aux questions matérielles, c'est, la plupart du temps,

1. AN, O² 76, ordre n° 83, Pont-de-Briques, 20 thermidor an XIII/ 8 août 1805.

2. *Ibid.*, ordre n° 264, Berlin, 13 novembre 1806.

3. Comme le rappelle Pierre Branda, il s'agit du cheval le plus célèbre de Napoléon, actuellement conservé empaillé aux Invalides. Pierre Branda, *op. cit.*, p. 229.

4. AN, O² 76, extrait de la lettre adressée à M. Jardin, Lyon, 22 germinal an XIII/12 avril 1805.

5. *Ibid.*, ordre n° 131, au sieur Rouard, directeur des haras de l'Empereur, Paris, 6 mars 1806.

6. *Ibid.*, extrait de la lettre adressée à M. Gy, quartier-maître, 22 germinal an XIII/12 avril 1805.

dans l'objectif d'éviter les frais et de gérer au plus près son budget. Les ordres qu'il adresse à ses subordonnés reflètent cet impératif vital pour un service aussi développé et aussi complexe que le sien. Que ce soit auprès de ses écuyers ou de son petit personnel, Caulaincourt n'a de cesse de se plaindre des coûts : « Tous les mémoires de peinture sont généralement trop chers, écrit-il. Il est impossible qu'on soit obligé de payer 110 francs, 96 francs ou 72 francs pour un habillage de guinguette ou de chaise[1]. » Il traque continuellement les dépenses jugées excessives et les abus de toutes sortes. « Le grand écuyer s'étonne de voir autant de réparations de lanternes aux cabriolets pendant le mois d'avril », fait-il savoir au mois de mai 1807[2]. Quelques semaines plus tard, il va jusqu'à s'en prendre à la consommation excessive de bougies[3] !

Ce souci d'économie a particulièrement marqué les contemporains. Beaucoup de mémorialistes ont insisté sur ce trait de caractère du grand écuyer, certains se contentant de moquer sa mesquinerie, d'autres mettant en avant les conséquences parfois inattendues de la rigidité de son administration. Dans une anecdote souvent reprise, Marco Saint-Hilaire évoque ainsi une altercation entre Caulaincourt et Napoléon, lors d'un déplacement de la cour :

> Un jour qu'il [Napoléon] allait à Fontainebleau, trouvant que sa voiture avançait trop lentement, il m'appelle : « Hum ! Hum ! » J'étais d'escorte et j'accompagnais l'empereur à cheval ; je m'approche, je me découvre. « Va ! » me dit-il, « cours dire qu'on aille plus vite ! plus vite ! entends-tu bien ? » M. de Caulaincourt qui, en sa qualité de grand écuyer, le précédait dans une voiture, entend cet ordre, et sans attendre que je lui transmette, il met la tête à la portière, et s'adressant aux postillons : « Le premier b... qui change de train, je le f... à la porte en arrivant » et on continue d'aller au grand trot. Pendant la route, que nous fîmes cependant en moins de trois heures, j'entendis plusieurs fois l'empereur dire très haut : « Mais cela n'a pas le sens commun ! Je n'arriverai jamais ! Ils me font aller comme une poule mouillée ! » Nous allions réellement comme la poste, l'escorte n'avait

1. *Ibid.*, ordre n° 334, Finkenstein, 20 mai 1807.
2. *Ibid.*
3. *Ibid.*, ordre n° 398, Paris, 1er septembre 1807.

> pas quitté le galop, je n'en pouvais plus. En arrivant à Fontainebleau, la première chose que fit l'empereur fut de se plaindre de la lenteur du voyage : « Sire, lui répondit froidement M. de Caulaincourt, que V. M. me donne plus d'argent pour la dépense de ses écuries, elle pourra crever autant de chevaux qu'elle le désirera. » L'empereur ne lui répondit pas et lui tourna le dos[1].

Pour ménager ses montures et éviter des dépenses inutiles, Caulaincourt est prêt à s'opposer directement à son maître : les impératifs du service priment sur les caprices du moment. Il sait d'ailleurs qu'à terme, l'Empereur lui en saura gré. Cette intransigeance n'est pas seulement motivée par des questions d'économie ; elle s'explique aussi par le soin mis par le grand écuyer à planifier les déplacements de l'Empereur[2]. Une fois réglés les détails d'un voyage, Caulaincourt répugne à toute modification du programme établi. Il est d'autant moins enclin à accepter un quelconque changement qu'il passe un temps considérable à préparer ses itinéraires et à en définir les étapes. Comme pour la gestion de son administration, il ne laisse rien au hasard, multipliant les projets jusqu'à définir le meilleur itinéraire possible, la meilleure organisation du cortège impérial, la meilleure répartition des voitures et des chevaux[3]. Dans ses Mémoires, Mlle d'Avrillion se souvient du voyage effectué en Italie en 1805 : « Rien de plus délicieux que notre manière de voyager. Les ordres étaient si bien donnés et si parfaitement exécutés, que lorsque nous arrivions au lieu marqué pour le déjeuner, en descendant de voiture, nous n'avions qu'à nous mettre à table[4]. »

La meilleure preuve des capacités de Caulaincourt n'est autre que la situation dans laquelle se retrouve plongée son administration après son départ pour Saint-Pétersbourg, à la fin de l'année 1807. Même s'il garde son titre de grand écuyer, le nouvel ambassadeur de France en Russie ne peut plus en effet s'occuper au quotidien de son personnel et de

---

1. *Mémoires et révélations d'un page de la cour impériale*, t. I, p. 44-45.

2. Précisons avec Pierre Branda que les « petits voyages », les déplacements de l'Empereur à Saint-Cloud, Versailles, Fontainebleau, Rambouillet et Compiègne sont à la charge du grand maréchal du palais, Duroc. Caulaincourt s'occupe des autres déplacements. Pierre Branda, *op. cit.*, p. 235-236.

3. Pour un exemple précis d'organisation d'un voyage impérial se reporter à Olivier Varlan, *Armand de Caulaincourt, duc de Vicence (1773-1827)*, *op. cit.*, p. 146-150.

4. *Mémoires de mademoiselle d'Avrillion*, p. 118-119.

son budget, ni planifier les déplacements de son maître[1]. Le service s'en ressent immédiatement, comme le souligne Duroc dans les lettres qu'il écrit à son ami[2]. Dès le premier voyage effectué par l'Empereur sans son grand écuyer, le cortège n'affiche pas la même tenue que quelques mois auparavant : « Nous avons eu en route quelques accidents et réparations. Cela n'arrive jamais quand vous y êtes et nous n'y étions plus habitués », écrit le grand maréchal du palais[3]. Dans les mois suivants, l'administration des écuries impériales semble se relâcher peu à peu : les ordres n'ont plus la même efficacité, le matériel n'est plus aussi bien entretenu, le personnel manque de zèle. Malgré leurs efforts, le général Ordener et le général Nansouty, qui gèrent le service à tour de rôle, ne parviennent jamais à combler totalement l'absence de Caulaincourt.

Dès février 1808, Duroc estime que le service des écuries « finira par perdre s'il reste comme cela ». « Les pages surtout se sont un peu relâchés et il a fallu faire sentir l'autorité », précise-t-il[4]. Quand Nansouty parvient à reprendre en main le service et à s'approcher de son ancienne efficacité, c'est au prix de dépenses disproportionnées, comme le signale le grand maréchal avec une certaine complaisance : « Votre service est organisé ici sur un grand pied, après avoir manqué de tout nous avons le superflu et quoique cela ne me regarde pas je m'en plains parce que cela dérange votre budget et que cela ôte les ressources à Paris[5]. » L'intérim de Savary à la tête des écuries, au milieu de l'année 1809, ne change d'ailleurs pas grand-chose à cette situation budgétaire catastrophique[6]. Quoique particulièrement difficile, l'état dans lequel se trouvent les écuries impériales ne motive finalement en rien le retour de Caulaincourt en France, au milieu de l'année 1811. Il n'en reste pas moins que Napoléon est soulagé de voir son grand écuyer replacé à la tête de son administration après plus de

1. Caulaincourt est remplacé par le général Ordener, premier écuyer de l'Impératrice, puis par le général Nansouty, premier écuyer. Savary assume un temps la direction de l'administration (en 1809), lorsque Nansouty prend le commandement d'une division durant la guerre contre l'Autriche. Pierre Branda, *op. cit.*, p. 216.

2. Il faut toutefois garder à l'esprit que Duroc est un ami proche de Caulaincourt et qu'il milite pour son retour en France.

3. AN, 95 AP 22, Duroc à Caulaincourt, Milan, 23 octobre 1807.

4. *Ibid.*, Duroc à Caulaincourt, Paris, 3 février 1808.

5. *Ibid.*, Duroc à Caulaincourt, Ebersdorf, 28 mai 1809.

6. AN, O[2] 66, Danet à Savary, Paris, 14 août 1809.

trois ans d'errements et de négligences. Ce long intermède a suffi à montrer à quel point Caulaincourt avait fait preuve d'efficacité de 1804 à 1807.

Lorsqu'on considère les occupations futures du duc de Vicence, sa charge de grand écuyer peut sembler secondaire : elle est toutefois indispensable pour comprendre sa place dans l'entourage de Napoléon mais aussi dans l'imaginaire des contemporains. N'oublions pas non plus que, même après que la diplomatie a pris la première place dans la carrière de Caulaincourt, ses fonctions curiales gardent une importance cruciale. Ainsi, durant son ambassade à Saint-Pétersbourg, le duc de Vicence conserve un droit de regard sur les écuries impériales et ne s'interdit pas de suivre un certain nombre d'affaires qui lui tiennent à cœur[1]. Dans les dernières années de l'Empire, alors qu'il s'impose comme le principal négociateur du régime, il reste en parallèle à la tête de son administration. Ses fonctions vont jusqu'à s'accroître épisodiquement : en 1813, la mort de Duroc le contraint à endosser pour quelques mois la charge de grand maréchal du palais ; en 1815, durant les Cent-Jours, il obtient de même la gestion des services de la vénerie – à cette époque la charge de travail n'est toutefois pas comparable à celle qui prévalait au début de l'Empire. Jusqu'à la fin de sa carrière, le duc de Vicence apparaît comme un personnage fondamentalement polyvalent. Son plus grand défi personnel est peut-être justement de parvenir à s'adapter à ces responsabilités à géométrie variable, à s'accommoder surtout des multiples projets que l'Empereur ne cesse d'élaborer à son sujet.

1. Le secrétaire des écuries, Danet, lui rend compte de certaines affaires. Voir AN, O²66, correspondance des écuries impériales et royales.

CHAPITRE 5

DE LA COUR À LA TABLE DES NÉGOCIATIONS (1804-1807)

Malgré l'importance des fonctions de grand écuyer, et la masse de travail qu'elles représentent, Napoléon n'entend pas y cantonner Caulaincourt. Dès les premiers mois de l'Empire, il fait appel à lui pour un certain nombre de missions diplomatiques, le préparant progressivement à l'exercice de plus hautes responsabilités. La gradation est visible : chargé de discussions officieuses avec l'envoyé russe, en 1804, Caulaincourt mène dès 1807 ses premières négociations diplomatiques avec la Turquie. Le dessein de Napoléon semble trouver son aboutissement au moment de la conclusion de l'alliance de Tilsit : le grand écuyer de la cour impériale découvre alors qu'il est devenu, presque malgré lui, le candidat parfait pour l'ambassade de France à Saint-Pétersbourg. Insensiblement, par petites touches, les années 1804 à 1807 ont contribué à parfaire sa formation diplomatique, le rendant indispensable à son maître, non plus seulement aux écuries, mais en vue du vaste jeu politique européen.

Le négociateur officieux (1804)

Au moment de la nomination de Caulaincourt à la charge de grand écuyer de la cour impériale, l'Europe se prépare lentement mais inexorablement à une nouvelle guerre continentale. La paix d'Amiens s'est révélée particulièrement précaire et les tensions de plus en plus importantes entre les impérialismes français et britannique ont mis fin à cet intermède dès le mois de mai 1803. Le conflit entre les deux puissances est, dans un premier temps, essentiellement naval : les Anglais n'ont pas les troupes nécessaires pour une intervention continentale, tandis que les Français doivent s'assurer une maîtrise au moins momentanée de la mer pour pouvoir porter la guerre sur le sol de leur rivale. Face à cette impasse stratégique, la diplomatie s'impose comme un outil incontournable. Bonaparte cherche à obtenir le concours des puissances navales de second rang, comme l'Espagne, et surtout à détourner de l'Angleterre ses alliés potentiels, notamment les nations encore hésitantes, comme l'Autriche et surtout la Prusse. Pendant toute l'année 1804, les manœuvres diplomatiques se succèdent et s'opposent, dessinant peu à peu la troisième coalition qui va être opposée à la France. Si l'Angleterre apparaît comme le cerveau et surtout la banque de cette nouvelle coalition, c'est bien la Russie qui en est l'âme.

Dès la fin de l'année 1803, la méfiance d'Alexandre Ier à l'égard de Bonaparte s'est transformée en une véritable animosité. Le tsar, encouragé par son ministre des Affaires étrangères, Czartoryski, cherche progressivement à se rapprocher de l'Angleterre par crainte de l'expansionnisme français. Cette animosité se mue en une franche hostilité à l'annonce de la violation de la neutralité du duché de Bade et de l'exécution du duc d'Enghien, au mois de mars 1804. Même si Alexandre hésite encore à rompre complètement les relations diplomatiques, il signifie à Bonaparte son indignation et réaffirme son ambition de défendre les intérêts des États allemands et italiens. Au chargé d'affaires russe à Paris, Pierre d'Oubril, qui condamne le coup de main d'Ettenheim et exige l'évacuation par la France de la péninsule italienne, Bonaparte répond de façon particulièrement insultante pour le tsar en faisant un rapprochement entre les derniers événements et l'assassinat du tsar Paul Ier en 1801. La rupture, désormais inévitable, s'effectue toutefois de façon progressive : l'ambassadeur français, Hédouville, quitte Saint-Pétersbourg le 7 juin 1804, mais laisse derrière lui un chargé d'affaires, Rayneval ; d'Oubril, qui a reçu l'ordre de revenir en Russie, s'attarde quant à lui en France pendant tout l'été 1804 et « tente encore d'éviter la guerre[1] ». Au mois de juillet, il adresse ainsi un ultimatum à Talleyrand mais celui-ci ne prend la peine de lui répondre qu'à la fin du mois d'août. Le chargé d'affaires, constatant l'échec de ses tentatives et pressé par son gouvernement, quitte alors la capitale et s'établit à Mayence, à la frontière de l'empire français.

1. Marie-Pierre Rey, *Alexandre Ier*, p. 195.

C'est à cette époque, au début du mois de septembre 1804, que se situe un élément peu connu mais particulièrement intéressant de la carrière de Caulaincourt, qui renoue alors avec le monde de la diplomatie. Le grand écuyer, après avoir suivi Napoléon à Boulogne, est dépêché par celui-ci à Mayence pour engager des discussions de dernière minute avec d'Oubril. Cette démarche est symptomatique des modalités d'action de l'empereur des Français qui, tout en accélérant ses préparatifs militaires, ne s'interdit pas l'usage de la diplomatie, même si celle-ci est bridée par tout un ensemble d'ambitions et de revendications. Il paraît totalement inconcevable que Caulaincourt ait pu quitter la cour de lui-même pour engager des négociations avec le diplomate d'une puissance bientôt ennemie : la rencontre de Mayence est indubitablement le fait d'une décision impériale.

Le choix du grand écuyer pour une mission diplomatique officieuse peut sembler étonnant ; il s'explique pourtant de plusieurs façons. D'abord, par sa disponibilité, ses fonctions le mettant en relations constantes avec l'Empereur qui peut faire usage de ses services au moment le plus opportun. Rappelons aussi l'idée persistante chez Napoléon – peut-être suggérée par Talleyrand – de faire de son ancien aide de camp un diplomate. Au moment du passage à l'Empire, Caulaincourt est ainsi pressenti un temps pour le poste de ministre des Relations extérieures[1]. Un projet qui apparaît toutefois prématuré, du fait notamment du manque d'expérience du grand écuyer, qui n'a alors jamais mené de véritables négociations ni dirigé de légation. Malgré les limites certaines de la démarche effectuée auprès de d'Oubril, Napoléon saisit probablement ici l'occasion d'étoffer la carrure de diplomate du futur duc de Vicence.

Mais, au-delà de ces considérations générales, ce sont surtout ses relations personnelles qui font de Caulaincourt l'homme de la situation en septembre 1804. Son séjour à Saint-Pétersbourg, en 1801-1802, lui a permis en effet de tisser de nombreux liens et, peut-être, de croiser Pierre d'Oubril. Un autre héritage de cette mission est la relation personnelle que le grand écuyer entretient avec la princesse Galitzine. Cette liaison, qui dure apparemment jusqu'en 1805, est connue de Bonaparte et sciemment utilisée par lui, d'autant plus facilement, par ailleurs, que la princesse russe évolue dans les cercles de l'impératrice Joséphine. Dans

1. Alexandre Tratchevski, *op. cit.*, p. 635-636, d'Oubril à Czartoryski, Paris, 20 mai (1er juin) 1804.

une lettre à Adam Czartoryski – ministre des Affaires étrangères depuis le début de l'année 1804 –, d'Oubril évoque le rôle de la princesse dans la préparation des entretiens qu'il a avec Caulaincourt :

> Elle m'a dit également alors que c'était à la prière instante de Caulaincourt, qu'elle m'avait invité à dîner à Paris le jour que je l'y avais rencontré. C'est également à elle que cet officier s'est adressé à Mayence toutes les fois qu'il a voulu me voir, mais à la suite de notre dernier entretien il m'a demandé, comme une condescendance de particulier à particulier, de ne point faire mention dans mes rapports de la part que cette dame avait eue à nos entrevues[1].

La princesse, instrumentalisée par Caulaincourt et, à travers lui, par Napoléon, joue le rôle de l'intermédiaire, de l'entremetteuse, avec une certaine discrétion due à sa situation matrimoniale. Ce passage nous apprend notamment qu'elle met en relation le grand écuyer et le chargé d'affaires dès le mois de juin 1804. L'entrevue qui se tient entre les deux hommes à Mayence, au mois de septembre, est donc le résultat d'une longue préparation en amont et non d'une rencontre fortuite, comme pourrait le laisser croire le récit qu'en fait d'Oubril à son ministre, le 5 septembre[2] :

> Le lendemain le général Collaincourt [*sic*] arriva de Boulogne, et la princesse Michel Galitzin [*sic*] m'engagea beaucoup à venir dîner chez elle pour me demander des conseils relativement à un objet assez indifférent. J'y rencontrai monsieur de Collaincourt, et bientôt nous nous trouvâmes seuls dans le jardin. Il rompit notre conversation qui roulait sur des lieux communs, pour me parler de la position dans laquelle se trouvaient nos deux gouvernements l'un vis-à-vis de l'autre. Il protesta de son attachement à la Russie, [...] qu'il ne concevait point quel pouvait être l'intérêt de la Russie de se mettre mal avec la France ; qu'on ne pouvait se faire la guerre, et que la dignité de Bonaparte s'opposait à ce

1. *Ibid.*, p. 756-7, d'Oubril à Czartoryski, Francfort-sur-le-Main, 21 septembre (3 octobre) 1804.

2. Toutes les dates sont données suivant le style occidental (douze jours de différence avec le style russe).

> qu'il reculât d'un pas ; et conclut, que si mes instructions étaient d'insister sur l'évacuation du royaume de Naples, je pouvais être certain de ne l'obtenir jamais, tandis que je trouverais toutes les facilités désirables pour procurer un établissement au roi de Sardaigne[1].

Le chargé d'affaires est en quelque sorte piégé par la princesse et par Caulaincourt, qui amène peu à peu la conversation sur des questions politiques précises. La proposition de contenter la Russie en dédommageant le roi de Sardaigne, peu lucide au vu du contexte diplomatique, porte la marque de Napoléon. Les manifestations d'amitié du grand écuyer ne suffisent pas à faire croire à une démarche personnelle de sa part ; d'Oubril ne s'y trompe d'ailleurs pas :

> L'idée que monsieur de Collaincourt [*sic*] ne me parlait que par ordre de son chef m'engagea à le porter à s'ouvrir davantage, en ne lui faisant point connaître que, sans l'évacuation de Naples, je ne pouvais rester à Paris. Je lui répondis que nous étions loin de songer à une guerre ; que nous l'envisagions comme impossible, mais que la France n'en avait pas moins de raison de chercher à être bien avec nous, d'abord parce que Bonaparte étant bien avec la Russie, pouvait être sûr de n'avoir point de guerre continentale à soutenir[2].

La rupture étant déjà consommée depuis la dernière lettre de Talleyrand à d'Oubril, le sondage effectué par le grand écuyer ne donne aucun résultat. Le chargé d'affaires russe n'essaye même pas de relancer le débat sur l'évacuation de Naples, qu'il sait vain. Quant à ses bonnes paroles, elles contiennent une menace voilée : la rupture diplomatique n'est que le prélude à une guerre continentale menée par les armées du tsar Alexandre. Voilà le seul message que le grand écuyer peut rapporter à Napoléon.

Après l'échec prévisible d'une rencontre où les deux interlocuteurs, bridés par leurs maîtres, ne peuvent faire de véritables ouvertures et encore moins de concessions, d'Oubril se prépare au départ. Il est toutefois retenu par le gouvernement français qui attend de connaître le sort

1. Alexandre Tratchevski, *op. cit.*, p. 723-733, d'Oubril à Czartoryski, Mayence, 24 août (5 septembre) 1804.

2. *Ibid.*

de son propre chargé d'affaires, Rayneval. L'attente crée un climat de plus en plus tendu ; d'Oubril commence à perdre patience et envoie une note à Talleyrand, dans les premiers jours du mois d'octobre, pour obtenir l'autorisation de quitter Mayence[1]. Napoléon décide de lui envoyer à nouveau son grand écuyer pour aplanir les difficultés. Pour pouvoir laisser partir le diplomate russe, Caulaincourt ne lui demande que de donner sa parole que Rayneval a reçu ses passeports. D'Oubril décide de communiquer la dépêche de son ministre lui annonçant que les documents ont été remis au chargé d'affaires français à Saint-Pétersbourg. « Environ deux heures plus tard monsieur de Caulaincourt me fit demander un second rendez-vous et m'annonça au nom de Bonaparte que j'étais le maître de partir quand je le jugerais à propos[2]. »

L'affaire est donc très rapidement résolue. Napoléon a fait usage de son grand écuyer comme d'un négociateur personnel, profitant de la flexibilité offerte par ce mode d'action et court-circuitant l'action de Talleyrand pour dénouer la situation. Lorsque d'Oubril s'inquiète de la valeur des propos tenus par Caulaincourt et espère obtenir une autorisation écrite du ministre des Relations extérieures, son interlocuteur lui rétorque « qu'il me parlait d'après une autorisation spéciale de l'Empereur [...] et que je pouvais envisager ce qu'il me disait, comme aussi officiel qu'une réponse par écrit de monsieur Talleyrand[3] ». L'action de Caulaincourt est représentative de la diplomatie parallèle mise en place par Napoléon et qui voit l'utilisation de membres de son entourage, comme Duroc ou Savary. L'Empereur est dès cette époque un contrepoids de plus en plus puissant à la politique menée par son ministre des Relations extérieures. Ce dernier ne doit cependant rien trouver à redire en cette circonstance, l'intervention du grand écuyer ayant des conséquences minimes, mais profitables, pour les deux parties en présence.

Il est plus difficile en revanche de déterminer si Talleyrand est au courant de la mission officieuse de Caulaincourt qui débute une fois résolue la question des passeports du chargé d'affaires russe. Alors que d'Oubril est sur le point de quitter le territoire français, le grand écuyer

1. *Ibid.*, d'Oubril à Czartoryski, Francfort-sur-le-Main, 21 septembre (3 octobre 1804).

2. *Ibid.*

3. *Ibid.*

fait une dernière tentative pour renouer les liens entre la France et la Russie[1]. Cette démarche, que Caulaincourt s'efforce une nouvelle fois de présenter comme une initiative personnelle, est toujours décidée et dirigée par Napoléon à qui son envoyé rend compte de tous les débats. Malgré toute la bonne volonté et l'empressement du grand écuyer, la rencontre aboutit très rapidement à une impasse. D'Oubril refuse d'engager de véritables discussions et profite au contraire de l'occasion pour stigmatiser les caractères généraux de l'expansionnisme français. Pour lui, le rejet des exigences russes par Talleyrand a mis fin aux rapports entre les deux empires. Seule une concession majeure de Napoléon, comme l'évacuation immédiate du royaume de Naples, pourrait permettre à l'envoyé russe de convaincre son gouvernement de rétablir ses relations diplomatiques avec la France.

Face à la détermination et à l'intransigeance russes, l'argumentation de Caulaincourt manque singulièrement d'ampleur. Suivant en cela le discours habituel de la diplomatie napoléonienne, il tente de justifier la politique européenne de la France par la nécessité de la lutte contre l'Angleterre. Le grand écuyer ne peut apparemment s'appuyer sur aucune instruction précise de la part de son maître ; son action est donc forcément superficielle et ses résultats nuls. Mais, au-delà des protestations de pure forme, transparaît dans le discours de Caulaincourt rapporté par d'Oubril un début de remise en question de la diplomatie menée par Napoléon. Le négociateur français convient en effet que « ses demandes vis-à-vis des autres États n'étaient pas toujours régulières[2] ». Sans trop forcer le trait, on peut déjà y voir l'ébauche de la politique modérée que soutiendra le duc de Vicence dans les années suivantes. Sa dernière rencontre avec d'Oubril est aussi l'occasion pour lui d'exprimer ses sentiments personnels face à l'évolution des relations diplomatiques franco-russes : « Il protesta du regret de voir les choses venues à cette extrémité avec notre cour et du désir qu'il aurait eu de contribuer à les raccommoder [...]. Nous nous séparâmes avec des protestations mutuelles du plaisir que nous aurions à nous revoir sous de meilleurs auspices[3]. » Cette phrase prophétique montre en quoi les rencontres des

---

1. *Ibid.*, d'Oubril à Czartoryski, Francfort-sur-le-Main, 22 septembre/4 octobre 1804.

2. *Ibid.*

3. *Ibid.*

mois de septembre et d'octobre 1804 constituent une étape vers la nomination de Caulaincourt comme ambassadeur de France à Saint-Pétersbourg.

Finalement, même si, selon le négociateur français, personne n'en « connaissait la cause, ni le but[1] », la rupture est désormais consommée. S'étant fait rapporter les propos de l'envoyé russe et face à ses exigences concernant le royaume de Naples, Napoléon refuse toute concession. Caulaincourt est dès lors chargé de déclarer officiellement à d'Oubril qu'il est invité à quitter le territoire français. Le 3 octobre à midi, le chargé d'affaires quitte Mayence pour Francfort : la Russie n'a plus aucun représentant sur le sol français.

Les interventions de Caulaincourt n'ont été décisives qu'en ce qui concerne les formalités du départ de l'envoyé russe ; son rôle de négociateur officieux n'a pu véritablement s'exprimer, du fait d'une position personnelle trop limitée et, surtout, d'un climat diplomatique conduisant presque inéluctablement à la rupture et à la guerre. Même s'il ne faut pas en exagérer l'importance, les rencontres avec d'Oubril, au milieu de l'année 1804 peuvent être considérées comme un jalon dans la formation diplomatique et politique de Caulaincourt. Une formation qui, sous des formes souvent similaires, se poursuit au fil des événements militaires des années 1806 et 1807.

De bataille en bataille (1806-1807)

À partir de la fin de l'année 1804 et dans le courant de l'année 1805, la troisième coalition prend progressivement forme, réunissant l'Angleterre, l'Autriche et la Russie dans la lutte commune contre le nouvel empereur des Français. En tant que grand écuyer, Caulaincourt suit son maître à la Grande Armée et assiste aux victoires françaises en Allemagne puis à l'apothéose d'Austerlitz, le 2 décembre. Mais, malgré les espoirs qui l'entourent, la paix de Presbourg ne rétablit pas l'équilibre européen. Restée à l'écart du conflit l'année précédente, la Prusse, pourtant signataire en février 1806 d'un traité d'alliance avec la France, finit par revoir sa position et par s'opposer de plus en plus clairement à Napoléon. Ce dernier, ne pouvant d'abord « croire ce cabinet assez fou pour entrer

1. *Ibid.*

seul en lice[1] », comme il le confie à Caulaincourt, se décide rapidement à engager l'épreuve de force.

Une dernière tentative pour sauvegarder la paix voit la venue à Paris de Friedrich von Knobelsdorff, « chargé de tout expliquer, de tâcher de tout concilier[2] ». Dans un fragment non publié de ses Mémoires, le grand écuyer évoque ses entrevues avec le diplomate prussien, qui suivent le même modèle que celles tenues deux ans auparavant avec d'Oubril :

> [Napoléon] me chargea de voir M. de Knobelsdorf [*sic*], de savoir si le roi, si le cabinet voulaient décidément la guerre. M. de Knobelsdorf, homme d'honneur et de bien, désirait sincèrement la paix et aurait voulu la maintenir, mais les choses étaient trop engagées, j'eus plusieurs conférences avec lui, outre celles qu'il avait avec le ministre qu'il voyait difficilement. Dans les derniers moments, l'Empereur se souciait peu d'explications officielles, depuis qu'il se voyait en mesure de se venger de cette *sotte levée de boucliers*, de *ces fous de Prussiens*, ce sont ses expressions[3].

Ces conférences n'ayant pas donné lieu à des comptes-rendus écrits et les fragments des *Mémoires de Caulaincourt* ayant été rédigés *a posteriori*, il apparaît difficile de prendre la mesure véritable des sentiments du grand écuyer à cette époque. Il n'est pas illégitime cependant de supposer que la réprobation qui transparaît dans cet extrait est un reflet de celle qu'il a pu éprouver, au moins en partie, au moment du renvoi de Knobelsdorff et des préparatifs militaires contre la Prusse. Quoi qu'il en soit des sentiments pacifiques du futur duc de Vicence à cette époque, l'agressivité de Berlin ainsi que la position de force de Napoléon en 1806 rendent les négociations impossibles et l'entrée en guerre inévitable.

Ce rôle de conciliateur, Caulaincourt est de nouveau amené à le jouer à la suite de la double victoire d'Iéna-Auerstedt (14 octobre 1806) et de l'effondrement de l'armée prussienne. Peu après l'entrée des troupes françaises dans Berlin, Napoléon intercepte une lettre du prince de Hatzfeld où ce dernier donne des renseignements à son roi concernant les mouvements

1. AN, 95 AP 34, « 1806 ».
2. *Ibid.*
3. *Ibid.* Souligné par Caulaincourt.

de l'armée française. « Cette lettre avait mis l'Empereur fort en colère, raconte Caulaincourt, [il] s'échauffait tellement sur ce sujet que dans le premier moment Duroc fut comme moi inquiet des suites qu'aurait cette affaire ; de concert avec Berthier, nous cherchâmes à expliquer la chose, à calmer l'Empereur, à le disposer au moins à l'indulgence[1]. » L'intervention de Caulaincourt est finalement inutile, Napoléon étant, malgré sa colère apparente, disposé à la clémence : condamné, le prince est immédiatement gracié. Le grand écuyer s'impose toutefois, à l'instar de Duroc, de Rapp ou de Berthier, comme un élément modérateur, toujours prompt à calmer les ardeurs, réelles ou feintes, de son maître. Celui-ci en est d'ailleurs bien conscient : « – Vous faites de moi Louis le Débonnaire, dit-il en plaisantant, allez Monsieur le Grand Écuyer, nous ne sommes pas aussi méchants que nous en avons l'air. – Moi, je le sais bien, Sire, mais il serait bon de laisser aussi deviner parfois votre cœur aux autres[2]. »

À Berlin, Caulaincourt, outre ses fonctions de grand écuyer, sert d'intermédiaire entre Napoléon et différentes personnalités : il offre ses services à la princesse de Hesse, enceinte et laissée seule dans la capitale prussienne, et signifie son renvoi au fils du duc de Wurtemberg, venu s'engager dans l'armée française malgré l'interdiction de son père, alors allié au roi de Prusse. Il intervient aussi lors de la discussion des préliminaires de paix, menée à Charlottenbourg par Duroc et par l'envoyé du roi Frédéric-Guillaume, Girolamo Lucchesini. Alors que seule la question des contributions semble encore faire obstacle à la paix, Napoléon consulte Caulaincourt sur l'opportunité des concessions à faire aux Prussiens. Convaincu par son grand écuyer, mais aussi par Duroc et Talleyrand, l'Empereur envoie le grand maréchal du palais signer la paix avec Lucchesini, lorsque Saint-Aignan, revenu de Magdebourg, annonce la prise de la place par le maréchal Ney. « Ce succès inespéré changea tout, l'Empereur ordonna qu'on courût à toute bride après Duroc[3]. » Comme il le fera à plusieurs reprises par la suite, Caulaincourt déplore le revirement diplomatique de Napoléon, lié comme toujours à un nouveau succès de ses armées. Il regrette surtout la principale conséquence de la poursuite de la guerre, l'entrée des Français en Pologne :

1. *Ibid.*
2. *Ibid.*
3. *Ibid.*

> Dès ce moment, toutes les idées de l'Empereur changèrent, [...] tout se réunit pour changer son système et l'invasion de la Pologne, la marche sur Posen fut décidée. [...] Ainsi la reddition de Magdebourg changea les destinées du monde et décida de celles de l'Empereur. Si Saint-Aignan eut éprouvé un retard d'une heure la paix était signée, les affaires de Pologne et tant d'autres rêves n'eussent pas été mis sur le tapis[1].

Quoique influencé par la connaissance de la suite des événements, ce passage montre bien la profonde désapprobation de Caulaincourt face à la poursuite de la guerre à l'Est et au soutien donné à la cause polonaise. Ce soutien ne peut en effet que renforcer l'animosité de la Russie à l'égard de la France et engager cette dernière dans des campagnes toujours plus lointaines.

Fort de ses convictions personnelles, le grand écuyer s'oppose donc résolument au « parti polonais » qui influence les décisions de Napoléon au tournant des années1806 et 1807 et conduit l'armée française au cœur des territoires partagés par la Prusse, la Russie et l'Autriche à la fin du XVIIIe siècle. Il laisse ainsi échapper sa rancœur à l'égard du maréchal Davout qui, chargé de l'avant-garde, « était loin de calmer l'ardeur polonaise de l'Empereur[2] ». Ce dernier est à Posen dès le 27 novembre, tandis que Murat atteint Varsovie le lendemain et que Ney franchit la Vistule le 6 décembre, dans les environs de l'actuel Torun. Quittant Posen avec Napoléon, Caulaincourt arrive à Varsovie le 18 décembre : « Les Polonais furent bien étonnés à leur réveil d'apprendre que l'Empereur était couché au palais. Il sortit vers midi, l'enthousiasme fut extrême dans toutes les classes[3]. » Cet enthousiasme est loin toutefois d'être partagé par l'ensemble de l'armée française, des soldats aux maréchaux, comme s'en fait l'écho dans ses notes le grand écuyer :

> Tout le monde était mécontent de cette expédition de Pologne, le maréchal Davout était le seul qui ne la blâmait pas, le maréchal Lannes s'en expliquait même assez hautement pour que cela déplut à l'Empereur. Toute la Pologne disait-on ne valait pas le sang d'un Fran-

1. *Ibid.*
2. *Ibid.*
3. *Ibid.*

> çais, les gîtes mauvais, point de vin, de la misère partout, excepté dans les châteaux, les généraux se réservaient ceux-ci et n'en étaient pas de meilleure humeur ; de la boue jusqu'aux oreilles, des habitants demi-sauvages, très malpropres, tout était mauvais, même le pain et l'eau[1].

Comme les « grognards » qui gagnent à cette époque leur surnom, Caulaincourt stigmatise l'inanité d'une guerre dont il décrit les conditions effroyables. En 1807 sont déjà présents la plupart des éléments du désastre de 1812 : la boue, les pénuries, le mécontentement général, les revers militaires, ainsi que l'entêtement de Napoléon.

Deux mois après le combat incertain de Pułtusk, ce dernier contraint l'armée russe de Bennigsen à la bataille, le 8 février 1807, près du village d'Eylau. Le choc est une effroyable boucherie qui laisse l'armée française exsangue. Le résultat, incertain, rend nécessaire une période de pause pour la Grande Armée, après presque cinq mois de campagnes ininterrompues à travers toute l'Allemagne du Nord et la Pologne. Même si, d'octobre 1806 à février 1807, la logique de la guerre n'a laissé que peu de place à la négociation, Caulaincourt s'est imposé comme un des conseillers habituels de Napoléon en matière de diplomatie. Sa modération et son pacifisme de plus en plus évident l'ont amené cependant à remettre en question la politique de l'Empereur. La Pologne apparaît comme un tournant dans son attitude vis-à-vis de son maître et dans son soutien à l'égard de ses ambitions : sans en exagérer les prémisses, il faut voir ici une des origines de ce rôle de contradicteur que Caulaincourt va jouer dans les dernières années de l'Empire. Cette position est d'autant plus intéressante qu'elle se fonde sur des conceptions géopolitiques de mieux en mieux définies. Comme Talleyrand, Caulaincourt souhaite voir limiter les ambitions napoléoniennes et préserver un certain équilibre européen. Mais, à la différence de son ancien mentor, défenseur de l'alliance autrichienne, son refus de tout soutien à la cause polonaise est alimenté avant tout par la crainte de rendre impossible un rapprochement futur entre la France et la Russie. C'est pourtant contre l'empire russe que Napoléon va demander à son grand écuyer de négocier une alliance avec la Turquie, durant les mois d'attente qui précèdent la reprise des opérations militaires.

1. *Ibid.*

Négocier avec la Turquie ?

Reconstituant ses forces armées de février à juin 1807, Napoléon s'emploie aussi à trouver de nouvelles perspectives diplomatiques dans sa lutte contre Alexandre Ier. Cette recherche de soutiens – ou plus exactement de diversions – contre la Russie l'amène à développer, depuis le château de Finkenstein, une politique d'ouverture à destination de la Perse et de la Turquie, en guerre perpétuelle contre leur voisin slave. Après plusieurs années de tension, les relations franco-turques se sont progressivement améliorées depuis 1805. À la suite de la victoire d'Austerlitz, Napoléon envoie à Constantinople le général Sébastiani afin de développer ces relations et d'accroître les capacités militaires ottomanes. Fort de cette aide, le sultan ottoman décide de fermer les détroits aux navires de guerre et de contrecarrer la politique russe en Méditerranée, en bloquant ses escadres en mer Noire. Cette décision pousse l'Angleterre, alliée de la Russie dans la lutte contre Napoléon, à lancer une attaque sur Constantinople en janvier 1807. Le succès de la défense de la capitale ottomane par Sébastiani lui permet de consolider l'influence de la France et de renforcer la détermination du sultan, qui refuse les ouvertures de paix russes proposées par Pozzo di Borgo[1].

Afin d'entamer des négociations devant mener à la signature d'une véritable alliance, la Porte décide finalement de dépêcher un ambassadeur auprès de Napoléon. Vahid Mehmed Emin Effendi, arrivé le 2 mars 1807 à Varsovie, est reçu au château de Finkenstein le mois suivant. Ses rapports avec l'empereur des Français sont marqués par une certaine ambiguïté : l'envoyé ottoman est en effet personnellement peu favorable à la France, craignant de compromettre l'avenir de l'empire ottoman en se liant à celle-ci. Napoléon, quant à lui, reste circonspect vis-à-vis de la Turquie. Proposant de faire retrouver à l'empire ottoman ses anciennes possessions de Crimée, il précise ainsi : « Il faut que [les Turcs] travaillent eux-mêmes à ce relèvement prochain, qu'ils le méritent [...]. Les circonstances sont critiques : que la Turquie se réveille enfin, et elle retrouvera son ancienne splendeur ; sinon, elle sera livrée aux destinées impitoyables[2]. »

---

1. Édouard Driault, « Napoléon à Finkenstein (avril-mai 1807) d'après la correspondance de l'Empereur, les archives du ministère des Affaires étrangères, les Archives nationales, etc. », *Revue d'histoire diplomatique*, juillet 1899, Paris, Plon, 1899, p. 37.

2. *Ibid.*, p. 49.

Une phrase menaçante qui laisse déjà présager les projets de partage qui seront discutés l'année suivante avec le tsar Alexandre.

Malgré ces réticences de part et d'autre et devant les nécessités de la lutte commune contre la Russie, les négociations sont ouvertes, « virtuellement du moins[1] », comme le précise Édouard Driault. En effet, c'est seulement à la fin du mois de mai, après plus d'un mois de retards et d'atermoiements, que Napoléon se décide à envoyer auprès de l'ambassadeur ottoman un négociateur muni de pleins pouvoirs : le choix de l'Empereur se porte sur Caulaincourt. Cette décision s'explique – comme pour la démarche entreprise auprès de Pierre d'Oubril, trois ans auparavant – par la disponibilité du grand écuyer à cette époque, mais surtout par sa connaissance personnelle de la Turquie et ses possibles liens avec Emin Effendi ou des membres de son entourage. Pour Napoléon, il s'agit aussi de confirmer l'orientation diplomatique de son grand écuyer, en lui confiant une négociation officielle, après différentes missions officieuses. Ce dessein coïncide par ailleurs avec les débuts de la disgrâce de Talleyrand. Le ministre des Relations extérieures, déjà remplacé par Maret pour les négociations avec la Perse, se voit ici préférer son ancien protégé[2].

Choisi du fait de sa position à la cour et de ses relations personnelles, et vraisemblablement peu familiarisé avec les détails de la politique orientale de la France, Caulaincourt est secondé pour cette mission par un spécialiste des questions turques, Jean-Baptiste-Gaspard Roux, de la division du Midi du ministère des Relations extérieures. Il est intéressant de constater que les dépêches de Roux à Talleyrand constituent les seuls témoignages encore conservés concernant les discussions entre Emin Effendi et Caulaincourt. Est-ce dû à de simples lacunes documentaires ou au rôle privilégié joué par Roux dans ces négociations, comme relais entre le grand écuyer et le ministre des Relations extérieures ? Même s'il ne faut pas minimiser son rôle et ses responsabilités, Caulaincourt apparaît par bien des aspects comme la caution prestigieuse de Roux, diplomate de profession plus au fait des enjeux de la négociation et des subtilités de la politique orientale de la France.

1. *Ibid.*, p. 48.

2. Dans ses Mémoires, Méneval affirme que « M. de Talleyrand se montra très offensé qu'on eût choisi d'autres personnes que lui pour traiter soit avec la Turquie, soit avec la Perse » (*Mémoires de Méneval*, t. II, p. 97).

Une fois remis ses pleins pouvoirs à Caulaincourt, les négociations peuvent officiellement commencer, le 28 mai 1807, après plusieurs semaines d'inaction. Dès le lendemain, suivant Napoléon dans ses déplacements, les deux plénipotentiaires quittent le château de Finkenstein pour Dantzig, où ont lieu l'essentiel des discussions visant à conclure un traité d'alliance entre la France et la Turquie. Dans une lettre à Sébastiani, datée du 29 mai, Talleyrand résume les enjeux de la négociation et les objectifs à atteindre pour Caulaincourt :

> Appliquer l'alliance à toutes les guerres contre la Russie, contre l'Angleterre ; [...] ne conclure aucune paix séparée [...] ; fermer le Bosphore aux vaisseaux de guerre russes ; rétablir nos droits dans les Échelles, et dans les régences, voilà les bases du projet de traité. La France s'engagerait de plus à [...] garantir l'intégrité pleine et entière de l'empire ottoman ; toutes ces propositions étant avantageuses à la Porte et presque toutes étant fondées sur ses propres demandes, je ne prévois pas que la négociation soit de longue durée[1].

Les objectifs présentés sont particulièrement ambitieux, puisqu'il s'agit pour la France de profiter des opportunités militaires offertes par une alliance avec la Turquie, mais aussi de poser les bases d'un protectorat sur l'empire ottoman. L'optimisme manifesté par Talleyrand quant à la conclusion rapide d'un traité est cependant contrebalancé, dans la même lettre, par son inquiétude en ce qui concerne le peu de nouvelles qu'Emin Effendi reçoit de Constantinople et sur la timidité que cela peut engendrer chez l'ambassadeur. Le ministre des Relations extérieures en vient même à demander à Sébastiani de vérifier si le négociateur ottoman a bien reçu ses pleins pouvoirs...

Le début des discussions, au lieu de réaliser la prévision optimiste du ministre, semble bien plutôt corroborer ses inquiétudes. À Finkenstein, le 28 mai, Caulaincourt a commencé par présenter un projet de traité d'alliance, préparé par Talleyrand et conforme aux objectifs énoncés dans la lettre de ce dernier à Sébastiani[2]. Ce texte propose une alliance pleine et effective entre les deux empires et envisage une collaboration militaire

1. AMAE, Corr. pol., Turquie, 214, Talleyrand à Sébastiani, 29 mai 1807.
2. *Ibid.*, « 2e projet de traité entre la France et la Porte ottomane, juin 1807 ».

franco-turque lors de toutes les guerres devant confronter un des alliés à la Russie ou à l'Angleterre. Dans la guerre présente, celle qui intéresse le plus directement les négociateurs, la Turquie devra attaquer les Russes en Moldavie, tenir la mer Noire avec ses escadres et se concerter avec les troupes perses dans le Caucase et en Crimée. En échange de cette aide, Napoléon s'engage, comme il l'a proposé depuis plusieurs semaines, à faire obtenir à la Porte la Crimée et à garantir ses droits sur la Valachie et la Moldavie.

Le négociateur turc ne développe sa réponse à ce projet que lors de la première conférence qui se tient à Dantzig, le 1er juin. Le rapport de Roux à Talleyrand, daté du 3 juin 1807, rend compte de la conception radicalement différente de l'alliance exprimée par Emin Effendi à cette occasion : « Il y eut le soir [du 1er juin] une conférence qui se prolongea jusqu'à deux heures du matin et qui ne finit, de sa part, que par une grande envie de dormir. Il y eut un contre-projet dans lequel il ne proposait qu'une alliance défensive, contre la Russie seulement et pour trois ans. Il n'y était question ni de notre commerce, ni de nos privilèges, ni de l'Angleterre, on les aurait crus les meilleurs amis du monde[1]. » Caulaincourt ne peut prendre ce contre-projet turc comme base de discussion, sans aller à l'encontre des objectifs qu'on lui a assignés ; il s'efforce au contraire de recentrer le débat sur le projet qu'il a apporté et sur l'idée d'une alliance totale et « à perpétuité » :

> Mais grande querelle dès le premier article, raconte Roux : l'ambassadeur ne voulait rien à perpétuité. Il nous offrait une constante amitié ; mais l'alliance ne devait pas l'être : les rapports changent. Quant à l'offensive, il était trop bon musulman pour y consentir. Notre loi, disait-il, notre religion nous ordonnent de nous défendre [...]. Quant à l'Angleterre, il n'avait aucune instruction et, quoique toute l'Europe sache que la Sublime Porte est en guerre avec elle, il n'en avait pas encore reçu la nouvelle officiellement, de façon qu'il ne pouvait s'engager à rien[2].

La loi musulmane, l'éloignement de Constantinople, le manque d'instructions servent de prétextes efficaces à l'ambassadeur ottoman

1. *Ibid.*, Roux à Talleyrand, Dantzig, 3 juin 1807 (matin).
2. *Ibid.*

pour justifier ses réticences fondamentales à passer sous la protection de la France. Acceptant une collaboration militaire contre la Russie, il refuse en revanche de se lier par une véritable alliance et de porter ainsi atteinte à l'indépendance de son pays. Son refus n'est que le reflet de la politique traditionnelle de l'empire ottoman, celle de la recherche de l'équilibre entre les grandes puissances.

La conférence du 1er juin, la plus longue de ces négociations, apparaît donc comme un échec indiscutable qui s'explique par l'opposition complète des deux camps concernant la substance du futur traité. Constatant l'impasse, le grand écuyer quitte Dantzig le 3 juin, à la suite de Napoléon, et laisse derrière lui l'ambassadeur ottoman, qui en profite pour visiter les fortifications de la ville et complimenter les Français pour leur victoire du mois précédent, essayant d'atténuer par ses paroles amicales l'échec des discussions[1]. Après cet intermède sur la Baltique, Emin Effendi poursuit sa route dans le sillage de Napoléon, de Dantzig à Finkenstein, en passant par Marienbourg. Caulaincourt, toujours chargé officiellement de la négociation, délaisse désormais totalement l'ambassadeur ottoman. Reprenant les habits de grand écuyer, il suit son maître dans ses déplacements, au moment où celui-ci se prépare à entrer à nouveau en campagne contre les Russes.

Dans une lettre au général Sébastiani, Talleyrand, s'il envisage une nouvelle conférence à Varsovie entre Caulaincourt et Emin Effendi, reconnaît surtout le blocage des négociations[2]. Du fait de sa vision étriquée des relations franco-turques, l'ambassadeur ottoman est, selon lui, l'obstacle principal à la signature d'un traité. Le ministre enjoint dès lors à Sébastiani de discuter directement avec la Porte des modalités d'une alliance. Dans ces conditions, Caulaincourt ne peut plus être d'un grand secours pour faire évoluer la situation. Quoi qu'il en soit, les ultimes tentatives du ministre des Relations extérieures sont vaines puisque, désormais, Napoléon lui-même se désintéresse de la question. Sur le point de décider de l'issue du conflit à la tête de ses troupes, l'Empereur n'a plus le temps d'envisager une diversion turque. Devant l'indifférence affichée par son maître, Talleyrand ne peut que temporiser jusqu'à l'annonce de la victoire française de Friedland, le 14 juin 1807, qui transforme totale-

1. *Ibid.*, Roux à Talleyrand, Dantzig, 3 juin 1807.
2. *Ibid.*, Talleyrand à Sébastiani, Finkenstein, 6 juin 1807.

ment la situation. Dans l'incertitude quant aux modalités des prochains pourparlers de paix, le prince de Bénévent ne clôt pas de prime abord les négociations avec la Turquie. Mais son attentisme et sa prudence ne changent rien au fait que, désormais, la Porte ne peut plus prétendre jouer un quelconque rôle entre la France et la Russie. Bien plus, face au nouveau couple qui se dessine, le projet d'une alliance franco-turque apparaît rapidement comme une gêne. Celle-ci est levée par la révolution de palais qui entraîne la déposition du sultan Selim III, le 29 mai 1807, et qui, connue seulement après la bataille de Friedland, « permet à Napoléon de se délier de ses vagues engagements avec lui[1] ». La simultanéité de la victoire française et de la révolution turque achève de rendre inutile une négociation déjà délaissée par ses négociateurs.

La négociation franco-turque de 1807 apparaît finalement comme une simple péripétie diplomatique dans un contexte militaire susceptible d'évolutions rapides. Au sein de ces événements, Caulaincourt semble, au regard de l'historien, singulièrement absent : le manque de témoignages contemporains et surtout l'absence de documents de sa main peuvent laisser penser que les conférences de Finkenstein et de Dantzig avec Emin Effendi ne sont qu'un épisode anecdotique de sa carrière. Pourtant, cette négociation est à nouveau révélatrice des intentions de Napoléon à l'égard de son grand écuyer, ce dernier dépassant cette fois-ci le rôle de simple commis diplomatique pour revêtir la fonction de négociateur muni de pleins pouvoirs. Les questions traitées aux mois de mai et juin 1807 et les espaces géographiques qu'elles recouvrent constituent également, pour Caulaincourt, un complément de formation qui le rend particulièrement précieux pour son maître au moment des prémisses du rapprochement franco-russe : en négociant avec la Porte une alliance contre le tsar, il a préparé paradoxalement sa nomination prochaine à l'ambassade de Saint-Pétersbourg.

Vers Saint-Pétersbourg

L'envoi d'un représentant français en Russie est rendu indispensable par l'évolution rapide de la situation internationale au lendemain de la bataille de Friedland. Profitant de leur victoire du 14 juin, les troupes

1. Édouard Driault, « Napoléon à Finkenstein (avril-mai 1807) … », *op. cit.*, p. 63.

françaises prennent Königsberg deux jours plus tard et s'avancent vers le Niémen. Devant le tableau dramatique dressé par ses généraux et par son frère Constantin, Alexandre décide d'envoyer des émissaires de paix à Napoléon. Ce dernier, qui ne dispose pas des moyens nécessaires à la poursuite de la guerre sur le territoire russe, accepte rapidement la proposition. Le 25 juin 1807, les deux empereurs se rencontrent dans la ville prussienne de Tilsit. Le grand écuyer accompagne son maître lors de l'entrevue qui se tient sur un radeau posé sur le Niémen : sa position à la cour mais aussi ses liens avec le tsar expliquent l'honneur qui lui est ici fait. Mais c'est en tête à tête que les deux empereurs s'entretiennent. Quand ils ressortent de la cabane frappée de leurs monogrammes, ils sont porteurs d'un projet d'alliance. Encore ennemis la veille, Napoléon et Alexandre entendent désormais régir ensemble les destinées de l'Europe. Le tsar est apparemment conquis par la personnalité et par les vues de son interlocuteur. Quelques mois plus tard, il déclarera à Savary : « je vous avouerai que l'on n'a jamais eu plus de préventions contre quelqu'un que je n'en ai eu contre [Napoléon], mais, après trois quarts d'heure avec lui, elles ont toutes disparu comme un songe et jamais je ne m'en suis rappelé tant j'ai été pénétré de tout ce qu'il m'a dit[1] ». Ces assauts mutuels de séduction entre les deux monarques, ainsi que l'enthousiasme qui se communique aux officiers et aux dignitaires des deux nations, contribuent à forger ce que les contemporains appellent l'« esprit de Tilsit ».

Tandis que les deux empereurs rêvent ensemble à un partage du monde et que Talleyrand et Kourakine travaillent sur les articles du futur traité, Caulaincourt remplit ses fonctions curiales. On le voit ainsi présenter ses hommages de la part de son maître à la reine Louise de Prusse venue défendre l'intégrité de son royaume. Il participe également aux nombreuses festivités qui réunissent Français et Russes dans l'espérance commune d'une paix durable et malgré les peines endurées. Si ses sentiments à l'égard du traité consacrant le démantèlement de la Prusse sont peut-être mitigés, il est en revanche certain qu'il accueille avec une grande satisfaction le traité franco-russe du 7 juillet 1807. Celui-ci rétablit la paix entre les deux empires, désormais liés par une alliance offensive et défensive contre l'Angleterre : les vues exprimées par Caulaincourt en 1801 sont devenues réalité.

1. AN, AF IV 1697, rapport de Savary à Napoléon, 9 octobre 1807.

La normalisation des relations entre la France et la Russie impose l'échange d'ambassadeurs, destinés à fonder durablement l'entente ponctuelle réalisée sur le Niémen par les deux nouveaux maîtres du monde. Tandis qu'Alexandre porte rapidement son choix sur un des grands noms de l'aristocratie russe, le comte Pierre Tolstoï, Napoléon pense tout de suite à envoyer son grand écuyer. Au début de ses Mémoires, Caulaincourt évoque la proposition qui lui est faite à plusieurs reprises, en Prusse mais aussi à Paris, où l'Empereur revient à la fin du mois de juillet 1807 :

> Dès Tilsit, l'Empereur avait voulu me nommer à l'ambassade de Russie. C'est sur mon second refus, à Königsberg, que M. le général Savary fut envoyé en mission à Pétersbourg et partit sur-le-champ en attendant le choix d'un ambassadeur. Je désirais alors trouver l'occasion de quitter le service et de me marier. L'Empereur, pensant que je serais plus facile à déterminer à mon retour à Paris, après avoir vu mes amis, qu'il croyait être la cause de mon refus, me reparla plusieurs fois de cette ambassade sans changer ma détermination[1].

Les raisons du refus opiniâtre de Caulaincourt semblent avant tout personnelles. Encore marqué par le souvenir de sa mission de 1801-1802, le grand écuyer craint d'être éloigné de sa famille et de ses amis, pour la plupart membres, comme Duroc, de l'entourage direct de l'Empereur. Au sortir de près de trois années de campagnes militaires, cette profonde réticence est exacerbée par le désir de Caulaincourt de fonder un foyer en épousant une des dames du palais de l'impératrice Joséphine, Adrienne-Hervé-Louise de Carbonnel de Canisy[2].

Ayant fait sa rencontre au début de l'année 1806, il s'était épris de celle qui était considérée alors comme une des grandes beautés de l'époque. Malheureusement, Mme de Canisy est déjà mariée à un de ses oncles, écuyer de l'Empereur. Voulant préserver les bonnes mœurs de sa cour, Napoléon refuse d'accéder à sa demande de divorce, malgré le consentement du mari, les efforts réitérés de Duroc et de Talleyrand et les suppliques de Caulaincourt. Le refus que ce dernier oppose quant à sa nomi-

1. *Mémoires de Caulaincourt,* t. I, p. 239-240.

2. Sur les origines et la jeunesse de Mme de Canisy, voir Jean Hanoteau, *op. cit.*, t. I, p. 91-92.

nation à l'ambassade de Saint-Pétersbourg ne fait que conforter Napoléon dans son intransigeance.

C'est la mission de « reconnaissance diplomatique[1] » de Savary qui va faire évoluer la situation. Dans l'espoir de parvenir à convaincre son grand écuyer ultérieurement, l'Empereur décide le 10 juillet d'envoyer un représentant temporaire à Saint-Pétersbourg. Il charge de cette mission un des hommes les plus proches de lui, son aide de camp le général Savary. Simple émissaire, ce dernier se contente de réagir à la politique internationale et d'approfondir avec ses interlocuteurs russes les thèmes déjà abordés sur les bords du Niémen : le partage de la Turquie notamment suscite déjà toutes les convoitises d'Alexandre et de son ministre des Affaires étrangères, Nicolas Roumiantsev. Préparant le travail de son successeur dans le domaine politique, Savary engage surtout l'entreprise de séduction à destination d'une aristocratie russe dont il perçoit bien les noyaux hostiles. Tout en restant lucide sur les profondes réticences de l'opinion, il dresse un bilan particulièrement flatteur de son action : « Peu à peu, je parvins, non sans peine, à me faire ouvrir les portes des maisons devant lesquelles, quinze jours avant, il aurait fallu que j'ouvrisse la tranchée ; et comme les extrêmes se touchent dans le monde, et surtout en Russie, j'eus, par la suite, autant à faire pour me dérober aux prévenances du grand monde que j'avais eu besoin de patience pour supporter ses rigueurs[2]. »

Mais, malgré ses succès, Savary n'est pas destiné à rester à Saint-Pétersbourg. Sa mission a d'abord pour objectif de dresser le portrait du futur ambassadeur de France et d'en déterminer les qualités attendues. Sur ce point, ses conclusions sont sans appel : le représentant de Napoléon ne peut être qu'un « grand seigneur » dont le faste et le prestige doivent faire oublier l'influence traditionnelle des diplomates britanniques dans la capitale russe[3]. Dans une lettre datée du 21 octobre 1807 et arrivée à Paris au début du mois de novembre, Savary propose à son maître le bilan de ses réflexions :

---

1. Titre du chapitre concernant la mission de Savary dans l'ouvrage d'Albert Vandal, *Napoléon et Alexandre Ier*, t. I, chap. 2.
2. *Mémoires du duc de Rovigo*, t. III, p. 166.
3. AN, AF IV 1697, Savary, « Notes sur la Cour de Russie », 6 décembre 1807.

> Il n'y a point de second rôle à la cour de Russie pour un ambassadeur de France : s'il n'a pas le premier, il aura le dernier [...]. Je regarderais comme malheureux pour nous, que notre ambassadeur ne fût que ce que l'on appelle vulgairement un homme de bien, estimable, etc. Quel que fût d'ailleurs son mérite en affaires. Tout ce que je vois, et tout ce que j'entends, me prouve, qu'il faut que ce soit un homme [...] apportant des titres, un nom, de la gloire, qui fixe tous les regards, un homme qui attire tous les hommages sans se prodiguer tout le monde, qui voie chez lui tous les grands de la Russie et enfin qui soit considérable dans tout ce qu'il fait, et dans tout ce qu'il dit[1].

Ces recommandations achèvent de convaincre Napoléon que seul son grand écuyer convient véritablement pour ce poste. Alors qu'il envisageait d'envoyer Antoine de Laforêt, un diplomate de carrière expérimenté mais inconnu du public, les échos en provenance de Russie et notamment les réactions peu enthousiastes d'Alexandre à l'annonce de ce choix le font se raviser. Dans ses Mémoires, Caulaincourt rend compte de ce revirement et raconte les longs débats qui aboutissent au mois de novembre à sa nomination effective, malgré une opposition pourtant quasi inébranlable. Il convient de citer longuement le récit de cette pénible lutte entre les deux hommes :

> L'Empereur parut enfin avoir renoncé à moi pour cette ambassade, car il y nomma, quelques mois après, M. le comte de La Forest. Ses arrangements étaient faits ; il était même au moment de partir pour Pétersbourg [...], lorsque l'arrivée à Fontainebleau de M. Eugène de Montesquiou, officier d'ordonnance, porteur des dépêches du général Savary [...] changea subitement toutes les dispositions de l'Empereur et le ramena à sa première idée.
> [...] « Savary, me dit-il, [...] me mande qu'il faut un militaire, un homme qui puisse aller aux parades, un homme qui, par son âge, ses formes, ses goûts, sa franchise, puisse plaire à l'empereur Alexandre, et dont les dehors diplomatiques ne repoussent pas sa confiance. [...] La gravité diplomatique de La Forest effarouchera l'Empereur et ne plaira pas à la Cour. Alexandre vous a conservé de la bienveillance.

1. *Ibid.*, Savary à Napoléon, Saint-Pétersbourg, 7 octobre 1807.

> Vous pourrez l'accompagner partout. Vous serez général ou aide de camp quand il faudra, ambassadeur quand il sera nécessaire. Les affaires du monde sont là… La paix générale est à Pétersbourg. Il faut partir. »
>
> […] J'articulai quelques raisons, les meilleures que je pus trouver, pour porter son choix sur d'autres, sans qu'il parût m'écouter. […] Une conversation d'une heure fut employée à me prouver que je me devais à mon pays, à mon souverain ; que je ne pouvais refuser une mission qui leur serait utile et, d'ailleurs, si honorable pour moi. L'Empereur me dit que je ne resterai qu'un an, que les affaires pour mon mariage s'arrangeraient pendant ce temps et qu'à mon retour je ferais ce que je désirerais.
>
> […] Le lendemain, de grand matin, il me fit appeler, me chapitra de nouveau sans que je donnasse encore mon consentement. Il me quitta avec humeur et je crus avoir gagné mon procès, mais Duroc arriva chez moi, une heure après, pour me dire que l'Empereur exigeait que j'acceptasse. Je tins bon et crus d'autant plus que l'Empereur jetterait les yeux sur un autre que je lui avais déjà trouvé la veille l'air irrité. Chez l'Impératrice, où la Cour se réunissait le soir, il affecta de ne point me parler mais mon espoir fut de courte durée.
>
> Le lendemain, au grand lever, sans m'en avoir dit le mot aux petites entrées, l'Empereur annonça son choix pour l'ambassade de Pétersbourg. Devant partir sous quatre jours pour Venise et l'Italie, cette forme me donna la mesure du poids qu'auraient de nouvelles représentations. Je me résignai.
>
> Une heure après, l'Empereur me fit demander ; son premier mot fut de m'appeler : Monsieur l'Ambassadeur. « Vous êtes une mauvaise tête », me dit-il en plaisantant et en me tirant en même temps l'oreille[1].

Nommé le 3 novembre 1807, Caulaincourt est forcé de s'incliner devant la volonté impériale. Tout se ligue contre lui en cette circonstance : ses origines nobles, son statut de général, sa formation diplomatique, ses liens avec la Russie et avec le tsar, sa position pacifique des mois précédents, la probité connue de son caractère, même son physique avantageux et sa réputation de séducteur. Quoiqu'il s'en défende, il est

1. *Mémoires de Caulaincourt,* t. I, p. 240-243.

indéniablement l'homme de la situation. Napoléon balaie d'un geste les aspirations personnelles et ce qu'il appelle la « ridicule répugnance pour les affaires[1] » de son grand écuyer. Alors qu'elle apparaît aux contemporains comme une nouvelle preuve de la faveur dont il jouit, cette nomination est cependant pour Caulaincourt, sinon une disgrâce, au moins un éloignement de la cour, au moment où celle-ci s'attend à ce qu'éclate le scandale latent de ses amours avec Mme de Canisy. L'ambassade de Saint-Pétersbourg est à la fois l'aboutissement d'un parcours et une mesure de circonstance qui se veut profitable pour tous les partis en présence. Seul le grand écuyer, forcé d'abandonner ses fonctions et de s'isoler une nouvelle fois à deux semaines de Paris, n'accepte que difficilement cette logique : redoute-t-il, en acceptant un poste d'envergure, de s'engager définitivement dans la voie diplomatique et de s'interdire tout retour en arrière ? C'est en tout cas avec une certaine amertume, et dans l'espoir de revenir rapidement en France, qu'il se met en route, au milieu du mois de novembre.

Même éloigné de la cour et du service de Napoléon, Caulaincourt reste toutefois au cœur du système impérial. Celui-ci est en pleine mutation au début de l'année 1808 avec la mise en place d'une nouvelle noblesse. Dans les lettres qu'il envoie à cette époque à son ami, Duroc le tient au courant des débats, des tensions qui parcourent l'entourage de l'Empereur et des ambitions qui se nouent autour de l'attribution des titres[2]. Par un décret du 19 mars, Caulaincourt, à l'instar des maréchaux, des grands dignitaires et de certains ministres, reçoit celui de duc : après les princes souverains, il est au sommet de la hiérarchie nobiliaire voulue par Napoléon. À Saint-Pétersbourg, c'est le tsar qui, le premier, l'appelle « monsieur le duc de Vicence », comme il se plaît à le souligner[3]. Le symbole est fort : à partir de cette époque la destinée de Caulaincourt se voit en effet influencée de façon presque égale par les deux empereurs. Alors qu'il est parvenu – au moins en apparence – au sommet de la faveur napoléonienne, c'est son ambassade à Saint-Pétersbourg et surtout sa relation

1. *Ibid.*
2. AN, 95 AP 22, Duroc à Caulaincourt, Paris, 8 mars 1808.
3. Anecdote citée par Jean Hanoteau, *op. cit.*, t. I, p. 104.

Précisons que ce titre de duc de Vicence, contrairement à d'autres, ne renvoie à rien : Caulaincourt n'a en effet jamais combattu dans l'armée d'Italie (ni en 1796-1797, ni en 1800).

avec Alexandre Ier qui vont déterminer les prochaines grandes évolutions de sa carrière. La Russie est, pour le duc de Vicence, le tournant entre les fonctions curiales des années 1802-1807 et les grandes responsabilités politiques de l'après-1812.

DEUXIÈME PARTIE

DEUX SÉJOURS EN RUSSIE (1807-1812)

CHAPITRE 6

LE PREMIER AMBASSADEUR D'EUROPE

Caulaincourt arrive dans la capitale russe le 17 décembre 1807. Prévenu de sa nomination depuis la fin du mois de novembre, Savary s'est attaché dans l'intervalle à aplanir les difficultés liées à la venue de son ami, compromis dans l'opinion publique par les suites de l'affaire du duc d'Enghien :

> L'opinion la plus générale de la société était tout à fait défavorable à M. de Caulaincourt, raconte-t-il dans ses Mémoires ; et je m'aperçus bientôt que cette mauvaise disposition apporterait des difficultés à la marche qu'il aurait à tenir, pour la conduite des affaires que j'allais lui remettre en bon chemin. En cherchant la cause de cette disposition, je fus forcé d'en reconnaître la source dans la part qu'on lui supposait avoir eu dans l'affaire du duc d'Enghien : j'étais déjà devenu assez fort en Russie, par le retour de l'opinion en ma faveur, pour l'employer à servir mon successeur[1].

Malgré les craintes de Savary concernant les sentiments de la société pétersbourgeoise, Caulaincourt est reçu dès les premiers jours avec une pompe rarement atteinte dans l'histoire de la diplomatie. Dans sa lettre du 22 décembre 1807, adressée au ministre des Relations extérieures, le comte de Champagny, il résume ses premiers pas comme ambassadeur de France en Russie :

---

1. *Mémoires du duc de Rovigo*, t. III, p. 200.

> Je suis arrivé le 17 au soir. Le 18, j'ai notifié mon arrivée à M. le comte de Romantzoff [Roumiantsev], ministre des Affaires étrangères, et lui ai envoyé copie de mes lettres de créance. Il m'a reçu immédiatement après. Cette première conférence s'est passée en politesses de part et d'autre. Le même jour, le maître de cérémonie est venu me remettre le cérémonial de ma présentation à S. M. l'empereur et à toute la famille impériale. [...] Le 20, j'ai eu ma première audience de l'empereur. [...] Quant à celle des impératrices, j'y ai également été traité avec une prévenance toute particulière, notamment par l'impératrice mère. Le même jour j'ai été invité à l'Ermitage, où aucun des membres du corps diplomatique n'est admis. [...] Le 21, j'ai eu l'honneur de dîner chez S. M. Après ce dîner, j'ai reçu les visites formelles des deux ministres des Affaires étrangères[1], des ambassadeurs et des grands de la cour[2].

La fin du mois de décembre 1807 est un premier aperçu des honneurs qui vont toucher Caulaincourt pendant son ambassade. Pour faire accepter l'alliance de Tilsit à l'aristocratie russe et à l'Europe entière, Napoléon et Alexandre partagent en effet le même objectif : celui de faire de l'ambassade de Caulaincourt la première d'Europe, tant par son faste que par son prestige. Avant même que ne s'engagent de véritables négociations diplomatiques, les préventions dont le tsar entoure Caulaincourt et surtout les moyens qui sont mis à sa disposition par son maître s'affirment comme un outil politique à part entière.

Rassuré par l'accueil qui lui est fait et entraîné dans une dynamique de fêtes et de réceptions, le grand écuyer de Napoléon semble prendre son parti, au moins temporairement, de la situation, comme il l'exprime à la comtesse d'Harville : « Au bonheur près de voir ses amis et d'être avec eux, je serais ici on ne peut mieux. [...] Je me soumets donc plus que je ne me résigne, et comme j'ai lieu d'être très content, je veux aussi en avoir l'air. Votre petit protégé se conduit bien[3]. » Le sens du service et

1. Deux ministres car Roumiantsev, qui remplace Budberg à la tête du ministère, ne sera nommé qu'au début de l'année 1808.

2. AMAE, Corr. pol., Russie, 144, Caulaincourt à Champagny, Saint-Pétersbourg, 22 décembre 1807.

3. AN, 402 AP 61, Caulaincourt à Mme d'Harville, Saint-Pétersbourg, 13 janvier 1808.

des responsabilités qui caractérise Caulaincourt prend rapidement le pas sur ses sentiments personnels. Toute son activité va tendre désormais à revêtir ce rôle de pilier de l'alliance et de premier ambassadeur d'Europe qu'on veut lui faire jouer.

Les moyens matériels de l'ambassadeur

Rompu aux questions d'intendance et à la gestion des budgets, le grand écuyer va mettre en œuvre tout son savoir-faire dans l'organisation de sa maison et tenter de profiter au maximum des moyens immenses mis à sa disposition. Le premier d'entre eux est l'hôtel particulier qui lui est octroyé par le ministre des apanages de la cour de Russie, Dimitri Alexandrovitch Gouriev. Il s'agit du palais Volkonski, remis en état et meublé par l'architecte de la Couronne : « Le plus bel hôtel de Pétersbourg, et, sans contredit, la plus belle maison après le palais du grand-duc [Constantin] », comme se plaît à le souligner Caulaincourt[1].

Dans les mois qui suivent son arrivée, ce dernier s'attache à compléter le mobilier et les différents effets de son ambassade afin d'en faire un reflet de l'opulence et surtout du bon goût de son pays. Son départ relativement précipité de Paris ayant nui à ses préparatifs, il doit s'occuper de ces questions à distance : c'est le secrétaire général des écuries impériales, Claude-Louis Danet, qui gère l'achat des marchandises auprès des grands fournisseurs parisiens. Pour faciliter l'acquisition des biens nécessaires, le ministre des Relations extérieures met à la disposition de son ambassadeur des fonds colossaux : « 260 000 francs employés en objets, tels qu'argenterie, linge de table, plateaux etc. destinés à rester à l'ambassade[2]. » En plus de cette somme, il lui est fourni « une argenterie de la valeur de 100 000 francs et un service en porcelaine de la manufacture de Sèvres[3] ». Un envoi révélateur de la volonté de Napoléon de faire de la légation française une vitrine de son industrie, destinée à supplanter définitivement sa rivale anglaise en Russie.

---

1. AMAE, Corr. pol., Russie, 144, Caulaincourt à Champagny, Saint-Pétersbourg, 20 décembre 1807.

2. AMAE, Personnel – Lois et décrets, vol. 10, « Analyse des décrets impériaux et observations », Fontainebleau, 3 novembre 1807.

3. *Ibid.*, Fontainebleau, 11 novembre 1807.

La mode parisienne, véritable engouement européen quelque peu ralenti par la Révolution, se voit quant à elle représentée à travers l'habillement du personnel de l'ambassade. Sans atteindre les sommets représentés par les commandes d'argenterie, les dépenses consacrées aux tenues des valets et maîtres d'hôtel se montent à près de 30 000 francs[1], sans compter les chapeaux à plumes d'autruche et autres bonnets en fourrure de renard. Ces sommes pèsent peu en comparaison de celles réservées à la toilette de l'ambassadeur, qui va réunir sur sa personne tous les regards de l'aristocratie pétersbourgeoise. En plus des différents articles du quotidien, chapeaux, bottes, bas, redingotes, etc., Caulaincourt passe commande de plusieurs accessoires de luxe, comme cette paire de boucles en or émaillé réalisée par un bijoutier parisien[2]. Chez un brodeur, il fait préparer les différentes plaques de ses ordres de chevalerie, telles la Légion d'honneur, la croix de Saint-Hubert ou celle de Saint-Joseph, destinées à orner ses costumes officiels[3]. Certains articles sont de véritables œuvres d'art, des pièces uniques de l'artisanat français, dignes d'un prince. L'arquebusier parisien Le Page lui réalise ainsi une « épée à la romaine, représentant sur la demi-coquille le serment des Horaces, la première de ce modèle[4] ».

Aussi importants soient-ils, les fonds envoyés par le ministère à Caulaincourt pour faciliter son installation restent un apport ponctuel, qui ne constitue qu'une part des sommes allouées à l'ambassadeur. Ce dernier bénéficie pendant toute la durée de sa fonction d'un traitement mensuel de 40 000 francs. « L'ambassadeur le mieux rémunéré au cours de la période fut incontestablement Caulaincourt à Saint-Pétersbourg : la promotion du poste, qui avait été une légation sous le Consulat, et le souci de Napoléon de rehausser le prestige de son représentant auprès du tsar Alexandre, lui valurent un traitement, sans précédent dans la carrière, de 480 000 francs [par an][5]. » Cette somme est à comparer aux traitements des ambassadeurs installés dans les grands postes européens à la même époque : les envoyés de l'Empereur à Vienne, Rome, Madrid ou Constantinople ne reçoivent en moyenne que 150 000 francs par an. Cette diffé-

1. AN, 95 AP 10, 22 et 26 décembre 1807.
2. *Ibid.*, 18 septembre 1807.
3. *Ibid.*, 7 août 1807.
4. *Ibid.*, 15 décembre 1807.
5. Jean Baillou (dir.), *Histoire de l'administration française, Les Affaires étrangères et le corps diplomatique français*, Paris, Éditions du CNRS, 1984, t. I, p. 434.

rence a pour origine les espoirs mis par Napoléon dans l'alliance franco-russe et la place particulière qu'il entend donner par conséquent à l'ambassade de Caulaincourt au sein de la hiérarchie diplomatique de l'Empire. Elle s'explique également par l'importance accordée à la représentation diplomatique pour cette mission, ainsi que par le coût général de la vie à Saint-Pétersbourg, particulièrement élevé à cette époque.

Mais même ses 480 000 francs de traitement ne suffisent pas à Caulaincourt, comme le constate Champagny dans une lettre adressée à l'Empereur : « Il paraît qu'on ne peut établir aucune comparaison entre Pétersbourg et les autres résidences sous le rapport de la dépense, puisque monsieur le duc de Vicence, malgré le traitement extraordinaire dont il jouit et l'ordre qu'il a su établir dans sa maison, ne saurait couvrir les frais de sa représentation[1]. » Ces derniers sont véritablement fabuleux. Durant l'année 1809, les seules dépenses occasionnées par la distribution d'étrennes et par les illuminations du palais Volkonski s'élèvent à plus de 90 000 francs, tandis qu'une fête organisée à la même époque en l'honneur du tsar Alexandre coûte près de 65 000 francs à l'ambassadeur[2] ! Pour faire face à ces dépenses, Caulaincourt est forcé de solliciter régulièrement son gouvernement : il obtient ainsi 100 000 francs en remboursement des frais avancés en 1809. Mais ces aides demandent de longues démarches rendues plus difficiles encore par la distance, ainsi que par les réticences de l'Empereur. Au quotidien, le duc de Vicence est contraint de recourir à l'emprunt, auprès notamment d'un certain Gustav Baër, usurier à Saint-Pétersbourg[3]. Pour parer au plus pressé, et renflouer les comptes de l'ambassade, il doit surtout puiser dans sa fortune personnelle tout au long de son séjour en Russie. Les comptes tenus à Paris par Danet, secrétaire des écuries impériales, font état, sur deux colonnes, d'une part des recettes et dépenses du poste (« comptes de l'ambassade ») et d'autre part de celles du grand écuyer (« compte particulier »)[4]. Pendant toute la période 1807-1811, on observe entre ces deux colonnes d'incessants transferts d'argent. Les deux comptes restent cependant gérés de façon parfaitement distincte : les sommes régulièrement empruntées au compte particulier pour maintenir

1. AN, AF IV 1699, Champagny à Napoléon (duplicata), s. d. (fin 1809).

2. *Ibid.*, Champagny à Napoléon, « Rapport à Sa Majesté l'Empereur et Roi », février 1810.

3. AN, 95 AP 36, Bordereau n° 22, du 10 juillet au 10 août 1809.

4. AN, 95 AP 10 et 95 AP 36.

positif le solde des comptes de l'ambassade sont en effet toutes remboursées dans les mois suivants. Même si l'argent de sa fonction ne se confond pas avec ses fonds privés, le duc de Vicence, dans la tradition des diplomates d'Ancien Régime, doit pouvoir tenir son rang et supporter en partie les dépenses extraordinaires. Une mission diplomatique est un honneur mais aussi une charge financière certaine pour l'intéressé : il serait inenvisageable pour le ministère des Relations extérieures de confier un poste, surtout celui de Saint-Pétersbourg, à quelqu'un de démuni.

L'aisance financière de Caulaincourt pendant toute la durée de son ambassade est indéniable : la balance de son compte particulier s'élève en moyenne à 150 000 francs. Sans qu'elle puisse être comparée à celle des membres de la famille impériale ou à celle des maréchaux, sa fortune reste digne d'un des plus grands personnages du régime : après la mort de son père, il faudra lui ajouter l'ensemble des biens et des terres dont il héritera et qu'il fera fructifier par la suite. À Saint-Pétersbourg, Caulaincourt peut bénéficier de trois traitements réguliers : celui de général de division qui se monte à 2 250 francs par mois, celui de grand écuyer, de 3 333,33 francs par mois, et, dans une moindre mesure, sa rente de 2 500 francs par trimestre, en qualité de grand officier de la Légion d'honneur. À ces revenus stables s'ajoutent, de façon plus irrégulière, les nombreuses rentes et gratifications accordées par Napoléon afin de récompenser son entourage, d'assurer son aisance matérielle et de « rehausser l'éclat du trône[1] ».

Avant tout, Caulaincourt peut bénéficier des dotations attachées à son titre de duc : celles-ci consistent essentiellement en une part des recettes en provenance des provinces vénitiennes – des revenus « détachés de toute propriété foncière directe » comme le précise Louis Bergeron[2] –, complétées par les rentes annuelles que lui vaut son inscription sur le Monte Napoleone, caisse d'amortissement installée à Milan[3]. Au début de l'année 1809, son « duché de Vicence » lui procure ainsi la somme considérable de 55 000 francs[4]. Comme nombre de généraux et de maréchaux, Caulaincourt profite également de la création par Napoléon, à partir de 1808, de dotations dans les pays germaniques, principalement

1. Monika Senkowska-Gluck, « Les donataires de Napoléon », *Revue d'histoire moderne et contemporaine*, t. XVII, juillet-septembre 1970, p. 692.

2. Louis Bergeron, *L'Épisode napoléonien*, Paris, Seuil, 1972, p. 82.

3. AN, 95 AP 36, Bordereau n° 21, du 10 juin au 10 juillet 1809.

4. *Ibid.*, Bordereau n° 18, du 10 mars au 10 avril 1809.

au Hanovre et en Westphalie[1]. L'ensemble de ces rentes, ainsi que certaines gratifications ponctuelles de la part de l'Empereur, permettent au grand écuyer de constituer aisément un majorat, nécessaire à la transmission de son titre à sa descendance masculine.

Toutes ces sources de revenus permettent à Caulaincourt de maintenir sa fortune à un niveau stable de 1808 à 1811. Même les nombreux frais causés par la succession de son père, à partir de la fin de l'année 1808, ne remettent pas en question la saine gestion de ses ressources. C'est l'importance de sa fortune personnelle autant que les moyens mis à sa disposition par le ministère qui permettent au duc de Vicence, malgré ses incessantes demandes pécuniaires et ses nombreuses plaintes, de faire face en bon administrateur au défi financier que représente l'ambassade de Saint-Pétersbourg, la première d'Europe par son faste mais surtout par son train de vie faramineux.

Le personnel de l'ambassade : un instrument de prestige

Parmi les moyens à la disposition de Caulaincourt, il faut également insister sur le personnel, qui participe du fonctionnement administratif, mais aussi de la représentation diplomatique voulue par Napoléon. Là encore, le poste de Saint-Pétersbourg se distingue au sein du réseau diplomatique napoléonien, notamment en ce qui concerne les secrétaires d'ambassade[2]. Ces derniers sont les personnages les plus importants après l'ambassadeur qu'ils doivent assister dans son travail bureaucratique et remplacer en cas de besoin. Alors que certaines légations n'en possèdent aucun et que la plupart des postes importants ne dépassent pas le nombre de deux secrétaires, ils sont trois à seconder le duc de Vicence en Russie : seule l'ambassade de Vienne peut se prévaloir d'un nombre équivalent sous le Premier Empire[3].

Le premier secrétaire, Rayneval touche 12 000 francs par an, le second, Saint-Genest, touche 8 000 francs et le troisième, Prevost, 5 000[4]. Leur

1. Monika Senkowska-Gluck, « Les donataires de Napoléon », p. 683.

2. Pour plus de détails, voir Olivier Varlan, « Les secrétaires de l'ambassade française à Saint-Pétersbourg (1807-1811) », *Napoléonica, la revue*, 2009/2, n° 5, p. 2-13.

3. Jean Baillou (dir.), *op. cit.*, t. I, p. 413.

4. AMAE, Personnel – Lois et décrets, vol. 10, « Analyse des décrets impériaux et observations », Venise, 5 décembre 1807.

stricte hiérarchisation, symbolisée par la gradation de leur salaire, est liée avant tout à leur expérience dans la carrière diplomatique. Maximilien Gérard de Rayneval est sûrement, avec le consul général, Barthélemy de Lesseps, le meilleur connaisseur des réalités russes. Dès 1802, il est secrétaire en second de l'ambassade de Saint-Pétersbourg, dirigée alors par le général Hédouville : sa rencontre avec le colonel Caulaincourt à cette époque n'est que la première étape d'une longue collaboration commune. Après le départ de l'ambassadeur en juin 1804, il fait office de chargé d'affaires par intérim, dans l'attente de la normalisation des relations entre la France et la Russie : il s'impose dès lors comme le représentant par excellence de la continuité diplomatique à Saint-Pétersbourg et c'est très logiquement qu'il est choisi pour seconder Caulaincourt en 1807. L'activité concrète de Rayneval, comme celle des autres secrétaires, reste toutefois particulièrement difficile à déterminer. Seule l'absence de Caulaincourt, parti pour Erfurt à la suite d'Alexandre, aux mois de septembre et d'octobre 1808, lui permet de jouer très brièvement le premier rôle à Saint-Pétersbourg. Malgré ces zones d'ombre, il est permis de penser que l'ambassadeur de France s'appuie à chaque instant sur ce collaborateur indispensable, mieux formé que lui aux arcanes du métier de diplomate et aux usages russes. Le lien presque symbiotique entre le grand écuyer de l'Empereur et le diplomate de carrière semble d'autant plus étroit qu'il perdurera jusqu'à la fin du Premier Empire. Même s'ils apparaissent beaucoup plus effacés, les deux autres secrétaires, Louis Courbon de Saint-Genest et Achille Prévost, peuvent également faire valoir des états de service irréprochables : nul doute que leurs compétences techniques sont également mises à profit par Caulaincourt.

À côté de ces cadres principaux, le personnel de l'ambassade est foisonnant et surtout en perpétuelle évolution : « Aux agents du cadre, rémunérés par le Département, s'ajoutaient, en nombre très variable selon les postes, d'autres collaborateurs de l'ambassadeur ou du consul, au statut imprécis. Les généraux-diplomates se faisaient souvent accompagner d'une "maison militaire"[1]. » Caulaincourt est suivi en Russie par ses aides de camp, M. de Hervas et surtout M. de Saint-Aignan, son beau-frère. Destinée à donner un lustre supplémentaire à l'ambassadeur en l'accompagnant dans ses déplacements, cette maison militaire a avant tout un rôle d'apparat.

1. Jean Baillou (dir.), *op. cit.*, t. I, p. 413.

Elle peut toutefois être utilisée pour diverses tâches d'information ou de collecte de données, notamment militaires : on voit ainsi Saint-Aignan rédiger plusieurs rapports circonstanciés sur le projet d'expédition franco-russe dans les Indes[1]. Pour toutes ces missions ponctuelles, le duc de Vicence peut aussi mettre à contribution les nombreux attachés d'ambassade, ainsi que les élèves diplomates en apprentissage qui se succèdent auprès de lui. Dans la première moitié de l'année 1808, un certain monsieur d'Asnières, élève attaché à la légation, est ainsi envoyé à Moscou prendre le pouls de l'opinion publique dans la seconde capitale russe[2].

Caulaincourt utilise et supervise également les personnages de passage à Saint-Pétersbourg. Entrent dans cette catégorie les envoyés extraordinaires de Napoléon qui, malgré le caractère souvent confidentiel de leur séjour, doivent se placer sous le contrôle théorique de l'ambassadeur de France. La mission la plus célèbre est celle de l'officier du génie Charles-François Deponthon, venu en 1808 aider les Russes à perfectionner leurs fortifications portuaires contre les Anglais[3]. Longtemps présent à Saint-Pétersbourg, Deponthon n'est toutefois pas un membre permanent de l'ambassade. Il en est de même des courriers qui effectuent le va-et-vient entre Paris et les bords de la Néva. Si certains restent attachés à la légation, comme le marquis de Rumigny, la majorité n'est que de passage, même pour un temps assez long. Leur venue n'est cependant pas aussi anodine qu'elle peut le paraître. La plupart des courriers sont en effet de jeunes officiers de bonne famille, que Caulaincourt peut mettre à profit dans son œuvre de séduction et de conquête des salons pétersbourgeois. Alors que les secrétaires d'ambassade sont cantonnés à des tâches essentiellement administratives, le duc de Vicence a besoin en effet d'hommes du monde pour le seconder face à la société russe. En 1808, il demande ainsi à Napoléon de lui envoyer le fils illégitime de Talleyrand, Charles de Flahaut, considéré comme un des plus beaux hommes de l'époque :

---

1. AMAE-Nantes, suppl. à la corr. pol., reg. 258. « Note sur l'Inde par M. de Saint-Aignan » et « Note sur l'Asie, par M. de Saint-Aignan ».

2. AMAE, Corr. pol., Russie, 146, Caulaincourt à Champagny, Saint-Pétersbourg, 2 avril 1808.

3. Caulaincourt participe à ces visites. *Ibid.*, Caulaincourt à Champagny, Saint-Pétersbourg, 29 juin 1808.

> Un officier jeune, surtout bien élevé et spirituel, musicien, chantant agréablement, me serait fort utile pour mettre à la raison quelques jeunes femmes plus indignées que les autres. [...] Je rappelle à V. M. M. de Flahaut, parce que je suis certain de le bien diriger, et que personne ne peut me seconder mieux que lui pour ramener tout le parti Czartoryski et Kotchoubeï sous nos bannières ; on peut se passer de leur influence, mais il faut savoir ce qui se passe chez eux et chez les jeunes femmes qui tiennent à ce parti, qui est, il faut l'avouer, celui où s'est réfugié l'esprit mâle et femelle de la capitale[1].

En tant que chef du poste français de Saint-Pétersbourg, Caulaincourt favorise la carrière de jeunes officiers, comme lui-même a pu être soutenu lors de certaines étapes de sa formation. L'ambassadeur et son personnel entretiennent en résumé une relation mutuellement profitable, même si l'autorité du duc de Vicence et la hiérarchie dont il est le sommet ne sont jamais remises en cause. Évidente en ce qui concerne l'organisation interne du poste, cette hiérarchie s'applique aussi, de fait, à tous les envoyés de l'empire français et de ses alliés en Russie : à Saint-Pétersbourg, Caulaincourt coiffe l'ensemble de la diplomatie napoléonienne.

Au sommet de la hiérarchie diplomatique napoléonienne

Auréolé par sa position prestigieuse d'envoyé de Napoléon et par l'importance des moyens, tant financiers qu'humains, mis à sa disposition, Caulaincourt peut aussi faire valoir sa position unique au sommet de la hiérarchie diplomatique de l'empire français et de ses dépendances. Une position qu'il revendique et que les diplomates français, mais aussi allemands ou italiens, ne songent pas à lui contester. Parmi les différentes influences qui s'exercent, le contrôle par l'ambassadeur des activités des consuls français en Russie est certainement la plus incontestable. Depuis 1793, la gestion de l'ensemble des consulats est en effet rattachée au ministère des Relations extérieures et non plus à celui de la Marine[2] : le consul général de France à Saint-Pétersbourg, Barthélemy de Lesseps, qui

---

1. AN, AF IV 1697 (3), Caulaincourt à Napoléon, Saint-Pétersbourg, 28 avril 1808.

2. Jean Baillou (dir.), *op. cit.*, t. I, p. 490.

supervise lui-même les postes de Moscou, Tiflis ou Odessa, se voit placé par conséquent sous la dépendance directe du duc de Vicence.

Dès son arrivée, ce dernier, dans une lettre qu'il adresse au consul général, brosse à grands traits la politique économique et commerciale qu'il entend mettre en place. Pénétré de l'importance de ces questions pour la solidité de l'alliance et convaincu de l'opportunité qui s'offre à la France de supplanter l'industrie britannique en Russie, il enjoint à Lesseps de réorganiser le commerce français : « Vous voudrez bien faire une liste des principaux négociants que vous jugez les plus dignes de coopérer au travail dont je viens d'indiquer les bases, et me la soumettre afin que je puisse y choisir les membres qui devront composer un comité dont vous serez le président[1]. » Abandonnant à son collègue le détail des affaires courantes, Caulaincourt garde toutefois la mainmise générale sur les questions commerciales, notamment lorsqu'elles impliquent des enjeux politiques : il en sera ainsi concernant les conséquences du Blocus continental, comme nous le verrons.

Le ministre de la Marine, l'amiral Decrès, avalise cette répartition informelle des tâches. Au mois de janvier 1808, il demande ainsi à Caulaincourt de superviser l'achat de mâtures à Riga, une tâche dont les modalités concrètes doivent être réglées par Lesseps : « C'est une première opération commise à la surveillance de V. E. et à la direction de M. Lesseps qui vous soumettra ses traites et qui, sur votre approbation, devra transiger définitivement au nom de mon département[2]. » Le ministre de la Marine précise que Napoléon insiste pour que son grand écuyer « dirige supérieurement cette négociation[3] » qui doit aboutir à la signature d'un traité franco-russe : l'Empereur considère que les questions économiques d'envergure sont du ressort de ses ambassadeurs en Europe, plus que de celui de ses consuls.

Au quotidien, Caulaincourt apparaît comme le dernier échelon de la hiérarchie décisionnelle : c'est à lui qu'incombe d'approuver et de cautionner les mesures prises par Lesseps, de renvoyer les débats au ministre des Relations extérieures, voire d'intercéder auprès du tsar en certaines

1. AMAE-Nantes, Saint-Pétersbourg, cartons et registres, vol. 22, Caulaincourt à Lesseps, Saint-Pétersbourg, 3 janvier 1808.

2. AMAE-Nantes, Saint-Pétersbourg, suppl. à la corr. pol., 256*, Decrès à Caulaincourt, Paris, 18 janvier 1808.

3. *Ibid.*, Decrès à Caulaincourt, Paris, 26 janvier 1808.

occasions. Ainsi, lorsqu'un navire de vin français débarqué à Riga est saisi par les Russes qui y ont découvert des papiers anglais, Lesseps s'en remet au duc de Vicence pour éclaircir le problème et surtout pour prendre la défense auprès d'Alexandre des marins qu'il juge dans leur bon droit[1]. Ce rôle de recours est visible dans les relations de l'ambassadeur avec le consul général mais aussi dans celles qu'il entretient avec les autres consuls français en Russie. Celui de Riga lui demande en 1810 de favoriser un transport de munitions navales en obtenant du ministère du commerce russe des passeports, ainsi qu'une protection contre les corsaires[2]. Même s'il lui est parfois difficile d'y répondre, Caulaincourt est aussi sollicité pour différentes affaires mettant en cause des ressortissants français en Russie : successions, naturalisations, demandes de passeport, etc. Il doit trancher en dernier ressort les situations les plus complexes, celles qui dépassent parfois les compétences des consuls, notamment lorsqu'elles concernent des ressortissants de territoires alliés de la France. Ces cas, pour la plupart anodins, sont toutefois révélateurs de la position de l'ambassadeur de France au sommet du réseau consulaire français en Russie. Il en détermine la politique générale, en favorise l'action concrète, l'utilise aussi pour ses capacités d'information et l'ouverture qu'il lui offre sur certains territoires périphériques.

Moins évident que celui qui s'exerce sur ses consuls, il faut évoquer le droit de regard de Caulaincourt sur certaines légations ne dépendant pas *a priori* de sa juridiction. De façon générale, les relations entre l'ambassadeur de France à Saint-Pétersbourg et ses collègues des autres postes européens s'inscrivent dans un cadre strict voulu par Napoléon qui entend se poser en interlocuteur unique pour tous ses diplomates, notamment en ce qui concerne les questions politiques[3]. Cette position de principe est toutefois largement tempérée par l'Empereur et son ministre, conscients des contraintes imposées par les distances et de la nécessité de traiter certaines affaires en temps réel, surtout quand les intérêts de la France

1. AMAE-Nantes, Saint-Pétersbourg, cartons et registres, vol. 432, « Rapport du Consul général de France à Son Excellence l'Ambassadeur, sur une dénonciation et une réclamation relatives au chargement du navire William Gustaw [...] ». Saint-Pétersbourg, 12/24 mars 1810.

2. *Ibid.*, Lesseps à Caulaincourt, Saint-Pétersbourg, 30 août/11 septembre 1810.

3. Jean Baillou (dir.), *op. cit.*, t. I, p. 454.

sont en jeu[1]. Durant son ambassade, Caulaincourt entretient des relations suivies avec les postes les plus proches de Saint-Pétersbourg : principalement Berlin, Varsovie, Vienne, Stockholm et Constantinople. Il s'agit avant tout d'échanges d'informations, d'autant plus fréquents que les problématiques de l'alliance franco-russe englobent la majorité des questions politiques de l'époque. Dès 1808, le duc de Vicence partage avec le général Andréossy, ambassadeur de France à Vienne, ses vues sur les velléités belliqueuses de l'empire des Habsbourg ou sur le comportement de l'envoyé autrichien à Saint-Pétersbourg[2] et peut profiter en contrepartie des informations recueillies par son collègue sur les Russes demeurant en Autriche[3]. Toutes ces communications nécessitent bien entendu une grande circonspection, comme le rappelle Andréossy : « J'engage Votre Excellence à faire un usage très prudent des renseignements que je lui transmets, et, si elle me fait l'honneur de m'écrire, de ne se servir, ni de la poste, ni des courriers russes[4]. » Le renseignement s'impose donc comme la base des relations entre ambassadeurs : on-dit, rumeurs, voire véritable espionnage militaire, comme lorsque La Tour-Maubourg, envoyé de Napoléon à Constantinople, décrit à Caulaincourt les armées ottomanes, et ce en pleine guerre russo-turque[5].

À côté de ces relations d'égal à égal entre ambassadeurs, le duc de Vicence se distingue de la plupart de ses collègues par la tutelle qu'il exerce de fait sur la légation du général Gardane, envoyé par Napoléon en Perse en 1807. Tournée à l'origine contre Alexandre Ier mais largement dénaturée depuis par la conclusion de l'alliance franco-russe, la mission Gardane s'inscrit jusqu'à son terme dans l'orbite de Saint-Pétersbourg. Cette situation est due à l'importance des distances qui rend toute communication entre Paris et Téhéran particulièrement difficile ; elle s'explique aussi par le droit de regard de Caulaincourt sur les questions orientales et par sa connaissance personnelle des enjeux qui s'y rattachent. Pendant l'année 1808 et la moitié de l'année 1809, l'ambassadeur de France à Saint-Pétersbourg est un inter-

1. AN, 95 AP 7, Champagny à Caulaincourt, Bordeaux, 30 juillet 1808.

2. AMAE-Nantes, Saint-Pétersbourg, suppl. à la corr. pol., 257*, Caulaincourt à Andréossy, Saint-Pétersbourg, 9 mai 1808.

3. *Ibid.*, Andréossy à Caulaincourt, Vienne, 28 mai 1808.

4. *Ibid.*, Andréossy à Caulaincourt, Vienne, 14 décembre 1807.

5. AMAE-Nantes, Saint-Pétersbourg, suppl. à la corr. pol., 258*, La Tour-Maubourg à Caulaincourt, Constantinople, 7 juillet 1809.

médiaire quasi obligé entre Gardane et Champagny. Il se charge de faire acheminer les courriers vers Téhéran et s'efforce de maintenir le contact avec la mission, régulièrement isolée par les escarmouches incessantes entre Russes et Perses dans le Caucase. Dans sa correspondance avec le ministre des Relations extérieures, il rend compte de toutes les informations qu'il a pu recueillir auprès de Gardane ou, à défaut, auprès d'un de ses secrétaires, posté à Tiflis, Félix Lajard[1]. Par la force des choses, il s'impose comme une sorte de superviseur de la mission française en Perse : il clôt d'ailleurs cette tâche en facilitant le voyage de retour du général Gardane à travers la Russie, au mois de juillet 1809. Rendue nécessaire par les circonstances, cette tutelle du duc de Vicence sur la mission française en Perse n'en contribue pas moins au prestige de sa propre ambassade et à la singulariser au sein du réseau diplomatique français.

Exercé ici sur de longues distances et à l'égard de compatriotes, ce phénomène de tutelle l'est aussi sur les bords mêmes de la Néva, au cœur de la cour impériale et des salons pétersbourgeois. Il touche cette fois-ci les diplomates originaires des États satellites de l'empire français. Le traité de Tilsit permet en effet l'arrivée en Russie des représentants des monarchies familiales de l'espace germanique et de la péninsule italienne. Envoyé de Napoléon, Caulaincourt a logiquement le pas sur les diplomates d'un roi de Naples ou de Westphalie, dont les couronnes doivent tout aux victoires des armées françaises. Cette primauté, cette position d'« ambassadeur en chef » est largement reconnue par les ministres des Affaires étrangères des pays concernés. La plupart d'entre eux recommandent leur envoyé au duc de Vicence et lui subordonnent son action. Parlant au nom de Joseph Bonaparte, le marquis de Gallo, ministre du royaume de Naples, est particulièrement clair sur ce point : « Sa Majesté [...] a ordonné d'une manière générale à M. le duc de Mondragone [ambassadeur de Naples à Saint-Pétersbourg] de cultiver avec un soin particulier l'amitié de Votre Excellence, et de dépendre de ses conseils dans tous les cas douteux et importants de sa mission[2]. »

Caulaincourt ne peut qu'abonder dans ce sens et reproduire en Russie le rapport de domination existant entre Napoléon et son frère. Il garde

1. *Ibid.*, Félix Lajard à Caulaincourt, Tiflis, 6 janvier 1809.

2. AMAE-Nantes, Saint-Pétersbourg, suppl. à la corr. pol., 256*, le marquis de Gallo à Caulaincourt, Naples, 15 mars 1808.

la haute main sur tous les aspects « importants » de la mission du représentant napolitain : sa ligne politique certes, mais aussi, par la force des choses, son organisation matérielle. En 1809, il doit en effet aider le duc de Mondragone à sortir de l'endettement dans lequel ce dernier a plongé son ambassade[1].

Ce contrôle est encore plus marqué à l'égard de l'ambassadeur de Westphalie, le baron de Busche. Dès son arrivée à Saint-Pétersbourg, ce dernier est pris en charge par Caulaincourt, à la demande du comte de Fürstenstein, ministre des Affaires étrangères du roi Jérôme, qui craint le manque d'expérience de son envoyé[2]. La requête du comte de Fürstenstein est beaucoup moins anodine lorsqu'il encourage le duc de Vicence à lui signaler tous les écarts de son ambassadeur. La tutelle est dès lors incontestable : « Les intérêts de la Westphalie étant essentiellement liés à ceux de la France, un des points les plus importants des instructions données à M. de Busche est de se guider d'après le système adopté par Votre Excellence et de concourir de tout son pouvoir à tout ce qui peut le favoriser. Si cependant le ministre de S. M. venait à professer une opinion opposée à celle d'un sujet fidèle et dévoué, et à s'écarter du plan qui lui a été tracé, je prie Votre Excellence de vouloir bien m'en informer confidentiellement[3]. » Dans les mois qui suivent, un certain nombre d'affaires sont effectivement traitées directement par Caulaincourt et Fürstenstein, sans que l'ambassadeur westphalien puisse y trouver quelque chose à redire.

De 1807 à 1811, Caulaincourt apparaît comme le représentant de l'ensemble de l'Europe napoléonienne à Saint-Pétersbourg. Son influence s'étend sur les ambassadeurs des monarchies familiales, Naples, Westphalie, Hollande, Espagne, mais aussi sur ceux de puissances alliées comme le royaume de Danemark. Voulue par Napoléon, cette situation, somme toute assez classique au sein des corps diplomatiques du continent, est accentuée une nouvelle fois par l'isolement de Saint-Pétersbourg et surtout par l'importance particulière des questions politiques traitées en Russie. Tandis que le duc de Vicence fait figure d'interlocuteur unique du tsar Alexandre Ier et de garant de la bonne marche de l'alliance franco-russe, les diplomates des pays soumis à la

1. *Ibid.*, duc de Mondragone à Caulaincourt, Saint-Pétersbourg, 16 juin 1809.
2. *Ibid.*, le comte de Fürstenstein à Caulaincourt, Cassel, 8 novembre 1808.
3. *Ibid.*, le comte de Fürstenstein à Caulaincourt, Cassel, 7 décembre 1808.

prépondérance française sont cantonnés au rôle d'informateurs ou de relais commodes avec les différentes cours européennes. Entourant et soutenant l'ambassadeur de France à la cour de Russie et dans les salons mondains, ils contribuent à son prestige et ajoutent à son œuvre de représentation diplomatique. Mais pour renforcer encore sa position et marquer d'autant plus la société pétersbourgeoise, Caulaincourt doit assurer pareillement sa préséance sur les ambassadeurs qui ne dépendent pas du système napoléonien. Il doit être, à tous points de vue, le premier diplomate de Saint-Pétersbourg.

Questions de préséance

Dès son arrivée en Russie, Caulaincourt est perpétuellement mis en avant par Alexandre Ier, qui le distingue d'entre tous les diplomates présents à sa cour. Après son invitation exceptionnelle au théâtre de l'Ermitage, où il est placé au même rang que les grands-ducs et les grandes-duchesses[1], sa présence à la bénédiction des eaux de la Néva, lors de la fête de l'Épiphanie du 6 janvier 1808, marque tous les esprits : « On a particulièrement remarqué les distinctions dont l'ambassadeur de France a joui le 6 à la fête des Rois. Il a accompagné l'empereur à cheval pendant toute la revue et la cérémonie. Cette faveur n'avait jamais été accordée à aucun étranger[2]. » Pour bien marquer le contraste avec l'ambassadeur britannique, qui régnait en maître à Saint-Pétersbourg six mois plus tôt, mais aussi avec les autres membres du corps diplomatique, « l'ambassadeur de France se trouve classé dans l'étiquette le premier partout[3] ».

Quoique charmé et parfois surpris par ces honneurs, Caulaincourt ne reste pas passif face à toutes les distinctions qui pleuvent sur lui. Poussé en ce sens tant par Napoléon que par Alexandre, il se montre au contraire, comme l'écrit Albert Vandal, « intraitable sur le chapitre de ses préroga-

1. AMAE, Corr. pol., Russie, 144, Caulaincourt à Champagny, Saint-Pétersbourg, 22 décembre 1807.

2. Bulletin à Champagny. Du 1/13 au 17/29 janvier 1808. Cité par Nicolas Mikhailovitch, *Les Relations diplomatiques de la Russie et de la France, d'après les rapports des ambassadeurs d'Alexandre et de Napoléon (1808-1812)*, Saint-Pétersbourg, Manufacture des papiers de l'État, 1905-1914, t. I, p. 95.

3. AMAE, Corr. pol., Russie, 144, Caulaincourt à Champagny, Saint-Pétersbourg, 26 décembre 1807.

tives[1] ». Dès son arrivée, il entend régler les questions de cérémonial à son avantage, afin de mieux rabaisser la position de ses rivaux :

> J'ai cru devoir faire plusieurs observations sur le cérémonial, écrit-il à Champagny, et j'ai demandé qu'au lieu d'une seule voiture pour me conduire au palais impérial, on m'en donnât trois ; que ce fût un grand officier de la Couronne qui vînt me recevoir à l'entrée des premiers appartements. J'ai également pensé qu'il était convenable qu'un des premiers officiers de S. M. l'impératrice mère vînt au-devant de l'ambassadeur de l'Empereur et qu'elle désignât des officiers et des dames de sa maison pour le recevoir et lui tenir compagnie en attendant son audience. [...] Après quelques difficultés, tout ce que j'avais demandé m'a été accordé[2].

Ces obstacles semblent minimes, au vu de la réponse du ministre des Relations extérieures, Champagny, qui applaudit avec son maître au succès des initiatives de Caulaincourt : « Il est très bien que vous ayez su prendre, à la cour de Pétersbourg, le rang qui convient à la puissance que vous représentez, sans que cela ait été matière à difficulté[3]. »

La victime désignée des démarches de l'ambassadeur de France n'est autre que l'ambassadeur d'Autriche qui a traditionnellement la préséance sur l'ensemble du corps diplomatique. La rivalité entre Caulaincourt et M. de Merveldt oppose deux visions des questions d'étiquette : le premier revendique la situation née du traité de Tilsit et du couple franco-russe, le second se raccroche aux précédents du XVIIIe siècle et à l'antiquité de la maison des Habsbourg. On retrouve là l'antagonisme fondamental entre la diplomatie révolutionnaire et impériale qui invoque de façon pragmatique l'état des forces en présence et la diplomatie d'Ancien Régime fondée sur la tradition. Cette tradition, Caulaincourt la rompt dès le mois de décembre 1807, en prenant le pas sur son concurrent. Dans un univers où la représentation est toute-puissante, il faut insister sur le caractère symbolique de cette scène :

---

1. Albert Vandal, *Napoléon et Alexandre Ier*, t. I, p. 211.
2. AMAE, Corr. pol., Russie, 144, Caulaincourt à Champagny, Saint-Pétersbourg, 22 décembre 1807.
3. AN, 95 AP 7, Champagny à Caulaincourt, Paris, 19 janvier 1808.

> En me rendant du salon d'attente à la salle d'audience, M. de Merveldt me dit qu'il fallait que nous convinssions du rang de chacun, qu'il m'apporterait un matin, si je voulais, les conventions et traités ; que celui d'Aix-la-Chapelle [traité de 1748 qui met fin à la guerre de Succession d'Autriche] réglait tout. Je lui répondis en riant qu'il me parlait d'histoire ancienne ; que sa mémoire devait lui fournir des dates plus fraîches pour régler le rang que chacun devait avoir ; que chacun se mettait à sa place. En même temps, je tenais la droite et passais le premier pour me placer le premier. Il ne fut plus question de rien[1].

Suivant en cela les consignes de Champagny, qui lui recommande de ne manifester vis-à-vis de l'ambassadeur d'Autriche qu'« hauteur et indifférence[2] », Caulaincourt « ne [le] ménage en aucune circonstance, sans manquer cependant aux égards dus à sa place[3] ». Régulièrement humilié et menacé d'une mise à l'écart complète d'une cour que domine l'ambassadeur de France, le comte de Merveldt est forcé de se soumettre et d'accepter de jouer les seconds violons.

Les prétentions de l'ambassadeur de France dépassent le cadre des relations entre diplomates pour s'étendre à l'ensemble des étrangers de passage à Saint-Pétersbourg, quelle que soit l'importance de leur statut. Lors du mariage de la grande-duchesse Catherine avec le prince d'Oldenbourg, au mois de décembre 1809, se posent à nouveau les questions de préséance. Caulaincourt doit-il avoir la priorité sur un prince qui, quoique de la parenté du tsar Alexandre, est l'héritier d'une maison vassale de la France, puisque appartenant à la Confédération du Rhin ? De façon générale, « les ambassadeurs extraordinaires cèdent-ils le pas aux princes étrangers[4] ? ». Selon le duc de Vicence, la réponse à cette dernière question ne peut être que négative[5]. Pour une fois, Napoléon doit calmer les ardeurs de son représentant. Même s'il soutient dans le principe les ambitions du duc de

1. AMAE, Corr. pol., Russie, 144, Caulaincourt à Champagny, Saint-Pétersbourg, 26 décembre 1807.

2. AN, 95 AP 7, Champagny à Caulaincourt, Milan, 25 novembre 1807.

3. AN, AF IV 1697 (3), Caulaincourt à Napoléon, Saint-Pétersbourg, 31 décembre 1807.

4. AN, AF IV 1698 (2), Caulaincourt à Napoléon, Saint-Pétersbourg, 9 décembre 1809.

5. AN, 95 AP 6, « Discussion de cérémonial pour le prince d'Oldenbourg », s. d.

Vicence, il estime qu'elles appellent dans le cas présent quelques aménagements. La première place revendiquée par l'ambassadeur de France doit servir l'alliance franco-russe et non pas compromettre les bonnes relations avec Alexandre : « Vous avez eu tort de faire la moindre difficulté là-dessus. Chacun est maître de faire pour sa famille les lois qu'il veut, et, du moment qu'elles sont faites à titre de famille, aucun ambassadeur ne peut se mettre de pair. Vous ne devez pas céder le pas au prince d'Oldenbourg, pas à son père, mais au beau-frère de l'empereur de Russie, s'il lui donne ce rang dans sa cour[1]. » Cette scène est révélatrice de l'orgueil affiché par Caulaincourt dans l'exercice de ses fonctions, que ce soit à Saint-Pétersbourg ou ailleurs, la nécessaire défense de ses prérogatives le portant parfois jusqu'à l'excès. Malgré ses dangers potentiels, cette démesure contribue à l'élaboration de la figure de l'ambassadeur de France, un ambassadeur qui se veut à tous points de vue « extraordinaire ».

Dans la bouche de Caulaincourt l'expression d'« ambassadeur extraordinaire », qu'il utilise régulièrement, diffère sensiblement de la définition traditionnelle, celle d'un diplomate mandaté pour une mission ponctuelle mais de prestige, comme la négociation d'un traité ou la participation à une cérémonie. Pour le duc de Vicence, comme pour ses contemporains, l'ambassade de 1807-1811 est extraordinaire non pas du fait de ses statuts, mais parce qu'elle se distingue des autres postes européens par son ampleur et son envergure. Le nouvel ordre continental né de l'alliance franco-russe en fait incontestablement l'ambassade la plus prestigieuse de l'époque.

Par bien des aspects, Caulaincourt ne peut être considéré comme un diplomate classique : à l'inverse de l'ambassadeur de Russie à Paris, le comte Tolstoï – qui refuse et se voit refuser ce rôle[2] –, il fait figure de principal intermédiaire entre Napoléon et Alexandre et de pilier de l'alliance franco-russe. Le prestige de sa mission devient le symbole de la vitalité de l'alliance, le baromètre de l'« esprit de Tilsit ».

La surenchère de moyens mis à sa disposition et l'accumulation de distinctions personnelles qui le touchent ont donc une visée de propagande

1. Napoléon à Caulaincourt, Valladolid, 14 janvier 1809. Cité par Albert Vandal, *Napoléon et Alexandre Ier*, t. III, app. I, p. 575-577.

2. Voir les *Mémoires de Caulaincourt*, t. I, p. 243-244.

parfaitement assumée. Une propagande tournée vers les adversaires de la France, vers les alliés qui rêvent de secouer son joug, mais surtout vers cette société pétersbourgeoise largement opposée au traité de Tilsit et particulièrement réticente à l'égard de Napoléon au moment de l'arrivée de son représentant. La magnificence de son hôtel, l'ampleur de ses finances, la prestance des hommes qui l'entourent et la sienne, la première place qu'il occupe dans l'étiquette et parmi l'ensemble des étrangers présents en Russie : voici les armes dont dispose Caulaincourt pour se lancer à la conquête de la cour et des salons mondains de Saint-Pétersbourg.

CHAPITRE 7

CAULAINCOURT ET LES RUSSES

À la conquête de la société pétersbourgeoise

Afin de remplir les objectifs de sa mission de reconnaissance diplomatique, Savary s'était attaché, durant son séjour de six mois, à tenter de pénétrer les arcanes de la cour et de la société pétersbourgeoises. En décembre 1807, juste avant son départ, il livre à Caulaincourt le résultat de ses réflexions. Ses « Notes sur la cour de Russie et Saint-Pétersbourg[1] », sans pouvoir prétendre à l'objectivité, présentent une analyse souvent pertinente des lignes de force qui traversent l'opinion russe et des personnalités qui l'influencent. Surtout, elles désignent au nouvel ambassadeur les objectifs sur lesquels il devra porter ses efforts, les principales cibles de sa représentation diplomatique. Savary fait remarquer de prime abord que la cour de Saint-Pétersbourg se divise en trois pôles d'inégale importance. Autour du tsar Alexandre se réunit un cercle très restreint aux habitudes « bourgeoises », dont l'influence sur le reste de la société est limitée : il y est avant tout question de travail. L'impératrice Élisabeth dirige quant à elle une cour bien terne qui n'est, selon le duc de Rovigo, « que l'intérieur d'un particulier très ordinaire ». « Il n'y a chez elle aucune espèce de représentation, ni d'étiquette, et peu de gaieté », ajoute-t-il.

En toutes circonstances, l'impératrice régnante s'efface devant l'impératrice mère, véritable puissance de la cour pétersbourgeoise : « C'est chez elle que l'on trouve toute la représentation de la cour de Russie », affirme Savary. Maria Fiodorovna règne sur une cour au cérémonial com-

1. AN, AF IV 1697 (1), « Notes sur la cour de Russie et Saint-Pétersbourg », 6 décembre 1807.

plexe, perpétuant le modèle versaillais absent des deux autres cours. Son influence sur la société est immense ; rien ne semble pouvoir se faire sans sa bénédiction : « Il ne s'accorde pas une faveur en Russie, il ne se fait pas une nomination, qu'on n'aille lui rendre hommage et lui baiser la main, pour la remercier, sans que, cependant, elle ait pris la moindre part à faire obtenir le bienfait ou la faveur. [...] Les grands de Saint-Pétersbourg se garderaient bien de laisser quinze jours sans avoir une apparition à la cour de l'impératrice mère. » Cette dernière remarque suffirait à prouver à Caulaincourt à quel point l'impératrice mère devra faire l'objet de ses attentions et de ses prévenances. Mais, si la conquête de Maria Fiodorovna est un objectif vital pour le nouvel ambassadeur, c'est surtout parce qu'elle apparaît comme le principal foyer de résistance à l'influence française : « C'est, pour ainsi dire, elle seule qu'il faut gagner », résume – non sans exagération – Savary[1].

À travers l'impératrice mère, c'est l'aristocratie pétersbourgeoise que Caulaincourt devra viser. De cette noblesse, Savary dresse un portrait sans subtilité. Il y a d'un côté les grands dignitaires, acquis pour la plupart à la cause française : le ministre des Affaires étrangères, Roumiantsev, « ami de son pays et de la paix par-dessus tout », l'amiral Tchitchagov – « ni Français, ni Anglais : c'est un bon Russe[2] » –, ou encore les frères Alexandre et Dimitri Narychkine, respectivement grand chambellan et grand veneur de l'empereur de Russie. De l'autre côté, il n'y a, pour le duc de Rovigo, qu'un vaste ensemble d'aristocrates endettés, préoccupés avant tout de soutenir tant bien que mal leur rang à la cour et prêts pour cela à toutes les compromissions. Leurs permanentes difficultés financières les poussent ainsi dans les bras de l'influence britannique, au point de constituer une menace pour le tsar Alexandre – l'assassinat de Paul Ier est encore dans tous les esprits. L'ambassadeur de France devra donc se montrer particulièrement vigilant. Surtout, ne pouvant rivaliser avec l'Angleterre dans le domaine de la corruption, il lui faudra s'engager vis-à-vis de cette noblesse dans une vaste œuvre de séduction :

> L'ambassadeur de France doit exercer une surveillance bien active sur cette noblesse dérangée et être habile à observer la direction

1. *Ibid.*
2. AMAE, Corr. pol., Russie, 141, « Note sur le ministère de la Russie et le corps diplomatique à Saint-Pétersbourg », 23 août 1807.

> qu'elle peut prendre dans des circonstances difficiles. Il y a même quelques individus dans le nombre qui sont dangereux pour l'empereur Alexandre. Il sera nécessaire que notre ambassadeur en reçoive beaucoup chez lui afin de contrebalancer l'intrigue anglaise si elle avait le projet de s'en servir pour une révolution de palais. Ce soin est regardé comme essentiel par des gens même du pays, et ce n'est que par des dîners et des fêtes que nous pouvons gouverner ceux que nous ne pouvons ni ne devons payer[1].

Quoique quelque peu caricatural, le rapport de Savary a pour principal mérite de pointer du doigt les adversaires probables du nouvel ambassadeur. Au sein de la noblesse, le « parti anglais » est représenté par des figures aussi prestigieuses que le prince Adam Czartoryski, le chancelier Kotchoubeï, les Stroganov père et fils, le baron Budberg – ancien ministre des Affaires étrangères –, ou encore le comte Alexis Orlov – frère du favori de Catherine II. Malgré leur animosité prononcée à l'égard de la France et leur critique de la politique suivie par Alexandre, tous ces opposants sont susceptibles, selon Savary, d'être ramenés à de meilleurs sentiments. Encore une fois, c'est le faste de la légation française qui jouera le rôle décisif : « On est tellement accoutumé à l'influence étrangère qu'une fois l'ambassadeur d'Angleterre parti, on serait surpris que la maison de l'ambassadeur de France ne fût pas la meilleure de Saint-Pétersbourg, et constamment ouverte à toutes les personnes de la cour accoutumées à voir dans le corps diplomatique moins des hommes d'affaires que des ministres chargés du soin de les fêter et de les amuser[2]. »

Dernier foyer d'opposition à l'influence de la France : les négociants et commerçants russes, liés par leurs intérêts à l'Angleterre, principal partenaire économique de l'empire russe. Moins identifiables que les grands noms de l'aristocratie, ces négociants n'en constituent pas moins l'âme et le fondement du « parti anglais[3] ». Savary reconnaît que la représentation diplomatique ne pourra suffire à conquérir cette partie de la société. Le seul moyen d'y parvenir serait d'accroître la part de la France dans le commerce

---

1. AN, AF IV 1697 (1), « Notes sur la cour de Russie et Saint-Pétersbourg », 6 décembre 1807.
2. *Ibid.*
3. AMAE, Mémoires et documents, Russie, 32. « Mémoire particulier et secret sur la cour de Russie par le chevalier de Bray », Berlin, décembre 1807.

russe et de favoriser l'implantation à Saint-Pétersbourg de négociants « respectables et connus dans notre pays ». Un travail de longue haleine dont les résultats sont loin d'être assurés : lucide, le duc de Rovigo « regarde la chose comme impossible dans ce moment[1] ». C'est donc sur la cour et sur l'aristocratie que le duc de Vicence devra concentrer ses efforts. Il pourra compter sur l'empereur Alexandre « dont les sentiments sont durables ». Pour le reste, Savary résume en quelques mots la politique à suivre :

> L'impératrice régnante est nulle. Une politesse de loin en loin, un cadeau fait avec grâce la maintiendront dans la ligne de l'empereur son mari. Chez l'impératrice mère, il y a beaucoup à observer ; mais, comme elle a beaucoup d'esprit et de jugement, notre empereur peut encore mieux en tirer parti. Quant à la noblesse, il faut que notre ambassadeur, tout en lui donnant des dîners et des fêtes, se fasse craindre d'elle. Ce n'est que de cette manière qu'il la gouvernera, et il faut qu'elle le soit[2].

Les notes de Savary – ainsi que les conseils qu'il lui donne de vive voix au mois de décembre 1807 – constituent pour Caulaincourt une importante base de travail, à son arrivée à Saint-Pétersbourg. Mais c'est au nouvel ambassadeur qu'il incombe de se forger sa propre appréciation et de déterminer les objectifs de sa représentation diplomatique, en s'appuyant sur sa connaissance personnelle de Saint-Pétersbourg et des personnalités qui animent ses salons. Dans ce domaine, Napoléon lui laisse carte blanche. À condition toutefois de toujours donner la priorité aux questions politiques, comme le précise le ministre Champagny, dans une de ses premières lettres adressées à Caulaincourt :

> S'il est vrai que par votre rang, votre représentation et l'impulsion que vous donnerez au corps diplomatique [...] vous puissiez influer sur l'esprit de la société de Pétersbourg [...], vous êtes invité à ne négliger aucun moyen d'atteindre ce but, et tous ceux qui peuvent vous être fournis d'ici seront mis à votre disposition. Mais ce résultat sera-t-il

1. AN, AF IV 1697 (1), « Notes sur la cour de Russie et Saint-Pétersbourg », 6 décembre 1807.

2. *Ibid.*

> tel que vous puissiez parvenir à réaliser le vœu de l'Empereur, de se borner à exécuter le traité de Tilsit, en maintenant l'alliance de la France et de la Russie jusqu'à la paix avec l'Angleterre, et sans exposer l'empereur Alexandre au danger d'une révolution[1] ?

Cette lettre est révélatrice de l'importance donnée à la représentation diplomatique, mais aussi de la prudence et de la circonspection qu'elle inspire. Essentielle au prestige de l'ambassadeur de France, elle ne peut aboutir en effet qu'à des résultats difficilement mesurables. Indispensable pour fonder durablement l'amitié franco-russe et diffuser en profondeur l'« esprit de Tilsit », elle ne peut constituer à elle seule une politique. C'est avec ces réserves à l'esprit que Caulaincourt se voit donner l'autorisation d'engager le cycle des fêtes et des mondanités qui doivent lui permettre de conquérir la société de Saint-Pétersbourg.

L'entreprise de séduction de l'ambassadeur de France

Dans un premier temps, la représentation de l'ambassadeur de France est un phénomène avant tout passif. Comme nous l'avons déjà vu, Caulaincourt a à peine le temps de prendre ses marques que le tsar de Russie l'entraîne dans une succession ininterrompue de fêtes et de cérémonies. Quelques jours après son arrivée, il est ainsi convié à un grand bal donné en son honneur. Alexandre lui y réserve en toutes circonstances la première place, mais les membres de son entourage semblent montrer plus de réticences[2]. La présentation de l'ambassadeur de France à la société russe se poursuit au mois de janvier 1808, lors des festivités qui marquent l'entrée dans la nouvelle année. Caulaincourt se montre très impressionné par le gigantesque bal organisé dans la capitale au soir du 31 décembre. Ébloui par tant de démesure et d'exotisme, il en laisse une description particulièrement pittoresque :

> Il s'y trouvait 13 000 personnes. Les impératrices étaient en costume russe. Toutes les classes sont admises à ces bals, à l'exception de ce que l'on appelle moujiks, c'est-à-dire paysans. [...] C'est une

1. AN, 95 AP 7, Champagny à Caulaincourt, Paris, 29 janvier 1808.
2. AMAE, Corr. pol., Russie, 144, Caulaincourt à Champagny, 26 décembre 1807.

> cohue où il règne cependant assez d'ordre. L'empereur se promène au milieu de cette foule avec une confiance qui fait l'éloge de la basse classe de la nation. Il danse indistinctement avec toutes les femmes ; l'impératrice et les grandes-duchesses, seulement avec le corps diplomatique et les gens marquants de la cour. Cette danse se borne à une promenade qu'on nomme polonaise, et pour laquelle on est obligé de fendre la presse, et de distribuer encore plus de coups de coude qu'on en reçoit, afin d'empêcher sa danseuse d'être étouffée. À la suite de cette fête vraiment populaire, il y a un souper de cérémonie à l'Ermitage. Mais ici on ne laisse entrer que les personnes invitées. Cela se borne au cercle ordinaire de la cour et aux étrangers de distinction[1].

Exceptionnel par ses proportions, le bal du 31 décembre 1807 n'est pourtant qu'un exemple des nombreuses fêtes de cour auxquelles participe Caulaincourt au début de son ambassade. Dîners, réceptions, bals, feux d'artifice, séances de théâtre, cérémonies officielles : toutes les occasions sont bonnes pour montrer la place que l'on entend donner à l'ambassadeur de France, pour le distinguer du reste du corps diplomatique et l'associer en quelque sorte à la famille impériale.

L'ambassadeur de France ne connaît finalement pas de grandes difficultés à occuper à la cour la place que le tsar lui réservait : cette place, on la lui offre, plus qu'il ne la revendique – même s'il se révèle parfois fort tatillon quant à ses prérogatives. Mais, quelle que soit l'ampleur des bienfaits et des grâces dont il fait l'objet, Caulaincourt ne peut se contenter de ce rôle passif de « mannequin de représentation ». Pour sceller l'amitié entre les deux empereurs et faire la promotion de l'alliance, il lui faut impérativement répondre aux marques de faveur qui le touchent. Surtout, devant la méfiance – et les sentiments francophobes – d'une grande partie de l'opinion, il n'a d'autre choix que de s'impliquer activement dans la conquête des salons et de l'aristocratie pétersbourgeoise. Comme l'exprime Albert Vandal, « bien établi dans la confiance du souverain, il restait [à Caulaincourt] à affronter la société[2] ».

---

1. Bulletin à Champagny. Du 1/13 au 17/29 janvier 1808. Cité par Nicolas Mikhailovitch, *op. cit.*, t. I, p. 95.

2. Albert Vandal, *Napoléon et Alexandre Ier*, t. I, p. 211.

Tout au long de son ambassade, Caulaincourt ne lésine pas sur les moyens pour répondre à l'une et l'autre tâches, ce d'autant qu'elles tendent fréquemment à se confondre. Pour resserrer les liens entre les deux empires alliés, il n'a de cesse de multiplier les solennités, organisant notamment de grandes fêtes réunissant les membres de la cour et les grands noms de l'aristocratie russe. Ces fêtes sont autant d'événements qui viennent rythmer la vie mondaine de Saint-Pétersbourg. Mais, du fait des sommes engagées, elles ne peuvent se limiter à de simples moments de divertissement : elles doivent absolument renvoyer à un objectif politique. Champagny précise ainsi à son ambassadeur, au mois de mars 1809 : « S. M. s'en rapporte entièrement à V. E. sur la convenance de donner une fête à l'occasion du mariage de la grande-duchesse Catherine. Si cela est agréable à l'empereur Alexandre, vous ne devez pas hésiter. Si, au contraire, c'est à ses yeux chose indifférente, il vaudrait mieux ne pas en faire la dépense[1]. » Le ministre français des Relations extérieures insiste sur l'importance de choisir l'occasion adéquate pour organiser une de ces coûteuses fêtes. Les possibilités sont nombreuses ; Caulaincourt choisit la plupart du temps de se concentrer sur les dates du calendrier évoquant Napoléon et Alexandre. Quel meilleur moyen en effet de célébrer l'alliance franco-russe, que de rendre hommage aux deux empereurs qui l'incarnent ? Le mois d'août voit ainsi la célébration de la Saint-Napoléon :

> J'ai célébré, le 15, la fête de l'Empereur par un grand dîner de 80 couverts, auquel ont assisté les ministres, les premiers personnages de l'empire, raconte Caulaincourt. L'empereur [Alexandre] avait enjoint aux Russes qui y étaient invités de porter la santé de S. M. [...] J'ai porté en même temps celle de l'empereur Alexandre, en disant qu'il ne fallait point séparer des souverains qui étaient si bien unis. Le soir, mon hôtel a été richement illuminé et surmonté d'une gloire, avec le chiffre de l'Empereur au milieu. Le lendemain, j'ai donné à dîner à tous les Français, et le soir un bal avec un beau feu d'artifice au corps diplomatique et aux Russes[2].

1. AN, 95 AP 7, Champagny à Caulaincourt, Paris, 29 mars 1809.
2. AMAE, Corr. pol., Russie, 149, Caulaincourt à Champagny, Saint-Pétersbourg, 19 août 1809.

La réflexion de l'ambassadeur de France ne porte pas uniquement sur l'opportunité d'organiser une fête ou sur les contraintes matérielles et financières qu'elle implique. Il lui faut aussi mettre un soin tout particulier à dresser la liste des invités. Cette liste est souvent déterminée par les enjeux politiques du moment : le choix des convives n'est jamais anodin. Ainsi, au printemps 1809, alors que la crise entre la France et l'Autriche est sur le point d'éclater, le duc de Vicence décide de ne pas convier à la soirée qu'il organise l'ambassadeur des Habsbourg : « Je n'ai pas engagé quelques ministres des cours alliées et amies, afin qu'il ne puisse s'appuyer sur ce que lui seul, de tout le corps diplomatique, aurait été exclu », précise-t-il toutefois[1]. Les calculs de l'ambassadeur de France suivent à la fois les évolutions de la politique européenne et celles de la société pétersbourgeoise. Caulaincourt doit prendre en compte grâces et disgrâces, éloigner les indésirables et attirer les favoris. Il fait ainsi la cour de la maîtresse du tsar, Marie Narychkine, pourtant peu empressée auprès des Français, comme le fait remarquer assez perfidement le penseur contre-révolutionnaire Joseph de Maistre, alors présent à Saint-Pétersbourg comme représentant du roi de Sardaigne : « Quoique Mme Narychkine n'ait point invité l'ambassadeur de France à sa fête, il l'a cependant invitée à la sienne où il y avait, dit-on, cent personnes (*c'est peu ici*[2]) ; elle était même destinée à y faire spectacle[3]. »

On pourrait multiplier à l'envi les exemples, révélateurs du caractère éminemment politique des fêtes organisées par Caulaincourt. Il ne faudrait pas toutefois sous-estimer le penchant de ce dernier pour la représentation : « Le caractère de l'ambassadeur le portait tout naturellement au faste », affirme Jean Hanoteau[4]. Ayant côtoyé la cour de Louis XVI puis celle de Napoléon, le duc de Vicence est familier du luxe et de l'apparat. C'est assez logiquement qu'il revêt les habits de maître de maison. Sa table devient la première de tout Saint-Pétersbourg et ses banquets frappent par leur démesure, même les plus réticents. Joseph de Maistre ne peut s'empêcher ainsi de s'émerveiller devant le dîner organisé par

1. AMAE, Corr. pol., Russie, 148, Caulaincourt à Champagny, Saint-Pétersbourg, 16 avril 1809.

2. Souligné par Joseph de Maistre.

3. Joseph de Maistre, *Œuvres complètes*, XI-XII, t. 11, corr. III, 1808-1810, Genève, Slatkine Reprints, 1979.

4. Jean Hanoteau, *op. cit.*, t. I, p. 98.

l'ambassadeur au mois de janvier 1809 ; un dîner où, à son plus grand dam, il n'est encore une fois pas convié :

> À la fête qu'il a donnée lui-même le 15/27 [janvier], chacun de *ses ministres*[1] était chargé de faire les honneurs d'une table. Il y avait 400 couverts, et tout alla à merveille. Il y avait sur la table de la cour sept poires magnifiques, venues d'une serre de Moscou, qui avaient coûté 700 roubles [environ 1200 francs]. [...] Toute la terre était à cette fête, excepté le duc [ambassadeur de Naples] et moi[2].

Cette fête apparaît comme une immense réussite. Tout Saint-Pétersbourg en parle dans les jours et les semaines qui suivent ; l'écho s'en répand même dans le reste de l'Europe. Le prince Alexandre Kourakine, alors ambassadeur de Russie à Paris, écrit ainsi à son ami Caulaincourt pour le féliciter d'un tel succès : « Rien en cela ne pouvait m'étonner de votre part », déclare-t-il[3].

L'hôtel de l'ambassade de France s'impose durant les années de l'alliance franco-russe comme un des principaux – si ce n'est le principal – centres de la vie mondaine pétersbourgeoise. Quelles que soient les critiques de l'aristocratie ou des émigrés – que nous n'allons pas tarder à évoquer –, les fêtes organisées par Caulaincourt frappent les esprits et alimentent en permanence les discussions. Qu'il soit admiré, recherché ou décrié, l'ambassadeur de France en vient à occuper une place centrale dans l'imaginaire de ses contemporains. Pour les commentateurs de l'époque, il devient l'« ambassadeur » tout court et une des principales attractions de la capitale russe[4]. Cette position à part se retrouve dans la littérature russe de l'époque et des décennies suivantes. Les poètes du cercle de Pouchkine célébreront longtemps la table de l'ambassadeur de

1. Souligné par Joseph de Maistre. Il désigne par-là les ambassadeurs des cours alliées de la France. Il semblerait que l'expression ait été également utilisée par Caulaincourt.

2. Joseph de Maistre à Rossi, Saint-Pétersbourg, 3/15 février 1809. Joseph de Maistre, *op. cit.*, t. XI.

3. AMAE-Nantes, Saint-Pétersbourg, suppl. à la corr. pol., 256*. Kourakine à Caulaincourt, Paris, 12/24 février 1809.

4. Albert Vandal, *Napoléon et Alexandre Ier*, t. II, p. 28.

France[1]. Quant à Tolstoï, il ne manquera pas, dans *Guerre et Paix,* d'évoquer la figure du duc de Vicence. Lors de son premier bal dans la capitale, Natacha entend la maîtresse de maison répondre à sa mère, la comtesse Rostova : « Comment, mais c'est l'ambassadeur de France en personne, Caulaincourt [...]. Voyez, on dirait un empereur. Et tout de même, ils sont gentils, très gentils, les Français. Il n'y a pas plus charmants en société[2]. » Cette dernière appréciation demande toutefois à être nuancée. Qu'en est-il réellement des réactions de la société russe face à l'entreprise de séduction lancée par Caulaincourt ? La représentation diplomatique qu'il met en place peut-elle être considérée comme une réussite ?

Réussites et échecs d'une représentation diplomatique

Dans les premiers temps de son ambassade, Caulaincourt semble satisfait de la réception qui lui est faite dans la société russe. Très naturellement, il se voit courtisé par les personnalités francophiles de Saint-Pétersbourg, comme l'amiral Tchitchagov – « celui que je connais le mieux personnellement[3] » – ou le grand-duc Constantin, frère du tsar, qui l'invite régulièrement à dîner[4]. Mais, d'une certaine façon, l'ambassadeur de France est déjà ici en terrain conquis. Plus significatifs sont les ralliements de personnalités jusque-là ouvertement anglophiles. Le duc de Vicence raconte ainsi la « conversion » d'un des leaders du parti anglais, Kotchoubeï, qu'il avait d'ailleurs déjà côtoyé lors de sa mission à Saint-Pétersbourg en 1801 :

> Rangé dans le parti Czartoryski, dans celui opposé à la France, il s'y trouve cependant classé plutôt par ses liaisons, sa parenté et surtout sa femme, que par ses opinions personnelles, que la faiblesse de son caractère a toujours rendues modérées. [...] Ici, je lui ai longtemps battu froid à cause de ses liaisons anglomanes ; il marquait le plus :

1. Voir Jean Hanoteau, *op. cit.*, t. I, p. 99.
2. Léon Tolstoï, *La Guerre et la Paix*, Paris, Folio, 1972, t. I, p. 746.
3. AMAE, Mémoires et documents, Russie, 32, Caulaincourt à Champagny, « Premier mémoire sur la Russie », Saint-Pétersbourg, 17 avril 1808.
4. AMAE, Corr. pol., Russie, 146, Caulaincourt à Champagny, Saint-Pétersbourg, 2 avril 1808.

> j'ai voulu qu'il fît tout le chemin jusqu'au palais du représentant de mon maître, et il l'a fait, au grand étonnement de tout le monde[1].

Ces succès de l'ambassadeur sont bien entendu à relativiser : ils ne préjugent en rien des sentiments politiques des « ralliés ». Il peut ne s'agir que de concessions momentanées au tsar et à l'alliance franco-russe, bien loin d'être définitives. Caulaincourt sait surtout que l'opinion est, par essence, versatile et qu'elle suit de manière générale les évolutions politiques. Le duc de Vicence est le premier à reconnaître que les succès qu'il obtient auprès de l'aristocratie russe sont moins les conséquences de ses démarches personnelles que les retombées de l'alliance franco-russe. L'invasion de la Finlande par les troupes russes, au printemps 1808, s'inscrivant dans la politique du Blocus continental, lui assure ainsi la bienveillance temporaire des grands noms du parti anglais : « Les Stroganov, Czartoryski, Ostermann, Popov, ont suivi l'exemple de Novossiltsev et sont venus hier soir chez moi. Je ne puis attribuer cette démarche qu'à la réunion de la Finlande[2]. »

S'il se félicite de ces succès ponctuels, l'ambassadeur de France sait aussi que toute une partie de l'opinion reste imperméable à son influence. Les « nouvelles et on-dit » qu'il adresse à Champagny et où il rend compte des rumeurs qui parcourent l'opinion fourmillent de critiques, de reproches et de railleries à son encontre. Au moment même où Novossiltsev et Czartoryski se rendent au palais Volkonski, la comtesse Golovine, une des grandes animatrices de la vie mondaine pétersbourgeoise, déclare dans un des cercles de l'aristocratie : « [Le tsar] est dupe de l'empereur des Français et de son ambassadeur qui nous gouverne ; on lui jette de la poudre aux yeux comme à vous : on vous amuse avec la Finlande, mais on verra avant peu que c'est tout ce qu'on veut nous donner[3]. » De tels commentaires ne peuvent qu'amener Caulaincourt à relativiser la portée des ralliements de la noblesse russe...

Pour ces irréductibles, auxquels il faudrait ajouter les membres de l'émigration – comme le baron de Damas, futur ministre des Affaires

1. AN, AF IV 1697 (3), Caulaincourt à Napoléon, Saint-Pétersbourg, 17 juin 1808.
2. *Ibid.*, Caulaincourt à Napoléon, Saint-Pétersbourg, 5 avril 1808.
3. AN, AF IV, 1699, « Nouvelles et on-dit », 6 au 12 avril 1808.

étrangères sous la Restauration[1] –, ainsi que les diplomates hostiles à la France – comme l'ambassadeur d'Autriche –, la position prééminente de l'ambassadeur de France n'est plus un avantage mais un motif de critiques. La représentation diplomatique mise en place par Caulaincourt avec le soutien d'Alexandre manque dès lors totalement son but. Les faveurs que l'envoyé de Napoléon s'est plu à énumérer le desservent inévitablement dans une partie de l'opinion. Joseph de Maistre se moque ainsi de la participation de Caulaincourt à la bénédiction des eaux de la Néva, que nous avons évoquée plus haut : « Un spectacle précieux était celui de l'Ambassadeur de France, pénétré et transi de froid, rouge comme une crête de coq, et tremblant comme un roseau. Il nous a beaucoup divertis, mais, en récompense, il a été comblé d'honneurs[2]. » Le représentant du roi de Sardaigne ne manque d'ailleurs aucune occasion de tourner en ridicule les prétentions de l'ambassadeur de France :

> *Je m'amuse beaucoup à considérer Caulaincourt.* Il est bien né et il s'en targue, il représente un homme qui fait trembler le monde, il a six ou sept cent mille francs de rente. Il est le premier partout, etc. Je vous assure cependant qu'il a *l'air fort commun sous sa broderie*, qu'il est *raide en compagnie* comme s'il avait des fils d'archal dans les jointures, et, qu'au jugement de tout le monde, il a l'air de Ninette à la cour[3]. Ce phénomène, de la puissance balbutiant devant la véritable dignité, m'a frappé mille et mille fois depuis l'ouverture de la grande tragédie[4].

Les aristocrates hostiles à la France critiquent l'ingérence du duc de Vicence dans leur quotidien, ou encore son insolence et sa morgue. Vexé du traitement accordé au roi Frédéric-Guillaume III et à la reine Louise de Prusse lors de leur visite à Saint-Pétersbourg, Caulaincourt refuse de faire illuminer son hôtel, « ce qui, précise Joseph de Maistre, est une insulte bien caractérisée faite à S. M. Impériale encore plus qu'à

1. *Mémoires du baron de Damas*, Paris, Plon, 1922, t. I, p. 85 et p. 107.

2. Joseph de Maistre au chevalier de Maistre, Saint-Pétersbourg, 7/19 janvier 1808. Joseph de Maistre, *op. cit.*, t. XI.

3. *Ninette à la cour*, comédie de Favart (1757).

4. Joseph de Maistre à Rossi, Saint-Pétersbourg, 4/16 janvier 1808. Joseph de Maistre, *op. cit.*, t. XI. La « grande tragédie » représente la Révolution française.

LL. MM. Prussiennes[1] ». Peu après, il aurait feint d'être blessé pour éviter de danser à une soirée où on lui aurait refusé la préséance sur les princes prussiens. Dans sa correspondance, Joseph de Maistre multiplie les exemples de ces « insolences[2] ». Même s'il y a une part d'exagération, elle n'est que le reflet de l'exaspération de certains face aux manières de grand seigneur du duc de Vicence, face à son arrogance et surtout face à son ascendant supposé sur le tsar Alexandre.

Cet ascendant est l'objet de l'essentiel des attaques qui touchent l'ambassadeur de France. En 1809, alors qu'il semble que le tsar est prêt à soutenir Napoléon en cas de guerre contre l'Autriche, l'impératrice mère dénonce ainsi l'emprise exercée, selon elle, par Caulaincourt sur l'esprit de son fils. Elle réprouve plus généralement la place qu'occupe l'« Ambassadeur » dans la société pétersbourgeoise, place qu'elle prétendait occuper quelques mois auparavant :

> L'impératrice mère aurait fait un long sermon au comte de Roumiantsev sur son engouement pour la France, lui aurait reproché qu'il déshonorait l'empereur et la Russie en aidant l'ambassadeur de France à consommer la perte de l'Autriche. Elle se serait plainte à lui de l'influence de la France sur l'empereur. « C'est à tel point », dit-elle, « que non seulement tout se règle d'après l'impulsion qu'elle donne, mais les individus sont obligés de faire la cour à l'ambassadeur pour avoir de l'emploi et pour être bien vus par l'empereur »[3].

Au fur et à mesure des échecs de l'alliance franco-russe, cette tendance s'accentue et l'opinion publique épilogue à l'envi sur l'influence néfaste du duc de Vicence. Ainsi, au début de l'année 1811 : « Le public est fort déchaîné contre l'empereur et le chancelier [Roumiantsev]. On dit qu'ils ont été les dupes de l'ambassadeur de France, qui les a endormis pendant qu'on préparait les moyens d'attaquer la Russie avec tout avantage[4]. » Le prestige affiché par le duc de Vicence depuis le début de son ambassade et la faveur dont il jouit auprès du tsar semblent à nouveau se retourner

1. Joseph de Maistre à Rossi, Saint-Pétersbourg, 19 janvier 1809. Joseph de Maistre, *op. cit.*, t. XI.

2. *Ibid.*

3. AN, AF IV 1699, « Nouvelles et on dit », 8 avril 1809.

4. *Ibid.*, 17 janvier 1811.

contre lui. Après lui avoir reproché sa prétention à régir la vie de la société, ses opposants lui imputent les fourvoiements politiques d'Alexandre et lui prêtent une influence qu'il n'a pas. En s'efforçant par tous les moyens d'occuper l'espace public, Caulaincourt est devenu la cible facile des critiques ; les atouts des débuts de son ambassade se sont peu à peu transformés en fardeau.

Le bilan de la représentation diplomatique mise en place par le duc de Vicence apparaît finalement en demi-teinte. Les réussites sont indéniables, surtout dans les années 1808 et 1809 : Caulaincourt parvient à diffuser l'influence de la France et à attirer à lui nombre d'aristocrates récalcitrants. Les fastes qu'il déploie rappellent sans cesse aux plus dubitatifs la solidité de l'alliance franco-russe. Mais ces réussites sont à la fois fragiles et superficielles. Les plus prompts à rallier l'ambassadeur de France sont, la plupart du temps, ceux qui faisaient état, avant Tilsit, de leur sympathie pour Napoléon – Tchitchagov, Constantin, Roumiantsev. Le noyau dur du parti anglais reste quant à lui totalement hermétique à l'entreprise de séduction française. Pis, il s'en irrite et n'y voit que présomption et suffisance : une conséquence que n'avaient pas forcément prévue Napoléon et Savary. Entre ces deux extrêmes, le ventre mou de l'opinion russe semble osciller au gré des évolutions politiques. Les succès de l'alliance donnent un lustre incomparable aux festivités de l'ambassade de France ; la montée des tensions entre Napoléon et Alexandre leur enlève au contraire progressivement une grande part de leur attrait. L'essentiel se joue finalement sur le plan politique : un traité, une rumeur de guerre font plus que toutes les soirées de Saint-Pétersbourg. Les adversaires de l'ambassadeur de France, même les plus acharnés, finissent d'ailleurs par se rendre compte que Caulaincourt ne fait que jouer le rôle écrit pour lui. Vers la fin de son séjour à Saint-Pétersbourg, alors que les observateurs les plus avertis ont pu constater son acharnement à défendre la paix et ses divergences de vue avec son maître, les jugements à son sujet évoluent. Joseph de Maistre reconnaît *in fine* les qualités de celui qu'il s'est tant plu à moquer :

> Ce Caulaincourt, au reste, n'est pas du tout un homme mauvais. Il est créature de Napoléon, il lui a prêté serment, il lui doit tout, il faut bien qu'il lui obéisse ; mais il déplore sûrement les excès de son maître, et je sais certainement que, parlant un jour avec une femme dont il est amoureux, il lui échappa de dire après avoir reçu une certaine lettre de

> Paris : « il y a des moments où un honnête homme voudrait mourir ». Je ne le crois d'ailleurs nullement insensible à la manière dont l'empereur [Alexandre] l'a traité ; personnellement je ne puis m'en plaindre. *En tout, je n'en voudrais pas un autre*[1].

D'un naturel mondain, Caulaincourt semble s'accommoder tant bien que mal de cette vie de représentation. Habitué aux écueils et aux embûches des salons parisiens, il accepte la plupart du temps avec bonne grâce les échecs subis à Saint-Pétersbourg. Pourtant, sa lassitude et son découragement affleurent parfois, notamment après l'entrevue d'Erfurt (automne 1808) où il s'est vu refuser un retour à Paris. Souvent rattrapé par le sentiment de son isolement, conscient du caractère superficiel de ses amitiés russes, Caulaincourt se raccroche aux marques de faveur que lui témoigne l'empereur Alexandre. L'ambassadeur de France l'avoue lui-même à sa tante : « ses bontés pour moi sont toujours les mêmes et m'obligent à me taire sur les regrets que j'éprouve d'être si longtemps éloigné de mes amis[2] ». Par bien des aspects, les relations de Caulaincourt avec la Russie semblent se résumer à celles qu'il noue avec le tsar.

Les dangers d'une amitié

Déjà séduit en 1801-1802 par la personnalité de l'empereur de Russie, Caulaincourt est cette fois-ci rapidement conquis par sa cordialité et sa volonté de s'affranchir du cadre protocolaire. Flatté d'être associé aux cérémonies officielles et aux diverses manifestations publiques, il l'est probablement encore plus d'être admis dans la familiarité du tsar. Dès les débuts de son séjour, il est convié par Alexandre à venir « manger [sa] soupe[3] » et participe régulièrement à ces dîners où le cérémonial est réduit à sa plus simple expression. Il y mange en compagnie de l'impératrice Élisabeth, de la famille impériale, des grands officiers de la cour, des principaux ministres. Surtout, ces dîners sont le prélude à de longues discussions en tête à tête avec

1. Souligné par Joseph de Maistre. Joseph de Maistre à Rossi, Saint-Pétersbourg, 7/19 décembre 1810. Joseph de Maistre, *op. cit.*, t. XI.
2. *Ibid.*, AN, 402 AP 61, Caulaincourt à la comtesse d'Harville, Saint-Pétersbourg, 1er janvier 1810.
3. AMAE, Corr. pol., Russie, 146, Caulaincourt à Champagny, Saint-Pétersbourg, 15 février 1808.

l'empereur Alexandre, où sont abordées les questions politiques du moment – qui fournissent la matière des rapports adressés par Caulaincourt à Napoléon –, mais aussi des sujets plus légers, nés du quotidien. Contrairement à la plupart des diplomates qui sont essentiellement en relation avec le ministre des Affaires étrangères du pays où ils résident, le duc de Vicence a, durant son ambassade, un accès direct et fréquent à l'empereur de Russie.

Ce dernier n'a de cesse de brouiller les frontières entre cadre officiel et cadre privé. De l'amabilité à l'intimité, il n'y a qu'un pas, qu'Alexandre semble parfois franchir. Les messages qu'il adresse à l'ambassadeur se font parfois très personnels : « Je suis bien sensible, général, à tout l'intérêt que vous ne cessez de me témoigner. Vous n'avez pas affaire à un ingrat. Tout à vous[1] », lui écrit-il. Après une brève séparation, il conclut un de ses billets par ces quelques mots : « Je me fais une fête de vous revoir[2]. » Mais nulle occasion n'est plus propice à ces témoignages d'amitié que le décès du père du duc de Vicence, au mois d'octobre 1808. Alexandre prend immédiatement la plume pour inviter chez lui l'ambassadeur de France : « Je suis désolé, général, de la nouvelle que vous venez de recevoir, et je prends une part bien vive à votre chagrin. Je vous attends sans cérémonie dans une heure, venez en frac[3]. »

Caulaincourt répond à ces marques d'attention avec plus de sobriété. Conscient du devoir de réserve qui lui incombe, il se présente souvent, face à Alexandre, comme un simple « interprète » des sentiments de Napoléon[4]. En une occasion cependant, la confiance que Caulaincourt témoigne à Alexandre va le conduire hors des bornes prescrites par sa fonction. En avril 1808, probablement excédé par les insinuations auxquelles il est confronté dans les salons pétersbourgeois, ou désireux simplement de se dédouaner auprès du souverain qui avait été le plus prompt à dénoncer l'exécution de Vincennes, l'ambassadeur de France soumet au tsar les pièces de l'affaire du duc d'Enghien qui sont en sa possession : « Il est des détails que V. M. ne peut pas connaître. Je dois à la confiance dont elle daigne m'honorer de les mettre sous ses yeux[5]. » Peu après avoir pris connaissance de ces

1. AN, 95 AP 6, Alexandre à Caulaincourt, s. d.

2. *Ibid.*, Alexandre à Caulaincourt, s. d.

3. *Ibid.*, Alexandre à Caulaincourt, s. d. (novembre ou décembre 1808).

4. *Ibid.*, Caulaincourt à Alexandre, Saint-Pétersbourg, 4/16 décembre 1809.

5. *Journal des débats*, 26 avril 1814, Caulaincourt à Alexandre, Saint-Pétersbourg, 2/14 avril 1808.

documents, Alexandre n'hésite pas à absoudre Caulaincourt : « Je savais, général, par mes ministres en Allemagne, combien vous étiez étranger à l'horrible affaire dont vous me parlez. Les pièces que vous me communiquez ne peuvent qu'ajouter à cette conviction. J'aime à vous le dire, et à vous assurer encore de l'estime sincère que je vous porte[1]. » Pour le tsar, l'occasion est belle d'assurer son emprise sur l'ambassadeur de France, livré en quelque sorte à son jugement et à sa bienveillance. Sans cesse tourmenté par les suites de l'affaire, Caulaincourt ne peut que lui en être redevable.

Cette tentative de justification, même si elle a pu avoir des conséquences favorables dans la société russe, a été jugée sévèrement par les contemporains, notamment après la publication, en 1814, des lettres échangées par Caulaincourt et Alexandre. Savary parle dans ses Mémoires de « cette justification, qui souleva l'opinion contre lui, lorsqu'on lut la lettre qu'il écrivit à l'empereur Alexandre sur ce sujet, étant près de lui le ministre de l'empereur Napoléon[2] ». Il lui semble particulièrement inconvenant qu'un ambassadeur de France ait pu rechercher le jugement d'un souverain étranger. Le baron Méneval va plus loin, affirmant que le duc de Vicence a ainsi « contracté envers l'empereur de Russie une obligation tacite dont les conséquences ont été nuisibles. Il lui a donné un avantage dont ce prince sut profiter. Les influences exercées sur l'esprit de notre ambassadeur, par les formes séduisantes et fascinatrices du czar, ont achevé d'endormir sa vigilance et l'ont empêché de juger sainement et de seconder la politique clairvoyante de son cabinet[3] ». Toute la question est là : les relations nouées entre Caulaincourt et Alexandre ont-elles été un obstacle à la mission de l'ambassadeur de France ? Et, de façon plus générale, quelle est la nature réelle de ces relations ?

Il faut d'abord souligner la profonde sincérité des sentiments que les deux hommes éprouvent l'un pour l'autre. Quels que soient les calculs politiques qui viennent s'y greffer, l'estime et l'amitié sont bien réelles. Les événements postérieurs, notamment ceux de l'année 1814, le prouveront bien assez. Alexandre déclarera ainsi à la duchesse d'Abrantès : « Le duc de Vicence est l'homme que j'estime le plus[4]. » Cela n'empêche pas le tsar

1. *Ibid.*, Alexandre à Caulaincourt, Saint-Pétersbourg, 4/16 avril 1808.
2. *Mémoires du duc de Rovigo*, t. III, p. 203.
3. *Mémoires de Méneval*, t. I, p. 312.
4. *Mémoires de la duchesse d'Abrantès*, t. IX, p. 447.

de profiter de son ascendant sur l'ambassadeur de France pour essayer de s'en faire un soutien dans la lutte morale qu'il ne tarde pas à engager avec Napoléon. Au nom de l'alliance et de l'« esprit de Tilsit » qui en est le fondement, Alexandre s'évertue à convaincre le duc de Vicence du bien-fondé des positions russes – et par opposition des erreurs dans lesquelles Napoléon se fourvoie. Ainsi, en novembre 1809, alors qu'il vient d'apprendre les maigres bénéfices que l'empire russe va retirer du traité de Schönbrunn consacrant la défaite de l'Autriche, le tsar prend à part l'ambassadeur de France et se lance dans une véritable manœuvre de séduction :

> L'empereur, écrit Caulaincourt à Napoléon, me répéta alors ce qu'il m'avait dit au commencement de la conversation, qu'il ne me parlait pas comme à l'ambassadeur, mais comme à un homme qu'il croyait attaché aux deux empereurs et qui voulait maintenir l'alliance et comme à un ami, qu'avec un autre que moi, il n'aurait pas agi comme il l'avait fait dès le principe, qu'il aurait eu les égards qu'on doit au caractère diplomatique, au représentant d'un grand souverain, mais que, de ces égards à la confiance qu'il me témoignait dans ce moment et qu'il me témoignait depuis longtemps, il y avait bien loin[1].

Ces manœuvres réussissent-elles ? Pour un certain nombre d'historiens, comme Émile Dard, la réponse n'est pas douteuse : durant son séjour en Russie, Caulaincourt a été la « dupe » d'Alexandre[2]. Il apparaît en effet qu'en certaines circonstances, la confiance que l'ambassadeur de France témoigne au tsar est excessive, voire déraisonnable. Lors de la campagne de 1809, alors que les troupes russes se distinguent par leur évidente mauvaise volonté, le duc de Vicence ne trouve à blâmer que le général en chef, le prince Galitzine ; jamais aucun reproche n'est formulé à l'encontre d'Alexandre. Napoléon, qui a longtemps encouragé son ambassadeur à « cultiver [l]es heureuses dispositions » du tsar, en vient peu à peu à lui reprocher une attitude trop favorable à son égard[3]. Dès 1808, une accusation fait son apparition dans les lettres que l'empe-

---

1. AN, AF IV 1698 (3), rapport de Caulaincourt à Napoléon, Saint-Pétersbourg, 2 novembre 1809.

2. Émile Dard, *Napoléon et Talleyrand*, Paris, Plon, 1935, p. 185.

3. AN, 95 AP 7, Champagny à Caulaincourt, Paris, 5 mars 1809.

reur des Français adresse à Caulaincourt, celle d'être devenu « russe » : « Je n'approuve pas votre style avec M. de Champagny[1]. Vous êtes en Russie ; restez-y Français. Vous n'avez pas le droit de tenir ce langage à moi ou à mon ministre. [...] Je vous répète mon refrain : ne prenez point les mœurs des seigneurs russes et conservez nos mœurs françaises[2]. »

Le duc de Vicence est-il pourtant aussi dupe qu'il y paraît ? Les portraits qu'il laisse de son ami le tsar sont plus nuancés que ce que l'on pourrait croire. Même s'il insiste toujours sur son honnêteté foncière, il reconnaît sa part d'ombre :

> Sans doute, comme je crois l'avoir déjà dit à V. M., il ne dit pas toujours tout ce qu'il pense ; mais on est sûr qu'il peut tout ce qu'il dit, il m'a toujours tenu ce qu'il m'avait promis ou annoncé. En général, il aborde franchement les questions : content, il est pressé de le témoigner ; mécontent, il se plaint et boude rarement. Le croire ce qu'on appelle faux est une erreur. Il peut parfois dissimuler, mais il ne trompe pas et cache même mal les impressions qu'il reçoit dans la conversation[3].

Au reste, il est difficile de reprocher au duc de Vicence de s'être laissé séduire par Alexandre sans parvenir à cerner tous les méandres de sa personnalité. Comme l'exprime l'historienne Marie-Pierre Rey, « rares sont en effet les grandes figures politiques à avoir suscité chez leurs contemporains autant de discours et de jugements contrastés. [...] Qu'il ait constitué un objet d'adulation ou de rancœur, qu'il ait cristallisé espérances, désirs ou dépits, Alexandre Ier est resté, en dépit d'un règne de près de vingt-cinq ans, un personnage insaisissable, "un sphinx indéchiffrable jusqu'au tombeau", voire une énigme[4] ». Jean Hanoteau suit aussi ce juge-

1. Caulaincourt avait écrit une lettre assez sèche à son ministre (AMAE, Corr. pol., Russie, 146, Caulaincourt à Champagny, Saint-Pétersbourg, 16 mars 1808), lui reprochant d'avoir laissé venir en Russie un personnage plus que douteux, Vandernotte, « envoyé en qualité de courrier par Savary mais espion avéré ». Voir Jean Hanoteau, *op. cit.*, t. I, p. 102.

2. Napoléon à Caulaincourt, Bayonne, 18 avril 1808. Cité par Jean Hanoteau, *op. cit.*, t. I, p. 102.

3. AN, 95 AP 34, Caulaincourt à Napoléon, Saint-Pétersbourg, 14 novembre 1810.

4. Marie-Pierre Rey, *op. cit.*, p. 9-10. Marie-Pierre Rey cite le poète Piotr Viazemski.

ment et accorde au duc de Vicence des circonstances atténuantes. Il n'en reconnaît pas moins les conséquences majoritairement néfastes de son amitié pour le tsar dans la conduite des affaires :

> La mission de M. de Caulaincourt devait se heurter plus gravement au caractère d'Alexandre Ier. De son vivant, ce prince aimable et avide de plaire a fait illusion à nombre de ses contemporains. [...] On se demande, dès lors, quelle fut la part de la sincérité dans l'amitié étonnante qui, sautant par-dessus le cérémonial, unit le tsar à M. de Caulaincourt. [...] Si ce dernier fut incontestablement sous le charme de son impérial ami, s'il lui voua une affection nuancée de respect et de reconnaissance qu'il emporta dans la tombe, il fut maintes fois déconcerté par ce qu'il appelait « un acquis de dissimulation souveraine ». Cela ne l'empêchait pas de se tromper comme quand, à la veille du départ pour Erfurt, il écrivait à Napoléon : « Paroles comme actions, tout me prouve que Votre Majesté peut compter sur cette cour, quels que soient les événements[1]. »

Les événements vont en effet montrer rapidement les profondes limites de l'alliance franco-russe et l'impossibilité, pour Caulaincourt, d'œuvrer en faveur d'une action commune, quels que soient les projets abordés.

1. Jean Hanoteau, *op. cit.*, t. I, p. 100. Hanoteau cite la lettre de Caulaincourt à Napoléon, Saint-Pétersbourg, 28 août 1808.

CHAPITRE 8

L'IMPOSSIBLE MISE EN PLACE D'UNE ACTION COMMUNE

Malgré son importance pour la pérennité de l'alliance, la conquête de la société russe ne peut qu'être secondaire face aux questions politiques : comme l'a précisé Napoléon au moment du départ pour Saint-Pétersbourg de son ambassadeur, ce dernier doit avoir pour priorité l'exécution du traité de Tilsit et l'organisation de la lutte contre l'Angleterre et ses alliés. Afin de dresser le bilan de l'action diplomatique de Caulaincourt, il apparaît indispensable de reprendre les principales négociations qu'il est chargé de mener en Russie. Nous nous pencherons d'abord sur ce que l'on considère traditionnellement comme la première phase de l'alliance, celle qui couvre approximativement les années 1807 à 1810. C'est à cette période que les deux empereurs tentent, tant bien que mal, de mettre en place une action commune. Même si leurs divergences sont nombreuses et leurs intérêts souvent contradictoires, Napoléon et Alexandre s'essayent à réaliser dans les faits l'union proclamée sur les rives du Niémen. Face à la mauvaise volonté évidente de l'ambassadeur de Russie en France, Caulaincourt est appelé naturellement à être l'instrument et le vecteur de cette politique. C'est lui qui est chargé du grand objet de l'ambassade, le projet de partage de l'empire ottoman, lancé par Napoléon à partir du mois de février 1808. Après le semi-échec de l'entrevue d'Erfurt, où il ne joue qu'un rôle marginal, c'est lui qui doit engager la Russie à entrer en guerre contre l'Autriche et qui doit faciliter la coordination des troupes alliées. C'est lui enfin qui reçoit la mission de trouver une épouse russe pour Napoléon et de conclure l'alliance matrimoniale entre les deux empires. À chaque fois, même si ses pouvoirs et sa marge de manœuvre diffèrent, Caulaincourt est au cœur des négociations : doit-on pour autant lui imputer leur échec quasi systématique ?

Le partage de l'empire ottoman

Comme vu précédemment, le rapprochement franco-russe de juillet 1807 s'effectue au détriment de la Turquie qui, bien qu'en guerre contre les armées du tsar, ne peut faire entendre sa voix à Tilsit. Libéré des vagues liens qu'il entretenait avec le sultan Selim III, Napoléon envisage avec Alexandre un « partage du monde », synonyme de partage de l'empire ottoman. Encore timide dans sa forme, ce projet fait l'objet d'un article dans le traité d'alliance secret signé à Tilsit entre les deux empereurs :

> Article 8 : [...] Si par une suite des changements qui viennent de se faire à Constantinople, la Porte n'acceptait pas la médiation de la France, [...] la France fera cause commune avec la Russie contre la Porte ottomane, et les deux hautes parties contractantes s'entendront pour soustraire toutes les provinces de l'Empire ottoman en Europe, la ville de Constantinople et la province de Romélie exceptées, au joug et aux vexations des Turcs[1].

Une fois retombé l'enthousiasme de Tilsit, Napoléon se détourne toutefois d'un projet qu'il a abordé avant tout pour complaire à son nouvel ami et dont il craint les conséquences incontrôlables. Plutôt que de lancer ses armées dans de nouvelles entreprises de conquête qui risquent finalement de favoriser l'Angleterre[2], il préfère assurer sa mainmise sur l'Allemagne et laisser Alexandre conserver en contrepartie les provinces danubiennes que les troupes russes occupent déjà.

---

1. Albert Vandal, *Napoléon et Alexandre Ier*, t. I, app. I, p. 507.
2. L'Angleterre peut facilement profiter d'une guerre franco-turque pour faire main-basse sur les provinces méditerranéennes de l'empire ottoman, notamment l'Égypte.

Les instructions que Caulaincourt reçoit avant son départ pour Saint-Pétersbourg reflètent cette volonté de temporisation. En date du 12 novembre 1807, ce texte s'étend longuement sur le projet de partage de l'empire ottoman, auquel le nouvel ambassadeur sera confronté dès son arrivée. Le duc de Vicence doit acquérir rapidement une connaissance précise de la question pour pouvoir résister aux sollicitations des Russes et défendre au mieux les intérêts français face à leurs ambitions souvent désordonnées. La mission qui lui est confiée demande un grand doigté puisqu'elle consiste à ajourner la négociation tout en ménageant la susceptibilité du tsar, comme le lui explique Champagny :

> Quoique très éloigné du partage de l'empire turc et regardant cette mesure comme funeste, [Napoléon] ne veut pas qu'en vous expliquant avec l'empereur Alexandre et son ministre, vous la condamniez d'une manière absolue : mais il vous prescrit de représenter avec force les motifs qui doivent en faire reculer l'époque. Cet antique projet de l'ambition russe est un lien qui peut attacher la Russie à la France, et, sous ce point de vue, il faut se garder de décourager entièrement ses espérances[1].

Si toutefois le partage est jugé inévitable et indispensable à la bonne entente entre alliés, Caulaincourt doit s'assurer que les débats ne concerneront que la France et la Russie, à l'exclusion de toute autre puissance. La position de l'ambassadeur est particulièrement difficile : s'efforçant de repousser un projet que son maître semble réprouver, il lui faut en parallèle assurer une place prépondérante à son pays en cas d'ouverture des négociations. Encore peu formé au métier de diplomate, le duc de Vicence est confronté à une question d'une grande complexité, nécessitant de véritables talents de négociateur.

Dans les premières semaines de son ambassade, Caulaincourt suit à la lettre les directives de Champagny qui lui rappelle régulièrement que « l'Empereur préférerait de beaucoup que les choses restassent telles que le traité de Tilsit les a établies[2] ». Le ministre l'encourage à subordonner cette question du partage aux nécessités de la lutte commune contre

1. Albert Vandal, *Napoléon et Alexandre Ier*, t. I, app. I, p. 510.
2. AN, 95 AP 7, Champagny à Caulaincourt, 28 janvier 1808.

l'Angleterre. Il lui écrit ainsi à la fin du mois de janvier : « Faites voir [...] l'avantage de différer cette mesure jusqu'à la paix avec l'Angleterre ou au moins jusqu'au moment où on aurait pu lui arracher l'empire de la Méditerranée, qui la met en état de recueillir dès ce moment les plus précieuses dépouilles de l'empire ottoman[1]. » Ce moment semble arriver au début de l'année 1808. Pour faire face à la guerre russo-suédoise qui menace ses intérêts dans le nord de l'Europe, l'Angleterre décide de retirer temporairement sa flotte de Méditerranée. Alors à Venise, Napoléon croit voir s'ouvrir devant lui les portes de l'Orient : la conquête et le partage de l'empire ottoman, prélude à une expédition franco-russe vers les Indes, semblent désormais possibles et souhaitables. Le 26 février, Caulaincourt remet à Alexandre une lettre datée du 2 où son maître, loin des atermoiements des mois précédents, proclame avec emphase : « L'ouvrage de Tilsit règlera les destins du monde[2]. »

Si les deux alliés sont désormais d'accord sur l'opportunité de procéder au partage de la Turquie, il reste à définir les modalités des futures négociations. Dans sa lettre au tsar du 2 février, Napoléon estime que « l'intérêt réciproque de nos deux États doit être combiné et balancé. Cela ne peut se faire que dans une entrevue avec Votre Majesté, ou bien après de sincères conférences entre Romansof [*sic*] et Caulaincourt[3] ». En revanche, il refuse sans détour de faire participer l'ambassadeur russe, M. de Tolstoï, qu'il juge « rempli de préjugés et de méfiance contre la France, et [...] bien loin de la hauteur des événements[4] ». Cette précision est révélatrice de la différence de statut qui existe entre Tolstoï et Caulaincourt, ce dernier étant perçu, à la différence de son homologue, comme un acteur à part entière de l'alliance.

C'est d'ailleurs à lui finalement qu'incombe la charge de mener à bien les débats. Quoique nécessaire à la conclusion du futur traité, l'entrevue entre les deux empereurs est en effet reportée à plus tard, à la demande du tsar qui rechigne pour l'instant à quitter son pays. L'idée d'envoyer un émissaire à Paris pour traiter avec Napoléon est quant à elle abandonnée, faute d'émissaire compétent. L'organisation de conférences entre

1. *Ibid.*, Champagny à Caulaincourt, 28 janvier 1808.

2. Thierry Lentz (dir.), *Napoléon Bonaparte. Correspondance générale*, t. VIII (1808), p. 119-120, n° 17119, Napoléon à Alexandre, 2 février 1808.

3. *Ibid.*

4. *Ibid.*

Roumiantsev et Caulaincourt semble être, de toute façon, le meilleur procédé pour Alexandre. Un point de vue partagé par Napoléon qui, dès le 2 février, écrit à son ambassadeur : « Ouvrez-vous là-dessus à Romanzoff [*sic*] ; parcourez avec lui la carte et fournissez-moi vos renseignements et vos idées communs[1]. » L'affaire est donc rapidement réglée : l'ambassadeur et le ministre détermineront les « parts et les avantages respectifs[2] » de leurs deux empires et leur projet sera avalisé par Napoléon et Alexandre lors d'une entrevue.

Dans son ouvrage sur l'alliance franco-russe, Albert Vandal met l'accent sur la latitude donnée à Caulaincourt pour mener à bien cette négociation. Napoléon, lui-même incertain quant à la forme que doit revêtir le partage, laisse en effet une large part aux initiatives personnelles de son ambassadeur. Celui-ci est libre de tout discuter, de tout envisager avec Roumiantsev : rarement un diplomate de cette époque aura pu, même virtuellement, procéder à de tels découpages de territoires. Mais cette liberté est illusoire puisque la décision finale appartient seule à l'Empereur qui peut, s'il le désire, désavouer entièrement son représentant. Le duc de Vicence doit composer qui plus est avec un manque cruel de consignes : à lui de lire entre les lignes et de comprendre les véritables intentions de son maître. Pour lui, les discussions préparatoires qui s'ouvrent au début du mois de mars 1808 s'apparentent à de véritables négociations en aveugle. À ces incertitudes s'ajoute une difficulté supplémentaire. La forme choisie pour ces débats place en effet un ambassadeur sans pouvoirs, qui ne peut prendre aucun engagement au nom de la France et se trouve à deux semaines de courrier de Paris, face à un ministre en relation directe avec son maître. Ce déséquilibre fondamental va contribuer à l'échec de négociations dont les premiers développements montrent rapidement le caractère insoluble.

Lors de la première séance qui les réunit, Caulaincourt et Roumiantsev s'attachent à déterminer les limites qu'il convient de donner au « grand objet », comme le nomme l'ambassadeur de France[3]. Dès le départ, le

1. Napoléon à Caulaincourt, 2 février 1808. Cité dans Albert Vandal, *Napoléon et Alexandre Ier*, t. III, app. I, p. 549.

2. Albert Vandal, « Documents relatifs au partage de l'Orient négocié entre Napoléon et Alexandre Ier (janvier-juin 1808) », Paris, *Revue d'histoire diplomatique,* 1890, p. 430.

3. AN, AF IV 1697 (3), Caulaincourt à Napoléon, « lettre particulière à l'Empereur », Saint-Pétersbourg, 29 février 1808.

ministre russe des Affaires étrangères affirme que son maître et lui sont prêts à tout envisager, même de futures possessions françaises aux Indes, si nécessaire. Le duc de Vicence, qui subodore les véritables sentiments de Napoléon sur la question, a une vision plus modérée. Face à la multiplicité des espaces géographiques concernés, il engage son interlocuteur à définir avec lui les grands types de projets potentiels. Les deux négociateurs en dégagent trois principaux : 1° Le partage « partiel », simple échange de territoires dans les Balkans, 2° Le « grand partage européen » qui concerne toute la péninsule balkanique et, 3°, le « démembrement en Asie » qui vise à la suppression de l'empire ottoman et met en jeu des provinces comme l'Égypte ou la Syrie. Tandis que les Russes cultivent un flou propice à leurs ambitions, Caulaincourt annonce clairement la forme qu'il préconise : celle qui se limite au continent européen[1].

Toujours dans l'intention de donner un cadre strict aux négociations qui débutent, l'ambassadeur français s'efforce d'en exclure les autres questions européennes. Lorsque Roumiantsev évoque l'occupation de la Silésie par les troupes napoléoniennes, Caulaincourt évacue ce problème comme « tout à fait étranger au grand objet » et « du ressort de l'ambassadeur de Paris »[2]. Il refuse pareillement de se laisser entraîner par son interlocuteur vers une révision des frontières du grand-duché de Varsovie. Alors que les Russes entendent profiter des débats pour régler leurs différends avec la France en Europe centrale, le duc de Vicence s'attache au contraire à faire de la question d'Orient un exutoire aux difficultés de l'alliance. Dans l'esprit de Napoléon, l'intérêt du partage est précisément de détourner vers les Balkans les revendications débridées de l'impérialisme russe et de les circonscrire soigneusement.

Lors de l'audience qu'il accorde au duc de Vicence à la suite de ces premières conversations, Alexandre semble d'accord avec cette vision. Il refuse en revanche de se limiter au seul partage des provinces européennes, qu'il juge contraire aux ambitions exprimées par Napoléon, et critique la modération de Caulaincourt : « L'Empereur ne vous donne-t-il donc aucun détail sur ses vues dans cette grande affaire[3] ? » L'ambas-

1. *Ibid.*, Caulaincourt à Napoléon, « lettre particulière à l'Empereur », Saint-Pétersbourg, 29 février 1808.

2. *Ibid.*

3. *Ibid.*, rapport de Caulaincourt à Napoléon, Saint-Pétersbourg, 1er mars 1808.

sadeur de France est déjà victime de son isolement et de sa lecture réaliste des volontés de son maître. De plus, alors qu'il n'a même pas encore pu mettre au point avec Roumiantsev un premier projet de partage, il doit faire face aux propositions d'Alexandre qui court-circuite des discussions à peine entamées. Trop impatient de faire valoir son point de vue, le tsar dévoile en effet ses cartes et propose pour Constantinople le statut de ville libre. Une première offre qui semble annonciatrice d'ambitions bien supérieures. Caulaincourt ne s'y trompe d'ailleurs pas. Malgré ses efforts pour aborder de façon rationnelle les négociations, il comprend surtout qu'il va devoir composer en permanence avec les interventions d'Alexandre.

Le 2 mars, Caulaincourt et Roumiantsev se penchent enfin sur la carte de l'empire ottoman. Ils conviennent d'abord que les lots attribués à leurs deux empires ne devront pas être limitrophes « car il ne faut pas, comme on dit, être nez à nez[1] ». Une mesure révélatrice de la rivalité qui oppose les impérialismes français et russe, sous couvert d'une entreprise commune contre la Turquie et l'Angleterre. Après quelques échanges confus, le ministre russe propose un premier véritable projet de partage. La Russie obtiendrait la Moldavie, la Valachie – deux provinces qu'elle occupe déjà – et la Bulgarie ; la France, la Morée[2] et peut-être l'Albanie et Candie[3]. L'Autriche, associée au partage pour calmer ses inévitables revendications et jouer le rôle d'État-tampon, se verrait quant à elle offrir le nord et peut-être le sud de l'actuelle Bosnie. Ce projet, raisonnable et pondéré, soulève pourtant de nombreuses difficultés. Caulaincourt, attentif à la superficie des territoires autant qu'à leur population ou à leur continuité géographique, juge les lots déséquilibrés[4]. Il pointe surtout du doigt la question de la Serbie, laissée par Roumiantsev en dehors du partage, peut-être à dessein. Le ministre russe propose que ce territoire soit sous la dépendance d'une double influence franco-russe, ce que le duc de Vicence refuse avec raison – « Deux grandes influences dans un pays, n'est-ce pas comme deux maîtresses dans une maison[5] ? » –, ou qu'il soit

1. *Ibid.*, rapport de Caulaincourt à Napoléon, Saint-Pétersbourg, 2 mars 1808.

2. L'actuel Péloponnèse.

3. La Crète.

4. AN, AF IV 1697 (5), rapport de Caulaincourt à Napoléon, Saint-Pétersbourg, 2 mars 1808.

5. *Ibid.*

confié à un archiduc autrichien. Une solution qui ne parvient pas non plus à emporter la complète adhésion des négociateurs.

Mais ces écueils restent accessoires, comparés à la controverse qui oppose les deux négociateurs au sujet du statut des Détroits. Abandonnant tout faux-fuyant, Roumiantsev revendique désormais la possession des Détroits et de la Romélie[1], conformément aux ambitions traditionnelles de la Russie depuis le XVIIIe siècle. Le même héritage diplomatique impose cependant à l'ambassadeur de France de contrer ces prétentions. Il suggère donc au ministre russe une répartition des Détroits : « La clef de la mer Noire et celle de la mer de Marmara, c'est beaucoup pour une porte, monsieur le comte, ce serait déjà beaucoup d'en avoir une. Ceci, il me semble, ne serait même proposable qu'en ayant chacun la sienne[2]. » Caulaincourt est bien conscient que ce compromis est inacceptable pour les Russes, mais il sait aussi que tout engagement pris à ce sujet serait immédiatement désavoué par son maître. Le ministre a beau offrir toutes les provinces d'Asie à la France en échange de la cession des Détroits, le duc de Vicence reste inébranlable : il a compris à quel point le rêve russe est incompatible avec les principes de base de la diplomatie de son propre pays.

Le second des « entretiens de Saint-Pétersbourg[3] », organisé le surlendemain, approfondit le désaccord suscité par la question de Constantinople. Le duc de Vicence prend conscience de l'ambiguïté et surtout des nombreuses contradictions qui parsèment le discours de Roumiantsev. Ce dernier « oublie » ainsi qu'il a promis l'Albanie à la France et considère désormais la Serbie comme partie prenante du lot russe. Caulaincourt déplore ce manque de rigueur propice à toutes les ambitions : « Depuis la dernière fois, vous avez bien augmenté votre lot, monsieur le comte ; si cela traîne, vous mangerez tout[4]. » Il est excédé par la succession intempestive de projets et de contre-projets, favorisée par le caractère purement oral des négociations. Il déclare ainsi à Roumiantsev : « Je suis fâché que vous n'ayez pas encore fait rédiger vos vues, nous irions plus vite[5]. »

1. L'actuelle Turquie d'Europe.

2. AN, AF IV 1697 (5), rapport de Caulaincourt à Napoléon, Saint-Pétersbourg, 2 mars 1808.

3. Titre du huitième chapitre d'Albert Vandal, *Napoléon et Alexandre Ier*, t. I.

4. AN, AF IV 1697 (5), rapport de Caulaincourt à Napoléon, Saint-Pétersbourg, 4 mars 1808.

5. *Ibid.*

Au lieu de faire le point sur l'état des discussions, le ministre russe des Affaires étrangères s'acharne à obtenir l'acquisition des Détroits malgré l'intransigeance tenace de Caulaincourt, qui lui réplique : « Constantinople à lui seul vaut mieux que tout ce que vous nous offrez en Europe [...]. Constantinople m'effraye, je vous l'avoue. C'est un beau réveil que d'ouvrir les yeux empereur de Constantinople[1]. » Face à la pression russe, l'ambassadeur de France finit par se réfugier opportunément derrière son absence de pouvoirs et par renvoyer les débats à la future entrevue des deux empereurs : « Nous ne jetons que des idées en avant, dit-il à Roumiantsev ; l'empereur Napoléon aura sûrement celles qui concilieront tout et assureront l'avenir par le présent[2]. » Quelle meilleure preuve qu'après seulement deux séances, les négociations sont dans l'impasse ?

Le début de la conférence du 9 mars « roule sur les mêmes objets que la précédente[3] » : « Mêmes questions, mêmes réponses », soupire l'ambassadeur. Celui-ci s'agace de plus en plus des méthodes de Roumiantsev, qui ne cesse désormais d'invoquer la bonne volonté de Napoléon, dénaturée selon lui par l'obstination du duc de Vicence. « Il m'assura en plaisantant que Votre Majesté serait plus juste que je n'étais traitable[4] », écrit Caulaincourt dans son rapport à l'Empereur. Pour couper court à ces attaques, il impose enfin à son interlocuteur de mettre par écrit son projet de partage :

> Après cette conférence dont voici l'extrait, puisqu'elle dura quatre heures, je proposai au ministre des vues par écrit ; voyant qu'il m'ajournait encore et que nous ne terminions rien, je lui dis : « Je vais écrire, monsieur le comte, dictez ! De cette manière vous montrerez en peu de mots à l'Empereur à quel point nous sommes et quelles sont celles de mes objections sur lesquelles nous ne pouvons nous accorder ; il vous donnera ses ordres ; sans cela nous ne serons pas plus avancés dans huit jours qu'à présent »[5].

Les « Vues de Romansoff [*sic*] sur le partage de la Turquie à la fin de la conférence du 9 mars », constituent sûrement le texte le plus abouti

1. *Ibid.*
2. *Ibid.*
3. *Ibid.*, rapport de Caulaincourt à Napoléon, Saint-Pétersbourg, 9 mars 1808.
4. *Ibid.*
5. *Ibid.*

sur la question du partage. Une première partie, intitulée « Dans l'idée du traité d'alliance », reprend les propositions les plus mesurées des deux négociateurs : la Russie s'agrandirait vers la Bulgarie, la France vers l'Albanie, l'Autriche recevrait une partie de l'actuelle Bosnie et la Serbie serait donnée à un archiduc autrichien ou à une grande-duchesse russe. Une seconde partie, « Dans l'esprit du grand partage », propose au contraire le partage de tout l'empire ottoman. En Europe, les possessions de l'Autriche descendraient jusqu'à l'est du port de Salonique, incluant ainsi la Serbie. Elles sépareraient celles de la France, à l'ouest, avec toute la côte adriatique jusqu'au Péloponnèse, et celles de la Russie à l'est, comprenant la Roumélie. Hors de l'Europe, la France obtiendrait toutes les îles grecques, Smyrne, Chypre, la Syrie et l'Égypte.

Ce projet, qui semble délimiter avec précision la part de chacun et n'attendre qu'une approbation impériale, est réduit à néant par un troisième paragraphe, intitulé « Objections de l'ambassadeur de France sur lesquelles le comte de Romansoff [*sic*] n'a pu, dit-il, le satisfaire ». Les contentieux laissés de côté par le ministre russe y sont pointés du doigt par Caulaincourt qui refuse toujours « la possession de Constantinople par la Russie[1] ». La mise par écrit du projet de partage n'a finalement servi qu'à fixer le différend franco-russe, à en révéler l'ampleur et le caractère insoluble.

Dès le lendemain, Roumiantsev déclare « que tout grand partage de l'empire ottoman qui ne donnerait pas [les Détroits] à la Russie serait contre l'opinion de la nation et mécontenterait plus que la situation actuelle, quelque mauvaise qu'elle fût[2] ». Voulue comme un ultimatum, cette phrase montre en réalité que les Russes se résignent peu à peu au maintien du *statu quo*, longtemps souhaité par la France. Leur dernier espoir réside désormais dans une explication franche entre Napoléon et Alexandre. Ce dernier considère en effet que le duc de Vicence n'est pas véritablement apte à traiter, que son zèle n'est pas en adéquation avec la pensée de son maître. Il le lui signifie à demi-mot au cours de l'audience du 12 mars, lorsqu'il évoque la future entrevue : « Vous faites votre devoir en cherchant à rendre votre lot le meilleur possible, c'est tout simple. Mais

1. AN, AF IV 1697 (5), rapport de Caulaincourt à Napoléon, Saint-Pétersbourg, 9 mars 1808.

2. *Ibid.*, rapport de Caulaincourt à Napoléon, Saint-Pétersbourg, 10 mars 1808.

l'Empereur appréciera mes raisons ; j'espère beaucoup, puisque voilà une occasion de faire pour moi ce que son amitié m'a toujours promis[1]. »

Dans la lettre qu'il écrit à Napoléon le 16 mars, en forme de bilan des deux semaines écoulées, Caulaincourt reconnaît lui-même les difficultés qu'il a eues à mener une telle négociation : « J'offre à Votre Majesté plus de dévouement que de talent dans ces détails ; je lui avoue qu'elle m'a mis à une grande épreuve et que je me croirai bien heureux si elle n'improuve pas trop la marche que j'ai suivie[2]. » Bien que lucide sur ses propres capacités, il critique surtout le comportement de Roumiantsev, dont les constants revirements, la mauvaise foi et les ambitions toujours accrues sont pour lui le reflet d'une méfiance naissante à l'égard de la France. Quant au fond des débats, la question des Détroits lui semble être la principale, voire la seule pierre d'achoppement, comme il l'explique non sans ironie :

> Je me résume sur l'article de la Turquie ; que Votre Majesté réunisse l'Italie à la France, peut-être même l'Espagne, qu'elle change les dynasties, fonde des royaumes, qu'elle exige la coopération de la flotte de la mer Noire et d'une armée de terre pour conquérir l'Égypte ; qu'elle demande les garanties qu'elle voudra ; qu'elle fasse avec l'Autriche les échanges qui lui conviendront, en un mot, que le monde change de place ; si la Russie obtient Constantinople et les Dardanelles, on pourra, je crois, obtenir d'elle tout ce qu'elle pourra offrir, et lui faire tout envisager sans inquiétude[3].

Mais Napoléon peut-il se résoudre à ce sacrifice ? Caulaincourt sait bien que non et n'ose le lui suggérer. D'où sa prise de conscience de l'échec définitif des « entretiens de Saint-Pétersbourg ». Le ton moqueur de ce passage doit être mis en partie sur le compte de cette désillusion. Alors que le duc de Vicence avait espéré cimenter l'alliance au moyen du partage de l'empire ottoman, il lui faut au contraire constater, après seulement deux semaines de discussions, l'apparition des premières fissures dans l'édifice de Tilsit. Sa foi dans la collaboration entre Paris et Saint-Pétersbourg en

1. *Ibid.*, rapport de Caulaincourt à Napoléon, Saint-Pétersbourg, 12 mars 1808.

2. AN, AF IV 1697 (3), Caulaincourt à l'Empereur, Saint-Pétersbourg, 16 mars 1808.

3. *Ibid.*

ressort profondément ébranlée. C'est avec pessimisme qu'il déclare ainsi au tsar Alexandre : « Ainsi sommes-nous rivaux, même en paix. Peut-être ne serons-nous jamais amis, certainement pas alliés[1]. » Celle qu'Albert Vandal considère comme « une des plus extraordinaires négociations dont nos archives aient conservé le secret[2] » contribue finalement au mal-être naissant de l'alliance franco-russe. Elle n'en reste pas moins une étape importante dans l'apprentissage du duc de Vicence qui fait l'expérience de l'isolement du diplomate et des dures réalités du jeu politique.

Dans les mois suivants, la question du partage revient régulièrement dans les discours de Caulaincourt, Roumiantsev et Alexandre. Mais, dans l'attente de la prochaine entrevue, il est décidé d'un commun accord de couper court aux débats. Comme l'explique l'ambassadeur de France avec pertinence, « trente courriers ne tireront pas au clair ce qui se fera dans trois jours d'entrevue et on ne finirait pas en deux ans ce qui se fera en dix jours. Il y a tant de choses scabreuses dans cette grande affaire que des souverains seuls peuvent s'entendre. [...] Les discussions diplomatiques arrêtent plus qu'elles n'avancent[3] ». Derrière ces remarques de pur bon sens, on peut sentir chez Caulaincourt le désir d'être débarrassé de ce fardeau et de laisser les deux empereurs résoudre les premières difficultés de l'alliance. Les espoirs qu'il met, que chacun met dans l'entrevue sont grands : la déception n'en sera que plus vive.

Erfurt : l'approfondissement d'une pensée politique

Dès le début de l'année 1808, une entrevue entre les deux empereurs semble nécessaire afin de régler certaines questions laissées pendantes par le traité de Tilsit, notamment le statut de la Silésie et celui des provinces danubiennes. Au moment où s'engagent les négociations sur le partage de la Turquie, Napoléon enjoint d'ailleurs à son ambassadeur de convenir avec Alexandre du lieu de la future entrevue : « Si l'empereur Alexandre peut venir à Paris, il me fera grand plaisir. S'il ne peut venir qu'à moitié chemin, mettez le compas sur la carte, et pressez le milieu entre Péters-

1. AN, AF IV 1697 (5), rapport de Caulaincourt à Napoléon, Saint-Pétersbourg, 24 juin 1808.

2. Albert Vandal, *Napoléon et Alexandre Ier*, t. I, p. 282.

3. AN, AF IV 1697 (5), rapport de Caulaincourt à Napoléon, Saint-Pétersbourg, 31 mai 1808.

bourg et Paris[1]. » Comme nous venons de le voir, l'échec des entretiens entre Caulaincourt et Roumiantsev et le refroidissement perceptible de l'alliance rendent l'entrevue de plus en plus indispensable. Après plusieurs mois d'ajournement, la date de la rencontre est fixée à la fin du mois de septembre. Le « compas » des deux empereurs se pose sur la petite ville allemande d'Erfurt, alors sous domination française.

Mis au courant des préparatifs de l'entrevue, Caulaincourt reste pourtant sans nouvelles des intentions de Napoléon à son égard. Doit-il assurer la continuité de la représentation française à Saint-Pétersbourg ou au contraire venir à Erfurt pour y mettre à contribution sa connaissance des affaires en cours, notamment des projets de partage de l'empire ottoman ? Il choisit finalement la seconde alternative, comme il l'explique dans une lettre datée du début du mois de septembre : « Sans ordre de Votre Majesté ni de son ministre sur ce que je dois faire, je me suis trouvé fort embarrassé sur le parti que je devais prendre. Dans mon incertitude je suis le souverain près duquel Votre Majesté m'a envoyé, puisqu'Elle a marqué ma place auprès de lui[2]. » Cette décision est loin d'être innocente : en se portant à la rencontre de son maître, le duc de Vicence espère obtenir de lui son rappel et revenir en France à ses côtés. Une fois ses préparatifs achevés et la direction de l'ambassade confiée à Rayneval, il quitte la capitale russe le 11 septembre 1808, « avec l'espoir et même la conviction qu'[il] ne retournerai[t] plus en Russie[3] ».

Arrivé à Erfurt le 24 septembre, il doit vite déchanter. Napoléon « rompt la conversation » dès que son grand écuyer évoque son retour à Paris : « Nous arrangerons cela à la fin du congrès », lui promet-t-il. « Ce terme approchant, raconte Caulaincourt dans ses Mémoires, Duroc fut de nouveau chargé de me faire entendre raison sur la nécessité de retourner à Pétersbourg. Je m'appuyais vainement de la promesse faite de ne m'y laisser qu'un an[4]. » Les arguments du duc de Vicence pèsent de peu de poids face à ceux qui lui sont opposés. L'Empereur considère en effet sa présence à Saint-Pétersbourg comme nécessaire au bon fonctionnement

---

1. Napoléon à Caulaincourt, 2 février 1808. Cité dans Albert Vandal, *Napoléon et Alexandre Ier*, t. III, app. I, p. 549.

2. Caulaincourt à Napoléon, Kameni-Ostroff, 4 septembre 1808, cité par Jean Hanoteau, *op. cit.*, t. I, p. 106.

3. *Mémoires de Caulaincourt*, t. I, p. 245.

4. *Ibid.*

de l'alliance. La seule alternative envisageable serait sa nomination à la tête du ministère des Relations extérieures, une décision qui ne pourrait être interprétée par l'Europe comme un refroidissement des relations franco-russes. Mais face à une telle responsabilité, Caulaincourt se défile. Il n'a donc plus le choix : au nom de sa fidélité aux intérêts de la France, il lui faut poursuivre sa mission en Russie et cultiver la confiance que lui témoigne Alexandre. Cette bonne entente est alors vitale pour Napoléon, car seul l'allié russe, en tenant en respect l'Autriche, peut lui permettre d'avoir les mains libres en Espagne.

Les préparatifs militaires de l'empire des Habsbourg sont justement au cœur des longues discussions qui réunissent Napoléon et Alexandre. Même s'il affirme ne pas avoir été « étranger à ce qui s'est fait au congrès d'Erfurt[1] », Caulaincourt y joue un rôle au mieux secondaire. Jean Hanoteau écrit qu'il « ne prit pas une part directe aux négociations diplomatiques et n'eut à jouer qu'un rôle d'informateur et de conseiller[2] ». Les deux empereurs entendent en effet régler les questions européennes en tête à tête, comme naguère sur le Niémen. Ce centralisme, qui méprise les structures consacrées de l'appareil diplomatique, ne semble pas vraiment du goût du duc de Vicence, peut-être vexé d'être tenu pour quantité négligeable. Il critique ainsi la lenteur des négociations : « Rien n'avançait. Les ministres ne pouvaient aider à la marche des affaires dont les souverains s'étaient réservé la direction et même les détails[3]. »

La lenteur des négociations n'est pas seulement due aux méthodes de travail choisies par Napoléon et Alexandre : elle est d'abord le reflet de la méfiance naissante qui les oppose et dont Caulaincourt rend compte dans ses Mémoires. Le faste de l'entrevue, la concorde affichée par les deux empereurs ne font que masquer l'ampleur de leurs différends. Venus pour réaffirmer leur union commune contre l'Angleterre et conclure le partage de la Turquie, les deux alliés se divisent autour de l'attitude à adopter face aux armements autrichiens. Alors que Napoléon le presse de se montrer « menaçant » face à cette puissance, Alexandre refuse de « pousser les choses à bout »[4] :

---

1. *Mémoires de Caulaincourt*, t. I, p. 254.
2. Jean Hanoteau, *op. cit.*, t. I, p. 107.
3. *Mémoires de Caulaincourt*, t. I, p. 259.
4. *Ibid.*, p. 259.

> Tout fut pendant quelque temps subordonné à cette question. On en vint même aux reproches sur ce que ces ménagements mal entendus, laissant les menaces de l'Autriche impunies, ôtaient à l'alliance son utilité et prouvaient à l'Angleterre qu'elle pouvait encore trouver des alliés sur le continent et se dispenser, par conséquent, de traiter de la paix qu'on allait lui proposer[1].

La lassitude et la volonté de donner le change finissent par déterminer les deux camps à adopter un compromis après deux semaines de tractations. La convention signée à Erfurt, le 12 octobre 1808, laisse à Napoléon les mains libres en Espagne, même si la Russie ne s'engage à intervenir contre l'Autriche qu'en cas d'agression de cette dernière. En échange de cette timide prise de position, Alexandre obtient la Finlande que les armées russes sont alors en train d'enlever à la Suède, et la pleine possession des provinces danubiennes, cette décision venant clore de façon définitive et particulièrement prosaïque la question des projets de partage de l'empire ottoman[2].

Malgré sa mise à l'écart des négociations, l'entrevue d'Erfurt est un moment essentiel dans la carrière du duc de Vicence. Elle marque en effet une étape décisive dans l'évolution de sa pensée et de ses relations avec Napoléon. Dans son introduction aux *Mémoires de Caulaincourt*, Jean Hanoteau écrit : « Cette date est [...] importante dans son histoire car, à ce moment, apparaît nettement une nouvelle orientation de ses idées, orientation qui dominera toute la fin de sa carrière politique[3]. » Même si, comme on l'a vu, cette « nouvelle » pensée est en gestation dès les années 1806 et 1807, c'est bien à l'époque d'Erfurt qu'elle s'exprime pour la première fois aussi clairement. L'année passée à Saint-Pétersbourg a permis en effet à Caulaincourt d'approfondir sa connaissance des affaires européennes et surtout de mûrir ses conceptions politiques loin de son maître. L'entrevue lui donne quant à elle l'occasion de confronter ses idées personnelles avec celles de Napoléon lors des nombreuses conversations qu'ils tiennent en marge des conférences officielles.

---

1. *Ibid.*
2. La Russie ne conserve finalement que la Bessarabie (l'actuelle Moldavie) après la signature du traité de Bucarest (28 mai 1812) qui met fin à la guerre russo-turque (1806-1812).
3. Jean Hanoteau, *op. cit.*, t. I, p. 107.

Ces entretiens de 1808, les premiers à être reproduits dans les *Mémoires de Caulaincourt*, constituent le modèle de toutes les confrontations suivantes entre l'Empereur et le grand écuyer. Abordant l'essentiel des grandes questions européennes, ils se caractérisent avant tout par leur franchise de ton : « L'Empereur, raconte Caulaincourt, loin d'être choqué de mes observations, quelque opposées qu'elles fussent aux idées qu'il voulait faire prévaloir et qu'il cherchait à m'inculquer, m'excitait à causer avec franchise[1]. » Et le duc de Vicence ne se prive pas de faire valoir son point de vue et de critiquer la politique suivie par Napoléon. Il réprouve ainsi sa volonté de forcer la Russie à se déclarer contre l'Autriche, une décision qui ne peut être interprétée selon lui que comme une mesure agressive et nuire par conséquent au bon fonctionnement de l'alliance. Estimant plus généralement que l'extension prise par la puissance française est un danger pour la paix continentale, il va jusqu'à justifier les armements de l'Autriche :

> Je parlai aussi à l'Empereur du système qu'il suivait [...]. Je lui dis franchement que chacun se croyait menacé, que la peur faisait taire les petits États, mais que l'Autriche, de fait, ne courait aux armes que par la peur qu'elle avait, comme tout le monde ; que la diversion qu'offraient en ce moment les événements d'Espagne lui semblait, sans doute, le seul et dernier moment qui lui restât pour défendre son indépendance ; que la guerre dont elle nous menaçait ne pouvait être qu'une guerre de désespoir dans l'état où elle se trouvait et étant seule après tant de défaites[2].

C'est finalement toute la politique extérieure française, tout le système napoléonien que Caulaincourt remet en question. Même la personnalité de Napoléon lui semble désormais un sujet d'inquiétude :

> – Quel projet me croit-on donc ? me demanda l'Empereur. – De dominer seul, répondis-je. – Mais la France est assez grande ! Que puis-je désirer ? N'ai-je pas assez de mes affaires d'Espagne, de la guerre contre l'Angleterre ? – Il y en aurait, sans doute, plus qu'il n'en

1. *Mémoires de Caulaincourt*, t. I, p. 246.
2. *Ibid.*, p. 249.

> faudrait pour occuper tout autre que Votre Majesté ; mais la présence de ses troupes en Allemagne, sa détermination de garder ses positions sur l'Oder, tout porte à croire, *comme, pour mon compte, je l'avoue à Votre Majesté, j'en suis convaincu,* qu'elle a d'autres projets et que son ambition n'est pas satisfaite[1].

Napoléon s'amuse de l'honnêteté parfois naïve de son grand écuyer et l'encourage à exprimer toute sa pensée. Comme lors des différentes conversations qu'il aura par la suite avec l'Empereur, Caulaincourt se fait une gloire de dédaigner tout langage courtisan : « Je ne me suis jamais fait prier pour avouer franchement ce que je croyais juste et dans l'intérêt de l'Empereur comme dans celui de mon pays[2] », affirme-t-il dans ses Mémoires. Cette attitude restera une constante dans ses relations avec son maître.

À Erfurt, il lui conseille d'enlever ses troupes d'Allemagne et de les concentrer en Espagne, « avant que l'insurrection y fût devenue un système organisé[3] ». Seule cette mesure est capable, selon lui, de consolider l'alliance franco-russe et de calmer les ardeurs de l'Autriche. Ces préconisations portent la marque des conceptions politiques du duc de Vicence : pour lui, l'empire napoléonien doit limiter son influence à l'Italie et à l'Espagne et maintenir le *statu quo* en Europe centrale et orientale. La prépondérance française ne doit pas se muer en une suprématie incompatible avec les systèmes d'alliance. L'analyse de Caulaincourt, en partie pertinente, n'aborde toutefois que les questions continentales. L'Empereur oppose facilement à ce qu'il appelle un « système de faiblesse » les nécessités de la lutte contre l'Angleterre et du Blocus : les objections de son grand écuyer sont impuissantes à le faire sortir de cette logique.

Au contraire, pendant toute la durée de ces conversations, c'est Napoléon qui emploie « toutes les séductions de son génie[4] » pour tenter de ramener son grand écuyer à ses propres opinions, en vain. Face à ces échecs, sa « bienveillance » se transforme parfois en « impatience », voire en irritation[5]. Même s'il s'en défend, il semble qu'il accepte difficilement

1. *Ibid.* C'est nous qui soulignons.
2. *Ibid.*, p. 252.
3. *Ibid.*, p. 253.
4. *Ibid.*, p. 254.
5. *Ibid.*, p. 253.

les nouvelles orientations politiques de Caulaincourt, ses critiques réitérées, sa défense du tsar et des Russes. Lui qui n'avait envoyé à Saint-Pétersbourg qu'un brillant intermédiaire voit revenir, pour son plus grand déplaisir, un partisan farouche de l'alliance franco-russe et de l'équilibre entre les puissances européennes. Ce désaccord, perceptible dès 1807, va s'approfondir au fur et à mesure des difficultés de l'alliance franco-russe et se manifester aux yeux de tous au moment du retour du duc de Vicence à Paris, en juin 1811.

Certains historiens ont estimé que ces divergences de vue entre Napoléon et Caulaincourt à Erfurt n'étaient que la partie visible d'une rupture beaucoup plus profonde[1]. Pour eux, le duc de Vicence aurait servi d'intermédiaire entre Alexandre et Talleyrand et participé ainsi à la trahison de ce dernier. Cette accusation n'est que la première d'une longue série. Elle repose sur différents témoignages particulièrement sujets à caution. Le premier émane de Talleyrand lui-même. Dans ses Mémoires, il affirme que c'est le duc de Vicence qui aurait réussi à convaincre Alexandre de refuser l'insertion dans la convention d'Erfurt de toute clause menaçant directement l'Autriche[2]. Comme le remarque Jean Hanoteau, « on sait le peu de foi que, pour de multiples raisons, on doit accorder aux Mémoires » du prince de Bénévent[3], œuvre de propagande destinée à la fois à justifier son auteur et à compromettre ses ennemis, ses rivaux, ses amis parfois[4]. Ajoutons que le tsar n'avait nullement besoin de l'intervention de Caulaincourt pour s'opposer à toute menace directe contre une puissance dont il cultivait l'amitié en sous-main.

Ses détracteurs ont souvent mis en avant les liens personnels du duc de Vicence avec Talleyrand pour expliquer sa possible trahison ; ce sont au contraire ces liens qui l'ont empêché de soupçonner les véritables desseins de son ami. La correspondance qu'entretiennent les deux hommes de 1807 à 1811 constitue d'ailleurs la meilleure preuve de l'innocence de Caulaincourt. Dans les lettres qu'il lui adresse, Talleyrand cherche avant tout à flatter l'ambassadeur de France ; il n'évoque que rarement

---

1. Notamment Émile Dard, *Napoléon et Talleyrand*, Paris, Plon, 1935, p. 210-211.
2. Emmanuel de Waresquiel, *Mémoires du prince de Talleyrand*, Paris, Robert Laffont, 2007, p. 325.
3. Jean Hanoteau, *op. cit.*, t. I, p. 108.
4. Emmanuel de Waresquiel, *Talleyrand*, Paris, Fayard, 2003, p. 734-736, annexe : « Note sur les Mémoires de Talleyrand ».

les questions politiques et toujours en suivant la ligne officielle. Il prend garde surtout de ne jamais critiquer l'Empereur. Ainsi que le fait remarquer Jean Hanoteau, le prince de Bénévent « insiste à plusieurs reprises sur ce que ses lettres sont acheminées en profitant d'occasions sûres, à l'abri de toute intervention éventuelle du cabinet noir. Pourquoi dès lors se montrer si chaud admirateur de l'homme qu'il trahissait, alors qu'il lui était facile de ne rien dire, s'il avait su que M. de Caulaincourt partageait ses idées[1] ? ». Quant au duc de Vicence, s'il a pris part au rapprochement entre Talleyrand et Alexandre à Erfurt, comment peut-il s'étonner avec une telle candeur de la disgrâce qui touche son ami au début de l'année 1809 ? Il lui écrit ainsi : « Vous qui m'avez si souvent consolé dans mon chagrin, mon prince, vous comptez, j'espère, un peu sur moi dans les vôtres. J'en ai été accablé, parce que je me suis mis à votre place et que je sais combien vous êtes attaché à l'Empereur. Tout cela n'est-il pas une intrigue ? [...] Qu'y a-t-il donc eu ? Je ne sais que penser de tout cela[2]. » Il est difficile dans ces conditions de croire à la culpabilité de Caulaincourt, sauf à le soupçonner d'un machiavélisme qui semble tout à fait contraire à sa nature. Laissons à Jean Hanoteau, qui le premier a proposé une analyse fine et documentée des relations entre le duc de Vicence et le prince de Bénévent, le soin de conclure sur ces questions :

> Caulaincourt avait sa place [dans le groupe de Talleyrand]. [...] Lui aussi pensait que la grandeur de la France, pour se consolider, avait besoin de se limiter. [...] Mais si le duc de Vicence fut d'accord sur ces aspirations avec son ami, il ne se fit jamais le complice des menées secrètes, des combinaisons louches de ce dernier, allant jusqu'à la trahison. [...] Il y avait, par ailleurs, dans le caractère complexe de Caulaincourt, un grain de candeur qui ne lui laissait pas soupçonner le mal chez ceux qu'il aimait. Non seulement le grand écuyer ne trempa, en quoi que ce soit, dans les affaires d'argent de son partenaire, [...] mais, en de nombreuses circonstances, son action politique s'écarta très sensiblement de celle du prince de Bénévent, notamment à Erfurt où ce

1. Jean Hanoteau, *op. cit.*, t. I, p. 113-114.
2. Jean Hanoteau, « Lettres de Talleyrand à Caulaincourt », *Revue des deux mondes*, t. XXIX, p. 813, Caulaincourt à Talleyrand, Saint-Pétersbourg, 27 février 1809.

> dernier joua dans l'ombre un rôle entièrement favorable à l'Autriche, tandis que Caulaincourt restait fidèlement attaché à l'alliance russe[1].

Cette fidélité, comme on l'a vu, impose au duc de Vicence de suivre Alexandre lorsqu'il quitte Erfurt pour Saint-Pétersbourg, le 14 octobre 1808. Il laisse derrière lui le sentiment d'une occasion manquée et un goût d'inachevé : l'entrevue est pour lui une déception à tous égards. Il lui faut en effet abandonner l'idée d'un retour en France dans un proche avenir ; surtout, il est désormais forcé de constater à la fois les limites de l'alliance franco-russe et son impuissance à y remédier. Même la convention du 12 octobre ne peut faire illusion à ses yeux : dès la fin de l'année 1808, les « illusions de Tilsit » lui semblent bel et bien dissipées[2]. La campagne de 1809 contre l'Autriche, rendue possible par les atermoiements d'Erfurt, va lui confirmer, si besoin était, l'incapacité des deux alliés à mettre en place une action commune.

1809 ou l'alliance inutile

De retour à Saint-Pétersbourg à la fin du mois d'octobre 1808, Caulaincourt est rapidement confronté à une menace autrichienne de plus en plus précise. Longtemps incertaine quant à l'opportunité de reprendre les armes contre la France, Vienne est désormais déterminée à mettre à profit la diversion espagnole ainsi que les failles qu'elle a pu constater au sein de l'alliance de Tilsit. Dans ces conditions, le seul moyen pour Napoléon d'éviter la guerre est de convaincre Alexandre de faire entendre raison à l'Autriche. Pressé, au début de l'année 1809, d'accepter la rédaction d'un ultimatum contre cette dernière, le tsar se contente de répondre au duc de Vicence par des paroles particulièrement ambiguës : à ses proclamations de soutien inconditionnel à la cause commune se mêlent en effet critiques et reproches à l'égard de la France. Caulaincourt qui, quelques mois auparavant, préconisait l'emploi de la conciliation, est désormais convaincu, face à l'imminence de la guerre, de la nécessité de présenter un front commun et de faire preuve de la plus grande fermeté à l'égard de l'Autriche : « La modération, déclare-t-il au tsar, [...] ne ferait peut-être

1. *Ibid.*, p. 784.
2. *Mémoires de Caulaincourt*, t. I, p. 270.

qu'encourager des gens qui n'avaient calculé les conséquences d'aucune de leurs mesures[1]. »

Mais, les semaines passant, les projets de notes et d'ultimatums deviennent de moins en moins pertinents. Alors que s'annonce l'entrée en campagne, les instructions de Caulaincourt se font plus précises. « L'Empereur, Monsieur, vous engage à tout employer pour porter l'empereur Alexandre à ordonner sans délai des mouvements militaires propres à épouvanter ou à soumettre l'Autriche », lui écrit Champagny[2]. Encouragé par son gouvernement, Caulaincourt tente de dresser avec un tsar réticent les plans de la future campagne commune : il propose ainsi pour les troupes russes une double offensive sur le Danube et en Galicie. À la toute fin du mois de février 1809, Alexandre, tenu par ses engagements, accepte finalement d'entrer en guerre aux côtés de son allié. Au moment où l'Autriche s'apprête à prendre les armes, le couple franco-russe semble sur la voie d'une coopération militaire voulue par Napoléon, au nom d'impératifs stratégiques, et par Caulaincourt, comme preuve de la solidité de l'alliance.

À cette époque, les sentiments du duc de Vicence à l'égard de l'Autriche sont résolument hostiles. Dans ses lettres au duc de Cadore, il critique « la politique tortueuse et obscure de l'Autriche, qui cherche à tout diviser pour augmenter sa puissance » et qui fait ainsi le jeu de l'Angleterre[3]. Pour lui, l'empire des Habsbourg doit rester dans son rôle d'État-tampon et se contenter de participer de façon passive à l'équilibre du continent. À l'inverse de Talleyrand, il rejette absolument toute idée d'un rapprochement franco-autrichien : l'alliance de Tilsit reste son seul horizon. Lorsque l'ambassadeur d'Autriche à Saint-Pétersbourg, le prince de Schwarzenberg, évoque d'un point de vue théorique la possibilité d'un renversement des alliances, Caulaincourt reste dans la ligne qu'il s'est tracée et refuse toute spéculation :

> Nos troupes marcheraient mieux à côté des vôtres que contre vous, déclare Schwarzenberg, car nous valons mieux que ces Russes, qui sont encore bien sauvages. Mais ces Russes, mon prince, [...] répond

1. *Ibid.*, rapport de Caulaincourt à Napoléon, Saint-Pétersbourg, 21 février 1809.
2. AN, 95 AP 7, Champagny à Caulaincourt, Paris, 5 mars 1809.
3. AMAE, Corr. pol., Russie, 147, Caulaincourt à Champagny, Saint-Pétersbourg, 20 décembre 1808.

> Caulaincourt, sont des alliés bien loyaux, et leur souverain suit une marche droite que vous n'imitez pas et que vous n'avez pas assez appréciée quand il vous a donné des conseils. Vous ne l'écouterez que trop tard pour votre bonheur, M. l'ambassadeur, si vous ne déterminez pas tout de suite votre cour à prendre une attitude plus pacifique[1].

Déçu que l'Autriche n'accepte pas de jouer le rôle prévu pour elle, le duc de Vicence est résolu à faire de sa défaite prochaine le ciment d'une alliance franco-russe enfin rendue opérationnelle.

Dans les semaines qui précédent l'entrée en campagne, l'ambassadeur de France surveille attentivement les préparatifs militaires russes et s'assure que tous les ordres sont envoyés en temps et en heure à l'armée qui doit s'avancer en Galicie autrichienne. Dès le 12 avril, l'Autriche déclare la guerre à la France et envahit la Bavière et le duché de Varsovie. La réaction de Napoléon ne se fait pas attendre : par les victoires de Landshut et d'Eckmühl, il stoppe l'avancée autrichienne. Dès le 13 mai, il fait son entrée à Vienne et se prépare à traverser le Danube pour défaire définitivement les forces de l'archiduc Charles. La brillante campagne de 1805 semble reproduite. Reste à contraindre l'ennemi à la paix.

Averti du déclenchement de la guerre le 26 avril, Caulaincourt écrit immédiatement à son gouvernement pour l'assurer du concours des armées russes. « Je ne doute point qu'elles ne pénétreront incontinent [en Galicie] », affirme-t-il[2]. Il lui faut vite déchanter. Malgré les premières affirmations du tsar, il constate en effet que l'armée russe, placée sous les ordres du prince Galitzine, n'a toujours pas passé la frontière. Pis, au milieu du mois de mai, il apprend que les différentes unités qui la composent ne sont même pas réunies. Ignorant tout des liens secrets tissés par Alexandre avec les Autrichiens, le duc de Vicence se contente dans un premier temps de stigmatiser l'inefficacité russe et les failles de son administration[3]. Pour tenter de débloquer la situation, il décide d'en-

---

1. AMAE, Corr. pol., Russie, 148, Caulaincourt à Champagny, Saint-Pétersbourg, 15 février 1809.

2. AMAE-Nantes, Saint-Pétersbourg, suppl. à la corr. pol., 257*, Caulaincourt à Durant, envoyé à la cour de Stuttgart, Saint-Péterbourg, 4 mai 1809, minute.

3. AMAE, Corr. pol., Russie, 148, Caulaincourt à Champagny, Saint-Pétersbourg, 13 mai 1809.

voyer un des officiers attachés à son ambassade, M. de Lespinay, auprès du prince Galitzine, puis auprès du général Poniatowski qui dirige alors les troupes du grand-duché de Varsovie, engagées elles aussi en Galicie. Les nouvelles qui lui parviennent sont catastrophiques : aux retards s'ajoutent désormais la mauvaise volonté des officiers russes qui gênent délibérément les troupes polonaises[1]. L'ambassadeur est pris à parti par les témoins de l'inconduite des troupes russes. Le baron de Bourgoing, envoyé de Napoléon auprès du roi de Saxe[2], lui résume la situation d'un ton acerbe :

> Après une assertion aussi positive de la part d'un ambassadeur qui tous les jours a l'honneur d'approcher S. M. I. de toutes les Russies, n'ai-je pas lieu [...] d'être étonné que le 27 mai, aucun corps russe n'ait paru ni dans le duché de Varsovie, ni en Galicie ; et d'apprendre qu'enfin les troupes de S. M .I. annonçaient leur entrée prochaine ; mais que leur plan de campagne semblait avoir plutôt pour objet de contrarier que de favoriser les opérations des Polonais, à tel point que ceux-ci font des vœux, secrets à ce que j'espère, mais ardents, pour que les Russes leur épargnent leurs tardifs et dangereux secours[3].

Encore plus critique, Poniatowski parle déjà de la trahison des troupes russes : « Il n'y a pas eu jusqu'à présent le plus petit engagement entre elles et l'ennemi, écrit-il à Caulaincourt, et chaque jour des faits, de plus en plus extraordinaires, ajoutent à la certitude qu'il s'est établi entre les commandants respectifs le plus parfait concert d'opérations[4]. »

Dans ses réponses, l'ambassadeur de France s'attache à défendre envers et contre tout son ami Alexandre, qu'il dissocie de ses officiers. « Je partage entièrement votre sentiment sur l'[...]intelligence qui existe entre les deux généraux [russe et autrichien] mais ici l'intention de l'empereur Alexandre est toujours la même », écrit-il ainsi à Bourgoing[5]. Cette

1. AMAE-Nantes, Saint-Pétersbourg, suppl. à la corr. pol., 257*, de Lespinay à Caulaincourt, Grezni, 2 juin 1809.

2. Alors grand-duc de Varsovie et donc directement intéressé par les événements.

3. AMAE-Nantes, Saint-Pétersbourg, suppl. à la corr. pol., 257*, Bourgoing à Caulaincourt, Dresde, 2 juin 1809.

4. *Ibid.*, Poniatowski à Caulaincourt, quartier général de Pulawy, 27 juin 1809.

5. *Ibid.*, Caulaincourt à Bourgoing, Saint-Pétersbourg, 17 juillet 1809.

confiance en l'alliance n'est cependant qu'une façade : Caulaincourt est désormais sérieusement ébranlé par l'échec de l'intervention russe. Face aux critiques virulentes de Napoléon qui, à partir du mois de juillet, fustige la « conduite traîtresse[1] » des Russes, il peine à trouver des arguments pour justifier un tel fiasco. Il choisit finalement de ne pas masquer cette faillite momentanée et d'invoquer au contraire l'« esprit » de l'alliance et ses intérêts supérieurs :

> J'ai toujours considéré cette alliance, écrit-il à Champagny, sous les deux rapports de l'Angleterre et du continent. Sous le rapport de ce qu'elle met pour nous dans la balance contre l'Angleterre et l'empire politique de cette puissance, quoique son action contre elle ne soit de fait que dans l'opinion, la conduite de la Russie a été, je crois, droite, dans l'esprit qui pouvait convenir à notre système. Sous le rapport du continent, par conséquent de la guerre avec l'Autriche, moi qui ai vu de près les choses, je dois à la vérité, si l'Empereur n'est blessé que des retards, de dire que l'intention du souverain et son opinion, comme celle du ministre, est prononcée en notre faveur[2].

Pour Caulaincourt, l'échec de la coopération militaire contre l'Autriche doit être mis dans la balance avec le bénéfice moral que représente l'alliance russe. Si la lutte contre l'Angleterre est encore sa priorité, Napoléon doit s'efforcer de surmonter sa contrariété et son ressentiment envers Alexandre. L'alliance de Tilsit est à un tournant : elle peut encore être maintenue et consolidée ou au contraire, minée par les événements récents, péricliter lentement jusqu'à la rupture finale. Tout va dépendre désormais de la fin de la campagne de 1809 et du règlement de la paix avec l'Autriche.

La victoire de Wagram, le 6 juillet, suivie de l'armistice de Znaïm, permet l'ouverture de pourparlers avec les Autrichiens, dont les Russes sont logiquement exclus. Cette mise à l'écart alimente leurs inquiétudes et leurs fantasmes concernant un possible rétablissement de la Pologne par Napoléon. Avant même le début de la campagne, Alexandre et Rou-

---

1. AN, 95 AP 7, Champagny à Caulaincourt, Vienne, 20 mai 1809.

2. AMAE, Corr. pol., Russie, 148, Caulaincourt à Champagny, Saint-Pétersbourg, 25 juin 1809.

miantsev avaient craint qu'une victoire française n'aboutisse à la destruction de l'empire des Habsbourg et à la résurrection de la puissance polonaise. Lui-même partisan du maintien de l'équilibre au cœur de l'Europe, Caulaincourt s'était employé à les rassurer tout en refusant de s'engager de façon formelle à ce sujet. Après Wagram, il doit redoubler d'efforts pour parvenir à rassurer ses interlocuteurs. Le tsar et son ministre craignent, à juste titre, d'être punis pour leur manque de coopération et de voir la Galicie passer aux mains du grand-duché de Varsovie : ils demandent en conséquence que le *statu quo* soit maintenu dans ces régions. Mais cette solution répugne à Napoléon qui considère que les troupes varsoviennes doivent être récompensées. Il serait de plus honteux d'abandonner à leur sort les populations de la Galicie, révoltées contre Vienne. Le duc de Vicence reçoit donc la mission de faire accepter à Alexandre l'idée d'un partage de la province, en se gardant toutefois de préciser les lots dévolus à chacun[1].

Pendant les longues semaines que durent les négociations avec l'Autriche, l'ambassadeur de France s'efforce de préparer le terrain, en insistant notamment sur la valeur de tout agrandissement de la Russie sur sa frontière occidentale, même minime. Craignant toutefois la réaction d'Alexandre à la découverte du futur traité, Caulaincourt implore Napoléon, le 12 octobre de céder à son allié une part plus consistante de la Galicie[2]. Le traité mettant fin à la guerre entre la France et l'Autriche est finalement signé à Schönbrunn, le 14 octobre 1809. La Russie doit se contenter de la partie orientale de la Galicie, autour de Tarnopol, totalisant à peine 400 000 âmes, soit quatre fois moins que la part cédée au grand-duché. Lorsque Caulaincourt lui communique le traité, à la fin du mois d'octobre, Alexandre le parcourt « sans proférer un mot, mais non sans montrer qu'il n'était pas satisfait[3] ». Dès le lendemain, le tsar demande à l'ambassadeur de signer au nom de son pays une convention écrite interdisant toute restauration du royaume de Pologne. Seul cet engagement formel peut lui rendre acceptable le traité de Schönbrunn et effacer l'affront personnel que représente la médiocre annexion

1. AN, 95 AP 7, Champagny à Caulaincourt, Vienne, 12 août 1809.
2. *Ibid.*, Caulaincourt à Champagny, Saint-Pétersbourg, 12 octobre 1809.
3. AN, AF IV 1698 (3), rapport de Caulaincourt à Napoléon, Saint-Pétersbourg, 3 novembre 1809.

dédaigneusement concédée à la Russie. Le déroulement de la campagne de 1809 constituait pour Napoléon un sujet de récriminations contre la Russie ; la conclusion de cette même campagne est désormais pour Alexandre un grief contre la France.

Au sortir de la guerre contre l'Autriche, Caulaincourt doit une nouvelle fois constater l'échec de la collaboration franco-russe et l'ampleur des différends qui opposent les deux empereurs. Son action durant ces événements a été particulièrement marginale. Il n'est pas parvenu à accélérer la marche des armées russes, ni à percer à jour le double jeu d'Alexandre. Il n'a pas réussi non plus à convaincre son maître de faire taire son ressentiment et de ménager les susceptibilités russes au nom d'intérêts supérieurs. Le seul point que l'on peut porter à son actif est d'avoir réussi à faire accepter au tsar l'idée d'un partage de la Galicie. Encore lui a-t-il soigneusement caché la part qui serait dévolue à la Russie… Conscient de son incapacité à rétablir les bonnes relations entre les deux empereurs, le duc de Vicence demande son remplacement. Il ne fait pas valoir cette fois-ci de raisons personnelles, mais uniquement l'intérêt de l'alliance franco-russe. Seul un homme neuf lui semble susceptible de donner un second souffle aux relations avec la Russie et de faire renaître une « confiance » sérieusement amoindrie[1]. Napoléon fait comme toujours la sourde oreille : le retour à Paris de son grand écuyer lui semble une mesure bien plus dommageable que bénéfique. Et il lui reste une dernière carte à jouer pour redonner tout son lustre à l'alliance : le projet de mariage russe.

Une grande-duchesse pour sauver l'alliance

L'idée d'une union matrimoniale entre la France et la Russie fait son apparition dès l'entrevue de Tilsit. À cette époque, Napoléon sait qu'il ne peut avoir d'enfant avec l'impératrice Joséphine et songe déjà à divorcer ; Alexandre a quant à lui une sœur en âge de se marier, Catherine. Lorsqu'il arrive à Saint-Pétersbourg, Caulaincourt est confronté aux rumeurs qui font état du mariage prochain entre l'Empereur et la grande-duchesse. Mais ce projet, sans doute sans réel fondement, est rapidement aban-

1. AMAE, Corr. pol., Russie, 148, Caulaincourt à Champagny, Saint-Pétersbourg, 25 juin 1809.

donné devant les réticences manifestées par l'impératrice mère qui seule décide du sort de ses filles. De son côté, Napoléon n'est pas encore résolu au divorce, malgré les objurgations de Fouché.

Le projet de mariage russe réapparaît toutefois à Erfurt. Caulaincourt est cette fois-ci chargé par son maître de sonder Alexandre à ce sujet. Le tsar semble accueillir l'idée avec bienveillance. Il soulève toutefois un certain nombre de difficultés que le duc de Vicence avait déjà signalées à Napoléon : le droit de veto de l'impératrice douairière, la différence de religion, ou encore l'âge des promises, notamment de la grande-duchesse Anne, qui n'a alors que 13 ans. Devant ces obstacles, les deux souverains décident d'un commun accord de repousser le projet à plus tard. Ces premières discussions ne constituent finalement que de simples ouvertures encore floues. Caulaincourt, favorable en principe à une union matrimoniale qui viendrait parachever l'œuvre de Tilsit, semble quant à lui particulièrement dubitatif face aux sentiments affichés par Napoléon et Alexandre. Il craint peut-être dès cette époque que le projet de mariage ne crée un contentieux supplémentaire entre les deux empereurs.

La campagne de 1809 contribue à débloquer, au moins partiellement, la situation. Napoléon, qui a échappé deux fois à la mort[1], est désormais déterminé à divorcer et à se remarier. Parmi les choix possibles, deux prétendantes se distinguent par leur rang et l'appui politique qu'elles personnifient : l'archiduchesse Marie-Louise d'Autriche et la grande-duchesse Anne – la grande-duchesse Catherine s'est entre-temps mariée. En conformité avec son système d'alliance, Napoléon donne la priorité au projet de mariage russe. Craignant de se voir opposer un refus humiliant, il refuse en revanche de faire une demande officielle auprès du tsar. Il préfère charger Caulaincourt de convaincre Alexandre de lui offrir la main de sa sœur. Dans une lettre datée du 22 novembre 1809, Champagny donne à l'ambassadeur les instructions nécessaires au succès d'une ouverture si délicate :

> L'Empereur veut que vous abordiez franchement et simplement la question avec l'empereur Alexandre et que vous lui parliez en ces termes : « J'ai lieu de penser que l'Empereur, pressé par toute la France, se dispose

1. Il a été blessé d'une balle au pied au siège de Ratisbonne et échappe à une tentative d'assassinat à Vienne (acte isolé de Friedrich Staps).

> au divorce. Puis-je mander que l'on peut compter sur votre sœur ? Que Votre Majesté y pense deux jours et me donne franchement sa réponse, non comme à l'ambassadeur de France, mais comme à une personne passionnée pour les deux familles. Ce n'est pas une demande formelle que je fais, c'est un épanchement de vos intentions que je sollicite[1]. »

Il est particulièrement intéressant de voir comment Napoléon et Champagny utilisent sciemment les relations personnelles qui existent entre Alexandre et Caulaincourt : ce dernier, délaissant les démarches officielles, prend le rôle de l'entremetteur. Sa position d'intermédiaire entre les deux empereurs s'en trouve renforcée, d'autant plus que ses instructions lui recommandent d'exclure du débat l'émissaire habituel du tsar, le comte de Roumiantsev. Le duc de Vicence a dans cette affaire une grande marge de manœuvre : une fois obtenu l'accord de la famille impériale russe et vérifié les qualités de la promise, il a tout pouvoir pour conclure. Il lui est toutefois demandé d'agir avec la plus grande discrétion et surtout d'emporter la décision le plus rapidement possible : « Il serait [...] très fâcheux que la réponse que vous ferez à cette lettre nous laissât dans l'incertitude, prévient Champagny [...] ; le principal est que, s'il y a lieu, on puisse aller en avant[2]. » L'allusion est claire à l'alternative autrichienne qui rend inconcevable pour Napoléon tout atermoiement de la part de la Russie. L'Empereur donne d'ailleurs une date limite à son ambassadeur : la réponse du tsar doit être connue à Paris avant la fin du mois de janvier 1810.

Le 26, deux dépêches du duc de Vicence arrivent aux Tuileries. La première, datée du 5 janvier, commence par une description de la grande-duchesse Anne. Selon Caulaincourt, la sœur du tsar est, malgré son jeune âge, « formée depuis cinq mois » et « sans être très belle, a un regard plein de bonté »[3]. Surtout, elle semble capable de procréer : l'ambassadeur de France conclut son portrait en affirmant que la grande-duchesse tient de sa mère, or, précise-t-il assez crûment, « on sait que l'impératrice [douairière] est encore maintenant, malgré ses 50 ans, un moule à enfants[4] ».

1. AMAE, Russie, supplément, 17, Champagny à Caulaincourt, Paris, 28 novembre 1808.

2. AN, 95 AP 7, Champagny à Caulaincourt, 13 décembre 1809.

3. AMAE, Corr. pol., Russie, 150, Caulaincourt à Champagny, Saint-Pétersbourg, 5 janvier 1810.

4. *Ibid.* L'impératrice mère avait en effet donné naissance à dix enfants.

Ces informations, particulièrement encourageantes, sont tempérées par le compte-rendu des premières conversations du duc de Vicence avec Alexandre Ier. Après avoir invoqué une nouvelle fois le droit de veto de sa mère, le tsar s'engage à tout faire pour la convaincre mais demande du temps : dès ces premiers échanges, sa mauvaise volonté apparaît évidente. La seconde dépêche que reçoit Napoléon est datée du 6 janvier. Caulaincourt y rend compte de la réponse de l'impératrice mère : sans refuser tout à fait le projet de mariage, elle demande un délai de réflexion dont le terme n'est pas précisé[1]. « Malgré cette réticence de mauvais augure, écrit l'historien Albert Vandal, Caulaincourt ne désespérait pas du succès[2]. » Napoléon est loin de partager les mêmes illusions. Après réception de ces dépêches, il commence à envisager sérieusement l'alternative autrichienne. Il attend toutefois de nouvelles informations, susceptibles de confirmer ses craintes ou, pourquoi pas, de justifier la confiance que son ambassadeur témoigne à Alexandre.

Au mois de février, Napoléon reçoit de nouvelles dépêches consacrées au projet de mariage russe. Malgré toutes les démarches de son ambassadeur, la situation semble être dans une impasse. Après avoir tenté en vain de convaincre Alexandre de « parler en maître » afin d'imposer le projet[3], le duc de Vicence finit par lui proposer de faire comprendre à l'impératrice mère que la demande émane de Napoléon lui-même et qu'il serait de bon ton d'y consentir dans l'intérêt de l'alliance franco-russe[4]. Ne voulant pas brusquer sa mère, Alexandre préfère s'abstenir. Après deux semaines d'attente, l'impératrice prend une décision définitive : elle refuse de laisser sa fille se marier avant deux ans. Elle craint en effet de la voir mourir en couches comme la grande-duchesse Alexandra, mariée à l'adolescence. Caulaincourt, qui connaît l'impatience de son maître, comprend immédiatement que ce délai est synonyme d'échec pour le projet de mariage : il ne peut que conclure à la faillite des négociations.

1. AMAE, Corr. pol., Russie, 149, Caulaincourt à Champagny, Saint-Pétersbourg, 6 janvier 1810.

2. Albert Vandal, « Négociations avec la Russie relatives au second mariage de Napoléon », p. 25.

3. AMAE, Corr. pol., Russie, 149, Caulaincourt à Champagny, Saint-Pétersbourg, 30 janvier 1810.

4. *Ibid.*, Caulaincourt à Champagny, Saint-Pétersbourg, 21 janvier 1810.

Dans le bilan qu'il adresse à Champagny le 18 février 1809, le duc de Vicence reconnaît son impuissance mais s'illusionne encore sur les intentions du tsar : « J'ai dit tout ce qu'il est possible d'imaginer pour déterminer, enfin, tout ce qui est pour ce mariage, tout ce qui pouvait faire valoir les avantages qui en seraient résultés pour l'Europe, la Russie particulièrement. L'empereur a eu l'air de penser comme moi, mais sa mère en impose[1]. » Laissant deviner l'étendue de sa déception, il ajoute avec fatalisme : « On a tort, sans doute, quand on ne réussit pas dans une affaire de cette importance ; mais j'ai pour moi la conscience qu'il n'était pas possible de faire plus. »

À Paris, Napoléon ne songe pas un instant à blâmer son ambassadeur pour sa conduite des négociations. Il y songe d'autant moins qu'il a pris son parti du refus russe depuis plusieurs semaines, se tournant vers l'alternative autrichienne avant même de connaître la réponse définitive du tsar. Dès le 8 février, dix jours avant la dépêche de bilan que nous venons de citer, il a fait modifier par Champagny les instructions de Caulaincourt. L'ambassadeur de France est désormais chargé de justifier le revirement de son maître, laissé trop longtemps dans l'expectative, et de faire accepter aux Russes l'idée du mariage autrichien. « Le mariage avec l'archiduchesse ne changera rien à la politique, lui précise le duc de Cadore ; vous êtes chargé d'en donner l'assurance la plus positive[2]. » Lorsque Caulaincourt annonce la nouvelle à Alexandre et Roumiantsev, à la fin du mois de février, ceux-ci semblent soulagés par cette issue. Le tsar reproche néanmoins à Napoléon d'avoir mené de front deux négociations et d'avoir ainsi risqué l'incident diplomatique. Cette critique, en partie fondée, est une façon pour lui d'atténuer sa lourde responsabilité dans l'échec des négociations. En apparence, les deux parties sont quittes.

En réalité, l'échec du projet de mariage franco-russe porte un nouveau coup à l'alliance, quelques mois seulement après la campagne de 1809 et la conclusion de la paix de Schönbrunn. Le mariage avec Marie-Louise annonce en effet un retournement d'alliance et la résurrection – sous une forme inégale – du « pacte de famille » de la seconde moitié du XVIIIe siècle. Caulaincourt voit passer une occasion de consolider par les liens du sang une alliance que les aléas politiques fragilisent de plus en plus. Son

1. *Ibid.*, Caulaincourt à Champagny, Saint-Pétersbourg, 18 février 1810.
2. AN, 95 AP 7, Champagny à Caulaincourt, Paris, 8 février 1810.

bilan en tant que négociateur ne peut toutefois être attaqué : malgré les pouvoirs qui lui sont conférés par son maître, trop de paramètres lui échappent. Alors que tout se décide dans le secret des conversations qui réunissent le tsar et sa mère, l'ambassadeur de France ne peut jamais engager de véritables négociations. Ses demandes, ses suppliques, ses critiques se heurtent à un véritable mur, celui du droit de veto de l'impératrice mère. Les délais de courrier achèvent quant à eux de compromettre une négociation qui, une fois perdue sa spontanéité, ne pouvait qu'échouer. On imagine la douleur de Caulaincourt lorsque Champagny, au mois de mars 1810, lui fait le résumé des pourparlers avec l'Autriche : « La négociation, commencée le matin, s'est terminée le soir[1]. »

1. *Ibid.*, Champagny à Caulaincourt, Paris, 17 mars 1810.

CHAPITRE 9

L'ÉCHEC DE L'ALLIANCE FRANCO-RUSSE

Après plus de deux ans passés à Saint-Pétersbourg, Caulaincourt conserve peu d'espoir quant à la survie de l'alliance franco-russe. Toutes les négociations auxquelles il a participé lui ont montré l'impossibilité pour Napoléon et Alexandre de mettre en place une politique commune. L'abandon du projet de partage de la Turquie, l'échec de la coordination militaire contre l'Autriche, le fiasco du mariage russe ont créé un climat de méfiance entre les deux alliés et accentué leurs différends. Le mariage de l'Empereur avec Marie-Louise apparaît comme le prélude d'un désintéressement de la France à l'égard de la Russie. Mais ce désamour n'est pas encore synonyme de guerre : ce sont les crises des années 1810 et 1811 qui vont amener les deux empires au seuil d'un nouveau conflit. Malgré son désir de plus en plus ardent de revenir en France et son moral déclinant, Caulaincourt va devoir se charger de négociations qui visent cette fois-ci non à créer quelque chose mais à préserver une situation et à éloigner le spectre de la guerre. Il va devoir les mener dans des conditions particulièrement difficiles, sous le feu roulant des reproches et des critiques en provenance du tsar Alexandre, mais surtout de Napoléon. Lui qui incarne par excellence l'alliance franco-russe, il va subir de plein fouet les effets de son délabrement progressif ; le premier acte se jouant autour de la question polonaise.

Les conventions sur la Pologne : Caulaincourt désavoué

Dès le mois d'octobre 1809, alors que la paix avec l'Autriche n'est pas encore conclue, Roumiantsev, qui craint les conséquences d'un partage de la Galicie, demande à Caulaincourt de lui donner « l'assurance écrite qu'il ne serait jamais question du rétablissement de la Pologne[1] ». Mais l'ambassadeur n'a pas reçu d'instructions à ce sujet et élude la question jusqu'à la signature du traité de Schönbrunn. Comme nous l'avons vu, les clauses de ce dernier mécontentent profondément les Russes lorsqu'ils en prennent connaissance à la fin du mois d'octobre. Ils voient resurgir, à travers l'accroissement territorial du grand-duché de Varsovie, une menace polonaise qu'ils jugent latente depuis le traité de Tilsit. Désormais, seule une convention franco-russe interdisant toute résurrection d'un royaume de Pologne peut leur faire accepter le nouvel équilibre créé par Napoléon au centre de l'Europe. Dès le lendemain de la réception du traité, le tsar Alexandre lance officiellement les négociations devant mener à la signature de cette convention : « Il me demanda formellement d'en prendre l'engagement par écrit, explique Caulaincourt à Napoléon, me disant qu'il était temps de réaliser ce qu'on lui avait déjà offert plusieurs fois, qu'il n'était pas difficile à contenter, puisqu'il ne demandait que des assurances qui seraient, autant pour nous que pour lui et pour l'Europe, un gage de sa tranquillité actuelle et de la conservation de l'alliance[2]. »

Dans les semaines qui suivent, les Russes précisent leur pensée. Ils exigent non seulement « l'engagement qu'il ne sera jamais question du rétablissement de la Pologne », telle qu'elle existait avant 1795, mais aussi « la suppression des noms de Pologne et de polonais dans tous les actes publics ou privés, la suppression de toute dénomination qui y aurait rapport ; la suppression des anciens ordres de Pologne [...] ; la suppression de toute dénomination, de toute institution tendant à classer le grand-duché de Varsovie [...] autrement que comme une province du royaume de Saxe[3] ». Face à l'acharnement dont font preuve le tsar et son ministre, Caulaincourt demande à son gouvernement la permission de prendre les engagements demandés. Même s'il considère que cette idée de convention est exagérée, Champagny accepte toute mesure susceptible de rassurer l'allié russe. Il entend toutefois donner un cadre strict à ces négociations et préserver en toutes circonstances l'honneur de la France, comme il l'écrit à Caulaincourt à la fin du mois de novembre 1809 : « L'Empereur

1. AMAE, Corr. pol., Russie, 149, Caulaincourt à Champagny, Saint-Pétersbourg, 12 octobre 1809.

2. AN, AF IV 1698 (3), rapport de Caulaincourt à Napoléon, Saint-Pétersbourg, 4 novembre 1809.

3. *Ibid.*, rapport de Caulaincourt à Napoléon, Saint-Pétersbourg, 7 novembre 1809.

vous autorise à conclure la convention qui vous est demandée [...]. Il s'en rapporte à vous pour que la teneur de cet acte soit en tout point conforme à sa dignité. [...] En général, vous ne vous refuserez à rien de ce qui aurait pour but d'éloigner toute idée du rétablissement de la Pologne ; mais vous tâcherez d'éviter toute clause qui serait inutile ou étrangère à ce but[1]. »

Tant qu'il se conforme à ces consignes, le duc de Vicence est laissé libre d'accepter ou de refuser tel ou tel article proposé par les Russes. On sent dès cette époque que le gouvernement français se réserve le droit d'accepter ou de repousser en dernier lieu le texte de la convention : à Caulaincourt de satisfaire à la fois les exigences du tsar et la susceptibilité de l'Empereur. L'ambassadeur doit par ailleurs composer avec un climat de plus en plus délétère où alternent les paroles d'amitié et les premières menaces de guerre. C'est donc conscient de ses lourdes responsabilités qu'il s'assoit avec Roumiantsev à la table des négociations, dans les derniers jours de l'année 1809. Il s'efforce avant tout de limiter l'ampleur du texte auquel le ministre russe propose de faire participer l'Autriche et la Prusse : « Je répondis que cette convention, n'ayant pour but que de rassurer sur le rétablissement de la Pologne et principalement sur l'accroissement du duché de Varsovie, ne regardait de fait que le roi de Saxe[2]. » Il refuse aussi de suivre Roumiantsev dans les débordements de sa paranoïa antipolonaise. Lorsque celui-ci lui soumet une longue série d'articles fantaisistes bannissant toute référence, même indirecte, à l'ancien royaume, il lui répond « qu'il était [...] inutile, et peut-être peu convenable à la dignité des souverains, d'entrer dans autant de détails[3] ». Mises à part ces objections, Caulaincourt se montre pour l'essentiel satisfait de la convention projetée, qui lui semble conforme aux intérêts de l'alliance. Après avoir reçu l'approbation du tsar Alexandre, il ratifie le texte le 4 janvier 1810. « J'ai signé hier la convention que Sa Majesté m'a autorisé à conclure. V. E. verra par son contenu que je me suis ponctuellement conformé aux instructions qu'Elle m'avait données, que je suis même resté en deçà de la ligne qu'Elle m'avait tracée. L'empereur et le comte de Romantzoff [*sic*] me paraissent entièrement satisfaits : ils me l'ont répété plusieurs fois, et

1. AN, 95 AP 7, Champagny à Caulaincourt, Paris, 29 novembre 1809.

2. AN, AF IV 1698 (3), rapport de Caulaincourt à Napoléon, Saint-Pétersbourg, 29 décembre 1809.

3. AMAE, Corr. pol., Russie, 150, Caulaincourt à Champagny, Saint-Pétersbourg, 5 janvier 1810.

de manière à ne me laisser à cet égard aucun doute[1]. » Particulièrement fier d'avoir fait œuvre de diplomate en tirant l'alliance de l'impasse où elle se trouvait depuis le traité de Schönbrunn, le duc de Vicence se félicite auprès de son gouvernement de la signature de la convention, qu'il considère alors comme une de ses plus belles réussites[2]. La déception n'en sera que plus amère.

La convention arrive à Paris à la fin du mois de janvier 1810. Alors que Caulaincourt comptait sur une ratification immédiate, l'Empereur fait traîner les choses en longueur, puis refuse de donner son accord. Le manque d'enthousiasme des Russes sur la question du mariage a évidemment joué un rôle. Mais Napoléon a surtout été choqué par la formulation, « totalement inusitée dans les rapports entre souverains », du premier article de la convention, qui stipule que « le royaume de Pologne ne sera jamais rétabli[3] ». Comme l'explique Albert Vandal, par cette phrase « absolue et dogmatique », « Napoléon ne s'obligerait pas seulement à ne point favoriser cette restauration [...]. Il décréterait souverainement, commandant aux circonstances comme à lui-même, s'attribuant tout pouvoir sur les événements, que la Pologne ne revivrait jamais. [...] En dictant à Napoléon cet arrêt irrévocable, la Russie ne le contraignait pas seulement à se désintéresser de la Pologne, mais à prendre parti contre elle, à employer au besoin sa toute-puissance pour la retenir au tombeau[4] ». Par sa lettre du 10 février, Champagny se voit donc dans l'obligation de désavouer son ambassadeur[5]. Toutefois, Napoléon ne rompt pas les négociations. Il propose un contre-projet précisant que la France ne concourra jamais à la restauration du royaume de Pologne, mais qu'elle n'interviendra pas non plus militairement pour l'empêcher. Pour preuve de sa bonne volonté, il envoie un texte déjà ratifié, que Caulaincourt est chargé de faire accepter au tsar.

Lorsqu'elle parvient enfin à Saint-Pétersbourg, en mars 1810, la nouvelle convention est particulièrement mal reçue. Le tsar, qui depuis un mois s'inquiétait de l'absence de réponse en provenance de Paris, est consterné. Interprétant ce refus comme le signe d'un désintérêt de Napo-

1. *Ibid.*
2. *Ibid.*, Caulaincourt à Champagny, Saint-Pétersbourg, 6 janvier 1810.
3. Albert Vandal, *Napoléon et Alexandre Ier*, t. II, p. 222.
4. *Ibid.*
5. AN, 95 AP 7, Champagny à Caulaincourt, Paris, 10 février 1810.

léon pour l'alliance franco-russe, il ne cache pas sa désillusion et prend un ton de plus en plus menaçant lors de ses conversations avec Caulaincourt[1]. Ce dernier apparaît quant à lui profondément meurtri par ce désaveu, alors qu'il pensait tenir avec la convention sur la Pologne son premier grand succès diplomatique. Dans la lettre qu'il écrit le 10 mars au duc de Cadore, il regrette le flou délibéré de ses instructions et la défiance que lui témoigne son gouvernement. Sa tentative de justification sonne comme une critique du fonctionnement de la diplomatie française et notamment du peu d'autonomie laissé aux ambassadeurs : « Il ne m'appartient pas de juger les ordres qu'on me donne, écrit-il : j'obéis à Pétersbourg comme je le ferais à Paris, mais j'ose vous observer, M. le duc, [qu']un peu plus de confiance en moi, les véritables intentions de l'Empereur un peu mieux connues de son ambassadeur, et il pourrait le mieux servir[2]. »

Malgré son dépit, le duc de Vicence poursuit les négociations selon la ligne tracée par Napoléon et Champagny, sans parvenir toutefois à faire accepter le contre-projet. Roumiantsev juge en effet « que cet acte, tel qu'il était proposé maintenant, ne remplissait nullement le but qu'on s'était proposé[3] ». Les Russes finissent par mettre au point un second contre-projet destiné, selon eux, à « concilier les vues des deux cabinets[4] ». Ce nouveau texte est envoyé à Paris le 17 mars 1810 mais l'enthousiasme n'y est plus. Alexandre fustige désormais le comportement de son allié ; il évoque devant Caulaincourt « l'esprit d'insurrection prêché depuis Tilsit aux Polonais », ainsi que les « bruits qu'on répand en Allemagne et partout sur la prochaine mésintelligence de la France et de la Russie »[5].

Une nouvelle fois, la réponse de la France se fait attendre, au grand dam du duc de Vicence qui tente de mettre ce retard sur le compte des hasards de la poste[6]. Mais à Paris, la réaction de Napoléon est claire : son projet étant jugé suffisant, il est hors de question d'accepter la nouvelle

1. AN, AF IV 1699 (3), rapport de Caulaincourt à Napoléon, Saint-Pétersbourg, 7 mars 1810.

2. AMAE, Corr. pol., Russie, 150, Caulaincourt à Champagny, Saint-Pétersbourg, 10 mars 1810.

3. *Ibid.*

4. AN, AF IV 1699 (3), rapport de Caulaincourt à Napoléon, Saint-Pétersbourg, 11 mars 1810.

5. *Ibid.*, rapport de Caulaincourt à Napoléon, Saint-Pétersbourg, 26 mars 1810.

6. *Ibid.*, rapport de Caulaincourt à Napoléon, Saint-Pétersbourg, 10 avril 1810.

version russe. Averti de ce refus le 29 avril, Champagny affirme le lendemain à son ambassadeur que l'Empereur ne s'est pas encore décidé. Il prend néanmoins la peine de le prévenir que la réponse risque d'être négative : « J'aperçois beaucoup de difficultés à ce que l'Empereur contracte jamais un engagement sans réciprocité, qui peut être étendu à l'infini, exprimé d'une manière inusitée entre les puissances où chacune ordinairement ne répond que de ce qu'elle peut et doit faire[1]. » Ce mensonge de Champagny est symptomatique de l'évolution du comportement du gouvernement français à l'égard de Caulaincourt, considéré de plus en plus comme quantité négligeable. En lui cachant la vérité, le ministre français et Napoléon l'assimilent aux Russes. Dans leur esprit, le duc de Vicence a rompu un lien avec son pays en signant la première convention polonaise ; pour eux, il a, d'une certaine manière, changé de camp. Dès le début de l'année 1810 se dessine la disgrâce qui va toucher l'ambassadeur à son retour de Russie en juin 1811.

Alors que Napoléon se détourne définitivement de ces questions, le tsar demande inlassablement une réponse à son contre-projet. Il disserte avec toujours plus d'ardeur sur la prétendue menace polonaise ou sur l'injustice de la France. Sans soutien de la part de son gouvernement, Caulaincourt est dépassé ; ses efforts pour faire sentir à ses interlocuteurs le caractère inconvenant du texte proposé et justifier la politique de son maître manquent de conviction. Au mois de juillet 1810, l'ambassadeur est finalement engagé par son gouvernement « à ne plus traiter cette affaire et à renvoyer ici les propositions nouvelles qu'on pourrait [lui] faire[2] ». À l'instar des négociations des années précédentes, les débats sur la convention polonaise cessent de façon progressive. Au mois de septembre, Caulaincourt, qui n'en parlait plus dans ses dépêches depuis plusieurs semaines, constate que les Russes ne l'entretiennent plus à ce sujet : « Il n'est plus question de la convention sur les affaires de Pologne : il paraîtrait que, comme on ne peut l'avoir aussi positive qu'on le désirait, on abandonne cette idée, au moins avec moi[3]. » Cette nouvelle satisfait grandement Napoléon, mais les inquiétudes de la Russie persistent.

1. AN, 95 AP 7, Champagny à Caulaincourt, Compiègne, 30 avril 1810.
2. *Ibid.*, Champagny à Caulaincourt, Paris, 30 juillet 1810.
3. AMAE, Corr. pol., Russie, 150, Caulaincourt à Champagny, Saint-Pétersbourg, 19 septembre 1810.

La question polonaise reste jusqu'en 1812 un souci constant sur lequel viennent se greffer au fil des mois de nouveaux griefs. En négligeant de régler cette affaire, les deux alliés ont contribué au pourrissement de la situation : ils n'ont fait que retarder l'échéance.

Caulaincourt a quant à lui été pour la première fois publiquement désavoué. Il est désormais sérieusement discrédité, tant vis-à-vis des Russes que de son propre gouvernement. Alors que ses demandes de retour, de plus en plus pressantes, restent toujours sans réponse, il semble se désengager progressivement d'une mission qui, selon lui, vient de recevoir un coup mortel. Il considère désormais que seul son remplacement peut sauver l'alliance : plus cette idée chemine en lui et plus son implication dans les débats s'amenuise. Il va malgré tout être témoin, pour son plus grand désespoir, de la formation des deux *casus belli* qui seront invoqués par les belligérants de la campagne de 1812.

L'oukase de commerce : le casus belli *de la France*

La première de ces affaires procède de la proclamation par la Russie, en décembre 1810, d'un oukase de commerce portant directement atteinte à l'arme principale de Napoléon dans sa lutte contre l'Angleterre : le système continental. Cette nouvelle crise entre les deux alliés, essentiellement politique, apparaît comme la manifestation d'une profonde incompatibilité économique, latente depuis Tilsit. Malgré les ambitions affichées par Caulaincourt au début de son ambassade, le développement des échanges franco-russes se révèle en effet particulièrement décevant. Le système continental, mis en place par Napoléon à partir de 1806, semble en grande partie incompatible avec les intérêts russes[1]. Pendant plusieurs années, le tsar Alexandre s'en accommode pourtant, et ce malgré les difficultés économiques que rencontre son pays. Il refuse en revanche de cautionner le système des licences élaboré par la France au début de l'année 1810. Pour soutenir son économie menacée d'étouffement, Napoléon décide en effet d'octroyer à ses navires des licences

1. Il privilégie en effet les communications terrestres alors que le commerce russe dépend de la mer Baltique. Le système continental favorise de façon générale l'industrie française au détriment de celles de ses alliés. À noter aussi que l'économie russe dépendait presque exclusivement de l'Angleterre, avant 1807.

leur permettant de contourner les dispositions du système continental. Conscient du mauvais effet que cette décision risque d'avoir en Russie, le gouvernement français charge Caulaincourt d'en atténuer la portée[1]. Mais les tentatives d'explication de l'ambassadeur ne rencontrent que peu d'écho : Alexandre a beau réaffirmer sa communauté de vues avec Napoléon dans la lutte contre l'Angleterre, il est profondément choqué par l'injustice du système des licences[2].

Le différend franco-russe se cristallise autour de l'affaire du *William-Gustave*. Ce navire bordelais est saisi par les Russes dans le port de Riga, après la découverte à son bord de documents anglais, et malgré le bénéfice d'une licence française. En appliquant à la lettre et au détriment de son allié les clauses du système continental, le tsar entend marquer sa désapprobation vis-à-vis du procédé des licences. Lorsqu'il apprend la confiscation d'un de ses bâtiments, au début du mois de février 1810, Napoléon est furieux. Champagny ordonne immédiatement à Caulaincourt de « réclamer la levée du séquestre mis sur le bâtiment le *William-Gustave* et [de] faire jouir le propriétaire de la protection que S. M. veut accorder au commerce[3] ». Cette confiscation, qui serait restée anecdotique quelques mois auparavant, contribue en 1810 à tendre les relations entre les deux alliés, chacun accusant l'autre de commercer avec l'Angleterre, comme le rapporte le duc de Vicence :

> [Roumiantsev] m'a dit, au sujet du bâtiment de Bordeaux, [...] que, pendant son séjour à Paris, des négociants de Bordeaux s'étaient plaints à lui confidentiellement que les mesures de la Russie contre le commerce anglais étaient plus rigoureuses que celles de la France ; ils avouaient qu'ils commerçaient à peu près ouvertement avec l'Angleterre [...]. Dans mes réponses, j'ai fortement appuyé sur le prix que nous mettions à l'alliance, sur les privations que l'Empereur imposait au commerce français pour établir son système de prohibition contre l'Angleterre, sur les sacrifices qu'il faisait pour cela. J'ai observé que, si ce système n'avait pas eu tout le succès qu'on devait espérer, c'était

1. AN, 95 AP 7, Champagny à Caulaincourt, Paris, 10 février 1810.
2. AMAE, Corr. pol., Russie, 150, Caulaincourt à Champagny, Saint-Pétersbourg, 9 mars 1810.
3. AN, 95 AP 7, Champagny à Caulaincourt, Paris, 10 février 1810.

> à cause du relâchement dans les mesures prohibitives qui avait eu lieu dans les ports de plusieurs États : sans nommer positivement la Russie, j'ai fait sentir qu'elle était aussi du nombre[1].

Souvent indulgent avec les Russes, le duc de Vicence se montre intraitable dès qu'il s'agit des nécessités de la lutte contre l'ennemi commun. Peut-être pour compenser l'échec de la convention sur la Pologne et celui du projet de mariage, il défend la cause du *William-Gustave* et des licences avec un rare acharnement. Au point que Napoléon lui-même doit tempérer ses ardeurs : « Il ne faut pas, pour des intérêts particuliers, compromettre des intérêts supérieurs, et ceux-ci pourraient être blessés, si la protection accordée à un bâtiment venu d'Angleterre rendait le gouvernement russe plus facile à l'égard de ceux qui arriveraient de ce pays sans avoir les mêmes titres à son indulgence[2]. »

Cette modération soudaine de l'Empereur s'explique par l'évolution du contexte dans la seconde moitié de l'année 1810. Devant les signes d'essoufflement que montre l'économie anglaise, le système continental semble enfin atteindre son but. Dans un moment aussi crucial, il est hors de question de se brouiller avec la Russie ou de l'encourager à un certain laxisme. Il est au contraire recommandé à Caulaincourt de tout faire pour convaincre les Russes de durcir leurs contrôles douaniers. Seule la fermeture complète et rigoureuse de la Baltique peut permettre de donner le coup de grâce à l'Angleterre : « Le moment est venu d'exécuter dans toute leur vigueur les mesures prises contre le commerce anglais. Nous touchons à l'instant d'en recueillir les fruits[3]. » Pour la première fois depuis plusieurs mois, le duc de Vicence reçoit le soutien et les encouragements de son gouvernement. Celui-ci lui donne l'opportunité de faire oublier ses précédents échecs en participant « à un si désirable triomphe[4] ».

Mais les espoirs français se heurtent rapidement à la mauvaise volonté russe. Alors que Caulaincourt les presse de fermer leurs ports aux navires neutres et de refuser ainsi toute marchandise anglaise, Alexandre et Rou-

1. AMAE, Corr. pol., Russie, 150, Caulaincourt à Champagny, Saint-Pétersbourg, 17 mars 1810.

2. AN, 95 AP 7, Champagny à Caulaincourt, Compiègne, 24 avril 1810. Le *William-Gustave* est finalement rendu à ses propriétaires au mois d'octobre 1810.

3. *Ibid.*, Champagny à Caulaincourt, Fontainebleau, 13 octobre 1810.

4. *Ibid.*, Champagny à Caulaincourt, Paris, 7 septembre 1810.

miantsev invoquent l'état de délabrement de leur commerce. L'ambassadeur de France comprend rapidement que les Russes ne sont pas disposés à suivre les consignes françaises. Il observe ainsi que Roumiantsev, à la fois ministre des Affaires étrangères et ministre du Commerce, « ne paraît pas vouloir consentir à fermer les ports aux Américains, encore moins à saisir leurs bâtiments ou cargaison s'ils peuvent prouver qu'elle n'est pas propriété anglaise ou d'origine anglaise. [...] Il a eu l'air de regarder les mesures proposées comme n'étant que du ressort de l'administration intérieure de chaque État et n'étant par conséquent pas dans le cas d'être appliquées partout[1] ».

Après plusieurs semaines de débats, et pour couper court aux sollicitations incessantes de Caulaincourt, le tsar Alexandre lui déclare qu'il est sur le point de prendre différentes dispositions en matière de commerce. S'il ne dévoile pas la nature de ces « mesures rigoureuses », il assure toutefois qu'elles sont destinées à « frapper directement et réellement sur l'Angleterre »[2]. C'est en vain que le duc de Vicence cherche à en savoir plus. Face à ce climat de mystère, il pressent toutefois que l'oukase en préparation va être défavorable au commerce français[3]. Le secret dont les Russes entourent la publication de l'oukase, au mois de décembre 1810, ne peut que confirmer Caulaincourt dans ses craintes. Tout semble fait pour le maintenir dans son ignorance, comme il l'explique à Napoléon: « S. M. [le tsar] daigna me dire qu'on avait définitivement arrêté dans la dernière séance du Conseil, qui avait duré six heures, les mesures qui réglaient pour 1811 tout ce qui était relatif au commerce, qu'on les rédigeait maintenant. Je remarquai, à la tournure de la phrase, qu'on ne voulait pas m'en dire davantage[4]. »

C'est seulement le 15 janvier 1811 qu'une traduction de l'oukase en allemand permet au duc de Vicence d'en prendre connaissance. Il s'in-

1. AMAE, Corr. pol., Russie, 151, Caulaincourt à Champagny, Saint-Pétersbourg, 8 octobre 1810.

2. AN, AF IV 1699 (3), rapport de Caulaincourt à Napoléon, Saint-Pétersbourg, 28 octobre 1810.

3. AMAE, Corr. pol., Russie, 151, Caulaincourt à Champagny, Saint-Pétersbourg, 14 décembre 1810.

4. AN, AF IV 1699 (3), rapport de Caulaincourt à Napoléon, Saint-Pétersbourg, 25 décembre 1810.

surge immédiatement contre un texte qui, en ruinant le commerce français en Russie, lui semble éminemment contraire à l'esprit de l'alliance :

> J'ai fait de fortes et pressantes représentations sur ce règlement, fondées sur ce qu'il anéantit presque entièrement notre commerce avec la Russie, et j'ai eu à cet objet plusieurs conversations avec M. le comte de Romantzoff [*sic*], [...]. Je lui ai d'abord fait sentir que cette loi paraissait plus particulièrement dirigée contre notre commerce que tout autre, puisqu'elle interdisait l'entrée de nos draps, de nos soieries, de nos objets de luxe et que nos vins, le seul objet important qu'elle permît, étaient chargés de droits, qu'on n'en tolérait l'introduction que par mer, et cela au moment où le commerce maritime nous était presque interdit et où l'intérêt général du continent demandait qu'on accordât toute espèce de facilités au commerce de terre[1].

Non content de limiter les exportations françaises, l'oukase facilite les relations commerciales de la Russie avec les neutres, notamment les États-Unis et le Brésil. Comme le précise dans une note le premier secrétaire de l'ambassade, Rayneval : « En favorisant ce prétendu commerce américain, on ouvre donc un débouché à celui de la Grande-Bretagne, et cela au moment où cette puissance se voyait enlever toutes les ressources par l'adoption du système continental dans toute sa vigueur[2]. » Roumiantsev fait valoir à Caulaincourt que l'oukase est motivé par la « situation politique et financière » de la Russie qui rend nécessaire « une mesure rigoureuse à laquelle elle n'avait pu admettre aucune exception », même en faveur de la France[3]. Cette dernière ne doit pas toutefois s'estimer lésée : le relèvement de l'économie russe participe en définitive de la vitalité de l'alliance et de la lutte contre l'Angleterre. Le duc de Vicence reste insensible à ces arguments ; il ne voit – à raison – que le coup mortel porté au système continental. Dès le mois de janvier 1811, il lui faut prendre acte

1. AMAE, Corr. pol., Russie, 152, Caulaincourt à Champagny, Saint-Pétersbourg, 15 janvier 1811.

2. AMAE, Mémoires et documents, Russie, 19, « Réflexion sur l'oukase relatif au commerce, du 19 décembre 1810, par M. de Rayneval », 1811.

3. AMAE, Corr. pol., Russie, 152, Caulaincourt à Champagny, Saint-Pétersbourg, 15 janvier 1811.

de la rupture des relations économiques entre les deux alliés, une nouvelle étape dans la lente dégradation de l'esprit de Tilsit.

La réaction du gouvernement français tarde cependant à se manifester. Ce délai s'explique par le désintérêt croissant de Napoléon pour l'alliance et par son fatalisme : le contexte d'élaboration de l'oukase de décembre 1810 rend sa révocation et la négociation d'un accord franco-russe hautement improbables. Dans ces conditions, l'Empereur ne voit pas l'intérêt d'envoyer de nouvelles instructions à son ambassadeur. Il se contente de l'encourager à utiliser l'oukase pour contrer les diverses protestations de la Russie : « Il ne faut pas cacher le mal que cet acte fait à notre commerce, mais vous n'avez pas de démarches à faire pour en obtenir la révocation. Qu'il vous serve seulement au besoin de moyen de récrimination et de répliques à opposer aux plaintes qui pourraient vous être faites contre les actes du gouvernement français, par lesquels la Russie se croirait blessée[1]. » Cette manière d'opposer les griefs aux griefs représente l'essentiel des débats dans les derniers mois de l'ambassade du duc de Vicence. Elle permet de maintenir, quoique très provisoirement, un certain *statu quo* entre les deux alliés.

Mais plus la menace de guerre se précise et plus les critiques françaises se font virulentes. L'oukase de commerce s'impose peu à peu comme le *casus belli* invoqué par Napoléon contre la Russie. Le gouvernement français justifie cette position en affirmant que les mesures commerciales prises par Alexandre ont déjà toutes les apparences d'une déclaration de guerre, sans en avoir encore le nom :

> Ainsi, écrit Champagny à Caulaincourt, plus de relations commerciales entre les deux empires : est-ce là un état de paix et d'alliance ? Était-ce ainsi que pensait l'empereur de Russie à Tilsit ? [...] Que de mal peut faire son oukase ? Partout il a été considéré comme une mesure hostile. Qu'on ne le défende pas en disant que chacun a le droit de faire chez soi ce qui lui plaît. Si on insultait des Russes à Paris, [...], dira-t-on qu'on ne fait qu'user d'un droit légitime ? Et ce n'est pas seulement pendant la paix, mais au sein d'une intime alliance qu'on se porte à de pareils excès ! [...] Quel plus grand mal la Russie peut-elle faire à la France ? Ne pouvant envahir notre territoire, elle nous attaque dans notre industrie

1. AN, 95 AP 7, Champagny à Caulaincourt, Paris, 26 février 1811.

> et notre commerce, elle nous insulte dans le produit de nos arts et de nos travaux. Pendant la guerre elle n'en a jamais fait autant[1].

Alors qu'il n'a qu'un désir, celui de revenir à Paris au plus vite, Caulaincourt est contraint de se faire l'écho auprès d'Alexandre des récriminations de son maître. Des reproches qui ne font que lui attirer les foudres du tsar[2]. Quant à ses démarches en faveur d'une reprise des négociations concernant les relations commerciales franco-russes, elles se heurtent à l'intransigeance de ses interlocuteurs[3]. Au reste, même son gouvernement ne lui demande pas de tels efforts...

L'affaire de l'oukase de commerce montre une nouvelle fois les limites de l'action du duc de Vicence. Délibérément tenu à l'écart, il n'a pu détourner le tsar d'un projet dont il pressentait pourtant les conséquences funestes pour l'alliance. Trop abasourdi par les mesures prises par la Russie, il n'est pas non plus parvenu à en atténuer les effets auprès de son gouvernement. En refusant de négocier pour mieux se consacrer à la polémique et à l'accumulation des griefs, les deux empereurs lui ont finalement interdit tout véritable rôle diplomatique. Cette perte d'influence et de crédit, dont témoignent les cachotteries des Russes ainsi que les réponses tardives de son maître, s'accompagne chez Caulaincourt d'une lassitude et d'un manque de motivation évidents. Désormais convaincu de son inutilité, il ne fait que suivre avec un temps de retard les décisions prises par Napoléon et Alexandre, tout en attendant avec impatience son remplacement. L'affaire de l'annexion du duché d'Oldenbourg par Napoléon vient confirmer, si besoin était, l'effacement du « troisième homme » de l'alliance franco-russe.

L'affaire du duché d'Oldenbourg : le casus belli *de la Russie*

Dans son ouvrage sur Napoléon et Alexandre, Albert Vandal a démontré le caractère simultané des deux graves entorses faites à l'alliance au tournant des années 1810 et 1811 :

1. *Ibid.*, Champagny à Caulaincourt, Paris, 3 mars 1811.
2. AN, AF IV 1699 (5), rapport de Caulaincourt à Napoléon, Saint-Pétersbourg, 25 mars 1811.
3. AMAE, Corr. pol., Russie, 152, Caulaincourt à Champagny, Saint-Pétersbourg, 27 mars 1811.

> Le 31 décembre 1810, avant de connaître la réunion des villes hanséatiques et le péril de l'Oldenbourg, d'un mouvement spontané et non provoqué, Alexandre avait le premier porté à l'alliance une atteinte formelle. L'infraction avait été commise en ces matières de commerce où Napoléon se montrait particulièrement ombrageux. [...] Ainsi Napoléon et Alexandre, à vingt jours d'intervalle, à l'insu l'un de l'autre, sans que les actes du second pussent être considérés comme une réplique aux excès du premier, en venaient à transgresser matériellement le pacte dont ils avaient dès longtemps abjuré l'esprit[1].

Tout en se développant de façon parallèle, l'affaire de l'oukase de commerce et celle du duché d'Oldenbourg sont par bien des aspects similaires. Toutes deux révélatrices du désintérêt, voire du dédain de leur instigateur pour l'alliance, elles fournissent, pour chacune, un *casus belli* commode aux futurs belligérants. Ces deux affaires ont aussi une origine commune : le système continental.

Afin d'accroître l'efficacité de ses contrôles douaniers, Napoléon décide en effet, à la fin de l'année 1810, d'annexer à l'empire français les côtes du nord de l'Allemagne. Dès le mois de novembre, Champagny avertit Caulaincourt de ce projet et le charge de le faire accepter au tsar Alexandre :

> Les villes hanséatiques sont comme une dépendance de la Hollande : depuis longtemps elles sont à la France. L'Empereur veut les réunir à l'Empire. S. M. réunira en même temps une grande partie du Hanovre qui sera détachée de la Westphalie et l'Empire s'étendra jusqu'à la mer Baltique [...]. Le pays d'Oldenbourg se trouvera enclavé dans cette réunion. Sans doute son prince ne sera pas dépouillé de sa souveraineté ; mais il sera souverain comme on peut l'être quand on est enclavé dans un grand empire et soumis à ses lois de douanes. [...] Comme la disposition relative au pays d'Oldenbourg ne sera pas agréable, préparez-vous à adoucir l'impression de peine et peut-être de mécontentement que, lors de l'événement, elle pourra faire naître[2].

1. Albert Vandal, *Napoléon et Alexandre Ier*, t. II, p. 529-531.
2. AN, 95 AP 7, Champagny à Caulaincourt, 14 novembre 1810.

Cette décision unilatérale ne peut qu'être « désagréable » à la Russie qui critique depuis le début de l'alliance la mainmise de la France sur l'espace germanique. Mais c'est surtout le statut du duché d'Oldenbourg qui pose problème. Le souverain de cette petite principauté est en effet directement apparenté à l'empereur Alexandre qui considère l'Oldenbourg comme « un bien de famille[1] ». Des prétentions encore renforcées par le mariage en 1809 de la sœur du tsar, la grande-duchesse Catherine, avec le neveu du duc.

Napoléon est conscient que l'annexion des côtes de l'Allemagne risque de porter ombrage au tsar, qui avait pris la peine de préciser dans le traité de Tilsit que le duc d'Oldenbourg garderait la « pleine et paisible possession » de son État[2]. Mais, au moment de porter un coup décisif à l'Angleterre, il décide de tout subordonner aux nécessités du Blocus. Si la Russie est encore attachée à l'alliance, elle doit comprendre quelles sont les priorités. À Saint-Pétersbourg, Caulaincourt partage en grande partie cette idée. Il est convaincu que les protestations du tsar resteront superficielles, à condition toutefois que le gouvernement français fasse les concessions nécessaires :

> Dans mon opinion, la cour de Russie fera tous les sacrifices qui ne seront que d'amour-propre pour conserver la paix du continent. Je ne crois pas que les liens de famille influent en rien sur sa conduite. Si la réunion projetée n'était pas prononcée d'une manière définitive, [...] qu'elle eût l'apparence d'un moyen de compensation pour la paix avec l'Angleterre, cet événement serait bien adouci aux yeux des Russes, surtout s'il était accompagné de l'envoi en Espagne d'une partie des forces du duché de Varsovie. [...] Alors peut-être parviendrait-on, sinon à donner une couleur favorable à cette réunion, au moins à en atténuer l'impression[3].

Convaincu que son ami Alexandre reste attaché, envers et contre tout, à la paix, Caulaincourt sous-estime complètement son « amour-propre ». Rassuré par l'absence de réaction de la Russie lors de l'annexion de la

1. Albert Vandal, *Napoléon et Alexandre Ier*, t. II, p. 527.
2. Article 12 du traité de Tilsit.
3. AN, 95 AP 7, Caulaincourt à Champagny, 13 décembre 1810.

Hollande par la France au mois de juillet 1810, il ne prévoit pas les répercussions de l'affaire du duché d'Oldenbourg.

Son optimisme repose, il est vrai, sur la conviction que la France est prête à discuter avec son alliée des modalités de l'annexion. Or, dès le 13 décembre 1810, alors que les observations faites par Caulaincourt ne sont même pas encore connues, un sénatus-consulte décide de façon définitive de la réunion du littoral allemand à l'empire français. Napoléon a beau proposer de préserver les droits personnels du duc d'Oldenbourg ou de lui offrir une autre principauté allemande, il n'en demeure pas moins qu'il met la Russie devant le fait accompli. Il refuse de plus toute compensation en faveur de son alliée, fermant ainsi la porte aux négociations. Le 16 janvier, le tsar reçoit l'ambassadeur de France pour lui faire part de son incompréhension. Pour lui, l'annexion de l'Oldenbourg est contraire à la lettre et à l'esprit du traité de Tilsit. Surtout, elle lui apparaît comme une insulte personnelle :

> L'empereur, écrit le duc de Vicence, ajouta qu'on connaissait ses rapports de famille avec le prince d'Oldenbourg, que la situation de ce pays prouvait évidemment que la réunion de cette petite souveraineté qui ne faisait pas le quart d'un département n'était nécessaire à V. M. ni sous le rapport de l'intérêt de son commerce, ni sous celui de la sûreté de ses nouvelles frontières, que, ne pouvant donc l'expliquer par aucun motif d'intérêt public, il était évident que c'était à dessein de faire une chose offensante pour la Russie[1].

Caulaincourt se retrouve totalement démuni face à ces critiques. Son seul recours est de mettre en parallèle l'annexion de l'Oldenbourg et l'oukase de commerce, dont il vient de prendre connaissance. Cette riposte, assez maladroite, est bien loin de calmer les esprits et les conséquences ne se font pas attendre : l'ambassadeur, pourtant choyé depuis plusieurs semaines, se voit fermer pendant deux semaines les portes des appartements du tsar[2].

---

1. AN, AF IV 1699 (5), rapport de Caulaincourt à Napoléon, Saint-Pétersbourg, 17 janvier 1811.
2. Albert Vandal, *Napoléon et Alexandre Ier*, t. III, p. 49.

Caulaincourt ne semble pas s'en formaliser outre mesure. Il déplore en revanche les effets de l'annexion du duché d'Oldenbourg sur l'opinion publique : « à entendre les Russes, c'est la Russie qu'on a démembrée », écrit-il à Champagny[1]. Plus grave encore, la récupération de l'événement par l'empereur Alexandre, bien décidé à montrer à l'Europe les intentions belliqueuses de Napoléon. Le tsar le déclare au duc de Vicence : « toute l'Europe est témoin de la manière dont on traite mon oncle ; elle voit avec combien peu d'égards on en agit avec une puissance alliée, envers un prince ami[2] ». Le gouvernement russe est désormais trop satisfait d'avoir obtenu ce nouveau grief pour pouvoir envisager une véritable négociation. En vain Caulaincourt s'efforce-t-il, comme à son habitude, de mettre en avant les intérêts supérieurs de l'alliance qui ne peuvent être subordonnés « à un petit intérêt particulier et d'amour-propre[3] ». En vain discute-t-il des indemnités à accorder au duc d'Oldenbourg : malgré ses déclarations, Alexandre ne s'y intéresse guère. Seul l'intéresse le profit que la Russie peut retirer de cette affaire. Le duc de Vicence en est bien conscient et croit pouvoir affirmer qu'une concession française au sujet de la Pologne suffirait à tout concilier. Mais Napoléon se refuse à tout arrangement de la sorte, au reste difficilement justifiable face aux opinions publiques française et européenne.

Alors qu'il avait émis le souhait de ne pas quitter Saint-Pétersbourg sans avoir trouvé une solution à l'affaire du duché d'Oldenbourg, Caulaincourt doit peu à peu se résoudre à « laisser subsister une cause de différends pour l'avenir[4] ». Même si le tsar tient encore à maintenir les apparences, le mal est fait, comme l'écrit l'ambassadeur à la fin du mois de mars 1811 : « Malgré le calme qu'affecte le gouvernement et qu'il cherche à inspirer de toutes manières, l'agitation ne s'est jamais manifestée aussi vivement que depuis ces dernières nouvelles d'Oldenbourg[5]. » Le comportement de la France à l'égard du petit duché s'impose progressivement

1. AMAE, Corr. pol., Russie, 152, Caulaincourt à Champagny, Saint-Pétersbourg, 27 mars 1811.

2. AN, AF IV 1699 (5), rapport de Caulaincourt à Napoléon, Saint-Pétersbourg, 18 mars 1811.

3. *Ibid.*

4. AMAE, Corr. pol., Russie, 152, Caulaincourt à Champagny, Saint-Pétersbourg, 6 avril 1811.

5. *Ibid.*, Caulaincourt à Champagny, Saint-Pétersbourg, 27 mars 1811.

comme le *casus belli* de la Russie : celle-ci adresse au mois d'avril une protestation officielle aux différentes cours d'Europe. Une étape semble franchie dans la rupture des relations entre les deux pays. Le gouvernement français feint quant à lui l'incompréhension ou l'indifférence. Maret, qui remplace Champagny au ministère des Relations extérieures à partir du 17 avril, considère l'affaire d'Oldenbourg comme une « bagatelle », un simple prétexte servant à justifier le réarmement de la Russie[1].

À partir de l'année 1811, c'est ce réarmement qui occupe en priorité l'esprit de Napoléon comme celui d'Alexandre. L'annexion du duché d'Oldenbourg n'est qu'un épiphénomène de la lente marche à la guerre, un « prétexte qui fâche [2] ». Sans être une cause majeure du déclenchement du conflit, cette affaire fournit néanmoins un argument commode à la Russie. Albert Vandal la considère comme une faute de Napoléon : « Sans intention de brusquer le conflit [...] mais dominé et aveuglé par la conviction que sa volonté devait être tenue en tout lieu pour loi de l'univers, il se rendait coupable vis-à-vis d'Alexandre d'un manquement direct, gratuit, inutile, d'une offense caractérisée, que rien ne saurait justifier ni pallier[3]. » Rien surtout n'a été fait pour la pallier : les efforts de Caulaincourt pour trouver des arrangements et des compensations n'ont rencontré aucun écho ni à Paris ni à Saint-Pétersbourg. Dans les semaines qui précèdent son départ, Napoléon ne lui demande plus de s'entremettre, mais d'espionner. En effet, tandis que les diplomates répètent inlassablement leurs parodies de négociations, les armées sont déjà en mouvement.

Les mouvements de troupes : Caulaincourt et l'espionnage

Dès les débuts de l'ambassade, le renseignement militaire semble indissociable de la mission du général Caulaincourt. Sa formation militaire, ainsi que l'aide d'officiers de passage, doit lui permettre de rendre compte à son gouvernement des capacités militaires de l'armée russe en vue de la lutte contre l'Angleterre. Cette démarche, apparemment innocente, n'est pourtant pas sans ambiguïtés : le colonel Deponthon, chargé

1. *Ibid.*, Maret à Caulaincourt, Paris, 18 avril 1811.

2. Thierry Lentz, *Nouvelle histoire du Premier Empire, t. II, L'effondrement du système napoléonien (1810-1814)*, Paris, Fayard, 2004, p. 219.

3. Albert Vandal, *Napoléon et Alexandre I*[er], t. II, p. 528-529.

par Napoléon d'aider les Russes à remettre en état leurs fortifications sur la Baltique, ramène ainsi à Paris les plans de ces places fortes. À partir de 1809 et surtout de 1810, les sollicitations du gouvernement français se font de plus en plus précises. Au mois d'août 1810, Champagny enjoint ainsi à Caulaincourt de dresser un état de l'armée russe, mois par mois, en s'attachant aux particularités de chaque division[1]. Quelques mois plus tard, le duc de Vicence envoie à son gouvernement la note demandée, intitulée « Répartition et composition des divisions de l'armée russe[2] ». Mais l'ambassadeur a mal compris les intentions de son maître. Face au différend grandissant qui l'oppose à Alexandre, Napoléon ne cherche plus à obtenir des renseignements généraux sur l'armée de son allié. Il exige désormais des informations susceptibles de faciliter la préparation d'une future campagne militaire, notamment les effectifs précis des différentes unités russes. Comme le lui explique Champagny dans sa lettre du 3 décembre 1810, Caulaincourt doit donner une toute nouvelle envergure à ses renseignements militaires :

> Je vous demande ces détails pour chaque division en particulier, M. le duc, parce qu'il y a entre la force effective *apparente* et la force effective *sous les armes* une différence qu'on ne parviendra à distinguer qu'à force de renseignements. Par exemple : d'après vos états, le total de l'effectif d'une division devrait être de 15 191 hommes et l'armée russe n'en présente peut-être pas une seule au-dessus de 12 000 hommes. [...] Les recherches nécessaires pour arriver à la connaissance des détails que je vous demande ne sont pas sans difficulté. Mais l'habitude que vous avez d'observer militairement vous mettra plus que tout autre à même de répondre positivement et d'une manière satisfaisante au désir de S. M.[3].

Si l'espionnage lui répugne[4], Caulaincourt ne peut se défiler devant les ordres de son gouvernement. Au début de l'année 1811, il lui fournit

1. AN, 95 AP 7, Champagny à Caulaincourt, Paris, 6 août 1810.
2. AN, 95 AP 6, « Répartition et composition des divisions de l'armée russe », octobre 1810.
3. AN, 95 AP 7, Champagny à Caulaincourt, Paris, 3 décembre 1810.
4. Oleg Sokolov décrit Caulaincourt comme un « mauvais espion ». Oleg Sokolov, *Le Combat de deux empires*, p. 267.

tout un ensemble de notes d'observation : un « État de la répartition des divisions de l'armée russe[1] » qui précise l'emplacement actuel de chaque unité ; un « État de situation des cosaques du Don en état de servir[2] » consacré à ces précieuses troupes auxiliaires ; un « État des mutations de l'armée russe[3] » où sont précisés les changements d'officiers à la tête des régiments ; une « Liste des officiers généraux de l'armée russe, jouissant d'un traitement d'activité[4] », etc. L'ambassadeur parvient même à se procurer l'état des appointements de l'armée russe, la nature des fournitures données aux soldats ou encore le prix des chevaux. Il reste malgré tout conscient des limites de ses observations et évoque dans ses dépêches les obstacles dressés devant lui par les Russes :

> L'étendue de l'empire russe, la différence de la langue et l'excessive surveillance que le gouvernement exerce sur cette partie de son organisation opposent à un travail de ce genre les plus grandes difficultés. Dans ce moment-ci surtout, il me devient chaque jour plus difficile d'obtenir de nouveaux renseignements, plusieurs employés du ministère ayant été enlevés : les officiers russes sont extrêmement réservés et si quelques jeunes gens sont indiscrets, ils ne savent rien[5].

Ce passage est révélateur de la méthode employée par Caulaincourt : c'est au moyen d'« indiscrétions » récoltées par lui ou par ses subordonnés dans les cercles mondains et au sein même du ministère qu'il parvient à se faire une idée de l'armée russe. Ce procédé, largement empirique, ne peut atteindre sa pleine efficacité que dans un climat de confiance. Au début de l'année 1811, les résultats sont nécessairement décevants : « Pour des renseignements plus détaillés et plus positifs, précise le duc de Vicence, il est impossible de s'en procurer dans ce moment : je crois même, vu les obstacles qu'on rencontre dans ce travail, avoir fourni à S. M. ce que personne

1. AN, 95 AP 6, « État de la répartition des divisions de l'armée russe », février 1811.
2. *Ibid.*, « État de situation des cosaques du Don en état de servir », février 1811.
3. *Ibid.*, « État des mutations de l'armée russe », février 1811.
4. *Ibid.*, « Liste des officiers généraux de l'armée russe, jouissant d'un traitement d'activité », s. d.
5. AMAE, Corr. pol., Russie, 152, Caulaincourt à Champagny, Saint-Pétersbourg, 17 janvier 1811.

n'a ici[1]. » Cette affirmation de Caulaincourt n'est pas sans fondements : dans les mois suivants, le général Lauriston se montrera incapable de fournir des indications plus précises sur les effectifs de l'armée russe[2].

Tout sauf anodines, ces demandes répétées de la part de Napoléon et Champagny s'inscrivent dans le contexte des premiers mouvements de troupes engagés par la France et la Russie, prélude à l'entrée en guerre de 1812. Plus que les effectifs des armées russes, ce qui intéresse Paris, ce sont les indices de leur déplacement vers les frontières de l'empire, notamment vers la Pologne. Des indices qui permettraient de confondre le tsar et surtout de justifier les armements français en Allemagne. Dans cette situation, Caulaincourt se voit chargé d'une double mission. Dans un premier temps, il doit relayer les démentis de son gouvernement, qui affirme que les rumeurs concernant ses préparatifs militaires sont infondées ou très largement exagérées. Champagny précise ainsi, dans sa lettre du 5 mars 1811 :

> Si on vous parle de nos prétendus préparatifs, dites qu'il n'y en a point eu. Dites que ce n'est pas 100 000 fusils qui ont été envoyés de France dans le duché de Varsovie, comme l'a dit l'empereur de Russie, mais seulement 20 000 parmi lesquels il y avait des mousquetons [...]. Dites que les mouvements militaires exécutés du côté de Hambourg sont une fausse nouvelle et qu'il n'y a eu d'autres transports d'artillerie que celui qui a été occasionné par le changement d'une centaine de voitures ou caissons qui étaient en mauvais état et que l'on a remplacés de l'arsenal de Strasbourg, changement si peu important qu'il s'est fait sans l'ordre de l'Empereur[3].

Le cynisme du gouvernement français est évident : une fois épuisés ces arguments farfelus, le duc de Vicence doit en effet couper court aux critiques russes en brandissant l'oukase de commerce ou, tout simplement, en changeant de sujet.

En même temps qu'il nie les mouvements de troupes français, Caulaincourt a pour mission de prouver ceux de la Russie : « Ce ne peut être

1. *Ibid.*

2. C'est ce que constate avec satisfaction le comte de Nesselrode dans une de ses missives à Speranski. RGADA 3, Nesselrode à Spéranski, Paris, 4/16 août 1811.

3. AN, 95 AP 7, Champagny à Caulaincourt, Paris, 3 mars 1811.

simplement pour la défense qu'elle fait d'aussi grands préparatifs, lui écrit son ministre[1]. » Mais, alors que Champagny l'invite implicitement à rejeter toutes les fautes sur le tsar, Caulaincourt prend le contrepied de son gouvernement en défendant la politique de la Russie. Il affirme haut et fort que les mesures prises par Alexandre, quelles qu'elles soient, ne sont que défensives. Isolé à Saint-Pétersbourg, le duc de Vicence n'a en effet aucun véritable moyen de savoir ce qui se passe à la frontière polonaise. Une longue habitude l'amène à donner foi aux affirmations du tsar, qui n'a de cesse d'exhiber des cartes où figurent les emplacements supposés de ses divisions. Les avertissements de Napoléon, particulièrement irrité par l'aveuglement de son ambassadeur, n'y font rien : Caulaincourt reste convaincu qu'il n'y a aucune malice dans les intentions d'Alexandre. En s'efforçant de justifier la politique de ce dernier, il s'aventure même jusqu'à critiquer à mots couverts les armements français. Les échos de l'opinion publique pétersbourgeoise qu'il rapporte apparaissent comme un reflet indirect de sa pensée personnelle : « Ce que l'empereur [Alexandre] m'a dit, qu'il semblait qu'on voulût le forcer à changer de système, devient de plus en plus une opinion générale, écrit-il à Champagny au début de l'année 1811. On pense même que nous avons le projet d'attaquer la Russie aussitôt que nous aurions terminé les affaires d'Espagne. La levée de 120 000 conscrits a fait dire hautement que cette attaque serait même plus prochaine qu'on ne l'avait cru, et on lie à ces conjectures les affaires de Pologne[2]. » On reconnaît là l'argument principal de Caulaincourt dans les derniers mois de son ambassade : puisque la position de la Russie est uniquement défensive, c'est à la France de donner un signe de bonne volonté. Napoléon ne l'entend bien entendu pas de cette oreille : voit-il désormais dans les analyses de son ambassadeur la preuve de son aveuglement ou la manifestation d'une véritable provocation à son encontre ? Toujours est-il que l'incapacité de Caulaincourt à répondre aux demandes de son gouvernement et le décalage entre ses lettres et l'état d'esprit qui règne déjà à Paris semblent être une des causes – si ce n'est la cause principale – de son rappel[3].

1. *Ibid.*, Champagny à Caulaincourt, Paris, 16 avril 1811.

2. AMAE, Corr. pol., Russie, 152, Caulaincourt à Champagny, Saint-Pétersbourg, 17 janvier 1811.

3. C'est ce qu'explique Thierry Lentz, *Nouvelle histoire du premier empire, t. II, L'effondrement du système napoléonien (1810-1814)*, p. 227.

Envoyé en Russie comme représentant extraordinaire, largement accaparé par la représentation diplomatique et le paraître, Caulaincourt ne parvient jamais véritablement à se convertir au rôle d'espion que son maître veut lui faire jouer. D'une certaine façon, et même s'il a tenu le compte des griefs qui se sont accumulés entre les deux empereurs, Caulaincourt est resté tourné vers 1807 et l'« esprit de Tilsit ». Ambassadeur des jours fastes de l'alliance, il refuse d'être celui de la rupture, quitte à apparaître en décalage complet avec son maître. C'est ce refus viscéral qui motive ses inlassables demandes de retour depuis 1810 ; c'est ce décalage, jugé de plus en plus préjudiciable, qui va enfin décider Napoléon à accéder aux requêtes de son ambassadeur.

Fin d'une ambassade, fin d'une alliance

À partir de la fin de l'année 1809, l'évolution des relations franco-russes rendant son séjour à Saint-Pétersbourg de moins en moins supportable, Caulaincourt n'a de cesse de demander à Champagny de lui trouver un successeur et de lui permettre de rentrer enfin en France. En septembre 1810, il envoie ainsi à son ministre une longue lettre dans laquelle il mobilise tous les arguments à sa disposition pour tenter de justifier le bien-fondé de sa requête. Il insiste notamment sur la fragilité de sa santé :

> L'arrière-saison m'a apporté toutes mes infirmités : ma poitrine, fortement attaquée par la rigueur du climat, est de nouveau très souffrante ; à peine puis-je me soutenir quelquefois sur le pied droit. Sa Majesté daignera-t-Elle se rappeler ma répugnance à entrer dans les affaires, et que mon dévouement seul m'y a placé ? Elle a ordonné pour un an, j'ai obéi, puis pour une autre année, je me suis résigné : ces motifs me font espérer qu'Elle n'exigera pas que je coure les risques d'un quatrième hiver ici. [...] Les affaires marcheront ici d'elles-mêmes, et tout autre, comme j'ai eu l'honneur de le mander à V. E., les fera mieux que moi, car je ne puis empêcher les souvenirs de Tilsit et d'Erfurt de se rattacher à moi, et un antécédent de plusieurs années devient gênant dans une marche politique que mille circonstances et tant d'événements ont nécessairement plus ou moins modifiée sans qu'elle soit changée[1].

1. AMAE, Corr. pol., Russie, 151, Caulaincourt à Champagny, Saint-Pétersbourg,

La lettre de Caulaincourt est déjà un bilan de son ambassade. Il y réaffirme sa foi en l'alliance et donne ses premiers conseils à son successeur. Celui-ci, à condition d'« apporter de la loyauté dans sa conduite » et d'« avoir des formes convenables », doit pouvoir facilement cerner le caractère du tsar Alexandre et maintenir de bonnes relations entre la France et la Russie.

Les arguments, les raisonnements, les suppliques de Caulaincourt ne rencontrent apparemment aucun écho à Paris : dans ses réponses, Champagny ne fait jamais allusion à la longue lettre de son envoyé. Ce dernier patiente plusieurs semaines avant d'envoyer une nouvelle missive. La teneur est la même mais les arguments se font encore plus audacieux. Le duc de Vicence essaye ainsi de démontrer de façon logique que son remplacement est nécessaire, quels que soient les projets de Napoléon : « S. M. veut-Elle encore l'alliance et ses effets, peu importe celui qui la servira ici : [...] les choses marcheront d'elles-mêmes. S. M. ne veut-Elle que les froides relations d'un simple état de paix, a-t-Elle-même d'autres projets, Elle ne peut tenir à ce que ce soit moi qui la représente, puisqu'un autre individu moins près de son auguste personne donnera moins d'importance à la mission[1]. » Ce raisonnement qui se veut imparable se heurte une nouvelle fois à l'indécision et à l'attentisme de Napoléon. Toujours sans nouvelles et désormais contraint de demeurer en Russie jusqu'au printemps, Caulaincourt prend un ton de plus en plus vindicatif et se pose en martyr dans des lettres aux accents tragiques : « J'ai manqué mourir l'autre jour au bal de la cour, que j'ai été obligé de quitter. Votre Excellence ne répond jamais à aucune des instantes demandes que je lui adresse pour mon retour. Venu ici malgré moi, y restant contre mon gré, suis-je condamné à y périr parce que j'ai bien servi mon maître[2] ? »

Au mois de février 1811, Champagny répond enfin à la demande de son ambassadeur pour lui signifier son remplacement à la tête de l'ambassade de Saint-Pétersbourg. Le travail de sape de Caulaincourt a, semble-t-il, fini par porter ses fruits : c'est ainsi que l'interprète le principal intéressé. Il paraît beaucoup plus probable que son incapacité à remplir sa mission d'espionnage militaire et que sa défense opiniâtre du tsar aient fini par irriter Napoléon, au moment où celui-ci quitte définitivement

---

19 septembre 1810.

1. *Ibid.*, Caulaincourt à Champagny, Saint-Pétersbourg, 15 décembre 1810.
2. *Ibid.*, Caulaincourt à Champagny, Saint-Pétersbourg, 17 janvier 1811.

le système de l'alliance franco-russe – le remplacement au ministère des Relations extérieures du trop mou Champagny par Maret, en avril, apparaissant comme un des signes les plus révélateurs de cette évolution. Pour préserver les formes, le motif officiel invoqué par le gouvernement français est la santé déclinante du duc de Vicence. C'est ce que précise le duc de Cadore dans sa lettre du 21 février où il donne à son envoyé toutes les instructions nécessaires pour effectuer au mieux la transition avec son successeur, le général Lauriston :

> S. M. cédant aux instances si pressantes que vous lui avez faites pour obtenir votre rappel, [...] vous permet de revenir en France. Dans son intention de maintenir les rapports d'amitié et d'alliance qui existent entre les deux cours, elle a voulu que la nomination de votre successeur précédât l'ordre de votre rappel. M. le comte de Lauriston a été nommé hier son ambassadeur à Saint-Pétersbourg. [...]
> Je vous envoie vos lettres de rappel. L'Empereur désire que vous ne les présentiez que lorsque le comte de Lauriston sera arrivé. [...] Si votre état de santé était tel que deux ou trois semaines de retard pussent vous mettre en danger, l'Empereur permettrait alors que vous n'attendissiez pas l'arrivée de votre successeur : mais il exigerait que vous prissiez des mesures pour le rencontrer en route. Au surplus, l'Empereur compte trop sur votre dévouement pour n'être pas comme certain que vous attendrez votre successeur et que vous vous ferez un plaisir comme un devoir de contribuer au succès de son ambassade par les utiles renseignements qu'il recevra de vous[1].

Champagny justifie enfin les raisons de son silence : il attendait que soit choisi le nouvel ambassadeur de France en Russie. Il néglige en revanche d'expliquer à Caulaincourt pourquoi il a été tenu à l'écart de ces recherches. Cet élément, ainsi que le ton assez froid de la lettre, annonce déjà la semi-disgrâce que va connaître le grand écuyer à son retour en France. Ce dernier le pressent et préfère ne pas irriter davantage son maître en quittant immédiatement son poste. Il décide d'attendre le général de Lauriston le temps qu'il faudra et de préparer au mieux son arrivée.

1. AN, 95 AP 7, Champagny à Caulaincourt, Paris, 21 février 1811.

Sa première démarche consiste à prévenir le tsar de son remplacement. Alexandre approuve avec diplomatie le choix du général de Lauriston mais semble sincèrement peiné par le départ prochain de l'ambassadeur[1]. Cette marque de bienveillance contraste avec les vexations que son propre gouvernement inflige au duc de Vicence. Ce dernier se voit en effet dépossédé du mobilier de son ambassade, qui était censé lui revenir : « Aux termes du règlement des Relations extérieures, ayant résidé plus de trois ans, tout ce qui m'a été donné pour mon établissement doit m'appartenir : c'est un droit, consacré d'ailleurs par l'usage[2]. » Ses plaintes restent pourtant lettre morte. Champagny lui ordonne de faire l'inventaire du mobilier et de le laisser à l'usage du comte de Lauriston ; Caulaincourt se soumet.

Dès la fin du mois de mars, tout semble prêt pour accueillir le nouvel ambassadeur. Caulaincourt l'assure à son ministre, « M. le comte de Lauriston peut venir avec son bonnet de nuit et se trouver installé le jour même de son arrivée comme je l'étais moi-même[3]. » Ce zèle est révélateur de l'impatience du duc de Vicence : en faisant tout pour que la transition se déroule sans encombre, il espère pouvoir quitter rapidement la Russie. Ce sentiment est renforcé par l'atmosphère difficile des dernières semaines de son séjour. Les discussions politiques se poursuivent désormais sans grande conviction, tandis que la bonne société et la famille impériale semblent bouder la légation française. Comme le constate Caulaincourt avec lucidité : « Un ambassadeur rappelé a bien peu de crédit[4]. » En outre, plus Lauriston tarde à arriver et plus il lui faut composer avec les inquiétudes de l'opinion publique russe, convaincue des intentions hostiles de Napoléon : « Les détours qu'a faits M. de Lauriston dans son voyage, écrit-il dans ses "nouvelles et on-dit", les retards qui en sont résultés, ont fait croire qu'il ne viendrait pas. Son passage à Dresde et surtout son voyage à Dantzig n'ont pas été interprétés comme annonçant des intentions amicales pour la Russie[5]. »

1. AMAE, Corr. pol., Russie, 152, Caulaincourt à Champagny, Saint-Pétersbourg, 11 mars 1811.

2. *Ibid.*, Caulaincourt à Champagny, Saint-Pétersbourg, 8 mars 1811.

3. *Ibid.*,, Caulaincourt à Champagny, Saint-Pétersbourg, 21 mars 1811.

4. *Ibid.*, Caulaincourt à Champagny, Saint-Pétersbourg, 22 mars 1811.

5. *Ibid.*, Caulaincourt à Maret, Saint-Pétersbourg, 23 avril 1811.

Après deux mois d'attente, l'arrivée de son successeur, dans la nuit du 9 au 10 mai 1811, libère enfin Caulaincourt. Il le notifie immédiatement à son ministre : « J'ai l'honneur de rendre compte à Votre Excellence que M. le comte de Lauriston est arrivé ici hier, à une heure du matin. S. M. [le tsar] a daigné fixer à demain mon audience de congé ; M. de Lauriston remettra ses lettres de créance immédiatement après[1]. » Lors de l'audience du 11 mai, Alexandre se montre particulièrement chaleureux et obligeant à son égard. Il lui fait ainsi l'immense honneur de lui remettre la croix de l'ordre impérial de Saint-André[2]. Il profite surtout de l'occasion pour lui confier une mission implicite, celle de tenter une dernière démarche à Paris en faveur de l'alliance :

> Il me dit de rendre compte de vive voix à V. M. de tout ce que j'avais vu, de tout ce qu'il m'avait dit, écrit le duc de Vicence dans sa dépêche du 12 mai. Il ajouta que je pouvais l'assurer que, du côté de la Russie, on ne voulait que l'alliance, que confiance et amitié pour tous, enfin l'état des choses créé à Tilsit et cimenté à Erfurt, mais qu'il fallait en même temps que cet état de choses donnât paix et sécurité à la Russie, comme cela avait existé pour la France. [...] [Il] finit par me dire qu'il voulait me voir encore avant mon départ, et me répéta qu'il ne voulait que l'alliance, mais qu'il fallait que V. M. prouvât aussi qu'Elle la voulait[3].

Dans les jours qui suivent l'audience de congé, l'ex-ambassadeur se charge d'introduire Lauriston dans la société et de le mettre au courant des affaires en cours. Une fois achevés ces ultimes préparatifs, il quitte la capitale russe, le 19 mai 1811. Malgré son désir de retrouver ses proches, le duc de Vicence peut difficilement cacher sa tristesse au moment d'abandonner la vie pétersbourgeoise, son faste, ses fêtes, ses honneurs. Ses épanchements surprennent certains de ses contemporains, comme la comtesse Edling, peut-être trompée par la morgue longtemps affichée par l'ambassadeur de France : « Caulaincourt, en recevant son audience

---

1. *Ibid.*, Caulaincourt à Maret, Saint-Pétersbourg, 10 mai 1811.
2. L'ordre honorifique le plus prestigieux de Russie.
3. AN, AF IV 1699 (5), rapport de Caulaincourt à Napoléon, Saint-Pétersbourg, 12 mai 1811.

de congé, éprouva une émotion si extraordinaire, que tout le monde en fut étonné, raconte-t-elle. Prévenu des intentions hostiles de Napoléon, et certain d'avance de son triomphe, Caulaincourt, naturellement bon et reconnaissant, ne put se défendre d'un sentiment douloureux en quittant une cour dont il savait apprécier les vertus et qui l'avait comblé de bontés[1]. » Ces sentiments ne sont toutefois que temporaires. Conscient des responsabilités qui lui incombent, le duc de Vicence se tourne résolument vers les épreuves qui l'attendent à Paris. C'est ce qu'explique Albert Vandal dans son histoire de l'alliance franco-russe :

> Bien que son ambassade lui eût valu à la fin de pénibles déboires, bien que le climat de Pétersbourg eût altéré sa santé, il s'était pris d'affection pour cette Russie où il avait à la fois goûté de hautes satisfactions et traversé de multiples épreuves ; c'est un penchant de l'âme humaine que de s'attacher aux lieux où elle a connu la souffrance et la joie, où elle a beaucoup agi, beaucoup lutté, c'est-à-dire, en somme, beaucoup vécu. Caulaincourt aimait Alexandre pour les bontés qu'il en avait reçues, et il lui avait voué une reconnaissance sincère : il aimait les élégances de la vie russe et regrettait cette société de hautes allures et d'esprit raffiné, intéressante et charmeresse, dont il avait peu à peu conquis l'estime et forcé les sympathies. Puis, ayant fait de l'alliance l'œuvre maîtresse et l'honneur de sa vie, il la voyait avec douleur se dissoudre et s'anéantir, pour céder la place à un inconnu plein de périls : le pressentiment de l'avenir, le regret de tant d'efforts dépensés en pure perte, l'assombrissaient au moment du départ : il en fut obsédé durant les journées et les nuits sans fin de l'interminable trajet. Il se gardait cependant de pensées par trop décourageantes, qui débiliteraient son énergie. Sa mission n'était pas terminée : un dernier devoir lui restait à remplir : ce serait de dire à l'Empereur la vérité toute entière telle qu'elle lui apparaissait, de l'informer, de l'éclairer, de l'avertir : il ne faillirait pas à cette obligation, au risque de déplaire, et sacrifierait au besoin sa fortune à sa conscience[2].

1. Elle précise ensuite : « Si l'avenir s'était montré à lui dans ce moment, ses larmes auraient coulé pour son maître et non pour Alexandre ! » *Mémoires de la comtesse Edling*, p. 50.

2. Albert Vandal, *Napoléon et Alexandre Ier*, t. III, p. 173-174.

Après trois ans et demi de séjour en Russie, le bilan de Caulaincourt apparaît particulièrement maigre : aucune des négociations auxquelles il a pris part n'a réussi à aboutir à un résultat durable. Comme on l'a répété, son zèle ne peut être mis en cause : trop de facteurs lui échappent pour qu'il puisse être tenu responsable des échecs successifs de l'alliance. Au reste, Napoléon ne lui reprochera pas tant ses carences en matière de diplomatie que sa confiance exagérée en Alexandre, son aveuglement serait-on tenté de dire. Pourtant, cette foi dans le tsar, qui va attirer sur le duc de Vicence l'ire de son maître, va en même temps assurer son retour en grâce. En le poussant à défendre coûte que coûte l'alliance et à combattre le projet d'une attaque française contre la Russie, elle va lui permettre de jouer le rôle de prophète du désastre de 1812 et de transcender ainsi son expérience diplomatique.

CHAPITRE 10

UNE EXPÉRIENCE DIPLOMATIQUE À L'ÉPREUVE DE LA CAMPAGNE DE RUSSIE (1811-1812)

La campagne de Russie occupe une place particulière dans la vie de Caulaincourt : il suffit pour s'en convaincre d'observer le nombre de pages qu'il y a consacré dans ses Mémoires[1]. Parmi les différents éléments de sa vie, son voyage en traîneau avec Napoléon – dans les jours qui suivent le désastre de la Bérézina, à la fin de l'année 1812 – est probablement le plus célèbre : ce huis clos unique dans l'histoire de l'Empire a fasciné les lecteurs des *Mémoires de Caulaincourt.* Cet épisode, aussi remarquable soit-il, n'est pourtant que la conclusion d'une longue période marquée pour le duc de Vicence par les pires difficultés personnelles. Avant de pouvoir partager le traîneau de Napoléon et converser avec lui à bâtons rompus, il lui faut en effet supporter avec stoïcisme une disgrâce qui s'étire sur plus d'un an. Prétendant, en 1807, au titre officieux de favori, Caulaincourt fait figure pendant de longs mois de paria, cantonné à un rôle de Cassandre, qui le marginalise mais que son sens de l'honneur lui interdit de quitter. Réfugié dans son intransigeance, il doit subir les assauts répétés de Napoléon qui veut le rallier à ses vues : c'est seulement en suivant une ligne de conduite inébranlable qu'il va parvenir à retrouver progressivement sa place au sein du régime impérial. Cette ligne de conduite se dessine dès la première joute qui oppose à Napoléon l'ancien ambassadeur de France, le jour même de son arrivée à Paris, le 5 juin 1811.

1. Sur trois volumes, deux sont consacrés à la campagne de Russie.

Un retour à Paris entre bilan et prophéties

Au moment de quitter la Russie, les sentiments de Caulaincourt sont mitigés. À la joie compréhensible de retrouver son pays, sa famille et ses amis se mêle une sourde appréhension. Ses derniers échanges épistolaires lui laissent en effet présager une confrontation particulièrement difficile avec Napoléon, qu'il sait avoir mécontenté par son attitude. Peu avant son départ de Saint-Pétersbourg, ses amis le préviennent qu'il est désormais « mal noté » par son maître et qu'il peut craindre une disgrâce dont la cour voit déjà les premières manifestations :

> Tout ce qu'on m'écrivait de Paris, tout ce que j'apprenais ne pouvait me laisser de doute sur l'humeur que l'empereur Napoléon avait contre moi. Ne pouvant rien reprendre dans ma conduite, ni dans celle de ses affaires, il se vengea sur mes amis, et exila Mme de C[anisy] qu'il avait nommée dame du Palais sans qu'elle le demandât, à l'époque de son mariage avec l'impératrice Marie-Louise. [...] Cette nouvelle, que je reçus quelque temps avant de quitter Pétersbourg, acheva de me donner la mesure des dispositions politiques et de la position où j'étais. En m'annonçant cet événement, on ajoutait que je devais m'attendre à tout, que si l'Empereur ne m'exilait pas, il me ferait sûrement ressentir son mécontentement d'une autre manière[1].

On imagine sans peine l'inquiétude du duc de Vicence mais aussi sa colère face aux procédés mesquins de l'Empereur. Il comprend immédiatement que, contrairement aux promesses qui lui avaient été faites, il ne peut espérer aucune évolution dans ses perspectives matrimoniales.

C'est en ruminant ces pensées que Caulaincourt se met en route au milieu du mois de mai 1811. À quelques étapes de Paris, il apprend que la situation n'est pas aussi simple qu'elle n'y paraît : le ressentiment personnel de Napoléon à son égard se voit en effet tempéré par des considérations politiques et subordonné à ses objectifs militaires à moyen terme. Au milieu de l'année 1811, l'Empereur a plus que jamais besoin du symbole que représente le duc de Vicence, celui de la pérennité de l'alliance franco-russe :

---

1. *Mémoires de Caulaincourt*, t. I, p. 279-280.

> Un de mes amis était venu au-devant de moi jusque près de Châlons. Ce qu'il me dit des intentions de l'Empereur, de son irritation contre moi, n'était ni agréable, ni tranquillisant. On pensait, cependant [...] que la guerre, qu'on croyait imminente un mois avant, serait encore ajournée. On attribuait ce changement aux nouvelles sur l'Espagne, et on en inférait qu'il me traiterait même assez bien en public, afin d'éloigner l'idée d'une rupture avec la Russie[1].

Au lieu de subir une disgrâce complète, le duc de Vicence va devoir faire face à une position d'entre-deux bien difficile à gérer et moralement éprouvante. Il en a un aperçu dès son arrivée au château de Saint-Cloud, le 5 juin à 11 heures du matin, au moment où s'engage entre lui et son maître une discussion qui va durer plus de cinq heures : « Sa Majesté me reçut sèchement, m'énuméra tout de suite avec chaleur ses prétendus griefs contre l'empereur Alexandre, sans m'adresser aucun reproche personnel[2]. »

Lors de cette première confrontation, représentative des mois qui vont suivre, Caulaincourt doit s'adapter aux réactions souvent contradictoires de son maître. Celui-ci reconnaît au détour d'une phrase que son ambassadeur l'a bien servi, pour mieux critiquer par la suite sa prétendue naïveté : « L'Empereur fut fort aigre pour moi et me dit que j'étais dupe de l'empereur Alexandre et des Russes ; que je ne savais pas ce qui se passait ; que le maréchal Davout était mieux instruit que moi ; que le général Rapp le tenait plus au courant, etc., etc.[3]. » Malgré son apparente virulence, l'Empereur ne se place pas dans une simple démarche de blâme à l'encontre du bilan diplomatique de Caulaincourt. Il entend bien plutôt le convaincre de la légitimité et de la pertinence de la politique suivie par la France durant les derniers mois et surtout de la duplicité du tsar.

Caulaincourt arrive quant à lui à Paris avec l'intention de défendre ce qu'il reste de l'alliance franco-russe, suivant en cela la dernière requête d'Alexandre. Son plaidoyer en faveur du cabinet russe ainsi que ses positions pacifistes l'opposent de façon radicale à Napoléon : la discussion du 5 juin apparaît à bien des égards comme la confrontation entre deux

1. *Ibid.*, p. 280-281.
2. *Ibid.*, p. 280.
3. *Ibid.*, p. 285.

visions des événements récents, voire entre deux conceptions des relations internationales.

Pendant les cinq heures que dure leur confrontation, de nombreux sujets sont abordés, leur succession s'effectuant sans réelle logique et avec d'incessants retours en arrière, « sans doute pour voir si je répondrais les mêmes choses », précise Caulaincourt[1]. De façon révélatrice, la première question soulevée est celle de l'oukase de commerce, principal grief de Napoléon vis-à-vis d'Alexandre et motif de rupture de plus en plus invoqué. L'Empereur se répand par la suite en invectives contre le tsar, sur sa « fausseté » depuis Erfurt, sur ses coupables atermoiements lors de la campagne commune contre l'Autriche en 1809 et sur ses récents préparatifs militaires en Pologne. Déterminé à montrer que dans toutes ces affaires les torts sont partagés par les deux alliés, Caulaincourt réfute ces assertions point par point. Concernant l'oukase, il invoque à raison le mauvais état de l'économie russe et surtout la profonde hypocrisie du système des licences. Le duc de Vicence voit dans les mesures prises par Alexandre une réponse logique à ces entorses françaises au Blocus, qu'il considère comme de véritables provocations. Il ressort de ses propos une critique globale de la politique économique napoléonienne des derniers mois, carcan incompatible avec la viabilité de l'alliance franco-russe.

Au sujet de la campagne de 1809 et de la question polonaise, Caulaincourt reconnaît la duplicité russe mais critique surtout le peu d'empressement de Napoléon à sauver les apparences ou à rétablir la bonne entente entre les deux pays. Il revient sur la conclusion du traité de Schönbrunn : « Je rappelai à l'Empereur la manière dont il avait conclu la dernière paix avec l'Autriche, en mettant peu de formes avec la Russie. – Je lui ai donné 300 000 âmes ! C'est plus qu'elle n'avait gagné. – Sans doute, Sire ! Mais ici les formes eussent sauvé le fond. Votre Majesté eût mieux fait de ne rien donner[2]. » Il désapprouve de même le « refus de ratifier la convention pour la Pologne, lorsqu'elle n'avait été que le résultat de l'offre faite par lui et des ordres qu'il m'avait donnés[3] ». Enfin, aux armements effectués par Alexandre il oppose les nombreuses vexations françaises des derniers mois : « Je ne dissimulai pas à l'Empereur que s'il voulait la guerre, son cabinet

1. *Mémoires de Caulaincourt*, t. I, p. 296.
2. *Ibid.*, p. 284.
3. *Ibid.*, p. 284-285.

avait tout fait pour y conduire, que si l'on croyait utile de maintenir l'alliance, je ne comprenais pas à quoi ces coups d'épingle pouvaient servir[1]. »

Napoléon ne peut répondre à ces critiques marquées par un incontestable bon sens. Il préfère reporter le débat sur la nature profonde et sur les intentions du tsar Alexandre Ier. À ce sujet, les deux interlocuteurs s'opposent du tout au tout : l'Empereur, marqué par ses désillusions, défend la thèse d'un double jeu d'Alexandre depuis le commencement même de l'alliance. Caulaincourt, influencé par son amitié pour le tsar, croit en sa probité et sa bonne volonté :

> Il est faux et faible, me répéta [l'Empereur]. – Il est opiniâtre, répondis-je. [...] – Il a le caractère grec ; il est faux, reprit encore l'Empereur. – Sans doute, répondis-je, il ne m'a pas toujours dit tout ce qu'il pensait ; mais ce qu'il m'a fait l'honneur de me dire s'est toujours vérifié, et ce qu'il m'a promis pour Votre Majesté, il l'a tenu. – Alexandre est ambitieux ; il a un but qu'il dissimule en voulant la guerre ; il la veut, vous dis-je, puisqu'il se refuse à tous les arrangements que je propose. Il a un motif secret : n'avez-vous pu le pénétrer[2] ?

Même s'il est évident qu'il ne perçoit pas les véritables intentions du « sphinx du Nord[3] », Caulaincourt reconnaît les zones d'ombres de sa personnalité et les limites de la relation qu'il a pu nouer avec lui. Il estime cependant que le débat n'est pas là : il ne s'agit pas de reporter les torts sur l'autre, mais de tout faire pour sauver l'alliance et éviter une guerre, quitte à revenir sur la politique suivie par la France depuis plusieurs mois.

Peut-être ébranlé par la conviction de son grand écuyer, Napoléon engage le débat sur les moyens de rétablir de bonnes relations avec la Russie : « Vous croyez donc que la Russie ne veut pas la guerre et qu'elle resterait dans l'alliance et prendrait des mesures pour soutenir le système continental, si je la satisfaisais pour la Pologne[4] ? » Pour Caulaincourt, cette timide concession n'est plus suffisante, surtout après l'accumulation de griefs des derniers mois. Pressé d'énumérer les dispositions susceptibles

---

1. *Ibid.*, p. 285.
2. *Ibid.*, p. 294.
3. Titre de la biographie d'Henri Troyat : *Alexandre Ier, le sphinx du Nord*, Paris, Flammarion, 2008.
4. *Mémoires de Caulaincourt*, t. I, p. 286.

de sauver l'alliance, il propose entre autres choses d'instaurer des relations commerciales équitables entre les deux empires, de donner un nouveau statut plus autonome au duché d'Oldenbourg et surtout d'évacuer les troupes françaises de Dantzig et du reste de la Prusse. Libéré de ses obligations diplomatiques, le duc de Vicence peut se permettre de suggérer des solutions plus radicales aux crises auxquelles il a été confronté lors de son ambassade. Cette tentative se heurte toutefois à l'obstination de Napoléon qui craint, sans doute à raison, de s'humilier devant l'Europe en acceptant les reculades proposées. Rejetant toujours la faute sur son allié, l'Empereur préfère esquiver le débat quand les recommandations de son grand écuyer se font trop pressantes.

Dans l'impossibilité de discuter avec son maître de mesures concrètes, Caulaincourt veut l'amener à surmonter certaines ambiguïtés de son action et à définir de façon claire sa politique étrangère : « Pour moi, Sire, j'ose le répéter à Votre Majesté, je ne vois que deux partis à prendre : rétablir la Pologne et la proclamer afin d'avoir pour soi les Polonais, ce qui peut avoir un avantage politique, ou maintenir l'alliance avec la Russie, ce qui fera arriver la paix avec l'Angleterre et finira vos affaires d'Espagne. – Quel parti prendriez-vous ? – Le maintien de l'alliance, Sire ! C'est le parti de la prudence et de la paix[1]. » Mésestimant apparemment les desseins cachés et les rancœurs des cours européennes, Caulaincourt défend toujours l'idée d'un équilibre continental au sein duquel pourrait s'exercer la prépondérance française. Il s'accroche à la conception d'un système pondéré, que celui-ci passe par l'alliance avec la Russie ou par un rapprochement avec l'Autriche ou avec un nouvel État polonais. Il refuse avant tout une suprématie française sans freins ni bornes, une *pax napoleonica* imposée par les armes et ne pouvant qu'aboutir à une catastrophe pour son pays. Son ambassade à Saint-Pétersbourg lui a permis de mûrir sa pensée diplomatique, de chercher des solutions par la voie des négociations, quand Napoléon privilégie toujours le hasard des combats qui lui a été tant de fois favorable. En 1811, Caulaincourt a accompli l'essentiel de son chemin du monde militaire au monde diplomatique : les divergences avec son maître n'en sont que plus profondes.

C'est pourtant au général Bonaparte que Caulaincourt s'adresse lorsqu'il tente en dernier recours de préserver l'alliance en montrant les dan-

1. *Ibid.*, p. 289.

gers d'une nouvelle guerre et plus précisément d'une offensive en territoire russe. Retranscrits dans ses Mémoires *a posteriori* mais corroborés par des contemporains, les propos qu'il lui tient s'imposent par leur ton prophétique. Ils correspondent au dernier aspect de la mission dont il a été chargé par le tsar Alexandre, dont il cite fidèlement les paroles :

> – Tout en rendant justice à vos talents militaires, [Alexandre] m'a souvent dit que son pays était grand, que votre génie pouvait vous donner beaucoup d'avantages sur ses généraux, mais que, si on ne trouvait pas l'occasion de vous combattre avec avantage, on avait de la marge pour vous céder du terrain et que vous éloigner de la France et de vos moyens serait déjà vous combattre avec succès. On sait en Russie qu'il ne faut pas frapper là où est Votre Majesté, mais, comme elle ne peut être partout, on ne cache pas le projet de ne frapper que là où Votre Majesté ne se trouvera pas. « Ce ne sera pas, dit l'empereur Alexandre, une guerre d'un jour. » Votre Majesté sera obligée de revenir en France, et, alors, tous les avantages seront du côté des Russes, puis l'hiver, le climat de fer et, plus que tout cela, le parti pris, la volonté hautement prononcée de l'empereur Alexandre de prolonger la lutte et de ne pas avoir la faiblesse, comme tant d'autres souverains, de signer la paix dans sa capitale[1]...

Caulaincourt insiste tout particulièrement sur la volonté du tsar de prolonger la résistance à outrance et de suivre le modèle espagnol. Une analogie qui ne peut qu'inquiéter Napoléon et l'amener à reconsidérer pour un instant sa position : « Il paraissait fort préoccupé ; il garda le silence pendant assez longtemps[2]. » Ces sombres pressentiments laissent toutefois rapidement place à la logique militaire, à la foi dans la puissance française : « Après m'avoir écouté avec attention, l'Empereur m'énuméra ses forces, ses moyens. Dès que je le vis revenu sur ce chapitre, je ne doutai plus qu'il n'y eût plus rien à espérer pour la paix, car c'était cette énumération militaire qui lui montait la tête[3]. »

1. *Ibid.*, p. 291.
2. *Ibid.*, p. 293.
3. *Ibid.*

Constatant l'échec de ses tentatives pour convaincre son maître de sauvegarder l'alliance franco-russe ou, à défaut, pour maintenir la paix entre les deux empires, Caulaincourt ne peut qu'invoquer pour finir la justice que lui rendront les événements : « Je répondis que d'autres pouvaient souffler le feu en répétant les contes absurdes de quelques agents subalternes qui voulaient gagner leur argent ; que, pour moi, j'étais sûr de l'exactitude de ce que j'avais mandé et de ce que j'avais l'honneur de lui répéter ; que j'étais prêt à *me constituer prisonnier et à porter ma tête sur le billot* si [...] les événements ne justifiaient pas tout ce que j'avais mandé et ce que je lui disais[1]. » Le sens de l'honneur et du devoir du duc de Vicence ne peut que lui faire mépriser profondément l'esprit courtisan et les manœuvres nuisibles des flatteurs. Accusé par son maître de prendre parti pour l'adversaire, il accepte de revêtir le rôle ingrat du contradicteur au nom de ce qu'il considère comme la véritable fidélité.

Tous ces arguments peinent à trouver un véritable écho chez Napoléon : en critiquant ouvertement la politique de son maître, en refusant de se rallier à son système, Caulaincourt confirme au contraire la disgrâce qui le touche à son retour de Russie. Sans avoir perdu tous ses espoirs, il sort de la discussion du 5 juin profondément démoralisé. Son courage, ses convictions, sa foi en l'alliance, son dévouement à son pays n'ont pu contrebalancer l'obstination de l'Empereur et le détourner de ses projets. Sur la portée de cet épisode, Albert Vandal conclut :

> Jamais Napoléon n'avait entendu un tel langage ; jamais le danger ne lui avait été si clairement signalé. Cependant, dans les appréciations de Caulaincourt, il faut faire la part de l'erreur et de la vérité. L'ancien ambassadeur s'abusait gravement lorsqu'il montrait l'empereur russe prêt à rentrer de bonne foi dans le système inauguré à l'époque des entrevues. [...] Où Caulaincourt s'était montré admirable de haute sagesse et de clairvoyance, c'était lorsqu'il avait montré les difficultés et les dangers d'une campagne offensive, les désastres qui nous attendaient dans cette voie, et cet intrépide avertissement suffirait à fonder sa gloire[2].

1. *Ibid.*, p. 285-286. Souligné par Caulaincourt.
2. Albert Vandal, *Napoléon et Alexandre Ier*, t. III, p. 189-190.

Un avertissement qui va d'ailleurs être réitéré à de nombreuses reprises dans les mois suivants, en vain.

« *En attendant la campagne de Russie*[1] »

La conversation du 5 juin 1811 n'est que le premier jalon d'une longue attente menant au déclenchement effectif de la campagne de Russie ; une période de transition lors de laquelle Caulaincourt, marginalisé par son opposition à Napoléon, s'efforce, non sans difficultés, de retrouver la place qui était la sienne au sein de la cour avant son départ pour Saint-Pétersbourg. La continuité de son service ne semble pas remise en question : dès le lendemain de son arrivée à Saint-Cloud, il reprend ses fonctions de grand écuyer et figure en bonne place la semaine suivante au baptême du roi de Rome. Il organise surtout le grand voyage de Napoléon et de Marie-Louise sur les côtes de Hollande, à l'automne 1811, méritant par son zèle et son efficacité les félicitations de son maître. Mais derrière cette reconnaissance et ces approbations de façade, il doit faire face à différentes mesquineries qui sapent son prestige à la cour. Le diplomate russe Nesselrode, présent à Paris à cette époque, affirme ainsi qu'au milieu du mois de juin l'Empereur ne lui a « point rendu encore les grandes et petites entrées, distinction dont, à l'exception du prince de Bénévent, jouissent tous les grands dignitaires et grands officiers de la couronne[2] ».

Supportant avec un certain stoïcisme les vexations personnelles, Caulaincourt est en revanche excédé par celles visant son entourage et par cette volonté mesquine « de le punir dans ce qui lui était le plus cher[3] ». Il réclame avec insistance le retour d'exil de Mme de Canisy mais Napoléon y met une condition implicite, qu'il juge inacceptable. Il lui est en effet demandé au même moment de prendre contact avec l'ambassadeur de Russie à Paris, Kourakine, afin de lui assurer que la France ne fait aucun préparatif militaire contre son pays. Jugeant ce procédé immoral, le duc de Vicence ne veut entrer dans aucune entreprise de désinformation, quitte à irriter encore davantage l'Empereur. Le paroxysme de cette brouille

1. Titre du deuxième chapitre des *Mémoires de Caulaincourt* (t. I).

2. Comte A. de Nesselrode, *Lettres et papiers du chancelier comte de Nesselrode (1760-1850)*, Paris, Lahure, 1908-1912, t. III, p. 351, Nesselrode à Speranski, Paris, 4/16 juin 1811.

3. *Mémoires de Caulaincourt*, t. I, p. 305.

est atteint lors d'une soirée au château des Tuileries, le 15 août 1811. Prenant à parti Kourakine devant toute la cour, Napoléon déclare à haute et intelligible voix, afin de se faire entendre de son grand écuyer : « Quoi qu'en dise M. de Caulaincourt, l'empereur Alexandre veut m'attaquer[1]. » Il poursuit ensuite sur le mode de la provocation :

> – M. de Caulaincourt, ajouta encore l'Empereur, est devenu russe. Les cajoleries de l'empereur Alexandre l'ont accaparé.
> En quittant le prince Kourakine, l'Empereur fit quelques pas vers le milieu de la salle, cherchant à lire dans les yeux de l'auditoire l'impression qu'il avait faite. M'apercevant dans la croisée, car je ne lui avais sûrement pas échappé, l'Empereur vint à moi avec humeur et me dit :
> – N'est-ce pas que vous êtes devenu russe ?
> Je répondis d'un ton très ferme :
> – Je suis un très bon français, Sire, et le temps prouvera à Votre Majesté que je lui ai dit la vérité comme un fidèle serviteur !
> L'Empereur qui vit que je prenais la chose au sérieux, fit alors comme s'il avait plaisanté et me dit :
> – Je sais bien que vous êtes un brave homme, mais les cajoleries de l'empereur Alexandre vous ont tourné la tête et vous êtes devenu russe, ajouta-t-il en souriant[2].

Supportant déjà difficilement le sort de Mme de Canisy, le duc de Vicence est cette fois outré de l'insulte qui lui est faite en public, devant tout le corps diplomatique et surtout devant le représentant du tsar Alexandre. S'il accepte les vexations personnelles, il ne peut souffrir celles qui mettent en cause son honnêteté d'ambassadeur et sa fidélité de serviteur. Dès le lendemain de cette altercation aux Tuileries, il envisage de se retirer. L'encourageant à la patience, Duroc parvient à l'en dissuader. Peu après cette scène, Savary, alors ministre de la police, intercède finalement auprès de son maître en faveur de Mme de Canisy, qui rentre d'exil dès la fin du mois d'août. Sans renier ses convictions, le duc de Vicence accepte dès lors de se faire discret et de courber le dos.

1. *Ibid.*, p. 309.
2. *Ibid.*

À partir de la fin de l'été 1811 – plus précisément après le voyage sur les côtes de Hollande –, les relations entre Napoléon et Caulaincourt semblent se normaliser. Même s'il ne lui manifeste plus la même faveur que par le passé, l'Empereur fait taire sa rancœur à l'égard de son grand écuyer et parvient progressivement à établir avec lui un nouveau *modus vivendi*. Cessant de lui faire subir des brimades personnelles, il consacre désormais ses efforts à le convaincre du bien-fondé de ses projets. Ceux-ci se précisent de plus en plus au fil des semaines. Dès la fin du mois d'août, il apparaît clair que les déplacements de troupes constatés en Allemagne du Nord ne peuvent être destinés qu'à une entreprise de grande ampleur contre la Russie. Alors que tout son esprit est tendu vers ce nouvel objectif décisif, l'Empereur a besoin de l'assentiment de son grand écuyer, afin de calmer ses doutes et d'obtenir sur son adversaire, comme on l'a déjà dit, cet avantage moral qui lui fait alors défaut.

Intermittents durant l'été, les entretiens tenus par Napoléon et Caulaincourt reprennent plus régulièrement à partir de l'automne et surtout de l'hiver 1811-1812. L'ancien ambassadeur de France en Russie s'efforce toujours de faire avouer à son maître ses véritables projets et de l'amener à prendre parti en faveur d'un projet géopolitique logique ; il pointe aussi du doigt l'erreur consistant à entreprendre une nouvelle guerre « quand il avait encore l'Espagne et tous les moyens de l'Angleterre contre lui[1] ». Malgré le rappel incessant de ces différents arguments, le duc de Vicence ne se limite plus à une simple défense de l'alliance franco-russe. Tandis que s'exacerbent ses positions pacifiques, il blâme désormais les ambitions mêmes de son maître et sa « passion » pour la guerre :

> Je lui dis qu'il voulait, sinon la monarchie universelle, au moins une suprématie qui fût plus que le *primus inter pares* et qui le mît à même de pouvoir tout exiger des autres [...] ; que cela pouvait paraître momentanément avantageux à la France, qu'il en résultait cependant déjà et en résulterait encore plus tard un état hostile d'opinion, de sentiment et de jalousie, qui aurait tôt ou tard de funestes résultats pour nous[2].

1. *Ibid.*, p. 307.
2. *Ibid.*, p. 312.

Influencé par les conceptions d'Ancien Régime et peut-être par les préceptes de Talleyrand, Caulaincourt est par ailleurs convaincu que « la France [est] déjà territorialement trop étendue[1] ». Il prétend dans ses Mémoires aspirer dès cette époque à une « attitude moins menaçante » envers les autres puissances, une attitude qui se manifesterait par différentes concessions et restitutions de territoires et bien entendu par un renoncement complet aux déploiements militaires actuels.

Napoléon ne peut souscrire à un système qui mettrait selon lui en péril à la fois sa position en Europe et son trône. Il se moque de ce qu'il appelle la « modération » ou la « philanthropie » de son grand écuyer, mais reconnaît en lui un interlocuteur valable dont les positions en faveur d'un équilibre continental ont mûri depuis 1806-1807. Ayant surmonté en partie l'agacement des mois précédents, l'Empereur est parfois séduit par la franchise de son contradicteur. Pour l'amener à revenir sur ses positions, il met en œuvre toutes les armes de séduction qu'il a à sa disposition : « Aux soins, à la séduction d'esprit qu'il employait, ainsi qu'à son langage, on eût dit que j'étais une puissance qu'il aurait eu un grand intérêt à convaincre », écrit le duc de Vicence[2].

Pour Napoléon, Caulaincourt est en effet une « puissance », dans la mesure où il s'impose comme une des figures en vue de l'ébauche de « parti de la paix » qui se développe à la cour et dans la société à partir de 1811-1812. Philippe de Ségur, dans son *Histoire de Napoléon et de la Grande Armée*, place le duc de Vicence au centre des personnalités qui se risquent à blâmer dès cette époque les projets de l'Empereur, la rupture de l'alliance russe, mais surtout la prochaine campagne militaire[3]. On trouve parmi ces voix discordantes des ministres traditionnellement modérés comme Cambacérès, Decrès, Mollien ou Lavalette, mais aussi des officiers de retour de Russie comme le colonel Deponthon qui va jusqu'à supplier à genoux Napoléon d'annuler la campagne[4]. Pour ces différentes sources de contestation, l'ancien ambassadeur de France à Saint-Pétersbourg est un point de convergence logique et un héraut d'autant plus incontournable que Talleyrand est définitivement écarté

1. *Ibid.*, p. 313.
2. *Ibid.*, p. 313.
3. Philippe-Paul de Ségur, *Histoire de Napoléon et de la Grande Armée pendant l'année 1812*, Paris-Bruxelles, Baudouin, 1825, t. I, p. 74-75.
4. Albert Vandal, *Napoléon et Alexandre Ier*, t. III, p. 452.

de la cour au début de l'année 1812[1]. Pour beaucoup de contemporains, le duc de Vicence apparaît comme son continuateur. Cette filiation est surtout mise en avant par ses adversaires et notamment par celui qui, dès cette période, apparaît comme son principal rival, Maret. Lors d'une soirée organisée chez lui au mois de mars 1812, ce dernier raille le duc de Vicence et le prince de Bénévent à la chute duquel il a directement contribué :

> Les esprits du boudoir de la belle duchesse [de Bassano] cherchèrent à ridiculiser son [celui de Talleyrand] prétendu amour de la paix, raconte Caulaincourt. On mit en scène des caricatures vivantes et j'eus l'honneur d'être aussi joué dans une des plus gaies. J'étais un soi-disant automate, un mannequin, auquel *l'Enchanteur boiteux* faisait répéter à tout propos : « *La paix fait le bonheur des peuples* »[2].

Caulaincourt est particulièrement choqué par l'attitude de Maret et des membres de son entourage, au point de justifier timidement dans ses Mémoires l'attitude ultérieure de Talleyrand, « poussé à bout, peut-être avec quelque raison[3] ». Pourtant, jamais son amitié pour l'ancien ministre ne le conduit à intriguer à ses côtés contre Napoléon. Après avoir brièvement pris sa défense, il suit les conseils de Duroc et garde ses distances.

Reconnu par tous comme la principale personnalité d'un parti de la paix encore embryonnaire, Caulaincourt s'évertue toutefois à conserver dans les mois qui précèdent le départ pour la Russie son « extrême réserve » et à se maintenir dans ce qu'il appelle lui-même sa « retraite »[4]. Agissant en toutes occasions au nom de sa fidélité envers Napoléon, il n'envisage jamais de prendre la tête d'une opposition ouverte. On lui a reproché en revanche d'être resté en contact avec les Russes et de leur avoir divulgué des informations. Pressé à plusieurs reprises par son maître d'entrer en pourparlers avec l'ambassadeur de Russie, le duc de Vicence avait pourtant revendiqué sa complète probité :

1. Emmanuel de Waresquiel, *Talleyrand*, p. 420.
2. *Mémoires de Caulaincourt*, t. I, p. 325.
3. *Ibid.*, p. 324.
4. *Ibid.*, p. 319.

> La finale de cette conversation fut encore de m'engager à voir le prince Kourakine et à lui parler dans ce sens. Je m'y refusai formellement et dis franchement à l'Empereur qu'il savait que je ne voyais aucun Russe et n'avais plus de relations avec eux, ne voulant rien dire ni faire soit contre mes devoirs, soit contre mon opinion et ma conscience ; que ces motifs m'ayant fait cesser toutes relations avec eux et avec tous les étrangers, je ne pouvais pas les renouer pour dire une chose que je ne croyais pas[1].

Des historiens comme Antoine de Tarlé l'ont accusé malgré tout de « trahison » en s'appuyant sur les papiers de Nesselrode[2]. Conseiller d'ambassade à Paris, ce dernier adresse, de mars 1810 à septembre 1811, différentes missives secrètes au comte Speranski, un des principaux conseillers du tsar Alexandre. Cette diplomatie parallèle, contournant à la fois le faible Kourakine et le trop francophile Roumiantsev, s'alimente essentiellement auprès de Talleyrand, toujours disposé à monnayer ses services[3]. Il est par conséquent logique que se soit posée la question de la participation de Caulaincourt à ce qui s'apparente à un véritable réseau d'espionnage tourné contre Napoléon, d'autant que l'ancien ambassadeur de France en Russie est mentionné à de multiples reprises dans cette correspondance, sous son nom ou sous les pseudonymes d'« Holtschinsky » et du « Professeur »[4].

Dans son introduction aux *Mémoires de Caulaincourt*, Jean Hanoteau a fait le point sur cette correspondance et s'est efforcé, non sans un certain succès, d'innocenter le duc de Vicence[5]. On peut affirmer avec lui que les missives évoquant Caulaincourt avant son retour de Russie sont sans aucune ambiguïté et ne peuvent lui porter discrédit. Celles concernant la période allant de juin à septembre 1811 ont prêté le flanc à des inter-

---

1. *Ibid.*, p. 311.

2. Antoine de Tarlé, « La trahison de Caulaincourt », *Feuilles d'histoire,* IV, juillet-décembre 1910, p. 339.

3. Talleyrand a pour pseudonyme « Henry » dans les lettres de Nesselrode. Ses demandes d'argent répétées sont visibles dans différentes lettres, comme RGADA, fonds 3, Nesselrode à Speranski, Paris, 14/31 mars 1811.

4. La table des codes de Nesselrode se trouve dans RGADA, fonds 3, Nesselrode à Speranski, Paris, 19 mars/1er avril 1811. Roumiantsev est « ma tante Aurore », Champagny « votre neveu Serge », le tsar « Louise », etc.

5. Jean Hanoteau, *op. cit.*, t. I, p. 121-128.

prétations beaucoup moins favorables au duc de Vicence. Au milieu de nombreuses considérations sur les préparatifs militaires français ou les renseignements fournis par le prince de Bénévent, Nesselrode écrit ainsi le 17 juin : « Holtchinsky [Caulaincourt] se conduit très bien, et de manière à justifier l'estime et la confiance que Louise [Alexandre] a eues pour lui[1]. » Il poursuit en déclarant que le duc de Vicence a conseillé de « faire revenir mon neveu Andrioucha ». Certains ont vu dans ces phrases une preuve de la trahison de Caulaincourt, conseillant au tsar de rappeler les troupes russes du Danube pour les employer contre la France. Comme Hanoteau l'a montré le premier, une simple lecture de la table des codes de Nesselrode prouve que le fameux « neveu Andriocha » n'est autre le prince Kourakine, dont beaucoup espéraient le remplacement, sa faiblesse étant jugée préjudiciable à l'alliance : « Tout porte donc à croire, explique Hanoteau, que la phrase incriminée est beaucoup moins grave que l'on ne l'a dit et qu'elle vise simplement un changement de personnes pouvant être dans l'intérêt des deux adversaires comme dans celui de la paix[2]. »

Il en est de même concernant le post-scriptum de la lettre du 4/16 août possiblement dicté par Caulaincourt à Nesselrode : loin de divulguer des informations capitales, il ne fait que demander l'envoi à Paris d'un « négociateur ferme et prêt à négocier et à conclure sur tout[3] ». Hanoteau estime finalement que les dépêches du diplomate russe ne contiennent rien de « probant pour étayer les inculpations lancées contre le duc de Vicence[4] ». Même s'il est quasi certain que le grand écuyer n'a pas consciemment « trahi » son maître, il n'en reste pas moins qu'il a maintenu ses contacts avec les Russes, contrairement à ses affirmations. Sa volonté de préserver la paix envers et contre tout a pu le faire sortir du cadre strict de son service et de ses obligations vis-à-vis de Napoléon, mais son implication s'est limitée aux questions diplomatiques et à l'espoir d'organiser à Paris de nouveaux pourparlers. Jamais il n'a abordé les questions militaires : lorsque celles-ci prennent une importance telle qu'aucune tentative de conciliation n'est plus possible, il cesse toute relation avec les Russes. Alors

1. RGADA, fonds 3, Nesselrode à Speranski, Paris, 5/17 juin 1811.

2. Jean Hanoteau, *op. cit.*, t. I, p. 125.

3. *Lettres et papiers de Nesselrode*, t. III, p. 374, post-scriptum de la lettre du 4/16 août 1811.

4. Jean Hanoteau, *op. cit.*, t. I, p. 128.

que s'annonce l'entrée en campagne, le diplomate laisse progressivement la place au général de division et au serviteur de Napoléon.

Au début du mois de mai, toutes les dispositions sont prises pour le départ vers l'est. L'Empereur quitte Paris le 9 mai pour rejoindre Mayence. Il a dans cette ville une nouvelle conversation avec son grand écuyer à qui il fait part de son mécontentement au sujet de Maret qui n'est pas parvenu à s'assurer du concours des Turcs et des Suédois. Alors qu'il vient juste d'arriver au ministère des Relations extérieures, l'étoile du duc de Bassano commence déjà à pâlir : les premiers éléments du remaniement ministériel de l'année 1813 sont en place.

La dernière étape de la lente marche à la guerre se joue à Dresde, où Napoléon arrive le 16 mai 1812. Accompagné de l'Impératrice, il maintient encore l'illusion d'un voyage d'apparat et laisse apparemment la porte ouverte à différentes tentatives de pourparlers avec la Russie. L'objet de cette étape à Dresde est pourtant tout autre : il s'agit, avant d'entrer en campagne, de réaffirmer la suzeraineté de la France sur les princes allemands venus faire leur cour à l'Empereur et surtout de consolider l'alliance conclue avec la Prusse et l'Autriche. Au milieu de cette apothéose, la position de Caulaincourt est particulièrement difficile. Alors que toute la puissance militaire napoléonienne est prête à se déverser sur les plaines russes, la désapprobation silencieuse que manifeste encore à Dresde le Cassandre français fascine et répugne à la fois : « On lui témoignait [...] plus de considération que d'empressement. [...] cet homme intrépide, qui ne craignait pas de contredire le maître du monde, était considéré comme un phénomène rare, curieux, un peu inquiétant, à regarder de loin[1]. » Même si Caulaincourt doit encore l'assumer pendant les premiers temps de la marche vers Moscou, qui débute à partir du 23 juin, cette image va se voir radicalement modifiée par la cruelle confirmation de ses prédictions.

Du Niémen à Moscou

Une fois quitté Dresde le 29 mai et traversé le grand-duché de Varsovie, Napoléon arrive sur le Niémen le 23 juin, plus que jamais décidé à engager l'épreuve de force avec Alexandre[2]. Après sa proclamation aux

1. Albert Vandal, *Napoléon et Alexandre Ier*, t. III, p. 418.
2. Un document conservé aux AN, 95 AP 12, note toutes les étapes de Napoléon

troupes, le franchissement du fleuve marque de fait l'entrée en guerre contre la Russie. Les premiers mouvements sont favorables à l'Empereur qui, en quelques jours seulement, parvient à atteindre Vilna. Cette réussite apparente suscite pourtant les premières inquiétudes : poursuivant des troupes russes qui reculent en bon ordre, les Français ne trouvent en effet devant eux que de vastes étendues désertées. Déjà les troupes s'éparpillent, les chevaux meurent, les manœuvres d'encerclement échouent. Tandis que Napoléon espère forcer le général Barclay de Tolly à engager le combat, Caulaincourt ne croit pas que la campagne va se décider lors d'une bataille rangée et rappelle à son maître les propos d'Alexandre : « Le terrain n'[est] pas assez rare pour qu'on ne lui en cédât pas beaucoup[1]. »

C'est alors qu'il essaye tant bien que mal de se convaincre de ses succès et de la prochaine capitulation de son rival que Napoléon reçoit à son quartier général l'aide de camp du tsar, Alexandre Balachov. Celui-ci déclare que son maître est prêt à traiter avec son ancien allié à condition que les armées françaises évacuent sur-le-champ les territoires polonais et lituaniens déjà occupés. Mais, refusant toute reculade, Napoléon rejette l'ultime ouverture de son rival : la rupture entre les deux empereurs est cette fois définitive. Éconduit, Balachov est toutefois reçu à dîner par Napoléon. Lors du repas, ce dernier se fend d'une nouvelle pique visant Caulaincourt : il déclare qu'Alexandre en a fait « un Russe ». Comme lors de la scène avec Kourakine, en août 1811, le duc de Vicence est mortifié par cette remise en cause de sa fidélité devant un officier du camp adverse. Constatant la difficulté qu'il y a à participer à une guerre dont on a été un des plus féroces opposants, il demande sa mutation : « Ne pouvant aller honorablement chez moi tant que la guerre durerait, je le priais de me donner un commandement en Espagne et la permission de partir dès le lendemain[2]. » L'entremise de Duroc et de Berthier est nécessaire pour convaincre Caulaincourt de rester. Sans compter le mauvais effet qu'une telle défection produirait sur les troupes, Napoléon ne peut accepter de perdre son grand écuyer en pleine campagne et fait amende honorable :

en Russie. Jean Hanoteau l'a édité en notes dans les *Mémoires de Caulaincourt*, t. I, sous le nom d'« Itinéraire des archives de Caulaincourt ».

1. *Mémoires de Caulaincourt*, t. I, p. 346.
2. *Ibid.*, p. 357.

« Êtes-vous fou de vouloir me quitter ? [...] Je vous estime, vous le savez, et n'ai point voulu vous blesser[1]. »

Une fois cette crise passée, Caulaincourt se cantonne tant qu'il le peut à son rôle de grand écuyer : « Je vivais, comme de coutume, fort retiré[2]. » Pendant toute la marche vers Moscou, l'essentiel de son travail consiste à organiser les différentes étapes de l'Empereur, à choisir ses chevaux et à assurer la bonne marche de ses équipages. Il s'occupe aussi d'un service vital durant toute la campagne de Russie, celui des estafettes, qui maintiennent le lien avec Paris et avec la gestion de l'empire. Aisé lors des premières semaines, l'acheminement du courrier se fait de plus en plus difficile tandis que s'allongent les distances et que les Cosaques s'enhardissent : l'efficacité du service, mis en place en collaboration avec Lavalette, reste toutefois « étonnante » selon Caulaincourt[3]. Par ailleurs, Napoléon charge son grand écuyer de différentes missions, comme celle de visiter les hôpitaux, de « donner de l'argent aux blessés, de les consoler, de les encourager[4] ». En ces occasions, le duc de Vicence stigmatise les carences de l'intendance et l'état critique de l'armée : « On ne peut se faire une idée du dénuement où l'on fut dans les premiers moments. Le défaut d'ordre, l'indiscipline des troupes et même de la Garde privaient du peu de moyens qui restaient[5]. » Il insiste tout particulièrement sur les pertes effroyables en chevaux et sur l'inadéquation entre les préparatifs effectués avant le début de la campagne et la réalité du territoire russe. Fustigeant les erreurs manifestes de l'administration et son « insouciance[6] », il conclut avec fatalisme : « Le désordre état partout[7]. »

Malgré un délabrement déjà avancé, l'armée poursuit son avancée pendant tout le mois de juillet et force les troupes russes à évacuer le camp retranché de Drissa et à se replier sur Vitebsk. Les combats, meurtriers, tournent la plupart du temps à l'avantage des Français, mais Napoléon et ses maréchaux s'inquiètent de ne pas faire de prisonniers. Le conflit devient de plus en plus impitoyable : la stratégie de la terre brûlée se géné-

1. *Ibid.*, p. 358.
2. *Ibid.*
3. *Mémoires de Caulaincourt*, t. II, p. 23.
4. *Mémoires de Caulaincourt*, t. I, p. 375. Il s'agit alors des hôpitaux de Vitebsk.
5. *Ibid.*, p. 375-376.
6. *Ibid.*, p. 379.
7. *Ibid.*, p. 377.

ralise tandis qu'Alexandre, quittant son quartier général pour Moscou, appelle la nation aux armes[1]. Plus que jamais en quête d'une bataille décisive, l'Empereur presse ses troupes de s'enfoncer toujours plus profondément dans les vastes étendues de la Russie blanche. Le 28 juillet, les Français prennent Vitebsk et n'y trouvent pas âme qui vive. Berthier, Caulaincourt, mais surtout Murat et son chef d'état-major Belliard, tentent d'attirer l'attention de leur maître sur les fatigues endurées par l'armée et notamment par la cavalerie. Mais déjà le nouvel objectif est fixé à Smolensk, sur la route de Moscou.

Alors qu'il est désormais évident que la campagne va être longue, de nombreuses voix se joignent à celle du duc de Vicence pour dissiper les illusions de Napoléon, l'éclairer sur l'état de l'armée et sur les difficultés qui l'attendent. Berthier le premier s'attire le mécontentement de son maître qui affirme que Caulaincourt « le rendait russe » :

> Le prince de Neuchâtel [Berthier] ne se décourageait pas plus que moi, que nous tous, et nous tâchions en toutes occasions d'éclairer Sa Majesté sur sa véritable situation et de calmer cette fougue qui tendait à nous faire courir tout à fait les aventures, raconte le grand écuyer. [...] Chacun redoublait de zèle pour parer aux inconvénients d'une position qui devenait chaque jour plus difficile. Citer le prince de Neuchâtel, le duc de Frioul, les comtes Daru, de Lobau [général Mouton], Durosnel, de Turenne, de Narbonne, le duc de Plaisance [Lebrun], parmi ceux qui ne laissaient échapper aucune occasion d'éclairer l'Empereur, ce n'est que rendre hommage à une vérité que l'élévation et la franchise de leur caractère avaient consacrée depuis longtemps[2].

Le « parti de la paix », devenu celui d'un arrêt de la marche en avant vers Moscou, effectue un travail de sape quotidien ; le duc de Vicence écrit ainsi dans ses Mémoires : « Jamais la vérité n'eut autant d'échos aux oreilles d'un souverain, mais hélas ! sans succès[3]. » Comme à Paris, cette opposition est motivée par la volonté de protéger Napoléon de son

1. Marie-Pierre Rey, *Alexandre Ier*, p. 310-311.
2. *Mémoires de Caulaincourt*, t. I, p. 384-385.
3. *Ibid.*, p. 384.

ambition et de préserver son œuvre pour ainsi dire malgré lui. Le « parti de la paix » est – à l'image de Caulaincourt – foncièrement conservateur. Patriote, il a aussi une vision claire de ses intérêts, qui se mêlent dans l'esprit de ses membres à ceux du pays : « La Révolution comprimée, la religion rétablie, nos lois, notre administration, notre industrie centuplée, l'état prospère de nos finances, tout ne nous révélait-il pas, à chaque instant, ce que nous devions à l'Empereur et ce que nous pouvions encore espérer de lui[1] ? »

Napoléon n'est pas totalement insensible aux arguments qui lui sont opposés. Alors qu'au milieu du mois d'août une nouvelle manœuvre d'encerclement vient d'échouer et que la retraite des troupes russes se poursuit, il envisage de stopper son mouvement et de fortifier la ville de Smolensk lorsqu'elle tombera en son pouvoir. Après avoir applaudi à ce choix, Caulaincourt doit vite déchanter :

> Je lui répondis que [...] la marche des Russes lui prouvait assez qu'ils voulaient l'attirer dans l'intérieur, l'éloigner de ses points d'appui, l'enfermer dans leurs glaces, et qu'il ne fallait pas jouer leur jeu, etc. Sa Majesté parut approuver fort mes réflexions et avoir tout à fait pris son parti ; je me hâtai de raconter ma conversation au prince de Neuchâtel pour qu'il tâchât de maintenir l'Empereur dans ces sages dispositions, mais il parut douter qu'elles survécussent à la prise de Smolensk. Hélas ! Il avait trop raison ; elles m'avaient rendu si heureux que je m'étais laissé aller à des illusions[2] !

Le 18 août, les Français pénètrent dans Smolensk, incendiée la veille par ses défenseurs. Malgré les sombres présages que font naître cet événement et les hésitations qui suivent l'échec de ses manœuvres, Napoléon décide d'aller chercher à Moscou la paix qui lui échappe.

La progression des armées se fait de plus en plus difficile tandis que se généralise la politique russe de la terre brûlée, à la stupéfaction des Français et de Caulaincourt lui-même qui n'avait pas prévu une telle mesure. Harcelée par les Cosaques, dispersée par le maraudage, la troupe s'épuise sous les marches forcées. L'arrivée du général Koutouzov à la

1. *Ibid.*, p. 386.
2. *Ibid.*, p. 393.

tête de l'armée russe, le 29 août, convainc néanmoins Napoléon qu'il va enfin obtenir la bataille décisive qu'il attend depuis le mois de juin. Le 5 septembre, le quartier général impérial bivouaque près de Borodino où a pris position l'armée russe. Après une journée de repos et de reconnaissances, la bataille s'engage. Pendant toute la journée, Caulaincourt reste aux côtés de l'Empereur et suit avec lui le déroulement des combats. Les engagements sont d'une intensité rarement atteinte, notamment autour des différentes redoutes défensives installées par les Russes. Au plus fort des combats, le frère du grand écuyer, Auguste de Caulaincourt, est désigné pour prendre le commandement du 2e corps de réserve de cavalerie, laissé vacant par la mort de son général. Le duc de Vicence assiste à son départ : « Mon frère me serra la main en me disant : "C'est si chaud que je ne te reverrai sans doute plus. Nous triompherons ou je me ferai tuer"[1]. » Il triompha mais se fit tuer. Alors que la Grande Redoute résistait toujours aux assauts français, il l'enleva à la tête de ses cavaliers mais périt au moment où il décidait du sort de la bataille. Dans ses Mémoires, Caulaincourt évoque l'événement avec une pudeur qui masque difficilement la violence de ses sentiments : « J'étais à côté de l'Empereur quand on lui fit ce rapport. Je n'ai pas besoin de dire ce que j'éprouvais[2]... »

Après la perte de la Grande Redoute, les Russes quittent progressivement leurs positions. Devant leur retraite méthodique, Napoléon refuse de risquer la Garde comme certains l'en pressent. La nuit met finalement fin aux combats. Le bilan de la bataille est effroyable : les généraux tués se comptent par dizaines, les morts et les blessés sont innombrables, et les Français ne parviennent à faire que très peu de prisonniers. Caulaincourt est particulièrement impressionné par le spectacle qui s'offre à lui au lendemain de Borodino : « Jamais terrain ne fut jonché d'autant de morts[3]. » Le désastre qu'il annonce depuis plus d'un an, et dont il observe depuis le Niémen les signes avant-coureurs, commence à prendre véritablement forme. La mort de son frère donne une dimension encore plus personnelle à cette tragédie et semble confirmer ses plus sombres prémonitions. Il sait désormais que rien ne peut plus détourner Napoléon de Moscou, située à 100 kilomètres seulement des avant-gardes françaises. Son nouvel

1. *Mémoires de Caulaincourt*, t. I, p. 426.
2. *Ibid.*, p. 429.
3. *Ibid.*, p. 433.

objectif, et celui du « parti de la paix », va être de le convaincre de rester le moins de temps possible dans la seconde capitale russe.

Alors que l'Empereur s'attend à devoir livrer une seconde bataille contre Koutouzov, Murat lui apprend le 14 septembre que les Russes ont évacué la ville et que les troupes françaises vont pouvoir y faire leur entrée. Le lendemain, Caulaincourt pénètre dans un Moscou déserté par ses habitants et va s'installer avec son maître au Kremlin. À dix heures et demie du soir, réveillé par son valet de chambre, il découvre Moscou en flammes : « L'incendie était d'une telle clarté qu'on eût pu lire au fond de sa chambre sans lumière[1]. » Duroc et lui décident de ne pas alerter Napoléon dans l'immédiat et de le laisser se reposer. Mais une sortie à cheval révèle rapidement à Caulaincourt l'étendue du désastre : il fait réveiller l'Empereur vers quatre heures du matin. Tandis que débute l'enquête visant à déterminer les causes de l'incendie, le grand écuyer tente d'en limiter la propagation et de sauver certains bâtiments, comme les écuries du Kremlin ou le palais du prince Galitzine. Finalement, devant la violence du phénomène, Napoléon décide de quitter la ville et de s'installer à quelques kilomètres de là, à Petrovskoïe. Caulaincourt et Berthier ayant échoué une nouvelle fois à le convaincre de revenir à Smolensk ou à Vitebsk, il se réinstalle au Kremlin dès le 18 septembre. Déserté, brûlé, pillé, Moscou n'est plus qu'un vaste champ de désolation. Après Borodino, ce spectacle est pour le duc de Vicence le symbole de la ruine de tout ce qu'il a cherché à défendre depuis 1807 et l'annonce de nouveaux désastres.

Il lui est toutefois impossible de se démobiliser. Son expérience de la Russie lui fait craindre en effet les prochaines rigueurs du climat. L'hiver russe devient dès lors son principal argument pour convaincre Napoléon de quitter Moscou et de faire retraite le plus rapidement possible. Mais les températures, alors clémentes, jouent en sa défaveur et expliquent les sarcasmes de Napoléon : « Voilà un échantillon de ce terrible hiver de Russie dont M. de Caulaincourt fait peur aux enfants[2]. » L'Empereur déclare une autre fois à Berthier et Duroc qui partagent les craintes de leur ami : « Caulaincourt se croit déjà gelé[3]. » Alors que ses avertissements restent lettre morte, le grand écuyer prend les dispositions nécessaires à l'équipe-

1. *Mémoires de Caulaincourt*, t. II, p. 11.
2. *Ibid.*, p. 42.
3. *Ibid.*, p. 56.

ment de ses hommes, à défaut de pouvoir généraliser ces mesures : « C'est à cette prévoyance, dans le premier moment où il était assez facile de se procurer des fourrures, [...] que je dus de pouvoir assurer le salut des bons et braves serviteurs de l'Empereur qui étaient sous mes ordres », écrit-il dans ses Mémoires[1]. Rythmée par ces préparatifs, la vie de Caulaincourt à Moscou se déroule la plupart du temps à l'écart de Napoléon qui, en dehors des obligations du service, ne lui adresse presque jamais la parole. Ne sortant de chez lui « que pour accompagner l'Empereur à cheval », le duc de Vicence occupe ses longues heures de loisir à la lecture, dans l'attente toujours plus oppressante de l'évolution des événements[2].

Au tout début du mois d'octobre, Napoléon, constatant l'impasse dans laquelle il se trouve, envisage une nouvelle ouverture diplomatique. Il entend charger Caulaincourt d'une lettre destinée à son ami Alexandre : l'utilitarisme et l'opportunisme de l'Empereur font, comme souvent, passer au second plan la tiédeur de ses sentiments à l'égard de son grand écuyer. Comprenant que cette proposition n'est que le reflet des inquiétudes de son maître et convaincu qu'elle n'a pas la moindre chance de réussite dans le contexte actuel, le duc de Vicence refuse. Il s'attache surtout à démontrer que la soi-disant position de force de l'armée française n'est qu'illusoire et que la paix ne se trouve ni à Moscou ni à Saint-Pétersbourg :

> Pensant peut-être que ma répugnance ne tenait qu'à une espèce d'embarras de me présenter à Pétersbourg, où j'avais été si bien traité, dans un moment où la Russie était si ravagée, l'Empereur me dit : « Eh bien ! N'allez qu'au quartier général du maréchal Kutusof [*sic*] ». Je répondis que l'un n'aurait pas plus de succès que l'autre. J'ajoutai que je me rappelais ce que l'empereur Alexandre m'avait dit dans un autre temps, que je connaissais son caractère et que je refusais la mission qu'il voulait bien me confier, parce que j'étais sûr qu'il ne signerait pas la paix dans sa capitale ; que cette démarche de notre part devant être sans résultats, il était plus convenable de ne pas la faire. L'Empereur me tourna sèchement les talons, en me disant : « Eh bien !

1. *Ibid.*, p. 26.
2. *Ibid.*, p. 41.

> J'enverrai Lauriston ; il aura l'honneur d'avoir fait la paix et de sauver la couronne à votre ami Alexandre[1]. »

Le général Lauriston est donc envoyé porter la lettre au quartier général du général Koutouzov, qui se charge de la transmettre à l'empereur de Russie. Mais il devient vite évident que cette ouverture va rester sans réponse. Cet échec prévisible donne une nouvelle fois raison à Caulaincourt. L'épisode montre surtout le rôle diplomatique qui lui est toujours dévolu dans l'esprit de Napoléon, rôle auquel il sera forcé de se conformer dans les années suivantes.

Dans les jours qui suivent la mission de Lauriston, l'attente d'une réponse d'Alexandre fait perdre un temps précieux à l'armée française, tandis que se resserre peu à peu l'étau mis en place par Koutouzov. Malgré ses démentis, Napoléon a déjà pris toutefois le parti de revenir sur ses pas jusqu'à Vitebsk : l'organisation d'un séjour prolongé à Moscou par Mortier et Lesseps ne sert qu'à donner le change. La crainte de se voir totalement coupé de Paris achève d'emporter sa décision. C'est ce que raconte le duc de Vicence dans ses Mémoires :

> Depuis un mois, j'avais ordonné au commandant de chaque station de poste de noter ce qui se passait dans son arrondissement sur la feuille de l'estafette où l'on inscrivait toujours l'heure de l'arrivée et du départ. Ces rapports de la route, que je remettais journellement à l'Empereur et qu'il lisait avant tout, annonçaient sur tous les points des mouvements de paysans, l'apparition de quelques Cosaques. Ils firent une profonde impression sur l'Empereur [...] : « Nous serons sans nouvelles de France, mais le plus fâcheux, c'est qu'en France on sera sans nouvelles de nous[2]. »

Le revers essuyé par Murat à Winkowo, le 18 octobre 1812, donne toute la mesure du danger qui menace l'armée française et coïncide avec le début de la retraite : le 19, Napoléon et Caulaincourt quittent le Kremlin, que le maréchal Mortier fait sauter le 23.

---

1. *Ibid.*, p. 47.
2. *Ibid.*, p. 89. Les rapports des estafettes sont conservés aux AN, 95 AP 12.

Le retour en traîneau

Dès le 24 octobre, Napoléon comprend toutes les difficultés auxquelles son armée va être confrontée. La victoire tactique chèrement acquise par Eugène de Beauharnais à Maloïaroslavets est une défaite stratégique : Koutouzov force les Français à reprendre le même chemin qu'à l'aller et les prive ainsi de subsistances. À partir de ce moment commence le long calvaire de l'armée française que Caulaincourt retrace dans ses Mémoires. Même s'il reste à tout moment aux côtés de l'Empereur, le grand écuyer est particulièrement choqué par les horreurs qui l'entourent :

> Jamais rien de plus affreux ne se présenta à mes yeux que la route de quarante-huit heures après notre départ de Mojaïsk. [...] Je frémis encore en racontant que j'ai vu des conducteurs faire courir exprès leurs chevaux dans des endroits raboteux pour se débarrasser des malheureux dont on les avait surchargés et sourire, comme à un succès, lorsqu'une secousse les débarrassait d'un de ces infortunés qu'ils étaient, cependant, sûrs que les roues écraseraient, si les chevaux ne les mutilaient pas avant. Chacun pensait à soi et rien qu'à soi[1].

Même bouleversé par les événements, Caulaincourt n'en garde pas moins le sens des réalités. Sa fidélité au régime impérial dicte ses paroles lorsqu'il approuve le projet de Napoléon de quitter l'armée pour rejoindre Paris, projet envisagé dès le 28 octobre : « Je répondis à l'Empereur que, par la même raison que je croyais le mal plus grand qu'il ne le voyait et qu'il ne le pensait, je n'hésitais pas pour le remède ; qu'il n'y en avait qu'un seul, qui était de dater ses ordres du jour, comme ses décrets, du palais des Tuileries [...]. J'ajoutai [...] qu'il n'y avait pas à hésiter ; qu'il fallait seulement bien choisir son moment[2]. » Les deux interlocuteurs sont d'accord : le départ doit correspondre au moment où l'armée aura pu trouver une position sûre. Napoléon, qui n'a pas encore pris toute la mesure du désastre, croit pouvoir lui faire prendre ses campements à Smolensk ou à Vitebsk et éviter ainsi de traverser la Bérézina. Quelles que soient les divergences de vues qui subsistent entre les deux hommes, l'attitude de l'Empereur vis-à-vis de Caulaincourt semble évoluer peu à

1. *Mémoires de Caulaincourt*, t. II, p. 111-112.
2. *Ibid.*, t. II, p. 114.

peu : « [Il] parut [...] moins douter de mes tristes prédictions », affirme ce dernier[1]. Consulté avant tout du fait de ses fonctions, le grand écuyer semble reprendre progressivement son rôle de conseiller écouté.

Dans les jours qui suivent cette entrevue, le mouvement rétrograde de l'armée se poursuit tandis que les Cosaques et le froid se font de plus en plus meurtriers. Le duc de Vicence fait le chemin à pied, afin d'éviter l'engourdissement et les engelures qui causent déjà des ravages parmi les Français : les premières neiges tombent le 3 novembre. Devant la dureté des conditions climatiques, le grand écuyer s'attache tout particulièrement à maintenir la cohérence et la bonne organisation des équipages de l'Empereur et à sauvegarder la vie de ses hommes. Le 9 novembre, Napoléon arrive à Smolensk et comprend immédiatement que l'armée ne peut s'y arrêter : il en est de même pour Vitebsk, reprise par les Russes. De plus en plus conscient de la désorganisation croissante de ses unités, l'Empereur s'entretient à nouveau avec le duc de Vicence de son projet de départ anticipé. La décision est finalement prise le 21 novembre. Mais il faut d'abord franchir la Bérézina. Même si Napoléon parvient à sortir du piège mis en place par les armées russes, la traversée du fleuve, du 26 au 29 novembre, est un véritable désastre. Depuis la rive occidentale, Caulaincourt assiste à l'abandon de plusieurs milliers de traînards : « Spectateurs malheureux de ces scènes d'horreur et de cruauté, les Français purent, de la rive sur laquelle nous étions, compter en quelque sorte les victimes qu'immola la barbarie des Russes, sans pouvoir les secourir[2]. » Par cette phrase, le duc de Vicence montre une nouvelle fois la différence qui existe pour lui entre la société pétersbourgeoise occidentalisée et la nature profonde du peuple slave qui lui inspire une répulsion partagée par nombre de ses compatriotes. Indissociable du tsar Alexandre, motivée par des considérations géopolitiques, la « russophilie » de Caulaincourt ne dépasse guère les bords de la Néva.

Après l'épreuve de la Bérézina, Napoléon conclut les derniers préparatifs en vue de son départ pour Paris. Il est confiant dans le fait que l'armée prendra ses quartiers à Vilna et s'y préparera pour une nouvelle campagne. Malgré les doutes qu'il émet sur ces derniers points, le duc de Vicence envoie des missives aux postes placées sur l'itinéraire prévu et

1. *Ibid.*, p. 115.
2. *Ibid.*, p. 186.

organise avec son maître l'équipage impérial : « [Napoléon] me reparla des personnes qu'il emmènerait. Ce choix se borna à moi pour partir avec lui, au duc de Frioul et au comte de Lobau pour le suivre [...]. Il ne prenait d'escorte que jusqu'à Wilna. [...] Au-delà de Wilna, il voyagerait sous le nom du duc de Vicence[1]. » Après en avoir confié les rênes à Murat, l'Empereur quitte l'armée le 5 décembre à dix heures du soir.

Tandis que Duroc, Fain et Mouton se voient répartis dans deux autres calèches et que Roustam suit à cheval, Caulaincourt se retrouve seul avec son maître dans la voiture qui les conduit vers Paris. Il est permis de penser que Napoléon profite des règles du service curial, qui impose à son grand écuyer de rester à ses côtés en toute occasion, pour se retrouver en tête à tête avec son principal détracteur et faire en sa compagnie le bilan de la campagne qui s'achève. Déjà exceptionnel par ses circonstances, le retour en traîneau[2] l'est donc aussi par les conversations auquel il donne lieu et qui occupent toute la seconde moitié du deuxième tome des *Mémoires de Caulaincourt*. Ces pages constituent un témoignage unique dans l'histoire du Premier Empire, au point qu'on a pu en parler comme d'un « premier Mémorial », d'un premier bilan sur le vif de la période napoléonienne[3].

Pendant les treize jours que dure le voyage, les discussions entre les deux hommes sont quasiment ininterrompues. Conscient de l'importance historique des journées qu'il vit, le duc de Vicence s'efforce de fixer pour la postérité l'essentiel des propos échangés. Il souligne dans ses Mémoires l'intérêt et surtout l'honnêteté de sa démarche :

> Si j'ai omis beaucoup de choses dans les détails que je viens de donner sur les conversations que j'ai eues avec l'Empereur pendant notre long tête-à-tête, je puis, du moins, garantir l'exactitude de ceux que je rapporte et, le plus souvent même, celle des paroles. Ma conscience ne m'a pas plus trompé que ma mémoire. J'avais depuis longtemps l'habitude de dire franchement à l'Empereur ce que je pensais, sans

1. *Ibid.*, p. 198.

2. Du fait de la neige, Napoléon et Caulaincourt échangent au début du voyage leur voiture pour un traîneau. Voir *Mémoires de Caulaincourt*, t. II, p. 211.

3. Voir Dominique de Villepin, *La Chute ou l'empire de la solitude (1807-1814)*, Paris, Perrin, « Tempus », 2009, 584 p. Cette expression de « premier Mémorial » sert de titre au chapitre de l'ouvrage consacré au retour en traîneau (p. 339-354).

> craindre de le choquer, et je lui dois la justice de déclarer que, pendant ce voyage, il m'a plutôt invité à casser les vitres qu'à ménager mes expressions. Il m'y encourageait même par la franchise de sa discussion et de ses confidences. Il m'a prouvé ce que je pensais déjà, que, s'il n'aimait pas toujours toutes les vérités, il estimait, cependant, ceux qui les disaient en conscience[1].

Les sujets abordés, particulièrement nombreux, intéressent l'ensemble de l'histoire de la période : les réflexions sur la nature du régime impérial ou celles sur les relations internationales se mêlent aux nombreux portraits des contemporains, ministres et maréchaux. Les préoccupations actuelles de l'Empereur et les réflexions sur ses perspectives immédiates laissent quant à elles la place aux souvenirs de jeunesse ou au rappel des grandes pages de l'épopée impériale.

Mais le sujet principal des conversations reste bien entendu la campagne qui s'achève. L'Empereur revient sur la conduite de la guerre et notamment sur ses erreurs d'appréciation. Les faits ont été trop éloquents pour ne pas l'amener à reconsidérer les conseils prodigués par son grand écuyer depuis juin 1811 et à faire amende honorable sur un certain nombre de points. Même s'il récuse les « proclamations prophétiques[2] » d'Alexandre et s'il considère avec dédain les capacités stratégiques de Koutouzov et des généraux russes, il doit reconnaître que Caulaincourt avait raison au sujet de l'hiver russe. Il estime que « le beau temps [l'] a trompé[3] » et qu'il aurait dû écourter au maximum son séjour à Moscou. Certaines scènes du retour en traîneau sonnent presque comme des excuses envers le duc de Vicence, moqué et marginalisé pendant toute la marche vers Moscou : « Cette guerre de Russie est une mauvaise affaire, me dit l'Empereur, en me cherchant amicalement l'oreille pour me la tirer. Je me suis trompé, M. le grand écuyer, non sur le but et l'opportunité politique de cette guerre, mais sur la manière de la faire[4]. »

Comme le prouve cette dernière phrase, Napoléon persiste néanmoins à défendre le bien-fondé du conflit contre la Russie. Mais ses argu-

1. *Mémoires de Caulaincourt*, t. II, p. 374.
2. *Ibid.*, p. 219-220.
3. *Ibid.*, p. 219.
4. *Ibid.*, p. 315.

ments ont évolué. Au lieu de mettre l'accent sur les obligations nées du système continental et de la lutte contre l'Angleterre, il insiste désormais sur la nécessité de repousser les Russes hors d'Europe. Une idée de croisade qui semble particulièrement opportune, au moment où les défaites françaises menacent la frêle coalition continentale mise en place au début de l'année 1812 :

> Les Russes doivent paraître un fléau à tous les peuples, me disait-il encore ; la guerre contre la Russie est une guerre toute dans l'intérêt bien calculé de la vieille Europe et de la civilisation. [...] Les revers que vient d'éprouver la France feront cesser toutes les jalousies, mettront fin à toutes les inquiétudes qu'a pu faire naître sa puissance ou son influence. On ne doit plus voir qu'un ennemi en Europe. Cet ennemi, c'est le colosse russe[1].

Il est difficile de croire que Napoléon se berce de telles illusions ; il ne peut d'ailleurs réfuter Caulaincourt, lorsque celui-ci lui annonce les développements diplomatiques et militaires des prochains mois : « C'est Votre Majesté que l'on craint ; c'est elle qui est l'objet de l'inquiétude générale, l'objet qui empêche d'apercevoir les autres dangers. C'est la monarchie universelle que les cabinets redoutent[2]. »

Dès le retour en traîneau sont posées les principales questions qui vont sous-tendre toute la diplomatie des dernières années de l'Empire ainsi que les rapports entre Napoléon et Caulaincourt. Il apparaît déjà que l'Empereur n'est pas prêt à sacrifier une partie de ses conquêtes en vue de sauvegarder l'essentiel de son œuvre : « [Il] pensait qu'au lieu de céder sur quelques points, il fallait au contraire forcer toutes les mesures pour amener plus tôt l'Angleterre à la paix[3]. » Une paix qui pour lui ne peut être que « générale » et par là même définitive[4]. Caulaincourt est au contraire partisan d'une réduction progressive, en Allemagne du Nord par exemple, de « cette extension prodigieuse de puissance [qui] détruisait les idées de stabilité[5] ». Deux conceptions s'opposent ici et s'opposeront jusqu'à l'abdication de

1. *Ibid.*, p. 213.
2. *Ibid.*
3. *Ibid.*, p. 217.
4. *Ibid.*, p. 223.
5. *Ibid.*

Fontainebleau : d'un côté la politique du « coup de dé » qui, malgré le danger d'un échec complet, est seule susceptible de remporter toute la mise, de l'autre la politique raisonnable des « reculades » qui peut permettre de préserver l'essentiel mais qui s'avère risquée lorsque les adversaires sont dans une position trop favorable. Cette opposition rejoint celle qui existe entre la poursuite de la guerre et le recours à la diplomatie.

À la fin de l'année 1812, Caulaincourt se positionne plus que jamais dans le « parti de la paix » et dénonce à mots couverts l'influence et les idées du ministre des Relations extérieures, Maret, chef de file selon lui des « fauteurs de guerre » :

> Je rendis justice aux nobles qualités de M. de Bassano, ce qui parut faire plaisir à l'Empereur. Je lui représentai cependant que, dans le public, on accusait bien plus son ministre pour avoir été partisan de cette guerre et, en général, pour ne point résister à l'ardeur belliqueuse de Sa Majesté que pour la paix des Turcs et l'alliance des Suédois avec les Russes, parce que tout le monde savait que l'Empereur seul gouvernait et que ses ministres n'avaient ni l'habitude ni le pouvoir de trancher les questions, de disposer des millions et d'envoyer, de leur propre autorité, des agents avec de tels pouvoirs[1].

Il est intéressant de voir comment le duc de Vicence conçoit l'organisation des pouvoirs sous le régime impérial : cette opinion explique peut-être son refus répété de prendre le portefeuille des Relations extérieures. L'attaque de Caulaincourt contre Maret n'en contribue pas moins à cristalliser dans l'esprit de Napoléon l'opposition entre les deux hommes : elle annonce déjà le changement ministériel de la fin de l'année 1813.

Un des aspects les plus importants du voyage en traîneau est justement de marquer le progressif retour en grâce du duc de Vicence après une longue traversée du désert. Napoléon fait preuve envers lui d'une véritable camaraderie née des contraintes communes du voyage, il plaisante en sa compagnie, il le questionne sur sa famille et sur ses amis. Peu avant d'arriver à Paris, il lui déclare : « Jamais homme n'a eu aussi long tête-à-tête avec son souverain. [...] L'Empereur n'oubliera jamais

1. *Ibid.*, p. 258-259.

vos soins[1]. » Ce dernier hommage n'est en rien exagéré. Pendant les treize jours que dure le voyage avec son maître, le duc de Vicence s'occupe en effet de tout : approvisionnement, remplacement des chevaux, relations avec les aubergistes et les maîtres de poste. Et il n'hésite pas à donner de sa personne. Lorsqu'un maître de poste refuse de lui fournir les chevaux en temps et en heure, il dégaine son épée et menace de lui passer à travers le corps s'il ne s'exécute pas sur-le-champ[2]. Les dangers du voyage sont en effet bien réels, notamment lorsque le traîneau, la plupart du temps isolé de ses accompagnateurs, traverse le territoire prussien ou certains États allemands à l'allégeance peu sûre.

Le voyage se passe finalement sans encombre. Le 10 décembre, Napoléon arrive à Varsovie. Caulaincourt y rencontre Mgr de Pradt, aumônier de l'Empereur et ambassadeur auprès du grand-duché depuis 1811[3]. Leur entrevue donne la mesure de la nouvelle stature du duc de Vicence, de l'aura qui l'entoure après l'accomplissement de ses prédictions : « Avons-nous beaucoup perdu ? [demande Mgr de Pradt] – Trop, répondis-je, avec un profond soupir. Voilà les résultats bien dignes de ceux qui ont soufflé cette guerre. Quelle folie ! – Tout le monde ne l'a pas soufflée. Tout le monde n'a pas trompé l'Empereur sur ces tristes résultats, mais qu'importe ? Aujourd'hui on vous rend bien justice, monsieur le duc. On sait que vous avez tout fait pour l'empêcher[4]. » Napoléon et Caulaincourt ne peuvent s'attarder en Pologne et repartent le jour même. Après avoir rapidement coupé par la Prusse, ils parviennent à Dresde dans la nuit du 13 au 14 décembre. Ils poursuivent ensuite leur route par Leipzig et Eisenach et rejoignent Verdun le 17. Le 18, c'est enfin l'arrivée à Paris.

Caulaincourt se présente aux Tuileries au milieu de la nuit. Avec sa « barbe de quinze jours », il est méconnaissable et peine à faire comprendre au personnel qu'il est suivi par l'Empereur[5]. Les deux hommes sont finalement reconnus et conduits devant l'Impératrice. Napoléon congédie son grand écuyer en ces termes : « Bonsoir, Caulaincourt. Vous

1. *Ibid.*, p. 289.
2. La scène se passe à Eisenach, en Saxe. *Ibid.*, p. 336.
3. *Mémoires de Caulaincourt*, t. II, p. 268-270.
4. *Ibid.*, p. 266. Voir aussi sur cette rencontre le récit qu'en fait l'abbé de Pradt dans ses Mémoires, *Histoire de l'ambassade dans le grand-duché de Varsovie en 1812*, Paris, Pillet, 1815, p. 207-209.
5. *Mémoires de Caulaincourt*, t. II, p. 349-350.

avez aussi besoin de repos[1]. » Lorsque, dès le lendemain, son maître lui propose d'assurer l'intérim du ministère des Relations extérieures, Maret étant encore en Pologne, le duc de Vicence fait part de son état d'épuisement physique et psychologique :

> Harassé des quatorze nuits que je venais de passer sur le qui-vive, sans avoir fermé l'œil, écrasé en quelque sorte par le sentiment de la responsabilité qu'un tel voyage, fait dans de telles circonstances, avait laissé peser sur moi et encore plein de la préoccupation où j'avais été, sans cela, qu'il arrivât quelque chose à l'Empereur, qui s'était confié à mes soins et à ma foi, ces impressions si récentes m'avaient causé une telle tension de nerfs que j'avais besoin de repos. Je priai donc l'Empereur de me dispenser de ce travail et de le laisser à M. de la Besnardière [chef de la division des Affaires politiques au ministère des Affaires étrangères]. Il y consentit[2].

Le voyage de retour a donc constitué une dernière épreuve pour Caulaincourt après toutes celles qui se sont succédé depuis le début de la campagne. Celle-ci a été pour lui une véritable catastrophe personnelle, mais aussi la condition de son renouveau politique. Son attachement à ses idées et à ses convictions lui a permis de dépasser l'échec de l'ambassade de Saint-Pétersbourg pour acquérir une nouvelle stature au retour de la campagne de Russie, susceptible d'être utilisée par Napoléon. Au début de l'année 1813, le duc de Vicence apparaît comme une des figures majeures du régime en péril. Les contemporains ne s'y sont pas trompés, en rendant hommage à son honnêteté et à son courage. Rambuteau rapporte ainsi ces paroles du comte de Narbonne en forme de bilan de la campagne de 1812 :

> Ah, mon ami, que d'illusions perdues ! Que de choses je pensais écrire, et dont je n'ai pas tracé un mot ! Mais il est deux hommes que je livre à ta reconnaissance de Français et que je voue à ton admiration : c'est Ney et Caulaincourt ! [...] L'un, me dit-il, a sauvé l'armée ; l'autre s'est montré le plus noble serviteur de l'Empereur ; il est impossible

1. *Ibid.*, p. 350-351.
2. *Ibid.*, p. 353.

d'être plus loyal, plus dévoué, plus éclairé, plus parfait gentilhomme ; il a toujours eu le courage de la vérité ; et cependant, quand lui, Lauriston, Davout, Daru et moi nous insistions après Smolensk pour que l'Empereur bornât là sa première campagne, le suppliant de réorganiser la Pologne et d'attendre le printemps, les impatients de l'état-major général nous appelaient *les Russes*[1] !

1. Claude-Philibert Rambuteau, *Mémoires du comte de Rambuteau, publiés par son petit-fils*, Paris, Calmann-Lévy, 1905, p. 91.

TROISIÈME PARTIE

LE NÉGOCIATEUR DE LA FIN DE L'EMPIRE (1813-1815)

CHAPITRE 11

SAUVER LE GRAND EMPIRE

Après l'inquiétude soulevée par la conspiration Malet et par les premières révélations concernant le sort de l'armée française en Russie, l'apparition miraculeuse de Napoléon à Paris, le 18 décembre 1812, est un véritable soulagement pour ses partisans[1] : lorsque Caulaincourt, à peine descendu de voiture, répand la nouvelle que l'Empereur est au château des Tuileries, sain et sauf, « toutes les figures se dérid[ent][2] ». Comme ses compatriotes, le duc de Vicence reste toutefois dans l'ignorance des événements tragiques vécus par la Grande Armée après le départ de Napoléon. Le désastre de Vilna, « abandonné le 10 [décembre] plutôt qu'évacué[3] », et la dislocation des dernières unités françaises ne sont connus qu'à la fin du mois de décembre. Caulaincourt apprend au même moment le départ de Murat, remplacé à la tête de l'armée par Eugène de Beauharnais, et surtout la défection du général Yorck, commandant le corps auxiliaire prussien, qui signe avec les Russes l'armistice de Tauroggen, le 30 décembre 1812. Menacée sur son aile gauche, la Grande Armée est contrainte de poursuivre sa retraite au-delà de la Vistule. Alors que le rêve d'une monarchie universelle s'est déjà évanoui dans les plaines de Russie, c'est désormais la prépondérance française en Allemagne et l'existence même du Grand Empire qui sont menacées.

---

1. *Mémoires de Caulaincourt*, t. II, p. 373-374 (voir aussi p. 396). Voir également les *Mémoires de Aimée de Coigny, introduction et notes par Étienne Lamy*, Paris, Calmann-Lévy, 1906, p. 212-213.
2. *Mémoires de Caulaincourt*, t. II, p. 352.
3. *Ibid.*, p. 389.

Face à ces désastres militaires et au renversement des alliances qu'ils annoncent, Napoléon entraîne la France dans un immense processus de réorganisation et de mobilisation. Pour tenter de compenser les effets de la campagne de Russie, il la transforme en un « vaste atelier », comme l'écrit Caulaincourt[1]. Ce dernier, sans s'illusionner sur les moyens dont dispose son pays, soutient son maître dans sa volonté de recréer un outil militaire capable de rivaliser avec les armées russes et prussiennes. Mais, pour lui, tout doit désormais être subordonné à la voie diplomatique : « L'Empereur ne pensa qu'à la France et à tout faire concourir pour qu'elle reparût, avant peu, sur le théâtre de la guerre, avec des forces telles qu'elle pût discuter, sans précipitation, les conditions d'une paix honorable[2]. » Au tournant des années 1812 et 1813, cette paix lui apparaît « nécessaire » et surtout « faisable » à condition que l'Empereur soit modéré : « On croyait ce moment plus favorable que tout autre pour le déterminer à quelques sacrifices[3]. » Ce « on » incluant le duc de Vicence et tous les dignitaires du régime favorables à l'ouverture de négociations avec les puissances européennes, notamment l'Autriche, avec laquelle l'alliance est devenue aussi vitale que précaire.

La plupart de ces personnages se retrouvent réunis autour de l'Empereur lors du conseil extraordinaire tenu aux Tuileries le 3 janvier 1813. Talleyrand, Cambacérès, Decrès et Caulaincourt y demandent que soient faites des « ouvertures franches » à l'Autriche, accompagnées de différentes concessions visant à s'attacher définitivement cette puissance. Napoléon et Maret, tout juste revenu de Pologne, estiment au contraire que ces propositions ne pourraient être considérées que comme un « aveu de faiblesse ». Les conversations s'avèrent totalement superficielles, comme le souligne le duc de Vicence avec une certaine amertume : « Comme l'Empereur se souciait peu que la discussion s'animât et surtout qu'on décidât quelque chose, c'est à peine si l'on pût placer quelques mots[4]. » Bien plus, Caulaincourt considère toute cette séance comme une vaste mascarade, uniquement motivée par la « nécessité de faire croire [aux] vues pacifiques[5] » de Napoléon. Il a aussi pleinement conscience d'avoir été ins-

1. *Mémoires de Caulaincourt*, t. II, p. 396.
2. *Ibid.*, p. 396.
3. *Ibid.*, p. 397.
4. *Ibid.*, p. 399.
5. *Ibid.*, p. 398.

trumentalisé par son maître en y participant : « Ce conseil n'eut aucun résultat, mais, par sa composition, il avait produit l'effet politique désiré. Aussi, *Le Moniteur* l'annonça-t-il à l'Europe comme à la France. C'était tout ce que voulait l'Empereur. Quant au résultat, il suivit, comme de coutume, son opinion et le ministre exécuta ses ordres[1]. »

Le conseil du 3 janvier est donc une déception, une désillusion pour Caulaincourt qui avait pu espérer que les conversations du retour en traîneau aboutiraient à une inflexion de la politique étrangère de l'Empereur. Au sortir de cette séance aux Tuileries, le duc de Vicence est aussi frustré de n'avoir pu faire prévaloir ses positions pacifistes. Sa nouvelle stature d'homme de la paix, son aura personnelle n'ont été que des instruments de propagande entre les mains de l'Empereur : une situation amenée à se renouveler à de nombreuses reprises jusqu'en 1815. Malgré cela, le conseil extraordinaire du 3 janvier 1813 est une étape essentielle dans la chronologie du retour en grâce de Caulaincourt : pour la première fois depuis son départ pour l'ambassade de Saint-Pétersbourg, il est associé, au moins en apparence, au processus décisionnel du régime. Longtemps marginalisé, il retrouve sa place au sein du cercle restreint des proches conseillers de Napoléon, une place qu'il ne quittera plus désormais.

Durant le reste de l'hiver, les questions diplomatiques cèdent le pas aux préparatifs militaires tandis que Caulaincourt se consacre presque entièrement à la vie de cour et à la gestion de son service. Il s'attache ainsi à réorganiser les équipages de l'Empereur en prévision de la campagne qui s'annonce. Dès le début du printemps 1813, de formidables efforts ont permis la reconstitution d'une armée capable, malgré une préparation souvent superficielle, de s'opposer à l'avancée des Russes et des Prussiens. L'invasion par ces derniers du territoire de l'allié saxon, à la fin du mois de mars, motive l'entrée en campagne de Napoléon, qui, toujours accompagné de son grand écuyer, quitte Paris le 15 avril pour Mayence puis franchit le Rhin dans la nuit du 24 au 25. Au moment où commence cette nouvelle épreuve de force, le duc de Vicence, tout en regrettant l'échec des pourparlers avec l'Autriche, est conscient de la nécessité pour la France de prendre sa revanche sur la Russie et de créer ainsi les conditions d'une réouverture du débat diplomatique. Comme il le reconnaît presque à

1. *Ibid.*, p. 399.

contrecœur, « il fallait un succès pour laver nos revers et pour pouvoir tenir encore le langage qui convenait à la puissance de la France[1] ».

L'homme à tout faire de la campagne de Saxe

> Ce qui passait le Rhin n'offrait que des masses sans ensemble. Mais les mouvements des Prusso-Russes, qui menaçaient d'arriver sur le Rhin, résultat qu'ils s'étaient flattés d'obtenir avant que nous fussions en mesure, ne permirent pas à l'Empereur de délibérer. Il marcha à l'ennemi avec des officiers et des soldats qui ne se connaissaient que depuis quarante-huit heures, des sergents et des caporaux nommés de la veille, et gagna la bataille de Lützen [2 mai 1813][2].

En à peine une semaine de campagne, Napoléon remporte le succès espéré par Caulaincourt et par l'ensemble des partisans de l'Empire. Même si l'absence d'une cavalerie conséquente empêche de poursuivre les ennemis vaincus et de transformer ce succès en une victoire décisive, la bataille de Lützen marque un coup d'arrêt dans l'avancée des Alliés. Elle permet aussi aux Français de s'installer dans le royaume de Saxe et de parachever l'organisation de l'armée. Ayant fait retraite sur la Spree, les Prussiens et les Russes acceptent à nouveau le combat près de Bautzen, le 20 mai. La bataille, très meurtrière et longtemps indécise, dure deux jours ; victoire indiscutable de Napoléon, elle montre une nouvelle fois les limites de son armée, incapable de vaincre définitivement ses adversaires.

La bataille de Bautzen s'accompagne d'un événement particulièrement tragique, la mort de Duroc. Blessé par un boulet perdu, le grand maréchal expire le 23 mai, après avoir reçu une dernière visite de Napoléon, de Berthier et de Caulaincourt, un de ses amis les plus proches. Après celle de son frère Auguste, cette mort apparaît comme un nouveau drame personnel pour le duc de Vicence qui perd un compagnon qu'il côtoyait presque quotidiennement depuis plus de dix ans. Symbole de la fin d'une époque, la disparition de Duroc modifie aussi l'équilibre existant au sein de la maison impériale, un équilibre fixé depuis 1804.

1. *Ibid.*, p. 404.
2. *Ibid.*, p. 405.

Comme nous l'avons déjà vu, lors des voyages à l'étranger, le grand maréchal et le grand écuyer se partageaient toutes les tâches d'intendance, le premier gérant la question du logement, le second l'organisation des déplacements. Le 24 mai 1813, l'Empereur décide de confier temporairement à Caulaincourt l'ensemble des attributions du duc de Frioul[1]. Cette augmentation de ses attributions, qui participe de son retour en grâce et de la nouvelle envergure que Napoléon entend lui donner[2], lui confère un contrôle quasi absolu sur l'ensemble de la vie quotidienne de son maître durant son séjour dans le royaume de Saxe. Le baron d'Odeleben, présent à cette époque au quartier général français, souligne dans sa *Relation circonstanciée de la campagne de 1813* la place singulière et l'omniprésence du duc de Vicence : « Sa surveillance s'étendait sur toutes les branches de la maison impériale. Après la mort du grand maréchal Duroc, tous les ordres concernant la marche, le séjour, les écuries, les relais, la cuisine, les domestiques, et particulièrement les courriers et les estafettes venaient de Caulaincourt[3]. » Durant les mois qui suivent le décès de Duroc, le duc de Vicence, qui loge souvent au plus près de son maître, apparaît donc comme le principal interlocuteur de Napoléon, son bras droit pour toutes les questions qui ne relèvent pas directement des opérations militaires.

Son action ne reste pas cantonnée à la seule gestion de la maison impériale, tâche pourtant déjà écrasante par le soin et l'attention qu'elle demande. Le duc de Vicence reçoit différentes missions ponctuelles, comme celle de vérifier, au nom de l'Empereur, les conditions sanitaires des hôpitaux de campagne. Surtout, jusqu'à l'arrivée en Saxe de Maret à la fin du mois de mai, il est chargé par Napoléon de l'expédition des affaires diplomatiques. Pendant plus d'un mois, Caulaincourt fait office de « ministre des Affaires étrangères à la suite », selon l'expression d'Albert Sorel[4]. Son rôle concret s'apparente cependant plus à celui d'un secrétaire

1. AN, O² 159, Napoléon à l'intendant général de la Couronne, quartier général de Gorlitz, 24 mai 1813.

2. On peut aussi signaler que Caulaincourt a été nommé sénateur le 5 avril 1813, un titre honorifique (ses fonctions l'empêchant de l'exercer) qu'on peut considérer comme un hommage de Napoléon à la mémoire du père du duc de Vicence, lui-même sénateur de 1805 à 1808.

3. Baron d'Odeleben, *Relation circonstanciée de la campagne de 1813*, Paris, Plancher, 1817, t. I, p. 145.

4. Albert Sorel, *L'Europe et la Révolution française*, t. VIII, p. 108.

que d'un ministre puisqu'il se contente en général de « tenir la plume[1] » pour Napoléon. Les correspondances qu'il échange avec les ambassadeurs français ne recèlent aucune trace de sa pensée, aucune marque d'initiatives personnelles : il reste un simple intermédiaire entre son maître et les agents diplomatiques qui lui écrivent lors de ses déplacements en Saxe.

Mais, malgré ses limites, cette fonction de ministre par intérim est une étape essentielle dans le cheminement qui mène à la nomination aux Relations extérieures au mois de novembre 1813. Comme le souligne le baron d'Odeleben, l'influence de Maret auprès de Napoléon semble peu à peu décliner à cette époque au profit de celle de Caulaincourt, dont la mise en avant s'impose comme un choix stratégique vis-à-vis des Alliés[2]. Le travail accompli par le duc de Vicence durant les mois d'avril et de mai peut aussi être considéré comme une préparation à ses futures responsabilités. En effet, même s'il ne fait que retranscrire la pensée de Napoléon, il participe à l'élaboration des dépêches et acquiert une connaissance globale de la situation européenne en suivant de près les diverses négociations en cours, notamment celle avec l'Autriche. Surtout, il crée des liens importants avec les membres du réseau diplomatique français : avec Narbonne, qu'il retrouvera au congrès de Prague, mais aussi avec d'autres ambassadeurs comme Jean-Charles Serra, ministre de France en Saxe, ou Charles-Jean-Marie Alquier, en poste à Copenhague.

En plus de cette charge quotidienne de secrétariat, Caulaincourt se voit confier des missions diplomatiques ponctuelles destinées à lui faire employer davantage ses qualités personnelles de négociateur et sa bonne image auprès des Alliés, notamment auprès des Russes et de leur tsar. Dès le milieu du mois de mai, dans une lettre envoyée au comte de Narbonne, Caulaincourt exprime l'idée, soufflée par l'Empereur, que les tergiversations de l'Autriche et les menées de Metternich « dégoûteront l'empereur Alexandre autant que l'empereur Napoléon et qu'elles peuvent conduire ces deux princes à s'entendre directement[3] ». Dans la dépêche suivante, adressée à l'ambassadeur de France à Vienne le 14 mai, cette menace à l'encontre de l'Autriche devient l'amorce encore floue d'un projet de négociation. Un projet fondé sur le postulat, singulièrement optimiste au vu

1. *Ibid.*
2. Baron d'Odeleben, *Relation circonstanciée de la campagne de 1813*, t. I, p. 83.
3. AN, 95 AP 12, Caulaincourt à Narbonne, Dresde, 12 mai 1813.

des circonstances, d'une persistance des bonnes relations entre Napoléon et Alexandre :

> Si les circonstances deviennent graves, ce que l'Empereur ne pense pas, il ne peut vous échapper qu'il s'arrangerait avec l'empereur Alexandre ; pour que ces deux souverains s'entendent, il faut peu de choses. [...] Quelle concession ne ferait pas l'empereur Alexandre, si pour le tirer d'embarras on lui cédait la Pologne ; une mission au quartier général russe partagerait le monde en deux[1].

Quelques jours avant la bataille de Bautzen, Napoléon décide d'envoyer Caulaincourt aux avant-postes afin de négocier un armistice et de s'accorder sur des préliminaires de paix avec le tsar Alexandre. Dans les instructions qu'il dicte le 17 mai à l'intention de son émissaire, il précise en effet que ces pourparlers, destinés à faire cesser l'« effusion de sang », doivent déboucher si possible sur une véritable négociation : « Si [Alexandre] se montre assez favorable pour la paix, [le duc de Vicence] entrera en matière[2]. » Il proposerait alors un nouvel équilibre au centre de l'Europe, fondé sur une modification du centre de gravité du royaume de Prusse. Ce dernier perdrait ses provinces occidentales mais annexerait en contrepartie l'intégralité du grand-duché de Varsovie, s'agrandissant ainsi de près de 5 millions d'âmes :

> La France et la Russie seraient donc à 300 lieues et une puissance intermédiaire de 200 lieues entre elles. Le roi de Prusse, ami naturel de la Russie, soit que sa capitale soit à Varsovie, à Königsberg ou à Dantzig, serait donc dans le système de la Russie. Ce projet anéantirait à jamais la Pologne et créerait une grande puissance intermédiaire, il serait donc avantageux à la Russie, et même à la Prusse qui perdra sans rien gagner si la guerre continue[3].

Napoléon ne s'illusionne pas toutefois sur les chances de réussite d'un projet visant à exclure la Prusse de l'espace germanique et à tenir la Russie

1. *Ibid.*, Caulaincourt à Narbonne, Dresde, 14 mai 1813.
2. *Ibid.*, projet d'armistice, Harta, 17 mai 1813.
3. *Ibid.*

à l'écart des affaires européennes. La mission est d'abord conçue comme une reprise de contact : Caulaincourt peut donc se sentir assez libre vis-à-vis de ses instructions, tant qu'il parvient à renouer le dialogue. S'il échoue dans cette entreprise ou s'il ne parvient pas à atteindre les avant-postes russes, sa mission doit servir à proclamer de façon officielle l'acceptation par Napoléon de la tenue d'un congrès de paix. Le duc de Vicence reçoit en conséquence les pleins pouvoirs nécessaires à la conclusion d'un armistice entre les deux armées, préalable jugé indispensable à l'organisation de la conférence.

On peut se demander pourquoi Caulaincourt accepte en mai 1813 de se rendre auprès d'Alexandre, alors qu'il l'avait obstinément refusé l'année précédente à Moscou. Ce revirement apparent s'explique en premier lieu par l'évolution de sa position personnelle, qu'il juge peut-être désormais plus en adéquation avec ce type de mission. Les circonstances surtout sont radicalement différentes. En 1812, l'ouverture de paix n'avait absolument aucune chance de réussir : elle venait après Borodino, revendiqué comme une victoire par les Russes, et après l'incendie de la ville sainte de Moscou, imputé aux Français. En 1813, un certain équilibre militaire a été rétabli, au moins temporairement, entre Napoléon et les Alliés ; les opérations se déroulent de plus hors du territoire des puissances belligérantes. Ignorant alors le degré de connivence qui existe déjà entre Russes et Autrichiens[1], Caulaincourt peut croire en ses chances d'amener Alexandre à négocier avec Napoléon et à se détourner de Vienne.

Quelles que soient sa bonne volonté ou au contraire ses réticences, le duc de Vicence se rend aux avant-postes français le 18 mai. Le maréchal Macdonald demande pour lui une audience auprès de l'empereur Alexandre. Le lendemain, le général Miloradovitch, « qui recopiait simplement, comme on l'a su depuis, une minute écrite de la main même du Tsar[2] », répond par la négative. Le 20, alors que se déroule la bataille de Bautzen, le comte de Nesselrode envoie au duc de Vicence une lettre dont la politesse ne fait que masquer la fermeté du refus : « Sa Majesté

---

1. Dominic Lieven, *La Russie contre Napoléon*, Paris, édition des Syrtes, 2012, p. 305-308.

2. Jean Hanoteau, *op. cit.*, t. I, p. 133. Hanoteau reprend l'article de Paul Bailleu, « Caulaincourt, négociateur de l'armistice en 1813, d'après les documents des archives de Saint-Pétersbourg », *Annales internationales d'histoire, congrès de La Haye*, n° 3, Mâcon, imp. Protat frères, 1899-1900, p. 135-140.

l'empereur [Alexandre] vient d'apprendre l'arrivée de Votre Excellence aux avant-postes. Quel que soit le plaisir que Sa Majesté Impériale aurait eu à vous revoir, monsieur le duc, et à vous exprimer les sentiments qu'elle vous conserve personnellement, elle regrette que les circonstances dans lesquelles elle se trouve s'opposent à ce qu'elle puisse vous admettre à son quartier général[1]. » Nesselrode précise en outre que toute « ouverture » de la part de la France doit impérativement passer par Vienne ! Preuve du lien inébranlable déjà tissé entre les chancelleries russe et autrichienne, ce refus signifié à l'émissaire français marque l'échec définitif de toute tentative de paix séparée. Caulaincourt doit aussi réaliser que ses relations personnelles avec le tsar ne lui sont d'aucune utilité. Au contraire, leur instrumentalisation par Napoléon proclame trop clairement les intentions cachées de celui-ci. À l'instar d'Alexandre, Nesselrode n'est pas dupe : il comprend immédiatement que le motif officiel de la mission du duc de Vicence, la proposition d'un armistice, n'est que le préalable à une ouverture de paix. Facilement percé à jour, Caulaincourt, « sous l'inspiration de l'Empereur[2] », réaffirme, dans une lettre à Nesselrode datée du 25 mai, le caractère officiel de sa mission et son désir d'obtenir une audience d'Alexandre :

> Je n'étais et ne suis chargé d'aucune ouverture diplomatique mais je devais, en profitant de l'audience que Sa Majesté aurait daigné m'accorder, et si elle avait été disposée à éviter la bataille [de Bautzen] lui proposer un armistice. Je continue à être chargé de la même commission. Aujourd'hui que l'on est d'accord sur l'ouverture d'un congrès, et d'après ce que vous voulez bien me dire de personnel, j'ose me flatter qu'il n'y a plus d'objection à ce que l'empereur Alexandre m'accorde l'honneur de lui faire ma cour[3].

Au moment où Caulaincourt rédige cette missive, la bataille de Bautzen a profondément changé la donne. Napoléon, quoique victorieux, doit constater l'état d'épuisement de son armée et son incapacité à détruire les forces ennemies ; il souhaite un armistice qui lui permettrait d'accroître ses effectifs, de renforcer sa cavalerie et de remporter enfin la

1. AN, 95 AP 12, Nesselrode à Caulaincourt, Wurschen, 8/20 mai 1813.
2. Jean Hanoteau, *op. cit.*, t. I, p. 133.
3. AN, 95 AP 12, Caulaincourt à Nesselrode, Cadlitz, 25 mai 1813.

bataille décisive qu'il recherche. Les Russo-Prussiens, confrontés à une situation militaire dramatique, espèrent de leur côté gagner le temps nécessaire à l'achèvement des préparatifs autrichiens. La négociation d'un armistice est donc officiellement décidée par les belligérants dans les derniers jours du mois de mai. Les Russes choisissent le général Chouvalov, aide de camp du tsar, les Prussiens le général Kleist. Napoléon, pour rester en accord avec sa démarche précédente, confirme Caulaincourt dans sa mission. Peu enthousiaste à l'idée de cette nomination, Nesselrode s'efforce d'étouffer dans l'œuf les derniers espoirs français d'une diplomatie parallèle. Il écrit au duc de Vicence : « [Le tsar] pense que pour les arrangements à prendre d'un armistice, il était plus simple que [Napoléon] envoyât un officier de confiance aux avant-postes de l'armée française ; ce sera faciliter l'affaire, vous épargner M. le duc la peine d'une course pour un objet purement militaire [...][1]. » L'armistice de Pleiswitz, en apparence simple « objet militaire », va pourtant constituer un des moments les plus ambigus dans la carrière de Caulaincourt, suscitant des questionnements sur la profondeur de ses liens avec les Russes, sur sa fidélité à l'égard de Napoléon et, en définitive, sur la probité de son action.

Les ambiguïtés de l'armistice de Pleiswitz

Peu avant de quitter le camp français, Caulaincourt reçoit ses instructions, dictées par Napoléon, mais signées par le duc de Bassano, présent en Saxe depuis une semaine. Ce texte précise d'abord le différend fondamental qui existe entre les deux parties : « Le duc de Vicence remarquera que nous ne sommes pas d'accord sur la question principale ; que les ennemis ne veulent pas de congrès et veulent continuer la guerre dans l'espérance d'entraîner l'Autriche, en la chargeant de prononcer une sentence : chose inconvenable et absurde[2]. » Caulaincourt devra s'efforcer d'inclure dans le préambule de la future convention une mention concernant la réunion d'un congrès de paix et de réduire au minimum les références à la médiation autrichienne. Au sujet de l'armistice à proprement parler, il devra obtenir une ligne de démarcation correspondant à la rive gauche

1. AN, 95 AP 13, copie d'une lettre de Nesselrode, s. l., 14/26 mai 1813.

2. *Ibid.*, « Instructions pour M. le duc de Vicence », Liegnitz, 29 mai 1813 (signé de la main du duc de Bassano).

de l'Oder. La durée de cessation des combats, si possible de trois mois, pourra quant à elle être ramenée à deux mois et demi.

La première conférence avec Chouvalov et Kleist se déroule le 30 mai, à l'abbaye de Waldstadt. Les plénipotentiaires y conviennent d'une suspension d'armes pour la durée des négociations. Les Alliés, considérant que leur mission est « toute militaire », refusent en revanche de faire allusion dans la future convention au congrès de paix. Mettant en doute la réalité de certains succès français, Kleist et Chouvalov contestent aussi la ligne de démarcation proposée et notamment l'occupation de Hambourg et de Breslau par les troupes napoléoniennes. Mis au courant de la teneur de ces premiers débats, Napoléon est furieux et le fait savoir sans ambages : « s'ils tiennent à des conditions aussi absurdes [...] il n'y a pas lieu à s'arranger et il est inutile de continuer davantage les conférences. Dans ce cas revenez le plus tôt possible ici[1] ».

Malmené par son maître, Caulaincourt s'accroche mais doit faire face lors des séances suivantes à de profondes difficultés. Ses interlocuteurs campent sur leurs positions : ils insistent pour fixer la durée de l'armistice à un mois et refusent de céder sur la question d'Hambourg et de Breslau, pourtant occupés par les Français. Ils rejettent même la proposition de Napoléon qui accepte de transiger sur un de ces points, à condition que les Alliés fassent de même. Désormais habitué aux subtilités et aux accommodements de la diplomatie, le duc de Vicence est exaspéré par le discours monolithique des deux officiers. Il se plaint de ne pouvoir « avancer les négociations avec des gens qui [lui] répètent après six heures de conversation les mêmes mots qu'ils [lui] ont dit sur le premier quart d'heure[2] ». Après quatre jours de pourparlers, Caulaincourt n'a obtenu que de maigres concessions, comme la prolongation d'une semaine de la durée de cessation des combats. Il constate qu'au vu de la latitude qui lui est laissée par son maître, il lui est impossible de trouver un meilleur compromis avec Kleist et Chouvalov et de faire véritablement évoluer leurs positions. Dans la nuit du 2 au 3 juin, il estime que sa mission est terminée et que la décision appartient désormais à Napoléon.

Informé de l'impasse dans laquelle se trouvent les négociations, l'Empereur refuse de souscrire à des revendications alliées qu'il juge exagérées

1. *Ibid.*, Napoléon à Caulaincourt, Rosnig, 30 mai 1813 (à midi).

2. *Ibid.*, Caulaincourt à Napoléon, Gebersdorf, 1er juin 1813 (5 heures du matin).

et malhonnêtes. Regrettant désormais d'avoir engagé ces discussions, il reporte ses doutes et ses frustrations sur son envoyé. Malgré les critiques dont il est l'objet, Caulaincourt tente de nouvelles ouvertures durant la journée du 3 juin, en vain. La rupture semble désormais inévitable. Pourtant, lorsque le duc de Vicence annonce le lendemain matin que les troupes françaises sont prêtes à reprendre le combat, les plénipotentiaires russe et prussien demandent un dernier délai pour en référer à leur quartier général. Le tsar Alexandre et Frédéric-Guillaume III acceptent finalement de neutraliser la ville de Breslau et de proroger d'un mois la durée de l'armistice, « à condition qu'il y aura des bases de paix établies dans le premier mois[1] ». Cette phrase, qui selon Napoléon semble « menacer de la reprise des hostilités pour influencer les négociations[2] », suscite une ultime controverse, rapidement surmontée par Caulaincourt. Le 4 juin, en fin de matinée, il annonce que l'armistice est conclu sur les bases que l'Empereur a fixées ; les ratifications sont échangées le 5.

Lorsqu'il rejoint son maître le lendemain, le duc de Vicence peut estimer à bon droit avoir rempli au mieux sa mission. Sa formation de négociateur lui a permis de trouver finalement un compromis faisant accepter l'essentiel des revendications françaises et ce malgré une très faible marge de manœuvre. Son zèle et son opiniâtreté ont été essentiels pour surmonter la passivité de ses interlocuteurs et créer les conditions du revirement final du tsar et du roi de Prusse. Il ignore bien entendu que ce revirement a été motivé avant tout par les tractations secrètes menées par ces deux souverains avec les Autrichiens[3]. Son principal revers est de n'avoir pu imposer de perspectives diplomatiques et notamment de n'être pas parvenu à faire insérer dans la convention finale une mention concernant le futur congrès de paix. La négociation de l'armistice de Pleiswitz est d'ailleurs intéressante dans la mesure où elle confirme la nouvelle image de Caulaincourt, perçu désormais exclusivement comme un diplomate. Pour justifier leur attachement inébranlable à leurs instructions et contrer les raisonnements et les développements de l'envoyé français, le général Kleist et le général Chouvalov l'accusent de sortir du cadre purement

1. *Ibid.*, Caulaincourt à Berthier, Pleiswitz, 4 juin 1813 (même date que la lettre précédente, mais en début de matinée).
2. *Ibid.*, Berthier à Caulaincourt, Neumarkt, 4 juin 1813 (9 heures du matin).
3. Dominic Lieven, *La Russie contre Napoléon*, p. 340-341.

militaire de ce type de négociation. Ils précisent qu'en ce qui les concerne, « ils ne sont pas diplomates[1] ».

Ce succès apparent du duc de Vicence a été en revanche remis en question *a posteriori* par les « très graves accusations[2] » portées par plusieurs historiens concernant la véritable nature de son action lors des négociations de l'armistice de Pleiswitz. En 1900, un conseiller aux archives royales de Prusse, Paul Bailleu, communique au Congrès international d'histoire diplomatique de La Haye une courte note intitulée « Caulaincourt, négociateur de l'armistice en 1813, d'après les documents des archives de Saint-Pétersbourg[3] ». Ces documents consistent en trois lettres de Chouvalov adressées à l'empereur Alexandre entre le 31 mai et le 2 juin. L'aide de camp du tsar y raconte les entrevues qu'il aurait eues avec Caulaincourt en parallèle des négociations de l'armistice. L'envoyé de Napoléon lui aurait proposé à cette occasion de discuter de l'opportunité d'une paix séparée entre la France et la Russie. Si elle est avérée, cette ouverture apparaît dans la droite ligne des tentatives des semaines précédentes et répond au désir de Napoléon de détacher Alexandre de l'alliance prussienne. Mais d'après Chouvalov, Caulaincourt ne se serait pas borné à ces démarches approuvées par son maître. Il se serait laissé aller à des « insinuations bien secrètes et bien curieuses[4] ».

Selon la lettre de Chouvalov en date du 31 mai, Caulaincourt aurait ainsi déclaré dès la première entrevue :

> Tâchons donc à nous arranger, [...]. Profitons du moment, il est bon, nous sommes dans un moment de faiblesse, nos troupes sont dispersées. Le général Bertrand est du côté de Strigau [en Silésie]. Les autres colonnes vous présentent le flanc en marchant. Quand nous avons des succès, on ne peut plus nous faire entendre raison. Vous nous laissez faire ; aussi nos troupes sont fatiguées. C'est notre moment de faiblesse. Mais n'oubliez pas ce que je vous dis, il nous viendra

1. AN, 95 AP 13, Caulaincourt à Napoléon, Gebersdorf, 1er juin (5 heures du matin).
2. Jean Hanoteau, *op. cit.*, t. I, p. 135.
3. *Annales internationales d'histoire, congrès de La Haye*, *op.cit.*
4. Chouvalov à Alexandre Ier, 19/31 mai 1813. Cité par Paul Bailleu, *op. cit.*, p. 136.

> des renforts considérables. Si nous mettons le pied dans le duché de Varsovie, la guerre durera des années[1].

Le duc de Vicence se serait aussi étonné de l'inaction des Cosaques qui pourtant « pouvaient agir avec succès sur les derrières de l'armée française ». Chouvalov considère que ces déclarations du diplomate français « lui coûteraient la tête si on les savait ». Il reste toutefois prudent : tout laisse à penser que Caulaincourt « désire un grand échec pour l'armée française afin de conclure la paix au plus vite ». Mais il ne peut écarter l'hypothèse d'une « finesse infernale » de sa part. Il précise cette pensée dans une seconde lettre à Alexandre, rédigée le 1er juin 1813 à la suite d'une nouvelle entrevue secrète :

> Le duc de Vicence m'a encore tenu, sous la condition que Votre Majesté Impériale seule en serait instruite, les discours dont j'ai fait le rapport hier. Il me parle toujours de l'état de faiblesse dans lequel l'armée française se trouve, il dit que les renforts ne sont pas encore venus, que leurs troupes sont dispersées, [...] que si les Cosaques agissaient vigoureusement sur leurs derrières, ils intercepteraient toute communication. [...] Si Votre Majesté Impériale me permet de le dire, je crois que le duc de Vicence, dans ses discours, ou bien parle franchement et d'après sa façon de penser, ou bien trouve qu'il serait de l'intérêt de son Empereur que nous agissions avant que les Autrichiens aient commencé leurs opérations. Votre Majesté Impériale saura sûrement lequel de ces deux motifs peut l'animer ou s'il y en a un troisième[2].

Les propos rapportés par Chouvalov dans sa dépêche du 2 juin sont assez similaires. Caulaincourt commence par tenter de convaincre son interlocuteur que « la paix est indispensable à faire pour la Russie, que ce qu'il en dit vient de son profond attachement à [Alexandre], que l'armée française sera du double plus forte dans deux mois [...][3] ». Après ces

1. *Ibid.*, p. 137. Cette lettre, comme les autres lettres de Chouvalov, est reproduite par Jean Hanoteau, *op. cit.*, t. I, p. 138.

2. Rapport de Chouvalov à Alexandre Ier, Gebersdorf, 20 mai/1er juin 1813. Cité par Jean Hanoteau, *op. cit.*, t. I, p. 138.

3. Rapport de Chouvalov à Alexandre Ier, Pleiswitz, 21 mai/2 juin 1813. Cité par Paul Bailleu, *op. cit.*, p. 138-140.

déclarations apparemment conformes aux vues de Napoléon, il poursuit par de nouvelles considérations sur l'inaction condamnable des armées russo-prussiennes ou sur la faiblesse de certains corps français comme ceux de Marmont et d'Oudinot. D'après Chouvalov, il va même jusqu'à critiquer la timidité des revendications russes lors de la conclusion de la suspension d'armes du 1er juin. Tout cela semble bien « singulier » à l'aide de camp du tsar qui pose une nouvelle fois la question essentielle : « Est-ce par conviction et franchise ou désir que nous agissions avant que l'armée autrichienne ne commence ses opérations[1] ? »

Dans son intervention au Congrès d'histoire diplomatique de La Haye, Paul Bailleu a conclu à partir de ces éléments à une probable trahison du duc de Vicence : « Était-ce de la ruse ou de la franchise ? Pour moi, [...], je suis tout disposé à croire que nous avons là une nouvelle [...] preuve de cette conspiration en faveur de la paix que nous voyons de bonne heure se former autour de l'empereur Napoléon[2]. » Reprenant le dossier quelques années plus tard, Frédéric Masson a conclu lui aussi à une trahison positive du duc de Vicence, sans lui concéder aucune circonstance atténuante[3]. Suivant une démarche essentiellement apologétique, Jean Hanoteau a voulu quant à lui justifier l'attitude de Caulaincourt et résoudre une fois pour toutes le problème posé par les négociations de Pleiswitz. Il a proposé dans son introduction aux *Mémoires de Caulaincourt* une longue analyse des déclarations de Chouvalov qui, par bien des aspects, peut être considérée comme une étude définitive sur la question.

Hanoteau précise d'abord, avec raison, que les démarches du duc de Vicence s'inscrivent dans la politique de rapprochement avec la Russie, voulue à cette époque par Napoléon : « On ne saurait donc reprocher à M. de Caulaincourt ce qui, dans ses confidences à Shouvalow [*sic*], tendait à amener une conversation en vue de la paix[4]. » On peut en revanche se demander pourquoi il préfère cacher à son maître l'essentiel de ses

1. *Ibid.*

2. Paul Bailleu, *op. cit.*, p. 140.

3. *Au temps de l'alliance franco-russe. Correspondance entre le grand-duc Nicolas Mikhaïlovitch de Russie et Frédéric Masson*, édition de Nadine Vogel, Bernard Giovanangeli éditeur-Association des amis de Frédéric Masson, Paris, 2005, p. 375-376, lettre de Frédéric Masson au grand-duc, Paris, 25 mai 1906.

4. Jean Hanoteau, *op. cit.*, t. I, p. 145.

rapports avec l'aide de camp du tsar Alexandre. Dans sa première lettre à Napoléon, en date du 30 mai, il annonçait chercher « l'occasion de causer avec le général russe[1] ». Le 1er juin, il déclare pourtant n'avoir « pas encore pu causer en particulier avec le comte de Schouvaloff[2] ». Des propos qui s'avèrent être en contradiction directe avec ceux de Chouvalov, ce dernier affirmant en effet avoir été approché dès le 30. Caulaincourt ne fait qu'une seule fois allusion à un tête-à-tête avec le général russe, dans une dépêche adressée à Napoléon dans la nuit du 1er au 2 juin :

> Avant la longue discussion dont je viens d'avoir l'honneur de rendre compte à V. M., M. de Schouvaloff m'a pris à part et m'a dit : « Terminons l'armistice, je vous assure que nous ne sommes pas si loin de nous entendre, si on acquiert la conviction que l'empereur Napoléon la [la paix] veut franchement et qu'on ne tomberait pas dans des discussions interminables. » Je l'ai pressé de s'expliquer davantage. Je lui ai en même temps répété ce que je lui avais déjà dit. Il m'a répondu que je devais le connaître pour un honnête homme et qu'il ne m'avancerait pas une chose dont il ne serait pas sûr[3].

Les rôles sont ici inversés : c'est l'aide de camp du tsar qui devient le solliciteur et qui se permet d'engager la parole de son maître. Le témoignage de Caulaincourt se révèle être radicalement opposé à celui de Chouvalov. En l'absence d'autres sources directes, il n'est pas possible de trancher définitivement entre ces deux visions. Il n'en reste pas moins que le luxe de détails donnés par le général russe dans ses missives peut difficilement faire croire à une pure affabulation de sa part. Caulaincourt reste au contraire particulièrement vague et allusif.

Pourquoi ce silence alors que ces ouvertures de paix sont approuvées par Napoléon ? Hanoteau défend l'idée que le duc de Vicence craint « une divulgation prématurée », « le pays, en effet, était infesté de Cosaques et les routes peu sûres pour les courriers »[4]. Cette explication n'est qu'en partie recevable, puisque Caulaincourt parle à plusieurs reprises dans ses

1. AN, 95 AP 13, Caulaincourt à Napoléon, Waldstadt, 30 mai 1813.
2. *Ibid.*, Caulaincourt à Napoléon, Gebersdorf, 1er juin 1813 (à 3 heures et demie).
3. *Ibid.*, Caulaincourt à Napoléon, Pleiswitz, 2 juin 1813 (4 heures du matin).
4. Jean Hanoteau, *op. cit.*, t. I, p. 144.

lettres de ses démarches en faveur d'une « négociation de paix[1] » avec les Russes : s'il redoutait vraiment les tentatives d'espionnage, il aurait gardé un silence absolu sur ces questions. Sa réserve provient peut-être avant tout de ses réticences à l'idée de dévoiler à Napoléon la teneur exacte de ses conversations avec Chouvalov.

D'après ce dernier, le duc de Vicence ne se contente pas en effet de défendre l'idée d'une paix qui serait avantageuse tant pour la France que pour la Russie. Il insiste sur l'état de faiblesse des troupes de son pays et conseille à ses ennemis d'user de mesures plus énergiques. Hanoteau tente, sans grande conviction, de relativiser l'importance du renseignement militaire à cette époque et de montrer qu'en 1813 les Alliés pouvaient obtenir facilement toutes les indications fournies par Caulaincourt. Cela reste à voir : même si les lignes de front étaient relativement perméables, les distances et le nombre des unités engagées pouvaient rendre la situation générale particulièrement difficile à appréhender. De plus, les renseignements donnés par le duc de Vicence concernent des domaines souvent hermétiques aux observations ennemies : le moral des troupes, l'approvisionnement en munitions ou encore l'arrivée des renforts. La démonstration de Jean Hanoteau est plus convaincante lorsqu'il s'efforce de prouver que ces fameuses révélations ne sont qu'apparentes. Les différents effectifs donnés par Caulaincourt s'avèrent être en réalité sujets à caution. Les unités françaises présentées comme isolées sont loin de l'être et viennent pour la plupart de remporter des succès contre les troupes russo-prussiennes. À plusieurs occasions, le duc de Vicence se trompe, « volontairement ou involontairement », consciemment ou inconsciemment.

Chouvalov en est le premier perplexe : alors que les propos tenus par son interlocuteur ont toute l'apparence d'une trahison, leur confrontation avec la réalité militaire lui fait craindre une ruse. Le même doute semble étreindre le tsar Alexandre, qui refuse d'utiliser les soi-disant révélations du duc de Vicence : « Une longue fréquentation lui avait permis de se rendre un compte exact de son caractère, de ses idées, de sa loyauté, écrit Hanoteau. S'il l'avait cru réellement capable de trahir son maître, il se serait emparé avec joie des atouts qu'on lui offrait[2]. » Loin de croire à une

1. AN, 95 AP 13, Caulaincourt à Napoléon, Gebersdorf, 1er juin 1813 (à 3 heures et demie).

2. Jean Hanoteau, *op. cit.*, t. I, p. 148.

quelconque trahison, Alexandre aurait donc vu dans les insinuations de Caulaincourt la marque de Napoléon. Cette idée est séduisante même si on peut faire remarquer que, de toute façon, Alexandre n'avait aucun intérêt à courir le risque de prendre pour argent comptant la « trahison » du diplomate français. Le simple bon sens lui conseillait de se garder de toute manœuvre hasardeuse et d'attendre les Autrichiens.

Face aux négociations secrètes de Pleiswitz, les hésitations des historiens apparaissent en définitive à la mesure de celles des contemporains de l'événement. Si l'on suit Caulaincourt, son action s'est bornée à proposer une paix séparée au négociateur russe. Si l'on en croit Chouvalov, ces ouvertures se sont accompagnées de la divulgation de renseignements précis sur l'état des forces françaises. Mais là encore, le comportement du duc de Vicence n'est pas clair : voulait-il contraindre Napoléon à la paix en favorisant ses ennemis ou agissait-il au contraire selon les desseins de son maître ? La vérité est sûrement à mi-chemin de ces deux propositions. Jean Hanoteau estime en dernière analyse que Caulaincourt a agi « d'accord avec les vues et les instructions de Napoléon » mais que « ses arguments de détail et ses expressions ont dépassé la ligne qu'il n'aurait pas dû franchir »[1]. Son désir ardent de la paix a pu le pousser à des propos imprudents, ce d'autant qu'il se sentait conforté par son ancienne amitié avec Alexandre, voire par ses relations personnelles avec le général Chouvalov, frère de la princesse Galitzine avec qui il avait entretenu une longue relation[2].

Dans ce dossier, reste à évoquer un dernier point qui n'a attiré l'attention d'aucun historien : la position de Pavel Chouvalov. Quels sont ses sentiments vis-à-vis du projet d'armistice ? En est-il vraiment partisan ? Est-il possible qu'il ait exagéré les propos de Caulaincourt afin de convaincre Alexandre d'attaquer les positions françaises ? Trop d'éléments manquent pour espérer tirer au clair un problème qui ne repose que sur les déclarations d'un seul témoin, aux desseins par ailleurs inconnus. Quoi qu'il en soit des motivations du duc de Vicence ou du général Chouvalov, leurs rencontres secrètes n'ont que peu d'incidence sur le

1. *Ibid.*, p. 149.

2. Sur ces questions, se reporter à Olivier Varlan, « La "trahison" d'Armand de Caulaincourt : l'éthique d'un diplomate à la fin du Premier Empire », *Histoire, Économie et Société*, Paris, Armand Colin, 2014/2, p. 34-45.

déroulement des événements. Alexandre et Metternich refusent de se laisser distraire et préfèrent suivre le cours de leur politique. Napoléon reste, quant à lui, dans l'ignorance des doutes qui planent à cette époque sur son grand écuyer. Seul ce dernier entrevoit peut-être les conséquences de son attitude ambiguë lors des négociations de Pleiswitz. Les arguments qu'il a utilisés en cette circonstance peuvent désormais laisser penser aux Alliés qu'il est favorable à la paix envers et contre tout, même au détriment des intérêts de son maître. Ces mêmes Alliés peuvent à l'inverse se méfier de son possible double jeu et de son instrumentalisation systématique par Napoléon. La crédibilité de Caulaincourt en tant que négociateur en sort écornée. Est-ce parce qu'il en a conscience qu'il manifeste les plus grandes réticences à l'idée de représenter son pays lors des négociations de paix qui se préparent ?

Négocier sans rien concéder

Même si le texte de l'armistice de Pleiswitz n'impose pas la tenue prochaine d'un congrès de paix, celui-ci est dans tous les esprits dès le début du mois de juin 1813. Napoléon a accepté de négocier l'armistice à la seule condition que soit organisé un congrès qui lui permettrait, espère-il, de se concilier les bonnes grâces de l'Autriche et de reprendre le combat dans les meilleures conditions possibles. Metternich, qui voit clair dans les intentions de l'Empereur, poursuit quant à lui un plan mûrement réfléchi devant aboutir à l'entrée en guerre de l'Autriche aux côtés des Alliés dès la fin de l'été. Pour lui, le congrès n'est qu'un prétexte pour officialiser le passage de l'empire autrichien de sa position de médiateur à celle de puissance belligérante. Il est persuadé que Napoléon ne pourra accepter les conditions de paix proposées par la Russie et la Prusse et qu'il donnera par son refus toute la légitimité nécessaire à la coalition européenne qui s'organise à ses dépens. Il en est d'autant plus persuadé que tout sera fait pour rendre ces conditions inacceptables. Comme l'écrit Thierry Lentz, « si l'armistice était une erreur, le congrès était un piège[1] ».

Le premier acte de ce piège se joue à Dresde à la fin du mois de juin. Le 26, Metternich rencontre l'Empereur lors d'une entrevue restée célèbre tant par sa durée, près de huit heures, que par sa violence. Les

1. Thierry Lentz, *Nouvelle histoire du Premier Empire*, t. II, p. 415.

deux hommes se livrent à une véritable joute verbale où chacun tente de garder secrètes ses véritables intentions et de forcer l'autre à dévoiler les siennes. Napoléon commence par accuser le chancelier autrichien de vouloir détruire l'alliance franco-autrichienne en se posant comme médiateur et de ne suivre cette politique que pour faire obtenir à la cour de Vienne des avantages territoriaux. L'Empereur se révèle particulièrement perspicace lorsqu'il déclare à son interlocuteur : « Vous ne cherchez que des prétextes pour quitter l'alliance [...] ; vous ne voulez du rôle de médiateur que pour les affaires du continent, parce qu'une fois dans ce rôle, la moindre difficulté vous rend mon ennemi[1]... »

Metternich affirme ne jouer ce rôle qu'en vue d'une paix modérée et durable. L'équilibre continental peut être assuré selon lui si Napoléon accepte la suppression du grand-duché de Varsovie et renonce à son protectorat sur la Confédération du Rhin et à celui sur la Suisse. Ces concessions s'accompagneraient de la reconnaissance de la domination française en Italie et en Espagne – même si cette dernière semble déjà particulièrement compromise... C'est sur ces points que le témoignage du duc de Vicence, qui recueille les propos de Napoléon au sortir de l'entrevue, diffère très fortement de celui de Maret, rapporté par le baron Fain dans son *Manuscrit de 1813*. Contrairement à son rival, le duc de Bassano prétend que Metternich aurait demandé l'abandon de l'Espagne, mais aussi la cession du nord de l'Italie à l'Autriche et celle de la Belgique à l'Angleterre[2]. Des conditions évidemment inacceptables, qui reflètent peut-être avant tout la position intransigeante de Maret à cette époque. Le témoignage de Caulaincourt est-il plus fiable ou ne fait-il lui aussi que rendre compte de ses propres sentiments pacifistes et de son ardent désir d'un compromis avec les Alliés ?

Face aux revendications de Metternich, la position de Napoléon reste ambiguë. Favorable à une « paix honorable », il semble prêt à certaines concessions, comme le retour de l'Illyrie à l'Autriche, mais répugne en même temps à payer le prix de ce qu'il considère comme une trahison. Sortant de son entrevue avec le chancelier autrichien, il

1. AN, 95 AP 12, « 1813. Conversation de M. le comte de Metternich avec l'Empereur Napoléon, telle que S. M. me l'a racontée ».

2. L'Autriche aurait aussi obtenu l'Illyrie, la Russie aurait récupéré la Pologne, la Suède la Norvège et la Prusse la Saxe. Baron Fain, *Manuscrit de 1813*, Bruxelles, H. Tarlier, 1825, t. II, p. 31.

déclare à Caulaincourt préférer traiter directement avec ses véritables ennemis : « J'aurai meilleur marché des Russes quand je voudrai renoncer au Duché [de Varsovie] ; ceux-là au moins ne sont pas des amis qui m'ont caressé en attendant que j'aie le pistolet sur la gorge, pour me demander la bourse ou la vie[1]. »

Caulaincourt tente de convaincre son maître de la nécessité de ménager la cour de Vienne : « Je répondis à S. M. que j'étais loin de défendre la conduite peu honorable de l'Autriche ; mais que l'empêcher de se joindre aux Russes contre nous, me paraissait une mesure si politique [...] que je serais de moitié avec M. de Metternich, pour lui demander le sacrifice de [l'Illyrie][2]. » Le grand écuyer veut employer tous les moyens de la diplomatie pour briser la coalition européenne en train de se former contre la France. Son tort est d'être trop confiant dans la bonne foi du chancelier autrichien... Comme lors de leurs conversations de 1811, l'Empereur finit par délaisser les questions politiques au profit des considérations strictement militaires. Ses forces toujours intactes – « le lion pour avoir eu les oreilles gelées n'est pas encore mort » se vante-t-il ! – lui interdisent de « s'avouer vaincu avant de s'être battu ».

> Vous ne connaissez pas l'Europe, déclare-t-il au duc de Vicence ; vous ne savez pas l'effet qu'ont produit mes dernières victoires avec des conscrits. On tremble, il faut profiter du moment pour frapper le dernier coup et jouir sans humiliation d'un long repos. Vous parlez des Autrichiens et de Metternich comme un écolier : ce sont mes égards, mes procédés plus que mes revers qui les ont rendus insolents. Les 100 000 hommes que j'organise en Italie, et les 60 000 de Mayence m'en feront raison. [...] Si je gagne deux mois, déjà maître de l'échiquier, je dominerai les événements. [...] J'aurai ma cavalerie et ne gagnerai plus des batailles sans résultat. [...] On sera bien étonné du développement de mes forces. Dans un mois, je serai plus fort que les Russes même réunis aux Autrichiens[3].

1. AN, 95 AP 12, « 1813. Conversation de M. le comte de Metternich avec l'Empereur Napoléon, telle que S. M. me l'a racontée ».
2. *Ibid.*
3. *Ibid.*

Caulaincourt est désormais convaincu que l'armistice qu'il a signé à Pleiswitz n'est qu'une pause militaire et que le futur congrès de paix risque fort d'être une mascarade.

Ce congrès, qui lui donne une occasion de briser la coalition européenne, Napoléon y est pourtant toujours favorable. Quelques jours après l'entrevue du 26 juin, il décide avec Metternich de prolonger l'armistice jusqu'au 10 août et d'organiser entre-temps une conférence diplomatique, réunissant à Prague les diplomates des différents belligérants et de la puissance médiatrice. Mais la bonne volonté apparente des deux hommes montre rapidement ses limites. La date de l'ouverture du congrès, fixée d'abord au 5 juillet, est repoussée plusieurs fois par le chancelier autrichien, qui propose finalement de faire commencer les débats le 12 juillet. Ce report n'est pourtant que le premier d'une longue série. Lorsque les envoyés de la Prusse et de la Russie – Wilhem von Humboldt, Karl August von Hardenberg et Jean d'Anstett – arrivent enfin dans la capitale bohémienne, ils ne peuvent que constater l'absence de leurs homologues français[1]. Napoléon n'a en effet pas encore pris la peine de nommer ses plénipotentiaires, prétextant du retard mis par la Russie et la Prusse pour ratifier la prolongation de l'armistice[2]. Cet argument, valable d'un point de vue juridique, est révélateur de son peu d'empressement à lancer les négociations : il est alors persuadé que celles-ci pourront se poursuivre après la reprise des combats et qu'elles seront alors influencées par ses succès militaires.

Apprenant que les Alliés ont accepté le principe de la prorogation de l'armistice, Napoléon décide enfin de désigner ses plénipotentiaires. Il choisit pour cette mission le duc de Vicence et l'ambassadeur de France en Autriche, le comte de Narbonne, déjà présent à Prague. La nouvelle est rapidement connue dans la capitale bohémienne. L'envoyé du tsar Alexandre, le baron d'Anstett, espère pouvoir « entrer aussitôt en matière » avec Narbonne, avant même l'arrivée du grand écuyer de Napoléon, qui ne saurait de toute façon tarder. Sa désillusion est complète : le comte de Narbonne, quoique disponible, n'est pas habilité à discuter sans son col-

1. AVPRI, Fonds 133, 1451, négociations à Prague, 1813 (réception), rapport du baron d'Anstett, 1/13 juillet 1813.

2. AMAE, Mémoires et documents, France, 666, lettre de Maret à Metternich, Dresde, 9 juillet 1813.

lègue, auquel il est directement subordonné[1]. Quant à Caulaincourt, son arrivée se fait attendre. Le duc de Bassano affirme qu'il était sur le point de partir quand se sont élevées de nouvelles difficultés concernant l'armistice. Le quartier général russo-prussien refuse en effet de le prolonger au-delà du 4 août et met de sérieuses entraves à l'approvisionnement des places occupées[2]. Tant que ce problème n'est pas résolu, Napoléon refuse de laisser partir son principal négociateur et par conséquent d'ouvrir les négociations.

Ces retards, ces débats obscurs autour des modalités de l'armistice, ces reproches mutuels avant même le début des négociations semblent déjà de fort mauvais augure. Ils masquent en outre un nouvel épisode de la lutte qui oppose Caulaincourt et Napoléon au sujet de la future paix. Le 16 juillet, le duc de Vicence est informé de la décision prise par l'Empereur à son sujet. La lettre qu'il adresse le lendemain à son futur collègue montre déjà ses profondes réticences à l'idée de représenter la France en cette circonstance : « Mon cher comte, écrit-il, nous voilà chargés d'une grande besogne ! Elle m'effraierait tout à fait si vous n'étiez pas mon collègue[3]. » Dans les jours qui suivent, les nombreux problèmes liés à la convention d'armistice lui font espérer pouvoir être dispensé de cette « besogne ». Du 20 au 22 juillet, il accompagne même son maître lors de ses déplacements en Saxe. Mais ce répit n'est que temporaire : le 23 juillet, Napoléon enjoint à Caulaincourt de se préparer en vue de sa mission diplomatique à Prague. Alors que l'Empereur est pressé de partir pour Mayence où il espère « faire un enfant à l'impératrice[4] » qui l'y attend, il va se heurter pendant plusieurs jours à la résistance opiniâtre de son grand écuyer.

Comme en 1807, avant son départ pour Saint-Pétersbourg, Caulaincourt s'efforce d'abord de montrer à son maître que d'autres personnalités sont plus indiquées que lui pour cette mission. Il tente ainsi en vain de défendre la candidature de Maret : Napoléon tient absolument à envoyer son grand écuyer. Il sait en effet que l'empereur d'Autriche voit dans cette nomination une preuve de sa bonne volonté et de ses

1. *Ibid.*, Maret à Narbonne, Dresde, 16 juillet 1813.

2. *Ibid.*, Maret à Narbonne, 19 juillet 1813.

3. *Ibid.*, Caulaincourt à Narbonne, Dresde, 17 juillet 1813.

4. AN, 95 AP 12, « Conversation de l'Empereur Napoléon avec le duc de Vicence avant son départ pour Mayence et celui du duc de Vicence pour Prague ».

intentions pacifiques. Une nouvelle fois, le duc de Vicence se révèle être un parfait instrument diplomatique et doit s'incliner devant la volonté générale. Mais il ne le fait pas sans chercher à obtenir de son maître les pouvoirs les plus étendus possible. Il refuse de n'être qu'un « homme de paille », incapable de faire la moindre offre aux Russo-Prussiens ou à la puissance médiatrice[1].

Devant son grand écuyer, Napoléon affirme être favorable au principe d'une paix « honorable » fondée sur un certain nombre de concessions. Mais, s'il semble avoir fait le deuil du grand-duché de Varsovie, il répugne encore à abandonner son protectorat sur la Confédération du Rhin et surtout à offrir des territoires à l'Autriche. Caulaincourt fait au contraire de la cession de l'Illyrie et des places françaises en Allemagne le point de départ de la future conférence de paix. Croyant toujours en l'honnêteté foncière de Metternich, il veut jouer cartes sur table. Sa conception de la diplomatie s'oppose directement à celle de Napoléon qui entend garder jusqu'au dernier moment tous ses atouts en main, au point de risquer la rupture des négociations. L'un espère, peut-être naïvement, désamorcer la crise par de rapides concessions, l'autre préfère jouer quitte ou double et s'en remettre en définitive au sort des armes. En affichant son mépris pour les arrangements diplomatiques et sa confiance dans la supériorité de l'outil militaire, en refusant de révéler avec précision les points sur lesquels il est prêt à transiger, Napoléon fait incontestablement le jeu de Metternich. Il interdit surtout à ses plénipotentiaires toute véritable marge de manœuvre lors du futur congrès. Caulaincourt fait pourtant tout son possible pour forcer son maître à se dévoiler et à lui remettre des instructions viables : son insistance, notamment sur la question de l'Illyrie, ne lui attire que les réparties cinglantes de l'Empereur : « Vos prétentions sont ridicules ; vous exigez que je défasse moi-même mes culottes pour recevoir le fouet ; c'est par trop fort ! Vous voudriez me mener à la baguette ; où avez-vous rêvé ces beaux arrangements ? Je ne me refuse à rien de raisonnable pour arriver à la paix ; mais ne me proposez rien de honteux, puisque vous êtes français[2]. » Au soir du 23 juillet, l'opposition entre les deux hommes est complète. Caulaincourt refuse toujours de s'avouer vaincu et de s'engager

1. *Ibid.*
2. *Ibid.*

dans une négociation à l'aveuglette ; Napoléon est quant à lui exaspéré par les exigences de son grand écuyer.

Le lendemain, Berthier et Maret se succèdent pour tenter de faire entendre raison à Caulaincourt, mais leurs arguments peinent à le convaincre, tant il craint, au vu des circonstances, de « se casser le nez à Prague ». Toutefois, lorsque le duc de Vicence revoit son maître dans la soirée du 24, il le trouve « plus résigné à des sacrifices ». Napoléon semble même prêt à rendre l'Illyrie à l'Autriche, « par affection pour l'Impératrice[1] ». Alors que le départ pour Mayence est désormais imminent, il promet de fournir à Caulaincourt des instructions lui permettant de faire dès son arrivée à Prague « les plus grands sacrifices » en vue de la paix. Mais, jusqu'au dernier moment, il reste flou sur la nature de ces sacrifices. Le 25 juillet Napoléon quitte Dresde pour Mayence, après avoir promis à son grand écuyer de revenir rapidement pour pouvoir compléter ses instructions au fur et à mesure de l'évolution des négociations.

Lorsque, le lendemain, Caulaincourt reçoit ses instructions, sa désillusion est cruelle : « L'Empereur n'avait pas tenu sa parole », écrit-il[2]. Le texte qui lui est remis par Maret ne répond en rien à ses attentes : après de longues considérations sur l'échange des pouvoirs et la forme des négociations, Napoléon prescrit à ses plénipotentiaires de demeurer dans une « réserve absolue » et de s'en tenir à des « généralités »[3]. Ils ne pourront proposer à leurs interlocuteurs qu'une « paix honorable » sur la base du *statu quo* territorial et devront ensuite les laisser présenter leur propre projet. Quelles que soient les offres de la Prusse et de la Russie, Caulaincourt et Narbonne devront les communiquer à leur maître, sans pouvoir les discuter : « En répondant d'eux-mêmes, les plénipotentiaires ne se flatteraient pas de rencontrer les vues de l'Empereur sur une matière qui fait depuis quinze ans l'objet des méditations de Sa Majesté[4]. » L'expérience diplomatique des deux plénipotentiaires est considérée ici comme quantité négligeable ; toute initiative personnelle leur est refusée, tout sens critique leur est dénié. Ils apparaissent dans ces instructions comme

1. *Ibid.*

2. *Ibid.*

3. AN, 95 AP 13, « Instructions remises par monsieur le duc de Bassano à Dresde, le 26 juillet 1813, pour le congrès de Prague ».

4. *Ibid.*

de simples vecteurs de la pensée de Napoléon. Le texte précise avec une certaine condescendance : « Ils doivent être, si l'on peut s'exprimer ainsi, comme un sourd de naissance qui ne sait rien par lui-même et qui n'a appris que ce qu'on lui a fait comprendre[1]. »

Le duc de Vicence n'a dès lors plus aucun doute : il a été trompé par l'Empereur qui n'a en réalité jamais eu l'intention de s'engager ni de déléguer ses pouvoirs. Mis dos au mur par le départ de la cour pour Mayence, il est contraint de se décider rapidement et accepte finalement de partir pour Prague dans les pires conditions pour lui. Avant son départ, il envoie à Napoléon une dernière lettre de protestation qui révèle son profond pessimisme quant au succès du congrès :

> J'ai besoin de soulager mon cœur avant de quitter Dresde, afin de ne porter à Prague que le sentiment des devoirs que Votre Majesté m'a imposés. [Ses instructions] sont si différentes des arrangements auxquels Elle avait paru consentir en me déterminant à accepter cette mission que je n'hésiterais pas à refuser encore l'honneur d'être son plénipotentiaire, si après tant de temps perdu, les heures n'étaient comptées à Prague, pendant que Votre Majesté est à Mayence et moi encore à Dresde. L'Europe a les yeux fixés sur Elle. Quelle que soit donc ma répugnance pour des négociations si illusoires, je me pénètre avant tout de mes devoirs et j'obéis[2].

Caulaincourt a le pressentiment que tout vient de se jouer lors de ses discussions en tête à tête avec l'Empereur. Son échec à obtenir de ce dernier des instructions concrètes semble déjà sceller le sort d'un congrès de paix qui n'est, de toute façon, qu'une vaste mise en scène de Metternich. Sans soupçonner les desseins du chancelier autrichien, le duc de Vicence annonce que les négociations vont être « illusoires ». Il se trompe : elles ne vont même pas avoir lieu.

---

1. *Ibid.*
2. AMAE, Mémoires et documents, 666, Caulaincourt à Napoléon, 26 juillet 1813 (copie).

« Le congrès dérisoire*[1] *»

À son arrivée dans la capitale bohémienne, le 28 juillet 1813, Caulaincourt retrouve son collègue, le comte de Narbonne qui, comme les plénipotentiaires russe et prussien, l'attend depuis plus de deux semaines. La légation française est désormais complète. Elle est composée, outre les deux plénipotentiaires, de deux secrétaires à l'expérience certaine, Maximilien Gérard de Rayneval, déjà présent aux côtés du duc de Vicence à Saint-Pétersbourg, et Félix Lajard, ancien secrétaire à l'ambassade de Perse, qui avait été en relation avec l'ambassadeur de France en Russie lors de la mission du général Gardane. On trouve aussi deux auditeurs au Conseil d'État, Victor de Broglie et M. de Montigny[2]. Dans une lettre à son gouvernement, le baron d'Anstett se moque de l'ampleur de la légation française et du souci permanent chez Napoléon d'affirmer sa supériorité sur ses adversaires : « [Caulaincourt] tiendra ici grand état. Il amène Rayneval, Lajard et encore deux secrétaires, le tout renforcé d'une grande suite d'aides de camp et d'officiers d'ordonnance. Cela n'imposera point au public de Prague, et notre modeste tenue fera un contraste utile[3]. » Malgré tous les efforts des Français, la représentation diplomatique ne sera à Prague qu'une donnée marginale, incapable de lutter contre la froideur et l'hostilité manifeste des coalisés.

Une fois achevée son installation, Caulaincourt entend commencer les négociations sans plus tarder. Comme il l'écrit à Maret le jour de son arrivée, « on est déjà sur un volcan et les moments seront comptés[4] ». Dès leur première entrevue, Metternich lui affirme en effet que la date du 10 août marquera à la fois la fin de l'armistice et celle des négociations. La rupture des pourparlers sera surtout suivie de l'entrée en guerre quasi immédiate de l'Autriche. Comme Caulaincourt l'explique à Napoléon, « l'Autriche a pris son parti. Le moment est grave : Votre Majesté va se

1. Titre d'un paragraphe de l'ouvrage d'Albert Sorel, *L'Europe et la Révolution française*, t. VIII, p. 154, d'après la phrase de Nesselrode sur Prague : « Nul congrès ne fut plus dérisoire. »

2. AN, 95 AP 13, décret de nomination des plénipotentiaires pour Prague, Dresde, 18 juillet 1813.

3. AVPRI, Fonds 133, 1451, négociations à Prague, 1813 (réception), rapport d'Anstett, 9/21 juillet 1813.

4. AMAE, Mémoires et documents, 667, Caulaincourt à Maret, Prague, 28 juillet 1813.

trouver en guerre avec le monde si la paix n'est pas faite dans dix jours[1] ». Mais, malgré toute sa bonne volonté, le duc de Vicence se heurte immédiatement à d'innombrables difficultés protocolaires : il découvre ainsi que ses pouvoirs n'ont qu'une validité douteuse puisqu'ils ne comportent même pas le sceau impérial ! Une négligence symptomatique du peu d'intérêt manifesté par Napoléon pour le congrès ?

Cette question des pouvoirs n'est pourtant que secondaire. La principale difficulté, celle qui va faire échouer la conférence, tient à la forme des négociations. Metternich et les plénipotentiaires alliés se sont mis d'accord avant l'arrivée de Caulaincourt : ils tiennent à ce que tout se fasse uniquement par écrit. Les propositions des deux partis en présence seraient remises au médiateur qui se chargerait de les transmettre. Il n'y aurait aucun échange verbal entre les Français et les Russo-Prussiens. Le modèle invoqué est celui de la conférence de Teschen (1779) où la France et la Russie avaient servi d'arbitres pour régler le différend qui opposait l'Autriche et la Prusse et mettre un terme à la guerre de succession de Bavière[2]. De façon assez étonnante, Metternich estime que ce procédé permettrait de gagner du temps en évitant discussions, procès-verbaux et questions d'étiquette. La négociation par écrit consacrerait surtout sa position de médiateur et lui donnerait un contrôle encore plus total sur le congrès.

Les Français refusent quant à eux ces modalités et défendent la formule classique des discussions libres, consignées dans un protocole quotidien. Les conférences orales leur semblent être le seul moyen de s'aboucher et d'obtenir des résultats avant la date butoir du 10 août. Leur position sur cette question est de toute façon fixée par leurs instructions. Napoléon a en effet précisé qu'il était hors de question de suivre le modèle du congrès de Teschen et qu'il fallait tout faire pour minimiser le rôle du médiateur[3]. Une intransigeance qui s'explique en partie par son espoir toujours vivace de s'entendre avec la Russie sur le dos des Autrichiens. Caulaincourt et Narbonne sont donc tenus de s'opposer aux vues de Metternich, du baron d'Anstett et de Humboldt, tout en espérant que le retour de Napoléon à Dresde permettra de faire évoluer la situation. En attendant l'ouverture

1. *Ibid.*, Caulaincourt à Napoléon, Prague, 30 juillet 1813.
2. *Ibid.*, Metternich à Caulaincourt et Narbonne, Prague, 29 juillet 1813.
3. AN, 95 AP 13, « Instructions remises par monsieur le duc de Bassano à Dresde, le 26 juillet 1813, pour le congrès de Prague ».

des négociations, ils tentent d'entrer en contact avec les plénipotentiaires russe et prussien mais se heurtent à un mur : « tout ce qui me vient de ces messieurs, écrit Caulaincourt, me porte à croire qu'ils veulent éviter autant que possible tout rapport particulier avec nous et qu'ils s'attacheront à ne rien faire ni dire que par l'entremise du médiateur[1] ». De plus en plus exaspéré par l'attitude de Humboldt et du baron d'Anstett, le duc de Vicence ajoute, quelques jours plus tard : « ce sont des hommes si peu placés pour de grandes questions, que je ne crois pas qu'on puisse en tirer parti[2] ».

Le seul véritable interlocuteur des Français reste donc Metternich. Caulaincourt et Narbonne l'entretiennent à tour de rôle et s'efforcent de le convaincre du bien-fondé de leurs conceptions. C'est là encore peine perdue. Préparant le basculement diplomatique de l'Autriche et son entrée en guerre, le médiateur rejette l'ensemble des fautes sur les Français et leur impute l'échec de l'ouverture des négociations[3]. Le duc de Vicence tente à plusieurs reprises de faire jouer ses bonnes relations avec le chancelier autrichien mais échoue à briser les liens qui l'unissent aux Russo-Prussiens. Si l'on en croit le témoignage du baron d'Anstett, les paroles échangées par Caulaincourt et Metternich lors de leurs conversations privées auraient par ailleurs largement dépassé le cadre officiel. Dès leur première entrevue, le grand écuyer de Napoléon aurait donné à son interlocuteur un certain nombre de renseignements sur les revers français en Espagne et l'aurait encouragé à achever au plus vite ses préparatifs militaires : « ce que j'ai vu de vos armements m'enchante, aurait-il déclaré. Dites-moi seulement si vous en avez assez pour nous rendre une bonne fois raisonnables[4] ». Ces propos de seconde main, rapportés qui plus est par un diplomate particulièrement hostile à la France, semblent en grande partie exagérés. La profession de foi que Caulaincourt aurait tenue face à Metternich est en revanche beaucoup plus plausible : « Vous ne voyez pas en moi le représentant des lubies de l'Empereur, mais de son intérêt véritable et de celui de la France, aurait-il affirmé. Je suis tout aussi européen dans les questions présentes que vous pouvez l'être. Ramenez-nous en France

---

1. AMAE, Mémoires et documents, 667, Caulaincourt à Napoléon, Prague, 30 juillet 1813.

2. *Ibid.*, Caulaincourt à Napoléon, Prague, 2 août 1813.

3. *Ibid.*, Caulaincourt à Maret, Prague, 4 août 1813.

4. AVPRI, Fonds 133, 1451, négociations à Prague, 1813 (réception), rapport d'Anstett, 16/28 juillet 1813.

par la paix ou par la guerre, et vous serez béni par 30 millions de Français, et par tous les serviteurs et amis éclairés de l'Empereur[1]. »

Certains ont vu dans ces indiscrétions une nouvelle preuve de la trahison manifeste de Caulaincourt en 1813. Ses considérations sur la faiblesse de son pays et les encouragements prodigués à l'ennemi semblent accréditer cette thèse. Comme semblent la confirmer les lettres qu'il écrit en parallèle à son gouvernement et où il affirme n'avoir fait qu'écouter Metternich et s'être « tenu dans la réserve absolue qui [lui était] prescrite[2] ». La réalité semble être pourtant un peu plus nuancée. Si le duc de Vicence omet de rendre compte à son gouvernement de toutes ses discussions avec Metternich, c'est qu'il s'est en effet sensiblement écarté de ses instructions. Mais les propos qu'il tient au chancelier autrichien n'ont pas pour but de donner aux ennemis de la France un quelconque avantage militaire : il s'agit simplement pour Caulaincourt d'amener son interlocuteur à se dévoiler et à formuler clairement ses exigences. Plus celles-ci seront élevées et plus Napoléon prendra conscience de la nécessité de traiter et de conserver l'amitié de l'Autriche avant la reprise des combats. Le duc de Vicence cherche ici à forcer la main de son maître et à l'amener à prendre conscience de l'ampleur des périls. Mais il joue un jeu dangereux : ses démarches s'appuient sur la conviction que le basculement de l'empire d'Autriche au sein de la coalition n'est pas totalement achevé et que Metternich est de bonne foi. Or ce dernier ne va voir dans toute cette affaire qu'un moyen de parachever son œuvre diplomatique et de vaincre les dernières hésitations de l'empereur François. Les renseignements soutirés au duc de Vicence lui servent à montrer que Napoléon n'est pas réellement disposé à faire la paix et qu'il ne cherche qu'à gagner du temps, tant il est convaincu que l'Autriche ne rentrera pas en guerre. Ces « révélations », orchestrées par Metternich, achèvent de convaincre François II que le temps des hésitations est passé. Motivées par des sentiments pacifistes, les interventions de Caulaincourt ne contribuent au final qu'à accélerer la marche à la guerre.

Lorsque Napoléon revient à Dresde, le 4 août 1813, il ignore bien entendu tout ce qui vient de se jouer à Prague et dans le camp des alliés. Il

---

1. Cité par Albert Sorel, *L'Europe et la Révolution française*, t. VIII, p. 165.

2. AMAE, Mémoires et documents, 667, Caulaincourt à Napoléon, Prague, 30 juillet 1813.

réprouve néanmoins les discussions « intimes » que Metternich a eues avec les deux négociateurs français[1]. Ses critiques à l'encontre de l'Autriche sont nombreuses : le langage tenu par le médiateur lui semble « inconvenant », tout comme sa volonté d'entrer en guerre dès le 10 août ; sa prétention à jouer le rôle d'arbitre et non de conciliateur est jugée quant à elle inadmissible. En ce qui concerne la forme des négociations, la défense par les alliés du modèle du congrès de Teschen lui apparaît comme une preuve évidente de leur mauvaise foi. Il accepte néanmoins de transiger sur cette question et propose un mode de fonctionnement mixte qui ferait alterner échanges de notes et discussions quotidiennes. Caulaincourt et Narbonne sont désormais autorisés à « déroger même à [leurs] instructions, en y tenant toutefois le plus près possible, et sans compromettre en rien la dignité de Sa Majesté », comme le précise le duc de Bassano[2]. Cette nouvelle latitude a toutefois des limites : les deux plénipotentiaires ne sont pas associés à la rédaction de la note officielle que l'Empereur adresse à Metternich pour lui proposer une voie moyenne entre la négociation par écrit et les discussions orales. Ils ne peuvent que regretter *a posteriori* que ce document, censé permettre l'ouverture des négociations, soit parsemé de vives critiques à l'encontre du médiateur[3].

Napoléon ne fait que peu d'efforts pour soigner les apparences : il a compris en effet l'inutilité du congrès de Prague et l'impossibilité de négocier avec les Russo-Prussiens. Malgré sa répugnance à l'utiliser, il lui reste pourtant une dernière carte à jouer, celle d'un rapprochement *in extremis* avec l'Autriche. Alors que la note officielle destinée aux Alliés n'est même pas encore achevée, il demande en sous-main à Caulaincourt, et à lui seul, de s'entremettre auprès de Metternich. « Cette démarche, explique Maret, a pour objet de savoir de quelle manière l'Autriche entend que la paix peut se faire et si l'empereur Napoléon adhérant à ses propositions, l'Autriche ferait cause commune avec nous, ou si elle resterait neutre[4]. » On remarque immédiatement que cette ouverture a moins pour objectif de parvenir à une paix continentale que de s'assurer de

1. *Ibid.*, Maret à Caulaincourt et Narbonne, Dresde, 4 août 1813.
2. *Ibid.*, Maret à Caulaincourt et Narbonne, Dresde, 5 août 1813.
3. *Ibid.*, Caulaincourt et Narbonne à Maret, Prague, 6 août 1813.
4. *Ibid.*, Minute d'une lettre dictée par l'empereur Napoléon et remise par Sa Majesté au duc de Bassano pour être adressée par ce dernier au duc de Vicence, Dresde, 5 août 1813.

l'appui militaire autrichien contre la Russie et la Prusse. Metternich feint pourtant de ne pas la comprendre ainsi, lorsque Caulaincourt lui en fait part, le 6 août 1813. Tout en acceptant de relayer la proposition auprès de son maître avec toute la discrétion requise, le chancelier autrichien se plaît toujours à invoquer la collaboration des Russo-Prussiens, ainsi que la date limite du 10 août[1].

Le retour tant attendu de Napoléon ne contribue finalement qu'à compliquer encore la situation à Prague. Sa tentative pour détacher l'Autriche des coalisés peut facilement être interprétée comme une marque de duplicité. Sa note officielle a quant à elle un effet déplorable et alimente les critiques de Metternich, de Humboldt et du baron d'Anstett[2]. Caulaincourt est le premier à désapprouver le manque de « diplomatie » de son gouvernement : « Je vois avec peine que nous avons laissé échapper l'occasion d'avoir raison dans ces discussions de forme[3]. » À quelques jours de la rupture des négociations, le duc de Vicence semble de plus en plus accablé par le caractère vain de ses efforts et par l'ampleur des obstacles auxquels il est confronté. Le 7 août, il fait part de ses états d'âme au duc de Bassano : « Je ne crains nullement la responsabilité, celle des mots surtout, quand je puis bien faire ; mais je la redoute quand je ne puis rien faire d'utile, ou pour mieux dire rien faire du tout. [...] Ce n'est monsieur le duc, ni une justification que j'entreprends, ni une récrimination que je vous adresse, mais l'expression bien vraie du regret que j'éprouve d'avoir été si inutile, dans une circonstance à laquelle les intérêts de l'Empereur, votre gloire et le bonheur de mon pays sont liés de si près[4]. » L'emploi du passé est révélateur de ses maigres espérances quant au succès des négociations...

Ces dernières ne parviennent pas à sortir de l'impasse. Le 7 août, le baron d'Anstett et Humboldt rejettent officiellement la proposition française d'une négociation mixte. Ils défendent toujours l'échange de notes par écrit, sachant pertinemment que le délai est désormais trop court pour faire usage de cette modalité. Ils mettent aussi un point d'honneur à défendre devant l'opinion publique européenne le rôle central

---

1. *Ibid.*, Caulaincourt à Maret, Prague, 6 août 1813.

2. AVPRI, Fonds 133, 1451, négociations à Prague, 1813 (réception), rapport d'Anstett, Prague, 26 juillet/7 août 1813.

3. AMAE, Mémoires et documents, 667, Caulaincourt à Maret, Prague, 7 août 1813 (1 heure du matin).

4. *Ibid.*, Caulaincourt à Maret, Prague, 7 août 1813.

de la puissance médiatrice, bafoué par Napoléon. Comme l'avait craint Caulaincourt, les Alliés, quoique attachés à une légalité parfois caricaturale, sont en passe « d'avoir raison dans ces discussions de forme ». Il n'y a plus rien à attendre de la Russie et de la Prusse ; seule l'Autriche maintient encore l'illusion d'un débat. Le 8 août, Metternich transmet au duc de Vicence les revendications de sa cour[1]. L'Autriche veut toujours l'Illyrie et la dissolution du grand-duché de Varsovie mais elle exige désormais un nouveau statut pour la Confédération du Rhin et surtout l'indépendance de Hambourg et Lübeck, pourtant parties intégrantes du département français des Bouches-de-l'Elbe. Conscient de la sévérité de ces exigences, Caulaincourt les accompagne d'un « émouvant appel[2] » en faveur de la paix. Il envoie une lettre personnelle à Napoléon pour tenter de le convaincre de souscrire à la proposition autrichienne avant qu'il ne soit trop tard :

> Sans doute, Votre Majesté verra dans cet ultimatum quelques sacrifices d'amour-propre, mais la France n'en fera pas de réel ; on n'en demande pas à votre véritable gloire. De grâce, Sire, mettez dans la balance de la paix toutes les chances de la guerre. Voyez l'irritation des esprits, l'état de l'Allemagne, dès que l'Autriche se déclarera, la lassitude de la France, son noble dévouement, ses sacrifices après les désastres de Russie. Écoutez tous les vœux qu'on fait dans cette France pour la paix ; ceux de vos fidèles serviteurs, des vrais Français qui, comme moi, doivent vous dire qu'il faut calmer la fièvre européenne, dénouer cette coalition par la paix et, quels que soient vos projets, attendre de l'avenir ce que les plus grands succès ne vous donneraient pas aujourd'hui. Une telle paix faite après avoir rétabli l'honneur de nos armes dans plusieurs batailles ne peut qu'être honorable[3].

Les arguments du duc de Vicence ne laissent pas l'Empereur totalement insensible. Après une journée de tergiversations, il adhère en partie au projet autrichien. Le 10 août, Maret écrit à son plénipotentiaire pour

1. *Ibid.*, « Conditions auxquelles l'Autriche regarde la paix comme faisable », 8 août 1813.

2. Jean Hanoteau, *op. cit.*, t. I, p. 157.

3. AMAE, Mémoires et documents, 667, Caulaincourt à Napoléon, Prague, 8 août 1813 (copie).

lui faire savoir que Napoléon accepte la dissolution du grand-duché et la perte de l'Illyrie, mis à part le port de Trieste. La Saxe devra en revanche être indemnisée et l'intégrité du Danemark préservée. La question du statut de la Confédération du Rhin et des villes hanséatiques est laissée quant à elle en suspens[1]. La timide approbation de Napoléon intervient pourtant trop tard – peut-être d'ailleurs à dessein. Lorsque, le 11 août, Caulaincourt reçoit la lettre de son maître, la situation à Prague a totalement changé. Dans la nuit du 10 au 11, Metternich a rompu officiellement les négociations et annoncé l'entrée en guerre de l'Autriche aux côtés des Alliés. Le comte de Narbonne, ambassadeur de France, est déjà sur le point de recevoir ses passeports. Caulaincourt décide toutefois de rester à Prague, tant que les combats n'ont pas repris, afin de poursuivre les négociations avec Metternich. Mais ses maigres espoirs sont vite refroidis : le chancelier autrichien refuse d'indemniser la Saxe et de laisser Trieste à la France. Ces discussions n'ont de toute façon plus lieu d'être : l'empereur François fait désormais cause commune avec le roi de Prusse et l'empereur de Russie. Toute nouvelle ouverture de paix doit être adressée aux trois cours.

La date du 10 août a mis fin à la parodie de congrès et a fait entrer les belligérants dans une nouvelle ère diplomatique, désormais officiellement bipolaire. Après avoir défendu l'idée d'un rapprochement avec l'Autriche, Caulaincourt ne sait plus vraiment quel comportement adopter. Même s'il campe toujours sur ses positions, il n'aspire en réalité qu'à un prompt retour auprès de son maître, alors que l'entrée en campagne n'est plus qu'une question de jours. Napoléon accepte de laisser son grand écuyer à Prague, même « s'il y a bien peu d'espérance à conserver », à condition qu'il parte « à l'instant où [il ne pourrait] plus rester sans que [son] caractère fût exposé à la moindre compromission[2] ». L'Empereur entend profiter des quelques jours qui lui restent avant la reprise des hostilités pour s'entendre avec l'Autriche ; il refuse en revanche d'avilir son plénipotentiaire et d'apparaître ainsi en position de faiblesse. Ce d'autant que l'arrivée prochaine du tsar de Russie dans la capitale bohémienne a déjà été annoncée. Elle peut ouvrir de nouvelles perspectives diplomatiques

1. *Ibid.*, Maret à Caulaincourt, Dresde, 10 août 1813.
2. *Ibid.*, Maret à Caulaincourt, Dresde, 12 août 1813.

mais aussi conduire à une humiliation pour la France, si Alexandre refuse de voir Caulaincourt.

Au fil des jours le langage de Napoléon se fait de plus en plus belliqueux. Il déclare toujours être prêt à céder l'Illyrie, mais refuse tout débat au sujet de Trieste, Hambourg et Lübeck. Il répugne désormais à entrer en contact avec la Russie, tant il craint qu'une intervention de Caulaincourt ne serve qu'à « orner le triomphe » du tsar Alexandre. Toutes ses pensées semblent tournées vers la guerre. Maret affirme que l'Empereur aime « mieux négocier avec l'Autriche faisant la guerre qu'avec l'Autriche médiatrice », qu'il « craint peu la guerre » et que « si elle a lieu, il ne se passera pas trois mois qu'il soit démontré par les faits qu'il ne devait pas la craindre »[1]. Il ajoute avec forfanterie que Napoléon éprouve une « secrète joie » à se « trouver dans une situation difficile, mais digne de son génie »[2].

Caulaincourt est choqué par les propos rapportés par le duc de Bassano. Dans la dernière lettre qu'il envoie à Napoléon, le 14 août 1813, il tente un ultime appel à la modération. Son apologie parfois naïve de la paix se mêle d'accents prophétiques :

> Dans le moment où nous touchons au plus malheureux dénouement, le ministre de Votre Majesté me mande qu'Elle préfère *l'Autriche faisant la guerre à l'Autriche médiatrice* [...]. M. de Bassano m'ajoute encore que V. M. *ne craint pas la guerre.* [...] Hélas ! Sire, ces paroles me disent trop que votre parti est pris ; elles me font donc un devoir de tenter un dernier effort. [...]. Daignez vous convaincre, Sire, que cette coalition ne ressemble pas aux précédentes : chacun a vu ses fautes, et qui plus est calculé les risques du parti qu'il prend. L'Autriche [...] n'a pas préparé l'évacuation des archives de Vienne et fait d'autres préparatifs sans avoir prévu des revers. Dans cette lutte générale, la Russie ne court plus aucun risque ; elle combat chez les autres. La Prusse est engagée pour elle, malgré elle ; il y va de la vie[3].

1. *Ibid.*, Maret à Caulaincourt, Dresde, 13 août 1813.
2. *Ibid.*, Maret à Caulaincourt, Dresde, 13 août 1813 (minuit).
3. *Ibid.*, Caulaincourt à Napoléon, Prague, 14 août 1813.

Caulaincourt propose en dernier recours que Maret vienne le remplacer à Prague pour signer la paix, ne réclamant que « l'honneur d'être son premier aide de camp ». Ces suppliques sont inutiles : l'occasion est depuis longtemps perdue, si elle a jamais existé. À l'impatience d'en découdre manifestée par Napoléon répond maintenant celle des Alliés, qui abandonnent tout faux-fuyant. Le 15 août, alors que l'arrivée d'Alexandre est imminente, Caulaincourt doit quitter le centre de Prague pour s'installer à quelques kilomètres de là, au château de Königsal. Il envoie le même jour une lettre au comte de Tolstoï, grand maréchal de la cour du tsar, avec qui il avait entretenu d'excellentes relations lors de son séjour à Saint-Pétersbourg. Il lui demande si les « convenances » lui permettent de « mettre le respect et les sentiments d'un particulier reconnaissant aux pieds de l'empereur [Alexandre] »[1]. Le tsar estime, à travers la plume de Tolstoï, que les « circonstances présentes » ne permettent pas une telle rencontre[2]. Le crédit de Caulaincourt auprès des Russes, peut-être déjà compromis par les négociations de Pleiswitz, se heurte, comme en mai 1813, à la farouche détermination d'Alexandre.

Le 16 août, alors que les armées sont prêtes à faire mouvement, Metternich repousse définitivement les ouvertures « inadmissibles » de Napoléon[3]. Pour la forme, Maret propose le 18 août d'organiser un nouveau congrès réunissant les deux parties en présence. Libérées de la tutelle d'un médiateur, les puissances belligérantes pourraient enfin confronter leurs points de vue et aboutir à un compromis. Il considère paradoxalement que, depuis la déclaration de guerre de l'Autriche, « l'Europe est [...] plus près de la paix : il y a une complication de moins[4] ». L'Europe est en effet plus proche de la paix, mais d'une paix imposée par les armes. Quelles que soient leurs déclarations d'intention, Napoléon et ses adversaires entendent désormais laisser la place, au moins pour un temps, au hasard des combats. De ce hasard dépend l'avenir du Grand Empire, comme le prophétise Caulaincourt : « Si [l]es armées [de Napoléon] ont le moindre revers, si même ses batailles sont, comme les dernières, sans de

1. Lettre de Caulaincourt au comte Tolstoï, Königsal, 15 août 1813. Cité par Jean Hanoteau, *op. cit.*, t. I, p. 157-158.

2. Réponse du comte de Tolstoï. Cité par Jean Hanoteau, *op. cit.*, t. I, p. 158.

3. AMAE, Mémoires et documents, 667, Caulaincourt à Maret, Prague, 16 août 1813.

4. *Ibid.*, Note du duc de Bassano au comte de Metternich, Dresde, 18 août 1813.

grands résultats, qui peut [...] assigner un terme à cette coalition[1]... ? » La victoire française de Dresde, pourtant brillante, n'aura pas de « grands résultats ». Quant à la défaite décisive de Leipzig, elle sera tout sauf un simple « revers ».

1. *Ibid.*, Caulaincourt à Napoléon, Prague, 14 août 1813.

CHAPITRE 12

LE PREMIER MINISTÈRE CAULAINCOURT (1813-1814)

On aurait pu croire qu'après le congrès de Prague Caulaincourt subirait les conséquences de son échec ; au contraire, quelques semaines plus tard, il est nommé à la tête du ministère des Relations extérieures, consécration éclatante du retour en grâce amorcé depuis le début de l'année. Après Pleiswitz et Prague, est-il encore vraiment un interlocuteur crédible face à Metternich ou Alexandre ? Son image d'« homme de la paix » a-t-elle encore un réel impact, quand toutes ses tentatives pour convaincre son maître de faire des concessions sont restées sans effet ? Ces considérations ne semblent pas arrêter Napoléon : toute la question est de savoir la nature réelle de la confiance qu'il témoigne à son grand écuyer. Croit-il vraiment convaincre l'Europe de son pacifisme en mettant constamment en avant le duc de Vicence ? Doit-on y voir au contraire la preuve de son désintérêt progressif pour les questions diplomatiques ? Quelle place, dès lors, pour le ministériat de Caulaincourt ?

Les « bases de Francfort »

Après son départ de Prague, Caulaincourt ne retourne pas à Dresde mais rejoint directement l'Empereur, le 18 août 1813, dans la ville de Görlitz, à la frontière orientale du royaume de Saxe. Il reprend immédiatement ses fonctions de grand écuyer et de grand maréchal, sans avoir le temps de se plaindre de l'attitude de son maître et du « piège » qu'il lui a tendu en l'envoyant au congrès sans véritables pouvoirs. Les opérations militaires ont en effet déjà commencé. Napoléon a décidé de s'avancer en Silésie pour se porter au-devant des forces de Blücher, entrées en mouvement avant même la fin de l'armistice. On imagine sans peine les sentiments de Caulaincourt, au moment où les armées françaises entrent en campagne contre les forces réunies de la Prusse, de la Russie, de l'Autriche et de la Suède de Bernadotte. Lui qui pensait encore au printemps que de rapides victoires permettraient de rétablir la situation et de signer la paix dans les meilleures conditions, doit constater que le Grand Empire est engagé désormais dans une lutte à mort. Lui qui espérait pouvoir négocier en sous-main avec la Russie ou s'assurer de la neutralité de l'Autriche, voit la France confrontée à partir du mois d'août à l'ensemble du continent européen. Malgré les efforts de Napoléon qui a profité de l'armistice pour se doter d'une véritable cavalerie et augmenter ses effectifs, la Grande Armée (un peu moins de 500 000 hommes) reste largement inférieure aux armées de la coalition qui totalisent déjà près de 800 000 hommes. Pour Caulaincourt, la France doit faire face à des forces qui la dépassent : celle des armes, celle de l'opinion publique et celle des mouvements nationalistes qui embrasent l'Allemagne.

Le génie de l'Empereur, tant vanté par Maret dans ses dernières lettres au duc de Vicence, fait un temps illusion. Après avoir poursuivi Blücher en Silésie, Napoléon se retourne contre les armées russes et autrichiennes qui assiègent Dresde et remporte une victoire brillante. Ce succès incontestable reste pourtant sans lendemain, les Alliés parvenant à faire retraite en bon ordre. Ils décident de ne plus affronter directement Napoléon et de porter leurs efforts sur ses maréchaux. Après avoir vaincu les corps de Macdonald, Oudinot et Ney, les armées russes, autrichiennes, prussiennes et suédoises convergent vers Leipzig, où Napoléon a concentré ses troupes. Les 16 et 17 octobre, les armées françaises tiennent le choc ; mais à partir du 18, la supériorité des coalisés devient écrasante. Napoléon est conscient de ne plus pouvoir remporter la victoire et doit donner le signal de la retraite : celle-ci ne s'achèvera qu'une fois passé le Rhin. Comme l'avait prévu Caulaincourt, la 6e coalition s'est révélée être d'une nature différente de celles qui l'avaient précédée. Malgré les inévitables différends entre alliés, elle a pu s'appuyer sur la détermination inébranlable de ses dirigeants et sur un vaste mouvement de francophobie culminant avec la défection des Saxons, des Bavarois et des Badois, pourtant parmi les auxiliaires les plus fidèles de Napoléon jusqu'à cette époque.

Le 9 novembre, Caulaincourt arrive à Saint-Cloud et s'installe dans les appartements réservés au grand maréchal de la cour. Il entend s'occuper désormais exclusivement de la gestion des écuries et de la maison de l'Empereur, en attendant un nouveau départ de celui-ci pour l'armée. Le duc de Vicence, encore marqué par les déconvenues du congrès de Prague, croit pouvoir rester à l'écart de la vie politique et se consacrer à des activités qui n'impliquent pas les mêmes responsabilités. Il va pourtant être contraint d'occuper la plus haute fonction de sa carrière diplomatique, celle de ministre des Relations extérieures.

Au début du mois de novembre 1813, l'opinion française est profondément bouleversée par la défaite de Leipzig, la retraite des troupes françaises et l'arrivée des coalisés sur les bords du Rhin. Elle estime – à tort comme l'ont prouvé les historiens qui ont éclairé les manœuvres de Metternich[1] – qu'à Prague une occasion de faire la paix a été manquée et désigne un responsable : Maret. Le baron Ernouf, dans sa biographie du duc de Bassano, a reproduit plusieurs des histoires qui se répétaient à l'époque sur son compte : « On racontait, par exemple, qu'au moment où l'Empereur, vaincu par les instances de tels ou tels, tenait la plume pour signer l'acceptation des propositions autrichiennes, Maret s'était écrié : "Cette fois, l'on ne dira pas que c'est vous qui dictez la paix !" qu'alors Napoléon, pris d'un accès de colère, avait écrasé la plume sur le papier, revenant à la résolution de jouer le tout pour le tout[2]... » En réalité, malgré une admiration parfois aveugle pour l'Empereur et de nombreuses maladresses diplomatiques, Maret n'est pas un fauteur de guerre : il ne fait que suivre les ordres de son maître et lui sert avant tout de « plume »[3].

Mais, quelle que soit la réalité, l'opinion publique a besoin d'un bouc émissaire. Elle se plaît à opposer Maret, « l'homme de la guerre » à Caulaincourt, « l'homme de la paix », qui a tenu front face à Napoléon en 1812 et défendu les intérêts de son pays face aux Alliés. Dans ses Mémoires, aujourd'hui perdus mais utilisés à la fin du XIXe siècle par Ernouf, le duc de Bassano estime que cette opposition est caricaturale et qu'elle est surtout le résultat d'une cabale montée de toutes pièces contre lui. « Ceux qui complotaient la ruine de Napoléon dans l'intérieur[4] » auraient répandu de nombreuses rumeurs concernant son prétendu belli-

1. Voir par exemple Dominic Lieven, *La Russie contre Napoléon*, p. 345.
2. Baron Ernouf, *Maret, duc de Bassano*, Paris, Perrin, 1884, p. 595.
3. C'est le jugement de Christian Prettre dans Jean Baillou (dir.), *op. cit.*, p. 460.
4. Baron Ernouf, *op. cit.*, p. 610-612.

cisme. Ils auraient tout fait pour l'éloigner du gouvernement afin de pouvoir continuer leurs manigances en toute impunité : « Ceux qui avaient mis ces bruits en circulation, ceux qui y ajoutaient foi plus ou moins, les trompeurs et les trompés s'unirent pour représenter [à Napoléon] que de cette opinion, fausse ou vraie, résultait une vérité certaine ; que le premier moyen de prouver son désir sincère de la paix, était de retirer le portefeuille des négociations au ministre qu'on accusait de ne vouloir pas la paix[1]. » Cette vision des choses est bien entendu très partiale – voire paranoïaque – et sous-estime les bonnes intentions de la plupart des membres du « parti de la paix ». Mais elle a toutefois un indéniable fond de vérité, comme le prouve l'acharnement de l'opinion contre Maret au moment où sont connues les « bases de Francfort », au milieu du mois de novembre 1813.

Lorsque les Alliés atteignent le Rhin, dans les premiers jours de novembre, le souvenir de la « levée en masse » et de la « Nation en armes » de 1792 les fait hésiter un instant. Tous ne partagent pas d'ailleurs les mêmes objectifs : si les Russes et les Prussiens veulent aller jusqu'à Paris, quoi qu'il en coûte, les Autrichiens hésitent encore sur la marche à suivre. Metternich n'a pas totalement abandonné l'idée de s'entendre avec Napoléon ou de placer le roi de Rome – un Habsbourg – sur le trône de France. Un dénouement qui serait évidemment très favorable à la cour de Vienne et lui permettrait de faire contrepoids à la puissance russe dans les décennies suivantes. Pour donner ses chances à cette solution, Metternich propose de faire une nouvelle ouverture à l'empereur des Français. Devant ses alliés, il déclare qu'il ne s'agit que d'une manœuvre : si Napoléon refuse, l'opinion sera contre lui. S'il accepte, il suffira de modifier des conditions qui seront présentées sous une forme particulièrement vague et imprécise. Mais le chancelier autrichien le déclare au tsar : « Je vous garantis qu'il n'acceptera pas[2]. »

L'instrument de cette manœuvre, Metternich le trouve dans les bagages de l'armée coalisée : les Cosaques ont en effet fait prisonnier après Leipzig le baron de Saint-Aignan, ambassadeur de France en Saxe et surtout beau-frère de Caulaincourt. Le 9 novembre, le chancelier autrichien communique à Saint-Aignan les exigences des Alliés. La France devra se contenter de ses limites « naturelles » : le Rhin, les Alpes, les Pyrénées.

1. *Ibid.*
2. Cité par Guillaume de Bertier de Sauvigny, *Metternich*, p. 176.

L'Allemagne, la Hollande et l'Espagne seront indépendantes ; l'Italie sera ouverte quant à elle à l'influence autrichienne[1]. Saint-Aignan a la permission de consigner ces propositions par écrit ; Nesselrode et lord Aberdeen semblent même donner leur consentement. Mais ces « bases de Francfort » ne comportent aucune signature : tout cela reste donc officieux. Pour donner un peu plus de poids à son ouverture et profiter du hasard des liens de famille, Metternich remet à Saint-Aignan une lettre de courtoisie pour Caulaincourt[2]. On peut clairement y voir un message : si quelqu'un doit négocier une solution de compromis, c'est le duc de Vicence.

Le baron de Saint-Aignan arrive à Saint-Cloud le 15 novembre. Napoléon reste circonspect devant la proposition officieuse de Metternich et craint – non sans raison – une « feinte »[3]. Il accepte le principe d'une négociation, surtout si l'Angleterre y est associée, mais juge les prétentions autrichiennes en Italie exagérées. Dès le lendemain, il fait répondre par Maret qu'il est favorable à l'ouverture d'un congrès à Mannheim, sur les bords du Rhin, et que Caulaincourt sera une nouvelle fois son plénipotentiaire – la lettre de Metternich du 10 novembre semble avoir fait son effet. Il reste en revanche silencieux sur les bases fixées par les Alliés[4]. Mais, comme prévu par Metternich, de nombreux Français refusent de laisser passer ce qui leur apparaît comme une occasion inespérée. Dans ses Mémoires, le préfet de police Pasquier a montré l'impact des bases de Francfort sur l'opinion :

> Il était impossible que le public français, malgré le désir qu'on pouvait avoir de lui en dérober la connaissance, ne vînt pas à en être informé. Il y eut des indiscrétions volontaires, calculées, et on connut bientôt dans Paris les propositions dont M. de Saint-Aignan avait été porteur. Le désir de les voir accepter fut universel, et il se forma dans le palais, dans la ville, dans le conseil, une sorte de ligue pour pousser Napoléon dans cette voie de salut. M. le duc de Vicence en était l'âme et M. de Talleyrand n'y était pas étranger[5].

1. AMAE, Mémoires et documents, France, 668, Note du baron de Saint-Aignan, Francfort, 9 novembre 1813.

2. *Ibid.*, Metternich à Caulaincourt, Francfort, 10 novembre 1813 (copie).

3. Voir Albert Sorel, *L'Europe et la Révolution française*, t. VIII, p. 220-221.

4. AMAE, Mémoires et documents, France, 668, Maret à Metternich, Paris, 16 novembre 1813 (copie).

5. *Mémoires de Pasquier*, t. II, p. 107.

Contrairement à ce que peuvent laisser penser les propos de Pasquier, cette « ligue » n'apparaît pas brusquement au mois de novembre 1813 : elle s'inscrit dans une continuité, celle de l'opposition à la campagne de Russie. On retrouve parmi ses membres la plupart des aides de camp de Napoléon ainsi que le maréchal Berthier, particulièrement au fait des profondes faiblesses de l'armée. S'y ajoutent le ministre du Trésor, Mollien, conscient des difficultés financières du gouvernement, mais aussi le ministre de la police, Savary, et le chef du cabinet noir, Lavalette, ces deux derniers personnages n'hésitant pas à mettre à contribution leurs services pour tenter de convaincre leur maître d'accepter les bases de Francfort. Caulaincourt quant à lui, du fait de son opposition précoce aux ambitions de Napoléon, de sa position durant la campagne de Russie, et de son rôle en 1813, fait figure d'« âme » du parti de la paix. Malgré son manque de cohésion et l'influence difficile à cerner de personnalités comme Talleyrand, la « ligue » évoquée par Pasquier fait tout pour diffuser l'idée que les bases proposées par les Alliés constituent la dernière chance de sauver le régime et les principaux acquis de la Révolution. Elle se heurte toutefois à un « adversaire très puissant » auquel elle prête une influence démesurée : Maret. Elle va tout mettre en œuvre pour provoquer sa chute et le faire remplacer au ministère par une personnalité plus modérée. Les allégations du duc de Bassano dans ses Mémoires sont donc en partie fondées, même si la cabale qu'il dénonce est constituée dans sa grande majorité de personnalités fidèles au régime et à l'Empereur.

Tous les membres du parti de la paix critiquent sans relâche la réponse adressée par Maret à Metternich, le 16 novembre. Ils pointent du doigt les conséquences dramatiques que pourrait avoir dans l'opinion une rupture des négociations et montrent la nécessité d'un virage radical dans la politique extérieure de la France. Ce travail de sape, auquel participe activement Caulaincourt, vient finalement à bout de la résistance de l'Empereur. C'est ainsi en tout cas que Pasquier explique le changement qui s'opère à la tête du ministère, le 20 novembre 1813 :

> Le même avertissement lui venant de tous côtés, l'Empereur fut enfin effrayé d'une désapprobation si générale et comprit qu'il était nécessaire d'adopter, au moins en apparence, une ligne de conduite qui pût lui valoir un retour de confiance ; il se décida à sacrifier M. le duc de Bassano. Personne n'admettait que la paix pût être traitée sincèrement

> tant qu'il serait chargé du ministère des relations extérieures. Il fut donc remplacé par M. le duc de Vicence. Aucun choix ne pouvait être plus sympathique au public, dont les espérances se ranimèrent aussitôt[1].

Ce récit montre bien la perception que les contemporains ont pu avoir de l'événement et son retentissement dans l'opinion. Par bien des aspects, il est pourtant très éloigné de la réalité. Il néglige d'abord les réticences affichées par le duc de Vicence à l'idée de prendre la tête de la diplomatie française dans des circonstances aussi périlleuses. Il sous-estime surtout les desseins de Napoléon et sa propre appréciation des événements. Comme le dit Jean Hanoteau, la nomination de Caulaincourt n'est pas « une résolution hâtive, prise sous la pression des événements[2] ». Elle est au contraire une décision mûrement réfléchie, s'inscrivant dans le temps long.

« *Vous me convenez mieux que personne aux Relations* »

Si l'on en croit un certain nombre de témoignages dont celui du chargé d'affaires russes à Paris, M. d'Oubril, le nom de Caulaincourt aurait été avancé dès 1804 pour le poste de ministre des Relations extérieures[3]. Talleyrand briguait en effet à cette époque la dignité d'archichancelier d'État. Comme celle-ci avait été déclarée incompatible avec la fonction de ministre, il aurait proposé différents candidats à sa propre succession, dont Caulaincourt. Napoléon aurait été tenté par cette idée mais aurait finalement préféré maintenir Talleyrand à son poste, lui refusant de surcroît le titre d'archichancelier. Même s'il est resté sans lendemain, cet épisode n'est pas anodin. Il montre que, dès cette époque, Caulaincourt est un prétendant plausible à la succession de son mentor.

En 1808, Napoléon fait pour la première fois une véritable proposition au duc de Vicence. Son offre intervient – on l'a vu – en marge de l'entrevue d'Erfurt. Après une année passée à Saint-Pétersbourg, l'ambassadeur espère rentrer en France mais son maître a besoin de lui pour consolider

1. *Ibid.*, p. 168-169.
2. Jean Hanoteau, *op. cit.*, t. I, p. 160.
3. Dans ses Mémoires, Caulaincourt parle à plusieurs reprises de ce projet, quoique *a posteriori*. Voir *Mémoires de Caulaincourt*, t. I, p. 253-254 et t. III, p. 425.

l'alliance franco-russe. Il ne lui laisse qu'une alternative : soit il reste à son poste en Russie, soit il accepte de remplacer Champagny au ministère[1]. Napoléon sait que cette promotion apparaîtrait comme une preuve de bonne volonté à l'égard du tsar Alexandre. Mais, malgré son profond désir de retrouver sa famille, ses amis et Mme de Canisy, Caulaincourt ne s'estime pas encore prêt alors à endosser de telles responsabilités. Déçu par Maret, qui s'est révélé incapable de nouer des alliances avec la Suède et la Turquie en 1812, Napoléon songe dès le retour de la campagne de Russie à lui donner pour successeur le duc de Vicence. Lors de la première partie de la campagne de Saxe, alors que le duc de Bassano est absent, il confie à son grand écuyer, comme on l'a vu, le traitement des affaires diplomatiques et le suivi des correspondances avec les ambassadeurs en poste. Pendant plus d'un mois, Caulaincourt fait office de ministre, sans en avoir le titre.

La défaite de Leipzig achève de convaincre Napoléon qu'un changement dans sa politique extérieure est nécessaire, au moins en apparence. À Mayence, dans les premiers jours du mois de novembre, Napoléon déclare sans détour à Caulaincourt que, « ne pouvant garder Maret dont il était cependant content et auquel il rendrait la secrétairerie d'État, il fallait qu'il lui trouvât un successeur[2] ». Puis, comme l'écrit le duc de Vicence, « il revint d'une manière si positive sur son intention de m'appeler aux Affaires étrangères[3] que je pus formellement refuser, m'appuyant sur ce que je ne m'étais jamais connu les moyens qu'il lui fallait dans ce ministre. Je lui rappelai Erfurt où j'avais déjà refusé. Je lui fis sentir que, depuis la perte de Duroc et n'ayant pas encore de grand maréchal, je lui étais bien plus utile dans son intérieur. Voyant ma répugnance, la conversation en resta là sur ce qui me concernait[4] ». De façon stratégique, Napoléon feint de se désintéresser de Caulaincourt et aborde le cas d'un autre candidat, soutenu notamment par Savary : le prince de Bénévent. Il affirme faussement ne pas être « trop éloigné non plus de cette idée », mais garde en réalité toutes ses préventions à l'égard d'un personnage qui,

1. *Mémoires de Caulaincourt*, t. I, p. 245.

2. Jean Hanoteau, *op. cit.*, t. I, p. 161.

3. Précisons que Caulaincourt écrit après la fin de l'Empire : la dénomination de ministère des « Relations extérieures » a été remplacée par celle de ministère des « Affaires étrangères ».

4. Jean Hanoteau, *op. cit.*, t. I, p. 161.

selon lui, s'est mal comporté, a mal parlé et reste mal entouré. Il n'envisage sa candidature que comme un leurre agité devant l'opinion : « Croyez-vous que ce choix fasse croire à la paix ? » déclare-t-il au duc de Vicence avant d'enchaîner : « Parlez-moi franchement, me dit l'Empereur. Est-ce Talleyrand que vous voudriez voir aux affaires ? – Oui, Sire. » L'Empereur me prit l'oreille amicalement et ajouta : « Je m'en doutais. Vous êtes toujours de ses amis. [...] mais dans cette circonstance, vos vœux, monsieur le grand écuyer, me dit-il en riant, ne peuvent être satisfaits[1]. » Il est évident que la préférence de Napoléon va à Caulaincourt qui bénéficie à ses yeux de la plupart des qualités de Talleyrand – influence dans l'opinion, réseaux internationaux, expérience de négociateur dans une moindre mesure –, sans en avoir les défauts – indépendance à l'égard du régime, conscience de sa supériorité, goût de l'argent, etc.

Ce débat reprend dès le retour de l'Empereur à Paris, plusieurs jours avant que ne soient connues les bases de Francfort. De plus en plus conscient de la fermentation de l'opinion, Napoléon déclare à Caulaincourt, le 9 novembre, avec un certain cynisme : « Maret ne peut rester. On le croit contre la paix, comme si c'était lui qui gouverne et qui me dicte mes notes ! » Il refait à son grand écuyer une proposition en bonne et due forme, rejetée comme les précédentes. Caulaincourt est sûrement peu enthousiaste à l'idée de n'être, comme le duc de Bassano, que la « plume » de Napoléon. Le 13 novembre, ce dernier s'emploie à briser l'argument principal du duc de Vicence, celui de son inexpérience :

> Quatre jours après, l'Empereur revint à la charge et eut la bonté de me raisonner et de vouloir entrer dans les motifs de mon refus. Je m'appuyai sur ce que je ne m'étais jamais senti les facultés, les connaissances nécessaires et encore moins les moyens nécessaires pour tenir la place à sa satisfaction et avoir un travail qui lui convînt. Il objecta que j'avais, de fait, rempli les fonctions pendant une partie de la campagne de 1813, qu'ayant été longtemps ambassadeur et, depuis, chargé de missions importantes, j'avais l'habitude des affaires et tout ce qu'il fallait. Il [...] ajouta que ma réputation d'homme qui voulait la paix et qui était modéré le servirait dans ces circonstances, au dehors comme au dedans. Il plaisanta même sur cette réputation d'homme de paix,

1. *Ibid.*, p. 162.

> comme si l'un pouvait plutôt que l'autre la faire, s'il ne la voulait pas, mais que telle était l'opinion et qu'il fallait faire quelque chose pour elle. Il joignit à ces réflexions beaucoup de cajoleries. Mon refus était constant et positif[1].

Après quatre tentatives successives, l'Empereur décide d'abandonner un temps les assauts de front pour les manœuvres détournées. Le 15 novembre, il charge ainsi Cambacérès de convaincre Caulaincourt. L'archichancelier joue sur la fibre patriotique du grand écuyer et combat sa modestie, affirmant qu'il a déjà « rempli des missions bien plus difficiles ». Il considère en effet qu'en Russie il lui avait fallu se prononcer sur des « questions bien autrement délicates » et ce « à 800 lieues de [sa] cour », alors que désormais il ne s'agissait que de travailler « sous la dictée, on peut dire, de l'Empereur qui faisait tout ». On ne s'étonnera guère que cette démonstration, édulcorant jusqu'à l'absurde les périls du moment, n'ait pas suffi à convaincre Caulaincourt, qui gardait encore en mémoire les nombreuses vexations subies durant les derniers mois de son ambassade. Il juge de plus que si le travail de ministre est celui d'un secrétaire, n'importe quel homme de paille peut s'en charger. Sa crainte d'assumer en vain de si périlleuses responsabilités lui fait sous-estimer ici son influence sur l'opinion et la force de son nom.

L'arrivée de Saint-Aignan et la diffusion dans le public du texte des bases de Francfort contribuent à tendre encore davantage les relations entre Caulaincourt et Napoléon qui réitère son offre « avec une insistance qui poussait les choses à bout[2] ». L'Empereur tente une nouvelle manœuvre détournée, en faisant croire qu'il est vraiment prêt à rappeler Talleyrand au ministère, à condition que Caulaincourt soit son plénipotentiaire auprès des Alliés. Le duc de Vicence est enchanté par cette idée : avec pour garantie la présence du prince de Bénévent à la tête du ministère, il accepte de se charger de n'importe quelle négociation. La preuve est faite que ses refus répétés sont motivés non par l'inexpérience ou par une quelconque mauvaise volonté mais bien par la conviction que l'Empereur ne veut pas réellement la paix et que seule une personnalité comme Talleyrand peut l'y contraindre. Caulaincourt croit pouvoir enfin

1. *Ibid.*, p. 162-163.
2. *Ibid.*, p. 164.

éviter le ministère : il est en réalité tombé dans un piège. Napoléon le charge en effet de convaincre le prince de Bénévent mais laisse entendre qu'en cas d'échec il ne pourra plus se défiler et sera contraint d'accepter le poste. Pour s'assurer de cet échec, il accompagne sa proposition de conditions que Talleyrand ne manquera pas de refuser – sa femme notamment serait interdite de séjour à la cour. « Je voulus faire quelques réflexions sur la nature des conditions imposées qui rendaient la chose inacceptable, raconte Caulaincourt – "Eh bien ! vous me convenez mieux que personne aux Relations. Allez et choisissez." Ce second mot n'était pas prononcé que la porte était fermée[1]. »

Comme prévu, les négociations avec Talleyrand n'aboutissent pas. L'ancien ministre prend prétexte du sort réservé à sa femme pour refuser une proposition qui vient selon lui beaucoup trop tard : ce n'est plus le moment de se lier à un « homme fini »[2] mais bien de préparer sa succession. Comme celles de Savary ou de Flahaut, les instances de Caulaincourt n'y font rien : « Je suppliai Talleyrand, dit-il, de revenir aux affaires [...]. Ce fut vainement. Je lui confiai la position où je me trouverais s'il ne se résignait pas[3]. » Cette dernière remarque du duc de Vicence est particulièrement perspicace. Une fois mis au courant du refus définitif de Talleyrand, Napoléon se montre en effet intraitable. Caulaincourt n'a plus d'autre choix que de prendre la tête du ministère et de se préparer pour le futur congrès qui se tiendra à Mannheim. Lui qui pensait pouvoir faire simplement office de plénipotentiaire, doit assumer l'entière responsabilité des négociations avec les Alliés. « Je veux vous faire faire aujourd'hui ce que personne n'a encore fait, une bonne paix après des revers », lui promet l'Empereur[4]. Mais Caulaincourt a du mal à croire que cette « bonne paix » peut s'accompagner de tous les sacrifices nécessaires, surtout quand la défaite de Leipzig est présentée comme un simple « revers ».

Le 20 novembre, Napoléon annonce que le décret de nomination a été préparé par Cambacérès et qu'il va paraître dès le lendemain. Après d'ultimes débats, Caulaincourt se soumet enfin :

---

1. *Ibid.*, p. 164.
2. Marquise de la Tour du Pin, *Journal d'une femme de cinquante ans*, Paris, Chapelot, 1913, t. II, 339.
3. Jean Hanoteau, *op. cit.*, t. I, p. 166.
4. *Ibid.*, p. 165.

> L'Empereur, en m'apercevant, vint à moi d'un air gracieux : « Allons, que voulez-vous ? Ne pas être ministre ? Vous êtes un enfant. Vous entrez aux affaires dans un moment important. Chacun vous y verra avec plaisir et vous attacherez votre nom à une des circonstances les plus heureuses pour le pays, puisque tout le monde veut la paix. Elle ne sera pas difficile puisqu'à entendre certaines gens, je jetterais l'Italie et un tiers de la France à la tête des ennemis qu'on serait encore content. » Comme je montrai toujours la même répugnance et articulai que l'Archichancelier, n'ayant eu que son refus, attendait ses ordres, il se mit à rire et me dit qu'il connaissait ses intentions et était bien sûr qu'il n'attendait plus. « Vous prêterez serment ce soir, me dit-il. Si ces fonctions ne vous conviennent pas, dès que mes négociations seront passées, et, au plus tard, dans trois mois, je vous donnerai un successeur[1]. »

Le remaniement ministériel voulu par l'Empereur s'effectue comme prévu : Molé prend la tête du ministère de la Justice, Daru celle du ministère de la Guerre. Maret retrouve quant à lui la secrétairerie d'État : sa disgrâce n'est qu'apparente. Reste à régler l'organisation de la maison de l'Empereur, sur laquelle Caulaincourt avait acquis une mainmise quasi totale. La charge de grand maréchal, qu'il remplissait depuis la mort de Duroc, est confiée au général Bertrand. Ce dernier doit aussi assurer l'intérim de la grande écurie, afin de laisser le duc de Vicence se consacrer entièrement à ses nouvelles fonctions. La tâche qui l'attend est en effet écrasante : il lui faut non seulement reprendre en main le ministère des Relations extérieures, mais aussi préparer de concert avec les Alliés un congrès qui s'annonce décisif pour l'avenir de l'Empire. Caulaincourt, qui avait voulu jusqu'au bout se cantonner à ses fonctions curiales, s'en voit dépossédé pour être placé, presque de force, à la tête de la diplomatie française et ce au moment le plus périlleux qui soit. Revenant dans les dernières pages de ses Mémoires sur son opposition à cette nomination, il ne pourra s'empêcher toutefois d'éprouver une certaine fierté rétrospective à l'idée d'avoir assumé cette charge à une époque aussi troublée :

> Un langage toujours modéré, des opinions reconnues pour être pacifiques me firent regarder comme l'homme de la paix dans les ouver-

1. *Ibid.*, p. 167-168.

> tures qui furent faites de Francfort à l'Empereur par les souverains alliés. L'empereur Napoléon pensa aussi que je pourrais mieux servir qu'un autre, dans ces circonstances, les intérêts de la patrie et les siens ; il insista donc pour que j'acceptasse le ministère des Relations extérieures. Mon premier mot fut un refus : le souvenir de Prague m'avait trop averti que les meilleures promesses de l'Empereur n'étaient pas une certitude dans les questions de paix. [...] Mais la patrie était au moment d'être envahie. L'Empereur insista, ordonna : le danger me fit accepter ce que j'aurais refusé dans une autre situation. La voix de mon pays et, je puis le dire, celle de l'Europe m'en firent un devoir[1].

À la tête de la diplomatie française

Avant de se tourner vers l'Europe, Caulaincourt doit d'abord prendre possession de son ministère. Il trouve à son arrivée rue du Bac une structure qui a subi très peu de modifications depuis la période révolutionnaire. L'administration centrale du ministère est toujours organisée autour de six pôles : les divisions des Archives, du Chiffre, des Fonds, des Consulats, et deux divisions géographiques, celle du Nord et celle du Midi. Les trois premières sont avant tout techniques, comme l'explique Christian Prettre dans l'ouvrage collectif *Les Affaires étrangères et le corps diplomatique français* : « [...] la division des Fonds, qui avait en charge la gestion, fort compliquée, du budget du Département, constituait, tout comme les Archives et le Chiffre, un secteur spécifique confié à un personnel de spécialistes qui changèrent fort peu tout au long de la période[2] ». Malgré les bouleversements territoriaux de la décennie écoulée, la correspondance politique est toujours répartie entre deux sections, celle dite du « Nord » (Autriche, Prusse, Russie, Hollande, Scandinavie, Allemagne, Suisse) et celle dite du « Midi » (Angleterre, États-Unis, Espagne, Portugal, Italie, Empire ottoman, Orient). Durant son ministère, Maret voulut procéder à une nouvelle répartition géographique, afin de mieux répondre aux réalités du Grand Empire. Il proposa que les correspondances avec les postes soient traitées par quatre divisions distinctes : celles du Nord, du Centre, de l'Ouest et de l'Est. Son projet, qui tendait à limiter les prérogatives des

---

1. *Mémoires de Caulaincourt*, t. III, p. 425-426.
2. Jean Baillou (dir.), *op. cit.*, t. I, p. 368.

agents du ministère au profit de celles du ministre, fut finalement mis en échec et totalement vidé de sa substance par les directeurs des deux divisions politiques, Roux et La Besnardière. Caulaincourt l'abandonne définitivement à son arrivée rue du Bac : à la fin de l'année 1813, la vision ambitieuse de Maret ne correspond plus en effet à l'extension de la diplomatie française en Europe.

Considérant l'urgence du moment, Caulaincourt cherche d'abord l'efficacité maximale et reprend presque tel quel le personnel du ministère. Sa seule originalité consiste à adjoindre aux six divisions existantes une section supplémentaire, celle du Secrétariat, qu'il confie à son bras droit, Rayneval. Alors que ses prédécesseurs employaient à leur service des « secrétaires intimes, choisis parmi les commis des deux divisions politiques et figurant à ce titre dans leurs effectifs[1] », le duc de Vicence rétablit un secrétariat distinct, pour la première fois depuis la période révolutionnaire. « Toutefois, précise Christian Prettre, il est difficile d'apprécier la portée de cette réforme, en l'absence d'indications sur les attributions du nouveau secrétariat. L'existence des six divisions, notamment celle du Chiffre, n'étant pas remise en cause, tout laisse supposer qu'il s'agissait d'un secrétariat plus "politique" qu'administratif, essentiellement chargé des affaires confidentielles les plus importantes[2]. » Il est probable que cette réforme a été motivée par le contexte bien particulier de la fin de l'année 1813. La précipitation des événements rend en effet nécessaire un secrétariat capable de gérer les nombreuses correspondances que le duc de Vicence entretient avec les Alliés ou avec Napoléon. La division du Secrétariat est aussi susceptible de servir de relais entre l'administration centrale et le ministre, qui s'apprête à quitter Paris pour rejoindre le congrès de paix qui se prépare. Le premier ministère de Caulaincourt, de novembre 1813 à mars 1814 – à peine quatre mois ! – n'a finalement que des conséquences minimes sur l'organisation de l'administration centrale. La mise en place d'une division du Secrétariat, aux attributions d'ailleurs particulièrement floues, apparaît comme un simple réagencement, une mesure de détail prise par le nouveau titulaire de la rue du Bac pour parer au plus pressé. C'est durant les Cent-Jours, lorsque Napoléon voudra imprimer un nouvel élan à son gouvernement et fon-

1. *Ibid.*, p. 366.
2. *Ibid.*, p. 371.

der son régime sur des bases nouvelles, que le duc de Vicence proposera une véritable refonte des services du ministère des Affaires étrangères. Le règlement du 14 avril 1815 sera une réponse à un contexte très particulier ; il ne s'en inscrira pas moins dans une continuité, celle du premier ministère Caulaincourt qui aura permis à ce dernier de se faire une idée des qualités et des failles de la rue du Bac. Par bien des aspects, la circulaire du 14 avril sera l'aboutissement de cette analyse : elle verra ainsi la création d'un cabinet du ministre, réunissant toutes les activités de secrétariat (secrétariat d'État, secrétariat du ministre, Chiffre) et en définissant avec précision les attributions[1].

À la fin de l'année 1813, l'organisation des services n'est pourtant pas la première préoccupation du nouveau ministre, loin s'en faut. Il doit d'abord faire face à la décomposition du Grand Empire et gérer la contraction de la carte diplomatique française. La guerre contre les coalisés, la perte de l'Espagne, de l'Allemagne et de la Hollande (novembre 1813) entraînent l'abandon de la majorité des postes politiques et consulaires. La diplomatie napoléonienne, qui, avant la campagne de Russie, rayonnait sur toute l'Europe et jusqu'en Orient, se réduit comme peau de chagrin. Au 1er janvier 1814, le ministère des Relations extérieures ne compte plus que quatre ambassadeurs en activité : Sérurier à Washington, qui se maintiendra jusqu'à la fin des Cent-Jours, Andréossy à Constantinople, Alquier à Copenhague et Durant à Naples[2]. Les consuls sont certes plus nombreux, mais circonscrits aux mêmes espaces géographiques : l'Italie, le Danemark, l'Amérique et surtout l'empire ottoman et l'Afrique du Nord (Athènes, Salonique, Rhodes, Smyrne, Trébizonde, Bagdad, Alep, Le Caire, Tanger, Tunis, Alger, etc.).

Ce délitement rapide de l'influence de l'Empire français entraîne de nombreuses difficultés. Il s'agit d'abord de rapatrier les diplomates à travers un continent en guerre : on a vu ainsi le cas du baron de Saint-Aignan, ministre de France en Saxe, capturé par les Cosaques après la bataille de Leipzig et gardé en détention jusqu'à l'intervention de Metternich en sa faveur. Encore la situation du beau-frère de Caulaincourt ne prête-t-elle

1. Voir AMAE, Service du personnel, organisation et règlement du ministère des Affaires étrangères, 2 (1808-1841), règlement du 14 avril 1815.

2. AMAE, Comptabilité reliée, vol. 21, « État des employés au ministère des Affaires étrangères pour servir au payement de leurs appointements pendant le mois de janvier 1814 ».

pas à confusion, contrairement à celle d'autres diplomates, comme le consul de France à Hambourg, Jean Leroy. Au printemps 1813, alors que la ville était sur le point d'être encerclée par les Alliés, ce dernier jugea préférable de se replier dans le Holstein et d'y poursuivre tant bien que mal son activité. La décision de Leroy fut mal interprétée par Napoléon qui y vit une défection et révoqua le consul[1]. À peine installé au ministère, Caulaincourt reçoit une lettre de Leroy, datée du 30 novembre 1813. L'ancien consul le félicite pour sa nomination mais en profite surtout pour demander justice. Il veut être considéré de la même façon que tous les agents qui ont été contraints d'abandonner leurs fonctions, « comme eux, les événements de la guerre m'ont forcé de quitter Hambourg », écrit-il[2]. Malgré son bien-fondé, le duc de Vicence ne donne pourtant pas suite à cette requête. Dans l'urgence du moment et face à la multiplication des cas particuliers, il a probablement hésité à l'idée de trancher définitivement une affaire aussi douteuse au premier abord que celle de Leroy et renvoyé la question à une époque ultérieure.

Les hésitations du duc de Vicence viennent aussi de l'incapacité du ministère à répondre à toutes les sollicitations. Les diplomates chassés par la guerre demandent non seulement des pensions et des traitements complémentaires mais aussi de nombreuses indemnités, destinées à compenser la perte de leurs biens matériels. On peut évoquer notamment le cas d'un des grands diplomates de l'époque, le comte de Laforêt, ambassadeur de France en Espagne de 1808 à 1813. Laforêt fut forcé de quitter Madrid à la suite du roi Joseph, laissant derrière lui tout son mobilier, qui fut « enlevé et vendu en totalité à l'encan, par ordre du gouvernement espagnol[3] ». L'ancien ambassadeur fait valoir au ministère des Relations extérieures les lourdes conséquences de cet événement sur sa fortune personnelle, « déjà considérablement altérée par diverses causes, toutes provenant de sa longue et orageuse ambassade[4] ». Dans le rapport qu'il adresse à Caulaincourt, le directeur de la division des fonds, Bresson, reconnaît l'ampleur des frais engagés par Laforêt et le bien-fondé de ses réclamations. Mais il montre aussi l'impossibilité pour le ministère, « dans l'état de pénurie »

1. La situation de Leroy est décrite dans AMAE, Décrets et décisions, carton 3, rapport de Bresson à Talleyrand, Paris, juillet 1814.

2. *Ibid.*, Leroy à Caulaincourt, Paris, 30 novembre 1813.

3. *Ibid.*, rapport de Bresson à Caulaincourt, Paris, 20 mars 1814.

4. *Ibid.*

dans lequel il se trouve, d'y répondre et de faire une exception en sa faveur[1]. Il recommande finalement de se contenter de faire appliquer le décret du 21 décembre 1808 et d'accorder à Laforêt six mois de traitement.

Ces affaires peuvent paraître anecdotiques, mais elles donnent une idée du contexte dans lequel le duc de Vicence évolue dès son arrivée au ministère. Bien malgré lui, il doit faire office de fossoyeur et liquider en grande partie l'appareil diplomatique du Grand Empire. C'est à lui qu'incombe la lourde tâche de faire face au douloureux repli de l'influence française et d'en atténuer si possible les conséquences. Le manque de moyens l'empêche de régler ces affaires au mieux ; le manque de temps surtout lui interdit de s'y appesantir. Par bien des aspects, le premier ministère de Caulaincourt est celui de la précarité et peut difficilement être comparé à ceux qui l'ont précédé. Quelle en est dès lors la véritable nature ? Mis à la tête d'une diplomatie napoléonienne en décomposition, le duc de Vicence est-il vraiment un ministre des Relations extérieures à part entière ?

Un ministère croupion ?

L'influence de Caulaincourt à la tête du ministère des Relations extérieures connaît des limites de plusieurs ordres. Il s'agit d'abord, comme nous venons de le voir, des limites imposées par le contexte très particulier de la fin de l'année 1813 : le rétrécissement du réseau diplomatique français entraîne l'amenuisement logique des pouvoirs du ministre. Ces limites tiennent aussi à la nature même de la diplomatie napoléonienne et à la place écrasante du souverain dans le processus décisionnel : le ministre n'apparaît bien souvent que comme le premier commis de l'Empereur. Malgré ses velléités d'indépendance, Caulaincourt doit se cantonner au rôle qui lui est dévolu et tenter d'agir au sein du cadre strict défini par son maître. L'état de guerre n'atténue en rien l'omnipotence de Napoléon ; elle contribue au contraire à une « centralisation des décisions en période de crise[2] ».

L'influence du duc de Vicence est limitée enfin par les conditions mêmes de sa nomination. Dès le départ, il a accepté de n'être qu'un ministre temporaire, un ministre de transition rendu nécessaire par les défaites militaires et l'évolution de l'opinion publique française et euro-

1. *Ibid.*
2. Jean Baillou (dir.), *op. cit.*, t. I, p. 449.

péenne. Le jour de sa prestation de serment, Napoléon avait d'ailleurs évoqué un possible remplacement avant trois mois. Toujours attaché à Maret et conscient du caractère assez abrupt de son remplacement, l'Empereur décide surtout de lui confier un droit de regard sur un certain nombre d'affaires, amoindrissant d'autant les pouvoirs de Caulaincourt. De décembre 1813 à janvier 1814, le duc de Bassano tente ainsi de résoudre la crise qui oppose Napoléon au saint-père, en organisant le rétablissement de ce dernier dans ses États. Mais l'émissaire qu'il envoie à Fontainebleau, où Pie VII est alors détenu, se heurte à une résistance inébranlable : après les vexations qu'il a subies, le pape refuse de conclure tout nouveau traité avec Napoléon, quelle que soit sa teneur. Face à cet échec, Maret conseille à son maître de rendre sa liberté à Pie VII et de le laisser regagner Rome. L'Empereur donne son accord le 21 janvier 1814 et met, sans gloire, un point final à cinq années de querelle avec la papauté. À ces débats, Caulaincourt ne prend aucune part.

Il suit en revanche avec plus d'attention les négociations entreprises par Maret avec le prince Ferdinand. Depuis 1808 et l'abdication de Bayonne, le prétendant à la couronne d'Espagne était assigné à résidence dans une des propriétés de Talleyrand, le château de Valençay, et semblait voué à ne plus jouer aucun rôle politique. Mais, après Leipzig, sa situation change radicalement. Pour pouvoir rapatrier les troupes françaises encore engagées dans la péninsule Ibérique, Napoléon est désormais décidé en effet à régler une fois pour toutes ses affaires d'Espagne. La défaite de ses armées face à Wellington, à Vittoria, ne lui laisse de toute façon plus aucun espoir de rétablir sa domination dans ces régions. Il propose donc à Ferdinand de le rétablir sur son trône, à condition qu'il signe un traité d'alliance avec l'Empire français et qu'il obtienne le rembarquement des Anglais. Au début du mois de novembre 1813, le comte de Laforêt est envoyé au château de Valençay pour entamer les pourparlers avec le prince[1] ; Maret est chargé de superviser ces négociations et de les garder secrètes. Même après l'arrivée du duc de Vicence au ministère, c'est lui qui traite la correspondance de Laforêt et qui lui transmet les volontés de Napoléon. Le couronnement de son action est la signature du traité de Valençay, le 11 décembre 1813.

1. AN, 95 AP 14, minute d'une lettre de l'Empereur au prince Ferdinand, Saint-Cloud, 12 novembre 1813.

Dans cette affaire, Caulaincourt reste dans l'ombre du duc de Bassano et ne semble jamais participer directement à l'élaboration du traité. Il se contente d'en faciliter la conclusion, en mobilisant les moyens du ministère et en rappelant à Napoléon la nécessité d'un tel sacrifice. Ainsi, dès le 24 novembre, au lendemain de son arrivée rue du Bac, il profite de sa nouvelle position pour tenter d'emporter la décision de son maître :

> Sire, les avantages du rétablissement du prince Ferdinand sur le trône d'Espagne n'ont pas échappé à S. M. avant que la connaissance des bases de Francfort en eût constaté l'opportunité. [...] Tout ajournement me paraît un inconvénient s'il n'est pas un malheur. [...] Autorisez-moi, Sire, à mander à M. le comte de la Forest de lui faire un pont d'or ; qu'il parte content et *très-content*. [...] Je voudrais qu'il pût dépendre de V. M. de jeter le prince Ferdinand demain à l'Escurial, car les délais dans cette affaire me paraissent nos plus grands ennemis au-delà des Pyrénées[1].

Le duc de Vicence a bien perçu le danger principal qui menace la réussite du traité de Valençay : les délais et les retards. Un mois après la signature du texte, Ferdinand n'a toujours pas quitté le sol français. Il a en effet été décidé, apparemment sur les conseils de Talleyrand, que son retour sur le trône devait être ratifié par la régence espagnole. Or, celle-ci, sans surprise, refuse de donner son accord. C'est une nouvelle fois Maret qui intervient et qui recommande à Napoléon, au début du mois de février, de laisser le prince Ferdinand partir *incognito* pour Madrid[2]. Là encore, Caulaincourt a dû laisser la première place au duc de Bassano et lui déléguer par la force des choses une part de ses attributions de ministre. Il est d'autant moins capable de suivre ces questions que, dès le début du mois de janvier, il est dans l'obligation de quitter Paris pour rejoindre le congrès de paix.

La désignation de Caulaincourt comme plénipotentiaire auprès des Alliés apparaît comme la dernière limite imposée à son activité de ministre. Avant même de le placer à la tête de la diplomatie française, Napoléon avait décidé de faire de lui son représentant à la future confé-

1. *Ibid.*, rapport de Caulaincourt à l'Empereur, Paris, 24 novembre 1813.
2. Baron Ernouf, *op. cit.*, p. 613.

rence de paix, subordonnant ainsi ses fonctions ministérielles à son rôle de négociateur. Alors que l'ouverture du congrès est imminente, l'activité du duc de Vicence dans ses bureaux de la rue du Bac, son œuvre administrative, son suivi des affaires en cours, ne peuvent être que temporaires. À la fin de l'année 1813, il fait figure, d'une certaine manière, de ministre en sursis, déjà tendu vers sa prochaine – sa véritable – mission. Sa nomination au poste de ministre des Relations extérieures n'est-il qu'un simple titre destiné à lui donner plus de poids face à ses futurs interlocuteurs ? On pourrait le penser quand on le voit quitter Paris dès les premiers jours de janvier pour n'y revenir qu'à la toute fin du mois de mars. Même s'il continue à gérer un certain nombre d'affaires, il ne peut prétendre pendant ces longues semaines à un véritable contrôle sur son administration et sur les agents diplomatiques qui en dépendent encore. Pendant la majeure partie de son mandat, Caulaincourt est un ministre isolé.

Paradoxalement, toutes ces limitations à son activité de ministre ne font que renforcer sa position et son prestige. Libéré des contingences habituelles du ministère et du traitement des affaires secondaires, il peut se consacrer entièrement à la recherche d'une paix avec les puissances alliées. Plus les attributions du ministère se rétractent, plus le duc de Vicence en vient à incarner la diplomatie française, à concentrer son essence entre ses mains. La faiblesse de ses pouvoirs est compensée par une influence immense dans l'opinion publique. Comme après le retour de Russie, où son bilan avait été occulté par son image personnelle, il devient un symbole, la personnification d'une idée. Dans ses Mémoires, évoquant le congrès de Châtillon, Ségur rend compte du sentiment de beaucoup de ses compatriotes lorsqu'il écrit qu'au début de l'année 1814 « un dernier espoir restait encore, il se concentrait sur Caulaincourt[1] ». Un espoir qui va pourtant être rapidement malmené par la dure réalité des faits.

1. *Mémoires de Ségur*, t. VI, p. 305.

CHAPITRE 13

LE CONGRÈS DE CHÂTILLON (JANVIER-MARS 1814)

Avec l'affaire du duc d'Enghien, le congrès de Châtillon est sans aucun doute l'épisode le plus connu et le plus étudié de la carrière de Caulaincourt. Comme la mission d'Ettenheim, il a donné lieu à de nombreux commentaires et interprétations. Les contemporains et les historiens se sont acharnés à comprendre les véritables intentions des partis en présence et à déterminer si la paix – et par conséquent la survie du régime impérial – était réellement possible. L'action du duc de Vicence a été régulièrement analysée, parfois louée, souvent critiquée, jusqu'à ce que le vicomte de Montbas propose, en 1928, une étude sur le sujet, considérée par lui-même comme « bien près d'être définitive[1] ». Son « Caulaincourt à Châtillon », paru en deux fois dans la *Revue de Paris*, a servi de base au chapitre consacré au congrès par l'historien Jean Hanoteau. Nous lui emprunterons également un certain nombre d'éléments, en les complétant par des travaux plus récents et un certain nombre de fonds d'archives, notamment russes. Nous ne prétendons pas parvenir à de nouvelles conclusions concernant le congrès de Châtillon mais simplement évaluer la place et le rôle du duc de Vicence, ses relations avec les Alliés comme avec Napoléon, l'évolution enfin de sa pensée politique. Le bilan de son action sera d'autant plus facile à faire que l'échec des négociations semble une nouvelle fois perceptible dès son amorce.

---

1. M. le vicomte de Montbas, « Caulaincourt à Châtillon », *Revue de Paris*, 15 juin 1928, p. 790.

Le ministre itinérant

Durant les premières semaines de son ministère, l'objectif principal de Caulaincourt est d'offrir aux Alliés une réponse plus positive à la proposition rapportée par Saint-Aignan. Dans sa lettre du 16 novembre, Maret s'était en effet contenté d'approuver le principe d'un congrès, sans accepter explicitement les bases de Francfort et le retour de la France à ses limites naturelles[1]. Lorsque parvient la réponse de Metternich, dans les derniers jours du mois de novembre, le duc de Bassano n'est déjà plus ministre. C'est le duc de Vicence qui s'entend dire que, quelle que soit la bonne volonté de Napoléon, tout est subordonné à l'acceptation de ces fameuses bases[2]. La lettre du chancelier autrichien semble donner raison au « parti de la paix », qui voyait dans le texte transmis par Saint-Aignan, malgré toute son ambiguïté, un véritable ultimatum de la part des puissances coalisées.

Dans le rapport qu'il adresse à Napoléon le 1er décembre 1813, Caulaincourt a le triomphe modeste. Il reconnaît que le caractère non officiel de la mission du baron de Saint-Aignan rendait en partie légitimes toutes les précautions dont Maret a entouré sa réponse. Mais il estime que la dernière lettre du chancelier autrichien, en mentionnant les bases de Francfort, les a quasiment officialisées. Son raisonnement, en partie valable, est toutefois un peu rapide, puisque Metternich n'a pas rappelé dans le détail sa proposition et n'a fait que parler des « bases générales et sommaires » du futur congrès : il n'a finalement offert aucune garantie. Dans l'urgence de la situation et par crainte de manquer une occasion de négocier, le duc de Vicence préfère ne pas s'arrêter à de telles considérations. Pour convaincre Napoléon d'accepter les bases, il doit à tout prix faire preuve d'une certaine assurance et montrer qu'il maîtrise encore la situation. On a souvent critiqué ses illusions et sa confiance naïve en Metternich. C'est pourtant avec un grand pragmatisme qu'il présente à son maître, dans son rapport du 1er décembre, son projet de réponse aux puissances coalisées – une réponse qu'il parvient d'ailleurs à faire envoyer dès le lendemain :

---

1. AMAE, Mémoires et documents, France, 668, Maret à Metternich, Paris, 16 novembre 1813 (copie).

2. *Ibid.*, Metternich à Maret, Francfort, 25 novembre 1813.

> Les bases proposées y sont explicitement admises. Deux raisons me portent à proposer de les admettre ainsi. Les concessions que V. M. fait en les admettant, sont entièrement subordonnées à la conclusion définitive de la paix générale. Si les événements rendent désirable la conclusion de la paix sur ces bases, on n'aura point à regretter de les avoir admises, [...] et si les événements sont plus heureux, ils permettront de les changer. Une seconde raison est la persuasion intime où je suis que, dans l'état présent des affaires, les alliés ne se départiront point de ces bases [...] et qu'ainsi leur admission positive est, pour le moment, l'unique moyen d'arriver à une négociation qui, quelque doive être l'issue, me paraît être, dans les circonstances actuelles, éminemment désirable[1].

La seule erreur de Caulaincourt – certes décisive – est de croire encore que les Alliés ne peuvent avoir de prétentions plus sévères que le retour de la France à ses limites naturelles. Il se félicite que l'Angleterre participe enfin aux négociations mais oublie que toute sa politique vise justement à chasser Napoléon de la Hollande et de la Belgique. Sa méprise vient en partie d'une erreur de perspective : en décembre 1813, il voit toujours en Metternich le chef incontesté de la coalition, quand le *leadership* est déjà en train de passer au secrétaire du Foreign Office, lord Castlereagh. Il s'accroche à l'idée de la modération autrichienne, alors que c'est l'Angleterre qui s'apprête à mettre la dernière touche à une lutte de vingt-cinq ans.

La lettre que le duc de Vicence reçoit de Metternich, au milieu du mois de décembre, est révélatrice de ces évolutions au sein du camp allié. Le chancelier y explique que la conférence de paix ne pourra s'ouvrir qu'une fois qu'il en aura été référé au gouvernement britannique et que ce dernier aura envoyé un plénipotentiaire sur le continent : tout semble figé dans l'attente des réactions en provenance de Londres[2]. C'est aussi l'influence de l'Angleterre qui inspire à Metternich la « déclaration de Francfort », adressée aux Français le 4 décembre mais antidatée du 1er. Dans cette proclamation, les puissances européennes affirment ne faire la guerre qu'au seul Napoléon et non au peuple français, auquel elles garantissent « une étendue de territoire qu'il n'a jamais connu sous ses

1. *Ibid.*, rapport de Caulaincourt à Napoléon, Paris, 1er décembre 1813.
2. AN, 95 AP 14, Metternich à Caulaincourt, Francfort, 10 décembre 1813.

rois[1] ». Par cette phrase, chef-d'œuvre de double sens et d'ambiguïté, les Alliés renoncent déjà aux bases de Francfort et prennent pour référence la France des premières années de la Révolution. La vision anglaise a prévalu : elle va être le fondement des futures négociations.

Caulaincourt est profondément troublé par le flou entretenu par Metternich au sujet de ces fameuses limites naturelles de la France. Il est surtout inquiet devant les nombreux ajournements qui ne manqueront pas de découler du recours permanent à l'Angleterre. Pour tenter de compenser ces délais, il décide, avec l'assentiment de Napoléon, lui-même sur le point de repartir en campagne, de se porter au-devant des Alliés. Lorsque ceux-ci seront prêts, ils le trouveront aux avant-postes et les négociations pourront commencer immédiatement. Cette décision marque la volonté pour Caulaincourt de prendre l'exact contre-pied du congrès de Prague. Il n'est plus question de faire languir les puissances coalisées, mais au contraire de montrer la bonne volonté de la France et d'accélérer au maximum le processus de paix. Le duc de Vicence entend ainsi imposer un style fort différent de celui de Maret ; dans la guerre de l'opinion qui se joue depuis plusieurs mois, il espère surtout ne plus prêter le flanc à la critique, comme ce fut le cas en 1813.

Avant de quitter Paris, Caulaincourt confie le portefeuille du ministère des Relations extérieures à un de ses chefs de division, La Besnardière, et se fait fournir les passeports qui lui seront nécessaires pour traverser les régions en guerre. Il s'efforce avant tout d'obtenir de Napoléon les instructions les plus précises possible afin de pouvoir, là encore, conclure la paix avec célérité et efficacité. Le 2 janvier, l'Empereur lui dicte un long document où il revient sur tout un ensemble de points. Il accepte l'indépendance de l'Espagne et celle de l'Italie, moyennant certaines conditions. En Allemagne, il renonce à tous les territoires situés à la droite du Rhin et consent à abandonner son titre de protecteur de la Confédération du Rhin. Seule entorse aux bases de Francfort dans cette région, il revendique les places de Kehl, Cassel et Wesel « jugées indispensables à la possession tranquille de Mayence[2] ». Sa position concernant la Hollande est plus incertaine : il espère encore maintenir sa domination sur

1. Cité par Guillaume de Bertier de Sauvigny, *Metternich*, p. 178.

2. M. le vicomte de Montbas, « Caulaincourt à Châtillon », *Revue de Paris*, 15 juin 1928, p. 795.

cette région ou, tout du moins, conserver quelques territoires au nord et à l'est d'Anvers. Des ambitions qui sont bien évidemment en complète contradiction avec les objectifs de l'Angleterre et son intention de retirer à la France tous ses débouchés maritimes au nord de Dunkerque. Comme le fait remarquer le vicomte de Montbas, les instructions de Napoléon « n'étaient pas la réponse d'un vaincu. [...] À y regarder de près, il sacrifiait du prestige plutôt que du terrain[1] ».

Le 4 janvier, veille du départ de Caulaincourt, Napoléon précise encore sa pensée. Il révèle d'abord à son ministre ses profonds doutes quant à la bonne foi des Alliés, et notamment de l'Angleterre : « J'ai accepté les bases de Francfort, dit-il, mais il est plus que probable que les Alliés ont d'autres idées. Leurs propositions n'ont été qu'un masque[2]. » Tant qu'il ne connaît pas leurs réelles intentions, il se refuse à donner au duc de Vicence de véritables instructions. L'Empereur donne toutefois à son plénipotentiaire une limite à ne pas dépasser, celle des limites naturelles, qu'il est prêt à défendre jusqu'à l'épuisement de ses ressources ou du soutien des populations :

> Veut-on réduire la France à ses anciennes limites ? C'est l'avilir. [...] On se trompe si on croit que les malheurs de la guerre puissent faire désirer à la nation une telle paix. Il n'est pas un cœur français qui n'en sentît l'opprobre au bout de six mois et qui la reprochât au gouvernement assez lâche pour la signer. [...] Avant huit jours j'aurai réuni de quoi livrer plusieurs batailles ; même avant l'arrivée de mes troupes d'Espagne. Les dévastations des Cosaques armeront les habitants et doubleront nos forces. Si la nation me seconde, l'ennemi marche à sa perte. Si la fortune me trahit, mon parti est pris : je ne tiens pas au trône. Je n'avilirai ni la nation, ni moi en souscrivant à des conditions honteuses[3].

De ces recommandations, il ressort surtout que Napoléon est prêt à tenter une nouvelle fois les chances de la guerre et à y régler la conduite des négociations. Il l'exprime clairement à Caulaincourt : « Les négociations

---

1. *Ibid.*, p. 796-797.
2. AN, 95 AP 14, Napoléon à Caulaincourt, Paris, 4 janvier 1814.
3. *Ibid.*

une fois placées sous l'influence des événements militaires, on ne peut prévoir les conséquences d'un tel système. »

Lorsque, le 5 janvier au petit matin, le duc de Vicence quitte Paris pour l'est de la France, il bénéficie en théorie des pleins pouvoirs accordés par son maître. Mais ces pleins pouvoirs ne sont qu'illusoires, limités par le dogme des frontières naturelles et par les aléas de la guerre. Comme en Russie, comme à Prague, Caulaincourt se lance dans une négociation sans avoir toute la latitude exigée, sans savoir s'il pourra vraiment mener les débats jusqu'à leur terme. Encore faut-il, avant d'être confronté à ces difficultés, mettre la main sur les Alliés. Ces derniers tardent à donner signe de vie, alors que le ministre des Relations extérieures se rapproche de leur quartier général, étape par étape. Le 5 au soir, il couche à Épernay, le 6 il est en Lorraine. C'est là qu'il écrit à Metternich pour lui annoncer son arrivée prochaine aux avant-postes alliés et pour lui reprocher de le laisser dans le flou quant à la date et au lieu des négociations. Le comportement des Alliés ainsi que les retards qui commencent à s'accumuler lui font craindre déjà un possible revirement de l'Angleterre et l'abandon des bases de Francfort.

Ce n'est que le 11 janvier qu'il reçoit la réponse, bien décevante, de Metternich. Le chancelier autrichien lui apprend en effet que tout est désormais suspendu à l'arrivée de Castlereagh[1]. Cet aveu amène Caulaincourt à reconsidérer sa vision des rapports de force au sein du camp allié : « Il paraît certain que la négociation dépend principalement de l'Angleterre, puisqu'on ne prend de résolution sur rien avant d'avoir vu lord Castlereagh, explique-t-il à Napoléon. L'Autriche ne serait-elle plus aussi maîtresse des négociations qu'elle annonçait l'être dans le principe[2] ? » Une évolution qui lui fait d'autant plus redouter « l'intention secrète de considérer comme non avenues les bases fixes et positives dictées à M. de Saint-Aignan ». Mais Caulaincourt a-t-il encore vraiment des doutes concernant les « intentions secrètes » des Alliés et leur attachement aux bases de Francfort ? N'essaye-t-il pas déjà de préparer son maître à un revirement qui lui semble inéluctable ? Le tableau particulièrement sombre que Caulaincourt dresse lors de son voyage dans l'est de la France participe peut-être aussi de ce travail de sape destiné à faire accepter à

1. *Ibid.*, Metternich à Caulaincourt, Fribourg-en-Brisgau, 8 janvier 1814.
2. *Ibid.*, Caulaincourt à Napoléon, Lunéville, 11 janvier 1814.

Napoléon des sacrifices jugés inévitables : « Je ne sais ce qui se passe sur les autres points envahis, mais tout ce que je vois, tout ce que j'entends ici, me prouve que la France n'a jamais été dans des circonstances aussi graves[1] », écrit-il de Lunéville le 8 janvier. À son arrivée en Lorraine, le diplomate trouve une situation militaire désastreuse. Les troupes françaises reculent sur tous les points, cédant le plus souvent à la panique : « on rêve partout des armées et on voit des colonnes de 20 000 hommes là où il a passé une poignée de Cosaques ou de hussards[2] ».

Devant toutes ces déconvenues, le duc de Vicence demande à son maître de réfléchir à l'opportunité de conclure un armistice avec les Alliés. Une cessation des combats permettrait, selon lui, de stopper l'avancée des coalisés mais surtout de préserver l'armée française, afin de peser dans les négociations. La démoralisation des troupes d'Alsace et de Lorraine lui semble en effet particulièrement préjudiciable dans le contexte de la guerre d'opinion qui se joue depuis plusieurs mois : « V. M. sent quelle influence cet abandon sans coup férir de ses provinces les plus belliqueuses et les plus aisées à défendre doit avoir sur les affaires, et quel découragement cela jettera dans l'intérieur de la France. Si les choses continuent de même, l'ennemi prendra une telle opinion de notre impuissance que le plénipotentiaire de V. M. ne paraîtra au quartier général des Alliés que pour s'y entendre dicter des lois[3]. » Cet armistice, en insérant un coin entre les puissances coalisées, lui apparaît surtout comme le meilleur moyen d'obtenir rapidement la paix et de sauver ainsi le régime impérial. La principale crainte de Caulaincourt à cette époque est en effet de voir l'Angleterre imposer ses vues à ses alliés et obtenir le retour des Bourbons sur le trône de France. Pour empêcher ces bouleversements, les sacrifices imposés par la signature d'un armistice ne lui semblent pas cher payés. Dans ses lettres à son maître, il le supplie de lui envoyer de nouvelles instructions et de le mettre à même de faire ces sacrifices si l'occasion se présente. Il ne se contente plus de demander quelles régions d'Italie ou quelles places de la rive droite du Rhin peuvent être abandonnées ; il envisage déjà l'occupation d'une partie du territoire national et le paiement d'une contribution de guerre aux Alliés. Il va même jusqu'à proposer

1. *Ibid.*, Caulaincourt à Napoléon, Lunéville, 8 janvier 1814.
2. *Ibid.*, Caulaincourt à Napoléon, Lunéville, 7 janvier 1814.
3. *Ibid.*

à l'Empereur de convenir de nouvelles bases pour la future conférence de paix, des bases plus conformes à l'évolution de la situation militaire et par conséquent beaucoup moins favorables à la France que celles de Francfort.

Malgré des préoccupations communes, Napoléon est loin de partager les mêmes idées que son grand écuyer. Par l'intermédiaire de La Besnardière, il lui rappelle que les limites naturelles sont une condition « *sine qua non* »[1] : elles sont d'autant plus nécessaires à la France que toutes les autres puissances se sont considérablement agrandies depuis la Révolution. Pour conserver la frontière du Rhin, Napoléon est prêt à tous les sacrifices, mais des sacrifices avant tout militaires. Si les Alliés sont résolus à lui imposer les anciennes limites, il ne voit plus que trois alternatives : « ou combattre et vaincre, ou combattre et mourir glorieusement, ou enfin, si la nation ne le soutenait pas, abdiquer[2] ». Malgré cette détermination, l'Empereur n'est pas opposé à l'idée d'un armistice. Seulement, sa conception d'une cessation des combats est totalement opposée à celle de Caulaincourt. Alors que celui-ci propose une négociation ouverte et commune à l'ensemble des belligérants, Napoléon espère conclure un armistice séparé avec la seule Autriche. Il considère en effet que cette puissance, revenue depuis quelques mois au premier plan, craint tout particulièrement les hasards d'une campagne sur le sol français et qu'elle a tout à perdre de la chute du régime impérial. Cette analyse, qui mésestime les sentiments réels des Autrichiens et sous-estime la cohérence de la coalition, est révélatrice des conceptions diplomatiques de Napoléon. Comme en 1813, il donne sa priorité aux négociations séparées et aux accords secrets. Sa vision de la diplomatie est avant tout utilitariste : tout reste subordonné pour lui à la campagne militaire et aux renversements de situation qu'elle peut réserver. Malgré les défaites et l'invasion, l'Empereur est toujours confiant, comme le prouve son refus de céder la moindre place française ou de payer une contribution en cas d'armistice. Il n'envisage que l'abandon de Venise ou de Hambourg !

Caulaincourt comprend rapidement que ses idées ne peuvent obtenir aucun écho auprès de l'Empereur : son espoir d'obtenir de nouvelles instructions plus conciliantes, sa volonté de redéfinir les bases des négo-

1. *Ibid.*, La Besnardière à Caulaincourt, Paris, 19 janvier 1814.

2. *Ibid.*

ciations ou de conclure rapidement un armistice général se heurtent à l'intransigeance et aux calculs de son maître. Le duc de Vicence parvient toutefois à opposer son veto à la proposition d'un armistice séparé avec l'Autriche. Cette démarche lui semble inutile et même préjudiciable. Elle risque en effet de détruire l'influence modératrice qu'il prête à Metternich au sein du camp allié. Elle n'a de toute façon que fort peu de chance d'aboutir face à la détermination et à la cohésion affichée selon lui par la coalition. Pour le duc de Vicence, l'armistice est un pas vers la paix, c'est le gage de négociations efficaces et équilibrées. Pour Napoléon, ce n'est qu'une mesure militaire[1]. Force est de constater une nouvelle fois la transition accomplie par Caulaincourt qui, même s'il s'en défend, est de moins en moins militaire et de plus en plus diplomate.

Ayant échoué à faire valoir ses vues et refusant de suivre entièrement celles de son maître, le duc de Vicence est contraint de placer tous ses espoirs dans le congrès de paix et de s'en remettre aux Alliés. Peut-être ceux-ci désamorceront-ils l'intransigeance de Napoléon en appliquant à la lettre les bases de Francfort ? Le plénipotentiaire français n'y croit guère mais n'a pas d'autre alternative que d'espérer encore en la modération de Metternich. Celui-ci lui enjoint justement, au milieu du mois de janvier, de se rendre dans la ville de Châtillon-sur-Seine, finalement choisie comme cadre du congrès[2]. Même si la date de l'ouverture des négociations n'est pas précisée, Caulaincourt décide d'y parvenir sans délai. Après être passé par Bar-sur-Aube, où les habitants l'accueillent aux cris de « Vive la paix ! vive le duc de Vicence ! »[3] et avoir traversé les avant-postes ennemis, il arrive à Châtillon le 21 janvier au soir. Son premier geste est d'écrire à Metternich pour lui signifier son arrivée et l'engager à tout faire pour lancer les négociations le plus rapidement possible[4].

La bonne volonté – certes fragile – du duc de Vicence fait pourtant bientôt place au découragement. Il apprend en effet par l'aide de camp du général Schwarzenberg – chef de la coalition – que Castlereagh n'est toujours pas arrivé au quartier général allié. Quant à Metternich, il ne

1. La conception de Napoléon est fidèle à la définition même de l'armistice qui n'est lié aux négociations diplomatiques que par l'usage.

2. AN, 95 AP 14, Metternich à Caulaincourt, 14 janvier 1814.

3. M. le vicomte de Montbas, « Caulaincourt à Châtillon », *Revue de Paris*, 15 juin 1928, p. 806.

4. AN, 95 AP 14, Caulaincourt à Metternich, Châtillon, 21 janvier 1814 (au soir).

donne plus signe de vie. Après quatre jours d'une attente stérile, quatre jours d'hésitation et d'incertitude, Caulaincourt décide, en contradiction complète avec sa précédente analyse, de transmettre au chancelier autrichien la proposition d'armistice élaborée par son maître. Quand on connaît le pragmatisme et le caractère raisonné du duc de Vicence, il semble évident que ce revirement est avant tout le reflet d'un profond sentiment d'exaspération. C'est aussi un coup de dés, destiné à débloquer une situation jusqu'alors dans l'impasse. Le 26 janvier, il envoie à Metternich une lettre écrite de sa main, afin de lui donner « un caractère tout à fait confidentiel[1] ». Après s'être longuement plaint des retards subis par le processus de paix et de la lenteur du ministre anglais, il conclut sa lettre en proposant une cessation des combats à l'empire d'Autriche, excluant *a priori* ses alliés du processus, mais laissant la porte ouverte à tous les développements[2].

Le vicomte de Montbas estime qu'avec l'envoi de cette missive, Caulaincourt « renaissait à l'espoir[3] ». Ce d'autant plus que ses entretiens avec les officiers autrichiens qui passent par Châtillon lui font croire à une réponse rapide et peut-être positive de la part de Metternich. La lettre de ce dernier, en date du 29 janvier, est une nouvelle désillusion : l'empereur François refuse toute proposition destinée à le séparer de ses alliés[4]. Les calculs de Napoléon, repris malgré ses réticences par Caulaincourt, se sont révélés sans fondement : quels que soient ses sentiments et ses ambitions, l'Autriche maintient le front commun de la coalition et accepte, au moins pour un temps, de calquer sa politique sur celle de l'Angleterre. Quant au projet d'armistice, il est définitivement enterré à la suite de l'échec de cette proposition. La déception du duc de Vicence est toutefois tempérée par la nouvelle tant attendue : le congrès de paix va enfin débuter. Metternich lui apprend en effet que les plénipotentiaires alliés ont rendez-vous à Châtillon le 3 février. Un Autrichien, M. de Floret, est sur le point d'arriver dans la petite ville champenoise pour régler les questions d'intendance et de logement. L'errance du plénipotentiaire français à la recherche de la paix – au sens littéral – semble prendre fin.

1. *Ibid.*, Caulaincourt à Napoléon, Châtillon, 26 janvier 1814.

2. *Ibid.*, Caulaincourt à Metternich, Châtillon, 25 janvier 1814 (au soir).

3. M. le vicomte de Montbas, « Caulaincourt à Châtillon », *Revue de Paris*, 15 juin 1928, p. 809.

4. AN, 95 AP 14, Metternich à Caulaincourt, Langres, 29 janvier 1814.

L'arrivée de Floret vient conforter Caulaincourt dans l'idée que l'optimisme n'est vraiment pas de mise, à quelques jours de l'ouverture du congrès. Mis en possession de la liste des diplomates alliés attendus à Châtillon, il constate que les assurances de paix de la coalition sont « démenties pour ainsi dire par le nom seul des quelques plénipotentiaires[1] ». La Russie a choisi le comte de Razoumovski, très hostile à la France, tandis que la Prusse s'entête à employer M. de Humboldt, qui avait fort déplu à Prague. Deux diplomates qui ne peuvent d'ailleurs se prévaloir que d'un prestige limité au sein de leur gouvernement. La Grande-Bretagne maintient quant à elle le flou sur la composition de sa délégation : sont cités Castlereagh, Aberdeen, lord Cathcart, Charles Stewart – le demi-frère de Castlereagh –, mais il est probable que le premier ne sera pas présent à Châtillon. La plus grande déception de Caulaincourt est celle qu'il éprouve en découvrant le nom du plénipotentiaire autrichien : Stadion. Lui qui, quelques jours auparavant, se réjouissait à l'idée de pouvoir mener les débats de concert avec Metternich, doit déchanter : l'Autriche a préféré envoyer un homme qui, malgré une brillante carrière de diplomate, reste un second couteau qui a surtout montré à plusieurs reprises son hostilité à l'égard de Napoléon. Caulaincourt est convaincu que cette décision est le signe annonciateur de l'échec programmé des négociations.

Les informations qu'il parvient à soutirer à Floret sont encore plus inquiétantes que ces nominations. L'envoyé autrichien annonce en effet l'abandon par les coalisés des bases de Francfort, comme Caulaincourt l'explique à son maître : « Sans me répondre d'une manière positive, il m'a fait très clairement entendre et m'a donné l'entière conviction que les prétentions des Alliés iraient au-delà de ces bases[2]. » Floret assure que ces prétentions ne recouvreront que « peu de choses » mais son ton et ses sous-entendus sont peu engageants. Il rejette en effet la responsabilité de ce durcissement sur la France et sur son manque d'empressement à répondre aux ouvertures du mois de novembre. Tout semble recommencer comme à Prague.

Devant cette succession de mauvaises nouvelles, Caulaincourt semble désappointé. Il presse à nouveau son maître de lui fournir de véritables instructions et lui demande s'il est prêt à accepter « une cession quelconque

1. *Ibid.*, Caulaincourt à Metternich, Châtillon, 31 janvier 1814.
2. *Ibid.*, Caulaincourt à Napoléon, Châtillon, 31 janvier 1814.

au-delà de celles qui sont annoncées dans les bases[1] ». Le plénipotentiaire français se plaint à plusieurs reprises de l'incertitude dans laquelle il est laissé et de l'inutilité des pleins pouvoirs qui lui ont été confiés au début de sa mission. En effet, en cas d'abandon des bases de Francfort par les Alliés, il n'aura plus aucun argument à leur opposer, plus aucune proposition à leur faire. Le danger est de voir les négociations échouer dès le premier jour... Le duc de Vicence s'inquiète aussi de son isolement et du peu de renseignements militaires qui lui parviennent, alors qu'ont déjà eu lieu les premiers engagements entre l'armée des coalisés et celle de Napoléon : « Dans cette situation quelle détermination puis-je prendre de moi-même ? », écrit-il[2].

Quelles que soient ses inquiétudes, Caulaincourt parvient à les mettre de côté pour se consacrer, dans les premiers jours du mois de février, à l'organisation de sa délégation et aux conditions matérielles de son séjour à Châtillon-sur-Seine. Pour le seconder dans sa négociation, il demande à Napoléon de lui envoyer La Besnardière et de le remplacer par d'Hauterive à la tête du ministère. La présence à ses côtés d'un technicien du ministère lui semble en effet nécessaire, que ce soit pour revoir et corriger les nombreuses notes qu'il ne manquera pas d'adresser aux Alliés, ou pour étoffer la délégation française. Outre Caulaincourt et La Besnardière, celle-ci est composée du fidèle Rayneval, d'un sous-chef de division et de trois agents du ministère. La maison personnelle du duc de Vicence est constituée de son aide de camp, le chevalier Cham, d'un médecin et de vingt-deux domestiques, dont un maître d'hôtel et six cuisiniers[3]. Ce personnel a été appelé par le plénipotentiaire français afin de donner une certaine envergure à son séjour à Châtillon : il obtient pour le loger la plus belle maison de la ville, celle du négociant Étienne[4]. Mais, comme à Prague, ces questions de représentation semblent ne peser que de peu de poids : essentielles lorsque la France était puissante, elles sont désormais inutiles, voire préjudiciables lorsqu'elles passent pour de l'arrogance.

---

1. *Ibid.*
2. *Ibid.*, Caulaincourt à Napoléon, Châtillon, 2 février 1814.
3. M. le vicomte de Montbas, « Caulaincourt à Châtillon », *Revue de Paris*, 15 juin 1928, p. 815.
4. M. le vicomte de Montbas, « Caulaincourt à Châtillon », *Revue de Paris*, 15 juin 1928, p. 812.

Le logement de sa délégation est en définitive une des rares satisfactions de Caulaincourt à la veille de l'ouverture des négociations. L'échec de la tentative d'armistice, le choix des plénipotentiaires alliés, la reprise de la campagne militaire et surtout le silence de Napoléon l'ont profondément découragé, après un voyage déjà éprouvant. Sa longue errance dans l'est de la France a eu toutefois le mérite de lui faire perdre la plupart de ses illusions : il a compris que la modération de l'Autriche est à relativiser et qu'il est vain de vouloir baser sur elle toute la politique de la France. Il a pris conscience des limites de l'armée française et de la formidable puissance de la coalition, face à laquelle même le génie de Napoléon risque d'être insuffisant. Il a surtout fait son deuil des bases de Francfort et des limites naturelles. Son plus grand défi est désormais de convaincre Napoléon que les circonstances ont évolué et que de nouveaux sacrifices sont indispensables. Plus encore qu'à la fin de son ambassade de Russie, plus qu'en 1812 ou qu'en 1813, le duc de Vicence est isolé, face aux ennemis de la France mais aussi face à son maître. Son seul espoir semble résider dans la bonne volonté des plénipotentiaires alliés qui arrivent peu à peu à Châtillon : Humboldt, Stadion et Aberdeen, dans la soirée du 3 février ; lord Stewart et lord Cathcart dans la matinée du 4, le comte Razoumovski quelques heures plus tard[1]. « Le congrès était désormais au complet, écrit le vicomte de Montbas. Après un mois de fatigants voyages et d'attentes anxieuses, de nouvelles déconcertantes et contradictoires, d'incidents pénibles, seul au milieu de l'ennemi, livré aux fausses nouvelles et à la déprimante influence du milieu, Caulaincourt touchait enfin au terme attendu et redouté d'une mission qui n'était guère faite pour les ambitieux[2]. »

« *Une diplomatie de champ de bataille*[3] »

Rarement dans l'histoire, un congrès de paix aura été aussi dépendant des événements militaires que celui de Châtillon. Son déroulement se

1. M. le vicomte de Montbas, « Caulaincourt à Châtillon », *Revue de Paris*, 15 juin 1928, p. 814-815.

2. *Ibid.*, p. 815.

3. De façon évocatrice, Adam Zamoyski, dans son ouvrage consacré au congrès de Vienne, intitule son chapitre sur Châtillon et la campagne de France : « Battlefield Diplomacy » (Adam Zamoyski, *Rites of peace: the fall of Napoleon & the congress of Vienna*, p. 151-168).

confond avec celui de la campagne de France, chaque succès de Napoléon se traduisant par un durcissement de sa position et par une hésitation de la part des Alliés ; chaque revers français ramenant les puissances coalisées à leur intransigeance initiale. Alors qu'à Prague la diplomatie avait échoué dans l'attente d'un règlement par les armes, à Châtillon elle se voit, la plupart du temps, reléguée au second plan par les espérances contradictoires nées des nombreux combats qui opposent les corps d'armée français et alliés dans les plaines de Champagne. Les quelques conférences qui réunissent Caulaincourt et les plénipotentiaires alliés n'apparaissent bien souvent que comme l'écho déformé des champs de bataille : les vraies décisions sont prises dans les quartiers généraux, à la veille ou au lendemain d'un affrontement. Encore faut-il constater que, pour l'essentiel, les belligérants restent campés sur leurs positions : Napoléon refuse absolument de se contenter des limites naturelles et se cramponne à des bases de Francfort depuis longtemps illusoires. Les Alliés quant à eux, malgré leurs divergences de vue, sont persuadés que le sort de l'Europe ne peut se jouer qu'à Paris : Châtillon n'apparaît que comme une « comédie diplomatique[1] » dont les chances de réussite sont quasi nulles.

Face à l'ampleur des événements en cours, Caulaincourt peine à faire entendre sa voix pendant les six semaines que dure le congrès. Il lui faut évoluer dans un état de tension psychologique permanent qui s'explique en grande partie par l'obligation où il est de mener ce qu'il considère lui-même comme une double négociation. Il le déclare en aparté à Floret : « J'ai maintenant deux négociations, une avec vous et une avec l'Empereur. Ce n'est pas la moins facile[2]. » La première négociation, celle qui prend place lors des neuf conférences qui s'échelonnent du 5 février au 19 mars 1814, a été étudiée à de nombreuses reprises : nous ne la retracerons pas dans le détail. Nous nous attacherons davantage en revanche à la seconde négociation, celle du plénipotentiaire français avec son maître, avec bien souvent le duc de Bassano pour intermédiaire. Ce n'est pas devant les plénipotentiaires alliés mais dans ses nombreuses dépêches à son maître que Caulaincourt expose sa vision des événements, montre sa

1. Antonin Debidour, *Histoire diplomatique de l'Europe depuis l'ouverture du congrès de Vienne jusqu'à la clôture du congrès de Berlin (1814-1878)*, Paris, F. Alcan, 1891, t. I, p. 6.

2. August Fournier, *Der Congress von Châtillon*, p. 391, journal de Floret. Cité par Jean Hanoteau, *op. cit.*, t. I, p. 179.

compréhension des enjeux politiques ou révèle au contraire les failles de sa lucidité. C'est dans ces mêmes dépêches qu'il fait part de sa profonde angoisse à l'idée de ne pas remplir les intentions de Napoléon et d'être tenu pour responsable de l'échec des négociations. Une angoisse particulièrement forte dans les heures qui précèdent l'ouverture officielle des négociations : quelle va être l'attitude des plénipotentiaires alliés ? Quelles vont être leurs propositions ? Caulaincourt doit-il y souscrire immédiatement ou chercher au contraire à gagner du temps ?

Dans un moment aussi crucial, le duc de Vicence se plaint toujours d'être laissé sans informations et de manquer d'instructions. Il en vient même à écrire à son ami le maréchal Berthier pour lui demander de lui décrire la réalité sans fard, critiquant au passage les informations édulcorées transmises par Maret : « Parlez-moi clair, mon Prince, avez-vous encore une armée ? Peut-on discuter les conditions pendant 15 jours, ou faut-il les accepter tout de suite ? Si personne n'a le courage de me dire où l'on en est réellement, je reste dans le vague des nouvelles de gazette de M. de Bassano, et je ne puis savoir ce que je dois faire. C'est avec ces contes-là que nous avons perdu toutes nos conquêtes[1]. » Le ton de cette lettre est symptomatique des sentiments de Caulaincourt lorsqu'il se présente devant les diplomates de la coalition, le 5 février à deux heures de l'après-midi. La première conférence dure à peine quelques dizaines de minutes, le temps nécessaire pour l'échange d'un certain nombre de déclarations. Malgré l'impatience du duc de Vicence, les Alliés refusent d'engager immédiatement les débats : ils se bornent à faire valoir leur unité de vue et à exclure du congrès les questions maritimes[2]. Le comte de Razoumovski explique que, de toute façon, il n'a pas encore reçu ses instructions et qu'il ne peut donc rien discuter pour le moment. Dès cette première conférence, le plénipotentiaire russe se distingue par son agressivité, au contraire de ses collègues – notamment anglais – qui gardent en toutes circonstances un ton mesuré. Mais, quoi qu'il en soit, Caulaincourt ne se fait aucune illusion : il comprend qu'il est seul contre tous. La séance du 5 février lui fait sentir, si besoin était, qu'une manœuvre visant à disloquer l'alliance des ennemis de la France est vouée à l'échec. Il ne reste au plénipotentiaire français qu'à se draper dans sa fierté et à défendre

1. AN, 95 AP 14, Caulaincourt à Berthier, Châtillon, 3 février 1814 (au soir).
2. *Ibid.*, Caulaincourt à Napoléon, Châtillon, 5 février 1814.

l'honneur de son pays. Il rapporte ainsi à Napoléon la scène qui l'oppose au plénipotentiaire russe :

> Dans le cours de la conférence, M. de Razoumoffski [*sic*] ayant dit deux fois que toute l'Europe était avec eux, j'ai cru devoir la première fois ne pas paraître l'entendre. Mais à la seconde, je lui ai dit : « Je ne l'ignore point, M. le comte, je sais que l'Europe est votre alliée et qu'ici la France est seule. » Cette réponse a paru plaire à tout ce qui n'était pas russe. J'éviterai avec soin tout ce qui pourrait aigrir, mais j'éviterai également tout ce qui serait de la faiblesse et je n'endurerai rien qui annonce l'intention d'humilier mon maître ou mon pays[1].

Le lendemain, Caulaincourt reçoit de Maret de nouvelles instructions qui se résument en deux mots : « carte blanche »[2]. Le plénipotentiaire français peut désormais se prévaloir de pouvoirs en théorie illimités et signer sur-le-champ tout traité proposé par les Alliés. Mais Caulaincourt ne demandait pas une telle latitude : ce qu'il voulait, c'était des instructions détaillées, précisant les sacrifices envisagés par Napoléon. Il comprend immédiatement toute l'ambiguïté de cette carte blanche qui lui fait courir le risque d'être désavoué dès son retour auprès de son maître. Le 6 février, il fait part de l'« état d'anxiété », et de l'« embarrassante perplexité », dans lequel il est plongé par les directives qu'il vient de recevoir[3]. Dès le début des négociations, Caulaincourt est marqué par le doute, les hésitations, une certaine timidité diront ses détracteurs qui lui reprocheront de ne pas avoir fait usage des pouvoirs qui lui avaient été attribués[4]. Mais il ne faut pas oublier que le plénipotentiaire français reste dans une ignorance quasi complète de l'évolution du contexte militaire et qu'il doit attendre plusieurs jours avant de connaître les véritables intentions des Alliés.

Le couperet tombe le 7 février, lors de la seconde séance du congrès de Châtillon : le comte de Razoumovski affirme ignorer jusqu'à l'existence des bases de Francfort, Stadion paraît en douter, lord Aberdeen tente d'éluder la question. Après trois mois de mascarade, les diplomates

---

1. *Ibid.*
2. *Ibid.*, Maret à Caulaincourt, Troyes, 5 février 1814 (lettre chiffrée).
3. *Ibid.*, Caulaincourt à Napoléon, Châtillon, 6 février 1814.
4. Voir baron Ernouf, *op. cit.*, p. 626-628.

de la coalition abandonnent enfin le mythe des frontières naturelles, sans préciser pour autant l'ampleur des sacrifices demandés à la France. Pourtant convaincu que les bases de Francfort sont depuis longtemps tombées en désuétude, Caulaincourt est suffoqué par tant de mauvaise foi et se voit dans l'obligation d'attendre de nouvelles instructions : « Ce que je sais avec certitude, écrit-il à Napoléon, c'est que j'ai affaire ici à des hommes qui ne sont rien moins que sincères ; que se presser de leur faire des concessions, c'est les encourager à en demander de nouvelles, sans que l'on puisse prévoir où ils s'arrêteraient et sans obtenir de résultat[1]. » On est loin de l'image d'un duc de Vicence prêt à toutes les compromissions pour obtenir la paix. Les dépêches qu'il rédige à cette époque montrent qu'il est disposé, certes, à abandonner les limites naturelles mais qu'il répugne à revenir aux frontières de la monarchie des Bourbons. Il sait de toute façon que l'Empereur ne l'accepterait pas.

L'optimisme de ce dernier a été considérablement refroidi par les premières nouvelles en provenance du congrès. Le marquis de Rumigny, alors présent au quartier général, décrit sa « voix lente, sourde et voilée [...], son regard fatigué, son attitude languissante[2] ». Rumigny constate aussi l'ambiance délétère qui règne dans l'entourage de l'Empereur, alors que rien ne semble pouvoir arrêter la marche des armées alliées. Le maréchal Berthier le presse de dire à Caulaincourt « Qu'il n'y avait plus d'armée ! Qu'il fallait la paix à tout prix[3] ! ». Le 8 février au soir, Napoléon reçoit une dépêche de son plénipotentiaire, lui signifiant l'abandon par les Alliés des bases de Francfort : « Aucun mot, nulle exclamation, pas un seul geste ne lui échappèrent, écrit Ségur dans ses Mémoires. Seulement on crut le voir froisser convulsivement ce papier qu'il tenait en sa main ; puis, absorbé dans un silence morne, et se retirant dans sa chambre à coucher, il s'y enferma[4]. » Pendant toute la nuit, l'Empereur hésite sur la direction à suivre. Pressé par certains de ses proches, comme Berthier, de céder aux conditions de ses ennemis, il envisage un moment d'abandonner la rive gauche du Rhin. Le 9 au matin, il apprend toutefois la manœuvre aventureuse de Blücher, qui vient de découvrir ses flancs en

1. AN, 95 AP 14, Caulaincourt à Napoléon, Châtillon, 8 février 1814.
2. Cette description figure dans les *Mémoires de Ségur*, t. VI, p. 303.
3. *Ibid.*
4. *Ibid.*, p. 305.

s'avançant vers Paris. Revêtant à nouveau ses habits de général, Napoléon « sort du désespoir des négociations par l'espoir des nouveaux combats qui s'offrent à lui[1] ». Alors que le duc de Vicence demandait une réponse rapide, l'Empereur remet à plus tard sa décision, espérant toujours en sa bonne étoile.

Caulaincourt est consterné par cette décision. C'est en vain qu'il s'efforce de détourner Napoléon des hasards de la guerre : « Je conjure V. M de se conserver, de conserver son armée, et de ne la point exposer à des chances trop douteuses[2] », supplie-t-il. Déçu par son maître, Caulaincourt est excédé, qui plus est, par les louvoiements des plénipotentiaires alliés qui repoussent de jour en jour la tenue d'une nouvelle conférence. Il s'en plaint en des termes qui expriment la profondeur de son désarroi, alors que le congrès a commencé depuis moins d'une semaine : « Ils sont six et je suis seul. Ils sont les plus forts. Je suis contraint de suivre leur allure et ne saurais les forcer de prendre la mienne. Telle est ma situation, la plus extraordinaire peut-être et sûrement la plus cruelle, où jamais négociateur se soit trouvé[3]. » Les atermoiements des plénipotentiaires alliés trouvent leur explication le 10 février. Caulaincourt apprend qu'ils ont décidé, à la demande du tsar, de suspendre les négociations ! Alexandre Ier, convaincu que ses troupes sont sur le point d'entrer dans Paris, craint en effet que la bonne volonté de Caulaincourt, rejoignant peut-être celle de l'Autriche ou de l'Angleterre, n'aboutisse à la signature d'un traité de paix qui le priverait de sa victoire. Il enjoint à Razoumovski de cesser les débats ; ses collègues sont contraints de le suivre dans cette voie, même s'ils sont conscients du mauvais effet que peut avoir cette décision sur l'opinion publique. Caulaincourt comprend que les souverains alliés ont préféré, comme son maître, le langage des canons à celui de la diplomatie : « La force des événements prend un tel empire, que la sagesse et la prévoyance humaine ne peuvent plus rien », écrit-il. Son pessimisme est tel qu'il en vient à proposer à Napoléon de quitter son poste pour rejoindre les rangs de l'armée : « S'il n'y a de salut que dans les armes, je prie V. M. de me compter au nombre de ceux qui tiennent à honneur

1. *Ibid.*, p. 309.
2. AN, 95 AP 14, Caulaincourt à Napoléon, Châtillon, 9 février 1814.
3. *Ibid.*, Caulaincourt à Napoléon, Châtillon, 9 février 1814.

de mourir pour leur Prince[1]. » Cet honneur ne lui sera bien entendu pas accordé : le plénipotentiaire français est contraint de prendre son mal en patience et d'attendre pendant près d'une semaine – au milieu du mois de février – la reprise des négociations. Après une phase d'agacement, Caulaincourt semble prendre son parti de la pause qui lui est imposée. Il passe le temps en parties de chasse ou en dîners avec les membres des différentes délégations et tente de faire jouer, faute de mieux, la représentation. Mais les plénipotentiaires alliés restent pour la plupart indifférents.

C'est le sort des armes qui va, comme souvent, faire sortir les négociateurs de leur léthargie. Du côté français, l'espoir renaît au fur et à mesure que s'enchaînent les brillants succès de Napoléon. Dans ses lettres à Caulaincourt, Maret est de plus en plus optimiste : il se hâte de rendre compte des pertes subies par l'ennemi à Champaubert, le 10 février, à Montmirail, le 11, à Vauchamps, le 14. Le duc de Vicence est d'abord rassuré par ces nouvelles qui lui permettent de croire encore en une solution de compromis[2]. Mais il en vient rapidement à redouter les illusions de Napoléon et sa trop grande confiance en ses capacités militaires. La seule solution selon lui est de conclure la paix le plus rapidement possible, en profitant de la consternation que ces nombreux revers ne manqueront pas de susciter chez les Alliés. Le 14 février, il écrit une lettre personnelle au duc de Bassano pour tenter de le convaincre de faire pression auprès de l'Empereur. Au-delà de son extrême lucidité, cette missive se distingue par la franchise de son ton, voire par son agressivité. On sent derrière les mots la profondeur du différend qui sépare les deux hommes, malgré leur attachement commun au service du régime impérial :

> Vous êtes près de l'Empereur, M. le Duc, vous avez sa confiance. Les événements militaires se passent sous vos yeux. [...] Peignez-lui de grâce sa position avec l'énergie que le moment exige. [...] Faites que S. M. se décide. Faites-le pour l'intérêt de S. M. même, pour celui de la France ; et pour que la postérité ne croie pas que, dans des circonstances si graves, lorsqu'il ne fallait pour tout sauver qu'un mot de l'Empereur, il ne s'est trouvé près de lui personne pour le porter à dire ce mot, ou pour le dire en son nom. Monsieur vous êtes sûre-

1. *Ibid.*, Caulaincourt à Napoléon, Châtillon, 10 février 1814.
2. *Ibid.*, Caulaincourt à Napoléon, Châtillon, 19 février 1814.

> ment fort attaché à l'Empereur, fort dévoué à votre pays, est-il juste, quand il s'agit de les sauver, que je sois seul à la brèche à Châtillon et au quartier général[1] ?

La démarche de Caulaincourt se heurte à l'euphorie qui règne au quartier général. Après plusieurs signes annonciateurs, le 18 février, Napoléon retire à son ministre sa « carte blanche ». Les affaires devront suivre « la marche ordinaire » : le négociateur français devra « rendre compte de tout » et attendre de « connaître les intentions » de son maître[2]. Ses intentions sont désormais claires : la paix est concevable « uniquement sur les bases de Francfort » – mais en a-t-il jamais été autrement pour l'Empereur ? Loué pour son « calme » et sa « modération », le plénipotentiaire français est surtout félicité pour n'avoir pas fait usage de ses pleins pouvoirs, quand il en avait théoriquement l'occasion : « L'Empereur, écrit Maret, veut que j'ajoute à cette lettre l'expression de sa satisfaction sur la conduite que vous avez tenue [...] en ne signant pas sur la base des anciennes limites [...]. Vous avez parfaitement saisi ce qu'exigeait la position où l'on se trouvait alors[3]. »

Caulaincourt ne cache pas son soulagement à l'annonce de cette décision, qui met fin selon lui à « l'une [des situations] les plus cruelles où un homme puisse être[4] ». Du fait de son isolement et de son incapacité à obtenir des instructions précises, les pouvoirs illimités qui lui avaient été confiés lui apparaissaient inutiles et ne faisaient que renforcer ses hésitations. Il s'estime désormais « délivré de la crainte de m'égarer en en faisant usage, privé comme je l'étais d'une connaissance exacte des faits pour pouvoir agir avec certitude[5] ». Il redemande en conséquence de véritables instructions, afin de présenter une réponse au projet proposé par les plénipotentiaires de la coalition, le 17 février (3e séance du congrès). Les Alliés ont été en effet profondément troublés par les victoires remportées par Napoléon : leur intransigeance a fait place à une volonté de renouer le contact avec la France, même si les conditions qu'ils proposent peuvent sembler difficilement acceptables. Ils ne prônent rien moins que le retour

1. *Ibid.*, Caulaincourt à Maret (lettre personnelle), Châtillon, 14 février 1814.
2. *Ibid.*, Maret à Caulaincourt, Nangis, 18 février 1814.
3. *Ibid.*
4. *Ibid.*, Caulaincourt à Napoléon, Châtillon, 19 février 1814.
5. *Ibid.*

du pays aux frontières de 1792, excluant l'Allemagne et surtout l'Italie des discussions. Caulaincourt juge lui-même ce projet « monstrueux[1] ». Il estime cependant qu'il faut rapidement convenir d'un contre-projet et que ce dernier, quelle que soit la situation militaire, ne peut qu'être un compromis entre les frontières de la monarchie des Bourbons et les limites naturelles. Le plénipotentiaire français est lucide : aussi brillantes soient-elles, les dernières victoires de Napoléon n'ont pas rejeté les Alliés hors de France ; elles ne modifient pas entièrement la situation mais donnent simplement une occasion de conclure la paix sur des bases acceptables[2]. Or, contrairement à ses attentes, les négociations se bloquent à nouveau. Caulaincourt tarde à recevoir des nouvelles de son gouvernement et craint de se voir imputer l'échec des négociations, après avoir lui-même tant critiqué les délais imposés par les Alliés. Enthousiasmé par ses victoires, Napoléon juge à présent en effet les propositions de ses ennemis « humiliantes[3] » ; le 2 mars, il affirme sans fard à son plénipotentiaire que la France « ne cédera jamais Anvers et la Belgique[4] ».

Dans les derniers jours du mois de février, la situation à Châtillon devient critique. Le duc de Vicence constate plus que jamais la cohésion des Alliés et leur volonté farouche d'abaisser – de détruire – la puissance napoléonienne en Europe. Trop heureux de reprendre l'avantage après leurs propres hésitations, les diplomates de la coalition pressent Caulaincourt de leur fournir une réponse. Lors de la quatrième conférence du congrès, le 28 février, le plénipotentiaire français ne peut qu'évoquer les retards dus au courrier et au chaos entraîné par les combats. Razoumovski et Stadion se font de plus en plus insistants et fixent finalement une date butoir : le contre-projet français doit leur être présenté avant le 10 mars. Dans la nuit du 5 au 6, Rumigny arrive avec, de la part de Napoléon, un projet de note qui plonge Caulaincourt dans le plus grand désarroi. Alors que les Alliés sont sur le point de rompre, l'Empereur se raccroche toujours aux bases de Francfort. Encore ébloui par des succès qui tendent d'ailleurs à se raréfier, il sous-estime gravement l'urgence de la situation, malgré les avertissements de son plénipotentiaire :

1. *Ibid.*, Caulaincourt à Napoléon, Châtillon, 17 février 1814.
2. *Ibid.*, Caulaincourt à Napoléon, Châtillon, 19 février 1814.
3. *Ibid.*, Maret à Caulaincourt, Troyes, 25 février 1814.
4. *Ibid.*, Maret à Caulaincourt, La Ferté-sous-Jouarre, 2 mars 1814.

> Il faut des sacrifices, il faut les faire à temps. Comme à Prague, si nous n'y prenons garde, l'occasion va nous échapper. [...] Ici, la négociation va se rompre, parce qu'on ne se persuade point qu'une question d'une aussi grande importance puisse tenir à telle ou telle réponse que nous ferons, et à ce que cette réponse soit faite avant tel ou tel jour [...]. On ne veut qu'un prétexte, et faute de nous décider à prendre le parti qu'exigent les circonstances, tout nous échappera, sans que l'on puisse prévoir quand et comment on pourra revenir à des idées de conciliation[1].

Lors de la conférence du 10 mars (5e séance du congrès), Caulaincourt s'efforce de gagner du temps, utilisant ses arguments habituels – courrier, délais de rédaction, etc. – et jetant en pâture aux coalisés l'indépendance de l'Espagne, de l'Allemagne ou de l'Italie. Ses interlocuteurs reviennent à la charge lors de la séance suivante (13 mars), et demandent un véritable contre-projet, sous peine de devoir quitter la ville. Comprenant qu'il est sur le fil du rasoir, Caulaincourt promet une réponse définitive pour le 15 mars. Mais il sait déjà que ses instructions ne vont pas changer en quelques heures : « Ce seront toujours les bases de Francfort sous une autre forme, écrit-il à son maître avec fatalisme. J'aurais bien voulu pouvoir offrir quelque chose au-delà. Les ordres de V. M. m'en ont ôté le pouvoir[2]. » Le contre-projet du 15 mars, peu original, ne fait que broder sur les bases de Francfort : seul est concédé un vague « accroissement de territoire » au profit d'un royaume de Hollande indépendant et aux dépens de l'empire français. D'après Floret, Caulaincourt se montre durant cette séance « très échauffé » et retient « avec peine son humeur »[3]. Razoumovski est plus sévère, décrivant « une agitation et un défaut de contenance extrêmes ». « Les lèvres et les mains lui tremblaient en lisant son contre-projet », ajoute-t-il[4]. Une émotion compréhensible : le duc de Vicence sait que le contre-projet qu'il est en train de lire est synonyme pour ses interlocuteurs de rupture des négociations.

---

1. *Ibid.*, Caulaincourt à Napoléon, Châtillon, 6 mars 1814.

2. *Ibid.*, Caulaincourt à Napoléon, Châtillon, 13 mars 1814 (dix heures du soir).

3. August Fournier, *Der Congress von Châtillon,* p. 395, journal de Floret (note du 15 mars).

4. AVPRI, fonds 133, 1608, négociations à Châtillon, Razoumovski (réception). Lettre de Razoumovski à Nesselrode, Châtillon, 3/15 mars 1814.

La sanction tombe le 18 mars. Pour les plénipotentiaires alliés, les négociations sont désormais closes : une dernière séance doit permettre de compléter le protocole et de se séparer selon les règles en usage. S'il reste un espoir de conclure la paix, celui-ci est particulièrement mince, Caulaincourt en est conscient : « Il paraîtrait qu'en consentant à *de très grands sacrifices* on pourrait encore traiter directement avec les ministres d'État des cours alliées. [...] Mais, Sire, on ne peut se faire illusion : c'est à rentrer, à peu de chose près, dans nos anciennes limites, qu'on exige que nous consentions[1]. » Le 19 mars a lieu la 9e et dernière séance du congrès de Châtillon. La mise au point des pages finales du protocole se fait dans une atmosphère « aigrie[2] ». Le 20 mars au soir, le duc de Vicence se décide à quitter Châtillon dès le lendemain matin, estimant qu'« il n'y a rien à faire ici. La négociation est décidément rompue[3] ». Après n'avoir cessé, pendant toute la durée du congrès, de dicter son langage à la diplomatie, la guerre a repris tous ses droits.

À plus d'un titre, l'action de Caulaincourt à Châtillon est un échec, comme beaucoup de commentateurs n'ont pas manqué de le souligner. La représentation diplomatique qu'il s'efforce de mettre en place s'avère rapidement inutile, de même que ses tentatives pour isoler les différents négociateurs de la coalition, en flattant leurs divergences et leurs intérêts particuliers. Le duc de Vicence ne parvient ni à instaurer de véritables relations avec ses interlocuteurs, ni à adoucir leur froide intransigeance, ni à faire fléchir leur apparente unanimité. Encore plus qu'à Prague, il se heurte en toutes circonstances à un mur. Même s'il soupçonne les vifs débats qui opposent les puissances de la coalition, il n'en a qu'un aperçu superficiel et ne peut jamais en profiter. Napoléon lui a reproché cette cécité ; que pouvait-il faire pourtant face à des interlocuteurs déterminés à reléguer leurs dissensions à l'arrière-plan et à toujours présenter un front uni lors des conférences du congrès ?

Plus critiquable apparaît le comportement général du duc de Vicence à Châtillon. Le plénipotentiaire français ne parvient jamais en effet à

---

1. AN, 95 AP 14, Caulaincourt à Napoléon, Châtillon, 18 mars 1814. Souligné par Caulaincourt.

2. August Fournier, *Der Congress von Châtillon*, p. 397, journal de Floret (note du 19 mars).

3. AN, 95 AP 14, Caulaincourt à Napoléon, Châtillon, 20 mars 1814 (au soir).

masquer ses états d'âme, ses craintes, son désespoir et surtout sa profonde anxiété. Il se montre trop souvent transparent, alimentant les commentaires acerbes, moqueurs ou apitoyés de ses adversaires. Stadion a pu ainsi parler à son sujet d'un homme « anéanti du malheur de la circonstance[1] ». On est bien loin à l'évidence des qualités attendues chez un diplomate, notamment du sang-froid qui doit accompagner la prise de décision. C'est dans de telles circonstances que l'on peut observer ce qui distingue Caulaincourt de « diplomates-nés » comme Talleyrand ou Metternich. Livré à lui-même, ses instructions vagues ou fluctuantes, le duc de Vicence se révèle finalement incapable de véritables initiatives. Comme beaucoup, il est victime de la centralisation impériale, d'un système qui a progressivement réduit les collaborateurs de Napoléon – notamment les chefs militaires et les diplomates – au rôle de simples exécutants. Malgré tout, Caulaincourt est une victime lucide de ce système, qu'il réprouve mais qu'il sait ne pouvoir changer. Son manque d'initiative n'est pas une simple marque de faiblesse ou d'incompétence : il est au contraire le produit d'une longue réflexion. S'il refuse de souscrire aux propositions des Alliés – le 7 et le 17 février notamment – et d'avaliser le retour de la France à ses anciennes limites, c'est qu'il sait qu'il sera immanquablement désavoué par son maître. Il l'écrit dans ses Mémoires : « Obligé de choisir entre l'inconvénient de passer pour un traître, au moins pour un lâche, et le danger d'un bouleversement et d'une chute que je prévoyais, mon choix n'eût pas été douteux, si j'eusse pu sauver la France ; mais était-ce la sauver que de lui imposer les conditions de Châtillon, que l'Empereur n'eût pas ratifiées ? Je l'eusse humilié en pure perte [...][2]. » La lucidité de Caulaincourt le conduit rapidement à préférer « l'honneur de la résignation » à une insubordination qu'il juge vaine. Son principal échec à Châtillon est peut-être justement de n'avoir rien osé, d'avoir accepté tacitement l'inutilité des négociations.

Le poids de Caulaincourt sur les événements apparaît en définitive particulièrement faible : tout se joue à un niveau supérieur, que ce soit sur les champs de bataille ou au quartier général des Alliés. Au sein de la campagne de France, Châtillon n'est qu'une scène où chacun récite une partition écrite pour lui : celle du plénipotentiaire français est sûrement la

1. Cité par Albert Sorel, *L'Europe et la Révolution française*, t. VIII, p. 263.
2. *Mémoires de Caulaincourt*, t. III, p. 29.

plus tragique. Malgré tout ce qu'il lui en coûte, le congrès reste une étape essentielle dans la carrière du duc de Vicence. Sa stature de diplomate en sort renforcée : ses hésitations ne peuvent faire oublier le fait qu'il a mené des débats pendant plusieurs semaines, seul contre tous. Mises à part les moqueries de Razoumovski, les diplomates alliés se montrent admiratifs devant son courage et ses capacités. Stadion est ainsi étonné par ses talents d'orateur et craint déjà les ravages qu'ils risquent de faire en présence du tsar de Russie : « Mais prenez garde de ne jamais faire venir le duc de Vicence dans le même endroit auprès de l'empereur Alexandre. Je ne sais s'il l'a toujours été, ici du moins il est rhéteur politique, homme à grandes phrases, à belles déductions de conversation, etc. Il tourne quelquefois la tête à Floret, et je crois qu'il tournerait bien plus aisément celle de notre allié du nord. Joignez-y les anciennes habitudes de Pétersbourg[1]… » Un conseil qui ne va pas être pris en compte à sa juste valeur dans les semaines qui vont suivre.

1. Cité par August Fournier, *Der Congress von Châtillon*, p. 344, Stadion à Metternich, Châtillon, 12 mars 1814.

CHAPITRE 14

ENTRE PARIS ET FONTAINEBLEAU

Le voyage qui mène Caulaincourt de Châtillon au quartier général impérial se révèle semé d'embûches : il doit traverser un pays en guerre et manque de peu de se faire capturer par les Cosaques. Ce n'est qu'après trois jours d'errance qu'il retrouve enfin Napoléon, à Saint-Dizier, dans la nuit du 23 au 24 mars[1]. Contrairement peut-être à ce qu'il craignait, Caulaincourt ne se voit aucunement reprocher l'échec du congrès. Et pour cause : l'Empereur est entièrement tourné vers les prochains événements militaires. Alors que les Alliés se dirigent inexorablement vers Paris, il projette de se porter sur leurs arrières afin de couper leurs lignes de communication et de ruiner définitivement leur effort de guerre. Napoléon est plus que jamais convaincu que « l'épée seule peut gagner ou perdre ce procès ». Caulaincourt, au contraire, est encore d'avis qu'« il faut que la plume aide l'épée[2] ».

Mais ses tentatives pour relancer les négociations se heurtent invariablement à ce qu'il considère comme l'« obstination » et l'« aveuglement » de Napoléon. « Il était dans ma destinée de ne rencontrer que des difficultés en quelque sorte insurmontables », écrira-t-il dans ses Mémoires, rendant compte du profond découragement qui l'habite à cette époque[3]. Faisant fi de ses conseils, Napoléon répugne en effet à envoyer un émissaire auprès du tsar Alexandre ou de Metternich. Il est persuadé que toute nouvelle démarche ne peut être qu'inutile ou pire, humiliante. Seule la capture fortuite

1. Voir le récit de ce voyage dans les *Mémoires de Caulaincourt*, t. III, p. 36-39.
2. *Ibid.*, p. 47.
3. *Ibid*, p. 42.

d'un diplomate autrichien, le baron de Wessenberg, le convainc d'envoyer deux missives au chancelier autrichien. Comme prévu, elles restent sans réponse, donnant tort à Caulaincourt, au moins pour un temps.

Libéré de la diplomatie, Napoléon décide de mettre en œuvre son plan militaire et de diriger ses troupes vers la Lorraine. Malgré quelques succès partiels contre les Russes, sa manœuvre est un échec : elle ne détourne pas les Alliés de leur progression vers Paris. À Troyes, le 28 mars, l'Empereur, sous la pression de son entourage et des nouvelles inquiétantes qui lui sont parvenues de la capitale, décide de faire marche arrière. Dès le 30 mars au soir, il est aux abords de Juvisy-sur-Orge. Mais il est déjà trop tard : Paris vient de capituler face aux troupes de la coalition. Atterré, Napoléon envisage un instant de passer outre les termes de la capitulation mais doit se résoudre à rester à bonne distance de la capitale. Les nouveaux plans de campagne qu'il échafaude masquent difficilement l'impasse dans laquelle il se trouve. À quelques heures de leur entrée dans la capitale, les souverains alliés sont totalement maîtres de la situation, de la situation militaire comme de la situation politique. Ils tiennent entre leurs mains les destinées de la France et celles du régime impérial.

Napoléon n'a d'autre choix que d'envoyer un émissaire à Paris, tant pour relancer les négociations avec les Alliés que pour obtenir des informations et tenter de prévenir les bouleversements politiques que ne manquera pas de faire surgir la capitulation. Peut-être parce qu'il veut éviter d'endosser cette responsabilité écrasante, Caulaincourt est le premier à proposer un candidat pour cette mission : Berthier. Il met en avant le prestige du prince de Neufchâtel et ses bonnes relations avec les officiers de la coalition. Mais Napoléon ne veut rien entendre : il a besoin de Berthier auprès de lui et doute surtout de ses capacités politiques. Dans l'esprit de l'Empereur, il n'y a jamais eu d'autre candidat que son grand écuyer pour cette mission de la dernière chance : « Allons, Caulaincourt, finit-il par déclarer dans la nuit du 30 au 31 mars, allez sauver la France et votre Empereur. Faites ce que vous pourrez[1]. » Conscient de l'urgence de la situation, le duc de Vicence accepte immédiatement la mission qui lui est confiée. Il quitte le quartier général impérial au milieu de la nuit. « À 7 heures du matin [31 mars], j'étais rendu devant l'hôtel de ville [de Paris]. Le Conseil municipal, que je voulais voir, n'étais plus assemblé ; le préfet, auquel je voulais

1. *Ibid.*, p. 64.

parler, s'était rendu avec le préfet de Police au quartier général des Alliés. [...] J'appris en même temps que les troupes ennemies devaient entrer à Paris à 10 heures. N'ayant pas un moment à perdre, mon parti fut bientôt pris[1]. » Il décide de passer la barrière de Pantin et de se rendre à Bondy, où demeure alors le tsar Alexandre.

Commence pour le duc de Vicence une négociation longue et difficile, qui ne s'achèvera que le 13 avril, avec la ratification par Napoléon de son acte d'abdication. Pendant deux semaines, Caulaincourt devra faire la navette entre Paris et Fontainebleau tant pour défendre auprès des chefs de la coalition la cause de son maître que pour convaincre ce dernier d'accepter les conditions qui lui sont imposées. Plutôt que de reprendre dans le détail les faits et gestes du duc de Vicence du 31 mars au 13 avril – faits et gestes par ailleurs bien connus et constituant l'essentiel du troisième tome de ses *Mémoires* – nous nous attacherons à l'étude de ses relations avec les trois personnalités qui résument à elles seules les principaux aspects de son action à cette période : Alexandre Ier, Talleyrand et, bien entendu, Napoléon. Alexandre symbolise les relations du duc de Vicence avec les Alliés, à la fois tendues et cordiales. Talleyrand représente quant à lui les intrigues politiques qui agitent Paris à cette époque et la question cruciale du régime qui doit succéder à Napoléon. Les journées d'avril constituent enfin un des moments forts de la relation entre Caulaincourt et l'Empereur : celle-ci, malgré de nombreuses ambiguïtés héritées des années précédentes, connaît peut-être ici son apogée. Plus encore qu'à Châtillon, c'est à Fontainebleau que le duc de Vicence acquiert dans l'imaginaire de ses contemporains la place – contestable – de fidèle d'entre les fidèles. Caulaincourt et Alexandre, Caulaincourt et Talleyrand, Caulaincourt et Napoléon : trois relations qui, durant quelques jours, s'entremêlent et déterminent les destinées de l'Empire.

Caulaincourt et Alexandre : au bon souvenir de l'ambassade de Russie

Depuis son départ de Saint-Pétersbourg, au mois de mai 1811, Caulaincourt n'a plus revu le tsar Alexandre. En 1812, peu après l'incendie de Moscou, il a refusé de lui porter les propositions de paix de Napoléon,

1. *Ibid.*, p. 65-66.

sachant pertinemment que la démarche était vouée à l'échec. En 1813, il a tenté de renouer le contact avec son ami mais à deux reprises – peu avant l'armistice de Pleiswitz et à la fin des négociations de Prague – on lui a opposé une fin de non-recevoir. Alexandre n'a pas même daigné lui répondre personnellement, preuve de la rupture causée par la campagne de Russie. On imagine donc sans peine l'appréhension de Caulaincourt, en cette matinée du 31 mars, lorsqu'il se présente au quartier général des Alliés pour rencontrer l'empereur de Russie. Son parcours jusqu'à Bondy n'a pas été sans difficultés : il lui a fallu convaincre nombre d'officiers russes du bien-fondé de sa mission et jouer souvent d'audace pour surmonter les embûches dressées sur son chemin[1]. Lorsqu'il parvient enfin devant le comte de Nesselrode, l'accueil est froid. Le diplomate russe est on ne peut plus clair : les négociations, rompues à Châtillon, n'ont plus lieu d'être à quelques heures de l'entrée du tsar à Paris.

En vain, Caulaincourt fait valoir les pouvoirs – en grande partie virtuels – qui lui ont été octroyés pour conclure la paix. En vain, il insiste sur les ressources qui restent à Napoléon. Nesselrode est « peu convaincu », mais accepte toutefois d'accorder à Caulaincourt ce qui lui avait été refusé en 1813 : une entrevue avec Alexandre. Dans l'antichambre du tsar, le ministre de Napoléon rencontre le grand-duc Constantin, avec qui il avait noué de solides relations lors de l'ambassade de 1807-1811. « Il me parla de Pétersbourg, raconte Caulaincourt, du temps que j'y avais passé, de l'intérêt qu'il portait à nos prisonniers, à nos blessés ; enfin je ne puis assez faire l'éloge de la délicatesse qu'il mit dans toute cette conversation[2]. » Celle-ci, en ressuscitant momentanément l'atmosphère de l'alliance franco-russe, est révélatrice du nouvel état d'esprit qui anime les Russes. Assurés – ou presque – de la victoire, ils peuvent se permettre désormais une certaine souplesse à l'égard de leurs ennemis. Quand Alexandre reçoit enfin le duc de Vicence, toute animosité semble oubliée : « Ce prince me reçut tout de suite et m'accueillit avec son ancienne bonté, je puis même dire avec son amitié accoutumée. Il m'embrasse en me disant : "C'est le duc de Vicence que je revois toujours avec grand plaisir et comme ami"[3]. »

1. Voir le récit de ce voyage dans les *Mémoires de Caulaincourt*, t. III, p. 66-70.
2. *Ibid.*, p. 71-72.
3. *Ibid.*, p. 72.

Il est évident que le nouveau contexte a modifié les sentiments du tsar : il ne reste plus rien de la rancune qu'il avait pu concevoir à l'égard de Caulaincourt durant les années 1812 et 1813. Réunis après de longs mois de troubles, les deux hommes reprennent des relations apparemment amicales. Alexandre ne se départ pas toutefois de sa farouche détermination à mener jusqu'à son terme la lutte contre Napoléon. Tout en louant les qualités du peuple français et en affirmant qu'il s'apprête à entrer dans Paris « sans haine comme sans ressentiment[1] », le tsar reste sourd aux arguments du duc de Vicence en faveur d'une reprise des négociations. Comme l'a déjà laissé entendre Nesselrode, toute paix avec Napoléon semble désormais quasiment impossible. Peut-être par amitié pour Caulaincourt, plus probablement pour ménager l'opinion et se réserver le rôle d'arbitre, Alexandre accepte néanmoins de ne pas totalement exclure l'Empereur de ses projets politiques :

> [Il] finit par m'assurer, en me congédiant, qu'il ne ferait rien pour diriger l'opinion ni pour ni contre l'Empereur, raconte le duc de Vicence ; qu'il consulterait les personnes les plus marquantes et les plus éclairées ; qu'on n'influencerait en aucune manière leur opinion ; que, ne voulant rien opposer et les armées alliées n'occupant Paris qu'en amies, on se bornerait à écouter notre vœu ; que, si nous voulions l'empereur Napoléon malgré tout le mal qu'il nous avait fait, on ne s'y opposerait pas, mais que, l'Europe ne pouvant oublier celui qu'elle avait souffert, on prendrait ses sûretés[2].

La dernière phrase est lourde de signification : une France sans Napoléon serait une France ménagée ; une France sous Napoléon serait sévèrement amoindrie, ses capacités de nuisance brisées. Surtout, une condition vient limiter de façon drastique le discours apparemment engageant d'Alexandre : toutes ses propositions sont subordonnées à l'assentiment de ses Alliés.

Or il s'avère rapidement que seul l'empereur de Russie est disposé à maintenir face à Caulaincourt l'illusion du dialogue. Après son entretien avec Alexandre, le ministre de Napoléon se rend directement auprès de

1. *Ibid.*, p. 74.
2. *Ibid.*, p. 76.

Schwarzenberg, qui réside aussi à Bondy. L'accueil est particulièrement froid : « Il se refusa sèchement à toute espèce de négociation pour l'Empereur ou pour son fils ; il montra plus que de l'indifférence pour l'Impératrice. Il ne me parla que des soi-disant grands intérêts de l'Europe qui, répétait-il, devaient passer avant tout, avant ceux de famille. Je lui rapportai vainement les paroles moins tranchantes, même tranquillisantes de l'empereur Alexandre[1]. » L'attitude du chef militaire de la coalition n'est que le reflet de la position de François II et de Metternich. Après tant de sacrifices consentis, l'Autriche veut mener la lutte jusqu'à son terme logique, la chute de Napoléon, et aucune considération sentimentale ne doit l'en détourner.

Quelques heures plus tard, en cette même journée du 31 mars, Caulaincourt est cloîtré chez sa sœur, la baronne de Saint-Aignan, tandis que triomphent les Alliés : l'empereur Alexandre, le général Schwarzenberg et le roi de Prusse, Frédéric-Guillaume, font leur entrée à Paris, à la tête des troupes russo-prussiennes. D'abord réservée, la foule montre de plus en plus son enthousiasme, au fur et à mesure de l'avancée du cortège vers le centre de la capitale. Le duc de Vicence est choqué par ces réactions, qui contredisent par ailleurs ce qu'il a pu affirmer au tsar, plus tôt dans la matinée, quant à l'état d'esprit des Parisiens. Décrivant la scène dans ses *Mémoires*, il montre une fois de plus que sa russophilie se cantonne au cercle étroit de la bonne société pétersbourgeoise : « Quelques Français ne rougirent pas alors de se parer des couleurs que portaient, dans ce moment, les Tartares ennemis : l'air retentit même de leurs acclamations pour les étrangers qui profanaient, dans ce jour de deuil et de honte, le sol de la capitale des braves[2]. » Alexandre ne peut qu'être rassuré par ces manifestations de liesse, aussi superficielles soient-elles. Elles montrent que les Parisiens aspirent d'abord au calme et à la tranquillité. Le spectre de la menace révolutionnaire, agité par le duc de Vicence, semble déjà faire long feu.

Lorsque, en fin de journée, Caulaincourt se présente à l'hôtel particulier du prince de Bénévent, où le tsar a élu domicile, il trouve d'abord porte close. Les chefs de la coalition débattent en effet des termes d'une déclaration à paraître pour le lendemain. Ils finissent par se mettre d'accord en

---

1. *Ibid.*, p. 78.
2. *Mémoires de Caulaincourt*, t. III, p. 87-88.

début de soirée : il sera proclamé que les Alliés ne négocieront plus ni avec Napoléon ni avec aucun membre de sa famille. Ignorant tout de ce texte, le duc de Vicence est reçu par le tsar, à dix heures du soir. Alors qu'il vient d'accepter la mise au ban de l'empereur des Français, Alexandre donne à Caulaincourt « les mêmes assurances que le matin[1] ». Malgré ces bonnes paroles, le tsar ne laisse en réalité, lors de cet entretien, aucun véritable espoir au duc de Vicence. S'il affirme ne pas exclure Napoléon du débat politique, tous ses commentaires démentent cette position. La « bienveillance » qu'il témoigne à Caulaincourt ne s'accompagne d'aucune proposition concrète, d'aucune ouverture exploitable. Le ministre de Napoléon en est conscient ; mais il sait aussi que le tsar est son seul interlocuteur et que leur ancien lien n'est pas à négliger. Le 1er avril, au cours d'un nouvel entretien avec Schwarzenberg, le duc de Vicence apprend ainsi que c'est au seul empereur de Russie qu'il doit de ne pas avoir été chassé de Paris ou « gardé à vue[2] ». Il apprend aussi que Metternich, qu'il avait cru le mieux disposé en faveur de la paix, n'a nullement l'intention de le rencontrer. Tout le ramène encore et toujours à Alexandre.

Dans la matinée du 1er avril, il est reçu pour la troisième fois par le tsar. Ce dernier lui confirme les pressions qu'il subit de la part de ses alliés pour le faire éloigner : « Ma présence inquiétait beaucoup de gens, explique Caulaincourt, parce qu'elle entretenait l'opinion que la paix était possible avec l'Empereur, ce qui empêchait beaucoup de personnes de se prononcer franchement[3]. » Elle empêche surtout Alexandre de s'exprimer clairement, le tsar profitant de ses entretiens avec le duc de Vicence pour conforter son rôle d'arbitre et son ascendant sur ses partenaires politiques. Cette troisième entrevue s'achève encore une fois dans l'indécision ; tout semble en suspens. Caulaincourt est pourtant de plus en plus convaincu que l'empereur de Russie va donner son accord à une restauration des Bourbons. Il le juge en définitive « assez disposé [...] à adopter l'erreur qu'on voulait lui faire partager[4] ». Seul son caractère opiniâtre l'empêche d'abandonner la partie : des années de confrontation avec l'Empereur lui ont appris l'importance de la ténacité. Il sait par ailleurs que l'armée

1. *Ibid.*, p. 93.
2. *Ibid.*, p. 108.
3. *Ibid.*, p. 113.
4. *Ibid.*, p. 110-111.

de Napoléon, cantonnée au sud de Paris, reste pour le tsar une épée de Damoclès : tant que cette menace persistera, la question politique ne pourra être totalement réglée.

Dans l'après-midi du 1er avril, la persévérance de Caulaincourt semble enfin sur le point de porter ses fruits. Peu désireux de risquer un nouveau combat meurtrier contre Napoléon, Alexandre se montre « moins décidé sur le parti à prendre que dans les précédentes conversations[1] ». Le duc de Vicence en profite pour s'engouffrer dans la brèche et défend avec ardeur les intérêts du roi de Rome, « aux dépens de ceux du père dont j'étais le mandataire et qu'on repoussait[2] ». « La bienveillance de l'empereur Alexandre dans cette occasion, je dois le dire, fut extrême. Son cœur semblait encourager mon zèle quand sa politique repoussait mes demandes. [...] Souvent touché de mon émotion que je ne pouvais cacher, il me prenait les mains avec affection pour me calmer et accompagnait ce geste de quelques mots d'intérêt pour la personne de l'Empereur ou de quelques expressions d'estime pour moi[3]. » Mais, malgré l'intensité de cette scène, le « cœur » d'Alexandre ne prend jamais véritablement le pas sur ses préoccupations politiques. Il s'agit d'ailleurs d'une constante durant ces journées d'avril 1814. Le tsar finit par déclarer au duc de Vicence que la régence est envisageable mais qu'elle ne peut s'accompagner que de très lourds sacrifices territoriaux. Pour l'envoyé de Napoléon, la désillusion est cruelle ; mais l'espoir reste permis.

Talleyrand et les membres du gouvernement provisoire nommés par le Sénat vont ruiner, dès le 2 avril, tous les efforts de Caulaincourt. Lors d'une séance du conseil des Alliés, le prince de Bénévent parvient à convaincre Alexandre du danger que représente la régence et du bien-fondé d'une Restauration. L'influence du Sénat, qui vient de voter la déchéance de Napoléon, achève d'emporter la décision de l'empereur de Russie. Reçu par ce dernier dans l'après-midi, Caulaincourt comprend immédiatement qu'il vient de perdre la partie : « La réserve de son accueil toujours si bienveillant me serra le cœur avant qu'il m'eût parlé », raconte-t-il[4]. Sans détour, Alexandre pose comme préalable à toute négociation

1. *Ibid.*, p. 141.
2. *Ibid.*, p. 142.
3. *Ibid.*, p. 144.
4. *Ibid.*, p. 153.

l'abdication de Napoléon. L'instauration d'une régence y est subordonnée. Le duc de Vicence n'est toutefois pas dupe : il sait qu'une fois l'Empereur éloigné, le retour des Bourbons est inéluctable. Ses entretiens répétés avec le tsar l'ont finalement ramené au même point qu'au matin du 31 mars. On peut légitimement se demander si tout cela n'a pas été une simple mascarade jouée par Alexandre afin de gagner du temps et d'affermir sa position. A-t-il froidement instrumentalisé l'amitié que lui témoigne Caulaincourt ?

On pourrait le penser s'il n'accompagnait son refus de transiger avec Napoléon d'une promesse que rien ne l'obligeait à faire, si ce n'est sa considération pour le duc de Vicence : « L'empereur Alexandre, raconte ce dernier, ajouta qu'il ferait tout ce qui dépendrait de lui pour que l'empereur Napoléon eût un établissement convenable et indépendant ; qu'il en prenait avec moi l'engagement le plus formel[1]. » L'engagement est pris ; reste à définir ce que recouvre cette expression d'« établissement convenable ». Conscient qu'il n'a presque plus aucune chance de sauver le trône de son maître – sauf retournement de situation militaire – et qu'il faut tâcher en conséquence de lui assurer une solution de repli, Caulaincourt cherche par tous les moyens à faire préciser sa pensée à Alexandre : « L'intérêt de l'empereur était de me dire peu et le mien de savoir beaucoup[2]. » Le tsar promet à son ennemi des compensations financières et propose de l'installer en Autriche ou en Russie, voire dans les colonies. Il refuse en revanche d'envisager une retraite en France ou en Italie. Tentant peut-être de profiter des confidences qui lui sont faites, Caulaincourt prend son interlocuteur à contre-pied : il demande justement un établissement en Italie. « On ne pouvait offrir un petit dédommagement pour un si grand sacrifice[3]. »

Le duc de Vicence fait tant et si bien qu'il pousse Alexandre à parler pour la première fois d'un établissement précis : l'île d'Elbe. L'entretien du 2 avril se révèle donc un moment essentiel dans le débat sur l'avenir de Napoléon : les conséquences en seront immenses. Dans ses Mémoires, Caulaincourt a insisté sur l'importance des propos échangés en cette circonstance avec l'empereur de Russie :

---

1. *Ibid.*
2. *Ibid.*, p. 156.
3. *Ibid.*, p. 157.

> C'est ce mot [l'île d'Elbe] que j'érigeai en offre formelle, en engagement sacré qui devint, un peu plus tard, le salut de l'Empereur, quand la trahison, les désertions et tous les événements qui en furent la conséquence, l'eurent livré à la merci de ses ennemis et leur eurent permis de mettre en question si on laisserait un rocher au milieu des mers d'Europe à celui qui en sacrifiait le premier trône au repos que semblait désirer la France... [...] Il est de fait que c'est à cette ouverture que l'Empereur dut, plus tard, la souveraineté de l'île d'Elbe qu'il n'aurait pas eue si l'empereur Alexandre n'eût loyalement tenu à sa parole, malgré les observations et l'opposition de plusieurs cabinets et de beaucoup de Français[1].

Dans la matinée du 2 avril, ces ouvertures restent encore du domaine de l'hypothèse : Napoléon est en effet loin d'avoir rendu les armes. Alexandre l'encourage toutefois à saisir rapidement l'offre qui lui est faite. Dans la soirée, le duc de Vicence quitte enfin Paris pour rejoindre son maître à Fontainebleau et lui rendre compte de la situation. Tandis que l'Empereur se berce encore d'illusions sur l'Autriche, Caulaincourt lui montre que le tsar est le seul interlocuteur possible. Malgré ses critiques et ses récriminations, Napoléon rend d'ailleurs hommage à son adversaire. C'est vers lui que, le 4 avril, il envoie à nouveau son ministre des Relations extérieures, accompagné cette fois du maréchal Ney et du maréchal Macdonald.

Dans la nuit du 4 au 5 avril, les trois hommes sont reçus par Alexandre. Ce dernier les accueille avec la même amabilité qu'il a témoignée à Caulaincourt les jours précédents et va jusqu'à écouter avec intérêt leur défense des droits du roi de Rome. Mais une seule information lui tient véritablement à cœur : la décision prise par Napoléon d'abdiquer, même si ce n'est qu'en faveur de son fils. L'entrevue qui se tient le lendemain en fournit la preuve éclatante. Le tsar se montre toujours aussi intéressé par les propositions des envoyés de Napoléon, quand un de ses aides de camp vient lui apprendre la défection du corps de Marmont, qui ouvre aux Alliés la route de Fontainebleau : « Le nom du maréchal et ce que nous savions me mettant sur la voie, le peu de russe dont je me rappelais m'aida à comprendre ce qu'on annonçait et je dis bas au maréchal de Tarente [Macdonald], pendant que l'empereur s'avançait vers son aide de camp : "Mauvaise nou-

1. *Ibid.*, p. 157-158.

velle… nous sommes perdus… il sait tout"[1]. » À partir de cet instant, l'attitude d'Alexandre change complètement. Libéré des incertitudes militaires, il se pose en partisan d'une restauration des Bourbons. Pour lui, la seule alternative est l'accession au trône de Bernadotte. Par fierté, le duc de Vicence refuse d'en discuter. Quant à Napoléon, il n'a plus le choix : « Il faut que l'Empereur abdique sans conditions, déclare Alexandre. On lui fera une existence ; on lui donnera un État indépendant[2]. » L'amitié du tsar pour Caulaincourt se révèle à nouveau en cette circonstance. Alors que les deux hommes se sont retrouvés en tête à tête, Alexandre renouvelle en effet sa promesse du 2 avril concernant l'île d'Elbe :

> J'avais été fort ému par la partie de cette conversation qui avait trait au sort de l'empereur Napoléon et du royal enfant, raconte le duc de Vicence […]. Les larmes coulaient malgré moi de mes yeux ; mon cœur se soulevait de douleur et de rage. Je ne puis dire ce que j'éprouvais. L'empereur, qui s'apercevait de mon émotion, fut plein de bonté ; il paraissait ému lui-même. Il me parlait alors de [Napoléon] avec un intérêt qui me paraissait si vrai que j'étais presque tenté d'oublier que la volonté de celui qui me consolait le détrônait. L'empereur Alexandre m'assura de nouveau que je devais compter sur lui pour tout ce qui pourrait améliorer sa position particulière, qu'il en prenait l'engagement. […] Je mis, dès ce moment, tout mon espoir en lui pour assurer le sort de l'empereur Napoléon et pour le sauver, au besoin même pour adoucir tout ce que cette destinée devait avoir de cruel[3].

Le 6 avril, Caulaincourt est de retour à Fontainebleau. Après avoir annoncé à Napoléon que son abdication est inévitable, il lui fait part de la proposition d'Alexandre et de l'opportunité que représente un séjour sur l'île d'Elbe. Il met surtout en avant « l'avantage de traiter cette question avec l'empereur de Russie avant l'arrivée de M. de Metternich », invoquant « l'espèce d'engagement » conclu avec le tsar. « Sans cela, on serait peut-être obligé de se contenter maintenant de ce que les ennemis vou-

1. *Ibid.*, p. 222.
2. *Ibid.*, p. 224.
3. *Ibid.*, p. 225.

draient donner, fût-ce au bout du monde[1] ». Le duc de Vicence semble fier de faire valoir les bénéfices de son amitié avec l'empereur de Russie. Napoléon est moins convaincu et espère un établissement plus conséquent, comme la Toscane, où il pourrait être réuni à l'Impératrice. Mais il apparaît rapidement que seuls Caulaincourt et Alexandre sont maîtres du débat : c'est l'engagement qui les lie, et leur timide consensus autour de l'île d'Elbe, qui règle le jeu. Le 7 avril, l'empereur de Russie, d'autant plus chevaleresque qu'il sait la partie gagnée, affirme à son ami qu'il tiendra sa promesse « parce qu'il [est] esclave de sa parole et qu'il n'y manquerait pour rien au monde[2] ».

L'entente entre les deux hommes semble toutefois un moment ébranlée. Alors que les négociations touchant à l'armistice et aux conditions de l'abdication vont bon train, Alexandre apprend que Napoléon a quitté Fontainebleau pour la Bourgogne. L'empereur de Russie y voit un acte d'hostilité manifeste. Caulaincourt, qui est resté en contact permanent avec son maître, est persuadé que tout cela n'est que rumeur ou intrigue. Il est prêt à se constituer prisonnier en attendant que la nouvelle soit vérifiée : il se porte garant de l'intégrité de Napoléon. Alexandre est furieux et proclame que ses promesses sont nulles et non avenues. Surtout, il semble profondément vexé par l'attitude du duc de Vicence et même jaloux de sa fidélité à Napoléon. Le 8 avril au matin, tout est éclairci et la méprise oubliée. L'épisode n'en reste pas moins révélateur du duel qui se joue indirectement entre Napoléon et Alexandre. Comme à l'époque de l'ambassade de Saint-Pétersbourg, les deux souverains cherchent à assurer leur ascendant sur Caulaincourt et à remporter ainsi sur leur adversaire une victoire morale.

Après cet intermède, les négociations se poursuivent tant bien que mal. Fatigué par un travail incessant, le tsar propose d'y faire participer le gouvernement provisoire. Mais Caulaincourt, conscient que tout repose sur sa collaboration avec Alexandre, refuse. Il sait toutefois qu'il est sur la corde raide : « Je sentais que le reste de bienveillance de l'empereur [de Russie] n'irait pas jusqu'à l'insistance et que, si nous le réduisions à devoir choisir, sa politique et celle de ses alliés, dont il pouvait faire valoir la volonté comme prépondérante, même pour justifier son manque invo-

1. *Ibid.*, p. 240.
2. *Ibid.*, p. 258.

lontaire de parole, ne le rangeraient pas de notre côté. Il s'agissait donc de calculer la résistance convenable à la mesure de la bienveillance conservée, et, au milieu du camp ennemi, ce calcul n'était pas facile à faire[1]. » Le duc de Vicence, le duc d'Elchingen et le duc de Tarente décident en conséquence de hâter au maximum la conclusion du traité. Celui-ci est signé le 11 avril, malgré les interventions répétées de Talleyrand, bien décidé à faire échouer la négociation : « Je défendis le terrain pied à pied, écrit Caulaincourt ; peut-être ne fût-ce pas toujours sans succès pour les intérêts de l'empereur Napoléon, grâce, je dois le déclarer, à l'empereur de Russie, à la fidélité de ce prince pour la parole qu'il m'avait donnée le premier jour et qu'il nous tint ensuite[2]. »

C'est à cette parole que Napoléon doit d'obtenir l'île d'Elbe, malgré les hauts cris poussés par le gouvernement provisoire et les craintes – finalement fondées – de l'Angleterre. Le tsar reste inflexible et fait tout pour faciliter le voyage de l'Empereur déchu et son installation dans sa nouvelle principauté. Dans ses Mémoires, Caulaincourt loue la grandeur d'âme de son ami, sans tomber pour autant dans l'admiration béate : « Ce prince, dit-il, nous fit, sans doute, beaucoup de mal : sa politique détrôna l'Empereur à Paris. Après avoir empêché les négociations de marcher à Châtillon, il se vengea en souverain irrité, en homme rancunier. Mais, après l'abdication, [...] sa fidélité pour sa parole, la fermeté avec laquelle il exigea que les engagements pris fussent remplis et l'obligeance naturelle de son caractère assurèrent à l'empereur Napoléon l'île d'Elbe et les autres stipulations[3]. » Caulaincourt oublie en revanche d'insister sur son propre rôle : sans ses liens privilégiés avec le tsar, rien de tout cela n'aurait été possible. L'ambassade de Saint-Pétersbourg trouve ici une conséquence inattendue : ni la guerre, ni les enjeux politiques, ni la pression des alliances n'ont pu briser totalement la relation forgée par les deux hommes sur les bords de la Néva. Et cette relation, les journées d'avril 1814, malgré toute leur ambiguïté et toutes leurs tensions, vont la raviver et en dévoiler les potentialités. On pourrait objecter que le tsar s'est probablement servi de Caulaincourt pour tenir à l'écart ses alliés, qu'il l'a utilisé pour demeurer en toutes circonstances le maître du jeu. Il n'en reste pas moins que rien

1. *Ibid.*, p. 290.
2. *Ibid.*, p. 316.
3. *Ibid.*, p. 418-419.

ne l'obligeait à promettre l'île d'Elbe et à honorer cette promesse. Son attitude s'explique vraisemblablement par son goût du chevaleresque et par la nécessité de se conformer à l'image qu'il s'est construite face à l'Europe[1]. Mais on peut aussi y voir une forme de tribut à l'alliance franco-russe et à celui qui, pour lui, l'a toujours symbolisée : le duc de Vicence.

Caulaincourt et Talleyrand : la fidélité face au compromis

Si l'amitié entre Caulaincourt et Alexandre semble renaître en ces journées d'avril 1814, celle qui lie, depuis plus de quinze ans, le duc de Vicence au prince de Bénévent va recevoir en revanche un coup mortel. Malgré la disgrâce de Talleyrand, Caulaincourt était resté fidèle à son ancien mentor, le défendant contre les menées de Maret – en 1812 – ou recommandant son talent à Napoléon – en 1813. Les deux hommes avaient continué à partager des idées communes, un même amour de la paix et de l'ordre, un même souci des équilibres en Europe. Leurs trajectoires avaient pourtant profondément divergé de mois en mois, Caulaincourt montant en première ligne pour défendre son maître, tandis que Talleyrand préparait déjà le changement de régime. Au début de l'année 1814, la rupture semble inévitable. Peu avant l'ouverture du congrès de Châtillon, Talleyrand aurait proposé à Caulaincourt d'y œuvrer en faveur de la restauration des Bourbons. Il se serait heurté à un refus ferme et définitif du ministre des Relations extérieures[2]. « On peut s'étonner qu'il n'ait pas prévenu l'Empereur d'une offre aussi grave, écrit Jean Hanoteau, mais le prince de Bénévent était encore son ami et il lui répugna, sans doute, de se faire son dénonciateur, d'autant plus que Napoléon était déjà averti des sentiments et des intrigues de l'ancien évêque d'Autun[3]. » Même si la scène, rapportée par le seul Molé, n'est pas avérée, elle est révélatrice du fossé qui s'est déjà creusé entre Talleyrand et Caulaincourt, à la veille des événements décisifs de la fin de l'Empire.

Les deux hommes se retrouvent à Paris, le 31 mars, après plus de deux mois de séparation. Au petit matin, Caulaincourt s'est rendu à Bondy

---

1. C'est l'analyse de Dominic Lieven, *La Russie contre Napoléon*, p. 483.

2. Cette proposition est rapportée par le comte Molé. Marquis de Noailles, *Le Comte Molé (1781-1855), sa vie, ses Mémoires*, Paris, E. Champion, 1922-1930, t. IV, p. 450.

3. Jean Hanoteau, *op. cit.*, t. I, p. 179-180.

pour y rencontrer le tsar Alexandre et le prince de Schwarzenberg. À 10 heures, il est de retour dans la capitale et tente de faire valoir son autorité aux instances politiques encore en place. Il apprend alors une nouvelle essentielle : le prince de Bénévent, qui n'a pu suivre le reste du gouvernement, est toujours présent à Paris[1]. Caulaincourt comprend immédiatement le rôle politique que son ami va être amené à jouer. Sur le moment, et malgré ses appréhensions, il y voit surtout des avantages : « Je me hâtais [...] de me rendre chez lui pour prendre langue, raconte-t-il dans ses Mémoires, bien certain que c'était sur lui qu'il fallait fonder mes espérances ou mes craintes, car tout le monde avait quitté Paris après le départ de l'Impératrice ; les insignifiants qui y étaient restés étaient muets et ne pouvaient d'ailleurs m'être bons à rien. [...] Pénétrer les projets de M. de Talleyrand n'était pas chose facile ; je ne doutai cependant pas que nos anciennes relations le porteraient à me dire franchement si nous étions amis ou ennemis[2]. »

Sur ce point au moins, Caulaincourt a raison : en quelques minutes tout est consommé. Talleyrand refuse absolument d'agir en faveur de Napoléon, dont il fait déjà le procès. Et c'est avec la plus grande froideur qu'il répond à son ami :

> « L'Empereur nous a perdus, fut son premier mot, en ne vous laissant pas faire la paix à Châtillon. » « Dans notre malheur peut-il compter sur vous ? » lui demandai-je. « Vous apprendrez que j'ai encore tout fait, il y a deux jours pour sauver son trône, pour retenir l'Impératrice et son fils, mais l'Empereur donne en cachette des ordres qui gâtent tout ; il se méfie de tout le monde [...] : la crainte de lui déplaire, de désobéir paralyse tout ; il s'est perdu et il a perdu la France. Il ne dépend d'aucun de nous de la sauver aujourd'hui. Pourquoi a-t-il laissé aller les choses à ce point ? Pourquoi préférer les conseils de quelques flatteurs, les avis de Maret à ceux des hommes dévoués à sa gloire et à la France ? » « Ce n'est pas le moment de nous occuper de ses fautes, répliquai-je ; il m'a envoyé près de l'empereur Alexandre pour le défendre, pour signer la paix que tout le monde désire. Me

1. *Mémoires de Caulaincourt*, t. III, p. 84-85. Caulaincourt ignore que Talleyrand a tout fait pour être retenu à Paris et y jouer le premier rôle politique.

2. *Ibid.*, p. 85.

> seconderez-vous dans nos malheurs ? L'abandonnerez-vous, quand il n'est plus heureux[1] ? »

Le prince de Bénévent ne laisse aucun espoir à Caulaincourt lorsqu'il déclare d'un ton catégorique : « j'ai fait tout ce que je devais ». Au même moment, les deux hommes sont interrompus par l'arrivée du comte de Tolstoï, grand maréchal de la cour de Russie. Le duc de Vicence préfère s'éclipser : « Convaincu que nous ne parlions plus maintenant la même langue, je me retirai », raconte-t-il dans ses Mémoires[2].

Après son entrevue avec Talleyrand, Caulaincourt se rend chez sa sœur, tandis que les Alliés défilent dans Paris. Apprenant que plusieurs royalistes ont demandé au tsar le retour des Bourbons, il comprend le chemin que l'« intrigue » et la « trahison » ont déjà parcouru[3]. Fait-il le rapprochement avec l'attitude du prince de Bénévent ? On peut difficilement en douter à la lecture de certains passages des Mémoires, certes rédigés *a posteriori*. Le duc de Vicence parle d'un groupe réduit de royalistes « soutenus par quelques hommes mécontents que leurs rapines, leur inconduite ou quelques autres motifs avaient fait laisser de côté par le gouvernement et avaient par conséquent rangés au nombre de ses ennemis [...]. C'est ce petit nombre d'individus qui, appuyant les intrigues de quelques chefs supérieurs, porta les souverains à décider des destinées de la France[4] ». Lors de son entrevue avec Alexandre, dans l'après-midi du 31 mars, Caulaincourt prouve qu'il a bien compris que le prince de Bénévent était un de ces « chefs supérieurs ». Il demande au tsar de ne pas se fier à certaines opinions : « Je lui fis remarquer que celle de M. de Talleyrand, de ses entours, et de quelques personnes, plus occupées à venger leur ressentiment qu'à faire valoir les vrais intérêts de la France, ne pouvait que lui être suspecte et ne devait, par conséquent, pas influer sur la décision que prendraient les souverains de l'Europe ; que M. de Talleyrand, qui avait peut-être quelques motifs de se plaindre, était entraîné, dans ce moment, par un sentiment de vengeance, par un esprit, une influence de coterie qui faussaient son jugement[5]. » On remarque de la part de Caulaincourt

1. *Ibid.*, p. 85-86.
2. *Ibid.*
3. *Ibid.*, p. 88.
4. *Ibid.*, p. 92.
5. *Ibid.*, p. 97.

une certaine condescendance à l'égard de son ami, la volonté aussi de l'excuser. C'est là une grave erreur d'interprétation : le grand chambellan de Napoléon n'est pas motivé par un simple désir de revanche ou par une banale rancune personnelle. Il a pris au contraire la mesure exacte des forces en présence et a su voir où étaient ses intérêts, mais aussi ceux de la France et de l'Europe. Négligeant le caractère calculateur et rationnel de son ami, Caulaincourt surestime le côté passionnel de sa « trahison ».

Durant son séjour à Paris, le duc de Vicence semble particulièrement affecté par les défections auxquelles il assiste. Dans ses Mémoires, il n'hésite pas à se répandre en violentes diatribes contre les hommes politiques qu'il juge lâches et inconséquents : « l'espoir de marquer les premiers dans le nouveau gouvernement leur avait tourné la tête », écrit-il[1]. L'ambition personnelle, la recherche des honneurs, des places et des distinctions : autant de motivations que méprise Caulaincourt, dévoué à son maître et à la France. On peut n'y voir qu'une pose un peu présomptueuse ; cet idéal, le duc de Vicence le revendique pourtant depuis plusieurs années. Devant Napoléon, il a toujours critiqué les flatteurs, préoccupés de leurs seuls intérêts, et fait l'éloge au contraire des véritables serviteurs, fidèles quelles que soient les circonstances et quelles que soient les critiques qu'ils puissent émettre. Les journées d'avril 1814 le confirment dans ses idées et dans ses préventions à l'égard de certains personnages. Son indignation se concentre en particulier sur M. de Pradt, archevêque de Malines et anciennement premier aumônier de Napoléon. Le chancelier Pasquier a raconté la confrontation entre Caulaincourt et de Pradt dans les salons du prince de Bénévent : « Comme il traversait l'appartement, l'abbé de Pradt l'aborda, la tête haute, en lui jetant ces mots : “Monsieur le duc, allez dire à votre maître que les rentes qui étaient le 29 à 45 francs sont aujourd'hui à 63. – Oui, répliqua M. de Vicence, et j'ajouterai que celui que j'ai toujours vu le plus empressé parmi ses flatteurs est aujourd'hui le premier à l'insulter. Il n'y a rien qui ne soit dans l'ordre.”[2] » Dans ses Mémoires, le duc de Vicence poursuit le récit : « [M. de Pradt] chercha à s'excuser ; mais, trop irrité pour l'écouter, je le poursuivis et la porte ou la fenêtre m'eussent fait justice de lui, s'il ne m'eût évité et si MM. de Jaucourt, Pasquier, etc. ne se fussent mis entre nous. » La scène

1. *Ibid.*, p. 100-104.
2. *Mémoires de Pasquier*, t. II, p. 268.

est intéressante à plus d'un titre. D'abord parce qu'elle rappelle un trait de caractère assez méconnu du duc de Vicence : son impulsivité. Derrière son apparente retenue, le grand écuyer reste un sentimental, prompt au désespoir comme à l'emportement. L'altercation est surtout révélatrice de l'état d'esprit dans lequel il se trouve à l'égard de Talleyrand. Il ne faut pas oublier en effet que l'abbé de Pradt est un intime du prince de Bénévent, un membre éminent de sa coterie[1]. En s'en prenant à lui, c'est Talleyrand que le duc de Vicence vise indirectement. Il se permet vis-à-vis de M. de Pradt ce que le souvenir d'une vieille amitié l'empêche de faire à son ancien mentor.

Mais toute cette colère et ces emportements n'y changent rien : les dignitaires du régime gardent leurs distances avec l'envoyé de leur maître. Certains se contentent de faire la sourde oreille ; d'autres, comme Talleyrand, font tout leur possible pour entraver l'action du duc de Vicence. Pendant quelques jours, les deux hommes semblent se livrer un véritable combat à distance. Auprès des sénateurs d'abord, que le prince de Bénévent convainc de nommer un gouvernement provisoire (1er avril), puis de prononcer la déchéance de l'Empereur (2 avril). Auprès du tsar Alexandre surtout, qui, résidant dans l'hôtel particulier de Talleyrand, subit nécessairement l'influence de ce dernier[2]. Le duc de Vicence est conscient de l'emprise exercée par son ancien mentor : « Il avait pris l'initiative sur tout le monde et sur toutes les questions. Il savait que dans cet état de crise celui qui s'arrête recule et se perd[3]. » Moins habile, moins retors, moins rusé, Caulaincourt doit rapidement avouer son échec. Dans l'incapacité de se faire entendre des personnalités marquantes du régime, il est contraint de concentrer ses efforts sur le tsar. Mais, là encore, il doit s'incliner, comme on l'a dit, face au prince de Bénévent et aux tenants de la Restauration. Doit-on voir dans ces échecs une preuve de l'ascendant que Talleyrand exerce sur l'esprit de Caulaincourt ? Sans aller aussi loin, il est probable que l'admiration que le ministre des Relations extérieures témoigne à son illustre prédé-

1. Emmanuel de Waresquiel, *Talleyrand*, p. 439.

2. C'est Talleyrand qui convainc Alexandre de rédiger la proclamation du 1er avril qui précise que les Alliés ne négocieront plus avec Napoléon. Emmanuel de Waresquiel, *Talleyrand*, p. 443.

3. *Mémoires de Caulaincourt*, t. III, p. 127.

cesseur – certains diraient un complexe d'infériorité – a pu contribuer à paralyser son action.

Dans la soirée du 2 avril, la déchéance de l'Empereur est prononcée par un Sénat en majorité acquis à la cause des Bourbons. À cet instant, Caulaincourt est déjà reparti pour Fontainebleau. On imagine la satisfaction qu'a dû ressentir Talleyrand en voyant son ami s'en retourner auprès de son maître, vaincu. Cette satisfaction est à la mesure de la crainte qu'il a éprouvée. Même si ses Mémoires n'en laissent rien paraître, le prince de Bénévent a pu en effet croire un moment que l'amitié du tsar pour Caulaincourt allait tout compromettre. Il a d'ailleurs fait pression à de multiples reprises pour obtenir l'éloignement du duc de Vicence[1]. Dans la matinée du 2 avril notamment, il a vu toute son œuvre sur le point d'être renversée par une volte-face de l'empereur de Russie, avant que ce dernier ne revienne à de meilleurs sentiments. Finalement, après trois jours d'inquiétude, Talleyrand est débarrassé du seul « gêneur » capable de retarder le retour des Bourbons.

À Fontainebleau, Napoléon est conscient du rôle décisif joué par le prince de Bénévent. Devant Caulaincourt, il donne en partie raison à son ancien ministre, mais c'est pour mieux laisser libre cours à son amertume : « Je l'ai maltraité, dit-il : c'est vengeance légitime. J'ai eu tort de lui laisser le temps de se venger. S'il parvient à rétablir les Bourbons, ce sont eux qui me vengeront un jour de lui. Comment peut-il croire qu'on lui pardonne d'avoir officié au Champ-de-Mars[2] et de les avoir poursuivis[3] ? » L'Empereur est convaincu que Talleyrand est à la tête d'un vaste complot, d'une « vieille intrigue que nous découvrirons avant peu ». Il pense qu'avec l'aide de Metternich, « qui a toujours été son homme », le prince de Bénévent ambitionnait la régence et que ce sont les événements qui l'ont contraint à soutenir la restauration des Bourbons. « Soyez sûr que Talleyrand avait fait depuis longtemps ses arrangements pour ma mort à l'armée », va-t-il jusqu'à déclarer[4]. Face à ce mélange de lucidité et de paranoïa, Caulaincourt reste coi : a-t-il le sentiment d'avoir lui-même trempé dans cette « vieille intrigue », de s'être compromis, consciemment

1. *Mémoires de Caulaincourt*, t. III, p. 113.
2. Durant la fête de la Fédération, le 14 juillet 1790.
3. *Mémoires de Caulaincourt*, t. III, p. 172.
4. *Ibid.*, p. 173.

ou inconsciemment, auprès de Talleyrand et de Metternich ? Refuse-t-il simplement d'accabler inutilement son ami ? Ou bien estime-t-il que ces spéculations sont inutiles dans la situation présente, alors que le tsar Alexandre attend une réponse de Napoléon ?

Lors de son second séjour à Paris (5-6 avril), en compagnie de Ney et de Macdonald, Caulaincourt n'a pas de nouvel entretien particulier avec Talleyrand. Il ne fait que le croiser dans les salons de son hôtel particulier, entre deux entretiens avec le tsar Alexandre. Une de ces rencontres s'avère pourtant particulièrement houleuse. Les envoyés de Napoléon en viennent à traiter les membres de la commission provisoire de « factieux, d'ambitieux livrant leur patrie, [de] parjures à leurs serments ». « Le prince de Talleyrand était passif, raconte le maréchal Macdonald dans ses Mémoires. Comme la discussion était très bruyante, le duc de Vicence éleva la voix et dit : "Messieurs, vous oubliez que vous êtes chez l'empereur de Russie."[1] » Caulaincourt met un point d'honneur, en quelque sorte, à exclure le prince de Bénévent des débats et à tout ramener au tsar Alexandre. Les relations entre le ministre des Relations extérieures et son prédécesseur semblent au bord de la rupture. Il faut dire que Caulaincourt a appris le rôle joué par Talleyrand dans la défection de Marmont, défection qui vient de compromettre définitivement les chances d'une régence impériale. Autant le duc de Vicence semblait avoir rapidement accepté que le trône de Napoléon ne pouvait être sauvé, autant il pensait pouvoir garantir les droits de son fils. Sa désillusion se reporte sur Talleyrand : il comprend que son ancien ami n'est pas seulement motivé par sa rancune personnelle contre Napoléon, mais par la volonté d'abolir complètement le régime impérial. C'est une rupture fondamentale entre les deux hommes. Liés par le désir commun de réfréner les ambitions napoléoniennes et de rétablir l'équilibre des puissances en Europe, ils se distinguent quant à leurs conceptions profondes de la politique. Craignant à la fois les dérives révolutionnaires et le retour de la monarchie des Bourbons, Caulaincourt reste attaché à la stabilité impériale et à l'œuvre réformatrice du Consulat. En se faisant l'artisan de la Restauration, Talleyrand espère retrouver un rôle politique perdu depuis plusieurs années ; il entend redonner à la France sa place en Europe et estime que

1. *Souvenirs du maréchal Macdonald, duc de Tarente*, LCV services, coll. « Mémoires d'Empire », 2007, p. 334-335.

seul Louis XVIII peut le lui permettre. C'est cet empressement en faveur des Bourbons que le duc de Vicence ne peut accepter, lui qui garde toujours en mémoire sa participation – et celle du prince de Bénévent – à l'affaire du duc d'Enghien.

Le 10 avril, lors de la troisième mission de Caulaincourt à Paris, la situation est toujours aussi tendue entre les deux hommes. C'est contraints et forcés par le tsar Alexandre qu'ils se rencontrent chez Mme de Saint-Aignan, afin de discuter des conditions de l'exil de l'Empereur. Malgré la mauvaise volonté de Talleyrand, le duc de Vicence parvient à obtenir satisfaction sur un certain nombre de points concernant les intérêts financiers de Napoléon et de sa famille : « Je gagnai à peu près mon procès après plus de trois heures de discussion », déclare-t-il[1]. Nul doute que Caulaincourt est choqué par l'intransigeance de Talleyrand et son manque de compassion à l'égard de son ancien maître. Il sait désormais qu'il ne faut attendre aucun geste de la part de l'ancien ministre.

Le lendemain, 11 avril, peut être considéré comme la date de la rupture définitive entre le duc de Vicence et le prince de Bénévent – à considérer qu'une telle date ait une quelconque signification. C'est durant cette journée que les membres du gouvernement provisoire, les ministres de la coalition et les plénipotentiaires de Napoléon se réunissent pour signer le traité réglant le sort de l'empereur déchu. Après la signature, Talleyrand demande à Caulaincourt et à ses collègues de se rallier au nouveau gouvernement. Contre toute attente, il se voit opposer un refus cinglant de la part de son ami :

> M. de Bénévent nous dit que le gouvernement mettait du prix à rallier tous les Français, raconte Caulaincourt ; [...] que notre exemple ne pouvant avoir qu'une salutaire influence sur l'armée, sur tous les citoyens, il aimait à penser que ce dernier acte de notre dévouement à des intérêts qui n'étaient plus ceux de la France, serait suivi de notre adhésion aux événements qui venaient d'avoir lieu et d'assurer sa tranquillité et son bonheur à venir [*sic*][2]. Puis s'adressant à moi comme au premier des plénipotentiaires, [...] il me demanda mon adhésion. Je lui répondis que j'étais le plénipotentiaire de l'empereur Napoléon ;

1. *Mémoires de Caulaincourt*, t. III, p. 293.
2. C'est Caulaincourt qui précise.

> que, lié par mon serment et encore plus par son malheur, je resterais son fidèle et dévoué sujet tant que ses affaires ne seraient pas terminées et qu'il aurait besoin de mes services. J'ajoutai que je demandais même des passeports pour le rejoindre à Fontainebleau. Le maréchal de la Moskowa [Ney] déclara qu'il avait, depuis plusieurs jours, donné son adhésion, que le gouvernement provisoire savait qu'il était à ses ordres et qu'il avait déjà déclaré qu'il n'irait plus à Fontainebleau. Le duc de Tarente [Macdonald] répondit qu'il pensait et ferait comme le duc de Vicence[1].

Dans ses souvenirs, le maréchal Macdonald donne une idée de l'affront subi par le chef du gouvernement provisoire : « Talleyrand ne pouvait changer de couleur ni pâlir, mais sa figure s'enfla, comme bouffie de colère et prête à éclater[2]. » Macdonald fait valoir, avec raison, que le traité peut encore être désavoué par Napoléon et qu'il n'est pas convenable par conséquent de quitter immédiatement ses fonctions. Mais une fois réglée cette dernière formalité, il se ralliera au roi sans arrière-pensée. La réponse du duc de Vicence a une plus grande portée. Face à la main tendue par le prince de Bénévent, elle apparaît en effet comme une fin de non-recevoir : Caulaincourt est prêt à compromettre définitivement sa carrière politique, au nom de ses principes.

Après l'abdication de Napoléon, Caulaincourt rencontre encore Talleyrand à plusieurs reprises, à la fin du mois d'avril et durant tout le mois de mai. Mais il s'agit seulement d'aplanir les difficultés suscitées par l'exil de Napoléon sur l'île d'Elbe. Le duc de Vicence fait tout son possible pour obtenir du prince de Bénévent l'assurance que Louis XVIII est prêt à prendre en charge l'empereur déchu, comme convenu dans le traité de Fontainebleau. Talleyrand préfère laisser traîner les choses en longueur, espérant faire comprendre à Caulaincourt que son intérêt réside dans l'abandon de ces questions et le ralliement à la monarchie restaurée. Le duc de Vicence, plus que jamais arc-bouté sur ses convictions, refuse d'écouter ces conseils et finit par en appeler au tsar Alexandre, qui fait pression sur le gouvernement de Louis XVIII et obtient la reconnaissance du traité du 11 avril.

---

1. *Mémoires de Caulaincourt*, t. III, p. 333-334.
2. *Souvenirs du maréchal Macdonald, duc de Tarente*, p. 352-353.

Dans les mois qui suivent, Caulaincourt n'a apparemment aucun contact avec Talleyrand. En mars 1815, ce dernier envoie toutefois, depuis le congrès de Vienne, une lettre au duc de Vicence. Très proche de la duchesse de Canisy, le prince de Bénévent la félicite pour son heureux accouchement et envoie tous ses vœux de bonheur au jeune couple[1]. Mais, s'il évoque le « bien tendre et bien sincère attachement » qui le lie à Caulaincourt, il est évident que le cœur n'y est plus. Durant les Cent-Jours, le duc de Vicence écrit à son tour au prince, mais il ne le fait qu'à la demande de Napoléon, désireux de nouer des liens avec le congrès de Vienne. Dans sa lettre, il parle de son « ancienne amitié[2] » pour Talleyrand et il semble bien qu'il faille prendre cette expression dans son second sens : après plus de dix ans, l'amitié entre les deux hommes est du domaine du passé. La Seconde Restauration ne verra aucune tentative pour la ranimer.

Les relations entre le duc de Vicence et le prince de Bénévent n'ont donc pas survécu au changement de régime. Alors qu'elles s'étaient poursuivies malgré leurs divergences d'opinion et malgré la désapprobation de l'Empereur, elles ne résistent pas au ralliement de Talleyrand aux Bourbons. Ce ralliement, Caulaincourt y voit non seulement une trahison envers Napoléon mais aussi envers lui-même. Il considère en effet que c'est Talleyrand qui l'a amené à prendre part à la mission d'Ettenheim. L'ayant ainsi associé à l'affaire du duc d'Enghien, il aurait dû avoir pour objectif de tout faire pour empêcher le retour des Bourbons. Au contraire, il manœuvre en vue de leur restauration, laissant le duc de Vicence en prise à l'opprobre et à l'ostracisme.

La rupture entre Caulaincourt et Talleyrand a beau être une affaire avant tout personnelle, l'ombre de Napoléon n'en reste pas moins omniprésente. C'est pour lui être loyal jusqu'au bout que le duc de Vicence décide de rester sourd aux propositions du gouvernement provisoire. En ces journées des mois de mars et d'avril 1814, il finit par apparaître, aux yeux de ses contemporains, comme le fidèle d'entre les fidèles. Une image flatteuse qui masque néanmoins les ambiguïtés qui persistent dans ses rapports avec son maître.

---

1. AN, 95 AP 15, Talleyrand à Caulaincourt, Vienne, 4 mars 1815.
2. *Ibid.*, Caulaincourt à Talleyrand, Paris, 24 avril 1815.

Caulaincourt et Napoléon : l'apogée d'une relation ?

Les relations que Caulaincourt entretient avec Napoléon depuis le retour de la campagne de Russie sont particulièrement difficiles à cerner. En apparence, le duc de Vicence a récupéré auprès de son maître sa position de favori et les honneurs se multiplient : entrée au Sénat, nomination au poste de grand maréchal de la cour, puis de ministre des Relations extérieures, etc. Mais ces différents honneurs, comme nous l'avons vu, ne sont pas une simple marque de faveur : il s'agit avant tout, pour Napoléon, d'utiliser Caulaincourt, son image favorable dans l'opinion publique et ses relations avec les dirigeants de la coalition. Le duc de Vicence est conscient de n'être pour son maître qu'un instrument utile ; il ne manque pas de son côté de critiquer son entêtement et son refus des sacrifices. Jusqu'au début de l'année 1814, il n'a pas de mots assez durs pour caractériser sa politique, même s'il reconnaît progressivement l'hypocrisie des Alliés.

La situation change complètement à partir de la fin du mois de mars 1814, une fois que Caulaincourt comprend que la défaite de Napoléon est inévitable. Lors de sa désignation comme plénipotentiaire à Paris, il s'abstient de tout commentaire critique et endosse son rôle sans rechigner. Il n'est plus temps en effet de remettre en question la politique étrangère de l'Empereur mais de sauver son trône, si c'est encore possible. Confronté durant son premier séjour à Paris à l'intransigeance des Alliés et aux nombreux revirements des partisans de l'Empire, Caulaincourt en vient à éprouver de plus en plus de compassion pour Napoléon. On peut en juger d'après les scènes d'effusion auxquelles il se laisse aller devant le tsar, lorsqu'il évoque le sort de son maître[1]. De retour à Fontainebleau, il reste toutefois ferme face à Napoléon et l'encourage à prendre son parti le plus rapidement possible, que ce soit la poursuite de la guerre ou l'abdication en faveur du roi de Rome. Il veut aussi le pousser à se préoccuper en priorité de son avenir personnel et des perspectives qui lui restent ; mais l'Empereur prétend s'en désintéresser – au moins pour l'instant.

Le 4 avril, après avoir consulté ses maréchaux, Napoléon se décide à abdiquer en faveur de son fils. Il demande à Caulaincourt de retourner à Paris pour faire part aux Alliés de ses propositions. Le ministre des Relations extérieures est désormais plus réticent : il déclare qu'il préférerait

1. *Mémoires de Caulaincourt*, t. III, p. 143-144.

rester à l'armée, jugeant son « crédit comme négociateur [...] usé[1] ». Il semble surtout usé par les allers-retours incessants des derniers jours et par la tension psychologique inhérente aux négociations diplomatiques dans un contexte de crise. Pour la première fois, Napoléon semble prêter oreille aux revendications de son diplomate : il consent à alléger son fardeau en le faisant accompagner par Ney et Macdonald. Prenant conscience de l'abnégation et du dévouement de son grand écuyer, alors que tant d'autres l'abandonnent, l'Empereur en vient à lui dire différentes « choses obligeantes » sur sa conduite. Il reconnaît notamment qu'il avait raison lorsqu'il le mettait en garde contre les dangers d'une offensive contre la Russie.

Au grand étonnement de Caulaincourt, Napoléon s'engage alors dans une sorte de bilan de leur relation. Il estime que la carrière de son grand écuyer, quoique brillante, n'a pas été à la hauteur des projets qu'il avait pu concevoir à son sujet. Caulaincourt s'est montré trop réticent à l'idée d'endosser les habits de favori prévus pour lui par son maître. Il s'est révélé trop critique quand s'accumulaient les victoires, trop clairvoyant quand s'annonçaient les défaites. L'Empereur avoue avoir été irrité par le défi permanent représenté par un comportement dicté, selon lui, par une réticence fondamentale à son égard. C'est avec lucidité qu'il assène au duc de Vicence : « Maret m'aime, [...] Berthier aussi ; Duroc m'était dévoué mais il ne m'aimait pas. Vous, vous m'avez dit la vérité, mais vous ne m'aimez pas. Vous m'êtes fidèle, parce que vous êtes un homme d'honneur : aussi je vous estime. Vous savez que je ne fais pas le même cas de toutes les personnes que j'emploie[2]. » Caulaincourt ne fait rien pour détromper ce jugement : toute son admiration pour l'Empereur ne peut refermer les blessures ouvertes par l'affaire du duc d'Enghien et l'échec du mariage avec Mme de Canisy. Plus dévoué que véritablement attaché à son maître, il fait preuve, durant les journées d'avril 1814, tantôt de compassion, tantôt de sévérité. Le destin de Napoléon l'émeut ; ses tergiversations l'agacent.

On le voit lors de la rédaction de l'acte d'abdication en faveur du roi de Rome, dans l'après-midi du 4 avril. Dans les Mémoires de Caulaincourt, cet épisode est traité avec une grande sobriété – peut-être à dessein[3]. Le

1. *Ibid.*, p. 184.
2. *Ibid.*, p. 185.
3. *Ibid.*, p. 189-190.

comte de Ségur évoque au contraire la « consternation silencieuse[1] » que manifeste le duc de Vicence dans les heures qui précèdent l'annonce de l'abdication, puis son exaspération progressive à la lecture des différents projets que lui soumet Napoléon :

> [L'Empereur] appela Fain, reçut de sa main le projet d'abdication, et le remit au duc de Vicence. Ce ministre, après l'avoir lu, déclara, d'une voix triste et ferme, que cette abdication était insuffisante, que les Alliés la rejetteraient ; et il indiqua les conditions sans lesquelles il était inutile de la présenter à l'empereur Alexandre. Napoléon les combattit ; il se refusait d'y souscrire, lorsque Ney, silencieux jusque-là, mais l'œil ardent, rentra dans son agitation de la veille, et s'écria : « Que le temps pressait, qu'il fallait se hâter ! Qu'il n'y avait plus un instant à perdre ! » L'Empereur céda : il s'approcha d'une console, modifia de sa main l'acte fatal et le remit à Fain pour le transcrire ; le duc de Vicence, l'ayant de nouveau parcouru, s'écria avec impatience : « Que cela encore ne terminerait rien ; qu'il ne voyait là qu'une matière à des discussions nouvelles ! » Il fallut que notre malheureux Empereur se soumît à reprendre une seconde fois ce triste papier. Alors il rentra dans son cabinet, et en ressortit bientôt, avec une troisième rédaction. « Tenez, dit-il sèchement à Caulaincourt, la voici, et pour cette fois telle qu'elle restera, je n'y changerai plus rien ! »[2]

En cette circonstance, et même s'il est bien décidé à tout faire pour lui obtenir les conditions les plus avantageuses, Caulaincourt ne fait preuve d'aucune complaisance vis-à-vis de Napoléon. Son attitude est dans la droite ligne de celle qu'il a pu avoir en de multiples occasions depuis son retour de l'ambassade de Russie : il refuse de laisser son maître se bercer d'illusions, quitte à faire preuve d'une certaine dureté.

À cette sévérité, nécessaire à la bonne marche des négociations, succèdent toutefois rapidement de nouvelles marques de compassion. Un événement en particulier ramène Caulaincourt à plus de bienveillance à l'égard de son maître : la défection de Marmont, qu'il apprend lors de son second séjour à Paris (5 avril 1814). Connaissant les sentiments que

1. *Mémoires de Ségur*, t. VII, p. 151.
2. *Ibid.*, p. 155.

Napoléon voue à celui qu'il considère comme un de ses plus fidèles compagnons, le duc de Vicence est consterné par cette « trahison ». Le 5 avril, dans une lettre à l'Empereur, il s'exclame d'un ton pathétique : « Tout vous trahit, Sire, la fortune et les humains[1]. » Il se dit même « navré d'avoir de tels détails à transmettre à V. M. ». « Je ne le fais que parce que c'est un devoir », ajoute-t-il[2]. Dans ses Mémoires, il raconte s'être abandonné en cette circonstance aux plus « tristes réflexions » : « Pauvre Empereur ! [...] Trahi au moment de combattre et par suite de la défection de l'homme sur lequel il croyait pouvoir le plus compter »[3]. Lorsque le tsar Alexandre lui fait comprendre que, désormais, l'abdication de Napoléon ne peut être qu'inconditionnelle, Caulaincourt ne parvient pas à cacher son désespoir : « Les larmes coulaient malgré moi de mes yeux, raconte-t-il ; mon cœur se soulevait de douleur et de rage. Je ne puis dire ce que j'éprouvai[4]. »

Le 6 avril, le duc de Vicence est de retour auprès de son maître. Il lui présente la même alternative que deux jours auparavant : poursuivre la guerre, même si la situation est quasiment désespérée, ou abdiquer, cette fois-ci sans conditions. Même s'il se dit décidé à abandonner son trône, Napoléon ne semble pas disposé à le faire de façon inconditionnelle et maintient le flou quant aux termes de son acte d'abdication. À nouveau agacé par cette indécision, Caulaincourt lui remontre l'inutilité et le danger d'un tel comportement. S'ensuit entre les deux hommes une scène symptomatique de la complexité de leurs relations. Une scène qui sent par ailleurs le déjà-vu :

> « Vos réflexions sont dures, Caulaincourt, me dit l'Empereur. » « Dites, Sire, qu'elles sont vraies. Je crois pouvoir vous les faire parce qu'elles sont dans votre intérêt. Votre Majesté veut-elle se retirer sur la Loire ? Je suis prêt à la suivre. Veut-elle abdiquer ? Je la supplie de se décider afin que je puisse la sauver à temps, afin que les souverains se croient encore forcés par l'attitude qu'a, jusqu'à ce moment, conservée l'armée, par le dévouement qu'on lui croit pour votre personne, à vous accorder un établissement convenable. J'ai cœur à vous sauver, Sire, de vous assurer

1. AN, 95 AP 14, Caulaincourt à Napoléon, Paris, 5 avril 1814, deux heures de l'après-midi.
2. *Ibid.*
3. *Mémoires de Caulaincourt*, t. III, p. 211.
4. *Ibid.*, p. 225.

> une existence qui vous donne encore l'indépendance d'un souverain. »
> « Allons, allons, ne vous fâchez pas, monsieur le grand écuyer, reprit-il avec bonté ; je rends justice à vos sentiments pour moi. »[1]

Pour une fois, il ne s'agit pas que de mots. Les années précédentes, Napoléon aurait continué à argumenter, sans jamais tenir compte des remarques de son grand écuyer. Dos au mur, il reconnaît finalement le bien-fondé de ses conseils et rend hommage à son austère dévouement. Il le prouve quelques heures plus tard en lui remettant son acte d'abdication et en le chargeant de le défendre à Paris : « C'est à vous, Caulaincourt, que je confie mon acte d'abdication, à vous personnellement, puisque je confie par là, non seulement mes intérêts personnels, mais ceux de toute ma famille et de tout ce qui m'est cher[2]. » Cette déclaration n'est pas anodine : Caulaincourt devient l'homme de confiance de l'Empereur et de l'ensemble de la famille Bonaparte.

Lors de son troisième séjour à Paris, le duc de Vicence ne déçoit pas la confiance placée en lui. Il parvient à négocier pour son maître le séjour de l'île d'Elbe et attire l'attention d'Alexandre sur un certain nombre de cas particuliers, comme le statut du prince Eugène de Beauharnais ou celui de l'impératrice Joséphine[3]. Les discussions se révèlent toutefois longues et complexes. À Fontainebleau, Napoléon s'impatiente et craint d'être joué par ses ennemis. Il commence à regretter sa décision, se demandant « s'il y avait un moyen de se soustraire au dur parti qu'il avait été réduit à prendre[4] ». Le 9 avril, il franchit le pas : il fait écrire par le baron Fain à Caulaincourt, afin de lui demander de lui renvoyer l'acte d'abdication, qu'il juge « incomplet »[5]. Recevant la missive le 10, le duc de Vicence est peiné de voir que son maître est revenu à ses premières illusions ; il est surtout déçu d'en être averti par son secrétaire : « Cette seconde demande par un tiers, quand rien n'empêchait l'Empereur d'écrire et de signer, [...] me fit faire, je l'avoue, de douloureuses réflexions sur la manière dont l'Empereur reconnaissait et traitait mon dévouement[6]. »

---

1. *Ibid.*, p. 238-239.
2. *Ibid.*, p. 246.
3. AN, 95 AP 14, Caulaincourt à Napoléon, Paris, 8 avril 1814.
4. *Mémoires de Caulaincourt*, t. III, p. 287.
5. AN, 95 AP 14, Fain à Caulaincourt, Fontainebleau, 9 avril 1814.
6. *Mémoires de Caulaincourt*, t. III, p. 299.

Le ministre des Relations extérieures analyse rapidement la situation et en conclut que cette lettre n'est pas le signe d'un revirement de Napoléon mais d'une simple hésitation passagère. Caulaincourt est cependant dans une situation difficile, celle « d'avoir à choisir entre mon dévouement et ma conscience, entre son caprice du moment et l'intérêt de la France qui était le sien, car ils étaient inséparables dans ce moment ; mon choix ne pût être douteux : engagé par ma parole donnée au nom de l'Empereur, je n'hésitai pas. Ma réponse lui expliqua loyalement les motifs de mon refus ; même dans son intérêt, je dus le refuser[1] ». La détermination du duc de Vicence est probablement moins affirmée qu'il veut bien le laisser paraître : ses arguments, ainsi que sa conception de la « véritable fidélité », ne peuvent lui faire oublier qu'il est en train de désobéir à un ordre de son maître. L'hostilité que manifestent la plupart des négociateurs alliés – notamment les Autrichiens et les Prussiens – lui rappelle toutefois le désastre que représenterait une nouvelle reculade de Napoléon. Contrairement à Châtillon, où il avait craint d'être désavoué, il prend finalement le parti de passer outre et d'assumer ses actes. Cette décision est motivée par une analyse lucide de la situation : quelques semaines auparavant, l'Empereur avait encore les moyens d'être intransigeant, désormais, il est « sans empire », « sans puissance »[2] et donc sans influence.

Paradoxalement, c'est alors que ses adversaires lui reprochent sa défense acharnée de Napoléon, que Caulaincourt semble prendre le plus de libertés avec les ordres de son maître et qu'il critique ses méthodes de gouvernement. Dans ses Mémoires, il parle de sa « manie de vouloir diviser le pouvoir, d'espérer que son autorité en serait mieux assurée[3] ». Sa rencontre avec Castlereagh lui inspire de même les meilleurs sentiments à l'égard du modèle britannique, indépendant des caprices d'un seul homme : « J'enviais, je l'avoue, le sort d'un ministre qui parlait si positivement, au nom d'un ministère responsable, et dont tous les actes doivent, par conséquent, avoir ce cachet de bonne foi et de prévoyance qu'exige la publicité[4]. »

Ces considérations ne l'empêchent pas de mener à bien sa mission. Il fixe avec Castlereagh les détails du voyage de Napoléon jusqu'à l'île

1. *Ibid.*, p. 304.
2. *Ibid.*, p. 308.
3. *Ibid.*, p. 306.
4. *Ibid.*, p. 315.

d'Elbe et, après de nombreuses difficultés, finit par signer, dans la nuit du 10 au 11 avril, le traité réglant les conditions d'abdication de l'empereur des Français. Même s'il n'est pas parvenu à obtenir la Toscane pour l'impératrice Marie-Louise, qui doit se contenter de Parme et Plaisance, Caulaincourt peut s'estimer satisfait : le séjour de l'île d'Elbe est garanti par les puissances, tout comme les titres et pensions de la famille Bonaparte. Il appréhende pourtant sa confrontation avec son maître : « Peut-être le grand homme qui se faisait encore, naguère, illusion sur sa position, était-il toujours dans l'erreur sur ses ressources et sa puissance, pendant que nous signions son arrêt. Cette idée m'accablait[1]. »

Le 12 avril, dans l'après-midi, Caulaincourt et Macdonald sont à Fontainebleau : « L'Empereur nous reçut très bien et parut même satisfait de nos services, car il nous le témoigna[2]. » Napoléon se montre d'autant plus accueillant face à ses deux plénipotentiaires, que le troisième – le maréchal Ney – a préféré rester à Paris. Concernant le traité, l'Empereur semble résigné et ne s'arrête guère sur les modifications apportées par les Alliés : « Il n'était pas mécontent des stipulations, raconte le duc de Vicence. De fait, nous avions obtenu plus qu'on ne pouvait peut-être espérer dans de telles circonstances et dans l'abandon général où se trouva notre cause au moment important où les articles devaient être définitivement arrêtés[3]. » La seule crainte de Napoléon est que le traité ne soit pas exécuté ou qu'on attente à sa vie avant son arrivée sur l'île d'Elbe. Le duc de Vicence le rassure, mais ne peut cacher l'émotion que lui inspire la destinée de son maître : la compassion succède à nouveau à la sévérité encore nécessaire quelques jours auparavant.

Si l'on en croit ses Mémoires, Caulaincourt aurait décelé, à ce point de la conversation, un comportement étrange de la part de Napoléon. Ce dernier aurait semblé « dominé par une préoccupation qui ne lui était pas naturelle. [...] Le secret qui lui pesait me paraissait au moment de lui échapper, mais, le refoulant avec sa confiance et ses douleurs au fond de son cœur, tout ce que je faisais pour l'engager à soulager le poids qui l'oppressait était sans succès[4] ». L'Empereur lâche toutefois, à la suite d'une de

1. *Mémoires de Caulaincourt*, t. III, p. 334.
2. *Ibid.*, p. 339.
3. *Ibid.*, p. 340.
4. *Ibid.*, p. 343.

ses lamentations : « la vie m'est insupportable ». Caulaincourt se dit aussi surpris du ton de la conversation, « très affectueuse et, pour la première fois depuis que j'avais l'honneur d'être près de l'Empereur, très amicale, même tendre[1] ». Peu après, Napoléon en vient à faire le résumé de son règne et de ses campagnes militaires, à donner aussi une brève opinion sur les membres de son entourage. Il s'inquiète ensuite du sort de son grand écuyer et, malgré les réticences de ce dernier, l'engage à prendre du service auprès des Bourbons. Après ces confidences et ces réminiscences, il le congédie.

Au milieu de la nuit, Napoléon fait rappeler Caulaincourt. Ce dernier trouve son maître agonisant ; il vient de tenter de se suicider, en absorbant une poche de poison qu'il conservait depuis la campagne de Russie. Cet épisode, gardé longtemps secret, a été mis en doute par plusieurs historiens[2] qui ont pointé du doigt certaines incohérences dans les récits des témoins du drame, notamment dans celui du valet Constant – dont les Mémoires sont de toute façon particulièrement sujets à caution[3]. Rien ne permet pourtant de contester le témoignage de Caulaincourt, les mots qu'il échange avec Napoléon en cette circonstance, ses tentatives pour aller chercher de l'aide, les vomissements qui sauvent apparemment l'Empereur. Pour notre propos, l'essentiel est de souligner que la nuit du 12 au 13 avril apparaît comme une sorte de sommet dans les relations entre Napoléon et Caulaincourt. Les Mémoires de ce dernier rendent compte de l'intensité de la scène où les deux hommes se laissent aller pour la première fois aux épanchements et aux marques d'affection :

> « Donnez-moi votre main », me dit l'Empereur et il la serra. « Embrassez-moi », et il me serra contre son cœur avec émotion. J'étouffais, j'avais peine à cacher mes larmes qui, s'échappant malgré moi, inondaient ses joues et ses mains. L'Empereur paraissait extrêmement touché : « Je désire que vous soyez heureux, mon cher Caulaincourt », me dit-il avec une touchante bonté, « vous méritez de l'être… […] Je vous estime, Caulaincourt, ajouta-t-il. Vous avez toujours rempli tous les devoirs d'un homme d'honneur ; vous trouverez dans votre

1. *Ibid.*, p. 346.

2. Pierre Hillemand, « Napoléon a-t-il tenté de se suicider à Fontainebleau ? », *Revue de l'Institut Napoléon*, n° 119, avril 1971, p. 71-78.

3. *Mémoires de Constant*, t. II, p. 473. Constant se trompe notamment de date et affirme que Caulaincourt et Yvan sont arrivés au même moment.

conscience, dans la satisfaction intérieure que vous éprouverez et dans l'estime des gens de bien le prix de votre bonne conduite. Je n'ai à vous offrir que le camée qui est dans mon écrin. Prenez-le et conservez-le comme le dernier souvenir de votre Empereur[1]. »

Durant cette nuit, les marques d'estime se multiplient. Lorsque le duc de Vicence veut sortir aller chercher le général Bertrand, grand maréchal du palais, Napoléon le retient : « Je ne veux que vous, Caulaincourt[2] ! » L'attitude de l'Empereur se modifie toutefois à partir du moment où il comprend qu'il va survivre. Ségur, qui n'a pas été témoin de la scène mais dont les Mémoires sont toujours extrêmement bien informés, évoque les lamentations de Napoléon et les réactions qu'elles suscitent chez le duc de Vicence : « Dans leur intervalle [des crises], notre malheureux Empereur tantôt recommandait au duc de Vicence quelques dernières dispositions, et tantôt se plaignait "de ce que tout, jusqu'à la mort, l'eût trahi ! et d'être condamné à vivre encore !" Quant à Caulaincourt, si dévoué mais si peu écouté, et d'un caractère si franc et si ferme, il détournait la tête et prononçait des mots pleins d'irritation[3]. » Si l'on suit Ségur, il apparaît que la compassion qu'éprouve Caulaincourt se mêle toujours d'une grande sévérité à l'encontre des caprices de l'Empereur. Il est probable qu'il ne peut se départir du sentiment que son maître ne doit sa déchéance qu'à son aveuglement et à son refus d'écouter les conseils avisés. En a-t-il conçu un sentiment d'orgueil – celui d'avoir eu raison depuis le début – qu'il a préféré taire dans ses Mémoires ?

Au matin du 13 avril, Caulaincourt est exaspéré par les ultimes hésitations de Napoléon qui fait attendre le maréchal Macdonald, alors que ce dernier doit ramener à Paris les ratifications du traité d'abdication[4]. Le texte est finalement signé quelques heures plus tard ; le grand écuyer est chargé de retourner à Paris pour en surveiller l'application. Napoléon lui demande aussi de se rendre auprès de l'impératrice Marie-Louise et du roi de Rome, afin de favoriser leur venue sur l'île d'Elbe : « Partez, mon cher Caulaincourt ! Restez à Paris ; c'est là que vous m'êtes nécessaire.

1. *Mémoires de Caulaincourt*, t. III, p. 359-360.
2. *Ibid.*, p. 361.
3. *Mémoires de Ségur*, t. VII, p. 199.
4. *Mémoires de Caulaincourt*, t. III, p. 365-368.

L'empereur Alexandre est bien pour vous ; cela peut tout faciliter[1]. » Dans la capitale, le duc de Vicence s'attache à faire ratifier le traité par les différentes puissances de la coalition et s'occupe activement des affaires de son maître et de sa famille – il passe même à Rambouillet rendre compte à l'Impératrice des derniers événements[2]. Il retourne par la suite au château de Fontainebleau où l'attend encore Napoléon, désormais sur le départ. Le 16 avril, il dîne « pour la dernière fois[3] » avec son maître, en compagnie des généraux et des membres de la maison de l'Empereur encore présents à ses côtés. Les relations entre Caulaincourt et Napoléon semblent apaisées, ni trop froides ni trop chaleureuses. Le futur exilé engage son grand écuyer à venir le voir sur l'île d'Elbe ; mais jamais il ne lui propose de s'y installer à titre définitif.

Devant les difficultés qui continuent de s'accumuler et qui laissent croire à une mauvaise volonté de la part des Alliés, Napoléon renvoie une nouvelle fois le duc de Vicence à Paris, le 18 avril. Même s'ils ne savent pas s'ils se reverront, les deux hommes se quittent sans effusions particulières. Leurs brefs moments d'intimité ont fait place à la sobriété qui dicte d'ordinaire leurs relations. Le 20 avril, l'Empereur quitte Fontainebleau pour le sud de la France ; avant son départ, il prend la peine d'envoyer à son grand écuyer une courte missive où domine la retenue : « Je conserve le souvenir de toutes les preuves d'attachement que vous m'avez données dans ces derniers temps, et je vous en remercie. [...] Écrivez-moi quelques fois, et ne doutez jamais de tous les sentiments d'estime et d'amitié que je vous porte[4]. »

Dans les semaines suivantes, Caulaincourt ne ménage pas ses efforts pour obtenir l'application pleine et entière du traité d'abdication. Le 26 mai, il peut enfin écrire à Napoléon que toutes les puissances étrangères ont ratifié le traité[5] ; reste à convaincre le gouvernement de Louis XVIII de faire de même. En parallèle, l'ancien grand écuyer gère les affaires des Bonaparte, rencontre Joséphine et Hortense de Beauharnais, envoie des lettres aux frères et sœurs de Napoléon[6]. Il met un point d'honneur à assumer jusqu'au bout les suites de l'acte d'abdication et fait office

1. *Ibid.*, p. 375.
2. *Ibid.*, p. 386-387.
3. *Ibid.*, p. 391.
4. AN, 95 AP 14, Napoléon à Caulaincourt, Fontainebleau, 20 avril 1814.
5. *Ibid.*, Caulaincourt à Napoléon, Paris, 26 mai 1814.
6. Ces lettres sont conservées aux AN, 95 AP 14.

pendant près de deux mois d'homme de confiance de la dynastie déchue – au risque d'achever de se compromettre auprès du nouveau souverain. Le 2 juin, Caulaincourt annonce enfin à Napoléon l'« accession du gouvernement français au traité du 11 avril », qui lui a été remise la veille[1]. Il déclare, de façon unilatérale, la fin de sa (pénible) mission : « Maintenant que j'ai fait tout ce qui était en mon pouvoir pour les intérêts de V. M. et de sa famille, je quitte tout et je me retire chez moi[2]. »

Cette dernière missive est symptomatique de la profonde ambiguïté qui caractérise l'ensemble des relations entre Caulaincourt et Napoléon, en 1814 et au-delà. Au nom de sa fidélité aux serments prêtés, et de son admiration pour l'œuvre du grand homme, le duc de Vicence accepte de se dévouer corps et âme à l'Empereur, de défendre son empire, son trône, son fils, et enfin sa sûreté personnelle. Mais tout cela n'apparaît jamais comme un mouvement spontané, un élan du cœur : il s'agit au contraire d'un devoir, d'une manière, pour l'ancien aide de camp du Premier Consul, de payer sa dette. En arrière-plan de son action en 1814, on devine un fond de froideur. S'il laisse souvent échapper son émotion, c'est moins pour la personne de Napoléon que pour son destin tragique et surtout pour toutes les occasions manquées depuis 1812. L'affliction dont témoigne le duc de Vicence renvoie, d'une certaine façon, à sa conviction d'avoir toujours eu raison face à son maître.

Napoléon en veut-il à Caulaincourt de lui avoir fait manquer la fin tragique à laquelle il aspirait, pour le confiner dans la trop prosaïque île d'Elbe ? Sa reconnaissance concernant l'obtention de ce dernier séjour reste en tout cas très mesurée. Le duc de Vicence ne cache pas, quant à lui, sa réprobation face à une tentative de suicide qui lui apparaît probablement comme une forme d'échappatoire, une manière de désavouer le traité d'abdication et l'obtention de l'île d'Elbe, si chèrement acquis. Ce sentiment explique-t-il les marques d'agacement que, même dans ces circonstances tragiques, il n'a pu s'empêcher d'exprimer, si l'on en croit le témoignage de Ségur ? Paroxysme apparent des relations entre Caulaincourt et Napoléon, l'épisode du suicide et des derniers jours de Fontainebleau n'est finalement qu'une nouvelle preuve de la complexité quasi inextricable de leurs rapports. La plupart des contemporains ne se sont

1. *Mémoires de Caulaincourt*, t. III, p. 416.
2. AN, 95 AP 14, Caulaincourt à Napoléon, Paris, 2 juin 1814.

pas toutefois arrêtés à de telles considérations. Ils n'ont vu dans le duc de Vicence que le « fidèle d'entre les fidèles ». Une posture particulièrement gênante alors que s'installe la monarchie restaurée.

La Première Restauration : reconversion ou conspiration ?

Comme l'écrit Jean Hanoteau, « plus que quiconque, [Caulaincourt] avait tout à craindre des Bourbons, encore sous l'impression des rumeurs qui avaient défiguré la tragédie de Vincennes[1] ». La Première Restauration va en effet marquer la première étape de sa vaste œuvre de justification concernant l'affaire du duc d'Enghien. Mais le duc de Vicence n'est pas naïf. Il sait que la mission d'Ettenheim ne sera jamais qu'un prétexte ; ce qu'on lui reproche d'abord c'est son implication dans les négociations de la fin de l'Empire et son refus de se rallier au nouveau régime avant la ratification du traité d'abdication. Dès le mois d'avril, il comprend que toute reconversion risque d'être particulièrement difficile. À Fontainebleau, Napoléon l'aurait pourtant engagé à s'intégrer rapidement au sein du nouveau régime :

> Je lui remerciai de son bon intérêt et lui répondis que j'avais été trop avant dans les siennes et notamment dans ces circonstances pour qu'un nouveau gouvernement pût me croire dans ses intérêts ; que je ne pouvais changer d'affection et de sentiments comme tant d'autres. L'Empereur me raisonna à ce sujet et me dit : « Vous avez tort : c'est au début qu'il faut se rapprocher du gouvernement. J'ai engagé tout ce qui m'entoure à servir fidèlement les Bourbons : c'est un devoir, faites de même. Si mes ministres étaient venus me voir, comme je devais le croire, je leur aurais fait la même recommandation. »[2]

Le duc de Vicence tarde à suivre ces conseils. Dans un premier temps, il s'occupe exclusivement des intérêts de la famille impériale et cherche à obtenir par tous les moyens – notamment l'appui d'Alexandre – la reconnaissance et l'application, par le gouvernement royal, du traité du 11 avril. Aucune pression ne peut le détourner de sa mission qui s'achève seule-

1. Jean Hanoteau, *op. cit.*, t. I, p. 180.
2. *Mémoires de Caulaincourt*, t. III, p. 354.

ment, comme on l'a vu, au début du mois de juin 1814. Quelle va être dès lors sa place dans la nouvelle France ?

Assez rapidement, Caulaincourt est présenté à Louis XVIII. « Avec un grand nombre de mes collègues et de fonctionnaires qui étaient revenus à Paris[1] », précise l'intéressé : c'est dire le peu de portée de cette rencontre qui montre néanmoins que l'ancien ministre de Napoléon n'est pas, de prime abord, ostracisé. Il bénéficie en effet du soutien actif du tsar Alexandre, soucieux de favoriser son intégration dans le nouveau régime. Pour tenter de combattre les préventions des Bourbons à l'égard d'un des bourreaux présumés du duc d'Enghien, l'empereur de Russie organise ainsi un grand dîner réunissant Caulaincourt et le comte d'Artois, dont l'influence est alors déterminante. Mme de Boigne en a laissé le récit :

> Le dîner fut froid et solennel ; Monsieur se sentait blessé ; il se retira en sortant de table fort mécontent et laissant l'empereur furieux. Il se promenait dans la chambre ; au milieu de ses plus familiers, faisait une diatribe sur l'ingratitude des gens pour lesquels on avait reconquis un royaume au prix de son sang pendant qu'ils ménageaient le leur et qui ne savaient pas céder sur une simple question d'étiquette. Quand il se fut calmé, on lui observa que Monsieur était peut-être plus susceptible précisément parce qu'il se trouvait sous le coup de si grandes obligations, que ce n'était d'ailleurs pas une question d'étiquette mais de sentiment, qu'il croyait le duc de Vicence coupable dans l'affaire d'Ettenheim :
> « Je lui ai dit que non. – Sans doute, l'opinion de l'Empereur devrait être d'un grand poids pour Monsieur, mais le public n'était pas encore éclairé et on pouvait excuser sa répugnance en songeant que monsieur le duc d'Enghien était son proche parent. »
> L'empereur hâta sa marche : « Son parent… son parent… ses répugnances. » Puis, s'arrêtant tout court et regardant ses interlocuteurs : « Je dîne bien tous les jours avec Ouvarov ! » Une bombe tombée au milieu d'eux n'aurait pas fait plus d'effet. L'empereur reprit sa marche ; il y eut un moment de stupeur, puis il parla d'autre chose. Il venait de révéler le motif de sa colère. On comprit l'insistance qu'il

1. *Ibid.*, p. 419.

> mettait depuis cinq jours à faire admettre monsieur de Caulaincourt par Monsieur.
> Le général Ouvarov passait pour avoir étranglé l'empereur Paul de ses deux énormes pouces qu'il avait, en effet, d'une grosseur remarquable, et Alexandre était choqué de voir nos princes refuser de faire céder leurs susceptibilités à la politique, quand lui en avait sacrifié de bien plus poignantes. On conçoit, du reste, que toute discussion cessa à ce sujet et Pozzo [di Borgo] courut chez Monsieur lui dire qu'il fallait recevoir le duc de Vicence. Celui-ci n'en abusa pas : il alla une fois chez le lieutenant général et ne s'y présenta plus[1].

Le tsar ne s'avoue pas aussi facilement vaincu. Puisque la vision du duc de Vicence est insupportable aux Bourbons, ils n'ont qu'à le nommer à un poste diplomatique à l'étranger. « Dès la première heure, le tsar avait sondé le terrain pour sa nomination à l'ambassade de Russie où il l'aurait vu revenir avec plaisir[2]. » Pozzo di Borgo est chargé de défendre auprès de Louis XVIII la cause de Caulaincourt, d'invoquer « le courage avec lequel il a combattu dans tous les temps les idées exagérées de Bonaparte et toute l'atrocité de son système » ou « le service essentiel qu'il a encore dernièrement rendu et nommément à son roi et à sa patrie en prévenant la guerre civile par tout ce qu'il a fait pour amener l'abdication »[3]. Louis XVIII reste sourd à tous ces arguments. Le duc de Vicence l'avait prévu : comment les Bourbons pourraient-ils lui faire confiance, lui qui, quelques jours à peine avant l'intervention de Pozzo di Borgo, faisait encore pression pour l'application pleine et entière du traité du 11 avril ? Une déception beaucoup plus cruelle vient s'ajouter à celle de se voir refuser un poste diplomatique en Russie. Alors qu'il pensait que cet honneur lui reviendrait, Caulaincourt n'est pas retenu pour la pairie : « comme sénateur et à tant d'autres titres membre en quelque sorte de droit de la Chambre des pairs, le gouvernement royal avait jugé à propos de m'en exclure, lors de son organisation[4] ». Ces deux camouflets successifs lui font comprendre qu'il n'a rien à espérer du nouveau régime.

1. *Mémoires de la comtesse de Boigne*, p. 415-416.
2. Jean Hanoteau, *op. cit.*, t. I, p. 182.
3. Lettre de Nesselrode à Pozzo di Borgo, Londres, 10/22 juin 1814. Martens, *Recueil*, t. XIV, p. 265.
4. *Mémoires de Caulaincourt*, t. III, p. 420.

Plutôt que d'irriter le gouvernement par de nouvelles démarches, Caulaincourt préfère se retirer dans la vie civile. Peut-être tenté par un exil à l'étranger, il choisit de rester en France : « aller vivre au milieu des ennemis qui venaient de dicter de si dures lois à mon pays, qui venaient de renverser le souverain que j'avais servi, de détrôner sa dynastie, me parut indigne de mon caractère[1] », écrit-il dans ses Mémoires. Cette justification morale se mêle de considérations pratiques. Dès le 24 mai 1814 en effet, il a épousé Mme de Canisy et peut songer désormais à fonder un foyer[2]. Sa vie s'organise rapidement entre la Picardie et Paris, où il fait l'acquisition d'un logement. Un rapport de la police de Louis XVIII rend compte de la nouvelle vie du duc de Vicence, qui préfigure celle qu'il mènera après les Cent-Jours :

> [12 octobre 1814] M. de Caulaincourt est revenu à Paris depuis quelques jours. Hier, avant-hier et aujourd'hui, il est allé chez le comte Regnault de Saint-Jean-d'Angély ; ce matin, il y est retourné avant 7 heures. M. de Saint-Aignan, beau-frère de M. de Caulaincourt, est revenu à Paris en même temps que lui. Tous deux vont ensemble dîner chaque jour à Auteuil chez Mme de Caulaincourt mère. M. de Caulaincourt quitte l'hôtel de sa femme, rue d'Anjou, pour aller demeurer aujourd'hui même dans un nouveau logement, rue Sainte-Croix, n° 16[3]. Il ne doit rester à Paris que jusqu'à dimanche. Son intention paraît être de retourner pendant six semaines à Caulaincourt, et de revenir ensuite passer l'hiver à Paris[4].

Ce document montre à quel point les faits et gestes de Caulaincourt sont tenus à l'œil durant toute cette période. Le nouveau directeur général de la police, le comte Beugnot, entretient à Paris et en province un réseau d'informateurs chargés de lui rapporter les agissements des personnalités « bonapartistes » qui ne sont pas parties en exil. Assez logiquement, le duc de Vicence – au même titre que Berthier, Cambacérès, Savary ou Champagny – fait partie du cercle des anciens dignitaires impériaux

1. *Ibid.*, p. 420.

2. Son premier fils naît le 13 février 1815.

3. Rue Sainte-Croix de la Bretonnerie, dans le 4e arrondissement de Paris.

4. Eugène Welvert, *Napoléon et la police sous la Première Restauration, d'après les rapports du comte Beugnot au roi Louis XVIII*, Paris, Roger et Chernovitz, s. d. [1913], p. 234.

étroitement surveillés par le nouveau régime. Mais, sous l'afflux des dénonciations, et du fait de la pression constante des partisans du comte d'Artois, ce qui ne devait être qu'une simple précaution tend peu à peu vers la crainte perpétuelle du complot. Caulaincourt est ainsi suspecté d'entretenir des rapports avec l'île d'Elbe, par le biais d'un de ses anciens domestiques :

> [16 octobre] Un domestique qui vient de quitter le service de M. de Caulaincourt demanda, avant-hier, un passeport pour l'île d'Elbe, où il voulait (disait-il) aller chercher de l'emploi. Le passeport fut refusé, d'après mes ordres. Dès que M. de Caulaincourt fut informé de ces détails, il se présenta lui-même chez le commissaire de police du quartier pour déclarer que c'était à son insu que ce domestique avait songé à un pareil voyage. Je fais prendre sous main des informations auprès du domestique pour tâcher de découvrir si son projet de départ était aussi inconnu à M. de Caulaincourt que celui-ci l'assure[1].

Pourtant, tout porte à croire que Caulaincourt n'a jamais eu les desseins que lui prête le comte Beugnot. Les rapports du directeur de la police de Louis XVIII ne font que rendre compte des détails de sa vie familiale et de ses liens de sociabilité. Quant à l'« affaire » du domestique, elle n'est probablement rien d'autre que ce qu'elle paraît être : une initiative personnelle sans lien réel avec le duc de Vicence. La paranoïa que manifeste Beugnot à cette période n'est toutefois pas totalement injustifiée : des « cercles » réunissant des opposants au régime tentent bien de s'organiser, mais l'ancien grand écuyer leur reste très largement étranger. Deux cercles dominent à cette époque : le cercle des anciens révolutionnaires, autour de Fouché, et celui des partisans de Napoléon, autour de Maret et Lavalette[2]. Caulaincourt n'avait rien à faire dans le premier ; quant au second, une inimitié personnelle lui en interdisait l'accès. L'ancien conventionnel Thibaudeau a décrit longuement l'organisation – lâche et fluctuante – de ces cercles, leurs moyens d'action – notamment leurs accointances avec les officiers mécon-

1. *Ibid.*, p. 240. Rapport du 14 octobre 1814.
2. Thierry Lentz, *Nouvelle histoire du Premier Empire, t. IV, Les Cent-Jours*, Paris, Fayard, 2010, p. 260.

tents[1] : jamais il n'y a impliqué le duc de Vicence. La seule phrase qu'il écrit à son sujet l'exclut au contraire de toute « conspiration » : « Caulaincourt n'avait pas assez d'énergie pour se venger des Bourbons[2]. » Ces derniers en ont été, semble-t-il, eux-mêmes convaincus. Au moment du débarquement de Napoléon à Golfe-Juan, ils ne penseront même pas à faire figurer le duc de Vicence sur la liste des bonapartistes à arrêter[3].

Il semble bien que, durant la Première Restauration, Caulaincourt se soit cantonné à une prudente expectative : malgré ses griefs à l'égard du nouveau régime, il ne prend pas le risque de le braver ouvertement. Il préfère s'en faire oublier, ménageant peut-être ses chances en vue d'un éventuel, quoique peu probable, retour en politique – n'oublions pas que le duc de Vicence vient à peine de dépasser la quarantaine. C'est cette prudence qui le pousse à cesser toutes relations avec l'exilé de l'île d'Elbe, une fois ratifié l'acte d'abdication. Avant son départ de Fontainebleau, Napoléon avait encouragé son grand écuyer à lui écrire régulièrement et à venir le voir dans sa nouvelle principauté. Non seulement Caulaincourt n'envisage jamais un tel voyage, mais il ne prend pas non plus apparemment la peine d'écrire à l'empereur déchu. Ce comportement s'explique bien entendu par la crainte de se compromettre davantage auprès des Bourbons. Mais il est aussi évident que le duc de Vicence a voulu signifier par là que, pour lui, l'épisode impérial était clos, le destin de Napoléon définitivement scellé.

Sa première réaction à l'annonce du débarquement de l'Empereur à Golfe-Juan s'inscrit dans cette droite ligne : le « vol de l'Aigle » ne lui apparaît de prime abord que comme une folle équipée sans lendemain. Dans ses Mémoires, Lavalette se dit choqué par cet état d'esprit. C'est lui qui, dans la journée du 7 mars, apprend l'incroyable nouvelle à Caulaincourt, rencontré par hasard dans le jardin des Tuileries :

> En arrivant sur la terrasse du bord de l'eau, j'aperçus le duc de Vicence ; nous nous joignîmes, et, mot pour mot et du même son de voix, je lui donnais la nouvelle que je venais de recevoir. Mais lui, d'un

1. *Mémoires de Thibaudeau (1799-1815)*, Paris, Plon, 1913, p. 434.
2. *Ibid.*, p. 432.
3. Thierry Lentz, *Nouvelle histoire du Premier Empire, t. IV, Les Cent-Jours*, p. 310-311.

> caractère irascible, et trop habitué à voir les choses du mauvais côté : « Quelle extravagance ! Quoi ! Débarquer sans troupes !… Il sera pris, il ne fera pas deux lieues en France ; il est perdu. Mais c'est impossible ! Cependant, ajouta-t-il, il est trop vrai que le comte d'Artois est parti précipitamment cette nuit. » La mauvaise humeur du duc de Vicence et ses pressentiments fâcheux me faisaient mal. Je le quittai pour m'abandonner sans contrainte à toute l'ivresse de mes sentiments[1].

Peu après, le duc de Vicence vient chercher confirmation de cette nouvelle auprès d'Hortense de Beauharnais, avec qui il entretient depuis longtemps les meilleures relations. Dans ses Mémoires, l'ancienne reine de Hollande rend compte des sentiments mêlés que le retour de Napoléon suscite chez Caulaincourt, comme chez les autres anciens partisans de l'Empire. Dans l'effervescence du moment, et en l'absence d'informations fiables, c'est d'abord la crainte qui prédomine :

> MM. de Flahaut, Lavalette et le duc de Vicence vinrent me voir, tout aussi étonnés et inquiets que moi de cet événement inattendu. L'habitude d'avoir vu si longtemps l'Empereur heureux et habile, nous le faisait déjà regarder comme arrivé, mais quelle allait être la suite d'une telle entreprise ? Pourvu qu'il ne crût pas retrouver l'Empire français tel qu'il l'avait laissé, qu'il pût se soumettre aux idées du jour et renoncer aux conquêtes[2] !

Une des principales craintes du duc de Vicence est donc que Napoléon ne revienne bercé d'illusions, son ambition intacte. Mais, avant même de réfléchir à ces questions, il lui faut d'abord songer à sa propre sécurité. Ignorant qu'il est absent de la liste de proscription qui touche les bonapartistes, il choisit de se cacher en attendant que passe l'orage[3]. Il ne sort de son repaire qu'une fois certain que le retour de l'Empereur dans la capitale est inéluctable. Le 20 mars au matin, il décide de se porter à la rencontre du nouveau maître de la France. Alors que, deux semaines auparavant, il

1. *Mémoires et souvenirs du comte de Lavalette*, Paris, Mercure de France, 1994, p. 321-322.

2. *Mémoires de la reine Hortense*, p. 383.

3. *Ibid.*, p. 389.

pensait probablement ne plus jamais avoir de contacts avec Napoléon, il choisit apparemment sans hésitation de se remettre à son service.

Pourquoi une telle décision ? Négociateur à Prague, Châtillon et Paris, Caulaincourt est pourtant le mieux à même de juger les chances de l'Empereur face à la coalition des puissances européennes. Il sait que la restauration de l'Empire est synonyme de guerre, quels que soient les sentiments de Napoléon : que le séjour de l'île d'Elbe l'ait assagi ou que son retour miraculeux ait ravivé ses ambitions et sa foi en son étoile. L'« agonie de Fontainebleau[1] » a aussi montré, derrière les marques de dévouement, sa profonde lassitude à l'égard de son maître. Se remettre à son service, c'est accepter de nouvelles fatigues, de nouvelles vexations ; c'est accepter aussi de revivre les mois de mars et d'avril 1814. Mais, malgré ses réticences, Caulaincourt sait aussi qu'il ne peut avoir sa place au sein du régime de la Restauration. Même le soutien d'Alexandre n'a rien pu contre la haine tenace que lui vouent les Bourbons : quoi qu'il dise, quoi qu'il fasse, il reste l'homme de Napoléon. Autant, par conséquent, jouer ce rôle jusqu'au bout. À ce timide opportunisme se mêle le sens de l'honneur : le retour de l'Empereur ne ranime-t-il pas en effet les serments qui lui ont été prêtés ? Nul doute que cet argument a pesé d'un grand poids dans la réflexion – certes rapide – du duc de Vicence. N'oublions pas enfin le contexte extraordinaire du vol de l'Aigle qui entraîne les anciens dignitaires de l'Empire dans une vague d'enthousiasme qui, bien souvent, les dépasse. Peut-être est-ce tout simplement sans comprendre ce qui le motive que Caulaincourt se porte à la rencontre de l'Empereur.

1. Titre du troisième tome des *Mémoires de Caulaincourt*.

CHAPITRE 15

LES CENT-JOURS, LE DERNIER ACTE POLITIQUE

Les Cent-Jours s'inscrivent-ils dans la continuité du Premier Empire ou constituent-ils une expérience à part ? Cette question, que tous les observateurs de la période se sont posée, est aussi valable en ce qui concerne la carrière du duc de Vicence : l'épisode des Cent-Jours est-il dans la suite logique de son parcours politique ou doit-il être considéré comme une simple parenthèse ? Par bien des aspects, les semaines qui vont de mars à juillet 1815 ne diffèrent que peu de celles qui ont précédé la première abdication de l'Empereur : non seulement Caulaincourt retrouve les fonctions qu'il a dû abandonner un an auparavant, mais il doit faire face à une situation politique tout aussi catastrophique. Enjeux et problématiques se révèlent assez similaires : comment assurer le trône de Napoléon face à la coalition de ses ennemis ? Comment faire entendre la voix de la diplomatie quand chacun sait que seules les armes peuvent décider de la situation ? Il ne faudrait pas toutefois sous-estimer la rupture que représente la Première Restauration : beaucoup de Français ont déjà commencé le bilan de la période napoléonienne, tandis que le reste de l'Europe s'attache à construire un nouvel ordre continental. Dans ce contexte, le retour de Napoléon ne peut être qu'un simple contretemps, une péripétie inutile. Comme on l'a vu, Caulaincourt n'est pas loin de partager cette idée.

Retour aux affaires

Le 20 mars, après trois semaines d'un incroyable périple, Napoléon arrive devant Paris : c'est le début des Cent-Jours. « Le nouveau et dernier règne de Napoléon ne peut dater que de l'instant où il reparut dans la capitale, écrit Pasquier ; il n'avait eu depuis son débarquement qu'une armée, il eut dès lors un gouvernement[1]. » Ce gouvernement, l'Empereur revenu d'exil va connaître pourtant toutes les peines du monde à le constituer, entre les défections des uns et les réticences des autres. En un an, beaucoup de ses anciens fidèles l'ont déçu. Depuis l'île d'Elbe, il a ainsi suivi les tentatives de Caulaincourt pour se réinsérer dans la société de la Restauration et dans son appareil diplomatique. À n'en pas douter, ses sentiments à l'égard de son ancien ministre des Relations extérieures sont mitigés. Il n'en laisse pourtant rien paraître lorsqu'il l'accueille à Essonnes. Après l'avoir embrassé, il l'invite à monter dans sa voiture et à faire avec lui les derniers kilomètres du trajet jusqu'à Paris[2]. En un instant et avant même que cela ne soit officialisé, Caulaincourt redevient grand écuyer de la cour. Lorsque la voiture de l'Empereur arrive aux Tuileries, vers neuf heures du soir, c'est tout naturellement que le duc de Vicence assume son rôle et fait s'écarter la foule venue acclamer son héros[3]. L'épisode prouve, si besoin était, que la charge de grand écuyer est indissociable de Caulaincourt. Celui-ci va-t-il se limiter désormais à ces fonctions curiales ou va-t-il être amené à jouer un rôle politique au sein du régime qui se reforme ?

Dès leur arrivée aux Tuileries, Napoléon propose au duc de Vicence de reprendre le portefeuille des Affaires étrangères et d'assurer en quelque sorte la continuité ministérielle. Il se heurte aussitôt au refus de l'intéressé, qui craint d'endosser à nouveau « le fardeau des affaires » après ses échecs de 1813 et 1814. Le ralliement de Caulaincourt durant les Cent-Jours apparaît plus passif qu'actif : par sens du devoir, il est prêt à reprendre sa place à la cour mais il répugne, dans un premier mouvement, à retrouver un ministère que lui a valu tant de déconvenues. « Il faut que sa résistance ait eu un caractère bien prononcé, car l'Empereur désespéra un moment

1. *Mémoires de Pasquier*, t. III, p. 160.
2. *Mémoires de la reine Hortense*, p. 393.
3. *Mémoires et souvenirs du comte de Lavalette*, p. 332-333.

de la vaincre, ce qui est démontré par les propositions qu'il fit à d'autres[1]. » Peut-être vexé, peut-être déçu par l'attitude du duc de Vicence, il se tourne en effet vers un autre candidat, son dernier ministre de la Justice, Mathieu Molé, resté à l'écart de la vie publique sous la Restauration. Considérant à raison que sa nomination « sera[it] une énigme aux yeux de l'Europe », Molé est persuadé que seul Caulaincourt convient à ce poste : « Votre Majesté ne peut faire un choix plus politique dans ce moment »[2].

Hortense de Beauharnais en est, elle aussi, convaincue. Elle connaît Caulaincourt depuis de longues années et l'a associé, comme beaucoup, aux idées de paix et de modération. Des idées qui, après avoir été utiles, voire nécessaires, en 1813-1814, sont désormais vitales pour Napoléon face à la coalition renouvelée de ses ennemis. Ajoutons que, durant la Première Restauration, la reine Hortense a reçu à plusieurs reprises le tsar Alexandre. Elle a pu constater son amitié pour le duc de Vicence et y voit une piste pour faire sortir la France de son isolement. Lorsqu'elle apprend que Napoléon a voulu nommer Molé au ministère, elle s'insurge : « "Comment, Sire ! Est-ce que vous ne nommerez pas le duc de Vicence ? Tout le monde sait combien il a, dans toutes les circonstances, fortement insisté pour la paix, et la France en a un si grand besoin !" – "Il est trop porté pour les étrangers." – "Mais, Sire, ne faut-il pas que les étrangers soient convaincus que vous voulez la paix ? Ce choix serait le garant de vos intentions." – "Vous faites donc de la politique à présent ?" Et il me tira l'oreille[3]. » Hortense comprend rapidement que les arguments de Napoléon ne servent qu'à masquer la rebuffade qu'il vient de subir : lui aussi est conscient de l'utilité du duc de Vicence. C'est ce dernier que la reine de Hollande s'efforce par conséquent de convaincre :

> Je lui fis sentir toutes les conséquences de son refus, écrit-elle dans ses Mémoires. « […] Vos avis sont plus nécessaires que jamais. Il faut vous opposer de toutes vos forces à de nouvelles idées de conquêtes. » – « Je suis bien de votre avis, madame, mais le pourrai-je si l'Empereur n'est pas changé et s'il commence par vouloir reprendre la

1. *Mémoires de Pasquier*, t. III, p. 164.
2. Hélie de Noailles, *Le Comte Molé (1781-1855) : sa vie, ses Mémoires*, t. I, p. 206-207 (Journal de Molé).
3. *Mémoires de la reine Hortense*, p. 398-399.

> Belgique ? » – Ah ! mon Dieu ! lui dis-je avec vivacité. En parlerait-il déjà ? » – « Non, mais ce qui me fâche c'est qu'il ait été reçu avec autant d'enthousiasme. Un peu de résistance aurait mieux valu. [...] D'ailleurs les puissances étrangères voudront-elles entendre des propositions de paix ? Voilà la grande question. » – « Rappelez-vous, lui dis-je, les conversations que nous eûmes avec l'empereur de Russie et comme il désirait arrêter l'effusion du sang et ne jamais aller contre les vœux de la nation française. [...] C'est donc la fierté du patriotisme de l'empereur Napoléon que je redoute pour le moment. Que tout ce qui l'entoure s'efforce de lui faire comprendre le besoin de la paix. » – « Sans doute, reprit le duc de Vicence, mais dépendra-t-elle de lui seul ? Et l'empereur Alexandre, malgré sa générosité, est-il exempt de passions ? »[1]

Caulaincourt reste lucide quant à son ami Alexandre. Il sait qu'il ne faut pas confondre sentiments personnels et intérêts politiques. Il sait surtout que le retour de Napoléon a rebattu les cartes : tous les discours tenus par le tsar à la Malmaison sont désormais nuls et non avenus. Seul compte le face-à-face entre la France et la Quadruple Alliance. Mais plus que tout, Caulaincourt craint Napoléon et ses ambitions. Contrairement à Hortense, il ne voit pas dans le « vol de l'aigle » un atout mais un piège mortel. Le danger est de considérer comme un plébiscite ce qui ne sera jamais aux yeux de l'Europe autre chose qu'un affront ou, pire, une humiliation.

Dans les heures et les jours qui suivent le retour de Napoléon, Caulaincourt subit les multiples pressions de l'entourage de l'Empereur, celles de la reine Hortense, celles des ministres progressivement nommés – probablement Cambacérès, Mollien, Gaudin, peut-être Davout –, qui le supplient d'apporter sa caution morale et de compléter les effectifs du gouvernement. Malgré sa conviction que la situation est quasiment inextricable, malgré son désir de se contenter de ses fonctions de grand écuyer ou d'obtenir enfin un commandement à l'armée, le duc de Vicence finit par céder et accepte de reprendre le portefeuille des Affaires étrangères, flanqué il est vrai de deux sous-secrétaires, Otto et Bignon. Dans son histoire des Cent-Jours, publiée en 1820, un ancien secrétaire de Napoléon, Fleury de Chaboulon, affirme que Caulaincourt « se fit

1. *Ibid.*, p. 399-340.

un devoir de céder[1] ». L'historien Louis Madelin parle d'un choix motivé par le « pur dévouement[2] » : voyant les difficultés rencontrées par Napoléon pour compléter son gouvernement, le duc de Vicence a pu vouloir lui épargner de nouveaux délais. Il a pu craindre aussi d'être tenu pour responsable d'une vacance à la tête du ministère et de causer préjudice à la position de la France en Europe.

Le dévouement de Caulaincourt est incontestable, mais suffit-il à expliquer son choix ? En 1813, alors que sa nomination était souhaitée par toute l'Europe et qu'il subissait les mêmes pressions de son entourage, il avait refusé jusqu'au bout d'accepter le ministère et ne l'avait fait finalement que contraint et forcé par son maître. Pendant plusieurs semaines, les appels à sa fidélité et à son dévouement étaient restés lettre morte. En 1815, mis à part un premier mouvement de recul assez brutal, il semble se convaincre rapidement qu'il lui faut accepter le poste. D'autres personnalités comme Molé resteront pourtant campées sur leurs positions, refusant obstinément tout ministère. Il faut dire que la fonction est périlleuse : en acceptant un portefeuille, les nouveaux titulaires se placent de fait au ban de l'Europe. Le ministre des Affaires étrangères, plus que tout autre, doit se faire le représentant d'un régime jugé hors la loi par le reste du continent. Et en cas de restauration des Bourbons, c'est lui qui risque d'être mis hors la loi et chassé du territoire français. Pourquoi, mise à part la question de son sens de l'honneur et du service, Caulaincourt accepte-t-il donc de se charger d'un tel « fardeau » ?

On ne peut d'abord totalement écarter l'idée d'un désir, même inconscient, de retrouver un rôle politique après une année de mise à l'écart, et, pourquoi pas, de rattraper les échecs de 1814. Cette hypothèse cadre toutefois assez mal avec la nature du duc de Vicence, qui n'a jamais manifesté un grand attrait pour le pouvoir. Il est plus vraisemblable de supposer qu'il accepte le poste car il estime que sa présence y est indispensable. Pour la première fois peut-être dans sa carrière diplomatique, il semble se convaincre qu'il est l'homme de la situation, même si cette situation est désespérée. En 1813, il jugeait encore que Talleyrand était la personnalité la mieux indiquée pour diriger les destinées diplomatiques

1. Fleury de Chaboulon, *op. cit.*, t. I, p. 207n.

2. Louis Madelin, *Histoire du Consulat et de l'Empire,* Paris, Robert Laffont, 2003, t. IV, p. 828.

du pays. En 1815, il lui faut avouer qu'il est une des seules grandes figures du régime à disposition. Les autres candidats envisagés par l'Empereur manquent cruellement d'expérience (Molé) ou sont au contraire de purs produits de l'appareil diplomatique (Otto, Bignon, Laforêt) : ils n'ont ni la renommée ni les relations du duc de Vicence. Si ce dernier accepte le poste, c'est peut-être aussi parce qu'il conserve, derrière son scepticisme, le timide espoir de pouvoir influer sur le cours des événements. Il peut se prévaloir en effet de ses amitiés russes, autrichiennes, anglaises ; de ses liens – aussi complexes soient-ils – avec Talleyrand, toujours présent au congrès de Vienne. Tout en les réfutant par réalisme ou pessimisme, il a peut-être été plus marqué par les paroles d'Hortense de Beauharnais qu'il n'a bien voulu l'admettre.

Après ces réflexions, une dernière question se pose : Caulaincourt est-il vraiment le meilleur choix possible en 1815 ? Pour Fleury de Chaboulon, la réponse ne fait pas de doute : le retour du duc de Vicence à la tête du ministère des Affaires étrangères eut des conséquences éminemment positives. Il l'affirme dans son histoire des Cent-Jours : « sa nomination fut regardée comme un gage des intentions loyales et pacifiques de Napoléon[1] ». Cette idée est toutefois à nuancer : après l'échec des négociations de 1813 et de 1814, l'« homme de la paix » peut-il encore avoir une telle influence sur l'opinion publique française et européenne ? Sa nomination n'est-elle pas finalement pour Napoléon une solution de facilité, sans réelles conséquences sur la marche des événements ? Fouché, qui désirait pour lui le ministère des Affaires étrangères, est persuadé que Caulaincourt est depuis longtemps discrédité. Alors qu'il vient de retrouver le ministère de la Police dans le nouveau gouvernement, il déclare à son ami, l'ancien conventionnel Antoine Claire Thibaudeau :

> Il n'y avait pour moi qu'un ministère où je pouvais être utile, les Relations extérieures. Aujourd'hui l'important ce sont les négociations. – Après la guerre, répond Thibaudeau. – Il faut les faire marcher de front. Caulaincourt, c'est l'Empereur ; malheur ou maladresse, il est discrédité. Il fallait dans ce département un homme qui y fût nouveau, d'un caractère indépendant, l'homme de la France et non pas seulement de l'Empereur, je suis sous ce rapport connu dans les

1. Fleury de Chaboulon, *op. cit.*, t. I, p. 207.

> Cabinets. J'ai eu de bonnes relations en Angleterre, en Autriche, nos courriers seraient déjà partis[1].

Les manœuvres de Fouché, son entregent, auraient-ils suffi à rétablir la situation de la France en Europe ? L'échec des tentatives effectuées malgré tout par le ministre de la Police montre bien que non[2]. Il est certain toutefois qu'en 1815 l'« aura » de Caulaincourt semble sérieusement amoindrie ; ses efforts pour réorganiser le ministère et rétablir le contact avec les puissances étrangères n'en sont que plus méritoires.

Le second ministère Caulaincourt

Lorsqu'il se réinstalle rue du Bac, à la fin du mois de mars 1815, Caulaincourt retrouve, à quelques exceptions près, le personnel qu'il a laissé un an auparavant : Bresson est toujours à la division des Fonds, Campy au Chiffre, l'inamovible d'Hauterive aux Archives, Roux à la division du Midi. Seuls deux chefs de division manquent à l'appel, La Besnardière – de la division du Nord – et d'Hermand – des Consulats –, encore ont-ils été remplacés respectivement par Bourjot et Flury, qui étaient leurs adjoints durant le Premier Empire[3]. Durant l'année écoulée, Talleyrand a toutefois introduit un certain nombre de modifications au sein de l'organisation du ministère. La principale est d'avoir regroupé les différentes divisions en deux ensembles, confiant la direction politique à La Besnardière et la direction des Chancelleries à un ancien ministre des Affaires étrangères, le baron Reinhard. Si cette subdivision n'est pas reprise telle quelle par Napoléon, elle lui inspire probablement l'idée d'adjoindre à son ministre deux sous-secrétaires d'État, le comte Otto et le baron Bignon. Ces nominations ont pour premier objectif de convaincre Caulaincourt d'accepter le poste qui lui est offert, en le soulageant d'une partie de son fardeau. Il s'agit surtout pour Napoléon de reprendre en main le personnel de la rue du Bac, après une année de transition, en centralisant davantage le processus décisionnel. Il est décidé en effet que les chefs de

1. *Mémoires de Thibaudeau (1799-1815)*, p. 454.
2. Thierry Lentz, *Nouvelle histoire du Premier Empire, t. IV, Les Cent-Jours (1815)*, p. 446.
3. AMAE, Comptabilité du ministère, 21, 1814-1820.

division auront pour seuls interlocuteurs les deux sous-secrétaires d'État : ils n'auront « accès au ministre que par eux, sinon pour lui parler, à jour fixe, de la défense des Français à l'étranger ou de la protection des étrangers en France », précise l'historien et diplomate Henry Rollet[1]. Otto et Bignon se répartissent les charges : le premier est chargé de la chancellerie et de la division du Midi, qui inclut désormais l'Angleterre ; le second s'occupe de la division du Nord et des autres services du ministère.

Ces attributions sont définies avec précision dans la circulaire générale du 14 avril 1815. Déjà en gestation avant l'abdication de Fontainebleau, ce règlement, rédigé par Napoléon et Caulaincourt, est un des actes administratifs les plus importants des Cent-Jours : il a pour ambition une réorganisation totale des bureaux du ministère des Affaires étrangères. Dans son préambule, le texte affirme suivre un objectif clair, celui de « simplifier, assurer et accélérer la marche des affaires » et d'« y porter l'esprit d'unité et la constante uniformité que réclame le bien du service »[2]. Cet effort de rationalisation est perceptible dans la répartition des services du ministère en cinq sections : le Cabinet, la Correspondance politique, la Correspondance consulaire, la Comptabilité et les Archives. Le Cabinet, principale innovation, regroupe le secrétariat du ministère, chargé de recevoir et de filtrer les correspondances, un service de presse et plusieurs bureaux : celui du passeport, celui des ingénieurs-géographes et celui des renseignements militaires. La section de la Correspondance politique, chargée notamment de la rédaction des dépêches à destination des agents diplomatiques, réunit les divisions du Nord et du Midi qui, comme on l'a dit, reçoivent leurs instructions des deux secrétaires d'État. Les sections de la Correspondance consulaire, de la Comptabilité et des Archives reprennent quant à elles, pour l'essentiel, les attributions des divisions des Consulats, des Fonds et des Archives.

La circulaire s'achève sur des « dispositions générales » concernant la discipline. On retrouve dans ces différents préceptes, souvent inapplicables, la marque de la sévérité et de l'intransigeance du grand écuyer. Il est demandé aux employés du ministère de cultiver « l'esprit de désintéressement, la probité, la réserve, le secret, la fidélité et le dévouement le

1. Jean Baillou (dir.), *op. cit.*, t. I, p. 524.

2. AMAE, Organisation et règlements, reg. 2, « Règlement arrêté par le ministre des Affaires étrangères pour l'organisation de ce département », 14 avril 1815.

plus entier à la personne de Sa Majesté, aux intérêts de l'État et à la gloire du gouvernement[1] ». Une conduite rendue d'autant plus nécessaire par le contexte périlleux des Cent-Jours :

> Les circonstances difficiles dans lesquelles l'Europe se trouve aujourd'hui engagée ajoutent une nouvelle importance et donnent un nouveau prix à l'accomplissement de ces devoirs, écrit Caulaincourt. Toutes les personnes qui sont attachées au ministère doivent sentir qu'il faut que leur zèle redouble pour que les moyens et les efforts que le ministère doit opposer sans cesse aux obstacles qu'il est dans son devoir et dans sa volonté de vaincre, soient proportionnés au nombre, à la gravité et à l'énergie de ces obstacles[2].

Les agents du ministère doivent s'interdire en conséquence toute communication avec des étrangers et éviter « de se trouver dans les sociétés où elles seraient exposées à [les] rencontrer ». « Il faut qu'ils ne perdent jamais de vue que la notoriété de leur position dans le ministère exagère nécessairement, au jugement de ceux qui les interrogent et qui les écoutent, l'importance de ce qu'ils pensent et de ce qu'ils disent », précise Caulaincourt[3]. Ce devoir de réserve est poussé jusqu'à l'extrême : les agents du ministère se voient interdire l'accès des hôtels, des cafés et des jeux publics. On leur demande même de trouver à se loger dans le voisinage du ministère et de laisser un mot à chaque fois qu'ils s'absentent !

Il est évident que ces mesures n'ont pu être appliquées dans toute leur sévérité durant le court laps de temps du second ministère de Caulaincourt : il s'agit avant tout de déclarations d'intention. De façon plus générale, l'arrêté du 14 avril semble être resté en grande partie lettre morte. Comme le remarque Henry Rollet, la comptabilité du ministère pour les mois d'avril, mai et juin 1815 ne montre presque aucune différence dans l'organisation des bureaux avec la situation prévalant sous la Première Restauration[4]. Seuls les deux sous-secrétaires d'État et le Cabinet ont eu apparemment le temps d'être mis en place. L'objectif de ce « beau plan[5] »

1. *Ibid.*
2. *Ibid.*
3. *Ibid.*
4. Jean Baillou (dir.), *op. cit.*, t. I, p. 527-528.
5. *Ibid.*, p. 527.

dressé par Napoléon et Caulaincourt est avant tout de propagande : il faut montrer aux observateurs qu'en engageant des réformes de grande ampleur, le nouveau régime entend s'inscrire dans la durée mais aussi marquer sa spécificité. La circulaire du 14 avril rejette en effet les quelques innovations introduites par Talleyrand durant l'épisode bourbonien, sans revenir pour autant à l'organisation en place au moment de l'abdication de Fontainebleau. À une semaine de la rédaction de l'Acte additionnel aux constitutions de l'Empire, la volonté d'innover et de donner au nouveau régime sa singularité est évidente.

On peut aussi se demander plus prosaïquement si l'élaboration d'un tel projet ne s'explique pas, au moins en partie, par le repli quasi complet de la diplomatie française sur les seuls services intérieurs du ministère. Encore plus qu'en 1814, Caulaincourt est en effet un ministre des Affaires étrangères sans ambassadeurs ni consuls, à quelques rares exceptions près : « Le ministre de France aux États-Unis, Sérurier, qui lui rallie les consulats d'Amérique du Nord, et trois chefs de postes consulaires (Smyrne, Barcelone, Copenhague)[1]. » L'isolement du duc de Vicence commence dès son arrivée rue du Bac. À peine installé, il doit faire face au départ des ministres étrangers présents à Paris : tous demandent leurs passeports conformément à la déclaration prise le 13 mars par les Alliés et plaçant Napoléon au ban de la société européenne. En réponse à ces départs, le nouveau ministre des Affaires étrangères est contraint d'envoyer une circulaire de rappel aux diplomates français en poste dans les capitales d'Europe. Il sait de toute façon que la plupart des ambassadeurs et des consuls accrédités par le régime de la Restauration ne sont aucunement disposés à se rallier à l'Empereur. Seul l'ambassadeur de France à Washington peut selon lui être maintenu sans hésitation, comme il l'explique à son maître :

> Il est particulièrement une légation pour laquelle une exception semble tout à la fois juste et nécessaire, c'est la légation de France auprès des États-Unis. Le ministre qui s'y trouve accrédité, le seul qui soit resté en place sous le gouvernement royal, est un des anciens et fidèles serviteurs de Sa Majesté. Le gouvernement américain ne tardera pas sans doute à renouer des relations amicales avec l'Empe-

1. *Ibid.*, p. 513.

> reur. Le ministre des États-Unis qui est à Paris n'a point demandé de passeports : il convient ainsi de laisser M. Serrurier [*sic*] à son poste où il sera tout prêt à exécuter les premiers ordres qu'il conviendra de lui transmettre[1].

L'ambassade de Washington va finalement se révéler être la seule exception : les velléités de Caulaincourt en faveur du maintien ou du rétablissement de certains postes – dans les pays scandinaves et méditerranéens par exemple – se heurtent en effet au blocus sévère des frontières françaises et à l'hostilité unanime des puissances réunies à Vienne[2]. Si Caulaincourt avait espéré pouvoir maintenir certains agents en Europe et reconstituer progressivement un réseau diplomatique, il doit se rendre rapidement à l'évidence : la France est coupée du reste du continent. En témoigne l'échec des tentatives du nouveau ministre pour faire part à ses homologues européens des intentions pacifiques de Napoléon. Les missives qu'il rédige le 4 avril 1815 ont beau assurer que le nouveau résident des Tuileries ne veut rien d'autre que le « maintien de la paix », le « calme du monde » et le respect des « droits des autres nations »[3], elles ne peuvent parvenir à destination : les courriers sont interceptés à peine franchies les frontières. Les unes après les autres, les démarches officielles du duc de Vicence achoppent dans l'indifférence la plus totale des Alliés. Moins de deux semaines après sa prise de fonction, le nouveau ministre des Affaires étrangères doit constater que tous les moyens d'action habituels de la diplomatie sont vains. Dans ses Mémoires, le chancelier Pasquier rend compte du sentiment d'impuissance de Caulaincourt à cette époque, de son profond pessimisme alors que s'évanouissent ses dernières illusions – s'il en a jamais eues :

> L'entreprise de l'Empereur est folle, me dit-il. Vous connaissez à présent, ainsi que tout le monde, la déclaration que les puissances ont promulguée le 13 à Vienne contre lui, et vous avez vu les misérables

1. AMAE, Mémoires et documents, France, 1801. [Document de travail sur les postes diplomatiques, s.d.].
2. Thierry Lentz, *Nouvelle histoire du Premier Empire, t. IV, Les Cent-Jours, 1815*, p. 448.
3. AMAE, Mémoires et documents, France, 1801, Caulaincourt à Metternich, Paris, 4 avril 1815.

> commentaires que nous sommes réduits à en faire. Il va donc avoir l'Europe tout entière sur les bras, et on ne lui donnera pas le temps de se préparer. On ne veut entendre à rien de sa part. Les courriers que nous envoyons ne peuvent seulement passer la frontière. Il succombera donc, mais que deviendra la pauvre France ? Elle sera ravagée, peut-être partagée, car il n'est pas permis de compter sur aucune générosité de la part des souverains. Le mieux disposé, l'année dernière, l'empereur de Russie, doit être à présent le plus irrité. [...] À quoi donc pourra-t-on se prendre et se rattacher ? Où sera la planche dans le naufrage ? Quant à l'Empereur, il est impossible qu'il ne s'aperçoive pas que sa situation est fort différente de ce qu'il avait espéré[1].

Privé d'ambassadeurs et de consuls, ses proclamations officielles sans incidence, Caulaincourt est forcé de se raccrocher à une dernière planche de salut : la diplomatie parallèle. Pendant toute la durée des Cent-Jours, il tente de mettre à contribution les quelques intermédiaires à sa disposition, afin d'atteindre enfin les chefs de la coalition et de faire fléchir leur résolution. Avant de leur fournir leurs passeports, il parvient ainsi à retenir deux diplomates, M. de Vincent, représentant de l'empereur d'Autriche, et Boutiaguine, chargé d'affaires de Russie. Après un premier mouvement de refus, les deux hommes acceptent de rencontrer le duc de Vicence de façon officieuse. M. de Vincent lui affirme sans détour que l'Autriche ne reconnaîtra jamais Napoléon, qu'elle est prête tout au plus à envisager une régence au nom de son fils. Sans cacher l'inutilité de cette démarche, il s'engage « à faire connaître à l'empereur d'Autriche les sentiments de Napoléon » ; et consent « à se charger d'une lettre pour l'impératrice Marie-Louise »[2].

L'entretien de Caulaincourt avec Boutiaguine semble à peine plus fructueux. Le duc de Vicence dispose pourtant d'un argument de poids. En s'installant rue du Bac, il a en effet trouvé sur son bureau, oublié par son prédécesseur, le traité secret signé le 3 janvier 1815 par l'Angleterre, l'Autriche et la France de la Restauration et destiné à contrecarrer les ambitions de la Russie et de la Prusse en Allemagne :

1. *Mémoires de Pasquier*, t. III, p. 177-178.
2. Fleury de Chaboulon, *op. cit.*, t. I, p. 266.

> L'Empereur, raconte Fleury de Chaboulon, pensa que ce traité pourrait peut-être aliéner aux Bourbons l'intérêt de ces deux puissances et jeter parmi les alliés la défiance et la discorde. Il ordonna au duc de Vicence de le mettre sous les yeux du ministre russe, et de lui présenter comme une preuve nouvelle de l'ingratitude dont la cour des Tuileries payait les nombreux bienfaits de l'empereur Alexandre. L'existence de cette triple alliance était ignorée de M. de Boudiakeen [*sic*], et parut lui faire éprouver autant de surprise que de mécontentement. Mais il déclara que les principes de son souverain lui étaient trop connus pour qu'il osât se flatter que la circonstance de ce traité, ou tout autre pût opérer dans ces dispositions quelque changement favorable[1].

Comme M. de Vincent, Boutiaguine juge avec pertinence les sentiments de son maître. Après s'être acquitté de sa mission, il écrit un bref billet que Caulaincourt reçoit dans les derniers jours du mois d'avril. Le message est lapidaire mais clair : « J'ai rempli auprès de notre ange votre commission, écrit Boutiaguine. Je lui ai trouvé des principes invariables. Il aime votre nation, il la plaint et la sépare de l'homme qui de nouveau veut devenir son chef. "Ni paix, ni trêve, plus de réconciliation avec cet homme. Toute l'Europe professe les mêmes sentiments. Hors cet homme, tout ce qu'on veut ; aucune prédilection pour personne, et dès qu'il serait de côté, point de guerre." Agréez l'hommage de mon respect[2]. » Le prince Eugène de Beauharnais, présent à Vienne et proche d'Alexandre, envoie à Paris les mêmes informations : le tsar n'est, *a priori*, pas opposé à une régence, mais il mettra un point d'honneur à chasser Napoléon de son trône[3].

Il est difficile de savoir si Caulaincourt met plus d'espoir dans les tentatives suivantes qui sont faites pour atteindre les chefs de la coalition. Après avoir profité du départ de M. de Vincent et de Boutiaguine, Napoléon et lui décident d'envoyer à Vienne des émissaires secrets, susceptibles de passer à travers le blocus des frontières françaises. Avec plus ou moins de succès : le comte de Flahaut, fils illégitime de Talleyrand, ne peut

1. *Ibid.*, p. 267.
2. AN, 95 AP 15, billet de la main de Boutiaguine au nom d'Alexandre pour Caulaincourt, avril 1815.
3. *Ibid.*, « 1815. Notes sur monsieur le baron de Stassard, ancien préfet de Vaucluse et des Bouches-de-la-Meuse, sur sa mission en Autriche en 1815 et sur les événements de cette époque, donnée par lui-même ».

ainsi dépasser le duché de Bade[1]. Le baron belge Goswin de Stassart, ancien préfet du Vaucluse et des Bouches-de-la-Meuse, devenu en 1814 chambellan de l'empereur François II, parvient quant à lui jusqu'à la frontière de l'Autriche mais ne peut aller plus loin que Linz. Contraint par la police autrichienne à rebrousser chemin, il réussit toutefois à transmettre ses dépêches à Metternich. En vain. Le Congrès refuse de tenir compte des lettres et Stassart doit se contenter d'une réponse indirecte, qui plus est particulièrement sujette à caution :

> C'est à Munich que, dix jours après, il apprit du prince Eugène que le prince de Wrede [généralissime bavarois] arrivé de Vienne était autorisé par l'Autriche à faire connaître que si l'Empereur Napoléon voulait abdiquer en faveur de son fils, cette puissance non seulement y consentirait, mais que même elle ferait au besoin cause commune avec la France. Elle y mettrait néanmoins deux conditions : l'une que l'abdication aurait lieu avant le premier coup de canon tiré, l'autre que Napoléon se livrerait à son beau-père qui lui garantissait son rétablissement à l'île d'Elbe si l'Angleterre y donnait les mains, ou quelqu'autre souveraineté analogue[2].

Contrairement à Stassart, le comte Casimir de Montrond parvient jusqu'à Vienne[3]. Proche de Talleyrand, ce personnage est chargé, parmi d'autres missions, de prendre contact avec le négociateur français et de le convaincre de servir les intérêts de Napoléon. Malgré toute la répugnance que lui inspire le prince de Bénévent, l'Empereur a compris en effet de quelle utilité il pouvait être dans la circonstance présente. Mais, approché par Montrond, Talleyrand fait la sourde oreille : il est trop fin politique pour croire en les chances de celui qu'il appelle « l'homme de l'île d'Elbe[4] » et préfère rester fidèle à Louis XVIII. Il se contente de confier à l'émissaire de Napoléon un court billet pour le duc de Vicence : « Je ne veux pas laisser

1. Voir Jean Hanoteau, *op. cit.*, t. I, p. 189 et Henri Malo, *Le Beau Montrond*, Paris, Émile-Paul frères, 1926, p. 159-160.

2. AN, 95 AP 15, « 1815. Notes sur monsieur le baron de Stassart… ».

3. Henri Malo, *Le Beau Montrond*, p. 161.

4. Lettre de Talleyrand à Louis XVIII, Vienne, 13 avril 1815. Georges Paillain, *Correspondance inédite du prince de Talleyrand et du roi Louis XVIII*, Paris, Plon, 1881, p. 381.

partir d'ici M. de Montrond, mon cher Caulaincourt, sans lui donner un mot d'amitié pour vous et pour Mme de Caulaincourt, je vous conserve et vous demande à l'un et à l'autre amitié[1]. » En choisissant de s'adresser uniquement à Caulaincourt, Talleyrand entend montrer que Napoléon est absent de ses préoccupations. Derrière le ton neutre de la missive, le message est sans équivoque : pour le prince de Bénévent, comme pour les Alliés, le retour de l'Aigle n'est qu'un épisode sans lendemain.

Malgré cette rebuffade, Napoléon s'entête, ce d'autant qu'il considère de plus en plus Talleyrand comme la seule personne capable de faire fléchir la résolution de Metternich. À la fin du mois d'avril, l'Empereur écrit à Caulaincourt pour lui signifier qu'il a décidé d'envoyer à Vienne un ami de Talleyrand, Alexandre Dufresne de Saint-Léon. La mission de ce dernier semble d'un caractère différent des précédentes ; il ne s'agit apparemment plus de simples ouvertures mais de véritables tentatives de corruption :

> Monsieur le duc de Vicence, écrit Napoléon, je vous autorise à faire donner des assurances de restitution de ses biens au prince de Bénévent s'il se conduit en Français et me rend quelques services. Le sieur de Saint-Léon pourra aussi prendre des engagements avec M. de Metternich depuis jusqu'à dix [deux ?] millions si l'Autriche, en s'éloignant de la coalition, suit un système plus conforme à ses véritables intérêts et aux liens de famille qui l'unissent à moi[2].

Suivant en cela les vœux de son maître, Caulaincourt confie à Saint-Léon une lettre d'introduction personnelle adressée à Talleyrand : « Vous connaissez, mon cher Prince, mon ancienne amitié, écrit-il. J'espère donc que vous ajouterez foi entière à tout ce qui vous sera dit et assuré en notre nom par M. de Saint-Léon qui s'est occupé en ami de vos affaires[3]. » Ni l'évocation de cette « ancienne amitié » ni les offres financières ne parviennent à changer les sentiments du prince de Bénévent. La réponse qu'il rédige à l'intention du duc de Vicence, aux environs du 9 mai, est une copie conforme de celle confiée au comte de Montrond :

---

1. AN, 95 AP 15, Talleyrand à Caulaincourt, Vienne, 12 avril 1815.
2. *Ibid.*, Napoléon à Caulaincourt, Paris, 22 avril 1815.
3. *Ibid.*, Caulaincourt à Talleyrand, Paris, 24 avril 1815.

> Saint-Léon, que vous avez laissé arriver jusqu'ici, mon cher ami, m'a donné des renseignements sur mes affaires et sur mes amis, va repartir [*sic*] ; et je ne veux pas le laisser nous quitter sans le rendre porteur de toutes mes amitiés pour vous et Mme de Caulaincourt. Il vous dira que je me porte bien, que [je] fais ce qu'à ma place je crois que vous feriez et que je vous aime. Si mes affaires ont besoin soit de conseils ou d'appuis, je dis que l'on s'adresse à vous[1].

Talleyrand se cantonne une nouvelle fois à ses affaires personnelles, négligeant totalement les démarches de Napoléon. Il montre le peu de cas qu'il fait de ses émissaires, évoquant un Saint-Léon, que Caulaincourt aurait « laissé arriver » jusqu'à Vienne. Tout au plus le prince de Bénévent se permet-il une petite pique à l'encontre de son ami – et de son ralliement à Napoléon, lorsqu'il affirme agir comme le duc de Vicence l'aurait fait s'il était placé dans la même situation que lui. Cette phrase apparaît d'ailleurs comme une véritable fin de non-recevoir : toute démarche ultérieure serait inutile, voire déplacée.

Ce message, le duc de Vicence l'a sûrement compris dès la réception du premier billet de Talleyrand et il est peu probable qu'il ait nourri un quelconque espoir concernant la mission de Dufresne de Saint-Léon. Il n'a fait, semble-t-il, que suivre les ordres de Napoléon, sans faire preuve d'un grand enthousiasme. À la lumière de cet épisode, on peut se demander quelle est véritablement l'implication de Caulaincourt dans cette diplomatie parallèle voulue par Napoléon. En est-il le principal acteur ou doit-il se contenter d'un second rôle ? Comme on l'a déjà dit, c'est non sans réticences que le duc de Vicence a dû rentrer en contact avec Boutiaguine dès le début de son ministère. Mais son implication dans cette démarche est indéniable : c'est lui qui rencontre le chargé d'affaires russe, qui lui transmet un message pour Alexandre et qui communique la réponse de ce dernier à Napoléon. Parmi les différents émissaires envoyés à Vienne, le baron de Stassart apparaît le plus proche du ministère des Affaires étrangères. Sa mission semble entièrement gérée par le duc de Vicence, comme en témoigne l'abondance de documents qui y sont consacrés dans les papiers personnels du ministre. Caulaincourt et Stassart développent

1. *Ibid.*, Talleyrand à Caulaincourt, Vienne, s. d. [mai 1815].

même, à partir de cette époque, des relations personnelles qui vont se poursuivre durant la Seconde Restauration[1].

Même s'ils se font les relais de la correspondance entre Talleyrand et Caulaincourt, le baron de Montrond et Dufresne de Saint-Léon échappent en revanche presque entièrement à l'influence du ministre des Affaires étrangères. Ce dernier trouve un rival en la personne de Fouché, qui apparaît comme le véritable animateur de la diplomatie occulte qui prend place pendant les Cent-Jours. Le ministre de la police, qui regrette d'avoir manqué le portefeuille des Affaires étrangères, est à l'origine de la désignation de la plupart des émissaires secrets de Napoléon : Montrond et Saint-Léon, mais aussi Pierre-Louis Ginguené. Celui-ci est chargé par le duc d'Otrante, le 21 avril 1815, de se rendre en Suisse pour y rencontrer Laharpe, ancien précepteur et ami du tsar Alexandre. Le 24 avril, Ginguené est présenté par Fouché à Caulaincourt, mais le rôle du ministre des Affaires étrangères semble s'arrêter là. Un fait est symptomatique de cette marginalisation. Ginguené a laissé de sa mission un long récit, publié après sa mort sous le titre « Une mission en Suisse pendant les Cent-Jours » : pas une seule fois il n'y parle du duc de Vicence, de son implication ou de ses directives[2]. Son seul interlocuteur à Paris semble être Fouché.

L'entregent du ministre de la Police lui permet de trouver facilement des agents et surtout de leur faire franchir les frontières sans grande difficulté. Malgré sa répugnance, l'Empereur est forcé de donner son aval à ce que Louis Madelin appelle les « empiètements du ministre de la Police sur le domaine de son collègue des Relations extérieures[3] ». Il faut dire que les relations de Caulaincourt sont infiniment moins nombreuses et moins variées que celles de Fouché, adepte depuis de nombreuses années de la diplomatie parallèle. Peut-être le duc de Vicence montre-t-il aussi une certaine répugnance à l'idée de multiplier ainsi l'envoi d'émissaires quand les réponses des Alliés sont toujours identiques. Ce qu'il ignore – ou feint d'ignorer – c'est que le duc d'Otrante, tout en mettant en avant les intérêts de Napoléon, sert avant tout les siens propres. Montrond et Saint-Léon sont ainsi secrètement chargés de s'entretenir avec Metternich du futur

1. *Ibid.*, Stassart à Caulaincourt, Paris, 20 juin 1815.

2. Pierre-Louis Ginguené, « Une mission en Suisse pendant les Cent-Jours », *Revue des Deux Mondes,* t. XXIX, septembre-octobre 1860, p. 497-560.

3. Louis Madelin, *Joseph Fouché,* Paris, Nouveau monde éditions, 2010, p. 713.

régime politique de la France et de faire valoir les droits de Louis-Philippe d'Orléans, à la candidature duquel Fouché semble s'être rallié, quand il ne défend pas l'idée d'une régence au nom de Napoléon II[1].

Mais, quels que soient les soupçons que lui inspire probablement le personnage, quels que soient les avertissements qu'il peut adresser à l'Empereur, Caulaincourt semble se résigner à abandonner une partie de son pouvoir ministériel à Fouché. Il fait preuve durant son second ministère d'un manque d'initiative assez évident, d'une certaine passivité pourrait-on dire. Un état d'esprit qui, mis à part chez certains, comme Fouché, semble de mise durant les Cent-Jours, que ce soit au conseil des ministres ou à l'armée. Ce manque de motivation, conjugué à une absence criante de moyens d'action et au blocus des frontières, explique le rôle ministériel finalement assez minime de Caulaincourt durant les Cent-Jours. Jean Hanoteau le dit avec une certaine ironie : le ministre des Affaires étrangères « avait des loisirs[2] ».

Cette phrase a beau rendre compte du contexte très particulier des Cent-Jours et de l'impossibilité d'y mener une action diplomatique classique, elle n'en est pas moins exagérée. Elle cadre d'ailleurs assez mal avec le caractère du duc de Vicence. Rien qu'au ministère ce dernier a des activités variées : Napoléon lui demande de rédiger de nombreux rapports destinés à être publiés ou à être lus devant les chambres, afin de faire connaître à l'opinion l'évolution de la situation diplomatique et l'ostracisme dont il est victime. Caulaincourt est également chargé de réunir toutes les dépêches de Talleyrand au congrès de Vienne, ainsi que les documents ayant trait à la situation de Murat à Naples, en vue d'une éventuelle publication[3]. Plus généralement, le ministre des Affaires étrangères se voit confier la responsabilité de superviser ce qui s'apparente à une véritable œuvre de défense et d'illustration du régime impérial. « J'attache aussi beaucoup d'importance, écrit Napoléon, à faire faire l'histoire de tous les traités de mon règne, tels que ceux de Campo-Formio, Lunéville, Amiens, Presbourg, Tilsit, Vienne et de toutes les affaires de Bayonne. On imprimerait également toutes les pièces originales, mes lettres et les réponses des princes, ce travail me semble tenir de très près à l'histoire et

1. Sur Montrond, voir Henri Malo, *Le Beau Montrond*, p. 161. Sur Saint-Léon, on peut suivre le témoignage du chancelier Pasquier, *Mémoires de Pasquier*, t. III, p. 199.

2. Jean Hanoteau, *op. cit.*, t. I, p. 194.

3. AN, 95 AP 15, Napoléon à Caulaincourt, Paris, 23 mars 1815 et 28 mars 1815.

à la gloire de la nation, et à la mienne, puisqu'il doit présenter les choses sous leur vrai point de vue[1]. » Le duc de Vicence a pour mission de mettre en branle ce travail, dont les archives du ministère fourniront le matériau et qui aura pour rédacteur le baron Bignon.

Ces différentes tâches ministérielles occupent l'essentiel du temps de Caulaincourt ; elles ne suffisent pas à épuiser l'ensemble de son activité durant les Cent-Jours. Il ne faut pas oublier premièrement ses fonctions de grand écuyer, qui sont toutefois moins accaparantes que précédemment, malgré le rattachement des services de la vénerie par souci d'économie[2]. Le duc de Vicence est surtout sollicité à l'occasion de la cérémonie dite du champ de mai, le 1er juin 1815[3] : comme dix ans auparavant lors du sacre, il organise le convoi de l'Empereur et répartit dans les voitures les différents dignitaires du régime[4]. Durant les Cent-Jours, Caulaincourt retrouve également sa position de parlementaire : le 2 juin, il est nommé à la Chambre des pairs. Il participe d'ailleurs à la mise en place de l'institution. Désireux de s'« aider des lumières des personnes qui ont [s]a confiance », Napoléon lui demande, comme à ses autres collègues ministres, de définir une liste de 120 personnes susceptibles d'être proposées pour la pairie[5]. Ce rôle de conseiller, Caulaincourt l'exerce durant toute la période. Nommé au ministère du fait de sa réputation pacifique et de la probité qu'on lui prête, il accepte totalement cette dimension « morale ». En plusieurs occasions, il incite Napoléon à la modération, critiquant notamment les mesures d'épuration décidées par son maître à l'encontre du personnel politique et administratif de la Première Restauration[6].

Malgré un bilan ministériel assez maigre, Caulaincourt semble acquérir durant les Cent-Jours une nouvelle dimension, plus proprement politique. Libéré de la plupart de ses contraintes curiales et d'une grande partie de ses tâches administratives, il s'implique davantage dans la vie

---

1. *Ibid.*, Napoléon à Caulaincourt, Paris, 28 mars 1815.

2. *Ibid.*

3. Cette cérémonie avait d'abord été annoncée pour le mois de mai, d'où son nom. Napoléon y proclame l'Acte additionnel aux constitutions de l'Empire, tandis que les dignitaires du régime lui renouvellent leur serment.

4. AN, 95 AP 15, « Service des écuries pour la cérémonie du champ de mai, le 1er juin 1815 ».

5. *Ibid.*, Napoléon à Caulaincourt, Paris, 19 mai 1815.

6. *Ibid.*, Caulaincourt à Napoléon, Paris, 5 avril 1815 au soir (minute).

politique du régime, donne son avis sur la Chambre des pairs ou sur l'Acte additionnel aux constitutions de l'Empire[1]. Impuissant – et peut-être réticent – à l'idée de remplir pleinement le rôle de ministre des Affaires étrangères, il fait figure plus simplement de ministre de Napoléon. La situation est paradoxale : malgré ses doutes et son pessimisme, malgré les limites de son action ministérielle, le duc de Vicence est peut-être, durant les Cent-Jours, au sommet de son influence politique. Cette influence ne lui permet pas, certes, de peser véritablement sur le cours inéluctable des événements ; elle trouve néanmoins un aboutissement au mois de juin 1815. Une semaine avant Waterloo, Caulaincourt est en effet nommé au conseil chargé du gouvernement en l'absence de Napoléon. Une semaine après, il entre à la commission de gouvernement placée à la tête des destinées du pays. Le duc de Vicence, qui hésitait au mois de mars à reprendre un poste ministériel, va atteindre en quelques jours le sommet du pouvoir. Mais est-il prêt, et, surtout, est-il apte à jouer un tel rôle ?

La commission de gouvernement : Caulaincourt résigné

Au début du mois de juin 1815, il paraît clair que toutes les ouvertures à destination du congrès de Vienne ont échoué : la farouche détermination des puissances de la coalition n'a fait que s'amplifier depuis la proclamation du 13 mars. Le 25 mars, la Russie, la Prusse, l'Autriche et l'Angleterre renouvellent le pacte de Chaumont ; sans se laisser influencer par les manœuvres et les proclamations de Napoléon, les quatre alliés font converger inexorablement leurs troupes vers les frontières de la France. Thierry Lentz est catégorique : « Dans les événements de mars à mai 1815, peu importe de trancher le nœud des intrigues menées par Talleyrand, Fouché, Metternich, Napoléon et d'autres encore. Les faits montrent que rien ne pouvait empêcher la guerre [...][2]. » Quelles que soient ses démarches diplomatiques, Napoléon sait que son avenir politique ne peut se jouer que sur le champ de bataille. Seul lui fait peur l'acharnement des Alliés contre sa personne, mais uniquement parce qu'il craint les conséquences de cette position sur l'opinion publique française et les menaces de déstabilisation qu'elle entraîne. Lorsque Cau-

1. Fleury de Chaboulon, *op. cit.*, t. II, p. 36-37.
2. Thierry Lentz, *Nouvelle histoire du Premier Empire, t. IV, Les Cent-Jours*, p. 448.

laincourt et Hortense de Beauharnais lui communiquent la réponse du tsar Alexandre aux ouvertures transmises par Boutiaguine, sa première préoccupation est ainsi d'éviter la diffusion de cette nouvelle[1]. Mis hors la loi par le reste de l'Europe, Napoléon n'a d'autre choix que d'imposer son retour par la force. Ce n'est que victorieux qu'il pourra, espère-t-il, faire usage à nouveau de la diplomatie. Mais, pour la campagne qui s'annonce, son ministre des Affaires étrangères ne lui est d'aucune utilité : ce n'est pas à Bruxelles qu'il pourra négocier la paix. Il préfère au contraire le laisser à Paris pour surveiller l'évolution de l'opinion et s'opposer aux possibles manœuvres de Fouché.

Le 12 juin, Napoléon part pour la Belgique, à la recherche de la bataille décisive nécessaire pour assurer, au moins temporairement, la survie du régime. On peut imaginer l'angoisse et les sombres appréhensions qui agitent le duc de Vicence dans les jours qui suivent. Mais les événements ne vont pas lui laisser beaucoup de temps pour se ronger les sangs. Dès le 19 juin, au lendemain de Waterloo, Caulaincourt apprend par un agent la terrible défaite que viennent de subir les troupes françaises[2]. Le 21, à 7 heures du matin, il accueille au palais de l'Élysée l'Empereur vaincu, revenu dans la capitale en toute hâte, après avoir, comme en 1812, abandonné les restes de son armée[3]. Dans une note rédigée de sa main et éditée par Jean Hanoteau, il le montre « très fatigué, abattu[4] ». Encore sous le choc, Napoléon ne peut donner de la bataille un récit cohérent : « Tout le matériel est perdu, s'exclame-t-il. C'est la plus grande perte. L'affaire était gagnée. L'armée avait fait des prodiges ; l'ennemi battu sur tous les points ; le centre des Anglais tenait seul. La journée finie, l'armée a été saisie d'une terreur panique. C'est inexplicable ! [...] Ney a donné comme un fou... Ils ont fait écraser ma cavalerie avant le moment où je devais m'en servir... Grouchy n'a pas tenu Bülow en échec et n'est pas arrivé[5]... »

1. AN, 95 AP 15, « Note du duc de Vicence », s. d.

2. Général Montholon, *Récits de la captivité de l'Empereur Napoléon à Sainte-Hélène*, Paris, Paulin libraire-éditeur, 1847, t. I, p. 15.

3. Villemain, *Souvenirs contemporains d'histoire et de littérature, t. II, Les Cent-Jours*, p. 256-257.

4. AN, 95 AP 15, note, s. d. Cité par Jean Hanoteau, *op. cit.*, t. I, p. 196.

5. *Ibid.*

Après avoir ressassé ces événements, Napoléon en vient au motif de son retour précipité. Prévoyant de « réunir les deux chambres pour une séance impériale afin d'y exposer lui-même la situation des choses et leur demander des moyens » pour retourner au combat, il veut savoir de Caulaincourt quel est l'état d'esprit des parlementaires et, plus généralement, de l'opinion parisienne. Le ministre des Affaires étrangères le met en garde contre l'agitation qui règne déjà à la Chambre des représentants, autour de personnalités comme le marquis de La Fayette. Il lui conseille surtout de repartir le plus vite possible pour l'armée :

> Le regret que je lui témoignais qu'il eût quitté l'armée et de le voir à Paris, où sa position pouvait devenir plus que difficile, s'il ne repartait pas après la tenue du Conseil [des ministres], le porta à encourager mes observations : « Votre présence eût rallié les troupes à Laon, au moins à Soissons, lui dis-je. Votre Majesté n'étant plus à l'armée, l'état-major, les généraux, la Garde vont accourir à Paris. » Il convint de ces inconvénients, en ajoutant que sa présence ne pouvait rien dans ce moment à l'armée [...]. Il convint de l'influence d'un tel événement sur l'opinion, des difficultés qu'on pourrait lui opposer, mais, sans s'arrêter à celles que lui opposeraient les Représentants, il énuméra les moyens qu'il avait de triompher, au moins de combattre encore si la nation répondait à son appel. [...] Sa conversation fut celle d'un général avide de ressaisir la victoire[1].

Pour Caulaincourt, le seul espoir de Napoléon était à la tête de son armée. Non pas l'espoir de renverser la situation militaire, qu'il sait définitivement compromise – d'où ses critiques à l'encontre des illusions de son maître –, mais celui de conserver un rôle politique. En 1812, après le désastre de Russie, l'intérêt du régime commandait à Napoléon de revenir le plus vite possible à Paris ; en 1815, selon Caulaincourt, il lui commandait de rester au milieu de ses troupes. La position du ministre des Affaires étrangères s'explique par une analyse très pessimiste du climat qui règne à la Chambre des représentants : en se portant à la rencontre des parlementaires, l'Empereur risque selon lui d'être contraint à l'abdication. Sa présence à l'armée, minimisant la portée du désastre,

1. *Ibid.*, p. 196-197.

aurait pu au contraire faire hésiter la chambre. Dans l'esprit du duc de Vicence, aucun doute n'est possible : Napoléon vient de se priver de son seul atout politique.

Lors du conseil des ministres du 21 juin, Caulaincourt se distingue par sa timidité et sa faiblesse. Alors que Napoléon, soutenu par son frère Lucien et par Carnot, envisage de demander aux chambres une « dictature temporaire[1] » d'inspiration romaine, il préfère esquiver la question et laisser les événements suivre leur cours. Son intervention au conseil, particulièrement consensuelle et convenue, emporte l'adhésion de Fouché et des ministres les plus attentistes du gouvernement :

> Le duc de Vicence rappela les événements de 1814, raconte Fleury de Chaboulon, et soutint que l'occupation de la capitale par l'ennemi déciderait une seconde fois du sort du trône. Qu'il fallait que la nation fît un grand effort pour sauver son indépendance ; que le salut de l'État ne dépendrait point de telle ou telle mesure. Que la question était dans les Chambres, et dans leur union avec l'Empereur. Le duc d'Otrante et plusieurs autres ministres partagèrent ce sentiment, et pensèrent qu'en montrant aux Chambres de la confiance et de la bonne foi, on parviendrait à leur faire sentir qu'il était de leur devoir de se réunir à l'Empereur pour sauver ensemble, par des mesures énergiques, l'honneur et l'indépendance de la nation[2].

Comme le dit Jean Hanoteau, l'intervention du duc de Vicence « prouve combien, dès lors, il désespérait du succès[3] ». Les événements vont lui donner rapidement raison. Le 21 au soir, la Chambre des représentants, menée par La Fayette, refuse son soutien à l'Empereur. Venu présenter devant les parlementaires les perspectives diplomatiques du régime après Waterloo, Caulaincourt comprend que le second règne de Napoléon vient de prendre fin. À son maître, qui hésite à dissoudre la Chambre, il conseille de se soumettre. Après quelques tergiversations, Napoléon accepte finalement d'abdiquer en faveur de son fils ; dans la

1. Fleury de Chaboulon, *op. cit.*, t. II, p. 167.
2. *Ibid.*, p. 168.
3. Jean Hanoteau, *op. cit.*, t. I, p. 198.

journée du 22 juin, Fouché, Decrès et Caulaincourt portent la décision à la Chambre des représentants[1].

Durant ces heures décisives, le duc de Vicence a semblé totalement résigné. Convaincu de l'impossibilité de sauver le trône de Napoléon, il a peut-être même eu tendance à accélérer le processus de son abdication, pour tenter de préserver les chances de son fils. Après trois mois d'une « diplomatie de désespoir, de frustration et d'échec[2] », après le choc de la défaite décisive de Waterloo et dans l'attente de l'arrivée des Alliés et du retour probable des Bourbons, il semble moralement atteint. Alors que son second ministère vient de prendre officiellement fin, tout semble indiquer que le duc de Vicence va se retirer de la vie publique. Pourtant, dès le 22 au soir, il se retrouve à la tête du pays. La Chambre des représentants décide en effet de confier les rênes de l'État à une commission de cinq membres. Elle désigne Carnot, Fouché et le général Grenier, tandis que la Chambre des pairs élit le baron Quinette et le duc de Vicence[3]. « Nous étions soixante-dix pairs, raconte l'ancien conventionnel Antoine Thibaudeau ; Caulaincourt obtint cinquante-neuf voix. On voulut donner cette marque d'intérêt à l'homme que les Bourbons avaient poursuivi avec acharnement pour l'affaire du duc d'Enghien, et qui avait une réputation de probité politique[4]. »

L'élection de Caulaincourt par la Chambre des pairs n'est pas étonnante : elle est la preuve du crédit indiscutable dont il jouit au sein du régime impérial. En le nommant, les bonapartistes qui dominent la Chambre espèrent probablement qu'il s'opposera au retour des Bourbons et qu'il défendra l'idée d'une régence ou, à défaut, l'installation d'une république. L'élection du baron Quinette, personnage insignifiant mais ancien régicide, va dans le même sens[5]. Ce choix semble convenir parfaitement à Fouché ; peut-être l'a-t-il même influencé, comme l'affirme

1. Fleury de Chaboulon, *op. cit.*, t. II, p. 183.

2. D'après le titre de l'article de John W. Rooney Jr (« Le marquis de Caulaincourt et la politique étrangère française pendant les Cent-Jours. Une diplomatie de désespoir, de frustration et d'échec », *Revue de l'Institut Napoléon*, 1987-2).

3. Hippolyte Carnot, *Mémoires sur Lazare Carnot (1753-1823)*, Paris, Hachette, 1907, t. II, p. 513.

4. *Mémoires de Thibaudeau*, p. 518.

5. Hélie de Noailles, *Le Comte Molé (1781-1855) : sa vie, ses Mémoires*, t. I, p. 238.

le chancelier Pasquier[1]. Déçu par l'élection de Carnot, en qui il voit un rival, il espère profiter de son « ascendant » sur Quinette et de l'apathie du duc de Vicence. Même les partisans du retour des Bourbons ou ceux de l'installation du duc d'Orléans semblent estimer que la nomination de Caulaincourt ne portera pas ombrage à leurs projets[2]. Son arrivée au sommet de l'État s'effectue apparemment dans le consensus le plus total.

Le moins convaincu est probablement le duc de Vicence lui-même. Il sait en effet ne pas pouvoir remplir les attentes des bonapartistes, tant le trône virtuel de Napoléon II lui paraît indéfendable et le retour des Bourbons inéluctable. Il craint surtout la réaction de son maître à l'annonce de son élection : la création d'une commission de gouvernement est contraire en effet au texte de la seconde abdication, qui prévoyait que l'intérim serait assuré par les ministres en place. Mais, malgré sa réprobation devant l'initiative des chambres et surtout sa colère lorsqu'il apprend que les actes de la commission seront rendus « au nom du peuple français » et non à celui de son fils, Napoléon comprend rapidement que l'élection de son grand écuyer sert ses intérêts. Dans l'espoir qu'il pourra relayer ses propositions auprès du nouveau gouvernement et surveiller en même temps les agissements de Fouché, il décide Caulaincourt à accepter sa nomination à la commission. Même s'il lui tient peut-être rigueur, au moins inconsciemment, de la tournure prise par les événements, il n'en laisse rien paraître.

Dès la séance inaugurale de la commission de gouvernement, le 23 juin au matin, le duc de Vicence se distingue par son absence totale d'ambition et choisit en quelque sorte de se marginaliser. Lors de l'élection du président, il donne sa voix à Fouché, entérinant sa prise de pouvoir au sein de la commission[3]. Jean Hanoteau a vu dans cette décision du duc de Vicence une faute politique et une preuve de son délabrement moral : « L'intérêt national désignait Carnot pour la présidence : Fouché fut élu, avec l'agrément de Caulaincourt. [...] Dans son désarroi, il se laissa influencer par l'astucieux personnage[4]. » C'est faire peu de cas de la lucidité politique du duc de Vicence. Celui-ci sait en effet que toute résistance militaire est vaine, qu'elle ne doit servir qu'à retarder l'avancée des

1. *Mémoires de Pasquier*, t. III, p. 255.
2. Hélie de Noailles, *Le Comte Molé (1781-1855) : sa vie, ses Mémoires*, p. 237.
3. Hippolyte Carnot, *op. cit.*, t. II, p. 514.
4. Jean Hanoteau, *op. cit.*, t. I, p. 200.

Alliés en vue des négociations de paix : l'esprit de l'an II qui semble animer Carnot est assez loin de sa modération personnelle. Durant les trois mois de son ministère, Caulaincourt a pu constater en revanche l'importance des liens tissés par Fouché avec les Alliés et y voit un moyen de faciliter la conclusion de la paix et le retour au calme. Même s'il réprouve les méthodes du duc d'Otrante et craint son ambivalence, il accepte de se défausser en sa faveur et de le laisser endosser la responsabilité du retour des Bourbons. C'est cette idée qu'exprime dans ses Mémoires le chancelier Pasquier, présent alors à Paris :

> M. Fouché avait obtenu la présidence de la commission provisoire, il y exerçait la principale influence. Le duc de Vicence, qui aurait pu la lui disputer, jugeait trop bien la situation pour ne pas voir que le seul service qu'il pût rendre à son pays était de ménager la transition et de préparer sans trop de secousses le retour du seul gouvernement capable de rendre une fois encore un peu de repos à la France et de la réconcilier avec l'Europe. Sa situation personnelle, son horreur pour l'intrigue, son peu d'estime pour le caractère de M. Fouché lui inspiraient une grande réserve ; il le regardait faire, le surveillait et se bornait à lui prêter secours toutes les fois que ses actes lui semblaient dirigés vers le seul but qu'il importait d'atteindre[1].

Ayant, dès le départ, abdiqué face à Fouché, Caulaincourt ne semble s'impliquer que de façon superficielle dans le fonctionnement de la commission de gouvernement. Celle-ci siège tous les jours, du 23 juin au 7 juillet, matin et soir. Elle s'occupe essentiellement des questions militaires – réorganisation de l'armée, de la garde nationale, mise en défense de la capitale, etc., et des négociations entamées en parallèle avec les Anglo-Prussiens. Du premier point, Caulaincourt se désintéresse presque totalement. Il laisse à Carnot le soin d'inspecter les fortifications et de passer en revue les troupes de la capitale. La longue évolution qui l'a fait passer du monde militaire à la politique semble définitivement achevée[2]. Dans une note conservée dans ses archives personnelles, le duc de Vicence justifie implicitement ce manque d'intérêt : « Chaque membre de

1. *Mémoires de Pasquier*, t. III, p. 262-263.
2. Hippolyte Carnot, *op. cit.*, t. II, p. 540-541.

la Commission, écrit-il, recevait plus particulièrement le genre de travail qui avait été dans ses attributions, Carnot la Guerre et l'Intérieur, Fouché la Police, moi les Relations extérieures[1]. » Cette répartition, apparemment logique, reste toutefois très théorique. Le 23 juin, le duc de Vicence a abandonné en effet son portefeuille ministériel à un de ses deux sous-secrétaires d'État, le baron Bignon. C'est lui qui se charge de correspondre avec le comte Otto[2], parti pour Londres, et surtout avec les cinq négociateurs envoyés auprès de Wellington et de Blücher : La Fayette, Pontécoulant, Laforêt, d'Argenson, Sébastiani et Benjamin Constant[3]. Comme en témoigne le résumé des séances, Bignon rend compte de l'évolution des négociations à l'ensemble de la commission, et non au seul Caulaincourt. Et, lorsque la situation le requiert, ce n'est pas à ce dernier qu'il s'adresse de façon privilégiée, mais bien à Fouché. Le président de la commission a la haute main sur l'ensemble des négociations, qu'elles soient officielles ou secrètes. Caulaincourt semble se contenter de surveiller les discussions avec les Alliés, de superviser le travail de Bignon, sans jamais véritablement s'impliquer. Les Mémoires et les correspondances des contemporains restent pratiquement muets quant à l'action diplomatique de l'ancien ministre des Affaires étrangères en ces journées décisives.

Les mémorialistes sont en revanche beaucoup plus diserts concernant le rôle joué par Caulaincourt lors du départ de Napoléon. Le sort de l'empereur déchu et sa sécurité personnelle sont en effet au centre des préoccupations de son grand écuyer. Dès le lendemain de l'abdication, il lui conseille de quitter la France le plus rapidement possible. Mais pour quelle destination ? Comme la reine Hortense, Caulaincourt est assez peu convaincu par l'idée d'un exil aux États-Unis[4] ; il propose à Napoléon de se placer sous la protection de l'empereur d'Autriche ou du tsar de Russie mais s'attire cette réponse irrévocable : « Pour l'Autriche, jamais. Ils m'ont touché au cœur en gardant ma femme et mon fils. Pour la Russie, c'est se donner à un homme. Pour l'Angleterre, au moins, ce serait se donner à

1. AN, 95 AP 15. Cité par Jean Hanoteau, *op. cit.*, t. I, p. 201.

2. Voir AMAE, Mémoires et documents, France, 1802.

3. C'est Bignon qui rédige leurs instructions. Voir AN, 95 AP 15, « Instructions pour MM. les plénipotentiaires de la commission de gouvernement auprès des Puissances alliées, par le baron Bignon ».

4. *Mémoires de la reine Hortense*, p. 434.

une nation[1]. » Quelle que soit la décision de son maître, le duc de Vicence l'encourage surtout à faire preuve de rapidité :

> [Caulaincourt] lui conseilla, s'il persistait à prendre ce parti, de se jeter dans un bateau de smuggler [contrebande], de se présenter en mettant pied à terre devant le magistrat du lieu, et de déclarer qu'il venait avec confiance invoquer la protection du peuple anglais, raconte Fleury de Chaboulon. Napoléon parut goûter cet avis, mais d'autres conseils le firent pencher pour les États-Unis. Il fit alors demander au ministre de la marine la note des bâtiments américains qui se trouvaient dans nos ports. Le ministre la lui transmit sur-le-champ. « Remarquez, Sire, lui écrivit-il, le bâtiment du Havre. Son capitaine est dans mon antichambre [...]. Il va partir. Je réponds de lui ; demain, si vous le voulez, vous serez hors d'atteinte de vos ennemis. » M. de Vicence pressa l'Empereur de profiter de cette occasion[2].

Le duc de Vicence voit dans ces tergiversations une menace pour la sûreté de son maître, certes, mais surtout pour le bon fonctionnement de la commission de gouvernement. Il redoute par-dessus tout un brusque revirement de Napoléon qui ne pourrait qu'aggraver les relations de la France avec les puissances coalisées. Ses craintes semblent se réaliser lorsque, quelques jours après son abdication, l'empereur déchu propose à la commission de reprendre du service comme général. Carnot, toujours prêt à défendre Paris, semble intéressé par cette proposition[3] ; Fouché, désireux de faciliter la transition avec les Bourbons, y est bien entendu hostile. Il convainc ses collègues que le retour de Napoléon à l'armée ne peut être perçu par les Alliés que comme une provocation. Caulaincourt se rallie à cette idée sans aucune hésitation[4] : pour lui, comme pour les autres membres de la commission, Napoléon ne peut plus assumer de responsabilités. Il n'a plus sa place en France.

À partir de ce moment, les relations entre Caulaincourt et Napoléon se troublent. Au fil des années, les accrocs avaient été nombreux, la

1. *Ibid.*, p. 435.
2. Fleury de Chaboulon, *op. cit.*, t. II, p. 208-209.
3. *Mémoires de Pasquier*, t. III, p. 274.
4. Montholon, *Récits de la captivité de l'Empereur Napoléon à Sainte-Hélène*, t. I, p. 52-53.

Première Restauration les avait amplifiés : désormais, sans qu'on puisse parler de rupture, la prise de distance est définitive. Dans les journées qui précèdent son départ pour Rochefort, Napoléon ne critique pas ouvertement son ancien ministre, mais il est évident que son comportement l'a déçu[1]. Comme l'a déçu peut-être le fait que le duc de Vicence ne se présente pas une seule fois à la Malmaison entre le 25 et le 29 juin[2].

Pour justifier le comportement de Caulaincourt on peut considérer, comme Jean Hanoteau, que son caractère, d'habitude si ferme, subit « à ce moment, l'influence délétère de l'atmosphère empoisonnée dans laquelle il vivait[3] ». On peut aussi penser, plus simplement, qu'il a voulu marquer ses distances avec l'Empereur, à quelques jours d'un retour probable des Bourbons. Il ne faut pas oublier que le duc de Vicence doit assurer désormais les responsabilités d'une famille – il est père d'un fils de quatre mois. Pour la première fois de sa carrière, il a pu vouloir faire passer en premier ses intérêts personnels. C'est d'autant plus plausible que, depuis 1814, il s'estime en partie affranchi de son allégeance à Napoléon, la seconde abdication le libérant définitivement de son serment. Caulaincourt a-t-il conçu, qui plus est, une certaine rancœur à l'égard de Napoléon, pour l'avoir contraint à prendre part à l'aventure des Cent-Jours ? A-t-il été déçu par l'attitude de l'Empereur au retour de Waterloo et dans les jours qui ont suivi ? A-t-il voulu, comme le prétend Molé, préparer sa réconciliation avec les Bourbons[4] ? Sans aller aussi loin, force est de constater que la résignation et le fatalisme de Caulaincourt ont pu l'amener à transiger sur certaines de ses valeurs.

Cette résignation est bien visible lors des dernières séances de la commission de gouvernement. En apparence, le duc de Vicence continue de défendre les intérêts de Napoléon II : on le voit s'opposer ainsi à la nomination d'un des négociateurs, sous prétexte qu'il est « trop royaliste[5] » ou proposer de s'adresser en priorité à Blücher plutôt qu'à Wellington,

---

1. Fleury de Chaboulon, *op. cit.*, t. II, p. 219.

2. Planat de La Faye affirme que Napoléon en fut peiné. *Vie de Planat de La Faye*, Paris, Ollendorf, 1895, p. 212-213. Montholon précise toutefois que, le 26 juin, Napoléon reçut la visite de la duchesse de Vicence. Montholon, *Récits de la captivité de l'Empereur Napoléon à Sainte-Hélène*, t. I, p. 33.

3. Jean Hanoteau, *op. cit.*, t. I, p. 201.

4. Hélie de Noailles, *Le Comte Molé (1781-1855) : sa vie, ses Mémoires*, t. I, p. 237.

5. *Mémoires de Thibaudeau*, p. 528.

fervent partisan d'une restauration des Bourbons[1] ; en pratique, il ne fait rien de concret pour s'opposer au retour de Louis XVIII. Bien qu'il connaisse pertinemment les manœuvres de Fouché, jamais il ne soutient Carnot dans sa lutte, parfois brutale, contre l'ancien ministre de la Police. En témoigne cette scène, rapportée par Théophile Berlier, alors secrétaire de la commission de gouvernement. Tandis que les membres de la commission attendent le duc d'Otrante pour entamer une de leurs séances biquotidiennes, ils apprennent qu'il reçoit chez lui le baron de Vitrolles, célèbre agent royaliste. Lorsque Fouché se présente aux Tuileries, Carnot explose :

> « Eh ! de qui teniez-vous une pareille mission ? [...] Croyez-vous constituer à vous seul la Commission de gouvernement ? [...] Êtes-vous donc si pressé de livrer la France aux Bourbons, et le leur avez-vous promis ? Et vous, lui répartit Fouché, éludant toute réponse directe, croyez-vous servir le pays par une velléité de résistance vaine ? Je vous déclare que vous n'y entendez rien. Qu'on se peigne, au milieu de ce débat, MM. de Caulaincourt et Quinette s'interposant entre leurs collègues, et les priant de ne point aggraver, par une funeste division, une situation déjà trop fâcheuse ; et l'on n'aura qu'une faible idée de cette malheureuse séance[2].

Caulaincourt semble vouloir en toutes circonstances adopter un profil bas. Espère-t-il encore l'avènement de Napoléon II ? Il n'a ni la motivation ni les moyens d'une telle politique. De même, toute résistance face aux Alliés lui semble vaine : le 1er juillet, les Anglo-Prussiens sont déjà en vue de Paris. Même l'annonce du départ de Napoléon pour Rochefort, le 29 juin, n'a pas permis d'accélérer la conclusion d'un armistice[3]. Le 2 juillet, le duc de Vicence accepte sans sourciller l'envoi auprès de Wellington de trois plénipotentiaires, le baron Bignon, le général Guilleminot et le comte de Bondy – préfet de la Seine durant les Cent-Jours –, porteurs d'une convention de capitulation. Celle-ci est signée par les Alliés le 3 juillet ; elle permet d'éviter à la capitale des combats inutiles et sonne le

---

1. Fleury de Chaboulon, *op. cit.*, t. II, p. 282.
2. Hippolyte Carnot, *Mémoires sur Lazare Carnot (1753-1823)*, t. II, p. 518-519.
3. *Mémoires de Pasquier*, t. III, p. 285.

glas de la résistance militaire française[1]. Nul doute que Caulaincourt a eu à cœur d'éviter une nouvelle effusion de sang. Comme d'autres, il a surtout dû accueillir avec soulagement le fameux article 12 de la convention, stipulant que les « individus qui se trouvent dans la capitale continueront à jouir de leurs droits et libertés sans pouvoir être inquiétés ni recherchés en rien, relativement aux fonctions qu'ils occupent ou auraient occupées, à leur conduite et à leurs opinions politiques[2] ». Sans qu'on puisse y voir une véritable amnistie, il s'agit néanmoins d'une sauvegarde accordée par les chefs militaires alliés au personnel politique des Cent-Jours.

En livrant la capitale aux Anglais tout en la préservant, en apaisant les esprits de beaucoup, la convention du 3 juillet précipite les événements et rend le retour de Louis XVIII inévitable. Les dernières séances de la commission, celles des 4, 5, 6 et 7 juillet, visent avant tout à faire respecter les clauses de la convention et à assurer le calme dans l'attente du changement de régime. Caulaincourt est désormais totalement résigné. Lorsque, le 6 juillet, le duc d'Otrante, après avoir rencontré Wellington à Neuilly, déclare devant la commission de gouvernement qu'il ne reste plus qu'à organiser l'entrée du roi dans la capitale, il ne bronche pas. D'après Pasquier, il aurait même soutenu Fouché dans ses démarches : « Sur cette nouvelle, M. Carnot, le général Grenier et M. Quinette insistèrent fortement sur une idée qu'ils avaient déjà mise en avant plus d'une fois, celle de se retirer avec l'armée, de la suivre sur les bords de la Loire et d'y transporter leur fantôme de gouvernement. Aidé de M. le duc de Vicence, M. Fouché parvint à leur faire abandonner cette résolution, qui ne pouvait qu'entraîner de nouveaux malheurs[3]. »

D'accord avec le duc d'Otrante sur la nécessité d'éviter de nouveaux combats, Caulaincourt ignore en revanche la profondeur des liens qu'il a tissés avec Louis XVIII. Dès le 6 au soir, Fouché obtient le ministère de la Police dans le nouveau gouvernement dirigé par Talleyrand ; le 7 juillet, à neuf heures du matin, il annonce cette nouvelle à ses collègues de la commission de gouvernement. Caulaincourt est-il choqué par le jeu

1. Camille Anciaux, *Entre diplomatie et administration des pays conquis : Édouard Bignon, du Directoire aux Cent-Jours,* thèse soutenue à l'École nationale des chartes, Paris, 2012, p. 478-480.

2. Michel Kerautret, *Les Grands Traités de l'Empire : la chute de l'Empire et la restauration européenne (1811-1815)*, Paris, Fondation Napoléon, 2004, p. 264.

3. *Mémoires de Pasquier*, t. III, p. 325.

personnel de Fouché ? S'estime-t-il trahi, lui qui ne voulait pas empêcher le retour des Bourbons mais qui refusait de le favoriser ouvertement ? Quelle que soit sa réaction, les circonstances ne lui laissent que peu de temps pour l'exprimer : les Prussiens sont déjà en train d'investir le palais des Tuileries. La commission n'a d'autre choix que de se séparer. Pour sauver la face, elle décide d'adresser aux chambres un ultime message, où elle affirme n'être pour rien dans la restauration prochaine de Louis XVIII – affirmation assez paradoxale de la part de Fouché mais indispensable dans l'esprit de Caulaincourt et de Carnot :

> Jusqu'ici nous avons dû croire que les intentions des souverains alliés n'étaient point unanimes sur le choix du prince qui doit régner en France ; nos plénipotentiaires nous ont donné les mêmes assurances à leur retour. Cependant, les ministres et les généraux des puissances alliées ont déclaré, hier, dans les conférences qu'ils ont eues avec le président de la commission, que tous les souverains s'étaient engagés à replacer Louis XVIII sur le trône, et qu'il doit faire, ce soir ou demain, son entrée dans la capitale. Les troupes étrangères viennent d'occuper les Tuileries où siège le gouvernement. Dans cet état de choses, nous ne pouvons plus que faire des vœux pour la Patrie, et nos délibérations n'étant plus libres, nous croyons devoir nous séparer[1].

En quittant les Tuileries le 7 juillet, Caulaincourt abandonne définitivement toute vie publique et il en est probablement conscient. S'il n'a rien fait pour s'opposer au retour des Bourbons, il sait que celui-ci ne peut que signifier la fin de sa carrière politique. Son manque d'implication dans le fonctionnement de la commission de gouvernement s'explique en partie par ce sentiment de n'être qu'en sursis depuis Waterloo. Dès le 22 juin, il avait prévu la suite des événements : il avait affirmé au général Montholon que Louis XVIII serait de retour huit jours plus tard[2]. Il aura fallu finalement deux semaines – le roi fait son entrée à Paris le 8 juillet. Ce fatalisme

1. AN, AF IV 1933, « Procès verbaux des séances de la commission de gouvernement ».

2. Général Montholon, *Récits de la captivité de l'Empereur Napoléon à Sainte-Hélène*, t. I, p. 14.

ne signifie pas pourtant l'abandon par Caulaincourt de tous ses principes, comme le prouve le dernier acte de la commission de gouvernement.

Le matin du 8 juillet, le duc de Vicence découvre dans *Le Moniteur* une lettre adressée au roi par Fouché, au nom de la commission. Il y est dit que cette dernière a remis ses pouvoirs aux mains du nouveau souverain, la lettre ouverte se poursuivant par une succession de conseils destinés à éviter au régime les mêmes errements que durant la Première Restauration[1]. Comme Carnot, Quinette et Grenier, le duc de Vicence est outré de cette initiative personnelle et veut contraindre le duc d'Otrante à se rétracter[2]. Malgré ses promesses[3], le ministre de la Police parvient à éviter de faire insérer un désaveu dans *Le Moniteur* et l'affaire en reste là[4]. Apparemment anecdotique, cet épisode est révélateur de l'état d'esprit du duc de Vicence à cette époque et de ses sentiments à l'égard de Fouché. Dans une note de sa main, Caulaincourt affirme s'être rendu auprès de ce dernier pour lui adresser de « vifs reproches » et lui rappeler « notre conduite, notre fidélité et notre opposition constante à tout ce qui s'était fait pour les Bourbons »[5]. Cette déclaration peut sembler paradoxale, quand on sait la passivité de Caulaincourt et son refus de s'opposer véritablement à une restauration monarchique. Il ne faut pas oublier toutefois le sens de l'honneur et le formalisme du personnage : ayant agi au nom de Napoléon II, il refuse absolument d'être associé à Louis XVIII. S'il a été, comme l'écrit Molé, la « dupe[6] » de Fouché, ce n'est pas quant au fond des choses, mais bien quant à la forme. Il ne pensait pas apparemment que le président de la commission oserait impliquer ses collègues, et encore moins que l'ancien régicide se rallierait en sous-main au frère de Louis XVI. Partageant avec Fouché le souci d'éviter les combats et le désordre, il a été dupe de ses méthodes tortueuses et de son jeu personnel. Il n'a pas su comprendre que le duc d'Otrante jouait d'abord pour lui.

---

1. Louis Madelin, *Joseph Fouché*, p. 770-772.
2. AN, 95 AP 15, lettre de Caulaincourt, Carnot, Grenier et Quinette à Fouché, Paris, 8 juillet 1815.
3. *Ibid.*, lettre de Fouché à ses collègues de la commission, Paris, 10 juillet 1815.
4. Caulaincourt parvient à faire insérer le désaveu dans d'autres journaux, comme *Le Glaneur*. Jean Hanoteau, *op. cit.*, t. I, p. 202-203.
5. AN, 95 AP 15, note, s. d. Cité par Jean Hanoteau, *op. cit.*, t. II, p. 202.
6. Hélie de Noailles, *Le Comte Molé (1781-1855) : sa vie, ses Mémoires*, t. I, p. 255.

Caulaincourt a-t-il été aussi désintéressé qu'il y paraît ? On peut se demander si sa réaction à la lecture de la lettre insérée par Fouché dans *Le Moniteur* ne s'explique pas aussi par la crainte d'être compromis aux yeux de Louis XVIII, d'être associé aux mises en garde qu'elle contient et qui choquent l'entourage du roi[1]. Sans aller aussi loin que le comte Molé, qui estime que le duc de Vicence n'avait à cette époque « d'autre désir que de se justifier de la mort du duc d'Enghien, en se réconciliant avec les Bourbons[2] », il est légitime de penser qu'il garde à l'esprit ses intérêts personnels et qu'il ne veut pas aggraver son cas. Au début du mois de juillet 1815, Caulaincourt est en effet dans une position très délicate. Sa participation au gouvernement des Cent-Jours a creusé le fossé qui le sépare des royalistes et l'a décrédibilisé aux yeux de ses soutiens traditionnels, au premier rang desquels le tsar Alexandre. Le duc de Vicence sait que sa survie politique est définitivement compromise et qu'il ne lui reste probablement qu'à se retrancher dans une forme d'exil intérieur. Mais encore faut-il garantir les conditions matérielles de cet exil, quand s'annoncent les purges, les châtiments et les mesures de rétorsion. Durant les premiers mois de la Seconde Restauration, Caulaincourt va consacrer tous ses efforts à s'assurer, tant bien que mal, une place au sein de la nouvelle société.

Quelle est en définitive l'importance de l'épisode des Cent-Jours et de la commission de gouvernement dans la carrière politique du duc de Vicence ? À première vue, le bilan de cette période peut sembler maigre. Le second ministère Caulaincourt n'a pas permis le développement d'une véritable action diplomatique, les réformes administratives engagées par le ministre ne servant qu'à compenser l'absence de moyens et de perspectives. Une nouvelle fois, les fonctions ministérielles du duc de Vicence n'ont pu s'inscrire dans le temps long ; une nouvelle fois, elles se sont heurtées à des circonstances dramatiques, ne pouvant déboucher que sur une nouvelle confrontation militaire. Mais paradoxalement, c'est durant les Cent-Jours que Caulaincourt a achevé la transition qui l'a mené de la carrière militaire aux fonctions politiques, en passant par les missions diplomatiques. Il a acquis une influence déterminante qui s'est concrétisée par son élection à la commission de gouvernement. Celle-ci représente le sommet de sa carrière publique : pendant deux semaines,

1. Louis Madelin, *Joseph Fouché*, p. 772.
2. Hélie de Noailles, *Le Comte Molé (1781-1855) : sa vie, ses Mémoires*, t. I, p. 237.

le duc de Vicence est au faîte de la hiérarchie des pouvoirs. Son autorité est toutefois en grande partie théorique : Caulaincourt lui-même refuse d'en assumer la portée. Déjà réticent à accepter son rôle de diplomate, il ne semble pas prêt à revêtir celui de dirigeant. Mais en est-il seulement capable ? Son passage à la commission de gouvernement peut en faire douter. Très bon administrateur, Caulaincourt n'a pas les capacités politiques d'un Fouché ou d'un Talleyrand ; il n'a pas, comme le dit Pasquier, le goût de l'intrigue, des manœuvres et des constructions politiques. Son travail aux côtés de Napoléon l'a conforté dans un rôle de collaborateur. Ses nombreuses confrontations avec son maître ont permis le développement de son indépendance d'esprit, pas forcément celui de sa capacité d'initiative.

Malgré tout, Caulaincourt, avec sa finesse d'analyse habituelle, a su comprendre les enjeux du moment et y adapter sa conduite, en transigeant le moins possible avec ses principes. Quelles que soient ses répugnances personnelles, il a finalement compris que le retour des Bourbons était nécessaire à la tranquillité du pays et à celle de l'Europe. Même si son fatalisme l'a parfois conduit à d'apparentes compromissions, il n'a jamais totalement occulté sa lucidité. Cette lucidité est peut-être le principal acquis des Cent-Jours. Il aura fallu le retour de Napoléon et sa seconde chute pour convaincre définitivement Caulaincourt que la monarchie restaurée est le seul régime qui convient à la France face à la coalition des puissances européennes. L'épisode des Cent-Jours lui permet de faire enfin le deuil du régime napoléonien. Mais pour acquérir cette conviction, il a dû se mettre dans une position encore plus précaire qu'en 1814. Après la première abdication de Napoléon, une reconversion semblait difficile ; après la seconde, elle est pratiquement impossible. Après plus d'une décennie de vie publique s'ouvre pour Caulaincourt une nouvelle ère : celle du recueillement.

ÉPILOGUE : APRÈS 1815

Dieu qui nous a créés nous dit du haut des cieux
Élevez-vous vers moi en faisant des heureux

Versons la douce obole où règne l'indigence
Inspirons à chacun la noblesse du cœur
Conservons pour qui souffre une Sainte Clémence
Étendons nos bienfaits où paraît le malheur
N'est-ce pas qu'à tes yeux c'est là noble existence
Couronnée ici bas comme divin sauveur
Entendant dire à tous c'est notre providence[1].

Un long exil intérieur (1815-1827)

En juillet 1815, Caulaincourt se retrouve à nouveau face aux Bourbons. Mais, contrairement à l'année précédente, il est désormais seul. Son principal appui, le tsar Alexandre, vient en effet rapidement à lui faire défaut. Dès l'arrivée de ce dernier à Paris, le 10 juillet, le duc de Vicence lui demande une audience, espérant probablement renouer les liens d'une ancienne amitié et retrouver ainsi son protecteur. En entreprenant cette démarche, il sous-estime très largement la blessure d'orgueil que représentent pour l'empereur de Russie les Cent-Jours. La réponse ne se fait pas attendre : Caulaincourt est éconduit. Le comte de Nesselrode prend toutefois la peine de lui écrire pour lui expliquer que le tsar ne peut plus avoir de relations directes avec quelqu'un qui a accepté de servir le pros-

1. Acrostiche sur le nom « De Vicence » conservé dans les archives de la famille. AN, 95 AP 85, sans nom d'auteur ni date.

crit de l'île d'Elbe[1]. Considérant qu'il est dans son bon droit et qu'il ne s'agit de toute façon que d'une visite de courtoisie, Caulaincourt s'entête ; mais c'est en vain que, dans les jours suivants, il tente de faire appel aux sentiments du tsar : « Devenu un simple particulier, je ne demande rien, lui écrit-il ; je n'importunerai donc pas V. M. Mes vœux se bornent à la voir avant de partir et à lui offrir l'hommage du respect des sentiments qu'elle m'a permis de lui vouer, dans un temps où je n'étais pas comme aujourd'hui battu par la tempête. Aujourd'hui comme alors, Sire, je suis digne d'avoir été honoré par V. M. du titre de son ami[2]. » Rien n'y fait : toujours aussi intraitable à son sujet, Alexandre refuse de recevoir le duc de Vicence[3]. Au nom de leur amitié, il accepte toutefois de prendre lui-même la plume pour rompre dans les formes une relation vieille de presque quinze ans :

> Quoiqu'il m'en coûte infiniment, général, de me priver de la satisfaction de me rendre à la demande que vous venez de m'adresser, je ne saurais dans les circonstances actuelles rien changer à la détermination que j'ai prise à votre égard, ni varier dans la manière d'envisager la marche que vous avez suivie. Néanmoins, malgré que je me trouve à regret dans l'impossibilité de l'approuver, mes sentiments et l'intérêt que je vous conserve, seront toujours les mêmes et je profiterai avec plaisir de chaque occasion de vous en donner des preuves ; en attendant je vous renouvelle, général, l'assurance de toute mon affection.
>
> Alexandre[4].

Avec cette lettre, c'est une page qui se tourne : les sentiments qu'Alexandre a pu éprouver pour Caulaincourt, déjà malmenés de 1812 à 1814, n'ont pas survécu à l'épisode des Cent-Jours. Toutefois, malgré son refus de jouer le même rôle de protecteur que lors de la Première Restauration, le tsar ne s'interdit pas quelques interventions décisives en faveur de l'ancien ambassadeur de France à Saint-Pétersbourg. Il fait ainsi pression auprès du gouvernement de Talleyrand pour que le nom du duc

1. AN, 95 AP 15, Nesselrode à Caulaincourt, Paris, 11 juillet 1815.
2. *Ibid.*, Caulaincourt à Alexandre, 1815 [fin juillet].
3. Il accepte en revanche de recevoir la duchesse de Vicence. *Ibid.*
4. AN, 95 AP 15, Alexandre à Caulaincourt, Paris, 17/29 juillet 1815.

de Vicence ne soit pas porté sur l'ordonnance de proscription préparée par Fouché. Louis XVIII, lui-même « effrayé du zèle de son nouveau ministre », accepte de laisser Caulaincourt tranquille[1].

Alexandre intervient encore pour défendre les intérêts de l'ancien ministre de Napoléon, menacés par les exactions de l'armée prussienne. « Lorsque Blücher avait traversé la Picardie, au cours de sa marche sur Paris, il avait, dans son désir de vengeance, fait mettre le séquestre sur la terre de Caulaincourt et ordonné la vente des meubles du château », raconte Jean Hanoteau[2]. Le duc de Vicence est rapidement mis au courant de la situation catastrophique dans laquelle se trouve plongé son domaine. Ses archives conservent encore les nombreux états des pertes dressés par son intendant, ainsi que les récits du pillage de la demeure familiale. Parmi d'autres, on peut citer ce « détail de qui s'est passé au château de Caulaincourt » :

> Le désordre commença dans la journée du 28 [juin] et continua toute la nuit suivante. Tous les rideaux, les couvertures etc. furent enlevés. Le régisseur s'en plaignit inutilement à l'officier. Le 29, l'officier fit prendre un des deux chevaux donnés par l'empereur de Russie et déclara que ses chefs l'autorisaient à le garder. Le même jour arriva un administrateur prussien escorté de six cavaliers. Il visita le château. Les portes qui n'avaient pas encore été ouvertes furent enfoncées. On prit tout ce que l'on trouva à son gré et on en chargea un fourgon. [...] Le 15, on a pris le portrait de madame la duchesse et beaucoup d'autres objets. La terreur est dans le pays et tout le monde en fuite. On a plusieurs fois, mais vainement, réclamé près de messieurs le commandant et le commissaire prussien, mais les choses sont portées à un tel point que sans un ordre tout à fait supérieur, personne n'osera se montrer et se présenter pour empêcher le désordre qui règne sur les propriétés du duc de Vicence[3].

Cet ordre supérieur, Caulaincourt tente de l'obtenir en s'adressant directement aux dirigeants prussiens. Le 15 juillet, il demande au chan-

1. *Ibid.*, Caulaincourt à Alexandre, 1815 [fin juillet].
2. Jean Hanoteau, *op. cit.*, t. I, p. 205.
3. AN, 95 AP 40, « Détail de qui s'est passé au château de Caulaincourt », s. d.

celier Hardenberg le « rappel de l'officier et du détachement qui m'ont si maltraité et dont la présence répand l'alarme dans tout le pays[1] ». Quelques jours plus tard, il écrit à Frédéric-Guillaume III pour obtenir réparation, estimant « avoir des droits à sa bienveillance[2] ». Mais, face à ces démarches, les Prussiens font la sourde oreille : l'ancienne influence du duc de Vicence pèse de peu de poids face à l'esprit revanchard des vainqueurs de Waterloo – peut-être même lui est-elle préjudiciable. Pour ramener les Prussiens à de meilleurs sentiments, l'intervention d'Alexandre se révèle encore une fois décisive. Le 23 juillet, Nesselrode écrit à Caulaincourt pour lui promettre la fin des exactions et le retour progressif à la normale[3].

Son domaine une fois repris en main, le duc de Vicence va y consacrer une grande partie de son temps. Il faut dire que le nouveau régime ne lui laisse que peu d'alternatives : exclu assez logiquement de la Chambre des pairs, l'ancien ministre de Napoléon comprend qu'il est préférable pour lui de demander également sa retraite militaire. Le 6 octobre 1815, le ministère lui accorde une pension annuelle de 6 000 francs, en récompense pour ses « 26 ans et 6 mois de service effectif[4] » : c'est la fin de sa carrière militaire. Libéré – de force – de toutes ses obligations, Caulaincourt organise sa vie entre Paris et la Picardie. Dans la capitale, il s'efforce de conserver une vie sociale, tout en restant discret : « Dans son salon, fréquenté par quelques intimes, parmi lesquels Daru, Beugnot[5] et Saint-Aignan étaient les plus assidus, la duchesse de Vicence continua à rayonner de tout l'éclat de sa beauté et de sa haute intelligence », raconte Jean Hanoteau[6]. Mises à part ces quelques amitiés, il est probable que la vie parisienne ne procure que peu de satisfaction au duc de Vicence ; la bonne société de la Restauration lui est trop hostile pour qu'il puisse s'en accommoder.

1. *Ibid.*, Caulaincourt à Hardenberg, Paris, 15 juillet 1815.
2. *Ibid.*, Caulaincourt à Frédéric-Guillaume III, Paris, 19 juillet 1815.
3. AN, 95 AP 15, Nesselrode à Caulaincourt, Paris, 23 juillet 1815.
4. SHD 7 Yd 407, note du ministère.
5. L'ancien directeur général de la police, chargé durant la Première Restauration de la surveillance des personnalités bonapartistes comme Caulaincourt, a marié entretemps son fils avec la fille de Saint-Aignan – et donc la nièce du duc de Vicence. Eugène Welvert, *Napoléon et la police sous la Première Restauration*, p. 234.
6. Jean Hanoteau, *op. cit.*, t. I, p. 207.

C'est retiré dans ses terres qu'il se sent véritablement à son aise : « Je jouis de ma liberté comme un homme qui a passé sa vie enchaîné. Tout m'amuse ; tout est une jouissance pour moi et les journées finissent toujours trop tôt », peut-il écrire à sa tante dans les mois qui suivent sa mise à la retraite[1]. La mise en valeur de son domaine, qu'il a été forcé de négliger pendant quinze ans, l'accapare totalement. L'ancien ministre se mue en une sorte de *gentleman farmer*, poursuivant la tradition physiocratique ou annonçant l'« agromanie » de la décennie 1830. Tout son sens de la minutie trouve à s'appliquer dans la gestion des récoltes, dans l'amélioration de son cheptel ou dans l'agrandissement de son château. Cette activité est telle qu'elle en vient à inquiéter les relais locaux du gouvernement royal. Harcelé de lettres de dénonciation, le vicomte Obert, commandant le département de l'Aisne, rend compte à son supérieur :

> Mon général, journellement on m'écrit pour m'inviter à faire surveiller M. de Caulaincourt qui, à ce qu'on prétend, se popularise singulièrement, et au point de charrier lui-même son fumier dans ses terres. On le voit continuellement s'agiter, soit dans les faubourgs de Ham, soit dans les villages des environs où il ne fait qu'aller et venir, cela paraît donner des inquiétudes. Sa fortune est si considérable, qu'on le considère dangereux par l'influence qu'il a sur les paysans, on verrait avec plaisir qu'il soit forcé d'habiter un autre pays, pendant un certain temps[2].

Ces accusations semblent assez graves pour être communiquées au ministre de la Guerre de l'époque, le maréchal Clarke, duc de Feltre[3], et surtout au ministre de la Police, Decazes. Ce dernier rassure immédiatement ses correspondants : « D'après les informations, il paraît que les torts imputés à M. de Caulaincourt sont au moins exagérés, et que sa conduite n'a donné lieu jusqu'ici à aucun reproche fondé. Elle continue au reste à être l'objet d'une surveillance particulière[4]. » Même si la prudence est de

1. AN, 402 AP 61, Caulaincourt à Mme d'Harville, Caulaincourt, février [1816 ?].

2. SHD 7 Yd 407, le vicomte Obert au général Despinoy, commandant la 1ère division militaire, Soissons, le 9 avril 1816.

3. *Ibid.*, le général Despinoy à S.E. le duc de Feltre, ministre de la Guerre, Paris, 11 avril 1816.

4. *Ibid.*, Decazes à Clarke, Paris, 10 mai 1816.

mise, il apparaît que le duc de Vicence ne constitue plus une menace pour le régime : son influence politique est depuis longtemps réduite à zéro.

Replié sur ses terres, Caulaincourt se réfugie aussi dans le cercle familial, qui lui procure assurément ses plus grandes joies. Il peut enfin se consacrer pleinement à son épouse mais surtout à ses fils, Adrien, né le 13 février 1815, et Olivier, né le 23 mars 1819, auxquels il faudrait ajouter les deux enfants issus du premier mariage de la duchesse de Vicence, Emma, née en 1800, et son frère Ernest, né en 1802. Il profite aussi de son temps libre pour rendre visite à sa mère, à sa tante ou à son beau-père, le marquis de Canisy, avec qui il entretient les meilleures relations. Une lettre du duc de Vicence à la comtesse d'Harville donne une idée de ces nombreuses – mais fort agréables – obligations familiales :

> J'espérais vous surprendre tous, ma bonne mère, et faire le Mardi-Gras en famille ; mais la vente de mes bois et mon procès avec un fermier qui refuse de me payer, m'accrochent ici au moment de partir. J'en suis d'autant plus contrarié que je ne pourrai pas aller vous embrasser avant un mois. J'ai besoin de vous dire, moi-même, ma mère, que je porte au fond de mon cœur le souvenir de toutes vos bontés pour les miens comme pour moi. Ma femme ne cessait de m'en parler. Lizy [-sur-Ourcq, demeure de la comtesse d'Harville] lui faisait oublier qu'il y a deux ans qu'elle n'a vu son père. Tant il est vrai qu'on n'est bien heureux que là où l'on est bien gâté parce qu'on est bien aimé. Ma mère est toujours trop occupée de moi pour être tranquille. Je ne parviens pas à la rassurer quand je ne la vois pas. Si je vais, dans ce moment, chez mon beau-père, je l'embrasserai en passant, si le carême la ramène chez elle. Si mon voyage est ajourné, ce ne sera que quand j'irai vous voir[1].

Les premières années de la Restauration se passent ainsi dans une certaine joie de vivre : Caulaincourt redécouvre son domaine, jouit de sa famille, fait fructifier ses biens. Tout à ces distractions, il feint d'ignorer les bruits qui courent toujours à son sujet : « Pour moi, je me moque depuis longtemps des calomnies, écrit-il à sa tante. Quand on a consenti

---

1. AN, 402 AP 61, Caulaincourt à la comtesse d'Harville, Caulaincourt, 27 février [1818 ?].

à être homme public, on s'est livré au public, on est une lettre de change que chacun endosse à sa manière. Si quelque chose me fâche en cela, c'est à cause de ma femme et surtout de ma mère, car ma femme voit cela de haut, et on ne se fâche pas des attaques de ceux qu'on méprise[1]. » Dans un premier temps, la duchesse de Vicence semble en effet plus prompte que son mari à faire taire les rumeurs concernant l'affaire du duc d'Enghien. En 1816, elle comparaît devant notaire pour faire réfuter les allégations d'un certain Grison, maréchal des logis de la gendarmerie, qui prétendait que Caulaincourt avait pris part « non seulement à l'arrestation, mais au jugement » du prince. La duchesse obtient gain de cause, grâce au témoignage de l'écrivain Charles Nodier qui, enquêtant lui-même sur l'affaire, avait pu constater la fausseté de l'accusation[2].

Les attaques se multipliant, Caulaincourt finit par prendre les choses en main et confie au célèbre avocat André Dupin la rédaction d'un long argumentaire sur son implication indirecte dans l'affaire du duc d'Enghien. L'« Examen impartial des calomnies répandues sur M. de Caulaincourt, duc de Vicence, à l'occasion de la catastrophe de monseigneur le duc d'Enghien », qui paraît en 1824 dans un recueil de mémoires sur le sujet et que nous avons déjà évoqué, ne suffit pas toutefois à faire taire les calomniateurs. Lassé de devoir se justifier, Caulaincourt décide, après l'échec de cette démarche, de garder « le silence sur ce drame douloureux[3] ». Il prend le parti de se draper dans sa dignité, plutôt que d'entrer dans d'interminables chicaneries qui ne pourraient mener qu'à des compromissions : « Poursuivi par des préventions dont l'injustice le blessait dès longtemps, il avait trop de fierté pour rechercher une indulgence dont il sentait qu'il n'avait nul besoin, écrit la notice biographique parue chez Le Normant après sa mort. Il voulait porter tête haute toute sa vie passée, D'autres se seraient fait pardonner humblement des crimes réels ; pour lui, il n'eût pas enduré avec patience de courber son front sous de fausses apparences[4]. » Cela ne l'empêche pas de préciser dans le testament qu'il rédige dès 1821 :

1. *Ibid.*, Caulaincourt à la comtesse d'Harville, Caulaincourt, mars [après 1815].

2. AN, 95 AP 40, acte passé par la duchesse de Vicence par devant maître Henri Simon Boulard et son collègue, 9 avril 1816.

3. Jean Hanoteau, *op. cit.*, t. I, p. 210.

4. *Notice biographique sur le duc de Vicence*, Paris, Le Normant, 1830, p. 34.

> La haine d'un parti qu'il a été de mon devoir de combattre m'a fait calomnier. On ne ment pas à Dieu en présence de la mort. Je jure donc que je n'ai été pour rien dans l'arrestation du duc d'Enghien. Je dois cette déclaration à mes enfants. Je la fais parce que je leur dois la vérité. J'ai aimé ma patrie avec idolâtrie ; je l'ai servie, comme l'Empereur, avec dévouement et surtout avec ce courage moral qui fait qu'on préfère la vérité, l'intérêt du pays à la faveur. Amèrement calomnié, la postérité me rendra justice[1].

Caulaincourt fait appel à l'avocat Dupin en une autre circonstance qui ravive pour un temps l'hostilité des royalistes à son égard. En 1819, le général Jean-Baptiste Koch fait paraître un ouvrage intitulé *Mémoires pour servir à l'histoire de la campagne de 1814*[2]. Sans être particulièrement hostile au duc de Vicence, Koch prend la liberté de citer ses lettres sans son autorisation et commet surtout un certain nombre d'erreurs factuelles. Au mois de janvier 1820, le duc de Vicence décide de faire publier dans *Le Constitutionnel* une lettre de protestation où il déclare « que la plupart des détails relatifs aux événements et aux négociations qui ont eu lieu depuis le 31 mars [1814] jusqu'au 12 avril sont inexacts[3] ». Il en profite aussi pour nuancer les positions de l'auteur concernant la responsabilité de la rupture des négociations de paix : « Quant au congrès de Châtillon, si les événements ont justifié le désir que j'avais de voir la paix rendue à ma patrie, il serait injuste de laisser ignorer à la France, à l'histoire, les motifs d'intérêt national et d'honneur qui empêchèrent l'Empereur de souscrire aux conditions que les étrangers voulaient nous imposer. »

Caulaincourt a-t-il sous-estimé le caractère conflictuel de ces questions ? A-t-il considéré qu'il ne s'agissait que de débats d'historiens ? En tout cas, il vient de commettre une erreur : « À l'apparition de cette lettre, raconte Dupin, une clameur subite s'éleva dans les journaux royalistes. Ils y virent une insulte et une offense à la maison de Bourbon ! [...] La forme leur semblait aussi coupable que le fond. En effet, dans cette lettre,

---

1. Testament rédigé le 15 février 1821, déposé pour minute, le 20 février 1827, chez Me Poignant, notaire à Paris. Cité par Jean Hanoteau, *op. cit.*, t. I, p. 60-61.

2. Jean-Baptiste Koch, *Mémoires pour servir à l'histoire de la campagne de 1814*, Paris, Magimel, Anselin et Pochard, 1819, 2 vol.

3. Lettre publiée dans *Le Constitutionnel* le 21 janvier 1820. Citée dans les *Mémoires de Dupin*, t. I, p. 149.

n'avait-on pas osé donner à l'usurpateur le titre d'*Empereur*, comme s'il l'était encore ! Et pour rendre l'injure plus poignante, la publication avait eu lieu le 21 janvier[1] ! » Le duc de Vicence tente en vain de démontrer que cette date n'est pas de son fait, la lettre « ayant été écrite et envoyée deux jours auparavant ». Quant à la qualification d'Empereur, « employée pour des circonstances qui se reportaient à une époque où Napoléon l'était effectivement », elle « n'avait rien que d'historique et de naturel »[2]. Les ennemis de Caulaincourt n'en démordent pas et obtiennent que l'affaire passe devant la cour royale de Paris. Celle-ci conclut finalement à l'innocence de l'ancien ministre des Relations extérieures[3].

L'affaire, bien que réglée en quelques jours, est révélatrice des attaques régulières que doit subir le duc de Vicence durant la Restauration. Plus les années passent et plus les accusations lui semblent pénibles : il comprend en effet que tout n'est que prétexte pour lui rappeler son passé au service de Napoléon et le discréditer auprès du gouvernement royal. Si l'on en croit certains observateurs, ce harcèlement constant finit par user prématurément Caulaincourt. Le marquis de Castellane est formel, lorsqu'il écrit dans son journal : « Le chagrin a hâté sa fin[4]... » Après avoir joui pendant quelques années de sa liberté retrouvée, il est probable que le duc de Vicence commence à ressentir de plus en plus douloureusement l'ostracisme dont il est victime. Alors qu'il vient tout juste d'atteindre la cinquantaine, il ne peut que constater son absence complète de perspectives d'avenir. Une situation d'autant plus douloureuse que beaucoup de ses anciens collègues – Clarke et Lauriston par exemple – ont retrouvé prestige et positions. Il n'est pas interdit de penser qu'avec le temps, ses regrets se font plus vifs. Celui notamment d'avoir participé à l'épisode des Cent-Jours et d'avoir ainsi causé la rupture de ses relations avec Alexandre Ier.

Il est en tout cas particulièrement atteint lorsqu'il apprend la mort de l'empereur de Russie, survenue au début du mois de décembre 1825. À ce décès vient s'ajouter, quelques mois plus tard, celui de son beau-père, le marquis de Canisy, qu'il assiste dans ses derniers moments. C'est à cette

1. *Ibid.*, p. 150-151.
2. *Ibid.*, p. 154.
3. *Ibid.*, p. 157.
4. *Journal du maréchal de Castellane*, t. II, p. 161.

époque qu'Emma de Villeneuve – née du premier mariage de la duchesse de Vicence – fait débuter sa longue relation de la mort de Caulaincourt :

> L'impression du douloureux spectacle dont il venait d'être témoin (car il ferma les yeux au pauvre vieillard qu'il aimait si tendrement) augmenta singulièrement son mal, estime-t-elle en effet. Le chagrin en était la cause première, un accroissement de peines devait lui être funeste. Peu de temps avant ce douloureux voyage, la mort de l'empereur de Russie qui fut toujours pour lui un tendre ami l'avait déjà jeté dans une profonde tristesse ; la perte de son beau-père accrut tellement cette fatale impression qu'il semblait ne vouloir plus exister... Tout lui était indifférent, ses amis, ses enfants, sa femme même qui était l'objet de ses plus tendres affections semblaient par intervalles n'être plus rien pour lui... Il fuyait les siens et semblait craindre jusqu'à l'apparence d'une émotion douce ; enfin la mort était déjà dans son âme, insensiblement elle s'empara de son corps qui chaque jour devenait plus faible[1].

Ces deuils soudains ont pu jouer un rôle dans l'affaiblissement du duc de Vicence, à l'accablement moral succédant en quelque sorte l'accablement physique. Il ne faut pas oublier cependant que l'état de santé de Caulaincourt a toujours été très fragile. Les blessures reçues lors des campagnes de sa jeunesse – il est touché par plusieurs coups de feu lors des combats de l'armée du Rhin en Allemagne du Sud, à la fin de l'année 1799 – l'ont contraint à prendre les eaux à de nombreuses reprises afin d'apaiser ses douleurs. Ses séjours en Russie, ainsi que son activité intense lors des derniers temps de l'Empire, n'ont fait qu'aggraver son état. D'après Emma de Villeneuve, sa retraite forcée ne suffit pas à le délivrer de ses soucis, bien au contraire : « Depuis plusieurs années les maux physiques qu'éprouvait le duc de Vicence faisaient de rapides progrès », écrit-elle[2].

À partir de 1825 commencent à se manifester en effet les premiers symptômes d'un cancer de l'estomac ; ceux-ci progressent durant les

1. AN, 95 AP 19. Relation de la mort de Caulaincourt par Mme de Villeneuve, « Lundi 19 février 1827 ».

2. *Ibid.*

mois qui suivent la mort du marquis de Canisy. À la fin de l'année 1826, au retour des eaux de Plombières « qui, loin de lui avoir fait du bien, avaient extrêmement aggravé son mal », Caulaincourt décide de suivre les conseils de sa famille et de se rendre à Paris pour consulter un médecin : « trois semaines après son arrivée, il se coucha pour ne plus jamais se relever », écrit Emma de Villeneuve[1]. Durant ses derniers jours, le duc de Vicence reçoit les visites fréquentes de l'archevêque de Paris, Mgr de Quélen. Les mots qu'il lui adresse en ces circonstances sonnent comme un véritable testament moral. L'ombre de l'affaire du duc d'Enghien y est par ailleurs omniprésente : « J'ai encore plus de force, plus de courage que les hommes n'ont eu d'injustice à mon égard, déclare-t-il une fois. J'ai tout concentré, mais la calomnie a porté ses coups bien avant dans mon cœur. *Je meurs de chagrin*. Ma vie a été abreuvée d'amertumes, la fin ne sera que le terme d'une longue épreuve de douleurs. Je ne la regrette que pour ma femme et mes enfants[2] ! »

La présence de l'archevêque de Paris à son domicile est révélatrice de la place que joue désormais la religion dans la vie du duc de Vicence. Cette profonde piété peut paraître étonnante : jusqu'à la fin de sa carrière, il n'a en effet jamais fait allusion à la religion. Même s'il affirme à son beau-père, en 1826, qu'il a « toujours cru[3] », il semble avoir longtemps fait preuve d'indifférence, voire de scepticisme, à l'égard de ces questions – suivant en cela l'exemple de la duchesse de Canisy. Ses sentiments ont probablement évolué durant les premières années de la Restauration : l'influence de sa mère, particulièrement pieuse, a pu jouer un rôle. Mais il faut surtout voir dans cette conversion un reflet des malheurs qui le touchent à partir de 1815 : à travers la religion, le duc de Vicence cherche une consolation, un réconfort physique et moral. « Oh ! Oui, j'ai bien souffert, laisse-t-il échapper après une nuit de douleurs, mais je rapporte toutes mes souffrances à Dieu[4]. »

Le 17 février 1827, selon son désir, il reçoit l'extrême-onction puis bénit ses fils. Le 18 au soir, les médecins du duc de Vicence quittent son domicile en affirmant ne pas craindre une fin prochaine :

1. *Ibid.*
2. *Ibid.*
3. *Ibid.*
4. *Ibid.*

> Mais cette nuit qui devait être calme fut au contraire très orageuse, raconte Emma de Villeneuve. Le pauvre malade souffrit horriblement et avec une patience admirable. Le lendemain matin, les douleurs devinrent si fortes qu'elles le firent tomber dans un état d'immobilité et de faiblesse excessive, à peine avait-il la force de gémir... Il demanda qu'on le retournât à gauche et fit un grand cri qui nous glaça tous d'effroi. Il nous semblait qu'avec ce cri son âme s'enlevait vers le ciel comme celle du sauveur dont il imitait si bien la patience, mais non, il avait encore un mot à dire à ma mère qui s'approcha de lui ; il la cherchait encore, mais ses pauvres yeux n'y voyaient plus ; cependant il la reconnut encore aux larmes qu'elle laissa tomber sur sa main presque glacée. Il lui dit « *adieu* » et ce fut sa dernière parole[1].

Le 19 février 1827, à midi et demi, s'éteint dans son domicile parisien Armand-Louis-Augustin de Caulaincourt, duc de Vicence, à l'âge de 53 ans. Il est enterré quelques jours plus tard au cimetière du Père-Lachaise, en présence de sa famille et de quelques compagnons de l'épopée impériale : parmi eux, le maréchal Macdonald, le maréchal Mortier, le comte Mollien, ou encore le comte Daru. C'est ce dernier qui se charge de prononcer l'éloge funèbre de son ami. Après être revenu sur la noblesse de son caractère, sur ses succès comme sur ses revers de fortune, il conclut avec nostalgie :

> Ô vous tous ! Les anciens compagnons, qui le voyez étendu dans ce cercueil, plaindriez-vous son sort s'il eut péri comme son frère, dans un jour de victoire [allusion à la bataille de Borodino], s'il fut resté raidi par le froid dans ces plaines de glace que vous franchissiez avec lui, il y a quinze ans ? Et quel est celui d'entre vous qui n'a pas fait plus d'une fois ce retour sur lui-même, à l'âge où nous attendent les infirmités, les chagrins, les pertes de la famille et de l'amitié ? Restes déjà décimés d'une génération qui a vu de grandes choses, nous voyons tous les jours la mort frapper quelques-uns de ceux qui pourraient nous les redire. Que celui qui vient de nous être enlevé entende du moins nos regrets et nos derniers adieux[2] !

1. *Ibid.*
2. *Ibid.*, Nécrologie parue dans *Le Courrier français*, 22 février 1827.

L'héritage du duc de Vicence

L'héritage que le duc de Vicence laisse à ses successeurs est d'abord bien concret. Pendant les années de la Restauration, l'ancien ministre de Napoléon s'est en effet efforcé de faire fructifier sa fortune personnelle et ses biens familiaux. Il s'est ainsi lancé dans diverses combinaisons financières apparemment couronnées de succès, investissant notamment dans la Compagnie des quatre canaux[1], créée en 1821 afin de permettre le développement des voies navigables dans le royaume et rapidement cotée en Bourse. Après être parvenu à conserver ses intérêts dans différents pays d'Europe – en Allemagne, en Italie, en Russie, etc. –, il n'a pas hésité à s'engager dans des entreprises plus exotiques, comme l'achat de propriétés en Amérique, sur les bords du fleuve Saint-Laurent[2]. Malgré tout, Caulaincourt n'est pas un aventurier et les risques qu'il prend apparaissent très limités. De 1815 à 1827, sa constante priorité reste ses terres de Picardie qu'il n'a de cesse d'agrandir. À partir du noyau originel – Caulaincourt, Trefcon, Beauvois-en-Vermandois, Tertry, Bihécourt, il procède constamment à l'acquisition de nouveaux domaines dans les cantons de Vermand – à Lanchy, Attilly, etc. –, de Ham – à Athies notamment –, de Roisel, de Péronne ou de Roye[3].

À sa mort, ses possessions atteignent une superficie d'environ 1 300 hectares ; leur valeur est estimée à la somme – absolument considérable – de 2 085 000 francs[4]. Ce domaine constitue d'ailleurs l'essentiel de son legs à ses successeurs. Le testament de Caulaincourt – en date du mois de février 1827 mais composé en grande partie dès 1821 – règle les détails de l'attribution de ses biens à ses deux fils, Adrien et Olivier, l'aîné recevant en plus du titre de duc de Vicence le manoir et ses attenances directes[5]. Le texte prévoit en outre de nombreuses donations particulières à sa femme, à sa mère, à ses beaux-frères – les barons d'Esterno et de Saint-Aignan –, à ses domestiques, et à ses amis, au premier rang desquels le comte Daru qui obtient le droit de choisir un souvenir parmi

1. AN, 95 AP 38, Chez monsieur Séjan, situation de M. le duc de Vicence au 1er janvier 1827.

2. *Ibid.*, Roland de Bussy à Séjan, Neuilly, 1er septembre 1826.

3. AN, 95 AP 39, Inventaire après décès.

4. *Ibid.*

5. AN, 95 AP 40, Succession du duc de Vicence, états des comptes de Mme de Caulaincourt, 13 avril 1842.

les armes et les tableaux du duc de Vicence. Les dons les plus symboliques sont ceux faits par ce dernier à ses deux fils : Adrien et Olivier de Caulaincourt deviennent en effet les dépositaires des reliques les plus précieuses de la famille, souvenirs du temps révolu de la gloire impériale. Le premier reçoit notamment le sabre et les pistolets de Napoléon[1], ainsi qu'une coupe de Sibérie offerte par le tsar Alexandre – les deux alliés de Tilsit se trouvant en quelque sorte réunis par le duc de Vicence. Le second reçoit quant à lui deux bustes – un de Napoléon et un de la protectrice de la famille, l'impératrice Joséphine –, « ainsi que les pistolets qui étaient à l'arçon de la selle de l'empereur Napoléon le jour d'Austerlitz ».

À ses deux fils, Caulaincourt ne lègue pas seulement des biens : il offre surtout l'exemple de sa vie. Le second duc de Vicence, Adrien de Caulaincourt, va s'empresser de mettre ses pas dans ceux de son père. Dès 1836 – il a alors 21 ans – il entre au secrétariat du ministère des Affaires étrangères, avant d'être attaché à l'ambassade de France à Turin dirigée par le marquis de Rumigny, ancien collaborateur du premier duc de Vicence. En 1838, Adrien assiste au couronnement de l'impératrice Victoria en tant que membre de l'ambassade extraordinaire menée par le maréchal Soult[2]. Après ces expériences, il décide toutefois de mettre un terme à sa carrière de diplomate, invoquant des raisons de santé. Même si rien ne permet véritablement de mettre en doute cette version, on peut se demander s'il n'a pas éprouvé les mêmes réticences que son père à poursuivre dans cette voie. Quoi qu'il en soit, il se tourne dès lors vers la politique locale, devenant dès 1842 conseiller général de la Somme. Après avoir échoué en 1846 à se faire élire député, c'est son soutien précoce à Louis-Napoléon Bonaparte[3] qui va lui ouvrir de nouvelles perspectives : dès le 26 janvier 1852, il est nommé en effet membre – à vie – du Sénat mis en place par la nouvelle Constitution[4]. Il vote par la suite constam-

1. Ces objets, ainsi que le camée en onyx de Napoléon, sont donnés à Caulaincourt lors de la tentative de suicide de l'Empereur.

2. AN, 95 AP 85, [Notice biographique sur Adrien de Caulaincourt, datant du Second Empire].

3. Il obtient notamment de rendre visite à Louis-Napoléon Bonaparte au fort de Ham. AN, 95 AP 53, le sous-secrétaire d'État de l'Intérieur au duc de Vicence, Paris, 22 janvier 1846. Précisons que le fort de Ham n'est situé qu'à 15 kilomètres de Caulaincourt.

4. AN, 95 AP 85, [notice biographique sur Adrien de Caulaincourt, datant du Second Empire].

ment en faveur du régime impérial, jusqu'à ce que la proclamation de la IIIe République le contraigne à mettre un terme à sa carrière politique. Après avoir consacré sa retraite à la vie locale ainsi qu'à divers travaux d'érudition, il meurt le 28 février 1896.

Toujours par fidélité à l'exemple paternel – et, plus généralement, à la tradition familiale –, son frère va s'engager quant à lui dans la carrière des armes. Entré à Saint-Cyr à 18 ans, Olivier de Caulaincourt est affecté à sa sortie, en 1841, au 4e régiment des chasseurs d'Afrique, constitué à Bône[1]. Le 11 novembre 1843, il est très gravement blessé lors d'un combat contre un lieutenant d'Abd el-Kader[2]. Peu après cette blessure – qui lui fait perdre un œil –, Olivier de Caulaincourt quitte l'armée régulière. En 1848, il s'engage – comme son père cinquante-cinq ans auparavant – dans la garde nationale parisienne et participe à la répression des journées de juin[3]. Cette prise de contact avec les événements révolutionnaires le détermine finalement à se lancer en politique. Le 13 mai 1849, il est élu représentant du Calvados[4] à l'Assemblée législative et décide, à partir de ce moment, de donner son appui à la politique du prince-président. Il en est récompensé durant le Second Empire par un statut de candidat officiel qui lui permet de se faire élire au Corps législatif en 1852, puis réélire en 1857 et 1863. Alors que sa carrière semble avoir rejoint celle de son frère dans un soutien sans faille au régime impérial, il décède à Rome le 9 février 1865. Partis l'un de la diplomatie l'autre du métier des armes, les deux fils du duc de Vicence auront abouti tous les deux à la vie parlementaire. Ils auront participé, à leur échelle, à la restauration de l'Empire, s'inscrivant dans la lignée de leur père.

Malgré différents efforts, les titres de marquis de Caulaincourt et de duc de Vicence légués par le grand écuyer de Napoléon ne survivent que peu de temps à ses deux fils[5]. Alors qu'Olivier de Caulaincourt meurt sans enfant, son frère, le second duc de Vicence, ne laisse en effet que des filles.

1. LH/451/60, résumé des services militaires et civils de M. de Caulaincourt.

2. Pierre de Castellane, *Souvenirs de la vie militaire en Afrique*, Paris, Calmann-Lévy, 1879, p. 129-131.

3. LH/451/60, résumé des services militaires et civils de M. de Caulaincourt.

4. Rappelons que la famille de Canisy est originaire de Normandie.

5. Précisons avant toute chose que le frère d'Armand, Auguste de Caulaincourt, était mort sans enfant.

Son gendre, Marie-Louis-Albéric de Viel de Lunas, comte d'Espeuilles[1], obtient toutefois, par décret du 11 juillet 1897, d'ajouter à son nom celui de « Caulaincourt de Vicence[2] ». Le titre est repris par son fils Adrien mais disparaît finalement lorsque à sa mort, en 1929, ce dernier ne laisse qu'une fille unique, Thérèse de Viel de Lunas d'Espeuilles[3]. En à peine plus d'un siècle, les titres d'Armand de Caulaincourt ont été définitivement perdus. Même s'il n'est plus porté par ses descendants, son nom est loin d'être oublié. Il figure en bonne place sur le pilier ouest de l'Arc de Triomphe, dans la colonne 31 qui réunit des personnages comme les généraux Hédouville et Deponthon – croisés par le duc de Vicence en Russie – mais aussi le général Ordener – chargé de l'enlèvement du duc d'Enghien. En 1869, le nom de Caulaincourt est aussi donné à une rue percée deux ans auparavant entre la place de Clichy et la rue du Mont-Cenis, dans le quartier de Montmartre.

Il nous reste à évoquer ce qui est peut-être l'héritage le plus important du duc de Vicence : ses Mémoires[4]. Dès la période de l'Empire – on l'a vu lors du retour en traîneau après la campagne de 1812 –, Caulaincourt avait pris l'habitude de consigner par écrit ses conversations avec Napoléon, comme il l'explique dans les premières pages de ses Mémoires : « Mes notes ont été prises partout, dans le cabinet, au bivouac, chaque jour, à chaque instant ; elles sont l'œuvre de tous les moments. [...] Je me suis même dit plus d'une fois que ce journal, écrit sous les yeux de l'Empereur, pourrait tomber entre ses mains, et cette réflexion n'a pas arrêté ma plume[5]. » Incontestablement, c'est la précocité de cette démarche qui fait toute l'originalité du témoignage de Caulaincourt et lui donne sa valeur historique. À l'origine, le grand écuyer semble pourtant n'avoir vu dans son journal qu'un moyen de faire son introspection et de prendre du recul vis-à-vis des événements[6]. Peut-être envisageait-il aussi – quoique de façon très floue – d'en faire la matière d'une future autobiographie.

---

1. Il a épousé la fille aînée du second duc de Vicence, Armande-Marguerite-Adrienne (née en 1851).

2. Nous suivons ici Jean Hanoteau, *op. cit.*, t. I, p. 216n.

3. Celle-ci épouse le comte Gérard de Moustier.

4. Nous renvoyons ici à la présentation faite par Jean Hanoteau, *op. cit.*, t. I, p. 217-228.

5. *Mémoires de Caulaincourt*, t. I, p. 238.

6. *Ibid.*, p. 237.

La situation change avec la chute de l'Empire. Conscient de l'importance de ses notes et contraint à l'inaction, le duc de Vicence commence à réfléchir à une œuvre de plus vaste ampleur. Deux objectifs se dessinent : en premier lieu, contribuer à l'histoire de Napoléon, en fixant « l'opinion sur [son] caractère et [ses] vues politiques[1] ». En second lieu, tenter de comprendre « les événements qui se sont passés en Europe de 1807 à 1812 » et qui « ont mis dans les mains de la Russie la balance des destinées européennes »[2]. Une démarche particulièrement ambitieuse qui s'appuie sur l'expérience personnelle de l'ancien ministre et sur sa vision des équilibres politiques en Europe : « [Mes notes] m'ont paru des matériaux indispensables pour compléter la partie officielle de ma correspondance comme ambassadeur et, peut-être même, pour l'histoire de cette grande époque, histoire dans laquelle tout ce qui a rapport à la Russie doit avoir de l'importance, puisqu'elle tenait alors le premier rang après la France dans les affaires du monde[3]. » Ces deux axes montrent surtout la volonté chez Caulaincourt de justifier son action politique – sa défense de l'alliance franco-russe, son comportement en 1814 – ainsi que ses relations souvent houleuses avec Napoléon. Il a conscience, durant les premières années de la Restauration, d'être un personnage particulièrement controversé, dans l'obligation de se défendre à la fois des royalistes et des bonapartistes, notamment de son ancien rival, Maret.

C'est d'ailleurs ce dernier qui va pousser le duc de Vicence à se mettre au travail. Au début des années 1820, Maret fournit en effet des documents à Jean-Baptiste Koch pour l'aider à rédiger ses *Mémoires pour servir à l'histoire de la campagne de 1814* qui déplaisent fortement à Caulaincourt. Le duc de Bassano est aussi à l'origine de la publication des ouvrages du baron Fain, notamment son *Manuscrit de 1813* et son *Manuscrit de 1814*, critiqués par Caulaincourt pour leur vision trop étroite des événements de la fin de l'Empire. Dans un projet de préface adressé au duc de Reichstadt – Napoléon II –, le duc de Vicence milite au contraire pour une analyse plus nuancée de cette période :

1. *Ibid.*
2. *Ibid.*
3. *Ibid.* Comme souvent, Caulaincourt laisse de côté l'Angleterre.

> Ce serait ravaler le mérite de Napoléon que d'écrire son histoire comme celle d'un chef de secte ; il se critiquait lui-même dans la prospérité et se ménageait encore moins le blâme dans l'adversité. [...] Peut-on faire de lui un demi-dieu ? Alors pourquoi est-il tombé ? Il fut le plus grand des humains, n'est-ce pas assez pour ceux qui professent pour lui un culte ? Je ne crois donc pas porter atteinte à ce que je dois à sa mémoire [...] en avouant qu'il se trompa quelquefois et que s'il eut un génie supérieur, de nobles et grandes inspirations, il eut aussi les défauts de ces qualités et que ces défauts le perdirent et nous avec lui[1].

Entre 1822 et 1825, Caulaincourt s'attache donc à mettre en forme son journal, afin de défendre sa propre version de la chute de Napoléon. Son travail consiste essentiellement à reprendre ses notes, les complétant ou se contentant de les mettre bout à bout. La maladie le contraint finalement à mettre un terme prématuré à son œuvre, l'empêchant de mener à bien son projet initial. Le manuscrit de ses Mémoires n'évoque qu'une partie des dernières années de l'Empire : après quelques dizaines de pages sur l'entrevue d'Erfurt et la fin de son ambassade en Russie, Caulaincourt s'attarde davantage sur son retour en France et sur les préparatifs de la campagne de Russie. Il raconte ensuite longuement la marche vers Moscou puis le retour en traîneau, avant de passer directement à la fin du congrès de Châtillon et aux négociations du mois d'avril 1814. Il conclut enfin son manuscrit avec le départ de Napoléon pour l'île d'Elbe. Différents fragments conservés dans ses archives personnelles montrent que le duc de Vicence envisageait de compléter ce récit en y ajoutant des considérations sur l'année 1813 et sur les Cent-Jours. Il aurait ainsi entièrement couvert les « cinq à six dernières années de l'Empire[2] », celles de son action au premier plan de la politique européenne. D'autres fragments laissent à penser qu'avec davantage de temps il aurait également abordé les années précédant son départ pour Saint-Pétersbourg et qu'il serait remonté, pourquoi pas, jusqu'au commencement de ses relations avec Napoléon.

Malgré la discrétion du personnage, un certain nombre de contemporains de Caulaincourt étaient au courant de la rédaction de ses Mémoires

1. AN, 95 AP 34, « Notes pour le duc de Reichstadt à mettre en tête des Mémoires ou dans la préface ».

2. Projet de préface cité par Jean Hanoteau, *op. cit.*, t. I, p. 220.

et attendaient avec impatience leur publication, seule susceptible de clarifier les zones d'ombre de sa carrière :

> Le duc de Vicence a aussi écrit des Mémoires, et ceux-là probablement ne laisseraient planer aucun doute sur la question, écrit l'avocat Dupin après s'être penché sur l'action de Caulaincourt au congrès de Châtillon ; car, s'il était fidèle et dévoué, il n'était pas moins sincère, première qualité d'un historien. Mais quand ces Mémoires verront-ils le jour ? On n'a pas pensé qu'ils pussent paraître sous la Restauration ; mais rien n'empêchait de les publier après 1830, sous le règne tolérant et désintéressé de Louis-Philippe [...]. On ne voit pas du moins ce qui pourrait maintenant s'opposer à leur publication[1].

Les changements de régime successifs ne parurent pas suffisants aux fils du duc de Vicence pour livrer au public les écrits de leur père – et risquer par là de raviver d'anciennes rumeurs[2]. Dans son testament, Adrien de Caulaincourt finit toutefois par donner l'autorisation de publier les Mémoires ; son petit-fils, le comte d'Espeuilles, commença à réunir la documentation nécessaire au travail d'édition mais mourut avant de parvenir au terme de ce labeur[3]. C'est l'historien Jean Hanoteau qui se chargea finalement de publier les Mémoires chez Plon, en 1933. Le succès fut au rendez-vous comme le prouve la rapide traduction de l'ouvrage à l'étranger. Une version abrégée de son récit de la campagne de Russie parut ainsi à New York dès 1935, puis en Allemagne dès 1937.

Les répétitions de l'histoire offrirent d'ailleurs une postérité inattendue à la version allemande des Mémoires. Lorsqu'en juin 1941 Hitler se lança à l'assaut de l'URSS, le parallèle fut rapidement fait avec l'invasion française de 1812[4]. Dès les premières difficultés, les généraux allemands – pour tenter de se rassurer ou pour confirmer leurs inquiétudes – furent nombreux à se pencher sur les témoignages du siècle précédent,

1. *Mémoires de Dupin*, t. I, p. 161.

2. Seul Adolphe Thiers y eut accès durant le Second Empire. Voir Jean Hanoteau, *op. cit.*, t. I, p. 223.

3. *Ibid.*, t. I, p. 226.

4. Thierry Lentz, « 1941-1812, les protagonistes de l'opération *Barbarossa* et le souvenir de la campagne de Russie », dans Marie-Pierre Rey et Thierry Lentz (dir.), *1812, la campagne de Russie*, Paris, Perrin, 2012, p. 319-332.

notamment sur les Mémoires de Caulaincourt – opportunément réédités en 1941. Dans son histoire du 18e régiment d'infanterie-grenadiers rhénano-westphalien, August von Kageneck a évoqué de quelle façon le récit du grand écuyer de Napoléon finit par retrouver une brûlante actualité dans les plaines de Russie :

> Ah ! l'Empereur. Il occupait les soldats cultivés d'Adolf Hitler. Il ne quittait pas leur tête. Ils pensaient tout le temps à lui, à son triomphe du début et à sa triste, sa terrible fin. Et si la même chose allait nous arriver à nous aussi ? On n'était plus en 1812, on était en 1941, et si le 18e était encore à pied et à cheval comme les pauvres types de la Grande Armée, il y avait devant lui un déploiement de forces qui balayait tout, des forces blindées qui avançaient avec la rapidité de l'éclair, écrasant tout devant elles, et qu'on avait de la peine à rattraper. Plus tard, bien plus tard, devant Moscou et dans la neige, ils seront devenus très nombreux à parler de Napoléon, à lire Caulaincourt et à se poser de terribles questions[1].

D'une certaine façon, ce sont les avertissements prodigués par Caulaincourt à Napoléon qui se firent à nouveau entendre cent trente ans après le désastre de 1812. Même si, une nouvelle fois, ils ne furent pas pris en compte, ils confirmèrent le grand écuyer dans son rôle de Cassandre, liant un peu plus son nom à la Russie ainsi qu'à la recherche de la paix.

---

1. August von Kageneck, *La Guerre à l'est, histoire d'un régiment allemand (1941-1944)*, Paris, Perrin, 2002, p. 36-37.

ÉTAT DES SOURCES

Archives nationales – Site de Pierrefitte

Fonds privés

32 AP	Bessières.
40 AP	Beugnot.
95 AP	Caulaincourt.
136 AP	Bignon.
137 AP	Ney.
170 AP	Aubert-Dubayet.
174 AP	Beurnonville.
187 AP	Fouché.
204 AP	Maret.
349 AP	Montesquiou-Fezensac.
390 AP	Bertrand.
400 AP	Napoléon.
402 AP	Mornay-Soult.

Fonds de la secrétairerie impériale

AF IV 1676	Autriche.
AF IV 1696 à 1699	Russie.
AF IV 1933	Cent-Jours.

Fonds de la maison de l'Empereur

O^2 66 à 119	Fonds de la grande écurie.
O^2 159	Rapports et décisions.

O^2 200	Services de la cour.
O^2 721	Garde-meuble.

Dossiers de la Légion d'honneur

LH/451/60	Hervé-Anne-Olivier-Henri Adrien de Caulaincourt.
LH/451/80	Armand-Augustin-Louis de Caulaincourt, duc de Vicence.
LH/2705/71	Armand-Alexandre-Joseph-Adrien de Caulaincourt.

Archives des Affaires étrangères – La Courneuve

Correspondance politique-Russie

141	septembre 1801-septembre 1802.
144 à 154	septembre 1804-octobre 1812.

Supplément Russie, 17 (1789-1812).

Correspondance politique-Turquie

194	juin-septembre 1796.
214	mai-août 1807.

Mémoires et documents-Russie

32 Mémoires sur la Russie (1800-1813).

Mémoires et documents-France

666-667	Lettres, mémoires et autres documents relatifs au congrès de Prague (1812-1813).
669 à 671	Lettres et autres documents relatifs au congrès de Châtillon (1813-1814).

672	Négociations relatives au congrès de Vienne (1814-1815).
675-676	Lettres interceptées (1814-1815).
687	Congrès de Vienne (1814-1815).
1792	Lettres et ordres de Napoléon au ministre des Relations extérieures (1813-1815).
1794	Lettres de Napoléon à Caulaincourt (1815).
1800	Mémoires, lettres et documents divers relatifs au traité du 11 avril 1814 et au séjour de Napoléon à l'île d'Elbe (1814-1815).
1801-1802	Mémoires et documents divers relatifs aux événements des Cent-Jours (1815).
2179-2179bis	Congrès de Châtillon. Dossier Razoumovski.

Comptabilité du ministère

19-21	1804-1820.

Décrets et décisions ministérielles

3-4	Rapports au ministre et décisions ministérielles (1806-1824).

Organisation et règlement du ministère

2	1808-1841.

Décrets et arrêtés de nomination

11-12	1809-1827.

Arrêtés, décrets, ordonnances et décisions du gouvernement

10-11	1812-1818.

Personnel-dossiers individuels (cartons)

2596	Jean Baptiste Barthélémy de Lesseps.
3410	Alphonse de Rayneval.
3411	Joseph Maximilien Gérard François de Rayneval.
3579	Duc de Rovigo.
3591	Marquis de Rumigny.
4092	Duc de Vicence (fils).

Personnel-dossiers individuels (volumes reliés)

Volume 15	Caulaincourt, duc de Vicence (1803-1815).
Volume 62	Courbon de Saint-Genest (1800-1818).

Affaires étrangères – Centre de Nantes

Saint-Pétersbourg (volumes reliés)

2 à 12	Correspondance politique de l'ambassade à l'arrivée et au départ (1804-1812).
256 à 258	Suppléments de la correspondance politique (reliés).

Consulats de France en Russie

5	Certificats d'origine (passeports) – Saint-Pétersbourg (1809-1810).
6	Correspondance générale-minutes de Lesseps (1809-1811).
7	Lettres diverses-particuliers (1811-1812).
11	Minutes de la correspondance adressée au ministère de la Marine (1811-1812).
22	Consulat de Saint-Pétersbourg – Lettres ministérielles (1807-1808).
432	Saint-Pétersbourg : correspondances du consulat (1797-1812).
492	Odessa : consulat-correspondance (1808-1811).

Service historique de la Défense – Vincennes

Dossiers personnels-officiers généraux

7 Yd 407	Armand Augustin Louis de Caulaincourt, duc de Vicence (1773-1827), général de division.
7 Yd 501	Auguste Jean Gabriel de Caulaincourt (1777-1812), général de division.
3 Yd 1275	Gabriel Louis de Caulaincourt (1740-1808), lieutenant général.
4 Yd 2304	Marc Louis de Caulaincourt (1719-1774), maréchal de camp.
18 Yd 17	Nicolas Auguste Marie Rousseau de Saint-Aignan.

Archives administratives des unités et des états-majors

Xb 213	110e à 123e demi-brigades de ligne.
Xc 37	Royal-Étranger (1705-1790).
Xc, 92 et 93	2e carabiniers (1791-1815).
Xc 105	7e régiment de cavalerie (1791-1803).
Xc 107	8e régiment de cavalerie (1791-1801).
Xc 212 à 217	14e à 16e chasseurs à cheval (1793-1815).
Xm 1 et 2	Garde nationale (1790-1840).

Bibliothèque nationale – Richelieu

Fr.12142	Récit de la mort de Duroc par Caulaincourt. XIXe siècle.

Bibliothèque Thiers

Ms Masson 202	Russie, Caulaincourt, grand écuyer, 1809-1812.
Ms Masson 227	Caulaincourt, duc de Vicence : dossier personnel, grand écuyer, correspondance, affaire du duc d'Enghien, 1801-1811 (copies).

Archives des actes anciens (RGADA) – Moscou

RGADA 1	« Paquets secrets », liasses scellées du sceau impérial [correspondance du tsar Alexandre Ier avec sa mère, sa sœur et différents correspondants].
RGADA 3	Affaires relatives à la politique intérieure et extérieure de la Russie.
RGADA 4	Correspondance entre des membres de la famille impériale et d'autres éminentes personnalités.
RGADA 5	Correspondance de personnalités impériales avec divers correspondants [lettres du tsar à Roumiantsev, Talleyrand, etc.]
RGADA 15	Département diplomatique [différents mémoires].

Archives des affaires étrangères (AVPRI) – Moscou
(Fonds 133, Chancellerie du ministère des Affaires étrangères de Russie)

Campagnes-France (campagnes militaires, 1812-1815)

1450 à 1452	Négociations de Prague.
1604 à 1610	Négociations de Châtillon.
1613	Papiers relatifs à l'entrée des Alliés à Paris.

Ambassade de France à Saint-Pétersbourg (1801-1812)

3714 à 3718	Correspondance de Duroc, Caulaincourt et Hédouville (1801-1802).
3729-3730	Correspondance de Lesseps (1807).
3731-3732	Correspondance de Savary (1807).
3733 à 3757,	Correspondance de Caulaincourt (1807-1811).
3785-3786	Correspondance de Lauriston (1812).

Bibliothèque d'État – Division des manuscrits – Moscou

Fonds 255	Roumiantsev (Nicolas).
Fonds 301	Tolstoï (Nicolas).

BIBLIOGRAPHIE

Sources imprimées

Correspondances

Au temps de l'alliance franco-russe, Correspondance entre le grand-duc Nicolas Mikhaïlovitch de Russie et Frédéric Masson, édition de Nadine Vogel, Paris, Bernard Giovanangeli éditeur-Association des amis de Frédéric Masson, 2005, 822 p.

Boulay de la Meurthe Alfred, *Correspondance du duc d'Enghien et documents sur son enlèvement et sa mort*, Paris, A. Picard et fils, 1904-1913, 4 vol.

Burghersh Priscilla-Ann Wellesley Pole Lady, *The Letters of Lady Burghersh (afterwards countess of Westmoreland) from Germany and France during the Campaign of 1813-14*, Londres, John Murray, 1893, 1 vol.

Correspondance de Napoléon Ier publiée par ordre de l'empereur Napoléon III, Paris, Imprimerie impériale, 1861-1869, 32 vol. [réédition Paris, Bibliothèque des Introuvables, 2006, 32 vol.]

Hanoteau Jean, « Lettres de Talleyrand à Caulaincourt », Paris, *Revue des deux mondes*, t. XXIX, septembre-octobre 1935, p. 782-816 et t. XXX, novembre-décembre 1935, p. 142-180.

Lentz Thierry (dir.), *Napoléon Bonaparte, Correspondance générale publiée par la Fondation Napoléon*, Paris, Fayard, 2004-2012, 10 vol. [14 vol. prévus]

Maistre Joseph de, *Œuvres complètes*, Genève, Slatkine Reprints, 1979, 14 vol. [réimpression de Librairie générale catholique et classique, Lyon, 1885]

NESSELRODE comte Alexandre de, *Lettres et papiers du chancelier comte de Nesselrode, 1760-1850*, Paris, H. Lahure, 1904-1912, 11 vol.

NICOLAS MIKHAILOVITCH grand-duc, *Les Relations diplomatiques de la Russie et de la France, d'après les rapports des ambassadeurs d'Alexandre et de Napoléon (1808-1812)*, Saint-Pétersbourg, Manufacture des papiers de l'État, 1905-1914, 6 vol.

VANDAL Albert, « Documents relatifs au partage de l'Orient négocié entre Napoléon et Alexandre Ier (janvier-juin 1808) », Paris, *Revue d'histoire diplomatique*, 1890, p. 421-470.

Mémoires

ABRANTÈS duchesse d', *Mémoires complets et authentiques de Laure Junot, duchesse d'Abrantès, souvenirs historiques sur Napoléon, la Révolution, le Directoire, le Consulat, l'Empire, la Restauration, la révolution de 1830 et les premières années du règne de Louis-Philippe*, Paris, J. de Bonnot, 1967-1968, 13 vol.

AVRILLION Marie-Jeanne-Pierrette, *Mémoires de mademoiselle d'Avrillion, première femme de chambre de l'impératrice Joséphine*, édition présentée et annotée par Maurice Dernelle, Paris, Mercure de France, 1986, 394 p.

BEAUHARNAIS Eugène de, *Mémoires et correspondance politique et militaire du prince Eugène de Beauharnais*, publiés, annotés et mis en ordre par A. Du Casse, Paris, Lévy, 1858-1860, 10 vol.

BEAUHARNAIS Hortense de, *Mémoires de la reine Hortense*, publiés par le prince Napoléon avec notes de Jean Hanoteau, Paris, Plon, 1927, 3 vol.

—, *Mémoires*, édition présentée et annotée par Christophe Pincemaille, Paris, Mercure de France, 2006, 419 p.

BOIGNE comtesse de, *Mémoires*, édition établie, commentée et annotée par Henri Rossi, Paris, Honoré Champion, 2007, 1529 p.

BROGLIE Victor de, *Souvenirs du feu duc de Broglie*, Paris, Calmann-Lévy, 1886, 4 vol.

CARNOT Hippolyte, *Mémoires sur Lazare Carnot (1753-1823)*, Paris, Hachette, 1907, 2 vol.

CASTELLANE Boniface, marquis de, *Journal du maréchal de Castellane*, publié par la comtesse de Beaulaincourt, née Castellane et P. Le Brethon, Paris, Plon, 1895-1897, 5 vol.

CASTELLANE Pierre de, *Souvenirs de la vie militaire en Afrique*, Paris, Calmann-Lévy, 1879, 490 p.

CAULAINCOURT Armand de, *Mémoires du général de Caulaincourt, duc de Vicence, grand écuyer de l'Empereur*, introduction et notes de Jean Hanoteau, Paris, Plon, 1933, 3 vol. [réédition Sainte-Marguerite sur Mer, édition des Équateurs, 2012, 3 vol.]

—, *En traîneau avec l'Empereur*, présenté et annoté par Christophe Bourachot, Paris, Arléa, 2002, 246 p.

CHASTENAY Victorine de, *Mémoires (1771-1815)*, introduction et notes par Guy Chaussinand-Nogaret, Paris, Perrin, 1987, 644 p.

COIGNY Aimée de, *Mémoires de Aimée de Coigny*, introduction et notes par Étienne Lamy, Paris, Calmann-Lévy, 1906, 293 p.

CONSTANT, *Mémoires intimes de Napoléon Ier par Constant, son valet de chambre*, édition présentée et annotée par Maurice Dernelle, Paris, Mercure de France, 2000 [nouvelle édition], 2 vol.

DAMAS baron de, *Mémoires du baron de Damas, publiés par son petit-fils*, Paris, Plon, 1922, 2 vol.

DINO duchesse de, *Souvenirs de la duchesse de Dino, publiés par sa petite-fille, la comtesse Jean de Castellane*, préface d'Étienne Lamy, Paris, Calmann-Lévy, 1901, 364 p.

EDLING comtesse, *Mémoires de la comtesse Edling (née Stourdza)*, Moscou, imprimerie du Saint-Synode, 1888, II-284 p.

ESPINCHAL Hippolyte d', *Souvenirs militaires (1792-1814)*, Paris, Ollendorf, 1901, 2 vol.

FAIN baron, *Mémoires du baron Fain*, présentés par Christophe Bourachot, Paris, Arléa, 2001, XVI-272 p.

FONTAINE Pierre-François-Léonard, *Journal (1799-1853)*, Paris, École nationale supérieure des beaux-arts, 1987, 2 vol.

GOLOVINE princesse, *Souvenirs de la princesse Golovine, née princesse Galitzine*, introduction et notes de K. Waliszewski, Paris, Plon, 1910, XXXVIII-431 p.

LA TOUR DU PIN marquise de, *Journal d'une femme de cinquante ans*, Paris, Chapelot, 1913, 2 vol.

LAMETH Théodore de, *Mémoires de Théodore de Lameth*, publiés avec introduction et notes par Eugène Welvert, Paris, Fontemoing et compagnie, 1913, XXIII-329 p.

LAS CASES Emmanuel de, *Mémorial de Sainte-Hélène*, Paris, Seuil, 1968, 2 vol.

LAVALETTE Antoine-Marie de, *Mémoires et souvenirs du comte de Lavalette,* édition présentée et annotée par Stéphane Giocanti, Paris, Mercure de France, 1994, 570 p.

MACDONALD maréchal, *Souvenirs du maréchal Macdonald, duc de Tarente*, introduction de Camille Rousset, Paris, LCV Services, coll. « Mémoires d'Empire », 2007, 480 p.

MARCO DE SAINT-HILAIRE Émile, *Mémoires et révélations d'un page de la cour impériale, de 1802 à 1815*, Paris, Charles Malot, 1830, 2 vol.

MÉNEVAL Claude-François de, *Mémoires pour servir à l'histoire de Napoléon Ier depuis 1802 jusqu'à 1815*, Paris, Dentu, 1894, 3 vol.

METTERNICH Clément, *Mémoires, documents et écrits divers laissés par le prince de Metternich, chancelier de cour et d'État, publiés par son fils le prince Richard de Metternich. Première partie : Depuis la naissance de Metternich jusqu'au congrès de Vienne (1773-1815),* Paris, Plon, 1880, 2 vol.

MONTESQUIOU Anatole de, *Souvenirs sur la Révolution, l'Empire, la Restauration et le règne de Louis-Philippe*, présentés et annotés par Robert Burnand, Paris, Plon, 1961, IV-535 p.

MONTHOLON Charles Tristan, *Récits de la captivité de l'Empereur Napoléon à Sainte-Hélène,* Paris, Paulin libraire-éditeur, 1847, 2 vol.

NOAILLES Hélie-Guillaume marquis de, *Le Comte Molé (1781-1855), sa vie, ses Mémoires*, Paris, E. Champion, 1922-1930, 6 vol.

ODELEBEN Otto baron d', *Relation circonstanciée de la campagne de 1813, en Saxe*, Paris, Plancher, 1817, 2 vol.

PLANAT DE LA FAYE Nicolas Louis, *Vie de Planat de La Faye, aide de camp des généraux Lariboisière et Drouot, officier d'ordonnance de Napoléon Ier, souvenirs, lettres et dictées recueillis et annotés par sa veuve*, Paris, Ollendorf, 1895, 697 p.

PRADT Dominique de, *Histoire de l'ambassade dans le grand-duché de Varsovie en 1812*, Paris, Pillet, 1815, XXII-239 p.

RAMBUTEAU, *Mémoires du comte de Rambuteau*, introduction et notes par Georges Lequin, Paris, Calmann-Lévy, 1905, 402 p.

RAPP Jean, *Mémoires du général Rapp, aide de camp de Napoléon, écrits par lui-même et publiés par sa famille*, Paris, Bossange frères, 1823, VIII-439 p.

RÉAL Pierre-François, *Indiscrétions (1798-1830) : souvenirs anecdotiques et politiques tirés du portefeuille d'un fonctionnaire de l'Empire*, Paris, Dufey, 1835, 2 vol.

REICHARDT Johann-Friedrich, *Un hiver à Paris sous le Consulat (1802-1803)*, avant-propos, introduction et notes de Thierry Lentz, avec la collaboration de Florence Pinon, Paris, Tallandier, 2003, 533 p.

REISET baronne Adèle de, *Souvenirs de la cour de Russie sous l'empereur Alexandre de 1807 à 1815*, Le Mans, imprimerie Monnoyer, 1856, 461 p.

RÉMUSAT Claire-Élisabeth-Jeanne Gravier de Vergennes comtesse de, *Mémoires de madame de Rémusat (1802-1808), publiés par son petit-fils, Paul de Rémusat*, Paris, Calmann-Lévy, 1906, 3 vol.

ROCHECHOUART comte de, *Souvenirs sur la Révolution, l'Empire et la Restauration par le général comte de Rochechouart*, Paris, Plon, 1889, III-542 p.

SAND George, *Histoire de ma vie*, Paris, Lévy, 1856, 10 vol.

SAVARY René, *Mémoires du duc de Rovigo pour servir à l'histoire de l'empereur Napoléon*, Paris, Bossange, 1828, 8 vol.

—, *Mémoires du duc de Rovigo*. Édition nouvelle refondue et annotée par Désiré Lacroix, Paris, Garnier, 1900, 5 vol.

SÉGUR Philippe-Paul de, *Histoire de Napoléon et de la Grande Armée pendant l'année 1812*, Paris-Bruxelles, Baudouin, 1825, 2 vol. [réédition, Paris, Hachette, 1960, 2 vol.]

—, *Histoire et mémoires*, Paris, Firmin-Didot, 1877, 7 vol.

—, *Un aide de camp de Napoléon (1800-1815), Mémoires*, édition nouvelle publiée par les soins de son petit-fils le comte Louis de Ségur, Paris, Firmin-Didot, 1894-1895, 3 vol.

—, *Mémoires du général comte de Ségur*, Paris, Tallandier, 2010, 3 vol. [réédition]

SOR Charlotte de, *Souvenirs du duc de Vicence*, Paris, Levavasseur, 1837, 2 vol.

—, *Napoléon en Belgique et en Hollande, 1811*, Paris, L. Potter, 1843, 403 p.

TALLEYRAND Charles-Maurice de, *Mémoires du prince de Talleyrand, suivi de 135 lettres inédites du prince de Talleyrand à la duchesse de Bauffremont, 1808-1838*, édition intégrale établie et présentée par Emmanuel de Waresquiel, Paris, R. Laffont, 2007, XXXIX-1577 p.

THIBAUDEAU Antoine-Claire, *Mémoires de Thibaudeau (1799-1815)*, Paris, Plon, 1913, IV- 561 p.

VILLEMAIN Abel-François, *Souvenirs contemporains d'histoire et de littérature*, Paris, Didier libraire-éditeur, 1854, 2 vol.

OUVRAGES GÉNÉRAUX

Sur le Premier Empire

DARD Émile, *Napoléon et Talleyrand*, Paris, Plon, 1935, 420 p.

LENTZ Thierry, *Le Grand Consulat : 1799-1804*, Paris, Fayard, 1999, 627 p.

—, *Nouvelle histoire du Premier Empire, t. I : Napoléon et la conquête de l'Europe, 1804-1810*, Paris, Fayard, 2002, 607 p.

—, *Nouvelle histoire du Premier Empire, t. II : L'effondrement du système napoléonien, 1810-1814*, Paris, Fayard, 2004, 681 p.

—, *Nouvelle histoire du Premier Empire, t. III : La France et l'Europe de Napoléon, 1804-1814*, Paris, Fayard, 2007, 835 p.

MADELIN Louis, *Histoire du Consulat et de l'Empire*, Paris, Robert Laffont, 2003, 4 vol.

PETITEAU Natalie, *Écrire la mémoire : les mémorialistes de la Révolution et de l'Empire*, Paris, les Indes savantes, 2012, 309 p.

TULARD Jean, *Bibliographie critique des Mémoires sur le Consulat et l'Empire écrits ou traduits en français*, Genève, 1971, 182 p. [réédition, Paris, Droz, 1991]

TULARD Jean et GARROS Louis, *Itinéraire de Napoléon au jour le jour (1769-1821)*, Paris, Tallandier, 1992, 551 p.

WOLOCH Isser, *Napoleon and His Collaborators: The Making of a Dictatorship*, New York, W.W. Norton, 2001, 281 p.

Sur Caulaincourt et sa famille

ARJUZON Antoine d', *Caulaincourt, le confident de Napoléon*, Paris, Perrin, 2012, 396 p.

BENOIST Louis, *Notice historique et statistique sur Lizy-sur-Ourcq*, Meaux, Destouches, 1889, 264 p.

BLUCHE François, *Les Honneurs de la cour*, Paris, les Cahiers nobles, 1957, 2 vol.

BOUTRY Philippe, « Romme et la sociabilité politique révolutionnaire », Paris, *Annales historiques de la Révolution française*, n° 304, 1996, p. 267-282.

CÉNAT Jean-Philippe, « Les fonctions de maréchal général des logis à l'époque de Louis XIV », Paris, *Revue historique des armées*, n° 257, 2009, p. 76-86.

CHAUSSINAND-NOGARET Guy de, *La Noblesse au XVIIIe siècle : de la féodalité aux Lumières*, Bruxelles, Complexe, 2000, V-239 p.

JULIA Dominique, « Gilbert Romme gouverneur (1779-1790) », Paris, *Annales historiques de la Révolution française*, n° 304, 1996, p. 221-256.

MATHIEU Jean-Noël, *L'Histoire de la femme sans nom, un épisode ignoré de la vie de Caulaincourt*, Paris, J.-N. Mathieu, 2003, 110 p.

NORMAND Francis, *Caulaincourt, duc de Vicence (1772-1827), aide de camp de Napoléon, grand écuyer, ambassadeur de Russie, ministre des Affaires étrangères*, Paris, Les Contemporains, 1910, 16 p.

Notice biographique sur le duc de Vicence, Paris, Le Normant, 1830, 39 p.

PETITEAU Natalie, *Élites et mobilités : la noblesse d'Empire au XIXe siècle (1808-1914)*, Paris, la Boutique de l'Histoire, 1997, 714 p.

VALBERT G. [Victor Cherbuliez], « Napoléon et Caulaincourt, d'après une publication récente », *Revue des deux mondes*, t. 135, 1896, p. 206-217.

VAQUETTE Claude, *Caulaincourt, un général diplomate*, Amiens, Martelle, 1991, 95 p.

VARLAN Olivier, *Armand-Louis de Caulaincourt, duc de Vicence (1773-1827). Étude d'une carrière diplomatique sous le Premier Empire, de la cour de Napoléon au ministère des Relations extérieures*, thèse de doctorat soutenue à l'université Paris-Sorbonne, 2013, 916 p.

Sur la jeunesse de Caulaincourt et sa carrière militaire

AMONVILLE Marie-François-Joseph-Raoul d', *Les Cuirassiers du Roy, le 8e cuirassiers, journal historique d'un régiment (1638-1892)*, Paris, Lahure, 1892, 340 p.

—, *Le 8e cuirassiers, précis historique, 1665-1911*, Paris, H. Charles-Lavauzelle, 1911, 78 p.

CORVISIER André (dir.), *Histoire militaire de la France, t. II : De 1715 à 1871*, Paris, Presses universitaires de France, 1992, 635 p.

CRUYPLANTS Eugène, *Histoire illustrée d'un corps belge au service de la république et de l'Empire, la 112e demi-brigade*, Bruxelles, Librairie militaire Spineux et Cie, 1902, XXIV-423 p.

DESBRIÈRE Édouard et SAUTAI Maurice, *La Cavalerie sous le Directoire*, Paris, Berger-Levrault, 1910, 457 p.

DUPUY Roger, *La Garde nationale (1789-1872)*, Paris, Gallimard, 2010, 606 p.

FAZI DU BAYET comte de, *Les Généraux Aubert du Bayet, Carra Saint-Cyr et Charpentier, correspondances et notices biographiques, 1757-1834*, Paris, Honoré Champion, 1902, 350 p.

FLEURY William Aimable Émile Adrien, *Soldats ambassadeurs sous le Directoire,* t. I : Les généraux et la révolution. Traditions et diplomates du Directoire. Le général Pérignon et l'amiral Truguet à Madrid. Aubert-Dubayet à Constantinople, Paris, Plon, 1906, 536 p.

HERBETTE Maurice, *Une ambassade turque sous le Directoire*, Paris, Perrin, 1902, 343 p.

Historique succinct du 16e régiment de chasseurs, Paris, H. Charles-Lavauzelle, 1889.

Sur la cour consulaire et impériale

BRANDA Pierre, *Napoléon et ses hommes, la maison de l'empereur (1804-1815)*, Paris, Fayard, 2011, 574 p.

CHANTERANNE David, *Le Sacre de Napoléon*, Paris, Tallandier, 2004, 344 p.

CHATEL DE BRANCION Laurence, *Le Sacre de Napoléon, le rêve de changer le monde*, Paris, Perrin, 2004, 335 p.

Étiquette du palais impérial, 1805, Imprimerie impériale, 139 p.

MARGERAND Joseph, *Les Aides de camp de Bonaparte (1793-1804)*, Pierre Bossuet éditeur, Paris, 1931, VI-171 p.

MANSEL Philip, *La Cour sous la Révolution, l'exil et la Restauration*, Paris, Tallandier, 1989, 286 p.

MARQUANT Robert, « La fortune de Cambacérès », *Bulletin d'histoire économique et sociale de la Révolution française*, Paris, Bibliothèque nationale, 1972, p. 169-251.

MASSON Frédéric, *Le Sacre et le couronnement de Napoléon*, Paris, Société d'édition littéraire et artistique, 1908, XXI-342 p.

—, *Les Quadrilles à la cour de Napoléon Ier*, Paris, Daragon, 1904, 89 p.

—, *Napoléon intime : Napoléon chez lui, la journée de l'Empereur aux Tuileries*, Paris, Tallandier, 2004 [nouvelle édition], 286 p.

ROLIN Vincent, *Les Aides de camp de Napoléon et des maréchaux sous le Premier Empire (1804-1815)*, éditions Napoléon Ier, Paris, 2005, 328 p.

RONDEAU Nathalie, *Le Grand Maréchal du Palais et son service : le rôle de Géraud-Christophe-Michel Duroc (1804-1813)*, thèse soutenue à l'École nationale des chartes, Paris, 2004, 3 vol.

SÉGUR Louis-Philippe de, *Procès-verbal de la cérémonie du sacre et du couronnement de Napoléon*, présentation et notes par Jean Tulard, éditions Imprimerie nationale, 1993, XLIV-134 p.

SENKOWSKA-GLUCK Monika, « Les donataires de Napoléon », Paris, *Revue d'histoire moderne et contemporaine*, t. XVII, juillet-septembre 1970, p. 680-693.

TULARD Jean, « Les composants d'une fortune : le cas de la noblesse d'empire », Paris, *Revue historique*, 1975, p. 119-138.

—, *Napoléon et la noblesse d'Empire*, Paris, Tallandier, 2003, 414 p. [1re édition : 1979].

VIAL Charles-Éloi, « Les écuries de Napoléon : une parenthèse dans l'histoire de l'équitation ou la chance d'un renouveau ? », *In Situ*, n° 18, 2012 [en ligne].

—, *Les Derniers Feux de la monarchie : la cour au siècle des révolutions (1789-1870)*, Paris, Perrin, 2016, 579 p.

—, *Le Grand Veneur de Napoléon Ier à Charles X*, Paris, École des chartes, 2016, 812 p.

ZIESENISS Charles-Otto, *Napoléon et la cour impériale*, Paris, Tallandier, 1980, 426 p.

Sur l'affaire du duc d'Enghien

BERTAUD Jean-Paul, *Le Duc d'Enghien*, Paris, Fayard, 2001, 466 p.

Mémoires historiques sur la catastrophe du duc d'Enghien, Librairie Baudouin frères, Paris, 1824, XIV-326 p.

NOUGARÈDE DE FAYET Auguste, *Le Duc d'Enghien : recherches historiques sur son procès et sa condamnation*, Paris, imprimerie de Crapelet, 1844, 2 vol.

SCHUMANN Maurice, *Qui a tué le duc d'Enghien?*, Paris, Perrin, 1984, 214 p.

WELSCHINGER Henri, *Le Duc d'Enghien : l'enlèvement d'Ettenheim et l'exécution de Vincennes*, Paris, Plon, 1913, 481 p.

Sur les relations internationales durant la Révolution et l'Empire

AMINI Iradj, *Napoléon et la Perse*, Paris, Fondation Napoléon, 1995, 254 p.

BLIN Arnaud, *Iéna, octobre 1806*, Paris, Perrin, 2003, 239 p.

BOIS Jean-Pierre, *Nouvelle histoire des relations internationales, t. III : De la paix des rois à l'ordre des empereurs*, Paris, Seuil, 2003, 489 p.

CHALINE Nadine-Josette (dir.), *La Paix d'Amiens*, Amiens, Encrage, 2005, 302 p.

CROUZET François, *L'Économie britannique et le Blocus continental (1806-1813)*, Paris, éditions Economica, 1987, CXIV-949 p.

DEBIDOUR Antonin, *Histoire diplomatique de l'Europe depuis l'ouverture du congrès de Vienne jusqu'à la clôture du congrès de Berlin (1814-1878)*, Paris, F. Alcan, 1891, 2 vol.

DRIAULT Édouard, « Napoléon à Finkenstein (avril-mai 1807) d'après la correspondance de l'Empereur, les archives du ministère des Affaires étrangères, les Archives nationales, etc. », Paris, *Revue d'histoire diplomatique*, juillet 1899, Paris, Plon, 1899, 63 p.

—, *La Politique orientale de Napoléon : Sébastiani et Gardane (1806-1808)*, Paris, Alcan, 1904, 410 p.

—, *Napoléon et l'Europe*, Paris, Alcan, 1910-1927, 5 vol.

FUGIER André, *Histoire des relations internationales, t. IV : La Révolution française et l'Empire napoléonien*, Paris, Hachette, 1954, 432 p.

KERAUTRET Michel, *Les Grands Traités de l'Empire*, Paris, Nouveau Monde éditions, 2004, 2 vol.

LEBEL Germaine, *La France et les principautés danubiennes du XVIe siècle à la chute de Napoléon Ier*, Paris, Presses universitaires de France, 1955, 460 p.

LENTZ Thierry (dir.), *Napoléon et l'Europe*, Paris, Fayard, 2005, 445 p.

—, *1810. Le tournant de l'Empire*, Paris, Nouveau Monde éditions, 2010, 419 p.

—, *Napoléon diplomate*, Paris, CNRS, 2012, 266 p.

NAULET Frédéric, *Friedland (14 juin 1807), la campagne de Pologne, de Dantzig aux rives du Niémen*, Paris, Economica, 2007, 241 p.

SOREL Albert, *L'Europe et le Révolution française*, Paris, Bibliothèque des Introuvables, 2003, 8 vol. [réédition]

Sur la Russie à l'époque napoléonienne

HARTLEY Janet, *Russia, 1762-1825: Military Power, the State and the People*, Londres, Praeger, 2008, VIII-318 p.

HELLER Michel, *Histoire de la Russie et de son empire*, Paris, Plon, 1997, 982 p.

LEDONNE John P., *Absolutism and Ruling Class: the Formation of the Russian Political Order (1700-1825)*, New York, Oxford University Press, 1991, XVII-376 p.

—, *The Grand Strategy of the Russian Empire, 1650-1831*, Oxford, Oxford University Press, 2004, XV-261 p.

LIEVEN Dominic, *Empire: the Russian Empire and its Rivals*, New Haven, Yale University Press, 2000, XXIII-486 p.

—, *The Cambridge History of Russia, t. II : Imperial Russia, 1689-1917*, Cambridge, Cambridge University Press, 2006, XXVII-765 p.

MARTENS Fedor Fedorovitch, *Recueil des traités et conventions conclus par la Russie avec les puissances étrangères*, Saint-Pétersbourg, Imprimerie des voies de communication, 1874-1903, 15 vol.

METTERNICH Tatiana, *Les Stroganoff, une histoire de la Russie à travers une chronique familiale*, Neuilly, V. et O., 1991, 293 p.

PIPES Richard, *Histoire de la Russie des tsars*, Paris, Perrin, 2013, 460 p.

RAEFF Marc, *Origins of the Russian Intelligentsia: The Eighteenth-Century Nobility*, Londres, Harcourt Brace, 1966, 248 p.

—, *Comprendre l'Ancien Régime russe : État et société en Russie impériale, essai d'interprétation*, Paris, Seuil, 1982, 247 p.

—, *Politique et culture en Russie : XVIIIe-XXe siècles*, Paris, éditions de l'EHESS, 1996, 288 p.

REY Marie-Pierre, *De la Russie à l'Union soviétique : la construction de l'Empire*, Paris, Hachette, 1994, 253 p.

—, *Le Dilemme russe : la Russie et l'Europe occidentale d'Ivan le Terrible à Boris Eltsine*, Paris, Flammarion, 2002, 354 p.

THIÉBAUD Jean-Marie, *Les Galitzine : une grande famille princière de Russie, généalogie et notes historiques*, Paris, Jean-Marie Thiébaud, 1997, 168 p.

WALISZEWSKI Kazimierz, *Le Règne d'Alexandre Ier*, Paris, Plon, 1923-1925, 3 vol.

Sur l'alliance franco-russe et l'ambassade de Caulaincourt à Saint-Pétersbourg

BEAUVOIS Daniel, « Le "système asiatique" de Jean Potocki ou le rêve oriental dans les empires d'Alexandre Ier et de Napoléon (1806-1808) », Paris, *Cahiers du monde russe et soviétique*, 1979, p. 467-485.

BERTRAND Pierre, « Projet de mariage de Napoléon Ier avec la grande-duchesse Anne de Russie, correspondance secrète et inédite de Champagny et de Caulaincourt », Paris, *Le Correspondant*, avril-juin 1890, p. 845-876.

BITTARD DES PORTES René, « Les préliminaires de l'entrevue d'Erfurt (1808) », Paris, *Revue d'histoire diplomatique*, 1890, p. 94-144.

BOURGEOIS Émile, « L'alliance de Bonaparte et de Paul Ier (1800-1801) », *Revue des sciences politiques*, 1921, p. 273-90.

BROGLIE duc de, « La politique de la Russie en 1800 d'après un document inédit », Paris, *Revue d'histoire diplomatique*, 1889, p. 1-13.

CASAGLIA Gherardo, *Le Partage du monde, Napoléon et Alexandre à Tilsit*, S.P.M., coll. « Kronos », Paris, 1998, 415 p.

DJUVARA Trandafir, *Cent projets de partage de la Turquie (1291-1913)*, Paris, F. Alcan, 1914, X-648 p.

DRIAULT Édouard, « La reprise de Constantinople et l'alliance franco-russe », Paris, *Revue des études napoléoniennes*, 1915, p. 340-411.

GOUBINA Maya, *La Perception réciproque des Français et des Russes d'après la littérature, la presse et les archives (1812-1827)*, thèse soutenue à l'université Paris IV-Sorbonne, Paris, 2008, 2 vol.

GRIMSTED Patricia, *The Foreign Ministers of Alexander I: Political Attitudes and the Conduct of Russian Diplomacy (1801-1825)*, Berkeley, University of California Press, 1969, XXVI-367 p.

GRÜNWALD Constantin de, *Les Alliances franco-russes, neuf siècles de malentendus*, Paris, Plon, 1965, 407 p.

JACOBY Jean, « Les fiançailles manquées de Napoléon », Paris, *Mercure de France*, 1937, p. 5-28.

LARIVIÈRE Charles de, « Le tsar Alexandre Ier dans ses relations avec Napoléon », Paris, *Revue des études napoléoniennes*, 1930, p. 151-202.

LESSEPS Jean-Baptiste Barthélémy de, *Les Prémices de l'alliance franco-russe, deux missions de Barthélémy de Lesseps à Saint-Pétersbourg (1806-1807), d'après sa correspondance*, édité par le comte Jean de la Tour, Paris, Perrin, 1914, 318 p.

MONTARRAS Alain, « Le renseignement dans la préparation de la campagne de Russie de 1812 », Paris, *Revue historique des armées*, 2000, 4e trimestre, p. 3-12.

MOURAVIEFF Boris, *L'Alliance russo-turque au milieu des guerres napoléoniennes*, Neuchâtel, Baconnière, 1934, 423 p.

NIEUWAZNY Andrzej, « Rien de bien certain ? Le système de renseignements français avant la campagne de Russie », Paris, *Revue historique des armées*, 2012, 2e trimestre, p. 43-50.

NIVEN Alexandre C., *Napoleon and Alexandre I, A Study in Franco-Russian Relations, 1807-1812*, Washington, D.C., University Press of America, 1978, 83 p.

RAGSDALE Hugh, *Detente in Napoleonic era: Bonaparte and the Russians*, Lawrence, the Regents Press of Kansas, 1980, XII-183 p.

RATCHINSKI André, *Napoléon et Alexandre Ier, La guerre des idées*, Paris, Bernard Giovanongeli, 2002, 403 p.

SOKOLOV Oleg, *Austerlitz : Napoléon, l'Europe et la Russie*, Saint-Germain-en-Laye, éditions Commios, 2006, 541 p.

—, *Le Combat de deux empires, la Russie d'Alexandre Ier contre la France de Napoléon (1805-1812)*, Paris, Fayard, 2012, 522 p.

TATICHTCHEV Serge, *Alexandre et Napoléon d'après leur correspondance inédite (1801-1812)*, Paris, Perrin, 1891, XIII-640 p.

TRATCHEVSKII Aleksandr Semenovitch, *Rapports diplomatiques de la Russie avec la France à l'époque de Napoléon I*er, Saint-Pétersbourg, Stasoulevitch, 1890-1893, 6 vol.

VANDAL Albert, *Napoléon et Alexandre I*er*, l'alliance russe sous le Premier Empire,* Paris, Plon, 1891, 3 vol.

—, « Négociations avec la Russie relatives au second mariage de Napoléon », Paris, *Revue d'histoire diplomatique*, Ernest Leroux, 1890, p. 1-42.

—, « Les instructions données par Napoléon à Caulaincourt, après la paix de Tilsit », Paris, *Revue d'histoire diplomatique*, Ernest Leroux, 1890, p. 54-78.

—, « La cour de Russie en 1807-1808 », Paris, *Revue d'histoire diplomatique*, Ernest Leroux, 1890, p. 399-419.

—, « La France et la Russie pendant la campagne de 1809 », Paris, *Annales des sciences politiques*, 1891, p. 304-334.

VARLAN Olivier, *L'Ambassade de Caulaincourt à Saint-Pétersbourg (1807-1811) : représentation et négociations diplomatiques durant l'alliance franco-russe,* thèse soutenue à l'École nationale des chartes, Paris, 2009, 3 vol.

—, « Les secrétaires de l'ambassade française à Saint-Pétersbourg (1807-1811) », *Napoleonica, la revue*, Fondation Napoléon, avril-juin 2009, n° 5, p. 2-13.

—, « La mission diplomatique de Caulaincourt à Saint-Pétersbourg en 1801 », *Napoleonica, la revue,* Fondation Napoléon, juillet-septembre 2009, n° 6, p. 99-116.

VAUTHIER Gabriel, « Un projet de démembrement de la Turquie en 1808 », Paris, *Annales révolutionnaires*, 1916, p. 713-719.

—, « Un projet de partage de la Turquie entre la France et la Russie en 1808 », Athènes, *L'Acropole*, 1926, p. 45-49.

ZORGBIBE Charles, *Le Choc des empires : Napoléon et le tsar Alexandre,* Paris, éditions de Fallois, 2012, 399 p.

Sur la campagne de 1812

BEAUCOUR Fernand, TABEUR Jean, IVTCHENKO Lidia, *La Bérézina : une victoire militaire*, Paris, Economica, 2006, IX-147 p.

BOUDON Jacques-Olivier, *Napoléon et la campagne de Russie, 1812*, Paris, Armand Colin, 2012, 333 p.

CATE Curtis, *La Campagne de Russie, 1812, le duel des deux empereurs*, Paris, Tallandier, 2006, 483 p.

DARIA Olivier, *L'Incendie de Moscou*, Paris, R. Laffont, 1964, 271 p.

FAIN Agathon-Jean-François, *Manuscrit de 1812, contenant le précis des événemens de cette année pour servir à l'histoire de l'empereur Napoléon*, Paris, Delaunay, 1827, 2 vol.

GRÜNWALD Constantin de, *La Campagne de Russie, 1812*, Paris, Julliard, 1964, 391 p.

MUHLSTEIN Anka, *Napoléon à Moscou*, Paris, Odile Jacob, 2007, 305 p.

REY Marie-Pierre, *L'Effroyable Tragédie. Une nouvelle histoire de la campagne de Russie*, Paris, Flammarion, 2012, 390 p.

REY Marie-Pierre et LENTZ Thierry (dir.), *1812, la campagne de Russie*, Paris, Perrin, 2012, 381 p.

ZAMOYSKI Adam, *1812: Napoleon's Fatal March on Moscow*, Londres, Harper Collins, 2004, XXVI-644 p.

Sur le personnel diplomatique à l'époque napoléonienne

ANCIAUX Camille, *Entre diplomatie et administration des territoires conquis : Édouard Bignon, du Directoire aux Cent-Jours*, thèse soutenue à l'École nationale des chartes, Paris, 2012, 2 vol.

BAILLOU Jean (dir.), *Histoire de l'administration française, Les Affaires étrangères et le corps diplomatique français, t. I : De l'Ancien Régime au Second Empire*, Paris, CNRS, 1984, 841 p.

BÉLY Lucien, *L'Art de la paix en Europe. Naissance de la diplomatie moderne (XVIe-XVIIIe siècles)*, Paris, PUF, 2007, 745 p.

CONTAMINE Henry, *Diplomatie et diplomates sous la Restauration : 1814-1830*, Paris, Hachette, 1970, 410 p.

HENRI-ROBERT Jacques, *Dictionnaire des diplomates de Napoléon*, Henri Veyrier, Paris, 1990, 366 p.

MASSON Frédéric, *Le Département des Affaires étrangères pendant la Révolution (1787-1804)*, Paris, Plon, 1877, XVI-570 p.

MÉZIN Anne, *Les Consuls de France au siècle des Lumières (1715-1792)*, Paris, Ministère des Affaires étrangères, Direction des archives et de la documentation, 1997, 974 p.
MOWAT Robert, *The Diplomacy of Napoleon*, New York, Russel and Russel, 1971, 314 p.
WHITCOMB Edward A., « The Duties and Functions of Napoleon's External Agents », *History* LXVII, n° 190, Londres, juin 1972, p. 189-204.
—, *Napoleon's Diplomatic Service,* Durham, N.C., Duke University Press, 1979, XIII-218 p.

Sur les négociations de la fin de l'Empire et la chute du régime

BAILLEU Paul, « Caulaincourt, négociateur de l'armistice en 1813, d'après les documents des archives de Saint-Pétersbourg », *Annales internationales d'histoire, congrès de La Haye*, n° 3, Macon, imp. Protat frères, 1899-1900, p. 135-140.
BERCÉ Yves-Marie (dir.), *La Fin de l'Europe napoléonienne. 1814 : la vacance du pouvoir*, Paris, H. Veyrier, 1990, 392 p.
BERTIER DE SAUVIGNY Guillaume de, *Metternich et son temps*, Paris, Hachette, 1959, 272 p.
—, *La Sainte-Alliance*, Paris, Armand Colin, 1972, 383 p.
BRUYÈRE-OSTELLS Walter, *Leipzig : 16-19 octobre 1813, la revanche de l'Europe des souverains sur Napoléon*, Paris, Tallandier, 2013, 206 p.
DIGBY Smith George, *1813: Leipzig, Napoleon and the Battle of the Nations,* Londres, Greenhill Books, 2001, 352 p.
DRIAULT Édouard, *La Chute de Napoléon*, Paris, F. Alcan, 1927, V-484 p.
FAIN Agathon-Jean-François, *Manuscrit de 1813, contenant le précis des événemens de cette année pour servir à l'histoire de l'empereur Napoléon*, Bruxelles, H. Tarlier, 1825, 2 vol.
—, *Manuscrit de 1814, trouvé dans les voitures impériales prises à Waterloo, contenant l'histoire des six derniers mois du règne de Napoléon*, Paris, Bossange frères, 1823, X-338 p.
FERRERO Guglielmo, *Talleyrand à Vienne : 1814-1815*, Paris, éditions de Fallois, 1996, 329 p.
HAMILTON-WILLIAMS David, *The Fall of Napoleon: the Final Betrayal*, Londres, Arms and Armour, 1994, 352 p.

HANOTEAU Jean, « Une nouvelle relation de l'entrevue de Napoléon et de Metternich à Dresde », Paris, *Revue d'histoire diplomatique*, 1933, p. 421-440.

HANTRAYE Jacques, *Les Cosaques aux Champs-Élysées. L'occupation de la France après la chute de Napoléon*, Paris, Belin, 2005, 303 p.

HILLEMAND Pierre, « Napoléon a-t-il tenté de se suicider à Fontainebleau ? », Paris, *Revue de l'Institut Napoléon*, n° 119, avril 1971, p. 71-78.

HOUSSAYE Henry, *1814*, Paris, Perrin, 1888, VIII-647 p.

KISSINGER Henry, *Le Chemin de la paix*, Paris, Denoël, 1972, 441 p.

FOURNIER August, *Der Congress von Châtillon : die Politik im Kriege von 1814*, Vienne, Tempsky, 1900, X-397 p.

LEGGIERE Michael, *Napoleon and Berlin: the Franco-Prussian War in North Germany, 1813*, Norman, University of Oklahoma Press, 2002, 384 p.

—, *The Fall of Napoleon, t. I: The Allied Invasion of France, 1813-1814*, Cambridge, Cambridge University Press, 2007, XVII-686 p.

LENTZ Thierry, *Le Congrès de Vienne : une refondation de l'Europe, 1814-1815*, Paris, Perrin, 2013, 385 p.

LIEVEN Dominic, *La Russie contre Napoléon : la bataille pour l'Europe, 1807-1814*, Paris, édition des Syrtes, 2012, 612 p.

MONTBAS M. le vicomte de, « Caulaincourt à Châtillon », Paris, *Revue de Paris*, 15 juin et 1er juillet 1928, p. 789-824 et 118-152.

MUIR Rory, *Britain and the Defeat of Napoleon (1807-1815)*, New Haven, Yale University Press, 1996, XVI-466 p.

PONS DE L'HÉRAULT André, *De la bataille et de la capitulation de Paris, extrait d'un essai historique sur le règne de l'empereur Napoléon, suivi de la 2e édition du congrès de Châtillon*, Paris, Delaforest, 1828, 502 p.

PRADT Dominique de, *Récit historique sur la restauration de la royauté en France, le 31 mars 1814*, Paris, Perronneau, 1816, 96 p.

REY Marie-Pierre, *1814 : un tsar à Paris*, Paris, Flammarion, 2014, 329 p.

RILEY Jonathon, *Napoleon and the World War of 1813: Lessons in Coalition Warfighting*, Londres, F. Cass, 2000, XIV-480 p.

SÉDOUY Jacques-Alain, *Le Congrès de Vienne : l'Europe contre la France*, Paris, Perrin, 2003, 308 p.

TARLÉ Antoine de, « La trahison de Caulaincourt », *Feuilles d'histoire*, IV, juillet-décembre 1910, p. 339.

VILLEPIN Dominique de, *La Chute ou l'empire de la solitude (1807-1814)*, Paris, Perrin, coll. « Tempus », 2009, 584 p.

ZAMOYSKI Adam, *Rites of Peace: the Fall of Napoleon & the Congress of Vienna*, New York, Harper Collins, 2007, XVIII-634 p.

ZIESENISS Charles-Otto, *Le Congrès de Vienne et l'Europe des princes*, Paris, P. Belfond, 1984, 292 p.

Sur la Première Restauration et les Cent-Jours

BERTAUD Jean-Paul, *L'Abdication : 21-23 juin 1815*, Paris, Flammarion, 2011, 356 p.

CYR Pascal, *Waterloo : origines et enjeux*, Paris, L'Harmattan, 2011, 439 p.

DÉMIER Francis, *La France de la Restauration (1814-1830) : l'impossible retour du passé*, Paris, Gallimard, 2012, 1095 p.

ERNOUF Alfred-Auguste baron, *Histoire de la dernière capitulation de Paris, rédigée sur les documents officiels et inédits*, Paris, Michel Lévy frères, 1859, 380 p.

FLEURY DE CHABOULON Pierre-Alexandre-Édouard, *Histoire des Cent-Jours avec les notes manuscrites de Napoléon Ier*, Paris, Bibliothèque des Introuvables, 2006, 2 vol. [réédition]

GINGUENÉ Pierre-Louis, « Une mission en Suisse pendant les Cent-Jours », Paris, *Revue des deux mondes*, t. XXIX, septembre-octobre 1860, p. 497-560.

HOUSSAYE Henry, *1815*, Paris, Perrin, 1911-1929, 3 vol.

LENTZ Thierry, *Nouvelle histoire du Premier Empire, t. IV : Les Cent-Jours, 1815*, Paris, Fayard, 2010, 599 p.

ROONEY John, « Le marquis de Caulaincourt et la politique étrangère française pendant les Cent-Jours ou une diplomatie de désespoir, de frustration et d'échec », Paris, *Revue de l'Institut Napoléon*, 1987, p. 38-56.

TULARD Jean, « Les épurations de 1814 et 1815 », Paris, *Revue du souvenir napoléonien*, n° 396, juillet-août 1994, p. 4-21.

—, *Les Vingt Jours (1er mars-20 mars 1815), Napoléon ou Louis XVIII ?*, Paris, Fayard, 2001, 284 p.

VILLEPIN Dominique de, *Les Cent-Jours ou l'esprit de sacrifice*, Paris, Perrin, 2001, 634 p.

WARESQUIEL Emmanuel de, *Les Cent-Jours : la tentation de l'impossible (mars-juillet 1815)*, Paris, Fayard, 2008, 687 p.

WARESQUIEL Emmanuel de, YVERT Benoît, *Histoire de la Restauration (1814-1830) : naissance de la France moderne*, Paris, Perrin, 1996, 499 p.

WELVERT Eugène, *Napoléon et la police sous la Première Restauration, d'après les rapports du comte Beugnot au roi Louis XVIII*, Paris, Roger et Chernovitz, s. d. [1913], VII-327 p.

BIOGRAPHIES

ANGOT Emma, *Un neveu du prince de Bénévent, Louis de Talleyrand-Périgord (1784-1808)*, Paris, Perrin, 1911, 298 p.

ARJUZON Antoine d', *Castlereagh (1761-1822) ou le défi à l'Europe de Napoléon*, Paris, Tallandier, 1995, 492 p.

—, *Wellington*, Paris, Perrin, 1998, 426 p.

ARNETH Alfred von, *Johann Freiherr von Wessenberg, ein österreichischer Staatsmann des 19. Jahrhunderts*, Vienne, W. Braumüller, 1898, 2 vol.

BERTIER DE SAUVIGNY Guillaume de, *Metternich*, Paris, Fayard, 1986, 535 p.

CHATEL DE BRANCION Laurence, *Cambacérès, maître d'œuvre de Napoléon*, Paris, Perrin, 2009, 642 p.

DARD Émile, *Un confident de l'Empereur, le comte de Narbonne (1755-1813)*, Paris, Plon, 1944, 314 p.

DHOMBRES Jean et Nicole, *Lazare Carnot*, Paris, Fayard, 1997, 770 p.

ERNOUF Alfred-Auguste baron, *Maret, duc de Bassano*, Paris, Perrin, 1884, 691 p. [réédition, Paris, Nouveau Monde éditions, 2008, 607 p.]

FAVIER Franck, *Bernadotte, un maréchal d'Empire sur le trône de Suède*, Paris, Ellipses, 2010, 395 p.

GILLOT Gaston, *Un aide de camp de Napoléon, le général Le Marois*, Paris, éditions du Conquistador, 1957, 251 p.

GRUNWALD Constantin de, *Alexandre Ier, le tsar mystique*, Amiot-Dumont, Paris, 1955, 343 p.

HARTLEY Janet, *Alexander I*, Londres et New York, Longman, 1994, 256 p.

LACOUR-GAYET Georges, *Talleyrand (1754-1838)*, Paris, Payot, 1991, XVI-1453 p. [réédition]

LA TOUR Jean de, *Duroc (1772-1813)*, Paris, Nouveau Monde éditions, 2004, 202 p. [réédition]

LENTZ Thierry, *Savary, le séide de Napoléon*, Paris, Fayard, 2001, 556 p.

MADELIN Louis, *Joseph Fouché*, Paris, Nouveau monde éditions, 2010, 895 p. [réédition]

MALO Henri, *Le Beau Montrond*, Paris, Émile-Paul frères, 1926, 334 p.

MIGLIORINI Luigi Mascilli, *Napoléon*, Paris, Perrin, 2001, 668 p.

NICOLAS MIKHAILOVITCH grand-duc, *Le Tsar Alexandre Ier*, Paris, Payot, 1931, 359 p.

—, *Le Comte Paul Stroganov*, Paris, Imprimerie nationale, 1905, 3 vol.

—, *L'Impératrice Élisabeth, épouse d'Alexandre Ier*, Saint-Pétersbourg, Manufacture des papiers de l'État, 1908-1909, 3 vol.

RAEFF Marc, *Michael Speransky, Statesman of Imperial Russia (1772-1839)*, La Haye, M. Nijhoff, 1957, 387 p.

REY Marie-Pierre, *Alexandre Ier*, Paris, Flammarion, 592 p.

SÉDOUY Jacques-Alain de, *Le Comte Molé ou la séduction du pouvoir*, Paris, Perrin, 1994, 265 p.

TROYAT Henri, *Alexandre Ier, le sphinx du Nord*, Paris, Flammarion, 1980, 467 p.

—, *Paul Ier, le tsar mal aimé*, Paris, Grasset, 2002, 250 p.

TULARD Jean, *Napoléon ou le mythe du sauveur*, Paris, Fayard, 1987, 512 p.

—, *Joseph Fouché*, Paris, Fayard, 1998, 496 p.

WARESQUIEL Emmanuel de, *Talleyrand, le prince immobile*, Paris, Fayard, 2003, 796 p.

ZORGBIBE Charles, *Metternich : le séducteur diplomate*, Paris, éditions de Fallois, 2009, 527 p.

—, *Talleyrand et l'invention de la diplomatie française*, Paris, éditions de Fallois, 2011, 237 p.

INDEX

D

E

REMERCIEMENTS

Cet ouvrage est l'aboutissement de recherches entamées il y a déjà dix ans, lors de mes années d'études à l'École nationale des chartes. Ma thèse d'établissement, préparée sous la direction de Christine Nougaret, professeur d'archivistique, et de Jacques-Olivier Boudon, professeur d'histoire contemporaine à l'université Paris-Sorbonne (Paris IV), portait alors sur l'ambassade de Caulaincourt à Saint-Pétersbourg (1807-1811). Ces premières recherches ont servi à la fois de base et de pivot à ma thèse de doctorat, soutenue en 2013 : les relations du duc de Vicence avec la Russie et son apprentissage de la diplomatie sont en effet restés le cœur et l'axe directeur de mon étude consacrée à l'ensemble de la carrière du personnage sous le Premier Empire. À travers ce parcours, mon objectif était de contribuer à réévaluer le rôle des collaborateurs de Napoléon, notamment de son personnel diplomatique, à une époque assourdie par le bruit des armes. J'espère y être, au moins en partie, parvenu.

Mes remerciements vont d'abord au professeur Jacques-Olivier Boudon, qui, comme je viens de l'évoquer, a dirigé mes travaux de leur commencement à leur aboutissement – si tant est qu'une telle chose puisse exister dans la recherche historique. Je remercie également les membres de mon jury doctoral : Natalie Petiteau, Marie-Pierre Rey et Lucien Bély ; mes professeurs de l'École des chartes, notamment Christine Nougaret et Bruno Delmas ; les membres du Centre de recherches en histoire du XIXe siècle qui m'ont offert un cadre de travail stimulant et agréable durant mes années de doctorat ; la Fondation Napoléon et son directeur, Thierry Lentz, qui soutiennent depuis de nombreuses années les jeunes chercheurs ; Antoine d'Arjuzon, pour m'avoir fait part de ses propres recherches sur Caulaincourt ; le personnel des bibliothèques et des centres d'archives que j'ai pu visiter, notamment celui des Archives des Affaires étrangères russes (AVPRI) qui a pris en charge un doctorant français parfois perdu dans un univers étranger ; les descendants du duc de Vicence qui, en m'autorisant à consulter les archives de leur aïeul, ont rendu possible l'ensemble de mes recherches ; les éditions Nouveau Monde enfin pour leur patience et leur compréhension.

Ma gratitude et mon affection vont pour finir à tous ceux qui, famille et amis, m'ont soutenu à un moment ou à un autre de mes recherches ; et notamment à Natacha Leclercq, fidèle relectrice, entre autres choses.

TABLE DES MATIÈRES

www.ingramcontent.com/pod-product-compliance
Lightning Source LLC
LaVergne TN
LVHW010625110826
845149LV00014B/2785